이야기
중국사
1

이야기 중국사 1

초판 1쇄 발행 · 2006. 7. 25.
초판 17쇄 발행 · 2016. 10. 7.

지은이 · 김희영
발행인 · 이상용 이성훈
발행처 · 청아출판사
출판등록 · 1979. 11. 13. 제9-84호
주소 · 경기도 파주시 회동길 363-15
대표전화 · 031-955-6031   팩시밀리 · 031-955-6036
E-mail · chungabook@naver.com

Copyright ⓒ 2006 by Chung-A Publishing Co
저자의 동의 없이 내용의 일부를 인용하거나 발췌하는 것을 금합니다.

ISBN 978-89-368-0345-2   04900

* 값은 뒤표지에 있습니다.
* 잘못된 책은 구입한 서점에서 바꾸어 드립니다.
* 이 책에 대한 문의사항은 이메일을 통해 주십시오.

The History of China

이야기 중국사

|중국 고대부터 전한 시대까지|

김희영 지음

1

청아출판사

머리말

우리는 왜 역사를 연구하고 공부하는 것일까? 왜 우리가 살고 있는 시대와 장소의 범위를 넘어 다른 시대와 다른 장소에 관심을 갖는 것일까? 그것은 바로 호기심에 있다. 인간은 자기 보존에 대한 관심에서 역사를 연구하고 공부하지만, 호기심이라는 동기에서도 역사를 공부한다.

오늘날 세계 인구의 4분의 1을 차지하는 중국이 기존의 폐쇄성에서 벗어나 개방적 자세를 취하자 세계의 관심은 중국에 쏠리고 있다. 특히 같은 유교 문화권에 사는 우리나라는 예로부터 정치·경제·사회·문화적으로 많은 영향을 받았기 때문에 중국과 중국 역사에 대해서 더 깊은 관심을 가지고 있다.

중국은 흔히 한족漢族의 역사 무대라고 생각하기 쉬우나 실제로는 여러 민족이 중원 지역을 휩쓸며 여러 왕조를 세웠다. 오늘날에도 한족·몽골족·티베트족·만주족·위구르족 등 50여 민족들이 중국 대륙에 살고 있다. 때문에 이민족이 뒤섞여 이룩한 복잡한 역사와 문화가 아주 오랫동안 이어져 왔다.

이렇듯 복잡하고 오랜 기원을 가진 중국 역사는 동양사 전공 학자들에 의해 많이 저술되었다. 그러나 우리나라 저자가 쓴 책은 아직 몇 종류에 지나지 않는다. 과거 우리는 한자 문화권에 살았기 때문에 《사기》, 《자치통감》 등을 통하여 중국 역사를 이해했으나, 요즈음 이러한 책을 읽기란 쉽지 않다. 이런 상황에서 중국 역사를 공부하려는 학생과 일반 교양인을 위해 이 책을 저술하였다.

이 책은 동양의 고전 가운데 《사기》, 《자치통감》, 《십팔사략》 등을 기본으로 기타 역대 역사 서적을 참작하여 우리나라 실정에 맞는 내용을 채록하고 재구성하였다. 고대부터 전한 시대까지를 제1권, 송 대 이전까지를 제2권, 근대화의 조짐을 보인 송 대 이후를 제3권에 수록하였다.

 이 책을 쓰면서 특히 유의한 점은 다음과 같다.

 첫째, 역사적 사건과 인물을 중심으로 중국 역사에 대한 체계적인 흐름을 파악하고 거기에 대한 특성과 의의 등을 이해할 수 있게 하였다.

 둘째, 독자들이 이해하기 쉽고 흥미를 느끼게 하고자 이야기식으로 엮었으며 재미있는 사화와 에피소드를 많이 넣었다.

 셋째, 각 시대별로 두드러진 인문·과학·산업 등을 소개하였다.

 넷째, 각 시대별로 앞머리에는 개괄을, 말미에는 시대별 주요 약사를 넣어 그 시대의 주변 상황을 이해하는 데 도움을 주고자 하였다.

 역사 속에 점철된 크고 작은 사건들 속에는 반드시 인과因果가 있고, 인생의 교훈이 있다. 이를 되새겨 보다 나은 미래를 창조해야 할 것이다.

김희영

차례

004   머리말

1 고대 역사의 기원

- **013**   중국 문명의 개조 – 황제
- **018**   요·순의 시대
- **030**   하왕조의 시작
- **033**   계의 세습 왕조 체제
- **036**   걸왕과 주지육림

2 은·주 시대

- 045　은왕조 시대
- 051　은의 쇠퇴
- 057　은허의 발굴
- 061　주왕조의 발상지
- 069　무왕 주를 치다
- 075　주왕조의 창업
- 077　백이와 숙제
- 080　성강지치
- 082　서주의 쇠퇴
- 092　유왕과 포사

3 춘추·전국 시대

- 108　패자의 시대
- 125　패자의 교체
- 134　진·초의 패권 다툼
- 154　천토의 회맹
- 157　초나라의 융성
- 161　오·월의 패권 다툼
- 183　패권 다툼과 병합의 근원
- 186　오·월의 명검
- 194　사상과 인문 과학
- 194　　—공자와 유교 사상
- 199　　—노자와 그의 사상
- 202　　—묵자와 그의 제자
- 207　중국 의학의 개조 편작
- 212　전국 시대의 서막
- 220　위의 성쇠
- 225　마릉의 싸움
- 231　백가쟁명
- 236　상앙의 변법
- 245　한·조·연·초의 형세
- 247　합종과 연횡
- 274　굴원과 이소
- 281　계명구도

285	화우의 진		**4 진의 흥망**	
294	장평의 싸움			
303	모수자천	352	중앙 집권과 군현제	
310	양책대고 여불위	358	분서갱유	
321	진의 천하통일	362	여산릉과 아방궁	
329	도궁에 비수현	365	박랑사의 철퇴	
341	산업과 인문 과학	367	만리장성	
341	―전국 시대의 농업	373	불타오르기 시작한	
343	―전국 시대의 수공업		반란의 불꽃	
345	―천문학의 발달	381	유방과 항우의 등장	
		389	유방과 항우의 세력 분포	
		414	무너지는 함양	
		420	진왕조의 최후	
		422	약법삼장	
		427	홍문의 만남	
		436	달라지는 천하의 형세	
		447	한·초의 쟁패	
		472	항우의 마지막 싸움	

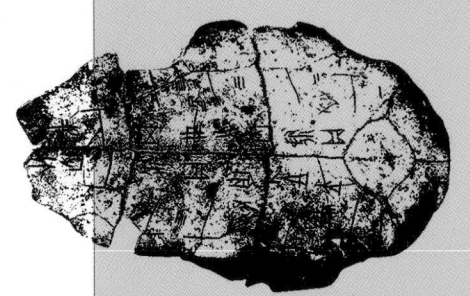

5 전한 시대

487	왕조 초기의 혼란	635	찾아보기
493	대풍가		
519	고조의 병사		
531	여후의 시대		
535	소하와 조참		
538	흉노와의 관계		
540	여태후의 전권		
552	문경지치		
560	오초 칠국의 난		
573	한무제의 치적		
588	봉선과 사마천의 《사기》		
596	무고의 난		
607	여운의 시대		
616	외척의 시대		
620	번영하는 장안		
622	왕망의 찬탈		
629	왕망의 제도 개혁 실패와 패망		

1
고대 역사의 기원

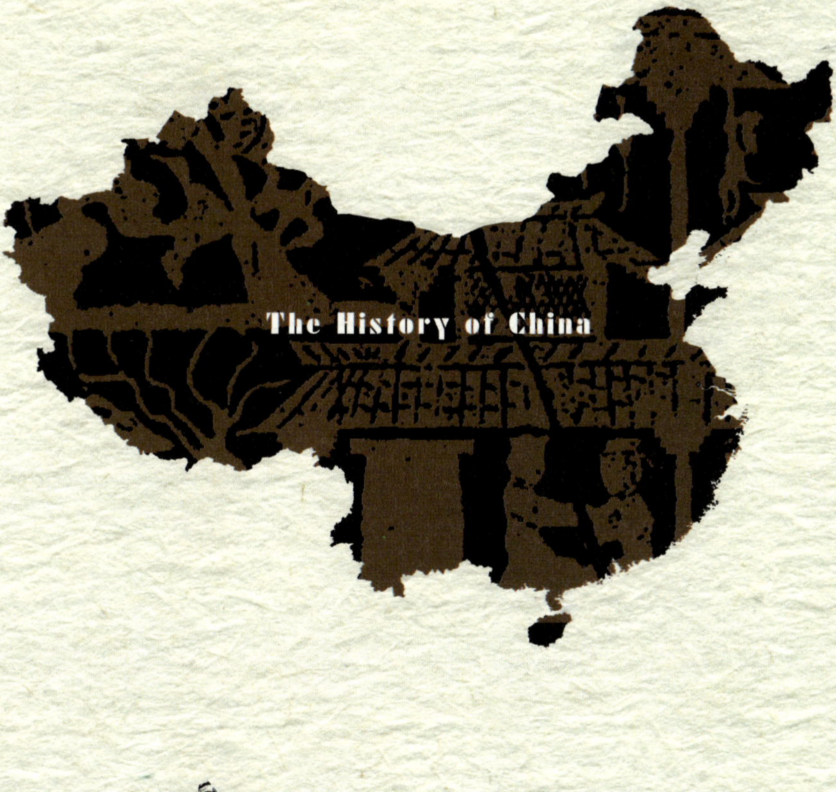

The History of China

고대 역사의 기원

중국 문명의 개조(開祖)로 일컬어지는 황제는 황하 유역의 반대 세력들을 물리치고 여러 가지 발명품을 만들어 백성들의 생활을 편안하게 하였다. 황제가 죽은 후 얼마 지나서 요임금이 천자가 되어 어진 정사를 폈으며 효행으로 이름 높은 순을 발탁하여 그에게 천자의 자리를 선양하였다. 요·순의 치세는 지금까지도 태평성대의 대명사로 불리며 두 임금은 성군의 이상형으로 높이 추앙되고 있다.

순임금은 우(禹)에게 천자의 자리를 물려주었으며 우의 아들 계(啓) 때에 이르러 세습 왕조 체제로 바뀌어 하왕조(夏王朝)가 이어진다.

17대 걸왕(桀王)은 말희(妹喜)라는 절세 미녀에게 빠져 폭정을 폈기 때문에 은(殷)의 탕왕(湯王)에게 멸망하였다.

중국 문명의 개조 - 황제

아득히 먼 옛날 중국 대지에 살았던 원시인 가운데 북경원인이 가장 오래된 인류라고 생각했었다. 그러나 1963년 고고학자들이 섬서성(陝西省)에서 남전(藍田)원인을 발견함으로써 그 생각은 완전히 바뀌게 되었다.

섬서성에서 발견된 남전원인의 추측 연대는 무려 1백만 년 전의 것으로 4, 50만 년 전의 북경원인보다 훨씬 옛날의 것이고, 그 다음해 운남성(雲南省)의 원모(元謀) 분지에서 발견된 이빨 두 개는 감정 결과 지금으로부터 무려 170만 년 전의 선사 시대 인간의 이빨임이 판명되었다. 이 원시인을 '원모원인' 이라 부르는데 이를 계기로 하여 한족의 최초 역사가 이 원모원인으로부터 시작되었다고 보는 학자도 있다.

이렇게 시작된 역사는 쉬지 않고 흘러 지금으로부터 거의 5, 6천 년 전의 중국 대지에는 동쪽에 이족(夷族), 서쪽에 강족(羌族), 남쪽에 묘족(苗族), 북쪽에 적족(狄族)들이 각기 살고 있었다.

동쪽의 이족에는 치우(蚩尤)라는 유명한 두령이 있었는데 그는 네 개의 눈, 여섯 개의 손, 구리로 된 머리, 쇠로 된 이마를 가진 요괴스런 모습을 하고 있었으며, 사람처럼 말하고 모래나 돌 따위를 먹으며 금으로 만든 무기를 사용했다고 한다. 그 위에 안개를 뿜어낼 수 있는 조화를 가지고 있어 전쟁을 할 경우 누구에게나 위협적인 인물

북경인

황하 중국 문명의 발상지

이었다.

　황하 중류 일대에 살고 있던 강족 가운데도 공공(共工)이라는 뛰어난 두령이 있었다. 강족들은 이따금 홍수를 일으켜 하류에 살고 있는 이족을 괴롭혔다. 화가 난 이족의 두령 치우는 그의 독특한 신체적 조건과 안개를 뿜는 조화를 부려 공공 일족을 마구 두들겨 부수니 공공은 화가 나 그의 머리로 부주산(不周山)을 들이받았다. 그러자 하늘을 떠받치고 있던 기둥이 부러지고 땅을 얽어매고 있던 밧줄이 끊어지면서 땅덩어리가 기울어져 이때부터 중국의 지형이 서북쪽은 높아져 산이나 고원 지대가 되고 동남쪽은 우묵해져 평야 지대가 되었다고 한다.

　이와 비슷한 이야기로 삼황(三皇) 시대 복희씨(伏羲氏)의 뒤를 이은 여와씨(女媧氏) 시대에, "하늘을 받치고 있던 네 기둥이 무너지면서 천지가 무너지고 불기둥이 치솟고 홍수가 범람하였으며 맹수들은 양민을 잡아먹고 맹금은 노약자를 채가는 등 아주 혼돈한 세상이 되어 버렸다. 이에 여와씨는 오색의 돌을 갈아 하늘을 짓고 큰 거북의 다리를 잘라 네 기둥을 세우고 흑룡을 죽여 기주(冀州)를 건너고 갈대의 재를 쌓아 홍수를 막았다." 한다.

질서를 잃은 혼돈의 세계를 그의 노력으로 원상복구시켰다는 일종의 천지창조와 비슷한 이야기이다.

여와씨 다음에 염제(炎帝) 신농씨(神農氏)의 천하가 8대 530년 동안 계속되다가 오제(五帝)의 첫째 황제인 황제(黃帝) 헌원(軒轅)의 천하가 되었다.

옛날부터 중국의 역사는 삼황(三皇)·오제로부터 시작되었다는 것이 통례로 되어 있다. 삼왕은 복희씨·여와씨·신농씨, 혹은 천황씨(天皇氏)·지황씨(地皇氏)·인황씨(人皇氏)로 기록되어 있으며 여와씨 대신 축융(祝融) 또는 수인(燧人)으로 기록한 문헌도 있다.

《사기》의 저자 사마천(司馬遷)은 삼황의 시대는 잘라 버렸다. 그리고는 오제본기(五帝本紀)로부터 역사를 기록하고 있다. 삼황 시대를 역사로 인정하기 어렵다고 생각했기 때문이었다.

치우 치우와 싸우는 황제 (위)

복희와 여와 사람 머리에 뱀의 몸으로 표현된다. (아래)

팔괘 남녕 외곽의 공원 바닥에 그려진 팔괘. 팔괘는 복희가 만들었다고 전해진다.

오제란 황제(黃帝)·전욱(顓頊)·제곡(帝嚳)·제요(帝堯)·제순(帝舜)을 말한다.

황색의 물결이 유유히 흐르는 황하와 그 주변을 메운 비옥한 황토의 평야, 이것은 고대 중국의 풍요로움을 상징한 것이다. 황제가 노란빛의 나라인 중국의 첫째 제왕으로서 중국 민족의 숭앙의 대상이 된 것은 결코 우연한 일이 아니다.

황제는 유웅국(有熊國)의 임금 소전(少典)의 아들로서 나면서부터 신령스럽고 총명하여 태어난 지 칠십 일이 채 못되어 능히 말을 하였고 모르는 것이 없었다. 나이가 들어 장성하매 더욱 총명하고 민첩하여 주위 사람들의 촉망을 받았다.

당시 여러 제후들은 서로 침략을 일삼아 백성들을 괴롭혔으나 여러 제후의 맹주격인 염제 신농씨의 힘이 미약하여 이를 능히 평정하지 못하였기 때문에 백성들은 괴로운 생활을 보내야 했다.

이에 황제 헌원은 처음으로 창과 방패를 만들어 침략을 일삼는 제후들을 정벌하니 제후들이 모두 그의 곁에 모여 그를 따랐으나 치우만은 정벌하지 못하였다.

이렇게 되자 맹주의 자리를 도로 찾기 위하여 염제 신농은 제후들을 괴롭히거나 침략하였다. 마침내 황제와 염제는 무력에 호소하여 판천(阪泉)에서 자웅을 겨루게 되었다. 처음에는 쌍방이 모두 고전하였으나 세 번의 싸움 끝에 황제가 승리를 거두었다.

그러자 이번에는 가장 포악하기로 이름난 치우가 반란을 일으켰다. 치우는 싸움에 유리한 요괴스럽고 독특한 신체적 조건을 이용하며 황제를 괴롭히니 처음에는 황제가 불리하여 탁록(涿鹿)까지 후퇴하였다. 황제는 제후들의 군사와 연합하여 탁록에서 치우와 결전을 벌였다. 치우는 짙은 안개를 일으켜 황제의 군대를 어지럽히려 하였으나 이때 황제는 안개에 대비하여 미리 지남차(指南車, 자석이 달린 수레)를 발명하였기 때문에 안개 속에서도 치우가 있는 곳을 탐지할 수 있었다. 격전 끝에 황제의 연합군이 대승을 거두었고 치우는 사로잡혀 죽임을 당하였다.

이에 황제의 명성이 크게 떨쳐 중원의 제후들은 모두 황제를 '천자'로 추대하기에 이르렀다.

황제는 천자가 된 후 배와 수레를 발명하고 집을 짓는 법과 옷짜는 일을 발명했으며 약초를 조사, 분석하여 의료기술을 폈다. 또 창힐(蒼頡)에게 명하여 문자를 제작하게 하고 영륜(伶倫)에게는 악기, 대요(大撓)에게는 십간 십이지(十干十二支)를 만들게 하였고, 부인인 유조는 누에 치는 법을 가르쳤다.

이때에 이르러 천하는 잘 다스

지남차 전설에 의하면, 황제가 치우와 싸울 때 지남차를 만들었다고 한다. 수레가 어떤 방향으로 나아가더라도 차 위에 설치된 목제 인형이 항상 남쪽을 가리키게 되어 있다.

려지고 백성들은 안락한 생활을 누리게 되었다. 황제는 장기적이고 대규모적인 전쟁의 승리자가 됨으로써 지금까지 폐색되었던 씨족 사회의 한계를 타파하고 각 씨족 간의 융합이 이루어져 한족의 옛 전신인 화하족(華夏族)이 서서히 형성되기 시작하였다.

이런 사실 때문에 후세 사람들은 황제를 화하족의 시조로 숭앙하고 모든 문물과 제도의 확립을 모두 황제의 공적이라 하여 황제를 '문명의 개조'라 칭송하고 있다.

황제는 죽은 후 섬서성에 묻혔다고 전해지고 있다. 황제의 능이 있는 고을 이름은 황제의 이름을 따 황릉현이라 불리고 있다.

예로부터 전해오는 전설에는 신화적인 색채가 짙은 것은 사실이지만, 황제의 역사를 자세히 검토해 볼 때 그때까지 없었던 일련의 놀랄만한 전쟁은 전혀 터무니없는 허구(虛構)가 아님을 충분히 이해하고 짐작할 수 있다.

황제의 시대가 지나자 중국의 역사는 원시적 씨족 공동체가 무너지고 노예제가 싹트기 시작하여 계급이 없는 사회에서 계급이 있는 사회로 이행(移行)하는 대변혁의 시대로 들어섰다.

요·순의 시대

황제가 죽은 다음 얼마 지나서 요(堯)임금이 천자가 되어 나라 이름을 당(唐)이라 했고, 순(舜)임금이 요임금의 뒤를 이어 천자가 되고 나라 이름을 우(虞)라 했다.

이 두 황제는 모두 검소하고 질박하였다. 요임금은 초가집에서 살았고 벽에는 석회를 바르지 않았으며 음식도 현미와 야채를 주식으로 하였다. 겨울철에는 겨우 한 장의 녹피(鹿皮)로 추위를 견뎠고 의복이 너덜너덜해지지 않으면 새옷으로 갈아입지 않았다. 천하에 단 한 사람이라도 기아에 허덕이거나 죄를 범한 사람이 있으면 이것이 모두 자신의 잘못이라고 요임금은 생각하였다.

《사기(史記)》에는 요임금의 사람됨을, "그의 어짊(仁)은 하늘과 같았고 그의 지혜는 신과 같았다. 백성들은 그를 해처럼 따랐고 구름처럼 바라보았다. 부귀하면서도 교만하지 않고 사람을 깔보지 않았다."라고 기록되어 있다.

요임금

이렇듯 요임금은 총명하고 인정 깊었으며 하늘의 뜻을 받들고 백성들을 어린 자식처럼 사랑하는 정치를 행하였기 때문에 백성들은 모두 격양가(擊壤歌)를 부르며 마음껏 태평성세를 즐겼다. 방방곡곡 어디를 가나 강구연월(康衢烟月)에 격양가가 넘쳐 흘렀다.

> 해뜨면 들에 나가 일하고
> 해지면 집에 돌아와 쉰다
> 우물을 파 마시고

밭을 갈아 배를 채우니
내 살아가는 데 임금의 힘 있으나 마나일세

日出而作 日入而息
鑿井而飮 耕田而食
帝力何有於我哉

    이 노랫소리를 듣는 요임금은 비로소 만족스러운 듯 고개를 끄덕거렸다.
    요임금이 제위에 오른 지 70여 년 세상은 변함없이 평화로웠건만 7년 동안이나 계속되는 홍수로 황하(黃河)가 넘쳐흘러 골치를 앓아야만 했다. 요임금은 치수(治水) 책임자로 곤(鯀)을 등용하였으나 9년 동안의 노력에도 불구하고 성과가 없었고 아들인 단주(丹朱) 또한 불초하여 제위를 물려줄 수가 없었다. 그는 누군가 천하를 맡아 다스릴 만한 인재에게 제위를 맡기고자 하여 널리 그 적임자를 찾았다.
    "천하를 맡길 훌륭한 인재를 골라 추천하시오."
    여러 중신들에게 이렇게 말하였으나 쉽게 나타나지 않았다.
    방제(放齊)라는 중신이 아뢰기를 "맏아드님 단주는 사리에 통달하고 총명하옵니다."라고 말하여 제위를 아들에게 넘겨주는 것이 어떻겠느냐고 요임금의 의사를 타진하였다.
    그러자 요임금은 "아니되오. 단주는 사람이 완흉(頑凶)*하여 천하를 맡길 수 없소." 하고 일언지하에 거절하였다.
    요임금과 순임금은 천자의 자리에 있으면서도 오래전부터 민주적인 사고 방식에 따라 중대한 일이 있으면 주위의 지도자들에

* 완흉(頑凶) : 완(頑)이란 덕과 의리가 없음을 말하고, 흉(凶)이란 소송을 좋아함을 이른다.

게 의견을 물어 민주적으로 결정하는 관용을 보였다. 당시에도 사람을 등용할 때는 지혜 있고 능력 있는 자를 추천토록 하여 선발하는 민주적 방식을 취했기 때문에 요임금과 순임금의 제위도 민주적 협의에 의해 덕 있는 사람에게 넘겨준다는 '선양(禪讓)'의 방식을 취했다.

또 한 사람의 중신 환두(驩兜)가 공공을 추천하였다. 이 공공은 역사에 가끔 등장하는 인물인데 요임금은 공공의 인격에 문제가 있다 하여 이를 물리쳤다. 다음에는 중신 사악(四嶽)이 곤(鯀)을 추천하였다. 요임금은 일찍이 곤이 그의 명령을 어긴 일이 있어 별로 탐탁지 않게 여겼으나 다시 한 번 시험하기로 하고 그에게 치수 사업을 맡겼다. 9년이 걸려도 실적이 없었다. 이때 요임금은 점점 나이가 들어 어떻게든 후계자를 결정하지 않으면 안 될 긴박한 상황에 놓였다. 이에 요임금은 "귀족이든 숨은 선비

기산 허유가 요임금의 선양을 거절하고 숨었다는 영수가의 기산

순임금의 효성 순이 아직 제위에 오르기 전 밭을 갈 때, 온갖 짐승이 그의 효성에 감동해서 코끼리가 코로 밭을 갈고 새가 발톱으로 김을 매어 주었다고 한다.

이든 그 출신 여하를 막론하고 추천해 올리라."는 명령을 내렸다.

요임금은 일찍이 당시 허유(許由)라는 사람이 어질다는 소문을 듣고 그에게 천하를 넘겨주려 하였다. 이 소문을 들은 허유는 펄쩍 뛰면서 영수(潁水)가의 기산(箕山)에 숨었다. 그 후 허유는 요임금이 다시 구주(九州)의 장을 삼으려 한다는 말을 듣자 영수에 나아가 그의 귀를 씻었다.

마침 소에게 물을 먹이러 왔던 허유의 친구 소보(巢父)가 허유의 귀 씻는 모습을 보고 그 연유를 묻자 허유가 답했다.

"못 들을 말을 들었기 때문에 귀를 씻고 있는 중일세."

"못 들을 말이 무슨 말인가?"

"요임금이 저번에는 나에게 천하를 넘겨준다 하더니 이번에는 또 구주의 장을 삼는다고 했다네."

이 말을 들은 소부는 물을 먹이려던 소를 끌고 상류 쪽으로 올라가는 것이었다. 허유가 그 까닭을 물었다.

그러자 소부는 "더럽혀진 귀를 씻은 더러운 물을 소에게 먹일 수는 없지 않은가? 그래서 상류 쪽으로 가서 깨끗한 물을 먹이려고 그러네."라고 답하고, 소를 몰고 유유히 상류 쪽으로 갔다.

요임금의 소망은 마침내 이루어지게 되었다. 신중에 신중을 기해 최종적으로 후보에 오른 사람은 다름 아닌 순(舜)이었다. 순은 전욱의 6세손으로 아버지는 완악(頑惡)하기로 유명한 고수(瞽瞍)이다. 순의 생모가 죽자 고수는 곧 후처를 얻었다. 후처에

게서 이복 동생인 상(象)이 태어났
는데 양친은 모두 온화한 순을 학
대하고 상만을 귀여워했다. 그러나
순은 참으면서 효도를 다했다. 그
는 집을 떠나 여러 가지 일에 종사
했으나 무슨 일에든지 성실하고 동
료들의 모범이 되었기 때문에 그를
흠모하는 사람들이 구름처럼 모여
들었다.

순임금의 두 아내

    이러한 소문은 드디어 요임금의 귀에 들어가 요임금이 불러 놓고 본즉 과연 뛰어난 인재임을 알 수 있었다. 우선 순을 시험해 睋(娥皇)과 여영(女英)을 순에게 시집보내 이들 부부 사이를 관찰하였다. 그녀들은 부도를 다하여 부부의 사이에 흠잡을 것 없이 원만하였다.

    "군자의 도는 부부로부터 시작된다."는 말이 있듯이 이들 부부 사이를 본 요임금은 순의 능력을 인정하여 비로소 안심하게 되었다.

    그런데 순의 가정에서 말썽이 일어났다. 말썽을 일으킨 사람은 순의 이복동생 상이었다. 그는 어머니와 짜고 그의 아버지이며 순의 아버지인 고수를 꾀어 순을 죽이려 하였다.

    하루는 광의 지붕을 수리케 하여 순을 지붕에 올라가게 한 후 사다리를 치우고 불을 질러 태워 죽이려 하였다. 순은 미리 준비해간 두 개의 삿갓을 펴 날듯이 내려와 위기를 모면했다. 또 한 번은 우물을 파게 한 후 순이 나오려 하자 상이 흙을 덮어 씌워 생매장하려 하였으나 순은 위험을 예측하고 옆으로 빠지는 통로를 미리 마련해 놓아서 죽음을 모면했다. 우물에서 빠져나와 집으로 돌아온 순은 평상 위에서 거문고를 타고 있었다.

순의 동생인 상은 "이번에야말로 순이 꼭 죽었을 것이다. 두 형수들에게 나의 잠자리 시중을 들게 하리라." 하고 뽐내면서 집에 돌아와 보니 순이 태연한 모습으로 거문고를 타고 있는 것이 아닌가. 상은 계면쩍은 표정을 지으며 "형님을 걱정하느라 몹시 속을 태웠습니다."라고 하였다.

그런 일이 있은 후에도 순은 전과 다름없이 부모를 극진히 받들었고 동생을 한결같이 사랑하였다. 요임금은 순의 인물됨을 높이 평가했고 이어서 여러 요직에 등용하여 시험해본 결과 모두 훌륭하였다. 순은 20세에 효행으로 유명해졌고, 30세에 등용되고, 50세에 섭정(攝政)이 되었으며 58세 때 요임금이 죽자 61세 때 정식으로 제위에 올라 39년 동안 재위하였다.

순의 치세 때도 요임금 때와 못지않은 태평성대를 구가하였으며 우(禹)·고요(皐陶)·직(稷)·설(契)·기(夔) 등의 어진 신하들이 순임금을 도와 더욱 빛나는 정치를 실현하였다. 특히 요임금의 말년부터 문젯거리로 여겼던 치수 사업을 곤의 아들 우에게 맡긴 결과 우는 탁월한 지혜와 뼈를 깎는 노력으로 마침내 치수 사업을 성공시켰다. 《사기》는 다음과 같이 우의 공적을 소개하고 있다.

"우가 몸을 돌보지 않고 애태우며 중국 천지를 13년 동안 헤매며 이룩한 그 굽힘 없는 치수 활동은 그대로 그의 인간됨을 말해주는 것이다. 그는 자기 집 문 앞을 지나갈 때 처자의 울음소리를 듣고도 그대로 지나쳐 동분서주 발걸음을 옮겼던 것이다. 마침내는 허벅지의 살이 쭉 빠지고 정강이의 털도 빠졌으며 등은 낙타처럼 굽어 절룩거리면서 걸었다. 후에 이런 걸음걸이를 흉내내어 우의 발걸음(禹步)이라고 부르게 되었다."

우는 일의 성과를 순에게 보고했고 순은 그 공을 치하하여 우에게 상을 내렸으며 만천하에 치수의 성공을 고함으로써 그후부터는 홍수의 피해를 면할 수 있게 되었다.

요임금 때에 있었던 천재지변 가운데 앞서 말한 홍수의 피해 말고도 10개의 태양이 한꺼번에 나타나 요임금을 당황하게 했다는 신화 같은 이야기가 전한다. 사실 이 신화는 어디까지가 믿을 수 있고 어디까지가 거짓인지 판가름하기 어려우나 역사적 편린(片鱗)을 반영하는 것임에 틀림이 없다.

* 부상: 해가 뜬다고 상상하는 신성한 나무.

옛 전설에 의하면 염제 신농씨(炎帝神農氏)가 태양신이라는 설과 제준(帝俊)이라고 불리는 천제와 그의 아내 희화(羲和) 사이에서 태어난 10인 형제가 태양이라는 설이 있다.

희화의 나라에 더운 물처럼 바닷물이 들끓는 탕곡(湯谷)이라는 계곡이 있는데 열 개의 태양은 매일 아침 이 탕곡 곁에 있는 부상(扶桑)*에 순번으로 올라가 검은 새의 등에 올라타고 대공을 건너 서쪽 하늘까지 갔다가 다시 탕곡으로 되돌아오면 하루가 지난다. 그 다음엔 제2의 태양, 그 다음은 제3의 태양이 순번대로 하루에

밭을 가는 신농씨

고대 역사의 기원

한 번씩 움직임으로써 몇천 년, 몇만 년 동안 천지는 조화를 이루어 무사하였다. 그런데 요임금 때 이들 10인의 형제가 장난삼아 한꺼번에 대공을 건너기 시작하였다. 열 개의 태양이 한꺼번에 나타난 것이다. 인간들은 타죽을 지경이었고 농작물은 모두 말라 죽었다. 그뿐 아니라 맹수와 맹금 등의 피해도 막심하였다.

성왕이었던 요임금도 이 뜻밖의 재난에는 손을 써볼 도리가 없었다. 생각 끝에 천제에게 호소하여 재난을 수습해달라고 요청하였다.

천제는 자식들이 저지른 장난 때문에 일어난 재난이므로 이 재난을 그대로 보고만 있을 수가 없었다. 그는 활의 명수인 예(羿)를 지상으로 보내어 사태를 원만히 수습토록 하였다. 천제에게는 이 열 개의 태양이 모두 사랑스런 아들이었기 때문에 예가 적당히 위협하여 부상으로 내려보내면 그것으로 사태는 수습되리라 생각하였다.

그러나 예는 장난삼아 지상에 재앙을 일으킨 이들 태양을 그대로 둘 수 없다고 생각하여 열 개의 태양을 향해 화살을 쏘았다.

활의 명수답게 화살은 조금도 빗나감이 없었다. 화살에 맞은 태양은 하나, 둘 떨어져 아홉 개까지 떨어지고 말았다. 마지막 한 개의 태양마저 떨어지면 암흑 세계가 되어 인간은 살 수 없다. 요임금은 사람을 시켜 예의 전통에서 한 개의 화살을 훔쳐내게 하여 한 개의 태양만 하늘에 남게 하였다. 예는 다시금 맹수와 맹금을 죽이거나 사로잡으니 지상은 정상을 회복하였다.

예는 인간을 위해 큰 공로를 세운 셈이었다. 그러나 천제는 사랑하는 아들 아홉을 죽인 예를 용서할 수가 없었고, 신적(神籍)에서 예를 제명시키고 말았다.

신의 자격을 박탈당한 예의 부부는 다시 천상으로 돌아갈 수가 없어 인간으로 살 수밖에 없는 운명에 놓이게 되었다. 이 일로 인하여 부부 사이에 불화가 그치지 않았다.

후예사일 후예가 아홉 개의 태양을 활로 쏘아 떨어뜨리고 있다.

얼마 후 예는 하천(河川)의 신인 하백(河伯)이 백룡(白龍)의 모습을 하고 물 속에서 노닐고 있는 모습을 보고 활로 쏘아 왼쪽 눈을 맞히고 하백의 아내인 절세의 미인 낙빈(洛嬪)을 가로챘다.

하백은 즉시 이 사실을 천제에게 고발하였으나 천제는 "네가 용의 모습을 하고 물 속에서 노닐었기 때문에 화살에 맞은 것이니 예에게는 잘못이 없다." 하고 오히려 호된 꾸지람만 하였다.

그러던 어느 날 예는 불로불사(不老不死)의 영약을 곤륜산에 있는 서왕모(西王母)가 갖고 있다는 이야기를 들었다. 신적에서 제명당한 예의 입장에서 생각하면 죽지 않으면 안 될 인간이 된 것이 참을 수 없는 일이었다. 어떻게 하든 죽지 않는 몸이 되어야겠다고 생각한 예는 곤륜산으로 가 불사약을 가지고 있다는 서왕모를 만나 "불사약을 나누어 주시오."라고 애원하였다.

예와 서왕모는 서로 아는 사이였다.

서왕모는 단 한 알의 약을 건네주면서 "이것이 마지막입니다."라는 의미심장한 말을 하였다. 더 이상은 줄 수 없다는 다짐인 것이다. 그러나 예의 아내인 항아(姮娥)가 그 약을 훔쳐가지고 달로 도망쳐버렸다. 예는 낙심한 나머지 실의에 빠져버렸다. 예는 여지없이 아내로부터 배반당했지만 아내인 항아에게도 할 말은 있었다. 하백의 처 낙빈과 놀아난 남편에게 의리 따위는 지

예의 아내 항아

킬 필요가 없다고 생각할 수도 있었기 때문이다.

그러나 신의 세계에도 남존여비의 사상이 있었는지 항아의 행위도 정당화시키지 않고 있다. 달로 도망친 항아는 남편인 예를 배반한 죄로 두꺼비 모양으로 변했다고 한다. 달에 두꺼비 모양이 생긴 것은 이때부터라고 한다.

신의 의사라고 하지만 사실은 신화를 만든 인간의 의사가 신화 속에 짙게 반영되었다고 생각된다. 남의 아내를 가로챈 바람둥이 예는 아내의 배반으로 벌을 받은 것이 되고 또한 남편을 배반한 항아도 완전 무죄가 성립하지 못하고 두꺼비의 신세가 되었다.

이 예의 이야기는 매우 인간적이라 할 수 있다. 삼황과 같이 사신인수(蛇身人首)라든가 인신우수(人身牛首)라는 말이 없고 불사의 영약을 필요로 하였으니 신이 아닌 인간과 같은 존재임이 분명하다. 신적에서 제명당했다는 이야기는 예가 신화와 역사 세계의 경계에 있었다는 사실을 암시해주고 있다. 예의 이야기는 본질적으로는 신화이지만 어디서인지 모르게 역사적 향취를 풍기고 있기 때문에 여기에 소개했음을 밝혀둔다.

《춘추좌전》에는 예에 대하여 다른 내용을 기록하고 있다. 시대적 배경도 요임금 때가 아니고 하(夏)나라의 태강(太康) 시대로 되어 있어 이 책 하왕조 시대에도 언급된다. 하왕조 시대의 예

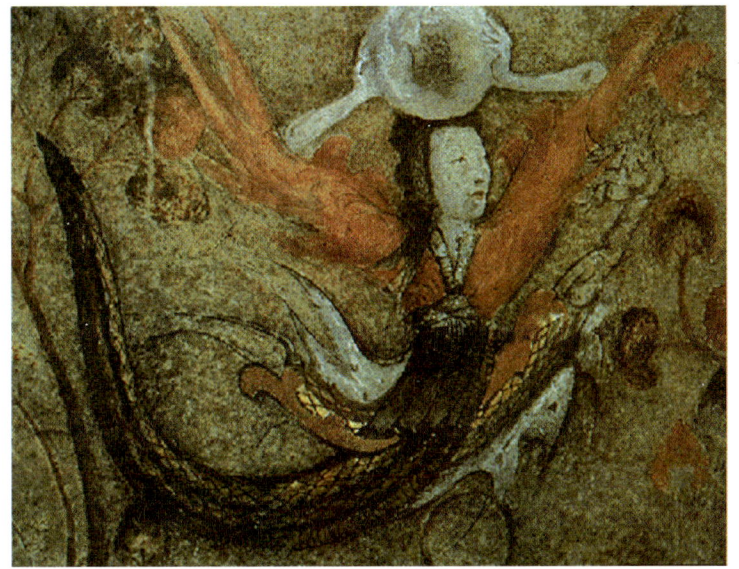

달을 이고 가는 여신
고구려 오괴분 4호묘의 벽화. 여신이 이고 가는 달 속에는 항아가 변했다는 두꺼비가 앉아 있다.

는 유궁국(有窮國)의 후예(后羿)로 기록되어 있으니 동일 인물이 아닌지도 모르는 일이다. 앞에서도 말했듯이 순임금에게는 아황과 여영의 두 아내가 있었는데 아황에게서는 소생이 없고 여영에게서 외아들 상균(商均)을 낳았다. 그도 또한 불초하여 천하를 맡길 수가 없었다. 순임금도 요임금과 마찬가지로 천하를 물려줄 사람을 찾았는데 그중에서 물망에 오른 사람이 치수 사업의 성공자이며 인망이 가장 높은 우(禹)였다. 순은 제위에 오른 지 39년 되던 해 남쪽 나라들을 순행하다가 창오(蒼梧)에서 병사하였다.

　순임금을 따라 상수(湘水) 부근까지 와 있던 두 왕비는 갑작스런 흉보에 비탄을 못 이겨 눈물을 흘렸다. 그 눈물이 옆에 있는 대나무에 떨어져 얼룩진 반점(斑點)의 흔적을 남겼다. 그 후부터 소상강 부근에서는 반점이 있는 반죽(斑竹)이 나는데 이것은 그녀들의 피눈물이 변한 것이라는 전설이 있다. 눈물을 흘린 두 왕비는 이윽고 세상을 떠난 남편 순임금에 대한 흠모의 정을 누를 길 없어 둘이서 얼싸안고 소상강 깊은 물에 몸을 던져 생애를 마쳤다. 후세 사람들은 두 왕비의 넋을 추모하기 위해 소상강가에 사당을 지었다. 이 사당이 바로 황릉묘(黃陵廟)이다.

또 다른 전설에 의하면 두 왕비는 소상강의 여신이 되었는데 아황은 상군(湘君), 여영은 상부인(湘夫人)이라고 불린다고 한다. 두 왕비의 이 같은 사연은 후세 사람들의 가슴에 슬픈 추억을 심어 많은 문학 작품의 소재로 등장하게 되었다. 요·순의 역사는 신화적 색채가 짙어 그 사실 여부를 확인하기 어려우나 어쨌든 이들 두 성군은 후세 제왕들의 이상적 군주, 이상적 정치의 실현자로 높이 숭앙되고 있다.

하왕조의 시작

우순(虞舜)의 시대가 지나고 세습 왕조인 하왕조(夏王朝)가 우(禹)에 의하여 성립하였다. 처음 우임금은 제위를 아들에게 물려주겠다는 생각이 조금도 없었다. 그는 자기 신하 가운데 익(益)이라는 사람에게 천하를 넘겨주었으나 우임금이 죽고 3년상을 마치자 익은 우임금의 아들인 계(啓)에게 제위를 물려주고 기산(箕山)에 숨어버렸다. 계는 어진 사람이었기 때문에 백성들의 인망을 한몸에 안고 있었다.

우임금의 출생 경위에 대해서는 여러 가지 설이 있다. 요임금 말년 대홍수가 천하를 휩쓸자 우임금의 아버지 곤(鯀)으로 하여금 치수(治水)를 하도록 하였다. 9년에 걸친 치수 사업에도 성과가 없자 그 책임을 물어 우산(羽山)에 가둔 후 마침내 곤을 죽였다. 3년이 지나도록 그 시체가 썩지 않자 상제가 이를 괴이하게 여겨 상제의 보도(寶刀)로 그 시체를 자르도록 하였는데 그 뱃속에서 우임금이 나왔다고 한다.

우는 즉위한 후에도 치수 사업을 계속하고 도로의 건설 및 개척 사업에도 힘을 기울였으며 방방곡곡을 순행하였다.

하루는 어느 고을을 지나는데 수많은 사람들이 한 사나이를 둘러싸고 떠들고 있었다. 우임금이 그들 곁으로 다가가 연유를 묻자 "집안이 가난하여 배고픔을 견디지 못하고 벼를 훔쳤습니다. 이 몹쓸 놈을 벌하여 주시옵소서."라고 그 사나이가 답했다.

하 우왕

사나이는 눈물을 흘리면서 자기의 비행을 사죄하고 뉘우치는 기색이 역력하였다. 이 모양을 본 우임금은 그 사나이의 손을 불쑥 잡고 눈물을 줄줄 흘리는 것이었다. 뜻밖의 일에 놀란 백성들이 조심스럽게 그 연유를 묻자 우임금은 "요임금이나 순임금이 천자로 계실 때는 모든 백성들이 모두 천자의 마음을 자기 마음으로 삼았다. 그런데 내가 제위에 오른 지금 백성들은 사리사욕에 사로잡혀 각자 자기 마음을 갖고 있다. 이는 다 나의 부덕한 소치니라."라고 말했다.

이 말을 들은 모든 신하와 백성들은 감격하여 땅에 엎드려 함께 울었다.

그런데 우의 시대에 획기적인 발명이 이루

순자 순자는 《순자(荀子)》에서 요순의 선양을 허언이라고 회의를 표하고 있다.

어졌다. 수레(車)와 우물, 술이 그 대표적인 것인데 수레는 해중(奚仲), 우물은 익(益), 술은 의적(義狄)이 발명했다. 의적이 술을 발명하게 된 경위는 다음과 같다.

어느 날 의적은 물에 담근 쌀에서 향긋하고 달콤한 냄새를 맡게 되었다. 의적은 그 냄새에 이끌려 맛을 보니 지금까지 맛보지 못한 고상한 맛이었다. 그는 여기서 쌀로 술을 담그는 법을 생각해내고, 술을 담그어 맛을 보니 과연 천하진미였다.

'이렇게 맛있는 것을 나 혼자만 먹을 수가 있겠는가. 천자님께 진상해야지.'

그는 우에게 헌상했다. 우는 그 술을 잔에다 받아 마셨다. 감미로운 향기가 코를 찔렀다. 한 잔 한 잔 마시는 동안 황홀경에 빠져 마침내 잠이 들었다.

"너무 맛이 있구나. 이렇듯 맛이 좋으니 경계하지 않으면 집안을 망치는 자, 나라를 망치는 자가 속출하겠다."

그리고 다시는 술을 입에 대지 않았으며 의적을 멀리 했다고 한다.

우는 처음 제위에 오른 후 그 위엄을 보이기 위하여 제후들을 도산(塗山)에 모아 연회를 베풀었다. 일찍부터 우의 명성을 듣고 있었던 제후들은 앞을 다투어 공물(貢物)을 받쳐들고 모여드니 그 수가 수만을 헤아렸다. 다시 수년 후 우는 동으로 순행하여 절강성 회계(會稽) 땅에 이르러 다시 제후를 초청했는데 이때도 수만을 넘는 제후들이 옥과 비단을 들고 모여들어 천자의 위엄에 굴

옛 운하

복했다. 그 후 우는 치수 공사에 너무 정력을 바친 탓인지 회계에서 병들어 죽었다.

계의 세습 왕조 체제

우의 뒤를 이어 우의 아들 계(啓)가 제위에 올랐다. 지금까지는 천자가 어진 인물을 골라 제위를 물려주는 이른바 선양의 방법으로 제위가 계승되었으나 우의 아들 계에 이르러 이 선양의 체제가 무너지고 세습의 방법으로 바뀌게 되었다. 앞에서도 말했지만 우는 자기의 뒤를 익에게 물려주려 하였으나 제후들이 우의 공덕을 추모하여 그의 아들 계를 제위에 앉힌 것이다.

계의 출생에는 다음과 같은 전설이 있다.

우는 일찍이 제후인 도산씨(塗山氏)의 딸을 아내로 맞이했다. 도산은 안휘성(安徽省) 회원현(懷遠縣) 부근으로 회하(淮

河)에 면한 지방이다. 치수 공사에 한창 바쁠 때 결혼하였기 때문에 일에 쫓기는 우로서는 결혼한 지 4일 만에 다시 치수 공사에 나가지 않으면 안 되었다. 그래서 신혼생활을 치수 공사장 부근의 대상(臺桑)이라는 곳에서 시작하였다.

    그런데 어쩌다 실수로 그의 아내에게 보여서는 안 될 흉한 모습을 드러내고 말았다. 험한 길을 빨리 가기 위하여 마구 달렸는데 그때의 모습이 흡사 곰과 같았다. 그의 아내는 이 모습을 보고 소스라치게 놀라 도망치다가 그만 돌덩이로 변해버렸다. 이때 그녀는 임신 중이었다. 우는 그 돌덩이를 향해 "제발 내 자식이나 돌려주시오." 하고 외치자 돌덩이가 깨어지면서 아기가 나왔다. 이 아기가 바로 계라는 것이다. 계(啓)는 '열리다'의 뜻으로 그가 돌을 열고 나왔다는 뜻에서 그 이름이 붙여졌다.

    이곳이 숭산(嵩山) 기슭이었는데 이보다 훨씬 뒤인 한무제(漢武帝) 원봉 원년(元封元年)에 무제가 이곳에 와서 '하후계모석(夏后啓母石)'을 발견하고 그 이튿날 숭산에 올라 사당을 짓고 산 밑 3백 호를 이 사당의 봉읍(奉邑)으로 한다는 조서를 내렸다는 기록이 있다.

    굴원(屈原)은 〈천문(天問)〉에서 그들의 출생을 슬퍼하였다.

"우의 아들이며 도산씨의 소생인 계는 예악(禮樂)을 정비한 인물인 듯하다. 그는 음률(音律)을 정비함으로써 '구변(九辯)', '구가(九歌)'를 지어 사람들을 즐겁게 하였다. 이렇게 근면한 사람이 어찌하여 어머니를 죽이고 태어났단 말인가. 성인으로 추앙되는 우, 예악을 창시한 그의 아들 계 모두가 인생으로서 만족한 삶을 누렸다고 할 수 없으니 안타까운 일이로다."

계는 제위에 오른 지 39년 만인 78세에 죽었다고 하는데 그의 후계자들이 유능하지 못하여 하왕조에 위기가 닥쳤다.

　계의 아들 태강은 할아버지 우, 아버지 계와는 달리 몹시 우둔한 인물이었다. 하국(夏國)의 도성에서 가까운 곳에 유궁(有窮)이란 나라가 있었는데 그의 왕 후예(后羿)가 은근히 야심을 품고 태강의 행동을 살피고 있었다. 당시 하국의 수도는 지금의 하남성 공현(鞏縣) 부근으로 서남쪽으로 낙수(洛水)·이수(伊水)가 흐르고 북쪽에는 황하가 흐르고 있었다. 사냥을 즐기는 태강은 소수의 병력만을 거느리고 기분내키는 대로 사냥을 하다가 낙수를 건너 국경 밖으로 벗어나 버렸다.

　기회를 노리고 있던 유궁의 후예는 많은 군사를 이끌고 낙수 기슭에서 태강이 오기를 기다리고 있다가 태강과 결전을 벌였다. 태강은 힘을 다하여 대항하려 하였으나 소수의 군세로 어찌할 도리가 없어 말머리를 돌려 달아났다. 그곳에서 사방의 제후들에게 원조를 요청하고 제후의 힘을 빌려 국세를 회복하려 하였으나 그를 도우려는 제후는 한 사람도 없었다. 그만큼 그는 실덕(失德)이 컸던 것이다. 애만 태우다가 얼마 후 병사하고 말았다.

　태강을 몰아내고 하나라의 정권을 대신한 예는 요임금 때 9개의 태양을 쏘아 떨어뜨렸다는 신화 속 활의 명인 예와 동일한 인물인지도 모른다. 그는 활 솜씨만을 믿고 정사는 멀리하고 사냥과 술, 계집으로 일을 삼았다. 무라(武羅)·백인(伯因) 등 어진 사람을 멀리하고 간사한 한착(寒浞)을 재상에 등용하였다. 한착

청동 술잔 현재 중국에서 발견된 유물 중 가장 오래된 청동 용기이다.

은 예에게 아부하고 예의 측근들에게 뇌물을 뿌리며 주군인 예로 하여금 사냥에만 몰두하도록 하였다. 그 목적은 나라를 빼앗기 위한 것이었다. 어느 날 예는 사냥에서 돌아와 한착의 부하에게 죽임을 당하였다.

    한착은 예를 죽여 그를 불에 구워 예의 아들에게 그 고기를 먹이려 하였으나 예의 아들은 아버지의 살을 차마 먹지 못하고 그대로 굶어 죽었다. 또 한착은 예의 처와 첩을 모두 빼앗아 차지한 후 요(澆)를 낳았다.

    요는 한때 하나라의 중신인 침관(斟灌)·침심(斟甚)을 멸망시켜 세력을 확장하였으나 하나라의 옛 신하들이 궐기하여 한착을 토멸하고 소강(少康)을 황제로 옹립였다. 소강은 유궁국을 완전히 멸망시키고 하왕조를 중흥시켰다.

    그 후 하왕조는 4백여 년에 걸쳐 중국에 군림하였다. 소강의 11대 천자로 걸(桀)이라는 악명 높은 천자가 제위에 오르니 이이가 후대의 은(殷)나라 주(紂)와 함께 악역무도한 군주의 표본으로 상징되는 인물이다.

걸왕과 주지육림

걸왕은 제왕으로서 지녀야 할 덕은 닦으려 하지 않고 황음무도에 치우쳐 자신의 욕망을 채우기 위해서는 누구든지 마구 죽이고 학대하기를 주저하지 않았다. 그는 악역무도하고 탐욕스러웠으나 남다른 지력과 용기가 있었다. 그런데 이러한 지략과 용기를 송두리째 빼앗아 마침내 하나라를 망치게 한 여인이 있었으니 그녀가 바로 말희(妹喜)라는 여인이다.

걸이 한창 용력을 뽐낼 때의 일이다. 그가 막강한 병력으로 유시씨(有施氏)의 소국(小國)을 공격하자 유시씨는 도저히 대항할 힘이 없어 많은 진상품을 바치고 항복했다. 그 진상품 가운데 말희라는 여인이 끼어 있었다. 평소 용감하고 지력이 뛰어났던 걸은 말희를 보자 이성을 잃고 분별 없는 행동을 하기 시작하였다. 말희의 말이라면 무엇이든 무조건 행동에 옮기는 넋 잃은 인간이 된 것이다.

말희는 우선 궁궐을 다시 짓게 하고, 그 궁궐이 완성되자 눈부실 만큼 화려한 옷을 입은 3천 궁녀들에게 춤을 추게 하며 산해진미를 차려놓고 잔치를 계속하였다. 얼마 동안 계속되자 여기에 싫증이 난 말희가 말하였다.

"저렇게 3천 명의 여인들에게 일일이 음식을 나누어주거나 술을 따르다 보면 너무 지루하여 답답하오니 술로 연못을 만들고 고기로 숲을 만들어 춤추며 돌아가다가 못의 술을 마시고 고기숲에서 안주를 뜯어 먹도록 함이 좋겠습니다."

"기막힌 생각이로다. 이렇게 멋진 춤놀이를 본 제왕은 일찍이 없었을 것이다."

걸은 입을 크게 벌리고 기뻐 어찌할 줄을 몰라 했다. 드디어 주지육림(酒池肉林)의 공사가 시작되었다.

이 모양을 본 말희는 속으로 회심의 미소를 지었다. 말희는 처음부터 딴 생각이 있었던 것이다.

"내 사랑하는 조국이 이 자의 칼 아래 유린당하고, 나는 사랑하고 그리던 모든 사람들과 헤어져 이 자의 한낱 노리개가 되어 이곳에 붙잡혀 있다. 나를 이곳에 공물로 바치고 고향에서 부모처자와 즐겁게 살아가는 자들도 원망스럽고 이 세상 온갖 것이 다 밉살스럽기만 하다."

그녀는 굴욕과 증오에 몸부림치면서 오로지 복수의 일념에 불타고 있었다. 말희가 복수심을 가지게 된 원인에 대해 좀 다른 설도 있다.

청나라 때 쓰인 역사(繹史)의 《죽서기년(竹書紀年)》에는 폭군으로 이름난 걸은 매우 여색(女色)을 탐하던 자로서 민산국(岷山國)을 공격했을 때 그곳에서 두 미녀를 얻었다고 기록되어 있다. 그 두 미녀는 말희보다 나이도 적고 훨씬 매력적이었다. 걸이 두 미녀를 총애하자 이제까지 걸의 사랑을 독차지했던 말희는 질투에 눈이 멀기 시작하였다. 처음에는 두 미녀를 미워했지만 얼마 후에는 걸왕을 증오하기에 이르러 마침내 은(殷)의 중신 이윤(伊尹)과 내통하여 국가의 기밀에 속하는 군대의 배치 상황이나 그밖의 중대 정보를 제공하여 은나라 건국에 결정적인 역할을 하였다는 것이다.

어쨌든 주지육림의 공사는 순조롭게 진행되었다. 공사가 완료되자 걸왕과 말희는 작은 배에 올라 연못 둘레에서 춤추는 미녀들의 원색의 출렁임과 울리는 북소리를 신호로 무희들이 연못가로 모여들어 술을 마시고 또 북소리에 따라 안주를 먹는 모습을 매일처럼 바라보며 잔치를 벌였다. 그것뿐이 아니었다.

말희는 한 가지 일이 끝나면 또 다른 일을 꾸며 하왕조의 국력을 좀먹어 들어갔고 말희의 말에 놀아난 걸왕의 행동은 도저히 보고만 있을 수 없었다. 현신 관용봉(關龍逢)이 눈물을 흘리면서 간했지만 오히려 참수되고 말았다.

또 선관(膳官)* 이윤이 간했으나 "선관 주제에 무슨 참견이냐!"며 들은 척도 안 했다. 그 후로 이윤은 하나라를 버리고 당시 은나라의 수도였던 박(亳)으로 도망쳐 탕왕(湯王)을 섬겨 은나라 창업의 일등공신이 되었다.

　당시 탕왕은 덕이 많은 군장으로 그를 끝까지 후원했던 위(韋)·고(顧)·곤오(昆吾) 등 세 나라 제후들의 협력을 얻어 차례차례 국력을 확장하고 있었다. 걸왕의 횡포가 나날이 심하여 백성들의 마음이 그를 떠난 기미를 알아차린 탕왕이 걸왕 타도의 깃발을 높이 들자 하나라 백성들은 단사호장(簞食壺漿)*을 들고 나와 탕의 군사를 환영하였다. 이때 재상(宰相) 이윤도 종군하여 탕을 도왔음은 말할 것도 없다.

　하의 걸왕은 명조(鳴條)의 싸움에서 대패하여 달아나다가 삼종에서 사로잡히는 신세가 되었다. 얼마 후 남소(南巢, 안휘성 수현 동남쪽)에서 죽임을 당하였다. 걸왕은 죽음에 임하여 "내가 탕을 하대(夏臺)에 가두었을 때 죽이지 못한 것이 못내 후회스럽다. 그때 그를 죽였더라면 이 지경에 이르지 않았을 것을!"하고 한탄하였다.

　이로써 4백 수십 년간 계속되었던 중국 역사상 최초의 왕조는 종말을 고하게 되었다.

　하의 걸왕은 은의 주왕(紂王)과 함께 옛날부터 폭군의 대명사로 불리었다. 걸왕은 유시씨를 토벌했을 때 말희라는 미녀를 얻었고 주왕은 유소씨를 토벌했을 때 달기(妲己)라는 미녀를 얻었다. 유시와 유소, 말희와 달기의 이야기는 너무나 비슷하다.

　또 왕조를 창시한 인물의 예를 보아도 일단 갇혔다가 나중에 석방된 점도 너무나 비슷하다.

* 선관(膳官) : 궁궐 안의 주방을 맡은 관리

* 단사호장(簞食壺漿) : 도시락밥과 단지에 넣은 음료수라는 뜻으로 노상에서 군대를 환영하기 위한 음식

걸왕은 탕을 하대에 가두었다가 석방하였고 주왕은 문왕을 유리(羑里)에 가두었다가 석방하였으니 이상 몇 가지 사실로 미루어 볼 때 이것은 한 가지 이야기를 무리하게 둘로 나눈 것이 아닌가 하는 의문을 가지게 한다. 이 같은 사실이 하왕조의 역사가 가공(架空)의 역사라고 주장하는 하나의 근거가 될 수 있는 것이다.

그러면 여기서 하왕조가 전설상의 나라인가 또는 실제로 존재했던 나라인가에 대하여 유적이나 유물의 발굴을 통하여 지금까지 알려진 사실을 더듬어 보자.

소강(少康) 시대의 도읍지로 추정되는 용산(龍山)이라는 곳에서 묘지의 유적이 발견되기 시작한 이래 용산 문화의 유적이 속속 발견되고 있다. 서쪽으로는 섬서(陝西), 남쪽은 강소(江蘇), 북쪽은 요동 반도에 이르는 넓은 지역에서 발견된다. 이것들은 하왕조에 해당하는 것으로 추측되나, '하허(夏墟)'로 인정할 만한 것은 발견되지 않아 하왕조가 실제로 있었는지의 여부는 아직 증명되지 않았다.

《죽서기년(竹書紀年)》에는 하왕조의 존속 연대를 우(禹)부터 걸왕(桀王)까지 472년이라 하고, 우왕을 제외하고 16제(帝) 13대로 기록되어 있다.

고대 역사의 계보

삼황(三皇)
복희씨(伏羲氏)—여와씨(女媧氏)—신농씨(神農氏)
여와씨 대신　축융씨(祝融氏)
　　　　　　　수인씨(燧人氏)
또는 천황씨(天皇氏)—지황씨(地皇氏)—인황씨(人皇氏)

오제(五帝)
황제(黃帝)—전욱(顓頊)—제곡(帝嚳)—제요(帝堯)—제순(帝舜)

하왕조(夏王朝)의 계보(系譜)
1.우(禹) — 2.계(啓) — 3.태강(太康) — 4.중강(中康) — 5.상(相) — 6.소강(少康) — 7.저(杼) — 8.괴(槐) — 9.망(芒) — 10.설(泄) — 11.불항(不降) — 12.경(扃) — 13.근(厪) — 14.공갑(孔甲) — 15.고(皐) — 16.발(發) — 17.걸(桀)

2
은·주 시대

The History of China

은·주 시대

은(殷·商)의 탕왕은 덕이 높은 인물이었다. 그는 명재상 이윤(伊尹)의 협력으로 은왕조를 세우고 왕도 정치를 폈다. 19대 임금 반경(盤庚) 때에 이르러 도읍을 은허(殷墟)로 옮기고 쇠퇴해가는 은왕조를 중흥시켰다. 30대 임금 주왕(紂王) 신(辛)이 절세미녀 달기(妲己)에게 정신을 빼앗겨 주지육림(酒池肉林) 놀이와 가혹한 형벌로 포악함이 극도에 이르렀다. 이에 주(周)의 무왕(武王)이 목야(牧野)의 싸움에서 은을 멸망시키고 주왕조를 세워 봉건제를 실시하였다.

무왕의 동생 주공(周公)은 새로운 법도와 예악을 제정하여 주나라의 기틀을 다졌으며 나이 어린 조카 성왕을 도와 선정을 폈다. 10대 임금 여왕 때에 이르러 민중의 반란이 일어나 여왕은 도망치고 공화(共和) 시대가 열린다. 12대 임금 유왕은 포사라는 미녀가 웃는 모습을 보기 위하여 봉화를 올리게 함으로써 견융(犬戎)에게 살해되고, 13대 임금 평왕(平王)은 견융족의 침입을 피하여 수도를 낙양으로 옮김으로써 동주 시대가 열리게 된다.

은왕조 시대

은(殷)의 시조는 설(契)로서 그의 어머니는 유융씨(有娀氏)의 딸 간적(簡狄)이다. 간적은 어느 날 친구 세 명과 강에서 목욕을 하고 있었는데 어디선가 제비가 날아오더니 알을 떨어뜨리고 가 버렸다. 간적은 무심코 그 알을 집어서 깨어 먹었는데 곧바로 잉태하여 설을 낳았다고 전해진다. 설은 우(禹)를 도와 치수 공사에도 많은 공을 세웠으며 그의 14대손 천을(天乙)이 덕이 높기로 이름 높은 은의 탕왕이다.

탕왕의 높은 덕을 실증해주는 다음과 같은 사실이 《사기》에 기록되어 있다.

어느 날 탕왕은 몇 사람의 시종만을 데리고 교외에 나갔다가 사냥꾼 한 사람을 만났다. 사냥꾼은 동서남북 사방에 빈틈없이 그물을 쳐놓고 "천지 사방에서 날아드는 새들은 모두 내 그물에 걸려라." 하며 빌고 있었다. 이것을 본 탕왕은 그대로 두었다간 새들의 씨가 마르겠다 생각하고 세 쪽 방향에 친 그물을 걷게 한 후, "왼쪽으로 가고 싶은 놈은 왼쪽으로 날아가고, 오른쪽으로 가고 싶은 놈은 오른쪽으로 날아가라. 명령을 어기는 놈만 내 그물에 걸려라."라고 비는 말을 고치게 하였다. 이 말을 전해 들은 제후들은 "아, 탕왕의 덕은 이미 짐승에게까지 미치게 되었구나!" 하고 감탄했다고 한다.

이렇듯 덕이 높은 탕은 명재상 이윤의 협력으로 걸왕을 몰아내고 천하만민이 축복하는 가운데 천자의 위에 올라 덕치(德治)

탕왕 전설에 의하면 탕왕은 새에게 은혜를 베풀었다는 이야기가 전해져 민심을 얻게 되었다고 한다.

에 힘을 기울여 왕도 정치를 실현하는 데 성공했다. 명군과 명재상의 유대 관계는 이후 중국 역사에 많이 등장하는데 탕왕과 이윤의 관계가 그 제1호에 해당한다고 하겠다.

그러면 탕왕을 보좌하여 명재상으로 후세에 이름을 남긴 이윤은 어떤 사람인가?

《사기》에 따르면 이윤은 스스로 탕의 어질고 덕이 있음에 마음이 끌려 그의 신하가 되기를 바랐으나 좀처럼 만날 기회가 나지 않았다. 그러다가 마침 유신씨(有莘氏)의 딸이 탕과 결혼할 때 그녀의 잉신(媵臣)*이 되어 은에 들어가 우선 주방 일을 맡아 탕을 위해 요리 솜씨를 발휘했으며 그 후 차차 탕에게 인정을 받아 재상의 지위까지 올랐다는 것이다.

* 잉신(媵臣) : 시집갈 때 데리고 가는 남자 하인

《사기》에는 또 다른 설을 소개하고 있다. 원래 이윤은 자신의 재능을 숨기고 산야에 묻혀 사는 처사였다. 탕이 그의 현명함을 알고 사람을 보내어 맞아들이려 하였으나 이윤은 쉽사리 응하지 않았다. 탕이 다섯 차례나 사신을 보내어 예를 갖추어 청한 후에야 이윤은 비로소 부름에 응하였다는 것이다.

《여씨춘추(呂氏春秋)》나 《열자(列子)》는 이윤의 출생 경위를 다음과 같이 기록하고 있다.

이윤의 어머니는 이수(伊水) 가에 살고 있었다. 이윤을 잉태하고 있었는데 하루는 꿈에 신령이 나타나 "만약 이수에 절구통이 떠내려오거든 너는 그것을 보는 즉시 동쪽을 향하여 달리되 절대로 뒤를 돌아보아서는 안 된다."고 말하는 것이다.

이튿날 이수에 나가보니 과연 절구통이 떠내려오는지라 그는 무조건 동쪽으로 달렸다. 10리쯤 달리고 나서 이제는 괜찮겠지 하고 뒤를 돌아다 보았다. 그 순간 마을은 완전히 물바다로 변했고 그녀는 속이 텅빈 한 그루 뽕나무로 변하고 말았다.

뽕을 따러 온 유신국의 여인이 뽕나무 속에 어린아이가 있는 것을 발견하였는데 이 아이가 이윤이라는 것이다.

이 이상한 아기를 유신국의 임금에게 헌상하였는데 임금은 이 아기를 궁중의 주방 책임자에게 맡아 기르도록 명하였다. 이로 인하여 이윤은 요리 솜씨가 뛰어났으며 요리 솜씨가 계기가 되어 탕왕으로부터 인정을 받게 되었다는 것이다.

탕왕이 죽은 후 제위를 이을 탕왕의 장자 태정(太丁)이 이미 죽었기 때문에 그의 동생 외병(外丙)이 즉위했다. 은에서는 장자 상속제도와 형제 상속의 제도가 있었기 때문에 동생이 즉위한 것이다. 외병이 즉위한 지 2년 만에 죽었고 외병의 동생 중임(中壬)이 즉위하여 4년 만에 죽으니 태정의 아들 태갑(太甲)이 즉위했다. 태갑은 탕왕의 적손이었지만 현명하지 못하고 포악하여 조부인 탕왕의 법을 어기고 제멋대로 행동하는 일이 많았다. 이러한 태갑에 대해서 가장 걱정하는 사람은 이윤이었다.

이윤은 태갑의 행동을 바로잡기 위해 여러 가지 방법을 다 써 보았으나 조금도 나아지는 기색이 없자 즉위한 지 3년 만에 동궁(桐宮)으로 추방했다. 동궁은 탕왕의 묘소가 있는 곳으로, 그곳에 추방한 이유는 태갑이 탕왕의 감화를 받아 개과천선(改過遷善)하기를 바라는 이윤의 충정이었는지도 모른다.

옥으로 만든 인형 은 허에서 출토된 옥인형으로 은나라 사람의 의복과 관식을 한 사람 형상이다.

태갑은 추방된 지 3년 만에 과연 전비(前非)를 뉘우치고 새로운 사람이 되었다. 이윤은 기꺼이 태갑을 황제로 맞아들여 대권을 넘겨 주었다. 황제로 복귀한 태갑이 얼마 후 죽자 그의 아들 옥정(沃丁)이 즉위하였는데 이윤이 죽은 것이 이때였다.

이윤이 죽자 은나라는 그를 조묘(祖廟)에 배향(配享)하는 파격적인 은전을 내렸다. 씨족 의식이 강했던 당시로서는 혈연 관계가 없는 사람을 조상과 같이 제사 지낸다는 것은 그리 쉬운 일이 아니었다.

명신과 명재상과의 관계를 초월한 보다 강력한 유대 관계가 있었기 때문일 것이다. 이윤이 없었다면 은나라는 천자국이 될 수 없었을 것이라고 생각해 이윤을 조묘에 배향했을 것으로 생각된다. 공신을 조묘에 배향하는 일은 이윤을 선례로 하여 은나라에서는 그 후에도 종종 있었다.

　옥정으로부터 3대째에 태무(太戊)가 즉위했는데 이 무렵에 이르러 은의 국력이 쇠퇴하여 조공을 게을리하는 제후가 있었다. 당시의 재상 이척(伊陟)*은 국력 부흥에 힘써 은의 국력은 다시 뻗어 나갔다. 그 후 양갑(陽甲) 때에 이르러 국력이 다시 쇠퇴해졌고 양갑의 뒤를 이어 그의 동생 반경(盤庚)이 즉위하였다. 그는 인심을 새롭게 하고 퇴폐풍조를 과감히 추방하는 일대 혁신을 단행하여 국력을 회복시키기 위한 조치로 먼저 도읍을 옮기려 하였다. 도읍을 옮기려 하자 그곳 주민들이 비통해하고 반대 의견도 많았으나 그는 도읍을 은허(殷墟, 하남성 안양현 소둔촌)로 옮기고 민심과 정치를 새롭게 하여 은나라를 중흥시켰다.

* 이척(伊陟) : 이윤의 아들. 손자라고도 함

　탕왕이 세운 왕조의 이름은 '상(商)'이었으나 반경이 은허로 도읍을 옮긴 이후는 '은'이라고도 부른다.

　반경으로부터 3대째인 무정(武丁)이 제위에 오를 무렵에는 또다시 국력이 쇠퇴해졌다. 무정은 국력을 부흥시킬 생각을 하지 않은 날이 하루도 없었으나 국정 전반을 털어놓고 의논할 만한 인재가 없었다. 그는 널리 인재를 구하기로 결심하였다. 모든 정사를 재상에게 맡기고 밤이나 낮이나 오직 인재를 찾는 일에만 몰두하였다.

　그런 지 3년이 지난 어느 날 밤 꿈에 겉으로 보기에도 보통 인물과는 다른 풍채를 지닌 사람이 나타나 "신은 열(說)이라는 사람이온데 제가 필요하시다면 힘이 되어 드리겠나이다."라고 하였다.

다음날 아침 잠이 깬 후에도 꿈에서 본 그 모습이 역력하였다. 화공을 시켜 그의 초상화를 그리게 하고 관리에게 명하여 그 초상화를 들고 전국 방방곡곡을 돌게 하였다. 그러자 부험(傅險)이라는 곳에서 초상화와 똑같은 인물을 발견하였다. 이름을 물으니 열이었다. 그는 즉시 무정을 알현하였다.

"틀림없는 이 사람이로다! 바로 그 인물이다!"

무정이 여러 가지 이야기를 나누어 보니 과연 현자(賢者)임에 틀림없었다. 무정은 부열과 만사를 의논하면서 정사에 힘을 기울이고 덕을 쌓으니 천하는 다시 태평을 되찾았다.

은왕조의 성군으로는 무정이 마지막이었다. 무정으로부터 8대째에 이르러 신(辛)이라는 이름의 천자가 즉위하였는데 이 사람이 은왕조 최후의 천자로서 하왕조의 걸과 함께 폭군의 대명사로 불리는 주(紂)이다.

주의 아버지는 제을(帝乙)이었는데 그에게는 세 아들이 있었다. 장자인 미자계(微子啓)와 둘째인 중연(仲衍)은 그의 어머니의 출신 성분 때문에 제위를 이을 수가 없었고 정비(正妃) 소생인 막내아들 신이 제위를 잇게 되었다. 일설에는 미자계와 신의 어머니는 같은 사람이었는데 장자와 중연은 정비가 되기 전에 낳았고 신은 정비가 된 후에 낳았기 때문에 신이 제위를 잇게 되었다고도 한다.

제을과 왕후는 처음에는 장자인 미자계를 태자로 세우려 하였으나 태사가 당시 법도를 따져 정비 소생인 신을 태자로 세운 것이다.

주의 어머니는 황후이며 정비였다. 황후는 자신이 낳은 아들을 태자로 세우려 하지 않고 천한 신분인 첩의 소생이지만 현명하고 유능한 미자계를 태자로 세우려 하였으니 성모라 불러 마땅하다. 또 황제와 황후의 의견이지만 그들의 의견에 굽히지 않고 법도를 들어 반대한 태사 또한 훌륭한 대신이라고 말하지 않을 수 없다. 그러나 만약 앞에서 소개한 일설과 같이 미자계와 주가 동모형제(同母兄弟)였다면 주의 어머니를 반드시 '성모'라고 부를 수는 없으리라.

은의 쇠퇴

은의 주왕은 하의 걸왕과 더불어 '하걸은주(夏桀殷紂)', 줄여서 '걸주(桀紂)'라 하여 전형적인 폭군의 대명사로 불리고 있다. 《사기》에는 걸왕의 악역무도에 대해서는 구체적인 언급이 없고 다만 덕을 닦지 않고 무력으로 백성을 해쳤기 때문에 백성이 그에 견디지 못했다고 기록하고, 주왕의 포학에 대해서는 비교적 구체적으로 기술하고 있다.

"자변첩질(資辯捷疾), 문견심민(聞見甚敏)"

《사기》의 저자 사마천은 "주는 자질과 말솜씨가 뛰어났으며 두뇌가 명석하여 모든 일을 듣거나 보고 그 진상을 꿰뚫어보는 눈이 날카로웠다. 재능과 체력이 뛰어나 맹수를 맨주먹으로 때려잡을 수 있을 정도"라고 하였다. 그런데 이렇듯 뛰어난 자질을 덕을 쌓는 데 쓰지 않고 반대로 나쁜 방향으로 썼던 것이다. 자기과잉

(自己過剩)으로 흘러 충신이 간하는 말 따위는 아예 들은 척도 아니하고 구변 좋은 말로 자신의 비행을 덮어버리는 등 자신보다 나은 사람은 이 세상에 존재하지 않는다는 자기도취(自己陶醉)에 빠진 것이다. 또 주왕은 주색에 대해서도 몹시 호탕하여 특히 달기를 미친 듯이 사랑했다. 사랑한 정도가 아니라 아주 흠뻑 빠져 이로 인해 나라를 망친 것이다.

달기는 유소씨(有蘇氏)의 딸로서 일찍이 주왕이 유소씨를 토벌할 때 유소씨가 전리품으로 바친 미녀였다.

그녀는 절세의 미인이었고 또 좀처럼 보기 드문 독보적 존재였다고 한다. 달기를 얻은 그날부터 주왕은 완전히 그 요염한 자태에 빠져 그녀의 환심을 사는 일이라면 무엇이든 다했다.

"이것이 진짜 여자이다. 지금까지 많은 여자를 겪어 봤지만 그것들은 달기에 비하면 목석에 지나지 않는다. 하늘이 나를 위해 특별히 내려준 여자다. … 나는 생전 처음으로 진짜 여자를 만났다. 지금까지의 여러 제왕들도 이런 여자는 구경조차 못했을 것이다."

주왕은 달기를 얻자 미친 듯이 기뻐했다. 얻은 그 순간부터 나라를 망칠 본격적인 행동을 저질렀다.

주왕은 성품이 포학했기 때문에 감정의 표현도 극단적인 인물이었다. 뿐만 아니라 같은 일에 대해서도 때와 장소, 기분에 따라 기복이 심했다. 그런데 그러한 감정의 기복도 달기는 자연스럽게 맞출 수 있는 재주가 있었다. 말하자면 생각과 감정이 주왕과 일체가 되어 버린 셈이었다.

주왕은 생전 처음 다른 사람과 일체되는 감정을 경험하게 되었다. 좋아하는 것, 싫어하는 것, 인간이 지니고 있다는 오욕칠정(五慾七情)이 모두 일체가 됨을 느낄 수 있었다. 어느 날 달기는

"지금까지의 궁중 음악이 마땅치 않사오니 좀 더 마음을 녹일 수 있는 음악을 만들도록 함이 어떠하시온지."

그때 주왕은 지금까지의 궁중 음악에 싫증을 느끼고 있었다.

'내가 마음속으로 생각한 것을 달기는 먼저 꿰뚫어보고 있구나.' 주왕은 속으로 생각했다. 주왕은 음악을 담당한 관원에게 명하여 더욱 관능적이고 분방한 음악을 만들도록 하였는데 이것이 이른바 〈북리(北里)의 무(舞)〉, 〈미미(靡靡)의 악(樂)〉이다.

만민의 모범이 되어야 할 천자가 음란한 궁중 음악을 만들어 밤낮으로 마시고 즐기니 신하들과 백성들은 얼굴을 찌푸렸다.

달기는 한 가지 일을 끝내면 다른 일을 생각해냈다. 그것도 규모가 더 크고 돈이 많이 드는 공사를 일으켰다.

천하의 재물을 모으기 위해 세금을 무겁게 매겨 녹대(鹿臺)의 금고와 거교(鉅橋)의 곡창을 세웠다. 또 사구(沙丘)의 이궁(離宮)을 확장하여 그 안에 길짐승과 날짐승 등을 놓아 길렀다.

사구의 이궁은 달기가 특히 좋아했다.

"대왕마마, 사구에 가시지 않겠사옵니까?"

사구의 이궁 돌계단 난간에 비스듬히 서서 젖은 눈으로 하늘을 바라보는 달기의 자태는 주왕이 가장 좋아하는 모습이었다.

주왕이 다가서자 달기가 말하였다.

"대왕마마, 환락의 극치란 어떤 것이온지 한번 끝까지 가보고 싶습니다. 지금 이 순간을 마음껏 즐기시어 제왕으로서 후회 없는 삶을 누리시옵소서."

은나라 전차 복원 모형

마침내 주지육림의 공사가 시작되었다.

연못의 물을 퍼내고 그 밑바닥과 주위를 돌로 쌓은 다음 그곳에 술을 가득 채워 마음 내키는 대로 마시고, 안주는 뜰에 있는 나뭇가지에 걸어놓은 불고기를 마음껏 먹는 것이다. 주지육림이 완성되자 잔치가 벌어졌다.

"이 잔치에 참석하는 자는 옷을 입어서는 안 된다. 남자는 반드시 여자 한 사람을 들쳐업고 짐이 있는 곳까지 와야 한다."

주왕의 명이 떨어지니 참가자들은 좋든 싫든 그 명령에 따르지 않으면 안 되었다.

뜰에 쳐졌던 장막이 주왕의 명령으로 내려지자 거기에는 천여 명이나 되는 벌거숭이 여자들이 비명을 지르며 어찌할 바를 모르고 있었다. 차마 눈뜨고 볼 수 없는 광경이었다.

"놀이를 시작하라."

벌거숭이 신하들이 달려들자 벌거숭이 여자들은 이리 뛰고 저리 뛰며 달아났고 신하들은 그들을 붙들려고 쫓아다녔다.

여기저기서 비명이 올랐다. 환성도 올랐다. 숲 속 나무 밑에서 벌거숭이 남녀들이 서로 엉켰다. 신하들에게 업힌 여자들은 팔다리를 허우적거리며 안간힘을 쓰다가 술이 가득한 연못으로 빠져 술을 마시는 경우도 있었다.

은 시대 무사 복원도

다음에는 '포락(炮烙)의 형(刑)'이 제정되었다.

포락의 형이란 구리 기둥에 기름을 바르고 그 아래 숯불을 피운 다음 죄인들을 구리 기둥 위로 걸어가게 하는 형벌이었다.

천하의 모범이 되어야 할 천자로서 하는 짓이 포악하고 백성의 재물을 무거운 세금으로 거두어 사치와 환락에 탕진하니 백성들의 고통은 말할 수 없었고 불평불만이 높아갔다. 포락의 형은 이런 불평불만을 억누르기 위한 공포 정치의 한 가지였다.

"무사히 그 기둥을 끝까지 걸어가는 자에게는 그 상으로 죄를 면해 주리라."

불바다 위에 한 개의 구리 기둥이 걸쳐졌고, 기둥에는 미끄러지기 쉽게 기름을 칠해 놓았다. 기둥을 너무나 미끄럽게 칠하거나 불 가까이 놓으면 뜨겁고 미끄러워 한 발짝이나 두 발짝에서 쉽게 떨어지고 만다. 그러면 흥미가 없기 때문에 일부러 적당히 거리를 띄워 놓지 않으면 안 된다.

불 속에 떨어져 죽느냐? 기름 기둥을 무사히 건너서 사느냐 하는 절박한 갈림길에서 한 가닥 희망을 안고 엉금엉금 구리 기둥 위를 기어가는 죄수들의 모습은 인간으로서는 차마 볼 수 없는 잔인무도의 극치였다.

실낱만큼의 한 가닥 희망을 안고 한 발 두 발 걸어가다가 앞으로 두세 발만 걸으면 죄를 용서받고 살 수 있는 찰나에 기진맥진 불 위에 떨어져 비명을 지르고 뿌지직 살이 타는 소리를 들은 뒤에야 쾌감을 느끼는 달기의 환심을 사기 위해 주왕은 이 같은 잔인한 형벌을 서슴지 않았다.

당시 은왕조에는 천자의 정치를 보좌하는 삼공(三公)이 있었는데 서백창(西伯昌, 후의 주문왕), 구후(九侯), 악후(鄂侯) 세 사람이었다. 모두 당대의 고결한 인격자로서 구후에게는 아름다운 딸이 있어 주왕의 부인이 되었는데 주왕의 말을 듣지 않아 죽임을 당했으며 아버지인 구후도 마찬가지였다. 그 시체는 젓으로 담그어졌다.

    악후는 이 사실을 간하다가 그도 역시 죽임을 당하여 그의 시체는 포(脯)로 만들어졌다. 서백은 이러한 사실을 듣고 주왕의 행동을 탄식하여 마지 않았다. 서백이 탄식했다는 사실을 밀고한 자가 있어서 서백은 유리(羑里)의 옥에 갇히고 말았다. 서백의 가신들은 놀라 미녀와 진기한 보물 등을 잔뜩 바치고 겨우 서백을 석방시키는 데 성공했다. 석방된 서백은 "제 영토의 일부인 낙서(洛西)의 땅을 바치겠사오니 제발 포락의 형만은 중지하여 주시옵소서." 하고 아뢰었다. 주왕은 낙서 땅이 탐이 나 그 땅을 받기로 하고 포락의 형을 중지하였으며 서백은 고국으로 돌아가버렸다.

    이처럼 삼공을 죽이거나 떠나게 한 것은 모두 달기의 계략이었다. 삼공이 있어 자꾸 자신이 하고자 하는 일을 간하였기 때문에 달기에게는 이들 삼공의 존재가 눈엣가시처럼 여겨졌다.

    삼공이 없어지자 아첨에 뛰어나고 사리사욕밖에 모르는 비중(費中)과 악래(惡來)를 등용하여 점점 가혹한 정치를 펴고 더욱 음란에 빠졌다.

    은왕조의 여러 충신들은 멸망해가는 은왕조를 구하기 위하여 죽음을 무릅쓰고 주왕에게 간하였다. 서형인 미자계(微子啓), 충신 조이(祖伊) 등이 간했으나 그들의 간언을 들은 척도 하지 않자 모두 자취를 감추어버렸고 왕자 비간(比干)은 전에도 기회 있을 때마다 간했으나 듣기는커녕 더욱 심해만 가는지라 이에 목숨을 걸고 사흘에 걸쳐서 주왕에게 간하였다.

그러자 주왕은 "나는 성인의 심장에는 일곱 개의 구멍이 있다고 들었다. 과연 비간의 심장에 일곱 개의 구멍이 있는지 조사해 보자." 하고 마침내 비간을 죽여 그의 심장을 갈기갈기 찢어버렸다. 기자(箕子)는 모든 것을 체념하고 거짓 미치광이가 되어 노복이 되었다가 주왕에게 발견되어 옥에 갇히게 되었다. 이 밖에도 임신한 여자의 자궁을 갈라 그 속에 무엇이 있나 보려고 한 일이 있었다. 또 기수(淇水)라고 하는 강에서 어떤 노인이 강을 건너지 못해 안절부절하자 주왕이 그 까닭을 물었다. 측근이 "노인은 뼈 속에 골이 비어 다리가 시려서 못 건너는 것이옵니다."라고 답하자, "그러면 골이 어떤 것인지 보아야겠다."라며 노인의 종아리를 잘랐다.

이러한 주왕의 포학 무도한 정치로 은나라는 공포에 뒤덮여 머지않아 붕괴되는 운명을 맞았다.

은허의 발굴

근래 역사학자 가운데는 은나라와 하나라를 통틀어 가공(架空)의 역사로 생각하는 학자도 있었으나 은허의 발굴로 은왕조의 역사는 서서히 밝혀지기 시작하였다. 은허는 안양현(安陽縣) 소둔촌(小屯村)에서 발견되었는데 은왕조를 중흥시킨 반경이 이곳으로 도읍을 옮긴 이후 은이 멸망할 때까지 2백

갑골문

여 년간 수도로 삼았던 곳이다.

이곳에서 구갑(龜甲, 거북의 껍질)과 수골(獸骨, 길짐승의 뼈)에 새겨진 글자를 비롯하여 당시의 문화를 나타내는 유적과 유물이 발견되었다. 은허가 발굴되기 전까지는 《사기》에 기록된 은 왕조의 역사가 가공이라고 생각하는 것이 역사학계의 주류였다.

은왕조는 3천 년 전에 멸망한 왕조로서 탕왕에서 시작해 주왕까지 17세 30왕이었다. 《죽서기년》에는 은이 496년 동안 천하를 다스렸다고 기록되어 있으나 《삼통력(三統曆)》에는 629년으로 되어 있어 많은 차이를 보인다.

《사기》의 저자 사마천은 그의 시대보다 천 년 전에 살았던 30명의 왕 이름을 하나하나 기록했는데, 은허에서 출토된 복사(卜辭)*에 기록된 왕의 이름과 대조한 결과 몇 사람의 이름과 계통만 다를 뿐 기본적으로는 차이가 없었다. 이 점을 감안할 때 사마천과 《사기》의 신빙성을 재인식시키고 그 가치를 보다 높이 평가하지 않을 수 없다.

은허의 발굴은 19세기 중엽의 일이고 그보다 1백여 년 뒤인 1950년대에는 정주(鄭州) 시내에서 상왕조 제6세의 왕인 중정(仲丁)이 수도로 삼았던 도시의 유적 상성(商城)이 발견되었다. 이어서 하북·산서·섬서·강서 등의 각 성에서도 상대의 유적이 수십 군데 발견되어 상대의 역사적 양상과 지배 영역 그리고 문화의 분포 상황 등이 안개 걷히듯 서서히 밝혀졌다.

이들 유적이나 유물 가운데 가장 대표적인 것은 앞에서 소개한 안양의 은허와 정주의 상성이

* 복사(卜辭) : 점쟁이가 쓴 점의 기록

부엉이 형상을 한 청동기

은허 차마갱(車馬坑) 은허박물관 (왼쪽)

은허 발굴 화원장 수골갱(花園莊獸骨坑)의 발굴 모습 (오른쪽)

라 할 수 있다.

정주의 상성은 3천 5백 년 전에 축조된 상대 중기의 유적으로 수천 년에 걸쳐 자연의 작용과 인위적 역사의 영향을 받아 많은 변화를 가져왔으나 현재까지도 대체적인 윤곽은 그대로 보존하고 있다.

갑골문자를 통해 상왕조 시대에 이미 정전제(井田制)가 실시되었음을 알 수 있고 은허의 서북쪽에서 발견된 분묘에서는 예술적 가치가 높은 귀중품이 많이 출토되었다. 묘실은 눈이 부실 정도로 화려하게 장식되어 지하 궁전을 방불케 할 정도로 호화의 극치를 이루었으니 그들이 생전에 얼마나 호화로운 생활을 했는지 짐작할 수 있다.

이처럼 은대 역사의 베일을 벗겨주는 은허의 유적이 발견된 것은 한방 약재인 용골(龍骨) 덕이었다. 약재상들은 처음에는 사업상의 비밀 때문에 용골의 산지를 쉬쉬하며 숨겼다. 이 용골이 귀중한 갑골문이라는 사실을 안 뒤부터 연구가들은 열심히 출토 장소를 조사하여 마침내 용골의 산지가 안양현 소둔촌이라는 사실을 밝혀냈다.

이를 맨 처음 발표한 사람은 나진옥(羅振玉, 1866~1940)으로

나진옥과 왕국유 나진옥이 갑골문을 대규모로 수집, 탁본하였고, 왕국유가 갑골문을 연구해 문자를 해독하고 갑골문의 역사학적 가치를 입증했다.

그의 저서 《은상점복문자고(殷商占卜文字攷)》에서 그 사실을 밝혔다. 나진옥은 금석문 연구의 일인자로, 일찍이 자금성(紫禁城)의 내각문고(內閣文庫)에 명나라·청나라 때의 공문서가 산적해 필요없는 문서는 모두 소각하자는 주장이 나오자 보존의 필요성을 강조하여 이를 막았다. 또 스타인이나 페리오가 돈황에서 엄청난 문화재를 반출한 후 현지에 가서 나머지 문화재를 북경에 운반해온 큰 공로자였다.

나진옥은 1911년 동생 나진상과 처남 범항헌(范恒軒)을 안양에 파견하여 더욱 많은 문물을 사들이기도 하였다.

나진옥이 갑골편의 출토지를 안양현 소둔촌이라고 확인, 발표한 것은 1910년이었다. 그러나 신해 혁명과 그에 따른 혼란 때문에 현지 조사는 그로부터 18년 후인 1928년 중앙연구원에서 파견된 동작빈(董作賓, 1895~1963)이 예비 조사로 진행했다. 그 후 1937년 중일전쟁 발발 직전까지 발굴 조사가 계속되었다.

은허 발굴은 원래 갑골편 채집이 주목적이었다. 이때 갑골문은 이미 선구자들에 의해 어느 정도까지는 해독이 가능하게 되었으며 보다 많은 복사(卜辭)에 의해 은대의 역사를 더욱 자세히 알 수 있게 되었다.

그러나 이들 연구가들은 갑골편의 채집에서 한 걸음 더 나아가 유적에 대해서도 관심을 기울였다. 이에 따라 거대한 능묘·주거 · 궁전 · 종묘터도 발견했다. 거대한 능묘에서는 훌륭한 청동기와 옥으로 된 그릇이 부장품으로 발견되기도 하였다.

미국 하버드 대학에서 고고학과 인류학을 전공한 양사영(梁思永)은 귀국 후 연구소의 고고반에 참가하였으며 얼마 후 책임자가 되어 발굴을 지휘했다. 은허의 능묘 발굴은 주로 그의 지휘에 의해 진행된 것이라고 한다.

주왕조의 발상지

주(周)의 시조는 요순 선양 시대 농업 담당 장관이었던 후직(后稷)으로 성은 희(姬), 이름은 기(棄)이다. 그의 어머니는 유태씨(有邰氏)의 딸로 이름은 강원(姜原)이고 오제의 한 사람인 제곡(帝嚳)의 정비였다고 한다. 후직의 어머니가 어느 날 들에 나갔다가 거인(巨人)의 발자국을 보고 공연히 마음이 이끌려 그 발자국을 밟자 그 후로 태기가 있었다고 한다.

달이 차서 후직을 낳았는데 임신 때의 이러한 일 때문에 상서롭지 못하다 하여 후직을 버렸다. 그런데 기적이 일어났다. 처음에는 좁은 길목에 버렸는데 말이나 소들이 그를 밟지 않고 피해 지나갔으며 다음엔 숲속에 버렸는데 인적이 드물었던 숲속에 갑자기 사람의 왕래가 빈번해졌다. 다시 얼어붙은 강물에 옮겨 놓았는데 갑자기 새들이 모여들더니 날개로 그 아이를 덮어 보호하는 것이었다.

후직의 어머니는 비로소 그 아이가 보통 아이가 아님을 알고 소중하게 키웠다. 그리고 버리려고 했던 아이라 하여 기(棄, 버린다는 뜻)라는 이름을 붙였다.

기는 과연 비범한 아이였다. 씨뿌리기를 좋아했고 이 아이가 뿌리고 심은 곡식이나 나무는 아주 잘 자랐다. 장성함에 따라 농사에 대한 천재적인 재능을 발휘하자 순임금은 그를 후직(지금의 농수산부장관)으로 삼아 만민에게 합리적인 농사법을 가르치게 하였다. 그때부터 후직이라 불리게 되었다.

후직의 아들은 부줄(不窋)이고, 부줄의 아들은 공유(公劉)이다. 공유의 9대째인 고공단보(古公亶父) 때에 이르러 수도를 기산(岐山)으로 옮기고 국명을 주(周)라 정하면서 비로소 제후국으로의 기틀을 갖추게 되었다.

이 고공단보가 태왕(太王)으로 불리는 사람으로 세 명의 아들을 두었는데 태백(太伯), 우중(虞仲), 계력(季歷)이었다. 막내인 계력은 어진 아내를 맞아 창(昌)을 낳았는데, 창이 태어날 때 붉은 새가 단서(丹書)를 물고 산실(産室) 문에 날아드는 상서로운 일이 있었다. 과연 창은 자라나는 품이 범인과 달라 장래를 기대할 만한 인물임을 알 수 있었다. 창의 이 같은 모습을 눈여겨 본 태왕은 장차 창에게 가계를 물려줘야겠다는 속마음을 굳히고 있었다. 그렇게 하자면 막내아들인 계력에게 자기의 지위를 물려줘야 했다. 그러나 당시의 주나라에서는 철저한 장자 상속제를 채택하고 있었기 때문에 그 문제는 거의 불가능에 가까운 일이었다.

이와 같은 아버지의 의중을 헤아린 태백과 우중은 서로 상의하여 멀리 남쪽에 있는 형만(荊蠻) 땅으로 갔다. 그들은 가계를 이을 자격을 스스로 포기하기 위하여 오랑캐의 풍습에 따라 온 몸에 문신(文身)을 하고 머리를 잘라버렸다. 이렇게 하면 제일 중요한 조상의 제사를 받들 수 없기 때문이었다. 주나라 영주로서의 자격을 잃게 되는 것이었다.

그 후 태백과 우중은 형만의 땅에서 수장(首長)으로 추대되어 나라를 세웠는데 그로부터 600년 후 월왕(越王) 구천(句踐)에게 멸망당했다는 오왕(吳王) 부차(夫差)는 바로 그들의 후손이라는 전설이 있다.

이 같은 두 형의 깊은 뜻에 힘입어 계력은 아버지 태왕의 뒤를 이었고 그가 죽자 대망하던 창이 그 자리를 이었다.

은왕조의 주왕이 제위에 오른 것은 서방의 주나라가 제후국으로서 명성을 높이고 명군(名君)으로서 인망을 모으고 있던 창(昌, 나중의 文王)의 시대였다. 창은 그의 할아버지 태왕의 기대에 어긋나지 않게 어진 정사를 펴 나날이 국력이 신장되어 갔으므로 은 왕조로서도 이 강력한 제후국의 영주인 창에게 서백(西伯)*이라는 작위(爵位)를 수여하지 않으면 안 되었다.

* 서백(西伯) ; 서쪽 제후들의 우두머리.

이 서백이 바로 동료 대신이었던 구후와 악후의 참혹한 죽음을 듣고 탄식했다가 유리(羑里)의 옥에 갇혔던 창이다.

《죽서기년》에는 창의 아버지 계력이 은의 문정(文丁)에게 살해되었다고 기록되어 있으나 사마천은 이 기록을 싣지 않고 있다. 《제왕세기(帝王世紀)》에는 주왕이 인질로 잡고 있던 창의 아들을 자살(煮殺)*하고 수프를 만들어 창에게 먹였다는 이야기가 실려 있는데 여러 가지 사료에 실려 전하는 주왕의 포악무도는 액면 그대로 받아들이기 어려운 실정이다. 은왕조의 멸망은 주왕의 포학보다는 잦은 정벌(征伐)에 있지 않았나 하는 생각도 갖게 한다.

* 자살(煮殺) : 가마솥에 삶아 죽임

창이 아버지의 뒤를 이어 주나라의 영주가 되자 그는 주왕의 포학한 정치와는 대조적으로 노인을 공경하고 약한 자를 자애하

현재의 서안 주나라 때 현재의 서안 동쪽의 호에 수도가 정해진 이후로 중국 역사의 주요 무대 중 하나가 되었다.

며 인덕(仁德)을 쌓아가는 한편 주나라의 판도를 넓히기 위해 견융(犬戎)을 토벌하고, 다시 서쪽에 있는 밀수국(密須國)과 기국(耆國)을 정벌하였다. 다시 동쪽의 한(邗)을 정벌하였고 그가 죽기 1년 전에는 숭후호(崇侯虎)를 정벌하였는데 숭후호는 전에 서백을 주왕에게 밀고하여 옥에 갇히게 했던 제후국으로 그 영토는 섬서성(陝西省) 서안시(西安市) 부근에 있는 풍읍(豊邑)이었다.

숭후호를 토멸한 창은 기산(岐山)에서 풍읍으로 도읍을 옮겨 날로 세력이 신장되었다.

하지만 주왕은 이와 같은 주나라의 동태를 별로 중요시하지 않았으며 주나라의 세력을 경계해야 한다는 간언에도,

"천명이 나에게 있으니 서백이 무슨 일을 하겠는가." 하고 동방의 정벌에만 급급하였다.

풍읍으로 도읍을 옮긴 서백은 더욱 인덕을 쌓는 한편 인재를 널리 구하는 데 힘을 기울였다. 유리에 갇혔을 때 자신을 구해준 적 있는 굉요(閎夭), 산의생(散宜生) 등이 그의 곁으로 돌아왔고 주나라의 발전에 결정적인 역할을 한 태공망(太公望) 여상(呂尙)도 이 무렵에 위수(渭水)가에서 맞아들인 인물이다.

여상은 동해가에서 태어났다. 젊어서는 공부에만 힘쓰고 집안일에는 도무지 신경을 쓰지 않았다. 멍석이 떠내려가도 모른다는 속담이 있듯이 그는 자나깨나 공부밖에 몰랐다. 10년, 20년이 지나도 과거 한 번 보지 않고 늘 그런 상태이니 집안 형편은 말이 아니었다. 이제나 저제나 바라고 있던 그의 아내는 지쳐 마침내 달아나버리고 말았다.

궁팔십달팔십(窮八十達八十)이라는 태공망에 대한 이야기가 있다. 여든 살은 궁하게 살고, 여든 살은 영달하였다는 말이다. 이것이 사실이라면 그의 아내는 검은 머리 파뿌리 되도록 남편을 섬기며 견디다 못해 달아난 셈이니 얼마나 안타까운 일인가.

태공망 여상은 매일 위수에 나가 낚시질을 하고 있었다. 그는 고기를 낚기 위해서가 아니라 세월을 낚기 위해 낚시질을 하고 있었다. 그의 낚시질에도 여러 가지 설화가 전한다.

여상이 위수가에서 3주야를 꼬박 새우며 낚시질을 하였으나 웬일인지 입질조차 없었다. 여상이 의관을 벗어던지며 화를 내자 밭을 갈던 노인이 여상을 돌아보며 말하기를 "그렇게 화만 내지 말고 잠자코 더 계속하시오." 하였다.

이에 여상이 마음을 가라앉히고 다시 낚시를 던지자 처음에는 붕어가 나오고 다음에는 잉어가 나왔다. 잉어의 배를 갈라보니 "여상이 장차 제나라의 제후가 될 것이다."라는 글발이 나왔다.

한편 인재를 구하기에 여념이 없던 서백이 어느 날 사냥을 나가기 위해 점을 쳐보았다. 점괘는 대길이었다.

"얻는 것은 용도, 곰도, 교룡(蛟龍)도, 범도 아니다. 얻는 것은 패왕(覇王)을 보좌할 인물이다." 서백은 내심 기뻐하면서 이리저리 달리며 사냥을 하였다. 그러나 이날 따라 잡히는 것은 아무

강태공 사당

것도 없었다. 그러는 사이에 수레는 이미 위수 기슭에 당도해 있었다. 멀리 바라보니 한 노인이 홀로 앉아서 낚시줄을 던지고 있었다. 그 모습을 바라보는 순간 서백은 예사 사람이 아님을 육감으로 느꼈다. 곁으로 다가가 정중히 인사를 나눈 후 몇 마디 말을 주고 받는 사이에 서백은 감탄하고 말았다.

"저의 태공(太公, 조부인 고공단보)께서 일찍이 말씀하시기를 언젠가 성인(聖人)이 나타나 주나라에 올 것이다. 주나라는 이 성인을 얻어 번창할 것이다 하셨습니다. 당신이야말로 그 사람입니다. 삼가 가르침을 받고자 합니다."

서백은 여상을 스승으로 받들었으며 여상은 주나라에 봉사함으로써 주나라가 천하를 제패하게 되었다. 태공이 무척 기다렸다 하여 '태공망(太公望)'이라는 호가 붙여졌으며 후세에 이르러 태공망(태공)은 낚시꾼의 대명사로 사용되고 있다.

여상에 대해 《사기》에는 앞의 이야기와는 좀 다른 설을 소개하고 있다.

여상은 매우 박식(博識)한 사람으로 일찍이 은의 주왕을 섬겼으나 그의 포학무도함을 보고 그의 곁을 떠나 여러 나라 제후들을 설득하였으나 아무도 그의 재능을 제대로 평가해주는 제후가 없었다. 그는 방랑 끝에 서쪽으로 가 주나라의 서백으로부터 인정을 받아 등용되었다고 한다.

혹은 여상은 본래 처사로서 해변가에서 은거 생활을 하고 있었는데 주나라 서백이 유리의 옥에 갇혔을 때 서백의 측근인 산의생, 굉요가 여상에게 자문을 청하자 그는 "주왕은 미인을 좋아하니 천하의 미인을 골라 바치라."는 계책을 가르쳐 줌으로써 주나라와 관계를 맺는 계기가 되었다고 한다.

위수 태공망 여상이 매일 낚시했다는 위수. 낚시를 하기엔 물살이 너무 센 듯하다.

그 후 서백은 한층 선정을 베풀어 백성들을 편안케 하니 이러한 소문은 차차 먼 나라까지 퍼져 제후의 마음은 모두 서백에게 쏠렸다.

제후국인 우국(虞國)과 예국(芮國)은 서로 인접한 나라인데 그 경계선을 에워싸고 분쟁이 일어나 몇 해가 되어도 해결될 실마리가 보이지 않았다. 두 나라 제후들은 궁리 끝에 당시 어질고 덕망이 높은 서백에게 호소하기 위해 주나라로 들어섰다. 주나라 영내에 이르자 그들은 놀라운 사실을 발견했다.

밭을 가는 농부는 서로 밭두둑을 양보하고, 길가는 사람은 서로 길을 양보하고, 짐을 진 노인은 하나도 없고, 있다면 모두 젊은 이들뿐이었는데 그 행동이 자연스럽고 몸에 배인 흔적이 역력히 보였다. 만나는 사람마다 모두 온화한 말로 인사를 주고받으며 활기가 넘쳐 있었다. 그들은 자신들도 모르게 발걸음을 멈추었다.

주나라 백성들의 행동에 감화된 것이다.

"우리들이 지금까지 싸운 일은 매우 창피한 일이오. 서백을 만나 이야기할 문제가 되지 못하오."

두 사람은 이후 돌아가서 다시는 다투지 않았다고 한다. 이처럼 서백의 덕화는 이처럼 가까이는 주나라 백성과 멀리는 제후들에게 미치니 제후의 마음은 점점 서백에게 기울어졌고 장차 천명을 받아 천자가 될 여건이 무르익어가고 있었다. 그러나 서백은 의연히 인덕을 쌓고 선정을 베풀기에 힘을 기울였다.

무왕 주를 치다

문왕(서백)은 주나라가 대업을 달성하기 전에 죽었다. 그의 나이는 확실히 알 수 없으나 치세 50년이라는 기록으로 미루어 보아 꽤 고령이었음을 짐작할 수 있다. 문왕이 죽자 그 아들 발(發)이 뒤를 이으니 그가 무왕이다. 무왕은 죽은 아버지를 문왕이라 추존하고 태공망 여상을 사부(師父)로 삼아 상보(尙父)라 불렀으며 모든 일에 자문을 받는 한편 동생 주공(周公) 단(旦)이 빈틈없이 그를 보좌하여 아버지의 유업을 닦아 나갔다. 선정을 베풀어 민심을 모으고 군대를 정비하여 포학이 더해가는 주왕을 응징할 준비를 하고 있었다.

무왕이 즉위한 지 9년 후 아버지의 능묘(陵墓)가 있는 필(畢) 땅에 나아가 제사를 올리고 군대를 정비하여 맹진(孟津, 盟津)까지 진격하였다. 이때 그는 문왕의 위패를 수레에 싣고 무왕 자신은 태자 발이라 칭하여 이번 원정이 문왕의 의사임을 표시하였다. 수레에 위패를 모신 것은 문왕이 살아 있음을 뜻하는 것으로 무왕은 태자로서 아버지 문왕의 친정(親征)에 종군한다는 형식을 취했던 것이다.

《사기》에는 문왕이 서백으로서 그의 명성을 떨치게 되자 그가 죽기 10년 전부터는 왕이라 칭하고 이에 복종하지 않는 제후들을 토벌하였다는 기록이 있다.

지금은 비록 문왕이 죽었지만 문왕의 명성은 제후를 비롯하여 천하의 백성들 마음속에 깊이 자리잡고 있었기 때문에 그의 이름은 무왕이 의도한 대로 효력을 발휘하였던 것이다.

이번의 군사 행동에는 두 가지 뜻이 있었다. 그 하나는 주왕을 위협하여 그의 포학함을 반성시키자는 시위의 뜻이고, 또 하나는 부조 이래의 명망이 과연 어느 정도여서 이번 거병(擧兵)에 얼마만큼의 제후가 동조하여 모이는가를 시험하기 위한 것이었다. 주나라 군대가 맹진에 이르니 8백 제후가 모여 있었다. 무왕에게는 예상 밖의 많은 숫자였다. 거기에 모인 제후들은 한결같이 "포학한 주왕을 토멸해야 합니다." 하고 외쳤다.

8백 제후가 맹진에 모인 사실에 대해서는 두 가지 설이 있다.

하나는 아무 약속 없이 모였다는 것이다. 모이라는 명령도 없었으며 날짜·시간 따위 전혀 약속한 일이 없이 그 많은 제후가 스스로 모여들었다는 것이고, 또 하나는 당시 군대를 진두지휘하고 있던 태공망이 제후들에게 동원령을 내려 "만약 시간을 어기는 자는 참(斬)할 것임."이라는 엄명을 내렸기 때문에 모였다는 것이다.

무왕의 출정에는 여러 가지 길조가 나타났다.

무왕이 황하를 건널 때 배에 흰 고기가 뛰어올랐다. 무왕은 이 고기를 잡아 제사를 지냈다는 사실이 《사기》에 기록되어 있다. 이것은 길조라는 것이다. 고대 왕조에서는 어느 왕조에서든 왕조를 상징하는 빛깔이 있었는데 은나라는 흰색이고 주나라는 붉은 색이었다. 흰 고기가 배에 뛰어든 것은 고기를 요리하듯이 은나라를 요리하라는 뜻으로 해석되기 때문이다.

또 무왕이 동쪽 기슭에 상륙했을 때 강의 상류로부터 불길이 일어나더니 그 불이 흘러내려와 무왕이 쉬고 있는 진중 앞에서 붉은 까마귀로 변하니 이것 또한 길조임에 틀림없었다. 길조가 겹치고 8백 제후가 모여드니 주나라 군대의 사기는 하늘을 찌를 듯했고 모인 제후들은 무왕에 대한 충성을 맹세하니 주왕을 토멸하기에는 아주 좋은 기회였다. 그러나 무왕은 "그대들은 아직 천명을 모르오.. 지금은 주를 정벌할 시기가 못되오."라며 군사를 돌려 서쪽으로 돌아왔다.

사기충천해 있던 제후들 가운데는 매우 불만스럽게 생각하는 사람도 있었으나 신중에 신중을 기하는 무왕의 태도에 긍정적인 태도를 보이는 사람도 많았을 것이다.

굴원의 〈천문〉에는 맹진에서 회군하기를 주장한 사람은 주공 단이라고 기록하고 있다. 무왕이든 주공이든 그들의 생각에는 은나라가 아무리 학정에 시달리고 부패했다 하더라도 아직은 그렇게 가볍게 여겨서는 안 된다는 결론에 도달했다.

그로부터 2년이 지났다. 주왕의 포학상은 점점 더해만 갔다. 왕자 비간을 죽여 심장을 난도질하고 기자를 가두었다. 또 종묘의 제사를 받드는 태사 자(疵)와 소사 강(疆)이 제기와 악기를 가지고 주나라로 도망쳐 왔다. 무왕은 더 참을 수가 없었다. 이에 제후들에게 고하였다.

"은왕조에 중죄가 있으니 이를 토멸하지 않으면 안 되겠다. 제후들은 총궐기하라!"

마침내 출병(出兵) 명령이 내린 것이다.

주의 도읍인 풍읍은 사기충천해 있었다. 때는 한파가 밀어닥치는 엄동이었다. 무왕을 선두로 태공망 여상과 무왕의 동생인 주공 단·소공(召公)·필공(畢公)이 좌우를 옹위해 따랐다. 3백 대의 전차, 3천 명 용장의 영솔 아래 도합 4만 5천의 용감한 군대가 진군을 시작했다. 주군이 맹진에 이르자 그곳에는 이미 4천 대의 전차를 거느린 제후의 군대가 기다리고 있었다. 무왕은 전군에게 포고문을 내렸다.

"전군의 용사에게 고한다. 은왕 주는 여색을 탐하여 음락을 다하고 있다. 하늘을 공경할 줄 모르고 죄를 다스림에 있어 공평을 잃고 만민은 도탄에 빠져 허덕이고 있다. 스스로 천명을 끊는 행동을 자행하고 있으니 지금 토멸하지 않으면 천하는 더욱 혼란에 빠질 것이다. 그래서 나는 천명에 따라 주에게 천벌을 가하려 하노라."

무왕의 군대는 동쪽을 향해 진군을 계속하여 은의 교외인 목야(牧野)에 이르러 진을 치고 최후의 결전에 대비하였다.

음락에만 빠져 있던 주왕도 주나라 군대의 진군 소식을 듣자 사태의 중대함을 느끼고 70만의 병력을 동원해서 목야로

이동궤(利銅) 제기로 추정되는 이 이동궤 아랫 부분에 갑자일 오전에 주나라 무왕(武王)이 상(商)을 정벌했다는 32자의 명문이 새겨져 있다.

맞서 나갔다. 아무리 수적으로 우세한 병력이었지만 그들의 대부분은 전쟁 포로였으며 은나라 사람들은 주지육림 속에서 뼈가 녹은 쓸모없는 군대였다. 모두가 오합지졸에 불과했다.

마침내 건곤일척(乾坤一擲)의 대결전이 벌어졌다. 주군은 물밀듯이 주왕의 본진으로 돌진해 들어갔다. 주왕의 포악에 시달리던 은군은 하루빨리 무왕이 주왕을 토멸해주기를 고대하고 있었다. 전투가 시작되자 대부분의 부대는 무기를 거꾸로 들어 항복했고 어떤 부대는 등을 돌려 주군과 함께 공격에 가담하기도 하였다.

이동궤의 명문

은군은 여지없이 무너지고 말았다. 주왕은 목야에서 도망쳐 수도 조가(朝歌)에 있는 녹대(鹿臺)로 올라갔다. 주왕을 추격하던 주군이 여러 겹으로 에워싸자 녹대에서 불꽃이 타올랐다. 주왕 스스로 백성들의 고혈(膏血)을 짜서 만든 보석으로 장식한 옷을 입고 불을 질러 그 속으로 몸을 던졌던 것이다. 비곗덩어리가 부지직거리는 소리와 함께 은 왕조는 종말을 고했다.

은왕조는 탕왕(湯王)으로부터 17세 33왕이 계속되었다. 형제의 계승이 많았기 때문에 대수(代數)가 17세로 끝난 것이다.

주왕을 그토록 황음무도하게 만들어 은왕조를 망치게 하고 주왕 자신도 스스로 목숨을 끊게 만든 장본인이 누구인지를 독자들은 잘 기억하고 있을 것이다. 그렇다면 달기는 그 후 어떻게 되었을까?

주왕이 녹대에서 스스로 불에 타 목숨을 끊은 후 무왕은 제후들을 거느리고 은나라 수도에 입성하였다. 은나라 백관과 백성들은 모두 교외까지 나와 이들을 환영하였다.

무왕은 녹대에 이르러 친히 주왕의 유해에 세 발의 활을 쏘고 칼로 친 후 황월(黃鉞)*로 목을 잘라 큰 백기(白旗)에 달았다. 이어서 주왕의 두 총희의 처소로 향했다. 그중의 한 사람은 달기임이 분명하다. 《사기》의 〈은본기(殷本紀)〉에는 무왕이 달기를 죽였다고 기록하고 있으나 〈주본기(周本紀)〉에는 두 여인이 모두 목을 매어 자살했다고 기록하고 있다.

주 시대 무사 복원도

* 황월: 천자가 정벌할 때 지니고 다니는 황금으로 장식된 도끼
* 현월(玄鉞): 검은색의 도끼

무왕은 두 여인의 유해에도 친히 세 발의 활을 쏘고 칼로 친 후에 현월(玄鉞)*로 목을 잘라 작은 백기에 달고 진영으로 돌아왔다.

다음은 제물을 마련하고 제단을 쌓아 무왕이 천명을 받아 은을 토멸하고 천자가 되었다는 축문을 낭독하여 혁명이 이루어졌음을 선포하였다.

이상 서술한 내용이 3천 년 전의 고대로부터 지금까지 내려오는 주왕에 대한 일반적인 평가이다. 그러나 일부 역사학자 가운데는 주왕에 대한 새로운 평가를 내리고 있다. 즉 주왕은 노예의

해방을 비롯하여 장강·회하 지역의 개발은 물론, 중원 문화를 남방에 전파하고 국가의 통일에 대해서도 공헌이 많았다고 전제하고 주왕의 공적은 "주 무왕보다 크다."고 주장하여 지금까지의 주왕에 대한 평가를 뒤엎으려는 경향을 보이고 있다.

그러나 어떤 방법으로 역사의 참모습을 규명하여 주왕에 대한 공과를 재평가할지 의문이다.

주왕조의 창업

주왕조의 건국을 축하하는 식전이 끝난 후 무왕은 망국의 백성이 된 은나라 사람들의 인심을 어떻게 수습할 것이며 이제 겨우 얻은 넓은 영토를 어떻게 통치해야 할 것인지, 그리고 새로운 주왕조를 어떻게 강화해야 할 것인지를 중신들과 의논하였다.

군사이며 일등 공신인 강태공은 "적을 모두 죽여 후환의 씨를 남기지 말아야 합니다."라고 주장하였으며, 소공(召公)은 "죄가 있는 자는 죽이고 죄가 없는 자는 용서하여 각각 응분의 처분을 내려야 합니다."라고 주장하였다.

이에 반하여 주공은 "주왕의 아들 녹보(祿父)를 제후로 삼아 '은으로써 은을 다스린다.'는 방법을 쓰는 것이 좋겠습니다."라고 제언하였다.

무왕은 주공의 의견을 받아들여 주왕의 아들 녹보를 은의 수도였던 조가에 봉하여 그들 일족을 위안시키게 하고, 기자를 석방하고 비간의 묘를 마련하였다.

무왕은 풍읍으로 돌아와 도읍을 호(鎬)로 옮기니 이곳이 호경(鎬京)으로 13대 평왕이 낙양으로 도읍을 옮기기 이전인 서주(西周)의 수도가 되었다. 이어서 공신과 일족(一族)에 대한 논공행상이 행해졌다. 태공망 여상은 제(齊)나라에, 주공 단은 노(魯)에, 소공은 연(燕)에, 그 밖의 공신들에게도 서열에 따라 봉토를 나누어주는 봉건제를 실시하였다. 동생인 숙선(叔鮮)은 관(管)에, 숙도(叔度)를 채(蔡)에 봉하여 이들로 하여금 은의 녹보(祿父)를 감시하도록 하였다.

　이렇게 하여 희망에 찬 주왕조의 봉건 국가는 힘찬 걸음을 내디뎠고 주공은 예악과 법도를 제정하여 봉건 국가의 기틀을 다져갔다.

　논공행상의 훈공 제1등은 말할 것도 없이 태공망 여상이었다. 그는 제(齊)에 봉함을 받아 제후가 되어 임지로 떠나게 되었다. 특히 고향으로 금의환향하는 제의 마음은 기쁨과 착잡함으로 엇갈리고 있었다. 지난날 가난한 집안 살림을 도맡아 자기를 극진히 돌보다가 결국 견디지 못하고 달아난 부인의 일 등은 잊혀지지 않는 서글픈 일이었다.

　구종배들이 시위 소리를 지르며 지나가는데 길 닦는 일에 부역나온 사람들이 길을 비켜서고 있었다. 초라한 늙은 여인의 모습이 힐끗 눈에 띄었다. 낯이 익은 여인이었다. 바로 자기를 버리고 달아난 부인이었던 것이다. 태공망 여상은 시종을 시켜 그 여인을 수레 앞에 대령시켰다. 영문을 몰라 하는 그 여인에게 "고개를 들고 나를 쳐다 보시오." 하였다.

　고개를 들고 그를 쳐다본 여인은 옛정을 생각해서 다시 아내로 맞아달라고 애원했다. 여상은 물을 한 그릇 가져오도록 하여 그릇의 물을 땅바닥에 쏟게 한 다음 그 물을 다시 그릇에 주워 담아보라고 하였다. 한번 땅에 쏟은 물은 다시 담을 도리가 없었다.

"엎지른 물은 다시 그릇으로 돌아올 수 없듯이 한번 끊어진 인연은 다시 맺을 수가 없는 법이오."

그 여인은 끝까지 견디지 못한 자신의 행동을 얼마나 뉘우쳤을 것인가?

백이와 숙제

백이(伯夷)·숙제(叔齊)는 고죽군(孤竹君)의 두 아들이었다. 아버지는 막내인 숙제를 몹시 사랑하여 그에게 자기 뒤를 잇게 하려고 마음먹고 있었다. 그러나 아버지 고죽군이 죽자 숙제는 형인 백이에게 왕위를 양보했다.

"아버지께서는 비록 나를 후사로 정하셨지만 형님이 계신데

백이와 숙제

백이 숙제의 묘비 산서성 포주에 있는 백이와 숙제의 묘비. 명문은 당대 안진경의 글씨

제가 어찌 그 자리를 잇겠습니까. 형님이 뒤를 이으셔야 합니다." 백이는 백이대로 완강히 거부하였다.

"아버지의 마음이니 어길 수 없다."

두 사람은 서로 양보하다가 백이가 영토 밖으로 도망치자 숙제도 그 뒤를 따랐다. 고죽국에서는 할 수 없이 가운데 아들로 뒤를 잇게 하였다.

백이와 숙제는 고국을 떠나 여기저기 방황하다가 당시 어질기로 이름난 서백에게 의탁해 볼까 하는 희망을 안고 주나라를 향해 발길을 옮겼다. 주나라 서울 풍읍에 당도해보니 서백은 이미 죽었고 때마침 무왕이 아버지 문왕의 위패를 안고 주왕을 토벌하기 위해 출진하는 길이었다. 두 사람은 무왕의 말고삐를 잡고 간하였다.

"아버지가 죽었는데 장사도 지내지 않고 싸움을 일으키려 하니 효도라고 할 수 있는가. 신하인 제후로서 천자를 시해(弑害)하려 하니 옳은 일이라고 하겠는가?"

무왕의 좌우에 있던 군사들이 그를 죽이려고 하자 태공망 여상이 "이 사람들은 의로운 사람이다." 하고 붙들어 보내게 하였다.

이윽고 무왕이 은나라를 평정해 온 천하가 주나라를 종주국으로 받들었다. 그러나 백이와 숙제는 그렇지 않았다. 주나라는 천도와 인도를 배반하여 세운 나라이니 우리들이 살 세상이 못 된

수양산

다고 생각하였다.

그들은 "의를 지키어 주나라의 곡식을 먹지 않겠다."고 말하고 수양산에 들어가 고사리를 꺾어 먹고 살다가 마침내 굶어 죽고 말았다. 굶어 죽게 되었을 때 다음과 같은 노래를 지었다.

저 서산에 올라가
고사리를 캐네
무왕은 포악한 방법으로 구왕의 포악함에 대신하였건만
슬프다 그 잘못을 알지 못하네
신농(神農)·우순(虞舜)·하우(夏禹)의 도가
홀연 사라졌으니

내 어디로 가서 몸을 의지할 것인가
아, 이대로 죽을 수밖에 없구나

登彼西山兮
采其薇矣
以暴易暴兮
不知其非矣
神農·虞·夏 忽焉沒兮
我安適歸矣
于嗟徂兮
命之衰矣

성강지치

 천자가 된 무왕은 밤에도 잘 자지 않고 정사에 열중하였다. 그러다 보니 지나친 노고로 건강을 해쳐 병상에 눕게 되었다. 주왕조가 선 지 얼마 안 되었기 때문에 나라 안팎으로 여러 가지 면에서 미비점이 많았다. 군신들은 불안을 느꼈고 주공 단은 자신이 무왕을 대신하여 죽기를 빌었다. 그런 정성 때문인지 무왕의 병세가 호전되었으나 완쾌치 못하고 끝내 죽고 말았다. 태자 송(誦)이 뒤를 이으니 이가 곧 성왕(成王)이다.
 성왕은 나이가 너무 어렸다. 주공 단이 섭정으로서 국사를 맡아보았지만 원래 국사란 평온무사하게만 진행되는 것이 아니었다. 섭정이 된 주공은 겨우 이룩한 왕업을 굳건히 하고 보다 발전시키기 위하여 섭정의 권한을 넘어 보다 강력한 자세로 정치에 임했다. 동생들 중에 혹시 주공 단이 나라를 빼앗으려는 것이 아닌가 하고 의심하는 자가 있었다.

일찍이 주왕의 아들 녹보를 은나라에 봉하면서 그를 보좌·감시토록 명령받았던 관숙선·채숙도는 녹보와 제휴하여 주공에게 반기를 들었다. 형제에게 상의도 없이 독단 전행하는 주공이 불만스러웠고 주나라 조정으로부터 소외당하지 않나 하는 불만을 품고 있었다. 이를 눈치 챈 녹보가 그들을 충동질하여 앞서의 패배를 설욕하고 은의 세력을 만회하려고 반란을 일으켰다.

주공은 단호히 그들을 토벌하려고 하자 왕실 내부에서는 반대 의견이 많았다. 그러나 주공은 "만약 이런 사태를 방치한다면 애써 이룩한 선왕의 위업은 무너지고 말 것이다." 하고 토벌에 나서 3년 만에 진압하였다. 《사기》에는 이 반란에 관여한 자를 관숙선과 채숙도 두 사람으로 기록하고 있으나 이 두 사람 외에 곽숙(霍叔)이라는 동생도 이에 관여하였기 때문에 이 반란을 '삼감(三監)의 난'이라 칭하기도 한다.

주나라의 항아리

이 난을 진압한 주공 단은 녹보와 관숙선을 사형에 처하고 채숙도를 추방하는 한편 은의 유민들의 세력을 분산시키기 위하여 주왕의 또 다른 아들 미자개(微子開)를 송(宋)에 봉하여 그곳으로 은의 유민을 분산, 이동시켰다. 은의 옛 땅을 위(衛)로 개칭하여 막내 동생인 강숙봉(康叔封)에게 주어 은의 유민을 다스리게 하였다.

　　앞서 삼감의 난이 일어났을 때 종실 일부에서는 그들의 토벌을 반대하는 자가 많았다는데 그들의 반대 이유가 논공행상에 불만이 있었기 때문이었는지도 모른다. 15명이나 되는 동생 가운데 삼감의 난 진압에 선뜻 협력하고 나선 것은 소공뿐이었으며,《사기》의〈제세가(齊世家)〉에 이 토벌에 참가하라는 명령을 태공망에게 전한 것도 소공을 통하여 이루어졌다고 기록한 사실로 보아 당시 주공은 소공과 매우 밀접한 협력 관계를 가지고 있었음을 알 수 있다.

　　주공 단의 섭정은 7년 동안 계속되었다. 성왕이 성장하여 친정(親政)을 할 수 있게 되자 정권을 돌려주고 신하의 자리로 돌아왔다. 성왕의 스승으로서 정사를 보필하여 관제를 새로 정하고 새로운 주나라의 예악을 제정하는 등 그의 충성과 빛나는 업적은 후세의 귀감이 되고 있다.

서주의 쇠퇴

주공 단이 죽은 후 성왕은 선왕들의 유업을 계승하여 오로지 정사에만 정진했고 그 뒤를 이은 강왕(康王) 역시 어진 정사를 펴 40여 년 동안 형벌이 없었다고 한다. 주공의 7년 동안의 섭정으로부터 강왕의 시대까지가 주나라의 황금 시기로 꼽히고 있다.

　　강왕 뒤에 소왕(昭王), 소왕 뒤에 목왕이 뒤를 이었다. 소왕은 남쪽으로 사냥 나간 후 돌아오지 않았다.《사기》에는 이 소왕

의 죽음에 대해 '소왕 남쪽으로 순수(巡狩) 나갔다
가 끝내 돌아오지 않았다. 강 위에서 죽었는데 이
사실을 천하에 공포하지 않고 숨기다.'라고만 기록하
고 있다.

소왕이 강 위에서 죽었는데 이 사실을 천하 제
후에게 알리지 않았다는 것은 아무래도 그의 죽음
에 의문을 갖게 한다.

일설에 의하면 형초(荊楚, 호북과 호남) 사람이 백
치(白雉, 흰꿩)를 바치려 하자 소왕이 친히 나가 백치를
받기 위해 남쪽으로 거동하였다. 소왕이 한수를 건널 때
어떤 자가 계획적으로 그 배의 밑바닥에 구멍을 뚫고 아교와 흙을
뭉쳐 구멍을 막았는데 배가 강 중류에 도달했을 무렵 막았던 아교
흙이 녹아 구멍이 뚫리면서 배가 침몰했다고 한다. 이 이야기는
《죽서기년》에 실려 있다고 '천문'의 주에 인용하고 있는데 사실
은《죽서기년》에는 그러한 내용이 실려 있지 않고, 다만 초나라를
정벌했다는 기사에 '육사(六師, 6개 군단)를 한수에서 잃었다.' 라
는 패전을 암시하는 내용이 있을 뿐이다.

《여씨춘추》에는, '소왕이 친히 군사를 거느려 형(荊)을 정벌
할 때 기골이 장대하고 힘이 장사인 신여미(辛余靡)라는 장수가
왕을 호위했다. 돌아오는 길에 한수를 건너는데 다리가 무너져 소
왕과 채공(蔡公)이 한수에 빠지자 신여미가 급히 왕과 채공을 구
하여 무사히 환궁하게 되었다. 소왕은 신여미의 공로를 치하하여
서책(西翟)의 제후로 삼았다.'고 기록되어 있다.

소왕은 어찌해서 백치를 궁에서 가만히 앉아서 받지 않고 그
것을 친히 받기 위해 거동했다가 물에 빠져 죽었을까?《죽서기

북을 치며 앉아 있는 사람 인형

년》이나 《여씨춘추》의 기록에 의해 추측한다면 소왕이 원정나갔다가 죽었을 가능성이 짙다. 만약 물에 익사하지 않았다고 한다면 싸움에 패하여 달아나다가 죽었을지도 모르는 일이다. 그렇기 때문에 차마 제후들에게 알릴 수가 없었던 것이 아닌가 생각된다.

소왕이 죽자 태자 목왕(穆王)이 즉위했다. 목왕은 주나라의 전통적인 팽창 정책에 따라 자주 친정(親征)에 나섰는데 아버지 소왕이 남방 정벌에서 실패하고 목숨까지 빼앗긴 것을 거울삼아 주로

서왕모

서북쪽을 정벌의 대상으로 삼아 번번이 승리함으로써 눈부신 발전을 보였다.

그 밖에 목왕이 서방을 순력(巡歷)하는 가운데 곤륜산에 올라 서왕모를 만났다는 전설이 있다. 이 같은 전설은 당시 크게 번영했던 시대적 배경을 뒷받침하는 것으로 생각된다. 그 전설의 내용은 다음과 같다.

재능과 용기가 뛰어난 목왕은 천하를 두루 노닐고자 하여 여덟 마리의 준마가 끄는 수레를 타고 일대의 인마를 따르게 했다. 수도를 떠나 위수를 지나 맹진을 거쳐 태행산 서쪽을 통과하여 음산 기슭에 도달하였다. 그곳에서 진로를 서로 바꾸어 긴 여정에 올랐다. 굽이굽이 굽

이치는 황하를 따라 상류로 거슬러 올라가 높이 솟은 곤륜산에 올랐다. 다시 서쪽으로 수천 리를 지나 마침내 서왕모(西王母)가 산다는 신선의 나라에 도착하였다.

서왕모는 경치가 아름답기로 유명한 요지(瑤池)에서 성대한 잔치를 베풀어 목왕 일행을 대접하였다. 풍악이 울리고 환영 분위기가 넘쳐 흐르자 목왕은 서왕모에게 중원 특산품인 비단을 선물로 전하였고, 서왕모는 그 답례로 그 지방의 보물을 바쳤다. 다시 서왕모는 목왕을 그녀의 나라에서 가장 경치가 아름다운 곳으로 안내하자 목왕은 '서왕모의 산'이라고 쓴 친서를 내리고 기념 식수를 하였다.

작별의 순간이 다가오자 두 사람은 서로 이별을 아쉬워하였으며 서왕모는 재삼 목왕에게 술을 권하면서 "폐하 오래오래 사시옵고 다시 한 번 오시옵소서."라는 작별의 노래를 불렀다. 이로써 목왕 일행은 왕복 3만 5천 리의 여행 끝에 중앙아시아와 광대한 서역 사람들에게 깊은 우정을 심고 귀국하였다.

서기 281년에 현재의 하남성 급현(汲縣)의 고분에서 죽간에 새겨진 글이 대량으로 출토되었는데 이 가운데 목왕의 고사를 적은 글이 한 권 발견되었다. 이 책은 후에 《목천자전(穆天子傳)》이라고 불렸는데, 서주(西周)가 경제적·문화적으로 번영하여 서방과 경제·문화의 교류를 했다는 이야기가 기록되어 있었다.

이 이야기는 역사적 사실로 인정하기는 어려우나 주의 목왕이 중국에서 가장 먼저 여러 나라를 돌아다닌 저명한 인물로 숭앙되고 있음을 알 수 있다. 후세 시인은 이 목왕과 서왕모의 고사를 시로 읊어 그들을 동경하였다.

요지(瑤池)의 서왕모가 비단 창문을 활짝 여니

피리 소리 구슬피 땅을 울리네

여덟 마리 준마는 하루에도 삼만 리를 달릴 수 있으련만

목왕은 무슨 일로 다시 올 줄을 모르는가

瑤池阿母綺窓開

黃竹歌聲動地哀

八駿日行三萬里

穆王何事不重來

  목왕 다음에 그의 아들 공왕(共王)이 즉위하였다. 공왕은 매우 여행을 즐기는 인물이었다. 어느 날 사냥을 나갔다가 경수(涇水) 근처까지 가게 되었다. 경수는 위수(渭水)의 부근으로 그곳에는 밀국(密國)이라는 소국이 있었다. 밀국의 영주 강공(康公)은 공왕을 정중히 맞아들이고 잔치를 베풀었다. 강공의 곁에는 아름다운 세 미녀가 시중을 들고 있었는데 공왕은 이 미녀에게 눈독을 들였다. 강공의 어머니는 공왕의 속마음을 짐작하고 강공에게 그 미녀를 공왕에게 바치라고 눈짓했다. 그러나 강공은 듣지 않았다. 얼마 후 공왕이 강공에게 그 미녀를 달라고 하자 강공은 "안 될 말씀이오, 나도 놓치기에는 너무 아깝소이다."라고 강력하게 거부하였다.

  공왕은 노하여 무력으로 밀국을 토멸해버렸다. 사소한 여자 문제로 제후국을 함부로 공격했으니 이로 미루어 볼 때 주나라의 왕도가 무너지기 시작했음을 알 수 있다.

  공왕으로부터 3대째에 여왕(厲王)이 즉위하였다. 그는 약해

목왕팔준도 목왕이 여덟 마리의 말이 끄는 수레를 타고 천하를 주유하는 그림. 《제왕도감(帝王圖鑑)》 삽화

져가는 주왕실의 세력을 만회하기에 힘썼다. 목왕 이후의 선왕들은 너무 소극적이었기 때문에 그는 주공이 정치 이상으로 삼았던 '순리를 따라 무리하지 않는다.'는 원칙을 무시하고 적극적인 정책을 취했다.

그는 주왕실을 회복시키기 위해서는 우선 수입을 증대시켜야 한다고 생각하고 이재(理財)에 밝은 이공(夷公)을 등용하였다. 이공은 원래 영국(榮國)의 공작(公爵)이었는데 그의 수입 증대 방안은 노골적인 착취 수단이었기 때문에 영국의 영민(領民)들로부터 불만을 많이 사고 있는 인물이었다. 현명한 대부 예양부(芮良夫)는 "만약 이공(夷公)이 영국에서 착취하던 방법으로 주왕실을 재건하려고 한다면 위험천만한 일이라 생각되옵니다." 하고 간하였으나 여왕은 듣지 않았다.

이공의 착취는 극도에 달하고 있었다. 착취의 대상은 귀족·제후·일반인을 가리지 않았다. 일반 서민의 불만은 말할 것도 없고 왕실과 제후와의 관계도 점점 험악한 상태에 이르고 있었다. 건국의 으뜸 공신이며 주왕실에 대한 충성도가 가장 높은 가계(家系)를 자랑하는 소공(召公)은 가만히 보고만 있을 수 없어 "이러한 정치를 하다간 멀지 않아 백성들은 어떠한 명령도 따르지 않을 것이며 제후들도 주왕실을 종주국으로 받들지 않을 것입니다." 하고 간하였다. 이에 여왕은 크게 노했다.

"주나라를 부흥시킬 사람은 나밖에 없소. 이 나라를 부강케 하려면 비상 수단을 쓰는 것도 부득이한 일이요."

그는 자기를 비방하는 자가 많음을 알고 이를 막기 위해 공포정치를 구상해냈다.

여왕은 위(衛)나라에서 무당을 불러오게 하였다. 위나라는 옛 은나라의 도읍지로 그곳의 무당은 은나라 건국 이래 신령시되어 오던 존재였다. 그 무당은 모든 일을 신령처럼 꿰뚫어보는 것으로 여겨 왔던 것이다. 그 무당은 이른바 절대자격인 특무장관으로서 그가 고발하는 사람은 그것으로 끝장이었다.

전형적인 서주 후기의 모공정

이로써 비방하는 사람은 줄어들었으나 제후들은 입조하기를 꺼렸고 백성들은 입을 다물었다. 아무리 친한 사람을 만나도 말을 못하고 눈짓으로 한없는 원망을 주고받는 형편이었다. 여왕은 만족해했다.

"어떻소? 내 정치하는 솜씨가. 나를 비방하는 자가 사라졌으니."

소공은 기가 막혔다.

"백성의 입을 막는다는 것은 둑으로 물을 막는 것보다 더 어렵습니다."

둑을 쌓아 아무리 물을 막으려 해도 일

편종 주나라 귀족들이 제사나 향연 때 사용한 중요한 악기였다.

단 둑이 무너지면 걷잡을 수 없는 것처럼 평소에 물을 방류(放流)하여 둑이 무너지지 않도록 적당히 조절해야 한다. 만약 위험 수위 이상으로 올라가면 둑이 무너져버린다는 뜻이다.

이런 상태가 3년 계속되었다. 마침내 백성들의 불만은 폭발하고 말았다. 그들은 일제히 일어나 여왕을 습격했다. 여왕은 체(彘)로 도망가고 '공화(共和)' 시대가 시작되었다.

사마천은 《사기》에서 이 해부터 연표를 만들고 있다. 즉 공화 원년은 기원전 841년 경신년(庚申年)으로 그 후부터는 한 해 한 해가 일목요연하게 정리되어 있다. 사마천이 어째서 이 해부터 연표를 만들었는지 자세히 알 수는 없으나 아마도 그 이전의 연대는 확실성이 없었기 때문으로 해석된다. 사마천이 수집한 자료에는 그 이전의 역사에 관한 확실한 기록이 없었던 것으로도 생각된다. 추측컨대 여왕 말년의 민중 봉기는 그야말로 천하의 대란으로서 모든 역사적 기록이 불타버린 것인지도 모른다. 이 공화 원년을 경계로 하여 역사의 명암(明暗)이 칼로 그은 듯이 확실했다.

여왕은 공화 14년, 망명지에서 죽고 태자 정(靜)이 즉위했다. 여왕이 망명한 후의 공화 14년의 내용에 대해서는 두 가지 설이 있다.

먼저 《사기》에 실린 내용을 소개하면, 망명한 여왕의 아들(후의 宣王)이 아직 어렸기 때문에 주왕실의 동량격인 구공과 소공이 '서로 의논하여' 정치를 했다는 것이다.

반란군은 여왕의 아들을 죽이려 하였으나 소공이 자기의 아들과 바꿔 왕자를 살렸다고 《사기》에 기록하고 있다.

군주가 아닌 두 사람의 재상이 서로 의논하여 정치를 했기 때문에 공화라고 한다는 것이 《사기》의 내용이고, 《죽서기년(竹書紀年)》에는 '공백화(共伯和) 왕위를 간(干)함'이라고 기록하고 《사기색은(史記索隱)》에 간(干)은 찬(簒, 찬탈)의 뜻이라고 풀이하고 있다.

왕위를 간(干)했다는 문장의 내용을 왕이 없었기 때문에 누군가가 행정의 책임자로서 왕을 대신하여 섭정을 한 것으로 생각할 수 있다. 또 왕국유(王國維, 1877~1927)의 《금본 죽서기년소주(今本竹書紀年疏註)》에는, '공백화(共伯和) 천자의 일을 섭행(攝行)하다.'로 기록하고 있다.

앞에서 말한 '서로 의논하여'란 공화(共和)의 뜻은 어딘가 어색한 감이 없지 않다. 차라리 공백(共伯)의 화(和)라는 대신이 왕위를 찬탈했거나 섭정했다고 해석하는 것이 더 온당할 것 같다.

《여씨춘추》와 《장자》에서는 공백화설을 지지하고 있다. 중국 역사학계에서도 《사기》의 설을 주장하는 파와 《죽서기년》의 설을 주장하는 두 파로 갈라져 있다.

선왕(宣王)은 천성이 영매하였다. 어진 신하를 등용하여 주나라의 부흥에 힘쓴 결과 그의 초기에는 많은 발전상을 보였으나 후기에는 다시 약화되기 시작하였다.

선왕 39년 서쪽 오랑캐 강융(羌戎)이 배반하자 선왕이 친정에 나섰으나 대패하였다. 선왕은 이 패배를 설욕하기 위하여 태원

곤륜산

(太原, 산서성) 지방에 호구조사를 실시하여 군대와 인부를 징용하고 세금을 징수하였다. 대신들이 싸움의 불리함을 간했으나 듣지 않았다.

43년에는 왕명을 거역했다는 이유로 충신 두백(杜伯)을 참수했다. 두백의 친구 좌유(左儒)는 "임금의 잘못을 밝히고 두백의 무죄함을 밝히겠다." 하고 두백의 뒤를 이어 자결하고 말았다. 좌유의 자살 소식을 들은 선왕은 두백을 죽인 일을 후회하였다. 일찍이 두백이 참수당할 때 다음과 같은 말을 했다.

"임금은 나를 죽여도 죄가 되지 않는다. 그러나 죽은 자에게 영혼이 없으면 몰라도 만약 영혼이 있다면 나는 3년 후에 기필코 임금에게 영혼이 있음을 보여주리라."

그로부터 3년 후 선왕이 제후들을 거느리고 포전(圃田)으로 사냥을 나갔다가 두백의 망령과 마주친 것이다.

선왕이 옥연을 타고 가다가 언뜻 멀리 바라보니 조그마한 수레가 차츰 이쪽으로 달려오는데 끄는 말과 수레가 모두 흰색이었다. 그 안에 새빨간 옷에 새빨간 관을 쓰고 새빨간 활과 화살을 가진 두 사나이가 나란히 앉아 가까이 다가오며 "대왕은 그 후 별일 없으시오." 하고 인사를 하는 것이다.

　선왕이 깜짝 놀라 그들을 자세히 보니 두백과 좌유가 분명했다. 선왕이 눈을 비비고 다시 바라보려는 순간 수레는 보이지 않았다. 좌우의 시종들에게 물었으나 아무도 그것을 보았다는 사람은 없었다. 어쩌다 바라보니 두백과 좌유는 또다시 수레를 타고 연의 좌우를 맴도는 것이었다. 선왕이 노하여 보검을 빼어 그들을 치려 하자, "무도한 혼군(昏君)아! 임금의 덕은 닦지 않고 함부로 충신을 죽이는가. 혼군의 운수는 이미 다 되었다. 우리는 이제 잃었던 목숨을 찾으리라." 하며 붉은 활에 붉은 살을 메겨 선왕의 심장을 향해 쏘았다. 선왕은 큰 소리로 비명을 지르며 옥련 위에서 기절해버렸다. 시종들이 응급조치를 취하여 어느 정도 회복되었으나 3일 후 선왕은 노신 윤길보(尹吉甫)와 소호(召虎)가 지켜보는 가운데 죽고 유왕(幽王)이 그 뒤를 이어 즉위하였다.

유왕과 포사

새로 왕위를 이은 유왕은 위인이 난폭하고 주색을 좋아하여 유흥으로 정사를 돌볼 겨를이 없었다. 그의 어머니 강후(姜后)가 이를 걱정하여 자주 타일렀으나 유왕은 듣지 않았다. 더욱이 강후가 죽은 후로는 여색에 빠져 국정을 돌보지 않았다. 마침내 포사(褒似)라는 절세미인에게 빠져 자신은 견융(犬戎)에게 무참히 살해되고 주나라는 멸망의 상태에 이르게 되었으니 지금까지의 고대 역사를 비추어 볼 때 왕조 말기에는 으례 절세미녀가 나타나 왕조의 멸망을 가져오는 큰 원인으로 나타났다. 하(夏)의 걸왕(桀王)이 그렇고, 은(殷)의 주왕(紂王)이 그렇고 또 유왕(幽王)도 그러했다.

절세의 미녀 포사의 기구한 출생에 대해서는 다음과 같은 이야기가 전해진다.

이야기는 하왕조 시대로 거슬러 올라간다. 하왕조가 쇠퇴했을 무렵 두 마리의 신룡(神龍)이 왕궁의 뜰에 나타나 "우리들은 포(襃)의 두 임금이다."라고 말했다고 한다. 포는 하왕조의 왕족으로서 포씨, 비씨(費氏), 기씨(杞氏), 증씨(繒氏)와 함께 봉해진 나라의 하나로 지금의 섬서성(陝西省) 서남부 포성현(襃城縣)에 해당된다.

하왕은 점쟁이에게 비방을 점쳐 보라고 명했다.

죽일 것인가라는 물음에도 흉(凶), 쫓아 버릴 것인가라는 물음에도 흉, 무엇을 점쳐 보아도 흉괘가 나올 뿐이었다. 용의 정기라고 말하는 타액(唾液, 침)을 받아서 간직해둘 것인가라는 점을 쳤더니 길괘가 나왔다. 그래서 이 일을 기록한 내용을 보였더니 용이 입에서 정기를 토해 놓고 사라지는 것이었다. 그것을 상자에 소중히 받아서 꼭꼭 봉하고 정성을 다하여 간직했다가 다음 대에 물려주게 되었다.

소중히 간직하는 물건을 흔히 신주 모시듯 한다고 말한다. 이 상자야말로 소중히 간직되어 하나라가 망하자 그대로 은나라로 전해지고 있었다. 은이 망하자 그 상자는 주나라로 전해졌다.

은나라는 신권국가(神權國家)로서 미신을 소중히 한 나라였으므로 은왕조 5백여 년 동안 이 금단의 상자는 한 번도 열린 적이 없었다. 그러던 것이 무왕으로부터 10대째 되는 여왕(厲王)시대에 이르러 어떤 실수로 인하여 그 상자가 열리게 되었다.

천 년간이나 금단의 상자로 소중히 간직되었던 상자가 열리자 용의 침은 갑자기 궁전에 흘러나왔으며 아무리 쓸고 닦아도 웬일인지 닦여지지가 않았다.

"여자들을 알몸으로 만들어 큰 소리를 지르도록 하라."

은나라와 비교해서 미신을 믿는 풍습이 많이 없어졌다고는 하지만 주나라 사람들도 역시 주문(呪文)을 외는 일을 많이 하고 있었던 모양이다. 영묘한 기운은 더러운 물건으로 그 영묘한 힘을 없앨 수 있다고 생각했다.

19세기 중엽 아편 전쟁 당시에도 이러한 주법(呪法)을 믿고 있었던 장군이 있었다. 그는 영국군의 포격이 너무도 정확했기 때문에 이것은 필시 주술사(呪術師)의 영묘한 신통력 때문일 것이라고 생각하고 그 신통력을 없애기 위한 주술로써 가까이에 있는 민가에서 부인의 변기를 많이 모아다가 그 변기 주둥이를 영국 군함에 향하도록 했다는 기록이 있다. 더러운 물건 가운데서도 여성의 변기는 더욱 효과적일 것이라고 생각했던 모양이다. 청나라 장군의 이 방법은 아무런 효과를 거두지 못했다.

그러나 실오라기 하나도 걸치지 않은 여자들이 큰 소리로 떠들어대자 놀라운 일이 일어났다. 용의 침은 한 마리의 검은 도마뱀으로 변하여 후원 쪽으로 도망치는 것이었다. 그런데 후원에 있던 일곱 살 난 소녀와 이 도마뱀이 마주친 것이다. 이 소녀와 도마뱀의 마주침은 절세의 미녀 포사의 잉태를 의미하는 것이었으나 그 당시로서는 이 소녀는 물론 아무도 이 신비스러운 조화를 예측하지 못했다. 그 후 도마뱀이 어떻게 되었는지는 아무도 모른다.

그 어린 소녀는 열 다섯 살이 되자 처녀의 몸인데도 자꾸 배가 불러왔다. 그녀는 고민에 빠졌다. 어떻게 했으면 좋을지 도무지 대책이 서지 않았다.

"아기가 태어나면 버릴 수밖에 없다."

그녀는 그렇게 마음 먹고 몸을 숨기고 지냈다.

여왕이 죽고 선왕 시대가 되었다.

"산뽕나무 활과 대로 만든 전통(箭筒)

이것이 주나라를 망치는 근본"

이런 노래가 거리에서 공공연히 불려지고 있었다. 선왕은 이 노래를 문제삼지 않았으나 웬일인지 마음에 걸려 신경을 쓰고 있었다.

그런데 어느 날 산뽕나무 활과 대로 만든 전통을 팔고 있는 부부가 있다는 보고가 들어왔다. 선왕은 그들 부부를 모두 잡아 죽이라는 명령을 내렸으나 그들은 도망쳐 위기를 모면했다. 있는 힘을 다하여 허겁지겁 도망치던 이들 부부의 귀에 어렴풋이 아기의 울음소리가 들려 왔다. 활장수 아내가 그쪽으로 달려가 보니 갓 태어난 아기가 버려진 채 울고 있었다.

"아이고 가엾어라!"

활장수 아내가 아기를 안아 올리자 아기는 이상하게도 울음을 뚝 그쳤다.

"도망치기도 바쁜데 아기를 어떻게 하려고 그래. 아직도 우리를 쫓고 있을지 모르니 빨리 도망이나 갑시다."

아내가 아기를 땅에 내려놓자 아기는 더욱 보채어 울어댔다.

"버려진 아기이니 데려갑시다. 우리는 자식이 없지 않소."

마침내 그들은 그 아기를 데려가기로 결정했다.

이 아기가 바로 용의 침이 변해서 된 도마뱀과 마주쳤던 처녀가 낳아서 버린 아기였던 것이다.

활장수 부부는 그 아기를 안고 멀리 포(褒)나라로 도망쳐 그곳에서 이 아기를 길렀다. 그녀는 누구라도 한 번만 보면 감탄할 정도의 미녀로 자랐다. 용의 정기를 받고 태어났기 때문인지도 모른다.

그 무렵 포의 영주가 어떤 중죄를 지어 주왕실로부터 중벌을 받게 되었다. 포나라에서는 그 죄를 용서받는 대가로 포나라 안에서 제일가는 미녀를 주왕에게 바치고 사태를 수습했는데 이때 미녀로 뽑힌 여자가 활장수 부부가 기른 여자였다. 그녀의 이름은 포사였다.

당시에는 이런 예가 많았다. 하나라를 망친 말희가 그렇고, 은나라를 망친 달기가 그렇고, 포사 또한 그러했다.

그때의 천자는 주의 유왕으로 그는 포사로 인하여 주나라를 망치는 결과를 가져왔다.

여기서 우리는 《사기》에 기록된 연대와 포사의 나이에 너무 차이가 많음을 살피고 넘어가기로 하자. 《사기》에는 "유왕 2년 대지진이 일어나 경수·위수·낙수의 3대 강이 파괴되고 기산이 무너지는 천재지변이 일어났다. 또 8년에 포사가 총애를 받고 얼마 후에 아들을 낳았다."라고 기록되어 있다. 이 기록에 의하면 유왕이 포사를 맞이한 것은 유왕 3년으로 보아진다.

용의 침이 금단의 상자 속에서 흘러나온 것은 여왕 말년이라고 하니 여왕은 선왕의 아버지이고 유왕의 할아버지이다.

여왕 37년에 민중의 내란이 일어나 여왕이 망명했고 이 망명 14년 동안 두 신하가 공화 정치를 폈다. 공화 원년은 사마천이 연표를 쓰기 시작한 해로 이후부터는 연대가 일목요연하다. 공화 원년은 서기 전 841년으로 되어 있다.

망명지에서 여왕이 죽자 선왕이 즉위했다. 선왕은 46년간 재위했고 그가 죽은 후 유왕이 왕위를 계승했다.

그런데 여왕 말년 일곱 살의 소녀가 궁궐 후원에서 도마뱀과 마주치고 열 다섯 살에 아이를 잉태했으니 포사의 탄생은 공화 시대의 중반으로 보아야 할 것이다. 또한 선왕 재위 46년을 지나 유왕 3년에 포사가 바쳐졌으니 이로써 보면 당시 포사의 나이는 50세가 넘는 셈이 된다. 아무리 절세의 미녀라도 50세가 넘었다면 과연 미인들의 숲속에 파묻혀 사는 유왕의 총애를 독차지할 수 있었을 것인가? 상상할 수 없는 일이다.

그래서 어떤 기록에는 잉태한 지 40년에 아이를 낳았다고 얼버무리기도 했다. 《사기》에도 이미 머리를 틀어올리고* 잉태함이라고 기록되어 있으니 잉태한 지 40년에 아이를 낳았다고 하면 연대상의 모순은 없는 것이다.

어쨌든 유왕은 포사를 보고 놀랐다. 지금까지 많은 미녀를 편력했지만 포사 같은 여인은 일찍이 못 보았던 것이다. 유왕은 포사에게 완전히 빠져들었고, 유왕의 총애를 받고 포사가 아들을 낳자 그를 태자로 삼았다.

일찍이 유왕은 신후(申侯)의 딸을 정비로 맞아 그녀에게서 태어난 아들 의구(宜臼)를 이미 태자로 책봉했었다. 하지만 유왕은 포사의 환심을 사기 위해 의구를 폐하고 포사가 낳은 아들 백복(伯服)을 태자로 세운 것이다.

* 옛날에 남자는 20세, 여자는 15세가 되면 머리를 틀어올렸음.

절세의 미녀 포사에게는 웃음이 없었다. 그녀가 기뻐서 웃지 않을까 하고 정비의 소생인 태자를 폐하고 그녀의 아들 백복을 태자로 세웠건만 웃는 기색은 하나도 없었다. 어떻게 하면 그녀를 웃길 수 있을까? 그녀의 웃는 얼굴을 상상만 해도 유왕은 뼈가 녹는 것 같았다. 시험삼아 별의별 일을 다 꾸며봤지만 웃는 시늉조차 내지 않았다.

"도대체 너는 무슨 좋은 일을 보아야 웃겠느냐?"

"소첩은 좋아하는 것이 없사옵니다. 다만 비단 찢는 소리를 들으면 기분이 좋을 듯합니다."

"비단 찢는 소리가 좋다면 왜 진작 말하지 않았느냐?"

유왕은 그날부터 매일 비단 백 필씩을 가져다가 궁녀를 시켜 찢게 하였다. 그러나 포사는 웃지 않았다. 다만 뺨 부근이 희미하게 경련을 일으키는 듯했고, 입술이 약간 벌어지는 데 불과했다. 그래도 유왕은 미칠듯 기뻐했다.

매일 산더미 같은 비단이 찢겨 없어지니 이미 창고는 바닥이 나 있었다. 제후들로부터 또는 일반 백성들로부터 징발해 이를 충당하니 백성들의 원성은 나날이 높아갔다.

그러는 사이에 비단 찢는 소리에도 이젠 싫증이 나버렸는지 그녀는 이제 뺨도 움직이지 않았다.

어느 때 무슨 실수로 봉화대에 봉화가 올랐다.

봉화는 외적이나 반란군의 침공 등 아주 긴급한 사태가 일어났을 때 봉화를 차례차례 중계식으로 올려서 원근 제후들에게 긴급을 알려 군대를 이끌고 왕궁으로 집결하라는 신호이다.

"이거 큰 일이다. 긴급한 사태다!"

제후들은 군사를 이끌고 밤을 도와 왕궁으로 집결했다. 그런

유왕과 포사 실수로 올려진 봉화를 보고 다급히 달려오는 병사들을 보며 포사가 웃자 유왕은 몇 번이나 포사를 웃게 하기 위해 거짓 봉화를 올렸다. 봉화를 믿지 않게 된 병사들은 후에 진짜로 적이 공격해왔을 때 출정하지 않아 주나라는 멸망하게 되었다고 전한다.

데 아무 일도 없었다. 훈련 중에 실수로 일어난 봉화였다는 것이다. 제후들은 맥이 빠져 있었고 무장한 군사들은 투구 따위를 땅바닥에 집어던지며 분개했고 맥이 풀린 채 그 자리에 주저앉는 자도 있었다.

이런 모습을 보고 포사는 단순호치(丹脣皓齒)*를 드러내어 살짝 웃었다.

* 단순호치(丹脣皓齒) : 붉은 입술과 하얀 이란 뜻으로 여자의 아름다운 얼굴을 이르는 말

꿈에 그리던 포사의 웃는 얼굴이었다. 꿈에 그리던 것보다 몇 배, 아니 몇백 배 더 아름다웠다. 한 번 웃음에 백 가지 교태가 서려 있었다. 이 세상에 그녀의 웃음보다 더 아름다운 것은 없다고 생각했다. 하늘도 땅도 그녀가 웃는 이 순간을 위해 생겨난 것이라고 착각한 유왕은 제정신이 아니었다.

그 다음부터 유왕은 끊임없이 봉화를 올리게 했다. 처음에는 제후들도 달려왔지만 거듭 되풀이되는 동안에 제후들의 생각도 달라져 갔다.

이번에야 설마 거짓이 아니겠지, 한 여자를 웃기기 위한 장난이 아니겠지 하고 숨을 몰아쉬며 달려오면 높은 다락 위에서 유왕과 포사가 굽어보며 웃고 있는 것이었다.

제후들은 이제 봉화가 올라도 가만히 있기로 했다. 쓸데없는 고생으로 한 여자의 웃음거리가 되고 싶지 않았던 것이다.

이런 사태를 전후하여 정비의 자리에 있던 신후의 딸은 쫓겨나고 포사가 정비의 자리에 앉았다. 정비인 신후를 폐하고 태자 의구까지 폐한 데 대한 신후 일족의 원한은 깊었다. 신후의 일족은 하남성 남양현 북쪽에 있는 강성(姜姓)의 나라로 백이의 후손들에게 봉해진 나라였다. 신후의 일족은 은밀히 군사를 모았다. 증(繒)·서이(西夷)·견융(犬戎) 등 변방의 유목 민족들도 꾀여

반란을 일으켰다. 이 반란군의 주력부대는 군사 1만 5천의 대군을 출동시킨 견융이었다.

유왕 11년 신후 일족의 반란군은 이들 견융족과 합세하여 호호탕탕 수도인 호경을 향하여 물밀듯이 닥쳐 들어갔다. 이들 반란군은 호경을 세 겹으로 둘러싸니 호경은 고립무원의 상태에 빠졌다. 유왕은 크게 놀라 중신들과 의논 끝에 봉화를 올려 제후들에게 구원을 청하기로 하였다.

"봉화를 올려라."

마침내 봉화는 올랐다. 그러나 이틀이 지나도록 제후들의 구원병은커녕 개미 새끼 하나도 오지 않았다.

봉화대

반란군들은 물밀듯이 궁궐로 쳐들어오고 있었다. 다급해진 유왕은 몇몇 신하의 도움을 받아 작은 수레에 포사와 백복을 싣고 후문으로 빠져나가려 했다. 그때 사도 정백우가 뒤를 따르며 큰 소리로 외쳤다.

"대왕께선 놀라지 마십시오. 신이 신명을 다하여 어가를 모시겠나이다."

정백우는 사람을 시켜 여산 별궁 앞에 불을 놓아 반란군을 현혹시키고 자기는 유왕 일행을 인도하여 뒷문으로 빠져나가는 데 성공했다.

정백우는 동행하던 윤구에게 어가를 보호하여 앞으로 나아가게 하고 자기는 뒤를 끊고 싸우면서 도망하였다. 그러나 견융의 장수들과 좌충우돌하며 혼전을 벌이다가 그들이 집중적으로 쏘아대는 화살에 일국의 제후이며 어진 재상인 정백우는 무참히 죽고 말았다. 유왕 일행은 붙들려 견융족의 추장에게 넘겨졌다. 그는 곤룡포에 옥대를 띤 유왕과 백복을 단칼에 두 동강 내고 포사는 수레에 태워 진중으로 데려가 자기 여자로 삼았다. 이것이 유왕 즉위 11년의 일이었다.

이때 반란군의 주동이었던 신후는 성중에 있다가 궁궐에 불이 일어남을 보고 급히 군대를 이끌고 들어가 불을 껐다. 먼저 냉궁(冷宮)에 갇혀 있는 신후(申后)를 구해내고 유왕과 포사를 찾았다. 유왕이 북문으로 빠져 도망했다는 소식을 듣고 여산 별궁으로 갔을 것이라 짐작하고 별궁으로 급히 달려가다가 견융을 만나 유왕이 이미 죽었다는 소식을 듣고 크게 놀랐다. 애당초 그의 계획은 왕후와 태자 의구를 복위시키려 했을 뿐이었고 유왕을 죽일 의사는 없었다. 일이 이렇게 될 줄은 생각 못했던 것이다. 그는 유왕의 시체를 거두어 예를 갖춰 장례를 치렀다.

신후는 호경으로 돌아와 잔치를 베풀어 견융을 위로하고 처음 약속대로 창고를 열어 금은보화와 비단을 잔뜩 주어 그들을 돌려보내려 하였다.

그러나 견융은 유왕을 죽인 것을 세상에 없는 무슨 큰 공이나 세운 양 그대로 머물러 술을 마시고 놀며 자기 나라로 돌아가려 하지 않았다.

신후는 하는 수 없이 밀서를 여러 제후에게 보내어 이 사실을 알리고 견융을 몰아내는 데 협력해줄 것을 호소하였다. 이에 여러 제후들은 즉시 군사를 출동시켜 서로 협력하여 견융을 몰아내는 데 성공했다.

포사는 그동안 견융의 추장이 데리고 지냈으나 밤중에 갑자기 도망치는 바람에 아무리 놓치기 아까운 미인이었으나 동행할 수가 없었다. 홀로 떨어진 포사는 사람을 대할 면목이 없었음인지 자신의 과거를 뉘우쳤음인지 스스로 목숨을 끊었다. 용의 침이 화해서 태어난 포사의 일생은 이것으로 끝났다.

포사의 죽음에 대해서 《사기》에는 앞에서 말한 내용과는 달리 유왕과 함께 견융에게 잡히자 유왕과 백복은 그 자리에서 죽임을 당하고 포사는 포로가 되었다고만 말하고 있을 뿐 그 후의 일에 대해서는 전혀 언급이 없다.

견융을 물리친 신후는 곧 잔치를 벌여 여러 제후들을 환대하고 신국에 있는 태자 의구를 받들어 왕위에 나가게 하였다. 택일을 해서 종묘에 고하고 왕위에 오르니 이가 곧 평왕(平王)이다.

한편 견융은 제후들에게 한 번 쫓김을 당하긴 했으나 항상 원한을 품고 기회만 있으면 대군을 출동시켜 변방을 침범하고 점차 호경에 육박해왔다. 이러한 급보가 봉화로 알려질 때마다 제후들은 군사를 거느리고 호경에 왔다갔다 편할 날이 없었다. 호경은 언제 오랑캐 군대가 다시 침범해올지 몰라 평왕은 낙양(洛陽)으로 도읍을 옮겼다. 낙양은 지리적으로 천하의 중심지이고 사방 제후들이 왕래하기에도 교통이 편리한 사통오달의 곳이었다. 궁실 제도를 호경과 꼭같이 하고 동도(東都)라 했으니 모든 시설이 수도로서 손색이 없었다.

은·주왕조의 계보

은왕조(殷王朝)의 계보

1. 탕왕(湯王, 天乙)−2. 외병(外丙)−3. 중임(中任)−4. 태갑(太甲)−5. 옥정(沃丁)−6. 태경(太庚)−7. 소갑(小甲)−8. 옹기(雍己)−9. 태무(太戊)−10. 중정(中丁)−11. 외임(外壬)−12. 하단갑(河亶甲)−13. 조을(朝乙)−14. 조신(祖申)−15. 옥갑(沃甲)−16. 조정(祖丁)−17. 남경(南庚)−18. 양갑(陽甲)−19. 반경(盤庚)−20. 소신(小辛)−21. 소을(小乙)−22. 무정(武丁)−23. 조기(祖己)−24. 조경(祖庚)−25. 늠신(凜辛)−26. 경정(庚丁)−27. 무을(武乙)−28. 태정(太丁)−29. 제을(帝乙)−30. 제신(주왕)(帝辛:紂王)

주왕조(周王朝)의 계보

1. 무왕(武王)−2. 성왕(成王)−3. 강왕(康王)−4. 소왕(昭王)−5. 목왕(穆王)−6. 공왕(共王)−7. 의왕(懿王)−8. 효왕(孝王)−9. 이왕(夷王)−10. 여왕(厲王)−11. 선왕(宣王)−12. 유왕(幽王)−13. 평왕(춘추·전국 시대로 이어져 37대 난왕(赧王)으로 끝남)

3
춘추 · 전국 시대

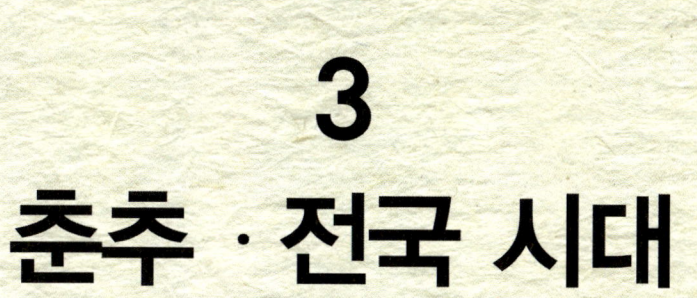

The History of China

춘추·전국 시대

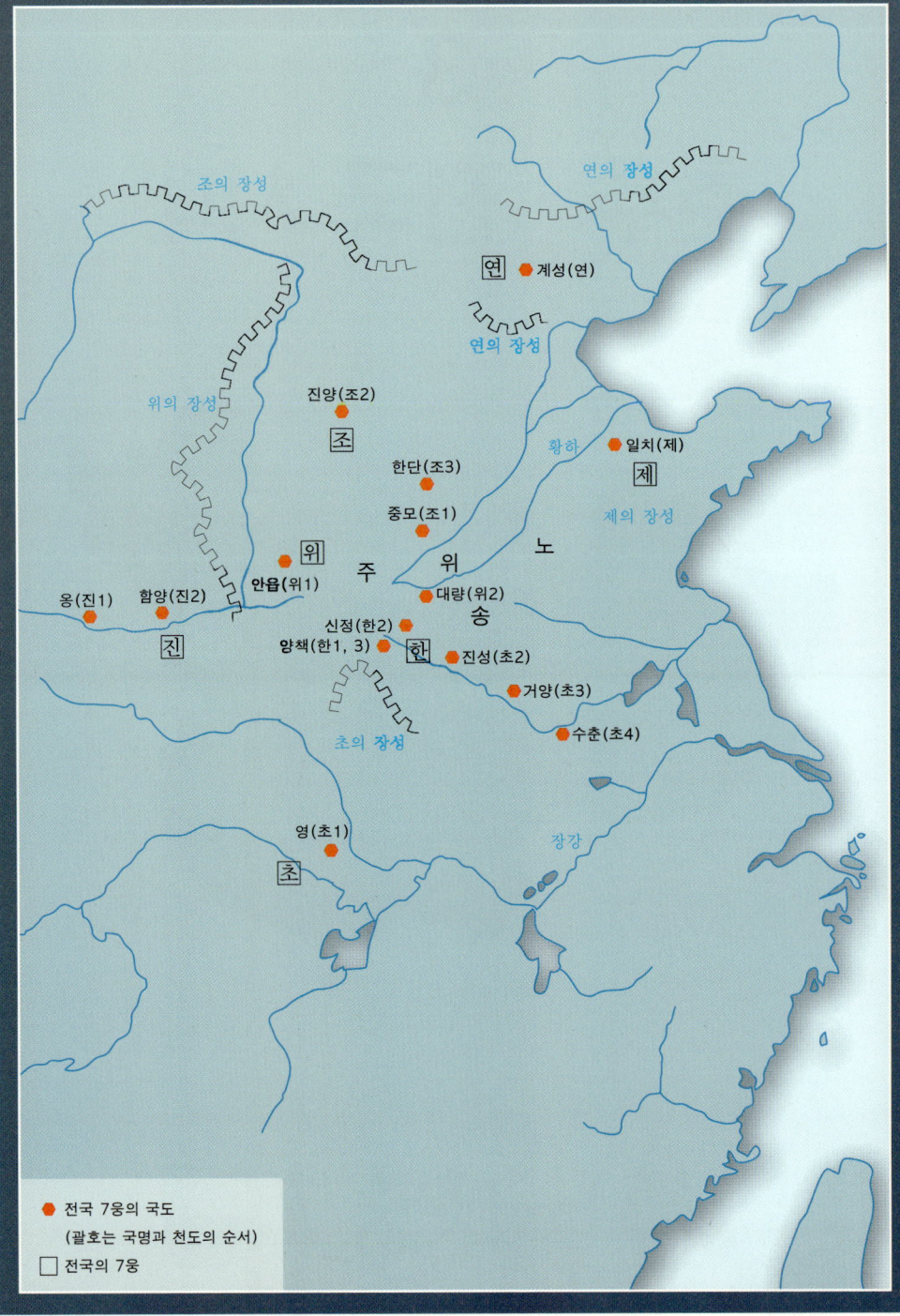

춘추 · 전국 시대

주(周)나라 제13대 평왕(平王)이 낙양으로 도읍을 옮긴 이후부터를 동주 시대라 하고 동주 시대를 다시 춘추 시대와 전국 시대로 나눈다. 춘추 시대에 들어서면서 주나라 왕실의 세력이 점점 약해져 천자로서의 위력이 없어지고 대신 강력한 제후들이 서로 패권을 다투게 되었다. 주나라 초기에 1천여 국이나 되던 제후의 수가 마침내는 10여 개 국으로 압축되었다. 이 가운데 패권을 잡은 제후를 춘추오패(春秋五覇)라 하는데 이 오패는 제의 환공, 진(晉)의 문공, 초의 장왕, 오왕 합려, 월왕 구천이라는 설과 오왕 합려, 월왕 구천 대신 송의 양공과 진(秦)의 목공이라는 설이 있다.

첫 번째 패자 제의 환공은 관중과 포숙아의 도움으로 패자가 되어 기원전 651년 규구(葵丘)에서 제후들을 모아 회맹하였다. 진(晉)의 문공은 오랜 망명 생활 끝에 성복(城濮)의 대전에서 강력한 라이벌인 초나라 성왕을 물리치고 패자가 되어 천토(踐土)에서 회맹하였다. 초의 장왕은 필(邲)의 전투에서 진(晉)을 물리치고 패자로서 인정받았다. 그 후 천하의 형세는 진(晉)과 초가 남북으로 대치하고 동쪽의 제와 서쪽의 진(秦)이 서로 견제하는 4강의 시대로 접어들었다. 기원전 546년 송나라 수도에서 '미병 회담'이 열려 일종의 정전 협정이 체결되면서 중원은 소강 상태가 되었다. 이때 장강 남쪽에서 오나라 · 월나라가 일어났다. 오왕 합려는 오자서, 손무 등의 계책을 써 중원의 초나라, 진(晉)나라, 제나라를 위압하고 월나라를 제압하였다. 월왕 구천도 범려의 계책을 써 오왕 합려의 아들 부차와 와신상담의 복수전을 흥미롭게 펼쳐지게 되었다.

기원전 453년 강력했던 진(晉)나라가 한(韓) · 위(魏) · 조(趙) 세 나라로 분리되면서 전국 시대가 펼쳐졌다. 전국 7웅은 위의 세 나라 외에 진(秦) · 초(楚) · 연(燕) · 제(齊)의 7국이다. 이 가운데 초기에 패자의 자리를 다툰 것은 위 · 제 · 진 세 나라였다. 제나라는 유명한 병법가 손빈(孫臏)의 계책을 써 위나라 장수 방연을 마릉(馬陵)의 싸움에서 패사시키고, 진(秦)의 효공은 법가인 공손앙(公孫鞅, 商鞅, 商君)을 등용하여 부국강병을 위한 일대 정치개혁을 실시하여 천하통일을 위한 기반을 다져갔다. 진나라를 제외한 나머지 여섯 나라의 힘은 점점 쇠약해져 차례차례 진나라에 멸망해버리고 기원전 221년 제나라가 마지막으로 진나라에 항복함으로써 진의 시황제가 중국 최초의 통일국가를 세우게 되었다.

패자의 시대

제13대 평왕이 낙양으로 도읍을 옮기기 이전의 시대를 서주 시대라 하고, 도읍을 옮긴 때부터 37대 난왕(赧王)이 진(秦)나라에 나라를 빼앗길 때까지의 514년간을 동주(東周) 시대라 하며, 이 동주 시대를 다시 춘추(春秋) 시대와 전국(戰國) 시대로 나눈다. 춘추 시대는 평왕이 도읍을 옮기던 기원전 770년부터 진(晋)나라 대부 위사·조적·한건이 그들의 라이벌인 지백(智伯)을 없애고 그 땅을 3분한 후 제후로 봉함을 받은 기원전 403년까지의 368년간을 말하고, 전국 시대란 춘추 시대 이후 진나라가 천하를 통일한 기원전 221년까지를 말한다.

춘추 시대란 명칭은 공자(孔子)가 노나라의 역사 기록을 기본으로 해서 편찬했다는 연대기인 《춘추》에서 유래한 것이고, 전국 시대란 명칭은 전한 말기 유향(劉向)이 편찬한 《전국책(戰國策)》에서 유래한다.

이 춘추 시대는 주나라 왕실의 세력이 점점 약해져 천자의 위력을 잃고 서주 시대의 문물 제도는 차차 무너져 제후들은 서로 싸움을 일삼고 강한 자가 약한 자를 집어삼키는 약육 강식의 시대이다. 또한 고대부터 황하의 유역만을 근거지로 삼고 있던 중국 민족이 사방으로 뻗어나가려던 시대라고도 할 수 있다. 이러한 상태는 정신 세계에도 반영되어 고대의 전통적 노예 제도가 무너지고 봉건 사회가 확립되는 이른바 신구 사회 제도가 교체되는 시기이기도 하였다.

이 시대에는 주나라 초기에 1천여 국이나 되던 제후의 나라가 120여 국으로 줄어들었다가 마침내 큰 나라로 병탄되어 나중에는 제(齊), 노(魯), 정(鄭), 송(宋), 조(曹), 진(晋), 초(楚), 진(陳), 채(蔡), 연(燕), 위(衛), 진(秦) 등 10여 개국으로 줄어드는 현상을 보였다.

이들 가운데 유력한 강대국을 춘추오패(五覇)라 칭했는데 제(齊)나라 환공(桓公), 진(晋)나라 문공(文公), 초(楚)나라 장왕(莊王), 오(吳)나라 부차(夫差), 월(越)나라 구천(句踐) 등이다.*

* 일설에는 제 환공(齊桓公)·진 문공(晋文公)·초 장왕(楚莊王)·진 목공(秦穆公)·송 양공(宋襄公)을 말하기도 한다.

이들은 작은 제후국들을 단결시켜 주나라 왕실을 존중하고 밖으로는 오랑캐들을 물리쳤다.

춘추 시대의 첫 번째 패자(覇者)는 제나라 환공이었다.

제나라는 주나라 창건의 일등공신 태공망 여상이 봉해진 나라로 자손들이 뒤를 이어왔다. 환공이 패자로서 인정받은 것은 환공 7년(기원전 679) 제후들을 지금의 산동성 복현에 소집하여 맹주(盟主)로서의 힘을 자랑하던 때로 태공망 시대로부터 370년 이후의 일이다.

환공의 아버지 희공(僖公)은 태공망으로부터 13대째이며 그에게는 제아(諸兒)·규(糾)·소백(小白)의 세 아들이 있었다. 큰아들 제아는 이미 태자로 봉해져 있어 왕위는 당연히 제아가 이어받도록 되어 있었다.

어느 날 소백(나중의 환공)은 자기의 스승이며 자문역을 맡고 있는 포숙아(鮑叔牙)에게 "나는 꼭 이 나라의 주인이 되어야 한다."고 말했다.

포숙아는 깜짝 놀라 환공의 입을 막으려 했다. 포숙아는 환공의 사람됨을 익히 알고 있는 터라, 환공이 어째서 그런 말을 하게 되었을까. 그런 말을 하게 된 이면에는 반드시 무슨 곡절이 있을 것이라 생각했다.

"어째서 그런 분별없는 말씀을 함부로 하십니까? 조심하셔야 합니다."

"염려하지 마시오. 나는 내 형이 차마 해서는 안 될 끔찍한 일을 저지르고 있는 것을 보았소이다."

"그게 무슨 일인데요?"

"그건 말할 수 없소이다."

당시 제나라는 국력이 약했을 뿐 아니라 남녀 간의 풍기도 매우 문란했던 모양이다.

희공의 큰아들 제아는 자기의 친누이인 문강(文姜)과 연애관계에 빠져 있었다. 말하자면 근친상간이다.

어느 날 소백은 우연한 기회에 형님과 누나가 연애하는 장면을 목격하였다. 꼬리가 길면 밟힌다는 말이 있다. 소백의 눈에 띄었다면 한두 번이 아니었던 모양이다.

소백은 생각만 해도 끔찍했다. 치가 떨렸다. 이후 누나 문강은 노나라 임금에게 시집을 갔다. 이 일을 아는 것은 소백과 그의 스승 포숙아 두 사람뿐이었다. 그때 소백의 아버지 희공은 그의 동생 이중년(夷中年)을 지나치게 사랑한 나머지 이중년이 일찍 죽자 동생의 아들을 태자인 제아와 똑같이 대우하라는 명령을 내렸다. 소백과 그의 형 규는 아버지의 이와 같은 처사가 매우 못마땅하였다. 규는 환공의 형으로 태자인 제아보다 재능이 뛰어난 사람이다. 그때 마침 규의 스승이 은퇴하게 되자 포숙아가 관중(管仲)을 추천하였다. 얼마 후 제나라 환공이 패자로서 천하제후에 군림하게 된 것은 이 두 사람의 공 때문이었다.

이 두 사람은 세상 사람들의 입에 많이 오르내리는 관포지교

(管鮑之交)*의 주인공이다. 그들은 다정한 친구 사이였는데 관중의 집은 매우 가난하였다. 두 사람은 함께 장사를 한 일이 있었는데 번 돈은 거의 다 관중이 차지하였다. '관중은 가난하니까' 하고 포숙아는 조금도 불만을 가지지 않았다. 어느 때 포숙아가 자금을 대고 관중이 그 돈으로 장사를 하여 실패한 적이 있었다. 그러나 포숙아는 '장사도 유리할 때가 있고 불리할 때가 있는 법'이라 하여 실패의 책임을 관중에게 돌리려 하지 않았다. 아무리 친구 사이라고 하지만 매우 어려운 일이 아닐 수 없었다.

당나라의 시성 두보(杜甫)도 당시 사람들의 경박하고 친구 사이에 신의가 없음을 한탄하여 "그대들은 관중과 포숙아의 우정을 모르는가"라고 하여 이들의 우정을 칭찬하였다.

이 두 사람은 각각 망명한 공자 중 한 사람씩을 섬기게 된 것이다. 포숙아는 거(莒)로 망명한 소백을, 관중은 노(魯)로 망명한 규를 섬기게 되었다.

그들은 각각 다른 사람을 섬기고 있지만 후에 누가 제나라의 주인이 되더라도 서로 대립하지 않고 비호해주기를 이심전심으로 약속했던 것이다.

기원전 697년 희공이 죽고 태자 제아가 아버지의 뒤를 이었다. 이 사람이 양공(襄公)이다.

양공이 즉위하여 맨 먼저 한 일은 사촌동생 무지((無知)에 대한 지나친 대우를 폐지시킨 일이다.

태자 때부터 자신과 똑같은 대우를 받고 있는 무지에 대하여 불만이 많았고 특별대우를 취소당한 무지는 무지대로 불평을 하게 되었다.

소백은 가만히 생각해보았다. 사촌인 무지를 이용하여 형 양

* 관포지교(管鮑之交) : 관중과 포숙의 사귐이라는 뜻으로 서로 이해하고 믿고 정답게 지내는 깊은 우정을 나타내는 고사성어

**착금은마수형동채식
말 머리 모양의 채식**
전국 시대 위나라의 금과 은으로 장식한 말 머리 모양의 채식 (수레의 끝에 길게 앞으로 나와 말이나 소를 묶는 곳). 전국 시대 금은장식의 전형적인 작품이다.

공의 자리를 빼앗을 수는 없을까?

포숙아에게 상의했으나 포숙아는 고개를 저었다. 소백은 더 기다리는 수밖에 없었다.

노나라로 시집갔던 문강이 남편과 함께 제나라로 근친한 것은 양공이 즉위한 지 4년째, 시집간 지 15년이 지난 해였다. 그런데도 양공과 문강은 15년이나 만나지 못했던 정염이 타오르듯 다시 사련을 불태웠다.

문강의 남편은 그것을 눈치챘고, 여러 가지로 조사해본 결과 그들의 불륜 관계는 백일하에 드러나고 말았다. 물론 시집가기 전부터의 과거까지도 다 알게 되었다.

문강의 남편은 화가 머리끝까지 치솟았다.

"에잇, 더러운 것! 당장 죽여 버릴 테다!"

그의 두 눈에서는 불꽃이 튕겼다.

문강은 오빠에게로 달려가 살려달라고 애원했다.

양공은 자제력이 없는 사람이었다. 그는 완력이 뛰어난 그의 아들 팽생을 시켜 문강의 남편을 죽이라고 명했다.

양공의 명을 받은 팽생은 술에 취한 문강의 남편을 끌어안는 척하면서 늑골을 부러뜨려 감쪽같이 죽이고 노나라 사람들에게는 급한 병에 걸려 손쓸 사이도 없이 죽었다고 통보했던 것이다.

낮말은 새가 듣고 밤말은 쥐가 듣는다는 말이 있다. 아무리 감쪽같이 죽였다고 하지만 비밀은 탄로나게 마련이었다. 노나라에서는 주군의 사인이 늑골의 골절에 있음을 확인했고 그 범인이 팽생임을 알고 팽생의 처벌을 요구해왔다.

양공은 하는 수 없이 팽생에게 그 죄목을 뒤집어씌워 죽여버려야 했다. 이런 이면에는 관중과 포숙아의 지략이 숨어 있었으나 아무도 이를 눈치채지 못했다.

그 후 양공은 누이동생 문강을 제나라에 머물게 하고 불륜의 관계를 계속했다. 사생활이 문란해지니 정치도 말이 아니었다. 기분 내키는 대로 정사를 처리하니 법령이 설 리 없고 간사한 무리들이 판을 치게 되었다. '저놈을 죽여라' 하는 말이 그의 입에서 언제 튀어나올지 몰라 신하들은 벌벌 떨고 있었다.

규와 소백도 적이 근심이 되었다. 그 날의 기분에 따라 국사가 처리되는 상태에서 자신의 안전 문제도 돌이켜보지 않을 수 없었다. 소백은 포숙아와 함께 거(莒)로 망명했고, 규는 노(魯)로 망명했다.

양공의 정치는 날이 갈수록 엉망이었다. 군주를 원망하는 신하들이 자꾸 늘어만 갔다.

양공을 가장 원망했던 사촌동생 무지는 비밀리에 양공의 반대 세력을 모으고 있었다. 이때 양공은 노나라와의 국경을 수비하기 위하여 그 수비대장에 연칭, 관지보 두 사람을 채구(蔡丘)로 보내고 1년 교체를 약속했다. 그러나 1년이 지나도 교체되지 않자 이에 불만을 품고 이들 두 사람은 무지 등과 손을 잡고 반란을 꾀했다.

양공의 일거일동을 정보원을 통해 탐지하고 있던 이들 반란 음모자들은 양공의 정치가 점점 어지러워지자 마침내 무지를 앞세워 궁중에 침입하여 다락방 속에 숨어 있던 양공을 죽이고 반란에 성공했다.

청동 투구와 철 투구

　무지가 제나라의 군주가 된 것이다. 그러나 무지에게는 나라의 주인이 될 만한 능력이 없었다. 그는 양공처럼 기분 내키는 대로 정치를 하다가 여러 사람들에게 신망을 잃고 원한을 많이 샀다. 마침내 주인이 된 지 수개월에 살해되니(기원전 685) 제나라에는 주인이 없게 된 것이다.
　이 주인의 자리를 놓고 규와 소백 사이에 골육상쟁의 피비린내 나는 전쟁이 벌어지게 되었다.
　규는 노나라에서 관중을 군사(軍師)로 삼아 귀국을 서둘렀고, 소백은 거에서 포숙아를 군사로 삼아 또한 제나라로 귀국을 서둘렀다. 규의 휘하에는 그의 어머니의 친정인 노나라 군대가 예속되어 전력면에서 우세한 입장에 있었다. 반면 소백의 외가는 위(衛)나라인데 제나라와의 거리가 멀 뿐더러 군사력도 미약하여 노나라와는 비교도 안 될 약소국이었던 것이다. 겉으로 보기에는 규의 군사력이 훨씬 우세하였다.
　그러나 사람의 됨됨이나 의욕면에서는 소백쪽이 강했다. 소

전쟁도

백이 망명해 있는 거는 제나라의 국경에서 가까운 곳이었다. 규가 아무리 밤을 낮삼아 귀국을 서둘러도 소백이 먼저 제나라에 당도하리라는 것은 불을 보는 것보다 더 환한 일이었다. 관중은 이 점을 헤아리고 있었다.

관중은 별동대를 이끌고 소백이 귀국하는 길 어느 곳엔가에서 매복해 있다가 소백을 죽일 작정이었다.

채찍을 더하여 쏜살같이 달려오는 소백을 향해 활시위를 당겼다. 활시위를 떠난 화살은 영락 없이 소백의 배에 명중했다. 소백의 허리띠 쇠고리에 탁하고 명중하는 순간 소백은 외마디 비명 소리를 지르며 말에서 떨어져버렸다. 멀리서 보기에 틀림없이 복부에 맞아 영영 죽은 것으로 보였던 것이다.

관중은 '이제 됐다. 제나라는 규의 차지다.' 생각하고 이 사실을 노나라에 보고했다. 규는 기뻤다. 제나라의 주인이 된 기분으로 느긋하게 제나라로 돌아오고 있었다.

그러나 관중이 쏜 화살은 소백의 허리띠 쇠고리를 맞혔을 뿐 소백은 아무렇지도 않았다. 허리띠 고리에 화살이 맞는 순간 소백은 기지를 발휘했다. 속임수로 말에서 떨어져 죽은 척 가장했던 것이다. 관중도 소백의 기지에 넘어갔던 것이다.

　　죽음을 가장한 소백은 영구차에 실려 곧바로 제나라에 돌아와 제나라의 주인이 되었다.

　　소백이 죽은 줄로만 알았던 규의 군사가 느긋하게 제나라에 이르자 제나라 군사와 노나라 군사 사이에 일대 공방전이 벌어졌다. 진격해오는 노나라 군사를 제나라 군사가 완전히 포위하니 승부는 완전히 결정나버린 것이다.

　　규는 죽임을 당하고 관중은 포로의 신세가 되었다.

　　이미 제나라 군주의 자리에 오른 소백, 이 사람이 첫 번째 패자가 된 제나라 환공이다. 그는 자신의 제나라 귀국을 중도에서 방해하여 죽이려 했던 관중을 몹시 증오해 당장 처형할 작정이었다. 그러자 포숙아가 나서며 만류하였다.

　　"주군께서 오직 제나라만을 다스리시려 하신다면 이 포숙아 한 사람의 힘으로도 족할 것이오나 만약 천하의 패자가 되시려 하신다면 관중이 아니고서는 그 일을 해낼 사람이 없습니다."

　　이를 지켜보던 모든 사람들은 숨을 죽이고 환공의 다음 말을 기다리고 있었다.

　　"관중을 풀어주어라."

　　관중은 등용되자 제나라의 정사를 맡게 되었다. 환공이 패자가 되어 제후들을 규합시키고 천하를 바로잡은 것은 다 관중의 계책에 따른 것이다.

　　제나라 환공이 즉위한 것은 기원전 685년이다. 이후 환공이 즉위한 다음해 초(楚)나라는 채(蔡)나라를 공략하여 애공(哀公)을 포로로 하였다. 환공 즉위 4년 전 초나라는 신(申)을 정벌하였고, 2년 전에는 수(隨)를 정벌하니 중원의 제후들은 강대해지는 초나라의 북진이 두려워 강력한 맹주(盟主)가 나타나기를 고대하고 있었다. 이때 나타난 것이 환공이었다.

환공은 주변에 있는 나라들을 먹어들어가기 시작했다. 환공에게 먹힌 나라의 수는 《한비자(韓非子)》에 의하면 30국, 《순자(荀子)》에 의하면 35국으로 되어 있으니 대단한 위력이었다.

환공이 맨 먼저 병탄한 나라는 담(郯, 譚)이라는 소국으로 산동성에 있었다. 이 나라는 환공이 일찍이 거(莒)로 망명할 때 통과한 나라로 환공이 그 나라를 통과할 때 매우 괄시를 당한 일이 있었다. 환공은 그 원한을 갚기 위해 담을 집어삼켰던 것이다. 그 다음에는 노나라를 정벌하였다. 말할 것도 없이 그의 형 규에게 군대를 후원해 자신의 왕위 계승을 방해했다는 이유에서였다. 은혜는 은혜로 갚고 원수는 원수로 갚는다는 보복적인 사상이 강했던 인물이었는지 모른다.

노나라와의 싸움에서는 노나라 장수 조말(曺沫)이 거느린 노군을 세 번이나 무찔러 노나라 수읍(遂邑)의 땅을 받기로 하고 강화를 맺게 되었다.

환공과 노나라 장공(莊公)이 피를 마시며 맹약하려는 때에 뜻밖의 일이 벌어졌다. 조말이 갑자기 단상에 뛰어올라 환공에게 비수를 들이대고 위협하였다. 환공의 좌우 신하들은 감히 어쩔 도리가 없었다.

그러나 환공은 조금도 당황하지 않았다.

"그대는 무엇을 원하는가?"

조말이 대답했다.

"제나라는 강하고 노나라는 약하오이다. 강한 나라가 약한

나라를 침략하는 것은 온당치 못한 일입니다. 노나라에서 빼앗은 땅을 모두 돌려주시오."

환공은 어쩔 수 없이 빼앗은 땅을 도로 돌려주기로 약속했다. 환공의 약속을 받은 조말은 비수를 던져버리고 단에서 내려와 원래 자리로 가서 서는데 얼굴빛 하나 변하지 않고 아주 태연자약하였다.

협박에 의해 이루어진 약속은 지킬 수 없다고 하여 환공이 그 약속을 어기려고 하자 관중이 간하였다.

"안 됩니다. 작은 이익을 얻기 위하여 신의를 저버린다면 천하의 원조를 잃게 될 것입니다. 약속한 대로 돌려주는 것이 참다운 이익을 얻는 일입니다."

이에 환공은 노나라에서 빼앗은 땅을 돌려주니 조말이 세 번에 걸쳐서 잃었던 땅을 노나라는 모두 회복하였다.

이 소문은 삽시간에 제후들에게 전해졌다. 협박에 의한 약속까지 지키려는 환공의 신뢰는 그를 천하의 패자로 만드는 데 크게 작용하였다. 땅은 얻지 못했지만 그보다 몇백 배 되는 값진 것을 얻게 된 것이다.

관중은 계속해서 부국강병책을 펴나갔다. 전국을 21향(鄕)으로 나누어 행정의 질서를 바로잡고 주나라 때부터 실시해오던 정전법(井田法)을 현실에 맞게 개편하여 생산의 증대를 기했고 새로운 군제(軍制)를 제정하였다.

제나라는 산동반도를 영유하고 있어 해산자원이 풍부하였다. 어업과 염업의 발달은 제나라를 부강하게 만드는 데 크게 공헌하였다. 인재의 등용에 있어서도 노예제 시대의 낡은 방법을 씻어버리고 능력 있는 자를 등용하였다. 또 범죄자들에게는 무기나 철

등을 나라에 바치는 대가로 그 죄를 사하여 주는 등 제나라는 경제적·군사적으로 활기에 넘치는 나라가 되었다.

북쪽 융적(戎狄)의 세력이 점점 강대해져 자주 중원을 침공하더니 마침내 형(邢)을 공략하고 이어 위(衛)를 침공했다. 그때 위의 의공(懿公)은 학을 지나치게 좋아하여 학을 기르는 데 국고를 탕진할 정도였다. 국방보다도 학을 더 중요시하여 학에게 작위(爵位)를 줄 정도로 미쳐 있었기 때문에 백성들로부터 신망을 잃고 군대도 등을 돌릴 지경이었다. 위나라 대신들까지도 "그렇게 학을 좋아했으니 학을 시켜 융적을 막게 하면 좋을 게 아니겠는가!"라고 빈정댈 정도였다.

위를 침공한 융적이 의공을 죽이자 위나라에서는 대공(戴公)을 세웠는데 대공은 그 해에 죽었다. 위나라는 환공의 외가 나라였다.

관중은 환공에게 아뢰어 왕실을 높이고 외적을 물리치자(尊王攘夷)는 슬로건을 내세워 주왕실을 지킨다는 기치를 높이 들어 융적을 몰아내고 형나라·위나라를 부흥시켰다. 이로써 환공은 제후의 지도자로서 맹주의 역할을 다하고 실질적인 패자가 되었다. 패자란 천자를 대신하여 천하의 일을 간섭·처리하는 사람이다.

환공은 패자로서 노나라의 내분을 다스렸다. 이것은 환공의 누이동생 애강(哀姜)도 관련된 문제였다. 그녀는 일찍이 노나라 장공에게 출가하였으나 자식을 낳지 못한데다가 남편의 동생인 경보(慶父)와 정을 통하고 있었다. 이 같은 사실을 안 환공은 애강을 불러다가 죽이고 그 시체를 노나라에 돌려보냈다. 노나라의 내분 관계는 얽히고 설켜 한마디로 설명할 수 없을 정도로 복잡했다. 애강은 노나라의 풍기를 문란시킨 음탕한 악녀라고 죽임을 당했지만 그녀에게도 할 말은 있었다.

애강의 남편 장공의 어머니는 문강이었다. 문강의 이야기는 앞에서 이미 말한 바 있어 다시 부연할 필요가 없으리라 생각된다. 그러니까 애강에게서 본다면 남편 장공은 언니의 아들이니 이질 조카와 결혼한 셈이다. 그런데다가 언니는 양공과 근친상간의 관계에 있었기 때문에 세상 사람들은 노나라 장공이 제나라 양공과 그의 누이 문강 사이에서 태어난 아이가 아니겠는가 하고 손가락질을 했다.

애강도 물론 이러한 사정을 다 알고 있었으니 그야말로 생각하기조차 싫은 일이었을 것이다. 피와 피로 뒤섞인 남자를 남편으로 평생을 보내기보다는 아무리 남편의 동생이라 하더라도 어머니가 다른 경보쪽에 마음이 끌렸을지도 모르는 일이다. 환공에게는 애강을 죽일 자격이 없었다고 애강에게 동정을 표시하는 사람도 있을 법하다.

환공이 제후들로부터 패자로 인정받게 된 것은 당시 초나라의 북진을 제지해야 한다는 제후들의 기대에 호응하여 초나라를 공략하기 위해 출병한 때부터이다. 이때가 기원전 656년이고 누이동생 문강을 죽인 3년 후의 일이다.

제나라가 초나라를 공략할 때 내세운 구실은 첫째, 주왕실에 공납을 게을리한 것, 둘째 주나라 소왕(昭王)이 남쪽으로 사냥 나갔다가 돌아오지 못한 죄를 문책한다는 내용이었다. 원래 초나라는 제사용 공물을 주왕실에 바치기로 되어 있었는데 초나라에서는 자칭 왕이라 일컫고 의식적으로 공물을 바치지 않았던 것이다.

제후들이 연합하여 초나라를 공격할 태세를 보이자 초나라에서도 연합군과 대항해서는 승산이 없다고 판단하여 강화를 제의

했다. 결국 소릉(召陵)에서 강화를 맺게 되었는데 제나라 환공의 문책 조항에 대해 초왕은 다음과 같이 말하였다.

"공물을 게을리한 사실은 인정합니다. 과인의 죄입니다. 앞으로는 공물을 바칠 것을 약속드립니다. 그러나 소왕이 돌아가지 못한 사실에 대해서는 우리로선 까맣게 모르는 일입니다. 그것을 아시려거든 한수(漢水)에 물어보시는 편이 좋을 것입니다."

매우 당당하고 의미심장한 말이었다. 주나라 소왕의 일은 이미 300년 전의 일이니 이제 와서 새삼스럽게 책임을 물을 필요가 없다는 말이다. 여기서 주나라 소왕이 초나라의 조상에 해당하는 부족에게 죽임을 당하여 돌아오지 못했다는 서주 시대의 역사를 상기하게 될 것이다.

제나라 환공 35년(기원전 651) 여름 제후들을 규구(葵丘, 河南省蘭考)에 모아 회맹(會盟)하였다. 천자의 허락이 있었는데도 불구하고 관중의 권유에 따라 환공이 당에 내려가 천자에게 배례를 올림으로써 더욱 제후들의 신뢰를 받았으니 이때가 환공이 패자로서의 절정기였다고 역사는 기록하고 있다.

그러면 여기서 회맹에 대하여 알아보자.

회맹이란 제후 사이에 어떤 문제가 발생했을 때 이것을 회의에 붙여 결론을 내리고 그 결론대로 시행할 것을 맹약한다는 뜻이다. 그러나 이 규구의 회맹에서는 구체적인 문제는 없었고 주로 윤리적인 문제가 토의되었음을 우리는 《맹자》를 통해서 알 수 있다.

《맹자》에 의하면 규구의 회맹은 그 형식상으로 보아 지금까지의 회맹과는 많이 변화되었음을 볼 수 있다. 《주례(周禮)》에는 회맹의 형식을 "소(희생)를 잡아 그 피를 마신다."라고 기록하고 있는 데 반하여 《맹자》에는 다음과 같이 기록하고 있다.

"오패 중에서는 제나라 환공의 위세가 가장 강했다. 규구에서 제후들과 회합했을 때는 희생으로 바쳐진 소를 묶어 놓고 그 위에 맹약서를 올려 놓았을 뿐 소를 죽이고 피를 마시는 일은 하지 않았다."

맹약의 조항은 다음과 같다.

첫째, 불효한 자를 죽이고 세자를 바꾸지 말며 첩을 정실로 삼지 말 것.
둘째, 어진 자를 존중하고 재능 있는 사람을 기르며 덕있는 사람을 빛나게 할 것.
셋째, 노약자를 존경 애호하고 빈객과 여행자를 소홀히 대접하지 말 것.
넷째, 사(士)의 관직은 세습할 수 없으며 관직을 겸할 수 없다. 사를 등용할 때는 반드시 적절한 인재를 쓸 것이며 대부를 함부로 죽이지 말 것.
다섯째, 제방은 구부러지게 쌓지 말고 이웃나라의 재황(災荒)을 구제하기 위해 양곡을 파는 것을 막지 말고 또 토지를 봉상(封賞)하면 반드시 고할 것.
그리고 부대 조건으로 '모든 우리 동맹인들은 동맹을 맺은 후에는 다 같이 우호 협화할 것'이라고 했다.

이 규구의 회맹이 있던 바로 그 해 가을에도 제후들을 다시 규구에 모아 회맹을 가졌는데 이때 환공은 점점 교만해지기 시작했다. 이 같은 환공의 교만이 비위에 거슬렸음인지 9개국 제후들이 불참하였다. 앞서의 회맹 때도 주나라 왕실에서는 사자를 보내왔는데 이번 회맹 때도 사자를 보내왔다. 이 사자가 개회식에만 참가했다가 바로 귀국길에 올랐는데 도중에서 진헌공(晋獻公)과 마주쳤다. 진헌공은 병으로 늦게 참석하던 중이었다.

두 사람은 인사를 나눈 후 헌공이 물었다.

"아직 회맹이 끝나지 않았을 텐데 어인 일로 그렇게 빨리 돌아가십니까? 저는 몸이 불편하여 좀 늦게 가는 길이옵니다만."

사자가 대답했다.

"환공은 요즘 매우 교만해졌더이다. 9개 나라 제후들이 불참했으니 헌공께서도 가실 필요가 없을 것으로 생각합니다."

그 이야기를 들은 헌공도 곧바로 발길을 돌려 본국으로 돌아가고 말았다.

9개국이나 불참한 회맹에 참석할 필요가 없다고 판단했기 때문이며 불참했다는 구실로 환공이 군사를 일으켜 진나라를 치겠다고 나설 염려도 없을 것이라 생각했기 때문이었다. 그만큼 환공은 제후들로부터 신뢰를 잃고 있었다.

환공은 이 규구의 회맹을 전성기로 재위 43년에 죽고 관중은 그보다 2년 전에 죽었다.

제나라 환공이 춘추 시대 최초의 패자로서 그 위력을 떨친 것은 재상이었던 관중의 도움에 의한 것이었다. 그때문에 옛 사람들은 관중이 환공의 패업을 도와 천하를 통일했다고 칭찬하고 있다. 환공과 관중과의 관계는 물과 고기의 관계처럼 서로 떨어져서는 살 수 없을 만큼 긴밀하였다. 관중의 충언과 계책을 환공은 서슴없이 받아들여 협조 관계가 잘 이루어졌음을 다음 이야기에서도 느낄 수 있다.

어느 날 환공이 술을 고주망태가 되도록 마시고 머리에 쓴 관을 잃어버린 일이 있었다. 환공은 한 나라의 군주로서 또는 천하의 패자로서 위신을 잃은 것이 부끄러워 3일 동안이나 조정에 나오질 못했다. 이에 관중은 "그런 것은 나라를 다스리는 치자로서 족히 부끄러워할 일이 아닙니다. 선정을 베푸시어 그 오명을 씻어버리면 될 것입니다."라고 말했다.

"과연 옳은 말씀이오." 하고 환공은 그 날로 창고를 열어 가난한 백성들에게 나누어 주고, 옥에 갇힌 죄수들의 죄를 다시 조사해서 죄가 가벼운 죄수들을 석방하였다. 이런 일이 3일간 계속되자 백성들은 기뻐 노래를 불렀다.

"제발 우리 주군께서 또 한 번 관을 잃어버리게 해주십시오."

환공이 죽자 아침 해가 하늘에 떠오르듯 뻗어만 가던 제나라 세력도 후계자 문제를 둘러싼 내분에 휘말려 점점 그 세력을 잃어 갔다.

환공이 죽기 1년 전에 적(狄)으로 망명해 있던 진(晋)의 공자 중이(重耳)가 제나라로 찾아왔다. 중이는 관중이 죽었다는 소문

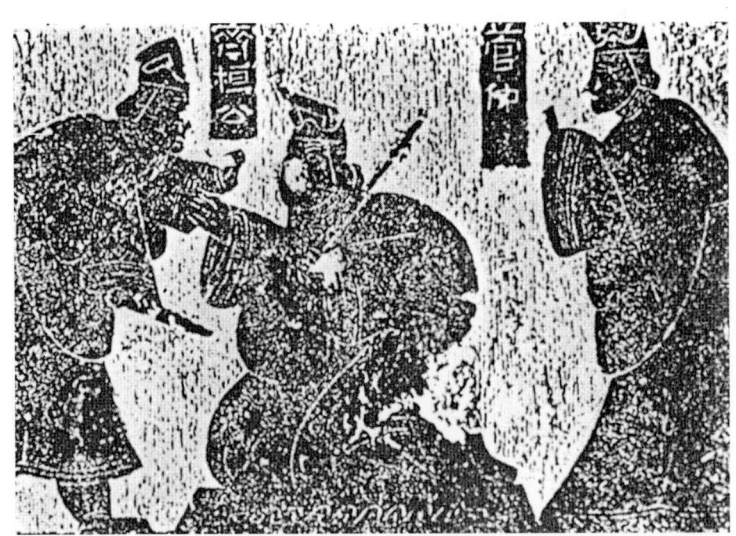

환공과 관중 환공(오른쪽)과 관중(왼쪽)

을 듣고 제나라에는 인재가 필요할 것이니 혹시 등용될 기회가 있을지도 모른다는 기대를 갖고 찾아왔던 것이다. 제나라에서는 이 망명 공자를 정중히 맞아들이고 제나라 공녀와 결혼시켜 그의 아내로 삼게 했다.

진의 공자가 망명해온 것은 후계자 문제에 얽히었기 때문이었다. 고국인 진나라에서 치열한 권력투쟁의 참상을 치가 떨리도록 보아 왔던 그가 제나라에 와서도 다시 후계자 문제를 둘러싼 권력 투쟁을 또 보게 되었으니 그의 심정은 어떠했을까?

패자의 교체

환공의 출생 연대에 대한 역사적 기록이 없기 때문에 그의 나이를 알 수 없고 따라서 그가 즉위한 해에 몇 살이었는지도 알 수 없으나 꽤 나이가 들은 후의 일로 짐작된다. 그는 재위 43년(기원전 643)에 죽었는데 그의 전성기는 역시 규구에서 회맹을 가졌던 즉위 35년의 일이다. 그는 확실히 패자임에는 틀림이 없었으나 중원 천하를 모두 장악하지는 못했다.

우선 규구의 회맹을 예로 들어 본다면 남방의 대부분 제후들은 모두 참가를 해왔으나 초(楚)나라는 참가하지 않았고 북방 최대의 강국으로 알려졌던 진(晉)도 회맹에 가던 도중 주나라 사자와 만나 그의 말을 듣고 본국으로 되돌아간 일이 있었다. 서쪽의 진(秦)은 그 당시 별로 강대국이 아니었는데도 참가하지 않았다. 이렇게 볼 때 규구의 회맹에는 원래의 중원에 해당하는 제후가 참가하는 데 그치고 있었음을 알 수 있다.

　엄격히 말해서 환공이 천하의 패자였다고 말하기에는 좀 부족한 감이 있고 패자로서의 기반은 있었으나 아깝게도 연령적으로 무리였다고 말할 수 있다.

　그러나 제나라에 망명해 있던 중이는 후에 명실상부한 천하의 패자가 되었는데 그도 나이가 많았다는 점을 감안할 때 환공이 연령적으로 무리였다고 말하기보다는 관중이 죽었기 때문으로 보는 것이 더 타당할 것 같다.

　환공은 일찍이 거(莒)로 망명해 있었다. 망명해 나그네 생활을 하다 보면 고국을 객관적으로 보고 판단할 수 있기 때문에 견문을 높이는 데 도움을 준다. 환공은 그런 체험이 있었기 때문에 그의 태자 소(昭)를 송(宋)의 양공에게 보내어 맡긴 일이 있었다.

　송은 은나라 후손이 봉해진 나라였고 양공 또한 일가견이 있는 인물이었기 때문에 태자를 유학시키는 데는 그 이상 안성맞춤인 나라가 없을 것으로 환공은 판단했던 것이다.

　제나라와 송나라는 인접한 나라가 아니었음에도 그토록 우호관계가 깊은 나라였기 때문에 규구의 회맹 때는 양공이 겨우 즉위하여 아버지의 장사를 치르기 전이었는데도 부랴부랴 참가했던 것이다.

　환공이 태자 소를 송나라에 보내는 데는 관중의 진언 때문이었다. 관중은 태자가 국내에 있으면 별로 좋은 일이 없을 것으로 생각했다. 다음 대를 이을 태자이기 때문에 아첨하는 무리들이 그를 둘러싸고 불미스러운 일을 일으킬 가능성도 배제할 수 없었기에 유익함이 없다고 판단했던 것이다. 그러던 관중이 환공보다 앞서 죽었다. 관중을 잃은 환공은 마치 딴 사람이 된 것처럼 절제를 잃었다.

　관중이 죽기 전에 절대로 등용해서는 안 된다고 신신당부했던 세 사람을 등용하여 측근에 두었다. 출세를 위해서는 제 자식이라도 죽여 국을 끓여 바치겠다는 요괴스러운 역아(易牙), 망명해온 위(衛)의 공자 개방(開方), 출세를 위해 자진해서 거세하고 환자(宦者)가 된 수조(豎刁) 세 사람이다.

　환공이 규구의 회맹에서 맹약한 다섯 가지 조항 가운데에 '태자를 바꾸지 말 것'이라는 첫째 조항이 있다. 일세의 호걸 환공도 나이가 늙고 병들자 요괴스러운 역아의 아첨에 판단력이 흐려졌음인지 자신이 제후들에게 명하여 철석같이 약속한 맹약을 어기고 말았다.

　환공은 여자를 좋아하여 세 사람의 정실(正室) 외에도 여러 명의 첩을 두고 있었다. 세 정실에게서는 아들이 하나도 없었고 첩의 소생으로 십여 명의 아들이 있었다. 모두 정실 소생이 아니기 때문에 후계자로서의 자격 요건으로는 모두가 평등하였다. 태자를 미리 정해두지 않으면 분쟁이 일어날 것을 예견한 관중은 환공과 상의하여 자질이 뛰어난 정희(鄭姬)의 소생 소를 태자로 삼아 송나라에 보낸 바 있었다.

　그러나 무궤(無詭)를 낳은 장위희(長衛姬)가 환공의 측근인 세 사람의 간신들과 짜고 늙은 환공을 꼬여 자기 소생인 무궤를 태자로 세웠다.

　환공이 죽자 역아는 즉시 궁중에 들어가 환관 수조와 합세하여 반대파 대신들을 죽이고 무궤를 환공의 후계자로 옹립하였다.

인형 동등 전국 시대 제나라의 동등. 사람이 두 손으로 등잔을 들고 있는 형상으로 아래에는 반룡(盤龍)의 받침이 있다.

이를 본 다른 공자들이 들고 일어나는 것은 당연했다.

환공이 병석에 있을 때부터 다섯 사람의 공자는 자기 세력을 결성하여 다투기 시작했다. 이 때문에 제나라의 기반도 흔들리기 시작했다. 환공의 장례 따위는 아랑곳하지 않고 오로지 후계자의 자리 다툼으로 세월을 보냈기 때문에 환공의 유해는 입관도 못한 채 67일 동안이나 그대로 방치되어 있었다. 악취가 진동하고 시충(尸蟲)이 여기저기 기어다닐 정도였다.

송나라에 가 있던 태자 소가 귀국하여 자기의 정통성을 주장하였다.

"아무리 무궤를 태자로 세웠다고는 하지만 이것은 간신들이 병석에 있는 아버지의 판단력을 흐리게 하고 협박에 의해 이루어진 일이기 때문에 무효이다."라고 강력히 공박하였다.

그러나 이미 궁중에는 무궤파의 세력이 강대하여 아무도 태자 소의 주장을 옳게 받아들이는 사람이 없었다. 신변의 위협마저 느낀 소는 다시 송나라로 망명하는 수밖에 없었다.

춘추 오패는 그 보는 사람의 견해에 따라 다르지만 누가 보아도 반드시 오패에 들어가는 사람은 제의 환공과 진의 문공(文公)이다. 문공은 환공 말년에 제나라로 망명해온 중이다. 제환(齊桓), 진문(晉文)은 패자의 대명사처럼 알려져 있다.

지백의 반리문감

다음에 유력한 패자는 초의 장왕(莊王)이다. 이 사람은 거의 대부분의 문헌에서 오패로 들어가 있으나 유독 《한서》의 '제후왕표서주'에는 빠져 있다. 그러나 초의 장왕도 '제환·진문'과 아울러 패자로서 손색이 없는 인물이다.

나머지 두 사람에 대해서는 진(秦)의 목공(穆公), 송의 양공이라 주장하는 설과 월왕 구천, 오왕 부차라는 설이 대등한 관계에 있어 이들에 대해서는 패자라고 부르기보다는 준패자로 보는 것이 타당하다는 설도 있다.

첫 번째의 패자 환공이 그의 죽음에 의해 몰락하고 진의 문공이 다음 패자로서 출현하기 이전까지의 시기에 송의 양공이 준패자로서 잠시 그 모습을 나타내게 된다.

송의 양공은 제나라와의 유대관계로 인해서 제나라 후계자 문제에 개입하고 있었다. 송의 양공이 태자 소를 맡았던 일은 앞에서 언급한 바 있다. 송의 양공으로서는 소를 부탁받은 일도 있고 해서 소를 환공의 후계자로 옹립하려 하였으나 사태는 빗나가 엉뚱하게 무궤가 후계자로 즉위하고 소는 다시 송으로 망명해오는 신세가 되니 안타깝기 그지없는 일이었다.

규구의 회맹 때 송의 양공은 부친의 상중이면서도 이 회맹에 참가하였는데 "천하의 일은 집안일보다 우선해야 한다."고 한 것이나 평소의 행동으로 보아 다분히 이상주의자적 성격을 가진 사람이었다.

그는 일찍이 태자 시절에 송의 후계자 자리를 그의 형 목이(目夷)에게 사양하려 하였다. 그러나 목이는 정비 소생이 아니었기 때문에 형이면서도 태자가 될 수 없었다. 목이는 인격이나 식견이 탁월하였기 때문에 나라를 위해서는 형이 나라의 주인이 되어야 한다고 생각하였다. 그러나 그 의견은 아버지로부터 거절당하고 마침내 양공이 즉위하였다. 양공이 즉위하자 곧바로 목이를 재상으로 등용했다.

양공은 규구에서 맹약한 두 가지 사실을 헌신짝처럼 버린 제나라를 그대로 버려둘 수가 없었다. 태자를 바꾸지 말 것, 대부(대신)를 함부로 죽이지 말 것, 이 두 가지 맹약을 제나라는 여지없이 짓밟아버렸다. 태자를 무궤로 바꿔치기 하고 역아 일파가 반대파 대신들을 무참히 살해하였다. 그 위에 태자 소는 자신이 맡았던 사람이 아니었던가?

양공은 제후의 군사를 규합하여 태자 소를 제나라로 돌려보내겠다는 구실을 내세워 제나라를 공격하였다. 제후의 군사라야 모두 작은 나라에 불과했지만 패자인 제나라는 이들 연합군과 힘써 싸우려 하지 않았다.

송을 맹주로 하는 연합군이 제나라를 공격하자 제나라는 이를 물리칠 힘이 없었다. 군대는 많았지만 이를 지휘할 유능한 장군이 없었다. 군대도 장군도 한낱 간신배들이 정권을 뒤흔드는 꼴이 역겨워 힘써 싸우려 하지 않았으며 간신배들이 옹립한 무궤를 위하여 목숨을 바쳐 싸울 필요가 없다고 생각했던 것이다. 아무리 수적으로 우세하였지만 사기가 저하된 군대는 쓸모가 없었다.

제나라 사람들은 침공해온 군대들과 싸울 생각은 하지 않고 즉위한 지 얼마 안 되는 무궤를 죽이고 말았다. 무궤가 살해되자 태자 소가 자동적으로 즉위하게 될 것으로 생각한 송의 양공은 연합군을 이끌고 서둘러 귀국하였다.

그러나 후계자 자리를 호시탐탐 노리던 네 공자가 각각 당파를 조직하여 분쟁을 일으키니 소는 다시 송으로 망명하게 되었다.

소가 송나라로 다시 망명해온 것이 3월의 일이고 양공이 다시 제나라를 공격하여 네 공자의 군대를 격파하고 소를 즉위시킨 것이 5월의 일이었다. 이때 즉위한 소가 바로 제나라의 효공(孝公)이다. 환공의 장례는 8월에 이르러 효공에 의해 겨우 치러졌다.

제나라 후계자 전쟁에 개입하여 성공을 거둔 양공은 자신을 갖게 되었다. 그는 제의 환공에 이어서 천하의 패자가 되어 자기의 이상주의를 이 세상에 실현시키려 하였다.

양공의 이 같은 야망을 눈치챈 목이는 그 부당함을 간하였다.

"패자가 되는 일은 제나라와 같이 강대국이어야 합니다. 만약 송과 같이 작은 나라가 패자가 되려 한다면 제후들이 배반하지 않는다는 보장이 없습니다. 주군의 이상은 값진 것이오나 패권 다툼은 매우 위험한 일이오니 화를 자초하지 마시옵소서."

양공은 듣지 않았다.

제의 환공이 죽은 지 4년 후(기원전 639) 양공은 맹주가 되기 위하여 봄에 녹산(산동성)에서 예비 회담을 갖고 그 해 가을에 회맹하기로 결정하였다. 예비 회담 때 제나라와 초나라는 송나라를 맹주로서 인정한다는 양해가 있었다. 가을의 회맹은 우(盂, 하남성)에서 열려 초, 진(陳), 채(蔡), 정(鄭), 허(許), 조(曹) 등의 제후가 참가했으나 초나라는 송의 양공을 포로로 하는 한편 송나라를 공격하였다. 그 해 12월 박(亳)에서 제후 회담이 열려 송의 양공은 겨우 석방되었다.

송의 양공은 이 일로 인하여 그의 자존심을 여지없이 짓밟히고 말았다. 이를 거울삼아 패자가 될 욕망을 버렸다면 후환이 없었을지 모른다. 그러나 양공은 이를 갈며 언제고 이 치욕을 씻어야겠다는 복수심에 불타고 있었다.

다음해 여름, 송의 양공은 마침내 정(鄭)에 공격을 개시했다. 송에 복속해 있던 정나라가 모르는 사이에 초나라에 항복한데다가 초나라는 전에 자신을 감금하여 평생 잊지 못할 치욕을 안겨준 원수의 나라가 아니던가? 그러한 초나라에 항복한 정나라를 그냥 버려둘 수 없다고 생각했다.

"정나라를 공격하는 일은 화를 자초하는 일입니다."

목이는 간했으나 양공은 듣지 않았다.

가을이 되자 초나라는 예상대로 정나라를 구하기 위해 원군을 보내왔다. 양공은 이제 초나라 군사와 싸워야만 했다.

"하늘은 송나라를 버린 지 이미 오래 되었습니다. 하늘의 도움 없이 강대국인 초나라와 싸운다는 것은 섶을 지고 불에 뛰어드는 것과 같은 일입니다. 승산 없는 싸움은 그만두시는 것이 옳을 것입니다."

목이는 애가 타 침이 마르도록 간하였으나 양공은 듣지 않았다. 자기를 감금하고 욕을 보였던 지난날의 치욕을 생생하게 되새기고 있었다.

마침내 송군과 초나라 군사는 홍수(泓水)를 사이에 두고 대진하게 되었다.

홍수는 지금의 하남성을 흐르는 강으로 송나라의 영역이었다. 호북의 장강 연안을 본거지로 했던 초나라는 점점 하남성 쪽으로 세력을 뻗어 송나라의 바로 발밑까지 점령해왔으니 송나라로서도 어차피 일전을 벌이지 않을 수도 없는 형편이었다.

이 홍수의 대전에서는 송나라가 패하였다. 이 승부전은 매우 독특한 승부였다고 역사에 기록되어 있다.

초나라는 군사력이 워낙 강대하여 송나라가 정면으로 대결했다간 승산이 없었다. 이 점을 간파한 송나라는 홍수를 사이에 두고 대진하였던 것이다. 도하 작전을 펴자는 심산이었다. 그런데 이 도하 작전에서는 먼저 강을 건너는 편이 불리하게 되어 있다.

백아와 종자기 백아의 거문고 연주를 듣는 종자기. 춘추·전국 시대에 진나라에서 관리를 했던 거문고의 달인 백아가 그의 음악을 알아주는 지음 종자기가 죽자 거문고의 현을 끊어버렸다는 백아절현(伯牙絕絃)의 고사가 있다.

강을 건너는 사이에 저격을 당할 염려가 있기 때문이다. 초나라는 원체 병력이 많은지라 이를 믿고 먼저 강을 건너기 시작하였다. 송나라의 목이는 이를 좋은 기회로 삼아 적의 허점을 노려 공격하자고 건의하였다. 그러나 양공은 공격 명령을 내리지 않았다.

그 사이 초나라 군사는 도강을 완료하여 대오를 정비하기 시작하였다. 목이는 적군이 대오를 완전히 정비하기 전에 공격하라고 하였으나 역시 출격 명령을 내리지 않았다. 이윽고 초나라 군사들은 대오를 정비하고 포진하였다.

양공은 이때서야 겨우 공격 명령을 내렸다. 승패는 이미 결정지어져 있었다. 중과부적으로 송나라 군사는 대패하고 양공의 좌우를 호위하는 친위대까지도 전멸하였다. 양공도 다리에 상처를 입었다. 송나라 사람들이 양공을 원망하자 양공이 대답한 말을 《춘추좌전》에 다음과 같이 기록하고 있다.

"군자는 부상자를 공격하지 않으며 늙은이를 포로로 하지 않는 법이다. 좁은 길목이나 강 가운데서 이기려 하는 것은 옛 어진

* 망국(亡國) : 은나라를 말함. 송나라는 은나라 후손임

사람들의 취한 바가 아니다. 내 비록 망국(亡國)*의 후예지만 대오를 정비하기 전에 공격 명령을 내리는 그따위 치사한 짓은 하지 않을 것이니라."

이 말을 들은 목이는 탄식하였다.

"병법이란 이기는 것을 제일로 삼는다. 전쟁은 무조건 이겨야 한다. 군자는 부상자를 공격하지 않는다는 말을 믿는다면 애당초 전쟁을 벌일 필요가 없지 않겠는가?"

이 해에 망명 생활로 유랑했던 진(晉)의 공자 중이가 송나라에 왔다. 양공은 20필의 말을 중이에게 주어 우대하였다.

양공은 초나라와의 싸움에서 입은 상처가 원인이 되어 다음 해 여름 세상을 떠났다. 사람들은 양공의 이상주의를 '송양(宋襄)의 인(仁)'이라고 비웃었다.

진·초의 패권 다툼

제의 환공 다음에 패자가 된 것은 진(晉)의 문공이다. 진은 제나라처럼 천연자원이 풍부한 나라도 아니었는데 어떻게 천하의 패자가 되었을까? 그것은 한마디로 말해 전쟁에 의해서라고 할 수 있다.

진의 패업은 문공의 아버지 헌공(獻公) 때부터 시작되었다. 헌공은 개성이 강한 인물이었다. 즉위 5년에 여융(驪戎)을 멸망시키고 이어 군비를 증강하여 곽(霍)·경(耿)·위(衛)·우(虞)·괵(虢) 등 여러 나라를 병탄하였다.

헌공 12년(기원전 665) 그가 가장 사랑하는 여인 여희(驪姬)에게서 공자 해제(奚齊)가 태어났다. 이 여희는 여융을 토벌할 때 얻은 여자로 용모가 아름다웠을 뿐만 아니라 매우 총명하였다. 헌공은 여희를 극진히 사랑했고 여희는 헌공의 마음을 사로잡고 있었다.

당시 진나라는 이미 태자가 정해져 있었다. 태자는 유능한 신생(申生)이었고 신생의 어머니는 제의 환공의 딸 제강(齊姜)이었는데 이미 고인이 되어 있었으며 신생의 누이는 진(秦)의 목공에게 출가하였다. 그러니까 신생의 모계는 당시 천하의 패자로 군림하고 있는 제나라였고 누이동생은 신흥 국가인 진나라이었으니 진나라로선 신생의 태자 책봉이 아주 이상적이었다고 할 수 있었다.

일찍이 헌공에게는 8명의 공자가 있었는데 그중에서 현명하기로 이름난 사람이 셋이었다. 그 한 사람이 태자로 정해진 신생이고, 나머지 두 사람은 중이(重耳)와 이오(夷吾)였다. 이 두 사람은 한 어머니 소생이었다.

춘추 호 청동 호로는 현재까지 발견된 것 가운데 가장 크다.

이윽고 여융의 미녀 여희가 궁중에 들어오게 되자 헌공은 여희를 총애하였고 세 사람의 공자를 멀리하기 시작하였다. 총애하는 여희가 아들 해제를 낳자 헌공의 마음은 달라지기 시작하였다. 장차 이 나라를 해제에게 물려주고 싶은 생각이 마음 한구석에서 움트기 시작한 것이다. 이를 눈치 챈 여희는 욕심이 동하기 시작했다. 베갯밑 공사를 벌여 자기 아들의 장래 문제를 보장받으려 안간힘을 썼고, 여희의 끈질긴 작전에 말려든 헌공은 마침내 태자 신생을 곡옥(曲沃)에, 중이를 포(蒲)에, 이오를 굴(屈)로 부임시켰다.

장자 장자는 여희가 궁에 들어오기 전엔 궁에 들어가는 것이 무서워서 울었다가 궁의 화려한 생활을 하고는 오기 전에 운 것을 후회했다는 이야기를 가지고, 죽음을 두려워하는 이유는 죽음 후의 생활을 겪어 보지 못했기 때문이라고 설명했다.

진나라가 위와 곽을 멸망시킨 다음해(기원전 660) 헌공은 태자 신생을 장군으로 임명하였다. 헌공은 증강된 군대를 상군과 하군으로 나누어 상군은 헌공 자신이 거느리고, 하군은 신생에게 지휘권을 맡겼다. 이때 대부 사위(士蔿)가 신생에게 망명할 것을 권유하였다.

"나라의 주인이 되시렵니까? 죄인이 되시렵니까? 갈 길은 이 두 길밖에 없습니다."

여기서 우리는 사위가 어떤 인물인지 알아둘 필요가 있다.

사위는 헌공에게 공자들을 없애야 한다고 진언한 사람으로 권력의 근본 구조를 환히 들여다보는 사람이었다. 그가 보기엔 신생이 헌공의 후계자가 될 가능성은 아주 희박했고, 그렇다면 차라리 망명하는 편이 낫지 않겠는가 했던 것이다.

"오나라의 태백(太白)이 되는 것도 과히 나쁘지는 않습니다. 좋은 이름을 후세에 전할 수도 있으니까요."

사위는 이렇게 조언하였다.

옛날 주나라의 고공단보의 장자 태백이 그의 막내동생에게 태자의 자리를 양보하고 도망친 이야기는 앞에서 언급한 바 있다.

군주가 되는 것만이 인생의 전부가 아니니 태백처럼 후세 사람으로부터 그 이름을 추앙받는 사람이 되는 것도 나쁘지 않다는 말이다. 그러나 신생은 이 말을 듣지 않았다.

한편 여희는 매우 영리한 여자였다. "내 아들을 태자로 삼아 주십시오."라고 노골적으로 말한 일은 한 번도 없었다. 어쩌다가 헌공의 입에서 "신생을 폐하고 해제를 태자로 삼아야 하겠다."는 말이 튀어나오면, 그녀는 울면서 "아니 되옵니다. 그것은 아니 될 말씀입니다. 차라리 저를 죽여 주십시오." 하고 거절하는 태도를 취하였다.

"태자 신생이 진의 후계자가 되리라는 사실은 천하 제후들이 모두 알고 있는 사실입니다. 게다가 장군으로서의 전공도 눈부시어 백성들이 모두 흠모하고 있습니다."라고 신생을 극구 칭찬하였던 것이다.

이러한 여희의 태도에 헌공은 그저 감탄할 따름이었다. 참으로 무서운 여자였다. 그러면서 여희는 착착 음모를 진행시키고 있었다.

헌공 21년(기원전 656)의 일이다. 어느 날 여희는 신생을 찾아가 "주군께서 제강의 꿈을 꾸시었다 하옵니다. 하루속히 제강의 사당에 제사를 지내시고 그 제사 음식을 주군에게 드리십시오."라고 말하였다. 제강은 죽은 신생의 어머니 이름이다.

당시 죽은 사람이 꿈에 보이면 그 죽은 사람의 아들이 제사를 지내고 그 제사 음식을 꿈꾼 사람에게 보내는 풍습이 있었다. 제강의 사당은 곡옥에 있었다. 신생은 서둘러 어머니에게 제사를 지내고 그 음식을 아버지 헌공에게 바쳤다.

여희는 사전에 계획한 대로 끔찍한 일을 저질렀다. 극비리에 술과 고기에 독약을 넣었던 것이다. 사냥에서 돌아온 헌공이 그 음식을 먹으려 하자 여희는 헌공 곁에 다가앉으며 "이 음식은 먼 곳에서 온 음식이오니 한번 시험한 후 잡수시는 것이 좋을 듯합니다."하고 술병을 열어 땅에 부으니 땅이 부글부글 끓어올랐고, 고기를 개에게 던져주니 개가 그 자리에서 즉사하였다. 또한 내시에게 먹여보니 내시 또한 죽어버렸다.

여희는 각본대로 울며불며 태자의 잔인함을 한탄하고 "태자가 늙으신 아버지까지 죽이려 하였으니 우리 모자의 생명은 없는 것과 같사옵니다. 다른 나라로 망명을 시켜주시든지 아니면 차라리 자살하라는 명을 내려주시옵소서." 하고 통곡하는 것이었다.

헌공의 노여움은 대단했다. 만약 신생이 그 자리에 있었다면 단칼에 목을 베고도 남았을 것이다.

이 소문을 들은 신생은 급히 신성으로 도망쳤다. 헌공은 홧김에 신생의 스승 두원관을 죽여버렸다.

태자의 측근들이 "이번 일은 여희의 소행임이 분명하니 진상을 밝히고 누명을 벗어야 하지 않겠습니까?" 하고 권하였다.

"아버지께선 이미 늙으시어 여희 없이는 하루도 사실 수가 없다. 만약 진상을 밝히어 여희를 쫓아버리게 된다면 아버지께서는 어떻게 지내실 수가 있겠는가."라고 대답하였다.

측근들이 망명할 것을 권하였으나 신생은 이를 거절하였다.

"이런 누명을 쓰고 망명하려 한들 누가 나를 받아주겠는가?"

신생은 자살의 길을 택하고 말았다.

여희는 태자 신생이 죽은 것만으로는 안심할 수가 없었다. 해제는 아직 나이가 어리고 중이와 이오 등 유능한 공자가 남아 있기 때문이었다. 여희는 중이와 이오를 그대로 둘 수가 없었다.

"신생의 독약 사건은 중이와 이오도 알고 있었다 하옵니다."

여희는 헌공에게 이같이 말하여 중이와 이오를 참소하였다.

제나라의 사왕묘 제나라 위왕, 선왕, 민왕, 양왕의 무덤이다.

여희의 이 같은 음모를 눈치챈 중이와 이오는 인사도 없이 각기 자기의 거성(居城)으로 돌아가버렸다. 거성으로 돌아간다는 인사를 하기 위해 궁중으로 들어갔다간 그곳에서 빠져나올 수 없음을 알았기 때문이었다. 그러나 인사도 없이 떠났다는 말을 전해 들은 헌공은 "이놈들, 신생과 짜고 나를 죽이려 한 것이 사실이로군!" 하며 두 아들을 가만두지 않겠다고 노여움을 나타냈다.

결국 헌공은 중이와 이오의 거성에 군대를 파견하여 그들을 죽이라는 명령을 내렸다. 위기일발의 찰나였다.

이 긴급한 위기에 처하여 세 공자는 각기 다른 태도를 취하였다. 태자 신생은 한마디 변명도 망명도 하지 않고 미련 없이 자결의 길을 택하였고, 이오는 거성인 굴로 돌아가 방비를 튼튼히 하여 파견군과 철저히 항전하였고, 중이는 도망쳐버렸다.

중이의 거성에 파견된 발제(勃鞮)는 중이에게 자결할 것을 권했다. 자결하지 않을 경우는 죽여버리라는 명령을 헌공으로부터 받았던 것이다. "나는 싫소." 하고 중이가 도망치려 하자 발제는 칼을 빼어들고 중이를 쫓았다. 중이가 쫓기어 담을 넘을 때 발제는 잽싸게 중이를 노려 칼로 베었다. 칼은 아슬아슬하게 빗나가 중이의 소맷자락을 베었을 뿐이었다.

중이는 그 길로 어머니의 고국인 적(狄) 땅으로 망명하였다. 그때 중이의 나이는 43세였으며 이로부터 긴 망명 생활이 계속되었다.

진의 헌공은 중이가 적으로 망명한 지 5년 후에 죽었다. 제의 환공이 소집한 규구의 회맹 때 늦게 출발했다가 도중에서 주나라 사자를 만나 그의 권유에 따라 회맹에 참가하지 않고 되돌아간 것이 그가 죽기 직전의 일이었다.

헌공의 죽음은 진나라에 많은 변화를 가져왔다. 유능한 태자 신생을 죽이고 다른 공자들까지 죽이려 했던 여희는 백성들로부터 증오를 받았다. 그녀에게는 헌공의 존재만이 그의 힘이었는지라 헌공이 죽은 후의 그녀에게는 아무런 영향력도 없었다. 자신이 낳은 아들을 꼭 후계자로 삼아야겠다는 지나친 욕심 때문에 태자를 죽인 일 등은 바로 한 치 앞도 내다볼 줄 모르는 지나친 자기과신의 소행이라 볼 때 그녀가 과연 총명한 여자였는지 의문을 갖게 한다.

헌공이 죽은 것은 규구의 회맹이 있던 해(기원전 651) 9월이다. 헌공이 죽자 그 해 10월에 대신 비정(邳鄭)과 이극(里克)이 반란을 일으켜 여희의 아들 해제를 죽였다. 여희파의 대신 순식(荀息)은 여희의 동생이 낳은 도자(悼子)를 후계자로 옹립하였으나 11월에 이극이 다시 도자를 죽이고 대신 순식마저 순사(殉死)시키고 말았다.

이극 등은 적 땅에 가 있는 중이에게 사자를 보내어 귀국해서 즉위할 것을 요청하였다. 중이는 자신이 아버지의 명령을 어기고 도망친 사실과 아버지의 장례에도 불참한 몸으로서 아버지의 후계자가 될 수 없다고 굳이 사양하였다. 대신들은 하는 수 없이 이오를 맞이하기로 결정하였다.

이오는 자기 거성인 굴성(屈城)에서 아버지 헌공이 파견한 군대와 끝까지 항전했으나 두 번에 걸친 공격에 견디지 못하고 양(梁)으로 망명하였다. 처음에 이오도 중이와 마찬가지로 어머니의 고국인 적으로 망명하려 하였으나 그의 대부 기예가 반대하고 나섰다.

"그것은 위험한 일입니다. 지금 적에는 형님인 중이 공자가

회수

망명하고 있사온데 만약 형제가 똑같이 그곳으로 망명한다면 진 나라에서는 반드시 대군을 일으켜 적을 공격하게 될 것입니다."

　이오는 이 말을 옳게 생각하고 양으로 망명하게 되었던 것이다. 진으로부터 귀국 요청을 받은 이오는 신중한 행동을 취했다. 중이와 같이 굳이 사양하지는 않았으나 신변의 안전에 만전을 기할 계책을 세웠다. 이오 자신이 거느린 병력이 거의 없었으므로 이오는 진(秦)에 사자를 보내어 자신이 귀국에 성공하여 즉위할 경우 하서(황하 이북의 땅)의 땅을 떼어 주겠노라고 제의했다. 진의 목공은 이 말을 받아들여 이오의 귀국을 원조해 주기로 하였다. 제의 환공도 패자로서 제후의 군대를 거느려 이오의 귀국에 협력하였다. 여기서 우리는 이오의 귀국에 협력한 두 사람의 입장이 다르다는 사실을 알아야 한다. 제의 환공은 천하의 질서 유지라는 패자로서의 권위를 지키기 위함이었고, 진의 목공은 우선 하서의 땅을 손에 넣기 위해 출병하였던 것이다. 이로써 이오는 귀국에 필요한 병력은 충분히 확보한 셈이다. 다음은 고국에 돌아가서의 문제이다. 이오는 이극에게 편지를 보내어 자신이 후계자의 자리에 오르는 데 어려움이 없도록 도와준다면 분양(汾陽)의 땅을 주어 그곳 영주로 삼겠다는 약속을 하였다.

진나라의 석경 악기의 일종으로 돌로 만들어진 것은 제후가 사용했던 것으로 보인다.

이오는 이와 같이 철석같은 준비를 끝내고 귀국하여 즉위하는 데 성공하였다. 이 사람이 진의 혜공(惠公)이다.

혜공은 즉위하자 먼저 한 약속을 일방적으로 깨버렸다. 진나라에 주겠다던 하서의 땅을 주지 않았을 뿐 아니라 영주로 삼겠다던 이극을 처형하였다. 그 이유는 해제와 도자(悼子) 두 임금을 죽이고 한 사람의 대신을 죽였다는 것이었다.

혜공 4년(기원전 647) 진나라에는 흉년이 들어 백성들이 굶주리게 되었다. 규구의 회맹 제5조에 의하면 제후들은 이웃나라에 재황(災荒)이 있을 때 양곡을 융통하도록 되어 있다. 그러나 앞서 혜공이 진(秦)에 하서의 땅을 주겠다는 약속을 어긴 일이 있었기 때문에 진(秦)의 대신들은 이런 기회에 혜공을 토멸하자고 건의하였다. 그러나 진의 목공은 "혜공은 나쁘지만 그 백성들에게야 무슨 죄가 있겠느냐." 하고 식량을 많이 보내주었다.

다음해에는 또 진(秦)나라에 흉년이 들었다. 진(晉)에서는 당연히 구호양곡을 보내주는 것이 도리였으나 진나라로부터 정식 구원 요청이 있자 혜공은 이 기회를 이용하여 진(秦)을 공격하기로 결정하였다. 배은망덕도 이만저만이 아니었다. 진의 목공은 크게 노하여 대군을 일으켜 진나라 영내 깊숙이 침공하여 혜공을 포로로 잡았다. 자업자득이란 혜공을 두고 하는 말인지도 모른다.

진나라에서는 원한 맺힌 혜공을 당장 죽여서 상제에게 제사 지내는 희생으로 삼으려 하였으나 혜공은 바로 진 목공의 처남이었다. 목공의 부인이 상복으로 갈아입고 동생을 살려달라고 애원하는 바람에 혜공은 겨우 죽음을 면하였다. 태자 어(圉)를 인질로 진나라에 보내고 혜공은 귀국하였다.

혜공은 진나라에서의 자신의 지위가 불안한 것은 형인 중이가 외국에 살아 있기 때문이라고 생각하였다. 언제 천하의 패자인 환공이 중이를 진의 영주로 옹립하고 자신을 내쫓을지도 모른다는 불안감에 떨고 있었다. 혜공은 비밀리에 자객을 보내어 형을 암살하려 하였다.

그러나 이를 알아차린 중이는 12년간 망명해 있던 적 땅을 떠나 제나라로 갔다. 그때 그의 나이 55세였는데, 이때가 관중이 죽은 후였기 때문에 혹시 제나라에서 인재를 구하지나 않을까 하는 기대를 가지고 제나라에 간 것이다.

제나라로 가는 도중 위(衛)를 지나게 되었는데 그곳에서 이들 일행은 많은 냉대를 받아야 했다. 오록이라는 곳에서는 주민이 흙덩이를 넣어 식사를 제공하는 등 많은 괄시를 받은 바 있었다. 유랑 생활이란 결코 즐거움이 아니라는 사실을 뼈저리게 느낀 중이였다.

제나라에서는 중이를 우대하였다. 환공 자신도 일찍이 망명 생활을 경험하였기 때문에 공녀(公女)를 중이의 아내로 삼게 하는 등 극진히 후대하였다. 그는 제나라에 머무르는 5년 동안 다섯 공자의 피비린내 나는 권력 투쟁을 지켜보면서 자신의 처지에 대해서도 많은 것을 생각했다.

　중이는 처음부터 패자가 되고 싶다고 생각한 적이 없었다. 진의 군주가 되어 보겠다는 생각 따위도 전혀 없었다. 그저 인생을 편안히 지내는 것이 제일이지 하고 제나라에서의 생활을 만족해하고 있었다. 그의 부인과 가신들은 안타까웠다. 그의 부인은 중이를 격려하였다.

　"당신은 일국의 공자로서 이곳에서 궁핍한 생활을 하고 있습니다. 당신을 따르는 가신들은 당신을 위해 목숨을 바치려 하고 있습니다. 하루빨리 귀국하시어 가신들의 노고에 보답하고 이 부끄러운 생활을 씻어야 합니다. 해서 안 될 일은 없습니다."

　중이는 고개를 가로저었다.

　"나는 이대로가 제일 좋소. 제발 성가시게 굴지 마시오."

　중이는 도대체 분기(奮起)할 생각이 없었다. 공녀는 가신 조쇠(趙衰)와 상의하여 어떻게 하든 제나라를 떠나 진나라로 귀국할 한 가지 비상 수단을 생각해냈다. 그들은 중이에게 술을 고주망태가 되도록 먹여 수레에 싣고 무조건 제나라를 떠났다. 중이가 의식을 회복할 무렵, 수레는 이미 제나라 국경을 벗어난 후였다. 아직도 술이 덜 깬 채 중이는 크게 노하여 창을 쥐고 고범(咎犯)을 죽이려 하였다. 고범은 적(狄) 사람으로 중이의 외삼촌이었다. 중이의 이 같은 행동을 본 고범은 "내가 죽어서라도 네가 성공만 한다면 나는 그것으로 만족하겠다."

　"만약 성공하지 못한다면 내가 아저씨의 살을 씹어 주겠소."

　"성공하지 못한다면 내 살은 이미 썩어 씹을 수가 없겠지."

둘은 이런 말을 주고받으며 서로 결의를 다졌다.

중이 일행은 조(曹)나라로 들어섰다. 조의 공공(共公)은 무례하고 괴팍한 인물이었다.

"중이는 변협(騈脅)이라는 소문이 있던데 과연 그런지 한번 보고 싶구나."

변협이란 갈빗대가 하나로 되어 있는 좀처럼 보기 드문 체격을 말한다. 공공은 무례하게도 중이의 그런 체격을 좀 보고 싶다고 실언하였다.

그러나 조나라 대부 이부기(釐負羈)는 중이 일행을 정중히 맞아들여 식사를 대접하고 식기에는 보석을 넣어 보냈다. 중이는 음식만을 받고 보석은 되돌려보냈다. 중이 일행은 그곳에서 송나라로 들어섰다.

때마침 송나라 양공은 홍수의 대전에서 크게 패하여 부상을 입고 매우 어려운 형편에 놓여 있었으면서도 이들 일행을 따뜻하게 맞아주었다.

중이 일행의 이번 여행은 옛날처럼 단순한 유랑이 아니었다. 만시지탄이 있기는 하지만 중이도 이제는 진나라에 복귀하겠다는 결의를 다진 뜻있는 여행이었다. 연못에 깊이 잠겼던 용이 하늘로 오르려는 거보(巨步)를 내딛는 여행이었다.

송의 국방상 사마고(司馬固)는 전부터 고범과 친한 사이였다. 천하의 패자가 되려다가 일보 직전에 '송양(宋襄)의 인(仁)'으로 인하여 패자의 자리에서 물러서게 된 송나라로선 이들 일행을 도울 만한 힘이 없음을 말하고 다른 나라로 가서 힘을 빌리도록 하라고 조언하였다.

중이 일행은 정(鄭)나라로 갔다. 정나라는 진나라와 같은 성의 나라였기 때문에 많은 기대를 가졌으나 역시 허사였다. 정의 원로대신 숙첨(叔瞻)은 이들 일행을 예우(禮遇)해야 한다고 주장하였으나 정 문공은 "우리나라를 지나는 망명공자(亡命公子)가 한두 사람이 아닐진대 어떻게 일일이 그들을 예우한단 말씀이오." 하고 묵살해버렸다.

"그렇다면 차라리 이들 일행을 죽여 없애 버리는 것이 좋을 듯합니다. 이들은 사람됨이 녹록지 아니하니 만약 그대로 두었다간 앞으로 우리나라의 화근이 될지도 모르는 일입니다."라고 숙첨이 간했으나 정 문공은 "망명공자 주제에 무슨 큰 일을 할라고." 하고 냉소해버렸다.

정나라를 떠난 이들 일행은 초나라로 갔다. 이들은 초나라에서 처음 예우를 받았다.

초의 성왕은 이들을 제후의 예로 대접하였다. 중이는 이 같은 후대를 사양하려 하였으나 조쇠가 만류하였다. 들어오는 복을 구태여 차버릴 필요가 없다고 생각했기 때문이었다.

이때 중이와 초의 성왕이 회담한 내용은 중국 역사상 멋있는 한 장면으로 기록되고 있다.

"당신이 만약 귀국하게 된다면 무엇으로써 과인에게 보답하겠소." 하고 초의 성왕이 복귀 후원에 대한 보수를 물었다. 이 말에는 일찍이 진의 혜공(이오)이 진(秦)의 목공에게 하서의 땅을 주기로 약속했다가 헌신짝처럼 약속을 저버렸다는 비난의 화살도 담겨 있다.

중이는 잠시 생각하다가 "주군께서는 어떤 보물도 다 가지고 계십니다. 무엇을 드렸으면 좋을지 선뜻 생각이 나지 않습니다."

"그렇지만 무슨 보답이 있어야 하지 않겠습니까?" 하고 초왕은 다시 물었다. 이 말의 뜻에는 보물 이외에 땅이 있지 않느냐의 뜻이 포함되어 있다. 중이는 약간 당황하는 표정을 지으면서 대답하였다.

"좋습니다. 앞으로 평원광택(平原廣澤)에서 주군의 군사와 마주 쳤을 때 3사(舍)를 후퇴하겠습니다."

사(舍)란 당시 군사의 하루 행군 거리로 12킬로미터 해당한다. 그러니까 36킬로미터 후퇴하겠다는 뜻이다. 이 말을 들은 초나라 장군 자옥(子玉)은 노했다.

"들개처럼 여기저기 유랑하는 망명 공자 주제에 저따위 불손한 말을 입에 담으니 차라리 죽여 없애는 것이 좋겠습니다."

그러나 성왕은 허락하지 않았다.

"진의 공자는 어진 사람이다. 외국에 유랑하면서 많은 고초를 겪었고 그를 따르는 사람들은 모두가 비범한 인물이니 이는 하늘이 그를 도움이다. 그를 죽이는 건 천명을 어김이니 그 죄를 어떻게 감당하겠소."

성왕은 중이를 높이 평가하고 흠모하였다.

중이 일행이 수개월간 초나라에 머무르는 동안 진나라의 정세도 크게 변하고 있었다.

인질로 진나라에 가 있던 태자 어(圉)가 탈출하여 본국에 돌아온 것이다. 그는 아버지 혜공의 병세가 위독하다는 소식을 듣고 귀국했다. 혜공에게는 태자 말고도 몇 사람의 공자가 있었다. 혜공이 죽을 경우 자신이 태자로 있기는 하지만 진나라에 인질로 가 있기 때문에 대부들이 다른 공자를 후계자로 옹립할지도 모르는 형편이었다. 태자는 아무래도 혜공이 죽기 전에 귀국하지 않으면 안 되겠다고 생각해서 서둘러 탈출한 것이다.

인질의 탈출 사건에 대해 진나라에서는 크게 불만을 표시했다. 가뜩이나 지난날 흉년이 들었을 때 자기 나라에서는 식량을 원조했는데도 자기 나라가 흉년이 들었을 때 군사를 일으켜 침공했던 일들이 생생히 떠올라 가만히 있지 않을 태세였다.

진의 혜공은 그의 즉위 14년(기원전 637) 9월에 죽고 귀국해 있던 태자 어가 즉위하였다. 이 사람이 회공(懷公)이다. 그는 자신이 인질의 몸으로 탈출하였기 때문에 언젠가 진이 공격해오리라는 것을 예상하고 있었다.

만약 진이 공격할 경우 중이를 옹립하리라는 것은 불을 보듯 뻔한 일이었다. 회공은 중이가 복귀할 때 국내에서 내응자가 없도록 하기 위해 중이와 관련 있는 인물들을 철저히 조사하는 등 공포 정치를 실시하였다. 그로 인해 그의 인기는 나날이 떨어지고 있었다.

중이와 관련된 인사들은 모두 제거했으나 그렇다고 진나라 백성들이 모두 회공을 지지한 것은 아니었다. 이 같은 사실은 중이가 복귀하기 직전에 판명되었다.

초나라의 성왕은 중이를 진(秦)나라로 보냈다. 그 이유는 초와 진(晉)은 국경이 접하고 있지 않았고 진(秦)과 진(晉)은 국경을 접해 있기 때문에 복귀에 아주 편리하였던 것이다. 진(秦)에서는 중이를 빈객(賓客)으로 대우하였다.

중이가 진(秦)에 갔다는 소문을 듣자 진(晉)의 대신 가운데는 벌써 사람을 보내서 하루속히 복귀를 권하는 사람마저 있었다.

진(秦)의 목공은 어진 임금이었다. 눈앞의 일뿐만 아니라 멀리 내다볼 줄 아는 인물이었다.

목공은 중이에게 군사를 주어 진(晉)나라로 복귀하는 일을 후원하였다.

　망명 생활 19년의 긴 유랑 생활에 종지부를 찍고 복귀에 성공하여 즉위한 것은 중이가 62세 때의 일이었고 문공(文公)이라 불리었다. 혜공·회공의 시대가 지나고 문공의 새로운 정권이 출범하게 된 것이다. 혜공과 회공 2대에 걸쳐 정권을 쥐고 흔들었던 대신 여성(呂省)과 극예(郤芮) 등은 새로운 정권에 불만을 품고 반란을 일으켰다. 문공은 진(秦)에 구원병을 요청하였고, 진에서는 3천 명의 군사를 보내어 반란 진압을 후원해주었다. 나중에 패자로서 그 명성을 떨쳤던 진 문공도 복귀 초에는 하는 수 없이 진의 목공의 힘을 빌렸던 것이다.

조씨고아 《사기》〈조세가〉에 실린 유명한 고대 설화. 진나라 때 모함으로 멸문당한 조씨의 복수담

　진의 문공이 복귀한 해 주왕실에서는 내분이 일어나 진나라에 구원을 요청해왔다. 주의 양왕이 그의 동생 대(帶)의 반란으로 정(鄭)나라로 도망가 같은 성의 나라인 진의 문공에게 구원을 요청한 것이다. 구원해주고 싶은 마음은 태산 같으나 정권이 바뀐 직후인지라 국내 정세가 아직 평온치 못하여 주저하고 있는 사이에 그 해를 넘겼다.

　다음해가 되자 진(秦)나라가 선수쳐 주왕실을 돕기 위해 황하 부근에 군사를 집결시키고 있었다. 이 소식을 전해 들은 조쇠가 다음과 같이 진언하였다.

　"다소 무리가 가더라도 주의 양왕을 도와야 합니다. 이번 기회야말로 천하의 패자가 될 수 있는 절호의 기회입니다. 같은 성의 대국으로서 왕실을 돕는 일을 다른 성의 진나라에 우선권을 넘겨주어서는 안 됩니다. 주군께서 천하의 패자가 되는 것은 노신의 평생 소원이옵니다."

문공은 조쇠의 말을 받아들여 즉시 군사를 동원하여 반란을 일으켜 형 양왕을 몰아낸 대(帶)의 거성인 온(溫)을 포위하였다. 대의 병력은 진의 대군을 대항할 힘이 없었다. 대는 처형되고 양왕은 다시 왕위를 회복하였다. 주왕실에서는 이 반란을 진압한 공로로 하내(河內)와 양번(陽樊) 두 고을의 땅을 진나라에 주었다.

진의 문공 4년 초나라가 송나라를 공격하자 송나라에서는 진나라에 구원을 요청해왔다. 진나라에서는 이를 거절할 수가 없었다. 일찍이 문공이 송나라로 망명했을 때 당시 송나라는 이른바 '송양의 인'으로 인하여 초나라에 패전한 직후였는데도 문공을 따뜻이 대해준 일이 있었다. 거절하는 것은 배신 행위였다. 문공의 외삼촌 고범이 진언하였다.

"초나라는 조(曹)나라를 집어삼키고 위(衛)나라와는 혼인관계를 맺고 있습니다. 만약 우리가 조나라와 위나라를 공격하면 초나라는 반드시 이 두 나라를 구원하기 위해 송나라를 포위하고 있는 군대를 풀게 될 것입니다. 이렇게 되면 송나라는 저절로 구원하게 되는 셈입니다."

문공은 고범의 진언대로 조나라와 위나라를 공격하였다. 조나라의 공공(共公)은 문공이 망명 시절에 조나라에 들렀을 때 무례하게도 이상한 갈빗대를 가진 체격이라고 놀려댄 적이 있었고 위나라도 또한 문공을 냉대했던 나라였다. 특히 흙덩이를 넣어 식사를 제공했던 오록(五鹿) 지방은 여지없이 유린당했다. 그러나 문

진문공이 나라를 얻다

공에게 식사를 보내주고 보물을 보내왔던 이부기의 영지에는 군사 한 명도 얼씬하지 않았다. 진의 문공은 망명 시절의 빚을 톡톡히 갚은 셈이었다. 은혜는 은혜로, 원수는 원수로 갚았던 것이다.

진나라가 조나라와 위나라를 공격하자 정세를 관망하던 초의 성왕은 송나라의 포위를 풀고 군대를 철수시키려 하였다. 초나라의 군사력은 막강하였으나 중원에서의 패권 다툼에는 본국과의 거리가 워낙 멀어 물자를 보급하는 병참선(兵站線)이 길게 뻗어 있어 다른 나라보다 불리하였기 때문이었다. 그 위에 초의 성왕은 진의 문공에 대해 매우 호의를 가진 인물이었다. 문공의 운수는 하늘이 내린 것이니 이와 싸우는 것은 불리하다고 생각했던 것이다.

문공이 복귀하기 전 초나라의 성왕과의 회담에서 3사(舍)의 거리까지 후퇴하겠다고 문공이 대답하자 크게 노하여 문공을 죽이자고 말했던 초나라 장군 자옥은 철수를 끝까지 반대하고 나섰다. 성왕은 자옥의 의사를 받아들여 초나라 군대 일부의 지휘권을 그에게 위임하여 대전토록 하였다.

진(晉)에서는 이미 송·제·진(秦) 등 중원의 유력한 제후들과 연합 세력을 형성하고 있었다. 제와 진(秦)의 군대는 장군이 통솔하고, 송의 군대는 송의 성공(成公)이 직접 통솔하고 있었다.

북쪽으로 자꾸 뻗어오는 초나라의 강력한 세력을 중원 제후들이 연합하여 저지한다는 춘추의 싸움에서 가장 전형적인 싸움이 이때의 성복(城濮)의 대전이다.

이 대전에서 진(晉)의 군사는 공격을 받지 않았는데도 전군을 깊숙이 후퇴시켰다. 초의 성왕과의 회담 때 3사의 거리까지 후퇴하겠다는 약속을 지키기 위해서였다. 대전의 결과는 초군의 패배로 끝났다.

초의 성왕은 패전에 대한 책임을 자옥에게 물어 문책하자 자옥은 자살하고 말았다. 성왕이 자옥을 문책한 것은 단순히 성복의 대전에서 패배한 책임을 묻는 것이 아니었다. 애당초 초나라에서는 성왕을 비롯하여 그 수뇌진들이 진의 문공을 맹주로 하는 중원 연합군과의 싸움을 될 수 있는 대로 피하려 하였으나 자옥이 혼자서 주전론을 주장하고 나섰던 것이다. 그렇다면 성왕은 자옥의 주전론쯤은 충분히 누를 수 있었을 것인데도 주력부대는 자신이 통솔하여 돌아가고 소수 병력만을 자옥에게 주었을 뿐이었다. 공명심에 불타는 자옥이 행여 연합군을 격파한다면 큰 득이 될 수 있다는 만일의 요행을 바라는 술책이었음이 분명했다. 이른바 양다리를 걸쳐보겠다는 속셈이었다.

자옥은 이 같은 성왕의 술책의 희생물이 되었다고 할 수 있다. 겉으로 보기엔 자옥이 성왕의 의사를 거역하고 자기 주장을 관철한 것처럼 보이지만 성왕의 마음속에선 '잘되면 다행이다.'라고 비웃고 있었다. 질 것이 뻔한 줄 알면서도 부하를 사지에 몰아넣는 것은 군주의 자만이다. 얼마 후 성왕은 자기자만의 희생자가 되고 말았다.

　성왕은 처음엔 상신(商臣)을 태자로 세웠다가 후에 상신을 폐하고 서제(庶弟)인 자직(子職)을 태자로 세우려 하였다. 이런 일은 군주의 입장에서는 대수롭지 않은 일일지 모르나 당사자의 입장에서는 사활이 걸린 중대 문제이다. 상신은 결기(決起)하여 부왕의 궁전을 포위하였다.

　"마지막으로 곰의 발바닥이나 먹고 죽고 싶구나."

　포위된 성왕은 이렇게 자식에게 애원했으나 상신은 아버지의 마지막 소원마저 들어주지 않았다. 성왕은 자결하고 상신이 즉위하니 이가 곧 목왕(穆王)이다.

　곰의 발바닥은 며칠을 두고 삶지 않으면 먹을 수가 없다. 성왕의 이 같은 소원은 시간을 벌기 위한 술책이었다. 곰의 발바닥을 삶는 동안에 구원군이 오기를 기다리자는 속셈이었던 것이다. 그러나 이러한 술책을 모를 상신이 아니었다.

　성복의 대전이 초의 성왕 40년(기원전 632)의 일이고 성왕이 자식에게 죽임을 당한 것이 그 후 6년이니 재위 46년의 일이다. 재위 46년이라면 나이가 꽤 많았을 것이니 태자로 책봉된 상신으로서는 느긋이 기다리면 오래지 않아 군주의 자리에 오를 수 있었을 것이나 그때 형편으로는 느긋이 기다릴 수가 없는 상황에 놓여 있었다. 만약 기다리고만 있다간 결국 서제인 자직에게 태자의 자리를 빼앗겼을 것이 분명했다.

천토의 회맹

진(晋)의 문공을 맹주로 하는 연합군이 성복의 대전에서 승리하고 개선한다는 소식을 들은 주의 양왕은 개선군을 위로하기 위해 천토(踐土)까지 마중하였다. 진의 문공은 그곳에 왕궁을 짓고 맹주가 되어 제(齊)·노(魯)·송(宋)·채(蔡)·정(鄭)·위(衛)·거(莒)의 제후와 회맹하였다. 이때의 맹약을 《춘추좌전》에는, '제후들은 모두 주나라 왕실을 도와 제후들이 서로 침해하는 일이 없어야 한다. 만일 이 동맹을 위반하면 밝은 신은 이들을 죽이고 그 군대를 약하게 하며, 그 나라에는 행복이 없고 그들의 자자손손에 이르기까지 노소를 가릴 것 없이 모두 벌을 받을 것이다.'라고 기록하고 있다.

이 맹약을 규구의 맹약에 비하면 구체성이 매우 결여되어 있다. 태자를 바꾸지 말 것, 흉년이 들었을 때 식량을 융통해줄 것 등은 이미 규구의 맹약에서 약속한 바 있었기 때문에 중복을 피하기 위해 생략한 것인지도 모른다.

그 해 겨울에 진의 문공은 다시 온(溫, 하남성)에서 제후를 소집했다. 이 회맹에 참가한 제후들을 《춘추》에는 '노희공(魯僖公)·진후(晋侯)·제후(齊侯)·송공(宋公)·채후(蔡侯)·정백(鄭伯)·진자(陳子)·거자(莒子)·주자(邾子)·진인(秦人)' 등으로 열거하고 있다. 다른 모든 나라의 제후들은 작위를 넣었으면서도 대국이었던 진(秦)을 맨 끝에 열거했고 그것도 진백(秦伯)이라 하지 않고 진인이라고 한 것은 진나라는 목공 자신이 참가하지 않고 대신을 파견했기 때문인 듯하다.《사기》에는 진의 문공이

맹주로서 이들 제후들을 거느리고 주왕실에
조회하려고 하였으나 아직도 힘이 부족
하여 혹시 배반자가 있을지 몰라 주의
양왕을 천토에 있는 궁전에서 하양
(河陽)까지 불러냈다고 기록하고 있
다. 확실히 말해서 이들 제후 가운데에

춘추 시대의 동화살촉

는 정·채·진 등 일찍이 초나라에 속해 있던 제후도 포함되어 있
었기 때문에 이들 제후들이 배반할 우려도 없지 않았으나 모두 소
국에 불과했다. 이런 점으로 볼 때 문공의 본의는 패자로서 자신
의 위엄을 보이기 위해서였다고 볼 수 있다.

　성복의 승전 이후 2년째 되는 해에 진(晉)나라는 진(秦)나라
와 함께 정(鄭)나라를 공격하였다. 성복의 대전 때 정나라는 초나
라를 도왔다는 것과 진의 문공이 망명했을 때 정나라로부터 무례
한 대우를 받았다는 것이 정나라 토벌의 구실이었다.

　지리적으로 강대국 사이에 낀 정나라로선 동네북처럼 강대국
에게 치이기 일쑤였다. 초나라가 북진하기 위해서는 정나라를 통
과해야 하기 때문에 만약 초나라의 말을 듣지 않으면 정나라는 멸
망해버릴 형편이었다. 성복의 대전 때도 이러한 이유 때문에 초나
라에 협조하였던 것이며 초나라가 패하자 개전의 뜻을 보이기 위
해 천토의 회맹과 하양의 회맹에도 참가하여 진의 문공에게 호의
를 보였던 것이다. 게다가 문공이 망명 생활 때 냉대한 것은 이미 7
년 전의 일로 정나라에서는 까마득히 잊고 있는 일이니 약소국인
정나라로선 이번의 침공을 약소국의 비애로 돌릴 수밖에 없었다.

　"중이 일행을 후대하지 않을 바엔 모두 죽여 없애 버립시다."

　이 말은 일찍이 문공이 정나라에 망명했을 때 대부 숙첨이 정

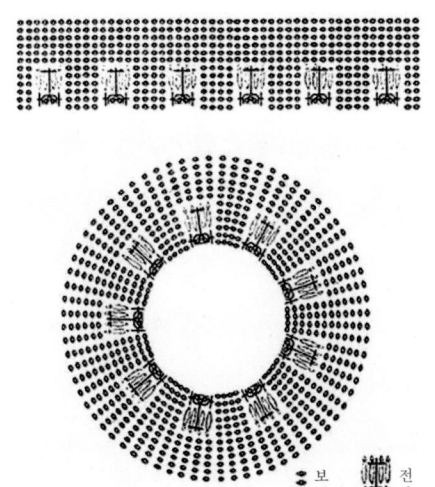

춘추 시대의 진 방형의 진(위)과 원형의 진(아래)

의 문공에게 진언한 말이다. 이 말이 문공의 귀에 들어갔고, 이 사실을 알게 된 숙첨은 이제 끝장이다 생각하고 자결하였다. 정나라는 숙첨의 목을 바치면서 용서를 빌었으나 진나라에선 모든 책임은 군주에게 있으니 정의 문공이 직접 나와 항복해야 한다며 거절하였다.

막다른 골목에 이른 정나라에선 진(秦)의 진영에 사자를 보내어 다음과 같이 호소하였다.

"만약 이번 싸움에 정나라가 망한다면 진(晉)나라의 영토가 될 것이 뻔합니다. 이렇게 되면 진(秦)에서는 이번 싸움에 쓸데없는 희생만 치를 뿐 아무런 소득이 없을 뿐만 아니라 동방의 우호국을 하나 잃는 것은 물론 동방에 진출할 수 있는 교두보를 잃는 셈이 되니 만약 진(秦)나라가 앞으로 천하의 패자가 되고자 한다면 차라리 정나라를 살려두는 편이 훨씬 유리하지 않겠습니까?"

진(秦)나라에서는 이 말을 옳게 여겨 군대를 철수하자 진(晉)나라에서도 할 수 없이 철수하여 정나라는 겨우 위기를 모면했다.

이로부터 2년(기원전 628) 후 진의 문공과 정의 문공은 모두 세상을 떠났다. 19년 동안 망명 생활을 보낸 진의 문공은 진나라에 복귀하여 재위한 것이 9년에 불과하였다. 그러나 그는 주의 양왕을 복위시키고 제후의 맹주로서 초나라를 격퇴시키고 주의 양왕을 불러내어 회맹하는 등 빛나는 업적을 남겨 명실공히 패자로서의 위엄을 떨친 인물이었다.

제나라는 환공이 죽자 바로 패자의 나라로서의 역량을 상실했으나 진나라는 문공이 죽은 후에도 여전히 강국의 지위를 유지하였다.

초나라의 융성

초나라 목왕은 곰의 발바닥을 먹고 싶다던 아버지 성왕의 마지막 소원마저 받아들이지 않은 혹독한 인물이었다. 그는 지금의 하남성의 강(江)과 육(蓼), 안휘성의 육(六) 등의 약소국을 차례로 멸망시키고 다시 북으로의 진출을 시도했다.

목왕은 재위 14년에 죽고 그의 아들 여(侶)가 즉위하였다. 이 사람이 춘추 오패의 한 사람이라 불리는 초의 장왕(莊王)이다. 장왕 즉위 8년에 낙수 동쪽에서 육혼(陸渾)의 융(戎)을 공격하여 크게 명성을 떨쳤다.

주나라 정왕(定王) 원년(기원전 606)의 일이다. 당시 초나라가 제도(帝都) 근처에서 있었던 전쟁에서 승리하자 주왕실에서는 초의 장왕에게 위로 사절을 보낼 정도로 강대국으로 성장해 있었다. 이 파견 사절로 간 주나라 대부 왕손만(王孫滿)에게 초의 장왕이 구정(九鼎)의 무게를 물은 일은 역사상 유명한 이야기로 남아 있다.

구정이란 천자의 상징으로 하(夏)·은(殷) 이래로 전해 내려오는 보물이다. 이 보물에 대한 무게를 묻는데는 "구정을 우리 초나라로 가져가고 싶은데 무게가 얼마나 되느냐?"의 속뜻이 들어 있는 것이다.

주나라 왕실을 얕잡아보고 왕자의 자리를 협박하는 언동임에 틀림없었다.

"천명은 아직 주나라에 있습니다. 솥의 무게는 묻지 마시오."

왕손만은 사색이 되어 이렇게 대답했다. 초의 장왕의 눈에는 그따위 상징은 안중에도 없었다.

"지금 주왕실에서는 비록 구정을 가지고 있지만 제왕의 권위 따위는 땅에 떨어져 있지 않은가?" 장왕은 왕손만에게 다음과 같이 말했다.

"그러지 마시오. 초나라에서는 부러진 창의 끝으로 구정을 만들기에 족하오."

무력으로 천하의 패자가 되겠다고 선언한 것으로도 해석된다.

초의 장왕 17년(기원전 597) 초나라가 북진을 개시하자 가엾은 건 정나라였다. 3개월간의 포위 끝에 마침내 정의 양공은 윗옷을 벗어 상체를 드러내고 양을 끌고 항복하였다. 윗옷을 벗는 것은 항복한다는 뜻이고 양을 끄는 것은 요리인이 되어 상전을 섬기겠다는 뜻이라 한다. 이 소식을 들은 진(晉)에서는 정나라를 구하기 위해 군대를 동원하여 남하하고 있었다.

남하하는 도중에 정나라가 마침내 초나라에 항복했다는 정보가 들어왔다. 진나라 진영에서는 구원하려는 상대가 이미 항복했으니 그대로 회군하자는 주장과 패자의 나라로서 끝까지 초나라

초나라의 장성

와 싸워야 한다는 주장이 엇갈리는 가운데 주전론자들이 일방적으로 진군하는 바람에 전군이 그쪽으로 휩쓸리게 되었다. 진나라 군영은 삽시간에 대오를 잃고 우왕좌왕 전투 태세가 흐트러지고 있었다. 기회를 노리고 있던 초의 장왕은 때를 놓치지 않았다. 전군에 총공격 명령을 내리니 진군은 대패하였다. 이 전투는 황하의 남쪽 언덕 필(邲)에서 있었다. 진나라 군대는 황하의 북쪽 언덕에 있다가 패하여 장병이 모두 일제히 도망가기 위하여 다투어 배에 올라탔다. 뒤늦게 뱃전에 오르려고 하자 먼저 배에 탄 자들이 그들의 손가락을 칼로 탁탁 쳐 배에 못 오르도록 하니 손가락이 배안에 가득 떨어져 있었다고 한다. 정원을 무시하고 많은 인원을 무조건 태웠다간 배가 전복되기 때문이다.

일찍이 없었던 진나라의 큰 패전이었다. 게다가 이 대전에서는 이미 초나라에 항복한 정나라가 초나라와 합세하여 진나라와 싸웠으니 구원하러 간 상대와 싸운 셈이 된다. 이 승전으로 초의 장왕은 패자로서 인정받게 되었다.

춘추 시대의 창

정나라는 초나라에 항복하면 진나라와 싸워야 했고 또 진나라에 복속하면 초나라로부터 공격을 받았다. 이런 일을 되풀이하였으니 강대국 사이에 끼인 약소국의 비극이었다.

진나라에 대승을 거둔 초의 장왕은 그 후 6년 만에 죽고 공왕(共王)이 즉위하였다.

초나라에 대패하여 한때 의기소침했던 진나라는 북방의 강적 적(狄)을 격멸하여 어느 정도 세력을 만회하였다.

진의 여공(勵公) 6년(기원전 575)에는 언릉(鄢陵)의 싸움에서 초나라를 대파하였다. 이 싸움에서 초의 공왕은 눈에 화살을 맞고

초나라 도읍 기남성 유적

패주하였다. 이 싸움에서의 승리로 진나라는 다시 패자의 꿈을 꾸었으나 이때에 이르러 패자가 될 만한 강력한 제후는 나타나지 않았다.

진(晉)과 초(楚)가 남북으로 대치하고 동쪽의 제(齊)와 서쪽의 진(秦)이 서로 견제하는 가운데 이른바 4강의 시대로 접어들고 그 사이에 끼인 약소국들은 형세에 따라 이리 붙었다 저리 붙었다 우왕 좌왕하는 현상을 연출했다.

얼마 후 진(晉)나라는 초나라에 인접해 있는 오나라로 하여금 초나라를 공격하게 하고 오나라를 지원하여 초나라와 싸우게 하는 작전을 폈다. 기원전 584년 진나라에서는 오나라에 군사(軍師)를 파견하여 병법과 전술을 가르치며 후원하니 마침내 오나라와 초나라 사이에 전쟁의 포문이 열렸다.

한번 전쟁이 시작되자 그칠 줄을 몰라 1년에 7회를 거듭 싸울 정도로 치열해지니 초나라의 군대는 피로에 겹쳐 다시 북진할 힘이 없었고 진나라 또한 국내 문제로 남하할 여력이 없어 긴장완화를 바라는 움직임이 서서히 싹트기 시작하였다. 이에 송나라 대부 향술(向戍)이 평화조약을 맺을 것을 제창하여 우선 초나라와 진나라의 양해를 얻는 데 성공하였다. 기원전 546년 송나라 수도에서 14국의 대부가 참석한 가운데 마침내 초나라와 진나라 사이에 정전협정이 성립하였다. 이 평화회담을, '미병(彌兵)회담' 이라고 부르는데 미(彌)는 '그친다' 는 뜻이니 정전회담이란 뜻이 분명하다.

이 회담을 전환점으로 하여 춘추 시대의 전쟁의 양상이 달라지기 시작하였다. 이제까지 제후들이 내세웠던 왕실을 존중한다는 존왕(尊王) 사상은 사라지고 전국 시대의 특색인 실력주의 경향이 나타나기 시작하였다.

오·월의 패권 다툼

미병 회담이 열린 후 소강 상태가 계속되는 가운데 중원 남쪽에서는 오나라와 월나라가 등장하였다. 오·월의 등장은 중원에 커다란 변화를 가져왔으며 중원의 입장으로서는 한숨 돌리는 계기가 되었다고 할 수 있다.

중원의 강대국이었던 진(晋)나라는 춘추 시대 말기에 이르러 정치가 문란하여 유력한 가신(家臣)들이 권력 다툼을 벌이고 있었다. 진의 평공(平公) 16년(기원전 536) 제나라 안영(晏嬰)이 사신으로 갔을 때 진나라 대부 숙향이 말했다.

"진나라는 말세입니다. 평공(平公)이 정사는 돌보지 않고 세금을 무겁게 거두어 누각이나 정원을 가꾸는 데만 힘쓰고 정치는 가신들이 하고 있으니 어찌 오래 가겠습니까!"

이보다 앞서 5년 전에 오나라 계찰(季札)이 사신으로 진나라를 방문했을 때 조문자(趙文子)·한선자(韓宣子)·위헌자(魏獻子)의 세 대신을 만나보고 "진나라는 이 세 사람에게 돌아가게 될 것이다."라고 말할 정도로 정치가 극도로 문란해 있었다.

오나라 수몽(壽夢) 2년(기원전 585)에 진(晋)에서 신공(申公) 무신(巫臣)이란 사람이 오나라에 파견되었다. 원래 무신은 초나라 대부였는데 초나라 장군 자반(子反)과 대립하다가 진(晋)나라에 망명한 사람이었다. 초나라와 진나라는 적대 관계에 있었기 때문에 무신의 망명은 진나라에 초나라의 비밀 정보를 알리는 결과가 되었다. 무신은 진나라에 오자 다음과 같이 말하였다.

"초나라 동쪽에 오(吳)라는 나라가 있사온데 그 형세 매우 강성하여 초나라로선 눈 위에 혹과 같은 존재입니다. 만약 진나라에서 오나라를 돕는다면 초나라는 북진을 포기할 것입니다."

오나라 세력이 강성해지는 것은 진나라로선 매우 바람직한 일이었다. 초나라에 대한 오나라의 압력을 더욱 강화하기 위해서 무신이 파견된 것이다. 무신의 임무는 기술을 제공하는 것이었다. 병법이나 무기 개발 등은 확실히 중원의 나라들이 오나라보다는 훨씬 앞서 있었기 때문에 오나라에서는 열심히 병법은 물론 중원의 선진 문화를 흡수하기 위해 박차를 가하고 있던 시기였다.

수몽과 그의 아들 제번(諸樊)의 시대에 오나라는 초나라와 가끔 전쟁을 하였으며 제번은 그의 13년(기원전 448)에 초나라와 싸우다가 화살에 맞아 전사하기도 하였다.

수몽에게는 아들이 넷 있었다. 제번(諸樊)·여제(餘祭)·여매(餘昧)·계찰(季札)의 순이었는데 그중에서 막내인 계찰이 특히 현명하였다. 수몽이 죽자 그 뒤를 이을 장자 제번은 곧바로 계찰에게 양위하려고 했을 정도로 계찰은 걸출한 인물이었다. 계찰을 후계자로 삼으려는 것은 그의 아버지 수몽의 유지였을 뿐만 아니라 오나라 백성들의 소망이기도 하였으나 계찰은 이를 끝까지 사양하였다.

제번은 죽기 직전 왕위를 그의 동생 여제에게 넘긴다고 유언하였다. 그의 아들에게 넘기지 않고 동생에게 넘긴 이유는 계찰이 왕위를 사양하는 이유는 순서를 존중한다는 뜻이었기 때문이다. 형제간에 상속하게 되면 언젠가는 왕위가 계찰에게 돌아가리라는 생각이었다.

왕위는 예정대로 여제에게서 여매에게로 이어지고 있었다. 이 사이 계찰은 사신으로 제후국에 파견되어 정치적 역량을 길러 왔다.

여매가 즉위 4년에 죽고 드디어 계찰이 왕위에 오를 시기가 다가왔다. 그러나 계찰은 끝까지 즉위할 것을 거절하고 도망쳐버렸다. 백성들은 하는 수 없이 마지막 왕이었던 여매의 아들 요(僚)를 왕으로 세웠다.

오나라의 전선

문제는 여기에 있었다. 일찍이 제번이 죽을 때 왕위를 그의 아들 광(光)에게 물려주지 않은 이유는 막내동생 계찰에게 양위하기 위함이었다. 셋째 동생 여매까지는 제대로 형제 상속이 이루어지다가 계찰이 도망함으로 인하여 셋째 동생의 아들인 요에게로 왕위가 돌아가버린 것이다. 계찰이 도망갔을 때 왕위는 당연히 장형의 아들인 광(光)에게로 돌아올 줄 알았으나 사촌 동생인 요에게로 돌아가니 광은 굴욕의 나날을 보내야 했다. 장군으로서 이따금 초나라와 싸워 무공을 세우고 실력과 인격을 닦아 신망을 얻게 되자 오왕은 이 같은 광을 경계하게 되었다. 광이 이렇게 불안한 나날을 보내고 있을 때 초나라에서 오자서(伍子胥)가 망명해 와 광의 빈객으로서 그를 돕게 되었다. 광은 훌륭한 참모를 얻은 셈이다.

　　오자서는 광이 오왕 요를 죽이고 자신이 왕이 되고자 하는 속마음을 알아차리고 전저(專諸)를 추천하니 광은 전저를 빈객으로 잘 대우하였다.

　　요왕 9년에 초나라의 평왕(平王)이 죽자 오왕 요가 초나라의 국상을 틈타 초나라를 공격하기 위하여 그의 두 동생 개여(蓋餘)·속용(屬庸)으로 하여금 군사를 거느리고 초나라의 첨(灊)을 포위토록 하였다. 초나라에서는 군대를 출동시켜 오나라 장수 개여·속용의 돌아갈 길을 차단하니 오나라 군대는 돌아갈 수 없게 되었다. 기회를 노리고 있던 광은 전저에게 말하였다.

　　"이때를 놓쳐서는 안 됩니다. 나는 당연히 적장자로서 임금이 되어야 할 몸이니 비록 계찰이 온다 해도 나를 폐하지 못할 것입니다."

　　"저도 그렇게 생각합니다. 오왕 요를 죽일 수 있는 기회는 바로 지금입니다. 어머니는 늙었고 아들은 어리며 두 동생은 군대를 거느리고 초나라로 갔는데 초나라는 그들의 퇴로를 끊고 있으니 그들은 돌아올 수가 없습니다. 이번 일은 저에게 맡겨 주십시오."

광과 전저는 이심전심으로 의견이 일치되었다. 광은 무장한 심복을 지하실에 숨겨 두고 술과 안주를 갖추어 왕을 초청하였다. 왕은 군대로 하여금 궁궐로부터 광의 집까지 도열하고 문간과 섬돌의 좌우에는 모두 왕의 친척으로 하여금 둘러싸고 시립케 하였는데 모두가 긴 칼들을 갖고 있었다.

술잔이 돌고 돌아 흥이 무르익어 갈 무렵 광은 거짓으로 발에 병이 났다고 하고 지하실로 내려가 전저로 하여금 구운 고기의 뱃속에 비수를 넣어 왕에게 올리도록 하였다. 왕 앞에 이르자 전저는 물고기의 배를 째는 척 잽싸게 비수를 잡아 왕을 찔렀다. 왕이 비명을 지르며 그 자리에서 죽자, 좌우에 시립해 있던 사람들이 일제히 몰려들어 전저를 죽이고 소란을 피웠다. 광은 지하실에 잠복시켰던 군사들을 내보내어 왕의 무리를 모두 소탕하고 왕위에 오르니 이 사람이 오왕 합려(闔閭)이다.

오자서가 초나라로부터 오나라에 망명한 것은 그의 아버지 오사(伍奢)와 형 오상(伍尙)이 초나라 평왕에게 살해되었고 자신의 생명도 위협을 받았기 때문이었다. 그러면 오사와 오상이 왜 죽임을 당했는지 그 경위를 알아보자.

오자서

오상사의 청당 오자서의 고향 임리현에는 오자서를 기리기 위해 오상사가 세워졌다.

　일찍이 평왕에게는 건(建)이라는 태자가 있었다. 오사는 태자 건의 태부(太傅)가 되고 비무기(費無忌)는 소부(少傅)로서 태자를 가르치고 있었다. 태자의 나이가 차자 평왕은 무기로 하여금 진(秦)나라에서 태자의 아내를 맞아오도록 하였다. 무기가 태자의 아내 될 여인을 만나보니 보기 드문 절세미인이었다. 무기는 슬그머니 딴 생각을 갖게 되었다. 평왕에게 달려와 보고하기를 "진나라 여인은 절세미인입니다. 왕께서 부인으로 삼으시고 태자의 아내는 다시 구해 보시는 것이 어떻겠습니까?" 하였다.

　평왕이 무기의 말을 듣고 그 여인을 만나보니 과연 절세미인인지라 이성을 잃고 그 여인을 차지하여 몹시 사랑하였으며 아들 진(軫)을 낳게 되었다. 그리고 태자의 아내는 다른 곳에서 맞게 하였다.

무기는 이 일로 인하여 평왕의 신임을 받았고 태자의 곁을 떠나 평왕을 섬기게 되었다. 무기는 곰곰이 생각해보았다.

'만일 하루 아침에 평왕이 죽고 태자 건이 임금이 된다면 나를 그대로 두지는 않을 것이다. 차라리 태자를 없애 버려야겠다.'

무기는 평왕에게 태자 건을 참소하였다. 평왕은 차츰 태자를 미워하더니 마침내 태자로 하여금 변방의 군대를 정비하라는 명을 내려 궁중에서 쫓아냈다. 일은 무기의 뜻대로 되어 가고 있었다. 얼마 후 무기는 태자의 단점을 낱낱이 들어 평왕에게 아뢰었다.

"태자는 아무래도 진나라 여인의 일로 원망이 없을 수 없습니다. 태자가 변방에 나가 군대의 책임자로 있으면서부터 밖으로 여러 제후들과 교섭하여 사귀고 있으니 장차 반란을 일으킬지도 모릅니다. 왕께서는 이 점을 생각하시어 스스로 방비하심이 좋을 듯합니다."

평왕은 더럭 의심이 생겼다. 우선 태자의 태부 오사를 불러 고문하였다. 오사는 무기가 태자를 참소한 사실을 훤히 알고 있었다.

"왕은 어찌하여 간신의 참소하는 말만 믿고 부자간의 정을 그다지 소원하게 하십니까?"

옆에서 이 모양을 지켜보고 있던 무기는 가만히 있지 않았다.

"왕께서 지금 당장 제압하지 않으시면 장차 그 일이 성사된 후에는 후회해도 소용이 없습니다. 엄히 다스리옵소서."

평왕은 무기의 말을 믿고 오사를 하옥시키고 분양(奮揚)을 보내어 태자를 죽이라는 명을 내렸다.

그러나 분양은 먼저 사람을 보내어 태자에게 알렸다.

"태자께서는 급히 몸을 피하십시오. 그렇지 않으면 죽임을 당할 것입니다."

이 말을 전해 들은 태자 건은 송나라로 도망쳤다.

일이 간단히 끝날 줄 알았던 무기는 내심 초조하였다. 다시 평왕에게 "오사에게는 두 아들이 있는데 모두가 현명합니다. 그들을 죽이지 않으면 장차 초나라의 근심거리가 될 것이 분명합니다. 오사를 인질로 삼아 그들을 부르는 것이 좋겠습니다."라고 아뢰었다.

왕은 사람으로 하여금 오사에게 말하기를 "당장 네 두 아들을 데려오도록 하라. 만약 그렇지 못하면 그대를 죽일 것이다." 하였다.

이 말을 들은 오사는 다음과 같이 말하였다.

"큰 아이 상(尚)은 사람됨이 어질어서 내가 부르면 반드시 올 것이나, 원(員, 오자서의 자)은 모질고 패려하여 능히 큰 일을 할 것입니다. 그는 오면 모두가 사로잡힐 것을 뻔히 알고 오지 않을 것입니다."

왕은 오사의 말을 듣지 않고 사람을 보내어 그의 두 아들에게 말하였다.

"내 명령대로 너희가 오면 네 아비를 살려줄 것이로되 그렇지 않으면 이제 아비를 죽일 것이다."

오자서의 형 오상이 가고자 하니 오자서가 만류하였다.

"초나라가 우리 형제를 부르는 것은 우리 아버지를 살리기 위한 것이 아니고 뒷날의 근심을 없애기 위함입니다. 만약 우리 둘이 도착하면 부자가 모두 죽을 것입니다. 그렇게 되면 원수를 갚지 못할 뿐입니다. 차라리 다른 나라로 달아나서 힘을 빌어 아버지의 원수를 갚는 것이 자식의 도리라 생각합니다. 모두 함께 죽으면 그 일을 할 수가 없습니다."

오상은 말하였다.

"만약 내가 가더라도 아버지의 목숨을 안전하게 할 수 없다는 것을 안다. 그러나 아버지가 나를 불러서 살기를 구하는데 가지 않고 뒤에 아버지의 원수도 갚지 못한다면 마침내 천하의 웃음거리가 된 것을 한탄할 것이다."

그리고 오자서에게 말하였다.

"나는 가는 것이 좋겠다. 너는 능히 아버지의 원수를 갚을 수 있을 것이다. 나는 돌아가 죽을 것이다."

오상이 나아가니 밖에서 대기하고 있던 사자들이 달려들어 오상을 붙들고 오자서 또한 체포하려 하였다. 오자서는 잽싸게 활시위에 오늬를 메워 사자를 겨누니 사자가 감히 달려들지 못하였다. 그 길로 오자서는 초나라에서 도망쳐 태자 건이 송나라에 있다는 소문을 듣고 그리로 갔다. 오사는 자서가 도망했다는 말을 듣고 "장차 초나라의 임금과 신하들이 전쟁에 시달림을 받겠구나." 하고 한탄하였다.

오상이 초나라에 오자 그들의 예언대로 그의 아버지 오사와 함께 죽임을 당했다.

오자서가 송나라에 가니 때마침 화씨(華氏)의 난이 있어 그곳에 머무를 수가 없었다. 태자 건과 함께 정나라로 달아났는데, 정나라에서는 이들을 우대하였다. 얼마 후 진(晉)나라로 가니 진나라 경공(頃公)이 다음과 같이 제의하였다.

"정나라와 태자를 신임하고 있습니다.

오자서 사당의 거석

그러니 태자는 나를 위하여 내응(內應)할 수 있으며 내가 그 밖을 치면 정나라를 기필코 멸망시킬 수 있을 것입니다. 이렇게 하여 정나라를 멸망시키면 태자를 정나라의 임금에 봉하겠습니다."

태자는 이 제의를 받아들여 다시 정나라로 돌아왔다. 그러나 호사다마로 아직 기회가 오기 전에 그가 사사로운 일로 그의 종자(從者)를 죽이려고 하자 그 종자가 진나라 경공과 태자의 음모 사실을 정나라에 고발하고 말았다. 정나라 정공(定公)은 크게 노하여 태자 건을 주살하였다.

태자 건에게는 승(勝)이라는 아들이 있었다. 오자서는 승과 함께 오나라로 달아나기 위해 소관(昭關)에 이르니 소관을 지키는 병사들이 그들을 잡으려고 하였다. 오자서는 승과 더불어 홀몸으로 걸어서 도망가는데 뒤에서 쫓는 자가 아슬아슬하게 다가왔다. 강가에 이르자 한 어부가 배에 타고 있다가 오자서의 위급함을 보고 재빨리 그를 건네주었다. 오자서는 강을 건너자 자기가 차고 있던 칼을 풀어 그 어부에게 주며 감사의 뜻을 표했다.

"이 칼은 값이 족히 백금(百金)은 나갈 것입니다. 생명을 구해준 감사의 뜻으로 드리오니 받아주십시오."

어부는 고개를 가로저으며 다음과 같이 말하는 것이었다.

"초나라에서는 당신을 잡는 자에게 곡식 오만 석을 주고 그 위에 집규(執珪) 벼슬을 준다고 하였소. 내가 만일 이익을 탐한다면 어찌 백금의 칼 정도이겠습니까?"

어부는 칼을 받지 않았다.

오자서가 오나라에 이르렀을 때는 마침 오왕 요가 광을 장군으로 등용하고 있을 무렵이었다. 오자서가 오나라에 오기까지는 이러한 우여곡절이 있었던 것이다.

합려는 이미 왕이 되자 오자서에게 벼슬을 내리고 함께 국사를 의논하였다.

합려가 즉위한 지 3년 만에 오자서·백비(伯嚭)와 함께 군사를 일으켜 초나라를 공격하여 서(舒)를 함락하고 파죽지세로 초나라 수도인 영(郢)을 공략하려고 하자 장군 손무(孫武)가 간하였다.

"백성들이 몹시 피로해 있으며 아직은 그때가 아닙니다. 얼마 동안 기다리는 것이 좋겠습니다."

오왕 합려는 이 말을 받아들여 회군하였다.

4년에는 초나라의 육(六)과 첨을 공략, 탈취하였고 5년에는 월(越)나라를 쳐 승리하였다.

6년에 초나라에서는 평왕이 이미 죽고 소왕(昭王)이 공자 낭와로 하여금 군대를 이끌고 오나라를 침범하게 하였다. 오나라에서는 오자서로 하여금 군사를 거느려 싸우게 하니 오자서는 예장(豫章)에서 초나라의 군사와 결전을 벌여 대승을 거두고 거소(居巢)를 빼앗았다.

9년에 오왕 합려는 오자서와 손무에게 말하였다.

"전에 초나라의 수도 영을 치려고 했을 때 그대가 말하기를 아직 때가 아니라고 말한 적이 있는데 지금은 어떻게 생각하는가?"

두 사람은 대답하였다.

"초나라 장수 낭와는 탐욕이 많아 당(唐)·채(蔡)가 모두 그를 원망하고 있습니다. 왕께서 초나라를 크게 치고자 하신다면 먼저 당·채를 우리 편에 끌어들이십시오. 그러면 승산이 있을 것입니다."

합려는 두 사람의 말을 들어 당·채와 합세하여 초나라를 공격하였다. 양군은 한수(漢水)를 사이에 두고 마주보며 진을 쳤다. 오나라 군대가 출정할 때 오왕의 아우 부개(夫槪)가 참전하기를 간청하였으나 왕이 이를 단호히 거절하였다. 그는 마침내 자기에게 소속된 5천 명의 군대를 거느리고 초나라 장수 자상(子常)의 진영을 공격하였다. 자상이 패하여 정나라로 달아나니 이에 오나라 군대는 승세를 몰아 총공격을 감행하여 5차에 걸친 접전 끝에 드디어 초나라 수도 영에 입성하였다.

초나라 소왕은 영에서 탈출하여 운몽 땅에 들어갔는데 도적의 무리들이 왕을 공격하였다. 소왕은 다시 운(鄖)으로 도망하였다. 운공(鄖公)의 아우 회(懷)는 평왕이 자기 아버지를 죽인 데 대해 불만을 품고 있던 자였다. 회가 운공에게 말하였다.

"초나라 평왕이 내 아버지를 죽였으니 내가 그의 아들을 죽이는 것이 당연한 일이 아니겠습니까?"

이 말을 들은 운공은 동생이 소왕을 죽일 것을 두려워하여 소왕과 함께 수(隨) 땅으로 달아났다. 오나라의 군사들이 수 땅을 포위하고 수 땅의 사람들에게 다음과 같은 말을 퍼뜨렸다.

"옛날 주나라의 자손으로서 한천(漢川)에 살던 사람을 초나라가 모두 멸망시켰다."

그러자 수의 백성들이 일제히 소왕을 죽이고자 하였다. 왕의 아들 기(棊)가 왕을 숨기고 자신이 스스로 왕이라고 나서며 나를 잡아 오나라에 넘기라고 말하자 수의 사람들이 길흉을 점쳐 보니 오나라에 넘겨주는 것이 불길하다는 점괘가 나와 왕을 넘겨주지 않았다.

일찍이 오자서가 초나라에 있을 때 신포서(申包胥)와는 친구 사이였다. 오자서가 도망갈 때 포서에게 "내 언젠가는 반드시 초나라를 뒤집어엎고야 말 것이다."라고 말하자 신포서가 말하였다.

"나는 반드시 초나라를 존속시킬 것이다."라고 응수한 일이 있었다.

오나라의 군대가 수도 영에 입성했을 때 오자서는 이리저리 소왕을 찾았으나 도저히 찾을 길이 없었다. 이에 초 평왕의 무덤을 파 그의 시체를 꺼내어 3백 번 채찍질을 하였다. 신포서는 산중으로 도망가서 사람을 오자서에게 보내어 말하기를 "그대의 원수 갚는 짓이 어찌 그다지도 가혹한가. 내 들으니 사람이 많으면 하늘도 이긴다고 하였다. 그러나 하늘이 정하면 또한 사람을 깨뜨릴 수도 있다고 하였다. 그런데 그대는 옛날 평왕의 신하로서 그를 섬겼는데 지금 죽은 사람에게 치욕을 가하였으니 이것이 어찌 천도의 극에 이른 것이 아니겠는가."

이 말을 전해 들은 오자서는 "나를 위하여 신포서에게 사과의 말을 전해 달라. 내 날은 저물고 길은 멀다.* 그때문에 천리에 따르지 않고 역으로 시행했을 뿐이다."라고 말하였다.

* 나이는 많고 해야 할 일은 많다

신포서는 진(秦)나라로 달아나 위급한 사정을 말하고 구원을 요청했으나 진에서는 응해주지 않았다. 포서는 진나라 궁전의 뜰에 서서 밤낮으로 이레 동안을 통곡하니 그의 지극한 충성심은 만인의 동정을 사기에 충분하였다.

진나라 애공(哀公)이 이를 가엾게 여겨 "초나라의 무도함은 동정의 여지가 없으나 이와 같은 충신이 있으니 존속시키지 않을 수 있겠는가!" 하고 마침내 병거(兵車) 5백 승(乘)을 보내어 초나라를 구원케 하니 6월에 초나라는 오나라 군대와 싸워 승리를 거두었다.

오왕 합려는 오래도록 초나라에 머무르면서 소왕을 찾고 있었는데 그의 동생 부개가 은밀히 오나라에 돌아와서 스스로 왕이 되었다. 이 소식을 들은 합려는 급히 오나라로 돌아와 부개를 공략하였다. 부개는 힘을 다하여 끝까지 항전하였으나 당해내지 못하고 초나라로 망명하였다. 초의 소왕은 오나라에 내란이 일어난 틈을 타 다시 수도로 돌아와 부개를 맞아들여 그를 후대하였다. 전열을 가다듬은 초나라가 오나라의 군사와 싸워 승기를 잡자 오왕은 마침내 전군을 철수시켰다.

이로부터 2년 후 오왕 합려는 태자 부차(夫差)로 하여금 초나라를 공격토록 하여 번(番) 땅을 빼앗으니 초나라는 오나라가 다시 대대적인 공격을 감행해올 것을 두려워하여 수도를 영에서 약(鄀)으로 옮겼다. 이때에 오나라는 오자서, 손무 등의 계책을 채용하여 서쪽으로는 패자로서 이름을 떨치던 초나라를 깨뜨리고 북쪽으로는 제나라와 진(晋)나라를 위압하였으며 남쪽으로 월나라를 복종시켰으니 춘추 오패 가운데 오왕 합려 또는 부차를 넣는 것도 무리가 아닌 듯싶다.

초나라 동쪽에서 오나라라는 강국이 갑자기 나타났듯이 이번에는 오나라의 동쪽에 제3의 강국이 나타나게 되었으니 구천(句踐)이 거느리는 월(越)나라이다.

월왕(越王) 구천의 조상은 우(禹)의 후손으로 하후제(夏后帝) 소강의 서자였다. 일찍이 회계(會稽, 절강성) 땅에 봉해져 20여 대를 거쳐 윤상(允常)의 대에 이르렀다. 윤상은 현명한 군주로 흩어져 있던 월나라 계통의 부족들을 규합하여 눈부신 성장을 이룬 끝에 나라로서의 체제를 갖출 만큼의 세력을 형성하였다.

윤상이 죽자 구천이 그 뒤를 이으니 이 사람이 오왕 부차와 패권을 다투던 월왕 구천이다.

오나라에서는 윤상이 죽자 그 기회를 틈타 월나라를 공격하였다. 오나라가 월나라를 공격했다는 것은 월나라의 세력이 이미 경계할 만큼의 강대한 세력으로 성장해 있었다는 증거이기도 하다.

월왕 구천은 그의 아버지 윤상 못지않은 인물이었다. 오나라의 공격을 받자 그는 수수께끼 같은 작전을 펴 오나라의 군사를 대파하고 오왕 합려에게 부상을 입혔다.

이 싸움에서 구천은 오군의 진영에 3열(三列)의 자살 부대*를 먼저 투입했다. 이 자살부대가 오나라 진영 앞까지 이르자 전원이 갑자기 제 목을 찔러 자살하자 당황한 것은 오나라 진영이었다.

* 자살 부대 : 대원들은 모두 죄수들로 구성되어 있었다

"저런! 저런!"

오나라 군사들은 예기치 못했던 사태에 어리둥절해하며 멍청히 서서 구경만 하고 있었다. 이때 갑자기 월나라 돌격부대가 오나라 진영 깊숙이 쳐들어 와 오군 진영을 유린한 것이다.

월나라는 꿈처럼 나타났다가 꿈처럼 사라진 수수께끼 같은 나라로 역사상 많은 일화를 남기고 있다. 이 일화의 주인공은 다름 아닌 범려로 그는 월왕 구천이 패업을 이룩하는 데 결정적 역할을 한 인물이다.

오나라를 일으킨 주인공들이 오자서 · 손무 · 무신 등이라면 월나라를 일으킨 주인공은 범려임에 틀림없으나 범려의 출신에 대해서는 확실한 정설이 없다. 나중에 배를 타고 제(齊)나라로 망명했기 때문에 막연히 제나라 사람이었을 것이라고 전한다.

월나라와의 싸움에서 손가락에 부상을 입은 오왕 합려는 병이 악화되어 회생이 어렵게 되었다. 태자 부차를 불러놓고,

"너는 구천이 너의 아비를 죽인 일을 잊겠느냐."

"감히 잊지 않겠습니다."

부차는 이렇게 맹세하였다.

이날 저녁 합려가 죽으니 부차가 그 뒤를 이었다. 부차는 아버지의 한을 풀어야겠다고 다짐하였다. 그 맹세를 되새기기 위하여 밤마다 섶(薪) 위에서 자면서 고통을 느낄 때마다 아버지의 한을 상기시키고 또 한편으로는 사람에게 명하여 매일같이 "부차여, 너는 아버지의 원수를 잊었느냐."를 외치게 하며 복수심을 되새겼다.

오나라가 이렇게 복수전을 준비하고 있다는 사실을 안 월왕 구천은 기선을 제압하기 위하여 오나라에 선제 공격을 하려 하자 범려가 극구 만류하였다. 그러나 월왕 구천은 듣지 않고 오나라를 공격하다가 대패하였다. 오나라는 승세를 몰아 월나라 수도 회계를 포위하니 월왕 구천의 목숨은 경각에 달려 있었다. 구천은 많은 뇌물을 오나라의 태재 백비에게 보내고 강화를 제의하여 나라를 송두리째 맡기고 자신은 오왕의 신하가 되고 아내는 오왕의 첩이 되겠다는 굴욕적인 항복을 요청하였다. 오왕이 장차 허락할 뜻을 보이자 오자서가 반대하고 나섰다.

"지금이야말로 하늘이 월나라를 오나라에 주는 때입니다. 줄 때 받지 않으면 나중에 화를 입습니다. 허락해서는 안 됩니다."

오자서는 월나라를 아주 삼켜버리자고 진언했으나 월나라로부터 뇌물을 받은 백비 등의 말을 듣고 강화를 맺었다.

오왕 부차가 아버지의 원한을 씻기 위해 섶 위에서 고통을 느끼면서 그 결의를 다진 이야기는 앞서 말한 바 있다. 이번에는 월왕 구천이 회계에서 있었던 굴욕을 씻기 위해 맛이 쓴 쓸개를 그의 곁에 놓아두고 음식을 먹을 때마다 쓸개를 맛보면서 "너는 회계의 치욕을 잊었느냐." 하며 자신을 격려하였다.

와신상담(臥薪嘗膽)이라는 말은 바로 치욕을 씻기 위해 고통을 견뎌내며 노력한다는 뜻으로 오왕 부차와 월왕 구천의 이 같은 고사에서 유래한 말이다.

오왕 부차는 월나라와 화평을 맺은 지 5년에 군대를 동원하여 북으로 제나라를 공격하려고 하였다. 오자서는 이를 보고만 있을 수가 없었다.

"구천은 밥을 먹을 때마다 쓸개를 맛보며 보복할 기회를 노리고 있으며 죽은 자를 조상하고 병든 자를 위문하는 등 국력을 다지고 있으니 이 사람이 살아 있는 한 오나라는 마음을 놓을 수가 없습니다. 지금 오나라에 월나라가 있는 것은 사람의 배와 가슴에 병이 있는 것과 같습니다. 그런데 왕께서는 어찌하여 월나라는 그냥 두고 제나라를 치려 하십니까. 깊이 살피시옵소서."

그러나 오왕은 듣지 않고 제나라를 쳐서 크게 이기고 추(鄒)·노(魯)의 임금을 멸망시키고 돌아왔다. 그리고는 더욱 오자서의 계책을 믿지 않게 되었다.

그 뒤 4년에 오왕이 다시 제나라를 치려고 하자 월왕 구천은 자공(子貢)의 진언을 들어 자기의 무리들을 이끌고 오나라를 돕는 한편 귀중한 보물을 백비에게 뇌물로 바쳤다. 또한 월나라의 미녀 서시(西施)를 오왕에게 바쳐 그의 환심을 사고 구천이 친히 오왕을 알현하여 몸을 굽히는 등 적극적인 선심 공작을 펴 오왕의 경계심을 늦추도록 하니 오왕은 점점 그들의 계략에 빠져들어가고 있었다. 오자서는 또 간하였다.

"만약 제나라를 쳐서 깨뜨린다 해도 그것은 마치 돌밭과 같은 것이어서 쓸모가 없는 것입니다. 제나라를 치는 일을 중지하고 먼저 월나라를 쳐 없애십시오. 만약 그렇게 하지 않는다면 나중에 후회해도 소용이 없을 것입니다."

그러나 오왕은 듣지 않고 오자서를 사자(使者)로 삼아 제나라에 가도록 명하였다. 오자서는 제나라를 떠날 때가 되어 그의 아들에게 "내가 여러 번 간하였으나 왕은 듣지 않는다. 이제 오나라가 망하는 것은 뻔한 일인데 네가 오나라와 함께 죽는 것은 무익한 일이다." 하고 그의 아들을 제나라의 포씨(鮑氏)에게 맡기고 돌아왔다.

오나라의 태재 백비는 오래전부터 오자서와 사이가 나빴다. 이 기회를 이용하여 오왕에게 오자서를 참소하니 오왕은 백비의 말만 믿고 "그대의 말이 아니더라도 나도 역시 의심하고 있었소." 하고 사자를 시켜 오자서에게 촉루지검(屬鏤之劍, 유명한 칼의 이름)을 주며 자결을 명하였다. 오자서는 하늘을 우러러 탄식하며 집안 사람들에게 다음과 같이 유언하였다.

"반드시 나의 무덤 위에 가래나무(梓)를 심어서 왕(오왕 부차)의 관을 만들 수 있게 하라. 그리고 나의 눈을 빼내어 오나라의 동쪽 문 위에 걸어 놓아 월나라 도적들이 오나라를 멸망시키는 것을 보게 하라."

오왕 부차는 이 말을 듣고 크게 노하여 오자서의 시체를 가져다가 말가죽으로 만든 주머니에 넣어 강물에 띄워버리니 오나라 사람들이 가엾게 여겨 강가에 사당을 세우고 서산(胥山)이라고 이름지었다.

오자서가 죽은 것은 오왕 부차가 즉위한 지 11년(기원전 485)의 일이다. 부차는 자주 북벌군을 일으켜 노나라를 복속시키고 제나라를 공격하였다. 그는 북벌을 위하여 장강(長江)과 회하(淮河)를 연결시키고 기수(沂水)와 제수(濟水)를 연결시켰다. 오나라의 수도 소주(蘇州)에서 배만 타면 곧장 제나라에 닿을 수 있도록 운하를 굴착하는 대공사를 벌였던 것이다. 이 같은 공사는 당시로서는 획기적인 것으로서 놀라울 정도의 민폐가 뒤따랐을 것이 분명하다. 오자서가 오왕 부차에게 자주 간한 것은 단순히 북벌 반대뿐이 아니고 민폐가 극심한 대공사에 대한 반대도 포함되어 있었던 것으로 생각된다.

 오자서가 죽은 다음해 오왕은 드디어 제나라를 공격하였다. 이때 제나라에서는 포씨(鮑氏)가 그의 임금 도공(悼公)을 죽이고 나이 어린 간공(簡公)을 왕으로 세웠을 때였다. 상대국의 국상을 틈타 공격하는 것이 오나라의 상투적인 전법이었다. 그러나 이 싸움에서는 승리하지 못하였다.

 그 뒤 2년에 오왕은 노나라와 위나라의 임금을 탁고에 불러 모으고 그 다음해에는 계속하여 북으로 올라가 제후들을 황지(黃池)에 모아 회맹하였다. 황지는 하남성에 있으며 원래 송나라 땅이었다. 일개 오랑캐의 추장에 지나지 않았던 오왕이 마침내 중원의 제후와 맹주의 자리를 놓고 다투게 된 것이다. 이때 오왕의 으스대던 장면을 우리는 상상할 수 있다. 맹주의 자리를 다투게 된 상대는 중원의 강대국인 진(晉)의 정공(定公)이었다. 이때 진나라는 강대국으로 불리고 있긴 했으나 사실상 여섯 사람의 귀족이 실권을 쥐고 있었다.

 오나라와 진나라의 패권 다툼의 결과에 대해 《사기》의 기록이 엇갈리고 있다.

 '오태백세가(吳太伯世家)'에는 오왕 부차가 "우리 먼 조상인 태백(太伯)은 문왕의 형이다. 주의 왕실은 문왕으로부터 시작되었으니 오나라는 그 형의 가계(家系)에 해당하기 때문에 맹주는 당연히 내가 되어야 한다."라고 주장한 반면, 진의 정공은 "같은 희성(姬姓) 가운데서도 오나라는 자작(子爵)의 나라에 불과하고 우리 진나라는 백작(伯爵)의 나라이니 당연히 내가 맹주가 되어야 한다."고 말하고 전쟁도 불사한다는 강경한 자세를 보이자 오나라가 양보하여 진나라가 맹주가 되었다고 기록하고 있고, '진세가(晋世家)'에는 정공이 오왕 부차와 황지에서 맹주의 자리를 놓고 다투다가 마침내 오왕이 맹주가 되었다고 기록하고 있다.

오왕 합려를 오패의 한 사람으로 인정하는 것은 남쪽의 강국인 초나라의 수도를 유린한 실적에 근거를 두고 있으며 오왕 부차를 오패의 한 사람으로 인정하는 것은 황지의 회맹 때 맹주가 되었다는 사실에 근거한다.

오왕 부차가 황지에 모인 제후들 앞에서 한창 그의 위엄을 떨치고 있을 때 월나라 군사가 오나라에 침입했다는 급보가 날아들었다.

오왕 부차는 설마 하고 믿었던 도끼에 발등을 찍히고 만 것이다. 회계를 포위했을 때 오자서의 간언을 무시하고 월왕 구천을 용서한 것은 월나라에 큰 힘이 없을 것으로 믿었기 때문이었다. 그러나 월왕 구천은 회계의 치욕을 씻기 위해 겉으로 순종하는 척 위장 전술을 펴면서 내정을 정비하고 산업을 일으키며 군비를 증강시켰다. 이를 오나라에서 눈치채지 못하게 하기 위해 구천은 입술을 깨물면서 친히 오왕을 알현하여 순종하는 태도를 보였던 것이다.

월나라에서는 몇 해를 두고 벼르고 벼르던 설욕전이었다. 월왕 구천은 이 설욕전에 전력을 투입했다. 동원된 병력은 습류(習流)* 2천 명, 교사(敎士)* 4만 명, 군자(君子)* 6천 명, 제어(諸御)* 천 명 도합 5만의 군사를 동원하였다. 이에 반해 오나라의 정예 부대는 모두 북벌에 참가하여 장정은 거의 없고 노약자뿐이

* 습류(習流) : 수영에 익숙한 사람
* 교사(敎士) : 교련을 받은 사병
* 군자(君子) : 근위군과 같음
* 제어(諸御) : 경리 기타 사무관

었다. 월나라 군대는 쉽게 유수(留守)부대를 격파하고 태자를 잡아 죽였다.

제후들과 회맹하는 자리에서 급보를 전해 들은 오왕은 모든 사항을 극비에 붙이고 누설하는 자는 참형에 처한다는 엄명을 내렸다. 유수부대가 격파당하고 태자가 잡혀 죽었다는 일을 제후들이 알게 되면 맹주로서의 체면이 서지 않기 때문이었다.

오왕 부차는 회맹을 끝내고 즉시 월나라에 사자를 보내어 강화를 요청했다. 월왕 구천과 범려는 의논 끝에 강화를 수락하기로 하였다. 그 이유는 오나라 북벌군의 정예부대가 돌아와 일전을 벌일 경우 승패를 예측할 수 없었기 때문이었다.

강화를 맺은 후 월나라는 계속 군비를 확장하였으나 오나라는 잦은 북벌로 군대가 피로하였기 때문에 당분간 휴식이 불가피하였고 많은 전쟁을 겪었기 때문에 병력의 손실도 많았다.

그로부터 4년 후 월나라는 다시 군대를 일으켜 오나라를 공격하였다. 월나라 군대는 도처에서 오군을 격파하고 3년에 걸쳐 오나라의 수도를 포위하였다.

마침내 한때 제후의 맹주로서 천하에 위엄을 떨쳤던 오왕 부차도 월나라에 항복하였다. 월왕 구천은 오왕을 가엾게 여겨 항복을 받아들이려

서시 오왕 부차가 서시의 미색에 빠져 멸망했다고 전해진다.

오왕이 암살되는 장면

하였으나 범려가 반대하고 나섰다.

"회계의 일은 하늘이 오나라에 월나라를 주었음인데 오나라가 받지 않았고, 지금은 오나라를 월나라에 주는 것이니 하늘의 뜻을 거역해서는 안 됩니다."

그래도 구천은 오왕을 용서하려 하였으나 오왕 부차는 스스로 목숨을 끊어 풍운의 일생을 마쳤다. 죽을 때 얼굴을 가리면서 "내 오자서를 볼 면목이 없구나!"라는 한마디를 남겼다.

월나라는 오나라를 평정하자 그 여세를 몰아 북진하여 회하(淮河)를 건너 서주(徐州)에서 제후들과 회맹하였다. 오나라를 대신하여 월나라가 춘추 시대 최후의 패자가 된 것이다.

범려는 월나라가 오나라를 멸망시키고 패자가 된 후 자기 가산을 모두 챙겨가지고 그의 일족과 함께 배를 타고 바다로 떠난 후 영영 돌아오지 않았다.

패권 다툼과 병합의 근원

오나라와 월나라가 중원의 동남부에서 자웅을 겨루고 있을 때 중원에서 각 제후국 사이의 싸움은 소강 상태로 들어가고 대신 제후국 내부에서 경(卿)과 대부들간의 싸움이 치열해졌다. 그중에서도 특히 제나라·진(晉)나라·노나라에서는 치열한 내분이 계속되었다.

제나라는 원래 강태공을 봉한 나라로 춘추 시대 초기에는 여러 제후 나라 가운데 패자의 자리를 지켜왔으나, 중기에 들어서면서 쇠퇴하기 시작하더니 후기에 이르러서는 붕괴 직전에 이르고 있었다.

제나라의 재상 안영(晏嬰)이 당시 제나라의 정치 정세에 대해 말하기를 "머지 않아 제나라는 망한다."라고 평한 일이 있었다. 당시 제나라 왕실 창고에는 피륙과 비단·곡식이 잔뜩 쌓인 채 썩어서 벌레가 득실거릴 정도였는데 백성의 생활은 말이 아니어서 굶어 죽는 자가 길을 메울 정도였다. 이러한 썩은 정치를 바로잡아 개혁하자고 주장하는 사람은 모두 중형에 처해지니 백성들은 도탄에 빠져 헤어날 길이 없었다.

제나라의 대부 전씨는 백성들의 이러한 사정을 충분히 이해하는 인물로 새로운 정치를 해야겠다고 다짐했다. 그가 가난한 사람에게 식량을 꾸어줄 때는 큰 말로 주고 그것을 받아들일 때나 세금을 거둘 때는 작은 말로 받았다. 또 천재지변이나 흉년이 든 해에는 기아에 허덕이는 백성들을 구제하는 정책을 폈다. 이러한 소문을 들은 제나라 백성들은 다투어 전씨한테 몰려드니 수십 년 사이에 막강한 세력으로 자랐다. 전씨는 세력이 차츰 강대해지자 국씨(國氏)·고씨(高氏) 등의 유력한 호족을 멸망시키거나 병탄하여 그 세력은 점점 강력해졌다.

기원전 475년 전성자(田成子)는 제나라의 나머지 구세력을 모두 소탕하는 한편 제나라 군주를 제쳐놓고 직접 여러 제후의 나라와 친교를 맺어 그들로부터 지지를 얻게 되었다.

이렇게 하여 신흥 지주 계급을 대표하는 전씨는 마침내 제나라의 군주를 국외로 추방하고 스스로 정권을 장악하였다. 이로써 사실상 제나라는 전씨의 나라가 되었다.

전성자가 제나라의 구세력을 완전히 제거한 기원전 475년은 주나라 원왕(元王) 원년(元年)에 해당된다.

중국 역사상 이 해는 춘추 시대와 전국 시대를 구분하는 해일 뿐더러 중국의 노예제가 무너지고 봉건제가 시작되는 해이기도 하다.

제나라에서 일어난 이러한 사태는 일찍이 진(晋)나라에서도 일어나고 있었다. 진나라 내부에 새로운 봉건제의 세력을 대표하는 한(韓)·위(魏)·조(趙)의 세 사람은 오랫동안의 투쟁을 거쳐 낡은 노예제의 세력을 몰아내고 마침내는 진(晋)나라 왕실의 영지를 나누어 한·위·조의 세 나라를 세우기에 이른 것이다.

이것이 역사상 진(晋)의 삼가분할(三家分割)로서 이 해가 기원전 403년에 해당한다. 이 해를 춘추 시대와 전국 시대를 구분하는 해로 정한 역사서도 있다.

제나라·진나라에 이어서 노나라에서도 이 같은 사태가 발생하였다. 노나라는 기원전 594년에 토지의 사유제를 인정하고 대신 그 토지에서 수확한 일부를 조세로 거두어들이는 이른바 '초세묘(初稅畝)'를 실시하였다. 이것은 정전제(井田制)와 공전제(公田制)가 완전 해체되고 토지에 대한 사유제가 정식으로 인정된 것이며, 조세의 부역제가 지대(地代)의 물납제로 바뀐 사실을 말해주는 것이다. 그러나 봉건제가 노나라에서 성립하기까지에는 거의 백 년 이상이나 걸리는 투쟁을 겪어야 했다.

노나라에서는 새로운 세력을 대표하는 계씨(季氏)가 정권을 장악하기에 이르렀다.

제·진·노에서 일어나기 시작한 봉건제는 중원을 휩쓸어 남쪽의 초나라, 북쪽의 연나라, 서쪽의 진(秦)나라에까지 파급되어 중국 대지에 깊숙이 뿌리박혔던 노예제의 얼음덩이를 차츰 녹이고 '백가쟁명(百家爭鳴)' 시대의 현란한 문화가 대지를 적시게 되었다.

춘추 300년의 역사를 조감(鳥瞰)하면 천자의 권위가 떨어지자 제후의 권위가 올라가고, 제후의 권위가 떨어지자 경·대부들의 권위가 올라가고, 경·대부들의 권위가 떨어지자 그 가신들이 일어나 임금을 살해하고 국정을 농락하는 현상을 보이고 있었다. 국가의 흥망과 정권의 교체, 그리고 다음에서 다음으로 흡사 릴레이 경주처럼 이어지는 패자의 등장과 퇴장 등 주마등처럼 눈을 어지럽히고 혼란시키는 역사였다.

그러면 왜 이러한 사태가 전개되었을까? 그 근원을 따져보면 그것은 '철(鐵)'이었다.

춘추 시대 선진 문화를 자랑하던 대부분의 지역에서 철기(鐵器)의 보급이 이루어지고 있었다. 최근 호남성의 장사(長沙)에서 춘추 시대 말기의 것으로 보이는 철기가 발견되었을 뿐 아니라 강철로 만든 칼까지 출토되고 있다. 이 같은 사실은 당시의 제철 기

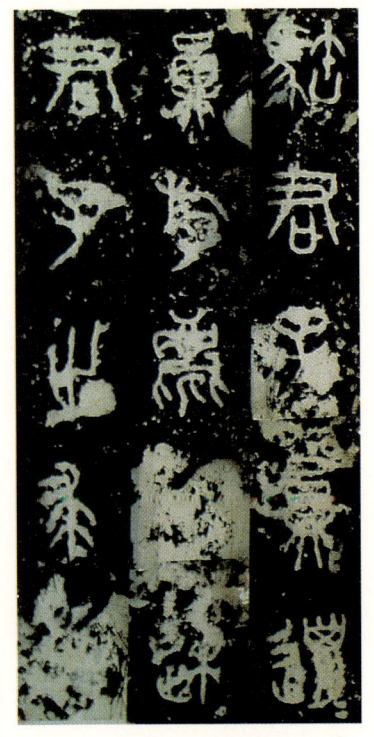

춘추·전국 시대의 석고문

술이 이미 상당한 수준에 이르고 있었다는 것을 보여주는 것이다. 새로운 생산도구의 사용은 생산력의 증대를 가져왔고 여기에 알맞은 생산 체제를 형성하게 되었다. 따라서 새로운 생산 체제와 구체제 간의 투쟁이 일어나고 이러한 현상은 다시 빈번한 병탄과 합병·전쟁을 가져오게 되었다.

노나라의 역사책 《춘추》에 의하면 242년간 일어난 전쟁의 횟수는 무려 483회로, 거듭된 전쟁은 백성들에게 크나큰 재난을 안겨주었다. 이 때문에 후세의 많은 역사가들은 "춘추 시대에는 정의의 전쟁이 없었다."고 평한다.

그렇다고 하지만 중국이 여러 나라가 난립하는 상태에서 통일의 시대로 향하는 역사적 대전환의 길은 이 같은 전쟁과 병탄·합병에 의하여 그 실마리가 열리게 되었던 것이다.

오·월의 명검

오나라와 월나라가 한때 강성했던 원인의 한 가지는 그 지방의 제철(製鐵) 기술이 중원의 선진 기술보다 앞서 이를 잘 이용했기 때문이다. 청동의 기술은 중원에서 먼저 발달했으나 강철을 다지는 제철 기술은 오·월이 훨씬 앞서 있었다. 이 같은 사실은 최근 출토된 오·월의 명검에서도 그 일례를 찾아볼 수 있다.

보는 사람들로 하여금 감탄을 자아내게 했던 '월왕 구천의 검'은 직접 구천의 명을 받아 만들어진 것이다. 이것은 호북성 강릉에 있는 망산(望山)에서 발견된 것으로 1965년부터 다음해까지 발굴된 전국 초묘(戰國楚墓)의 제1호분에서 출토되었다. 이 칼자루 가까이에는, '월왕 구천 자작용 검(自作用劍)'이라는 여덟 자의 조전(鳥篆)*이 새겨져 있고 칼 콧등의 양쪽에는 남색의 유리와 공작석(孔雀石)의 무늬를 새겨 넣었고 칼 전체에는 연꽃 무늬를 장식하여 고도의 합금 기술을 자랑하고 있다.

* 조전(鳥篆) : 새의 머리 모양을 장식한 글자

1976년 호북성 양양에서 발굴된 채파(蔡坡) 12호분에서 오왕 부차의 칼이 출토되었다. 초나라 영토 안에 있는 전국 시대의 묘에서 월왕 구천의 이름이 뚜렷이 새겨진 명검과 오왕 부차의 명검이 출토된 사실은 주목할 만한 일이다. 이 명검들은 초왕에게 선물로 바쳐진 것이라는 설이 있으나 그보다는 기원전 4세기경 초나라가 월나라를 병탄했을 때 전리품으로 가지고 왔을 가능성이 더 짙다. 아마도 오왕 부차의 칼이 일단 월나라로 넘어갔다가 다시 초나라로 넘어온 것으로 추측된다.

월왕 구천과 싸우다가 손가락에 입은 상처가 원인이 되어 죽은 오왕 합려는 해용산(海湧山)에 장사지내졌다. 지금의 소주 교외의 호구(虎丘)가 바로 그곳이다. 당시 10만의 인부를 동원하여 만든 무덤으로 담을 세 겹으로 쌓고 무덤 안에 3천 자루의 칼을 묻고 수은으로 연못을 만들었으며 금은주옥으로 물새를 만들어 그 연못에 띄웠다는 전설이 있다.

그로부터 270년 후 진(秦)의 시황제가 그 명검에 호기심을

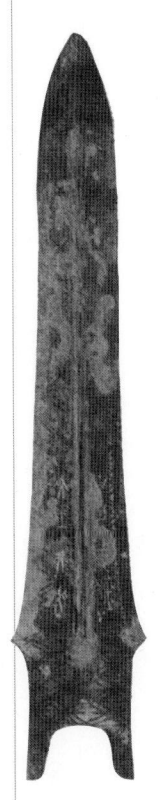

오왕 부차의 검 (왼쪽)

월왕 구천 자작용 검 (오른쪽)

갖고 오왕 합려의 무덤을 발굴하였다. 그러나 발굴 도중에 맹호가 나타나 이 발굴 작업을 방해했기 때문에 부득이 중지한 일이 있었다. 그 후 해용산은 호구라 불리었고 도굴 공사로 인하여 생긴 큰 구덩이에는 물이 괴어 연못이 되니 사람들은 이 연못을 검지(劍池)라고 이름지었다.

천하를 통일하고 천하의 부를 한몸에 가졌던 진의 시황제조차 호기심을 가졌던 이 명검을 만들어낸 도장공(刀匠工)은 과연 누구였을까?

오왕 부차의 아버지 합려 때의 일이다. 월나라에서 3자루의 보검을 보내왔는데 일찍이 오나라에서는 볼 수 없는 명검이었다. 당시 오나라와 월나라는 경쟁 관계에 있었기 때문에 무엇이든 서로 지지 않으려는 경쟁 심리가 작용하고 있었다. 그러나 칼을 만드는 기술에 있어서는 오나라가 월나라를 따라갈 수가 없었다. 오왕 합려는 분한 마음을 참을 수가 없었다.

"이보다 훌륭한 칼을 만들라."

오왕 합려는 이렇게 명령을 내렸다.

절강성 항주의 서북쪽 대나무숲과 폭포로 둘러싸인 깊은 산중에 간장(干將)과 막야(莫邪)라는 뛰어난 두 도장공이 살고 있었다. 막야는 간장의 아내였다. 오왕의 명을 받은 이들 두 도장공은 오산의 철정(鐵精)과 육합(六合, 천지와 사방)의 금영(金英)을 캐내고 천지 신명께 기도드리며 음양의 조화를 기다려 여러 신령이 강림한다는 최고의 조건하에서 칼을 만들기 시작하였다. 그러나 작업 도중 온도가 급격히 떨어지는 바람에 용로(熔爐) 안의 쇳물이 엉겨붙어 굳어버린 것이다.

도장공 부부는 어찌할 바를 몰랐다. 일찍이 그들이 스승으로부터 도장 기술을 배울 때도 이런 일이 있었다. 그때 그의 스승 부부는 용로 안에 몸을 던져 겨우 쇠를 녹인 일이 있었다. 막야는 자신의 머리털을 자르고 손톱을 깎아 그것을 용로에 던지고 동남동녀(童男童女) 8백 명으로 하여금 풀무를 불게 하니 이윽고 엉겨붙었던 쇳물이 녹기 시작하였다.

자신의 몸을 불태우는 대신 그 분신인 머리털과 손톱을 집어 넣은 것이다. 이렇게 하여 3년의 각고 끝에 드디어 자웅 한 쌍의 보검이 만들어졌다. 이 칼은 그들 부부의 이름을 따 '간장·막야'로 이름붙였다. 양(陽)의 간장에는 거북 무늬를 새겼고, 음(陰)의 막야에는 물결 무늬를 새겼다.

간장은 이 한 쌍의 칼을 어루만지다가 무슨 생각을 하였는지 양검인 간장은 집에 감춰 두고 음검인 막야만을 왕에게 바쳤다.

칼을 받아 든 왕은 전문적인 감정가에게 명하여 그 칼의 진부를 감정토록 하였다.

감정 결과는 정확하였다. 제작 기간이 3년이나 걸렸고 자웅 한 쌍의 칼 가운데 자검(雌劍)이라는 것이었다. 왕은 노하여 그 자리에서 간장의 목을 베었다.*

간장은 칼을 바치러 집을 떠날 때 자신의 운명을 미리 알고 있었다. 칼을 바치면 죽임을 당할 것이라는 사실을 안 간장은 임신 중인 아내에게 다음과 같이 유언하였다.

"남자가 태어나거든 장차 자란 후 내 원수를 갚도록 하시오. 문을 나서 남산을 바라보면 돌 위에 소나무가 나 있는 곳 뒤쪽에 칼을 묻어 두었소."

* 간장을 죽인 경위에 대해서는 이설이 있다. 칼을 감정하기에 앞서 다른 나라에 가서 또 명검을 만들까 두려워 죽였다는 설도 있다.

검지(劍池) 오와 월의 명검이 묻혀 있다.

아내는 아들을 낳았다. 두 눈썹 사이가 유별나게 넓어 이름을 미간척(眉間尺)이라 지었다. 두 눈썹 사이가 넓으면 소견이 시원스럽다는 이야기가 있다. 미간척은 건강하게 자라 성인이 되자 아버지에 대한 이야기를 어머니로부터 전해 듣고 복수를 결심했다. 문제의 명검을 찾기 위해 남산을 찾아 헤맸으나 허사였다. 자기 집 주춧돌 위에 세워진 기둥 나무가 소나무임을 안 미간척은 기둥 뒤쪽을 도끼로 파내어 그곳에 숨겨진 명검을 찾아냈다. 명검을 찾아든 미간척은 비장한 결의를 품고 복수의 길을 떠났다.

한편 간장의 명검을 받고 그를 죽인 왕은 까마득히 그 일을 잊고 있었다. 당시 임신 중이었던 아들이 성장했으니 오랜 세월이 흘렀기 때문이었다.

시검석 오왕이 간장이 만든 검을 시험삼아 잘라봤다는 바위

하루는 자칭 간장의 아들이라는 자가 꿈에 나타나 "나는 간장의 아들 미간척이다. 내 아비의 원수를 갚으러 왔으니 내 칼을 받아라." 하며 왕의 목을 치려 하자 깜짝 놀라 꿈을 깨었다. 왕은

간장과 막야 절강 막
간산에 있는 간장과
막야의 동상

까마득히 잊었던 그 옛날의 일이 생생하게 떠올랐다. 즉시 화공을 불러 꿈에 나타났던 미간척의 형상을 그리게 하고 천 금의 현상금을 걸어 미간척을 전국에 수배했다.

미간척은 도망다닐 수밖에 없었다. 산에 들어가 비통한 심정을 노래에 담아 울고 다니다가 하루는 어떤 협객과 마주치게 되었다. 그 협객은 울고 다니는 연유를 알자 자기가 대신해서 원수를 갚아주겠다고 나섰다. 원수를 갚기 위해서는 미간척의 목과 명검이 필요했고, 미간척은 선뜻 그 뜻을 알아차렸다.

"고맙습니다."

한마디 인사말을 남기고 서슴 없이 자신의 목을 잘라 빳빳이 선 채 두 손으로 목과 칼을 협객에게 바쳤다.

협객이 목과 칼을 받아들고 "알았네, 나 그대의 뜻을 저버리지 않고 꼭 원수를 갚아주겠네!" 하고 맹세하는 말을 하자 빳빳이 선 채로 있던 시체가 넘어졌다.

미간척의 목을 들고 왕을 찾아가자 왕은 매우 만족해했다.

"응, 틀림없는 그자로군! 내 이제야 마음 놓고 잠을 잘 수 있게 되었군!"

협객은 천 금의 현상금을 받고 융숭한 대접을 받았다.

협객은 왕에게 아뢰었다.

"성질이 모진 사람은 죽은 원혼도 모진 법이오니 이 자의 목을 커다란 가마솥에 넣어 삶아 흔적조차 없도록 하여 재앙의 빌미를 근절시키는 것이 좋을 듯합니다."

왕은 그 말을 옳게 여겨 가마솥에 넣어 삶도록 하였다. 3일 동안을 계속해서 삶았는데도 그 형상은 하나도 풀어지지 않을 뿐 아니라 열탕 안에서 눈을 부릅뜬 채 목이 뛰어올랐다.

"이상한 일입니다. 그 놈의 목은 조금도 삶아지지를 않습니다. 이런 때는 왕께서 직접 그 놈의 목을 노려보시면 삶아질지도 모르옵니다."

협객이 이렇게 아뢰자 왕은 그 말대로 가마솥 곁에 서서 펄펄 끓는 열탕 속을 쳐다보았다.

협객은 기회를 놓치지 않았다. 잽싸게 칼을 뽑아 왕의 목을 쳤다. 왕의 목은 열탕 안으로 툭 떨어졌다. 순간 협객도 자신의 목을 툭 치니 협객의 목도 열탕 안으로 떨어졌다. 가마솥에서는 세 사람의 목이 용솟음치는 끓는 물에 곤두박혀 어떤 것이 누구의 목인지 분간할 수가 없었다. 하는 수 없이 세 사람을 함께 장사지내고 그 무덤을 삼왕묘(三王墓)라 이름지었다.

전국 시대에는 이 밖에도 명검에 관한 전설이 많다. 이름난 도장공으로는 간장과 막야 외에도 구야자(歐冶子)라는 명도장공이 있었다. 구야자는 간장의 스승이었다는 설과 동문이었다는 설이 있는데 구야자가 만들었다고 하는 '순균(純鈞)'이라는 명검은 천하의 지보(至寶)였다. 칼의 감정가로 이름을 떨친 설촉(薛燭)은 순균의 가치를 값으로 따지면 시(市)가 있는 두 고을과 군마 1천 필, 그리고 1천 호의 도시 2개를 합친 것과 맞먹는다고 하였다.

명검의 명칭도 간장 · 막야 · 순균 외에 용연(龍淵) · 태아(太

阿)·담로(湛盧)·어장(魚腸)·거궐(巨闕)·공포(工布)·승사(勝邪) 등이 유명하다.

　명검에 대한 이야기의 무대나 등장 인물이 오나라·월나라·초나라의 세 나라에 한정되어 있는 것은 이곳에서 제철 기술이 가장 먼저 발달하였음을 시사해주고 있다.

사상과 인문 과학

공자와 유교 사상

유교의 개조이자 동양 최고의 성인으로 꼽히는 공자는 성이 공(孔)이고 이름은 구(丘), 자는 중니(仲尼)이다.

　공자는 주(周)의 영왕(靈王) 20년(기원전 552)에 노(魯)나라, 즉 현재의 산동성 곡부(曲阜)에서 태어났다. 그의 아버지는 노나라의 대부(大夫) 숙량흘(叔良紇)이며 어머니는 안징재(顔徵在)이다. 최근에 이르러 공자의 양친이 정식 결혼을 하지 않은 사이였을 것이라고 보는 학자도 있다.

　공자는 세 살 때에 아버지를 여의었으나 대부로서 무용을 떨친 바 있는 그의 아버지를 닮아 체구가 당당했고 보통 사람보다 훨씬 컸다고 한다. 그러나 어려서부터 아버지와는 달리 무(武)를 멀리하고 문(文)에 힘을 기울였다.

　52세 때 중도(中都)의 재(宰)라는 벼슬에 올랐다. 결코 높은 벼슬은 아니었으나 이듬해 협곡(夾谷)에서 열린 제나라와 노나라의 회담에서 제나라의 책략을 분쇄하고 노나라의 국위를 선양하는 데 크게 이바지하였다. 이 공로로 공자는 대사구(大司寇)라는 최고 재판관의 자리에 올랐다. 원래 공자는 신흥 세도가들의 무력적이고 비윤리적인 것을 싫어해서 기회 있을 때마다 이들 무력적인 신흥세력들을 견제하고 노나라의 임금을 제자리에 올려 놓으려고 노력했다. 한때는 이 같은 공자의 노력이 성공하는 듯하였으나 결국 실패로 돌아가고 공자는 관직에서 물러나고 말았다.

56세(기원전 497)에 모국인 노나라를 떠나 약 14년간 다른 나라를 방랑했다. 그간에 세 차례 노나라에 돌아온 일이 있었으나 그의 방랑 여정은 불행하고 초라한 것이었다. 그뿐만 아니라 몇 차례 수난까지 겪어야 했다. 송나라에서는 환퇴(桓魋)로부터 생명의 위협까지 느낄 정도의 박해를 받았고 또 광(匡)이란 지방에서는 양호(陽虎)로 오인되어 욕을 당한 일도 있었다. 또 진(陳)과 채(蔡)에서는 양식이 떨어져 고생한 일도 있었다.

공자는 그의 이상인 인(仁)을 현실적으로 구현하기 위하여 덕 있는 임금을 만나 그를 도와 인정(仁政)을 베풀어 천하를 바로 잡아 보려 하였다. 그러나 끝내 그의 포부는 달성되지 못하였다.

공자

이에 공자는 미래를 짊어질 젊은이들의 교육, 즉 지식인들의 양성과 아울러 저술에 뜻을 굳히고 69세(기원전 484)에 다시 노나라로 돌아왔다.

공자가 정리한 저술은 다음과 같다.

인생 철학을 논한 《역경(易經), 주역》, 고대의 시가를 수집, 정리한 《시경(詩經)》, 주대(周代)의 문물 제도와 이에 부수된 사

공자가 학문을 강의한 행단

항을 기술한《주례(周禮)》, 상고로부터 하(夏)·은(殷)·주(周) 삼대에 이르기까지의 정치적 문헌을 수집, 정리한《서경(書經)》, 232년에 걸친 춘추 시대를 편년체(編年體)로 엮은 역사책《춘추(春秋)》, 음악이 정치에 미치는 영향에 대하여 논한《악기(樂記)》 등을 들 수 있다.

이 여섯 가지 저술은 '육경(六經)'이라고 불리어 공자가 제자들을 가르치는 교과서로 사용되었다. 이 육경 가운데《악기》를

제자들에게 둘러싸여 있는 공자

제외한 나머지는 모두 유가의 스승과 제자들이 기술하거나 전수하여 세상에 널리 전파되었다. 이 밖에 정리되지 않은 고서들은 세월이 흐름에 따라 대부분 소멸되고 말았다. 이러한 점에서 공자는 중국 고대 민족문화의 보존과 전파에 빛나는 공적을 남겼다고 할 수 있다.

공자 이전의 학문은 전적으로 정부에 의해 주도되고 있었으나 공자가 스스로 제자를 모아 교육을 실시하면서부터는 정부에 의해 주도되던 교육이 지양되었을 뿐 아니라 귀족만이 교육을 받을 수 있었던 특권이 타파되었다.

공자의 제자는 3천 명에 이르렀다고 하는데 이 가운데 대부분은 귀족의 자제들이었고 개중에는 중류층이나 하층 계급에 속하는 자도 있었다.

현실 참여와 정치 개혁에는 실패하였으나 교육과 학문에는 놀라운 성과를 거두었다. 3천 명에 이르는 제자 가운데에는 학문과 덕행이 뛰어난 인재들이 많았다. 그는 학문의 개조이자 도덕·윤리의 계발자이며 학교 교육의 창시자였다.

    수천 년간에 걸쳐 동양에서 그 정통의 자리를 지켜 온 유교의 가르침은 첫째, 신에 대한 신앙을 주장하는 그리스도교와는 달리 인간 정신의 계발과 수양을 더욱 강조하고 있다. 궁극적 정신의 계발의 경지에 가서는 유교도 종교적인 차원에까지 도달한다고 말하고 있으나 유교에서 첫째로 내세우는 가르침은 어디까지나 현세적 존재로서의 자아의 인격적 수양이다. 신을 부정하지는 않으면서도 나의 정신을 더욱 닦아 높이면 신의 경지에 들어갈 수 있다고 보았다. 내세에 가서 구원받기를 원하기에 앞서 우선 현세를 올바르게 살라고 주장했다. 신의 권위나 사랑의 섭리에 따라 구제되기를 기다리기 앞서 먼저 인간들이 서로 사랑하고 아끼는 인류애(仁)를 실현하고 사회질서(倫理)로써 바로잡고 또 자연과 인간, 물질과 정신의 조화로써 중용지도(中庸之道)의 실천을 강조했다.

    또 인간 사회를 다스리는 정치적 원동력을 권력이나 법에서 찾지 않고 천도를 바라보는 문화적 제도인 예(禮)와 진선미(眞善美)의 조화의 극치인 자연미의 감화력을 지닌 악(樂)으로써 정치와 제사를 일치시킨 제정일치(祭政一致)와 또 정치를 감화와 교육으로 이끄는 정교일치(政敎一致)의 이상으로 이끌어야 한다고 강조하였다. 무력이나 법의 구속을 가지고 다스리는 것은 패도정치(覇道政治)라 하여 이를 배척하고 어디까지나 천도를 따른 인륜 위에서 교화함으로써 스스로 따르게 하는 왕도덕치(王道德治)를 강조했다. 그리고 이 왕도 정치의 바탕은 위정자나 정치를 담당하는 사람들이 자기를 수양하고 학식을 쌓고 덕행을 닦음으로써 이루어진다고 가르쳤다. 즉 수신(修身) · 제가(齊家) · 치국(治國) · 평천하(平天下)의 방법이다.

유교는 이와 같이 수신에서 출발하여 제가 · 치국 · 평천하를 구현하자는 가르침이다. 이는 옛날만이 아니고 바로 오늘의 세계 인류에게 가장 절실한 가르침이라고 할 수 있다.

그리고 이러한 목표를 부모와 자식 간의 사랑을 바탕으로 한 효(孝)와 사회협동적 인류애를 바탕으로 한 인(仁)을 최고의 덕목으로 내걸고 구현하고자 하였다.

공자가 죽은 후 그는 봉건 사회의 성인으로 추앙되었을 뿐 아니라 '소왕(素王)*' 또는 '지성선사(至聖先師)*'로도 추앙되어 그 명예는 2천 년간이나 계속 이어졌다.

1911년 중국 최후의 봉건 왕조인 청나라가 쓰러진 후 특히 1919년의 '오사 운동(五四運動)' 이후의 신문화 운동에서는 유교 사상을 봉건 사상의 잔재로 보는 등 공자에 대한 인식이 차츰 달라지기 시작하였다.

피상적인 식견으로 공자를 낡은 사회와 가치관을 옹호하는 비진보주의자로 생각하기 쉬우나 이러한 견해는 잘못된 것이라 생각된다. 공자는 비현실적 · 비합리적 처사를 반대했을 뿐이다. 또한 전통 위에서의 새로운 창조를 주장했으며, 새로운 세대의 발전적 성장을 강조했던 것이다.

* 소왕(素王) : 왕으로서의 지위는 없지만 왕으로서의 덕을 갖춘 인물
* 지성선사(至聖先師) : 지식과 인격이 거룩한 전무 후무한 스승

노자와 그의 사상

도가(道家)의 창시자는 노자이다. 노자의 성은 이(李) 또는 노(老)라고 하고 이름은 이(耳) 또는 담(聃), 자는 백양(伯陽)으로

도덕경 함곡관의 관문지기 윤희가 노자에게 책을 써달라고 부탁하자 노자는 5천 자로 이루어진 《도덕경》 상, 하권을 지어주었다고 한다.

노양자(老陽子)라고도 불린다. 초나라 고현(苦縣, 지금의 하남성 녹읍현) 태생으로 그의 집안은 아주 신분이 높은 귀족이었다.

노자는 한때 주나라 왕실의 도서 관리자로 일하다가 정치적인 이유로 노나라로 망명했다. 당시 17세였던 공자가 주례(周禮)에 대해 노자에게 가르침을 청한 일이 있었다는 사실로 미루어 노자의 나이는 공자보다 20세 정도 위였을 것으로 보이나 그의 출생 연대는 확실하지 않다. 노자가 지었다는 《도덕경》이 전국 시대의 냄새를 짙게 풍긴다는 사실로 미루어 공자와 동시대의 인물로 보기는 어렵고 공자보다 훨씬 뒤의 인물일 것이라 주장하는 학자도 있다.

일설에 의하면 노자가 그 만년에 소를 타고 함곡관(函谷關)을 나서려 하는데 노자를 숭배하는 한 함곡관의 관리가 "소생은 선생님을 하늘같이 받들고 있는 사람입니다. 원컨대 한 권의 책을 얻고자 합니다." 하고 말하는 것이었다.

노자는 이에 5천 자로 이루어진 《도덕경(道德經)》을 써서 그 자에게 주고 함곡관을 떠났다. 그 후 부풍(扶風)이라는 곳에서 죽고 괴리(槐里)에 안장되었다. 부풍은 지금의 섬서성 홍평현의 동남쪽이고 괴리는 당시 부풍의 행정 중심지였다.

《도덕경》은 일명 《노자》라고도 불리며 이 책에는 노자의 철학 사상과 정치 사상이 기술되어 있다. 여기서 '도(道)'의 철학 개념은 노자의 설에 의하면 자연 자체, 즉 만물의 기원을 의미하는 것이라고 했다. 공자나 묵자처럼 인류를 위하여 동분서주하는 사람에 대하여 그것은 쓸데없는 짓으로 '무위자연(無爲自然)'만이 인간의 본성에 합치하는 도라고 하였다. 그의 사상 가운데는 소박하면서도 풍부한 변증법과 원시적인 유물론(唯物論)의 요소가 다분히 포함되어 있다. 그러나 그의 철학은 철저한 것은 아니고 최종적으로는 관념적인 방향으로 흐르고 있다. 그의 정치적 이상은 '소국과민(小國寡民)*'이었다.

즉 "이웃 나라를 이웃 동네처럼 바라볼 수 있고 닭이나 개 짖는 소리가 들리고 사람들은 죽을 때까지 서로 왕래할 수 있을 정도로 아주 소규모적인 부락 단위의 국가"를 주장하고 있다.

노자가 이 같은 정치적 이상을 갖게 된 배경은 그가 노예제도의 부패상을 보아왔고 신흥 세력을 대표하는 사람들 가운데서조차도 사회 발전의 요소를 발견할 수가 없었기 때문에 결국은 원시

소를 타고 있는 노자
명나라 장로의 그림

* 소국과민(小國寡民) : 작은 나라에 적은 국민

적인 경제 상태로 복귀하는 것이 이상적이라 생각하였기 때문이었다. 이 사상은 노예제를 부정하기는 하였으나 역사에 역행하는 것으로서 결코 전진적(前進的)인 것은 아니었다.

최근 호남성의 장사에 있는 마왕퇴(馬王堆)에서 두 종류의 사본으로 된 《도덕경》이 발견되었고, 이 사본이 개정, 출판됨으로써 노자의 철학적 저술의 역사적 지위는 새로운 평가를 받게 되었다.

일부 학자들은 《노자》를 전략 · 전술에 관해 논술한 병법서라고 생각하고 있다. 그것은 이 저술이 단순한 군사적인 수단에 관한 것이 아니고 철학자가 철학자의 입장에 서서 군사에 대해 논술한 철학적 저술이라는 점에서였다.

묵자와 그의 제자

묵가(墨家)의 창시자는 묵자(기원전 468~376)이다. 묵자의 이름은 적(翟)으로 공자보다 좀 늦게 태어났을 것으로 추정된다. 유가와 묵가는 당시 여러 학파 가운데 가장 대립적인 관계에 있었다.

당시 유명한 장인(匠人)으로 이름을 떨치던 공수반(公輸般)* 노반(魯班)은 대송 작전(對宋作戰)의 참모장격으로 초나라가 약소국인 송나라를 공격할 때 쓸 성벽 공격용 운제(雲梯)*를 만들고 있었다.

묵자는 비공(非攻)*을 주장하여 적극적으로 전쟁을 반대하고 있었다. 노반의 소식을 듣자 불원천리 초나라로 달려갔다. 초나라에 도착한 그는 노반을 만나 송나라를 공격하지 말라고 권고하였으나 노반은 묵자의 말을 듣지 않았다. 이에 묵자는 초왕 앞

* 공수반(公輸般) : 옛날 목수들이 사용하던 먹통의 발명자
* 운제(雲梯) : 높은 사닥다리

* 비공(非攻) : 다른 나라를 공격하지 말자는 주장.

에서 노반과 병법 시합을 하기로 하였다.

먼저 묵자가 허리띠를 풀어 성 모양으로 둥글게 만들고 이것을 성벽에 비유하기로 하자 노반은 나무 조각을 운제와 비슷한 기구로 비유하여 성벽을 공격하였다. 운제를 이리저리 옮기면서 9차례에 걸쳐 공격하여 운제를 모두 소비하였으나 성을 함락하지 못했다.

이번에는 공수의 입장을 바꾸어 노반이 성을 지키고 묵자가 공격하기로 하였다. 묵자는 3번에 걸친 공격 끝에 성을 함락하는 데 성공했다.

묵자 우표

노반은 매우 불쾌한 표정을 지으며 말했다.

"나는 당신을 타도할 방법이 있긴 하지만 당신에게 구태여 말하고 싶지 않소."

묵자도 지지 않고 "나는 당신이 어떤 방법으로 나를 타도하려고 하는지 훤히 알고 있지만 당신에겐 말하기 싫소." 하고 응수하였다.

초왕은 도대체 이들이 무슨 말을 하고 있는지 종잡을 수가 없어 그들에게 무슨 말을 하고 있느냐고 물었다. 그러자 묵자가 "공수반은 나를 죽이려고 생각하고 있습니다. 나를 죽여 없애면 송나라를 원조하는 사람이 없을 것으로 생각하지만 그것은 커다란 오산입니다. 나의 제자 금활리(禽滑釐) 등 3백 명이 내가 설계한 성벽 방어용 기구를 이미 송나라 성벽에 붙여 놓고 초나라가 공격해 오기를 기다리고 있습니다. 설사 나를 죽여 없앤다 해도 송나라를 함락시킬 수는 없을 것입니다."라고 대답하였다. 이 말을 듣고 초왕은 송나라 공격 계획을 취소하고 말았다.

이렇듯 묵자는 송나라를 위하여 초나라의 공격을 미연에 방

공자, 석가모니, 노자

지하였다. 그러나 송나라로 돌아올 때 마침 비가 와 비를 피하려고 성문을 들어섰으나 성문을 지키던 병사가 그를 쫓아버린 일이 있었다. 그 일로 비를 흠뻑 맞고 감기에 걸려 10여 일 동안이나 코가 막혀 고생하였다는 것이다.

송나라 사람들은 묵자가 자기들을 위하여 큰 공을 세웠다는 사실을 몰랐으나 묵자나 그의 신도들은 자신들의 공이 남에게 알려지든 안 알려지든 여기에 구애받지 않고 전쟁을 미연에 방지했다는 사실에 자못 만족해 있었다고 한다.

이 같은 마음가짐은 종교적 정열이 아니고서는 도저히 가질 수 없는 것이다. 당시의 허다한 사상적 집단 가운데서도 가장 종교적 색채가 짙었던 것이 묵자의 교단이었다는 것을 이 이야기에서 알 수 있다.

묵자는 비공을 주장했을 뿐 아니라 또한 겸애(兼愛. 모든 사람을 차별 없이 사랑하는 일)를 주장하였다. 그의 정치적 사상은 현명한 군주가 나타나 사회를 다스리는 것이었다. 현명한 군주란 옛날의 우(禹)임금처럼 백성들과 함께 부지런히 일하고 검소한 생활을 해야 한다고 하였다. 또 사회 전체의 인류들은 서로 협조하고 사랑하여 힘이 있는 자들은 앞을 다투어 힘이 없는 사람을 돕고 재력이 있는 사람은 될 수 있는 대로 재산을 사람들에게 나누어주고, 학덕이 있는 사람은 사람들을 교화시켜야 한다고 주장하였다.

묵자는 모든 사람이 격의 없이 사랑을 나누고 서로 이익을 균등하게 나누면 사회의 재난과 혼란을 없앨 수 있고 천하는 태평해질 것이라고 생각했다. 이 같은 주장은 근로 대중들의 입장을 반영한 것이기는 하나 이것은 소생산자들의 소박한 꿈에 지나지 않고 역사의 발전 법칙에 어긋나는 것이었다.

묵자의 학설을 모은 《묵자한고(墨子閒詁)》

묵자는 당시의 저명한 사상가였을 뿐만 아니라 박식한 학자였으며 뛰어난 기술자이기도 했다. 노반과의 병법 시합의 결과에서도 알 수 있듯이 당시의 저명한 공장(工匠)을 훨씬 능가할 정도였다. 전설에 의하면 묵자가 만든 목제(木製) 새는 날 수 있었다고도 한다. 그가 저술한 《묵자》를 보아도 그가 물리학·기하학 등의 분야에 탁월한 지식을 가지고 있었음을 알 수 있다. 그의 저술에서는 심지어 지구는 둥글고 움직이고 있다는 가설까지 내세우고 있어 그의 과학에 대한 탁월한 식견을 엿볼 수 있다.

묵가들은 그들의 이상을 실현시키기 위하여 그들의 신도들을 조직화하였다. 그 조직의 지도자는 '신자(臣子)'라 불렀고 신자의 지위는 '성인'으로 받들어 모실 정도로 권위가 있었다. 묵가의 신도들은 모두 신자의 명령과 묵가의 규약에 따르도록 되어 있었는데 그 규율이 지나치게 엄격하였다. 여기에 대해 다음과 같은 이야기가 전한다.

> 진나라에 복돈(腹䵍)이라는 신자가 살고 있었는데 그의 아들이 살인을 했다. 진나라 왕은 신자에게 말했다.
> "당신은 이미 늙었고 뒤를 이을 아들도 한 사람뿐이니 당신 아들의 죄를 특별히 용서하리다."
> 이 말은 들은 신자는 다음과 같이 대답했다.
> "묵가의 규약에 사람을 죽인 자는 사형에 처하고 부상을 입힌 자는 형벌을 받아야 한다고 정해져 있습니다. 이러한 규약은 사람들이 서로 살상(殺傷)하는 것을 금하기 위한 것입니다. 대왕의 호의는 더없이 감사하오나 신자로서의 신분을 가지고 있는 저로서는 묵가의 규약에 따르지 않을 수 없는 것으로 생각합니다."
>
> 진왕은 여러 차례 그의 생각을 바꾸도록 권하였으나 신자는 끝내 이를 거절하고 자신의 아들을 사형에 처하도록 하여 그 죄를 속죄토록 하였다.
>
> 묵가의 규율은 이와 같이 엄격하여 '물과 불 속에도 거침없이 뛰어들고 죽어도 끌어내지 않는다'는 정신 자세를 가지고 있었으나 그들의 이러한 정신을 실현시키려는 노력은 현실과 부합되지 않는 일종의 공상에 불과하였다. 때문에 마침내는 환멸로 끝나게 되었고 진한(秦漢) 이후 묵가의 조직은 자취를 감추고 말았다.

중국 의학의 개조 편작

편작은 발해군 사람이다. 성은 진씨(秦氏), 이름은 월인(越人)이다. 젊었을 때 남의 객사의 장으로 있었는데 손님 가운데 장상군(長桑君)이라는 사람이 자주 객사에 들렀다. 편작은 그가 뛰어난 인물임을 알고 항상 그를 후대하였고 장상군 또한 편작이 보통 사람이 아님을 알고 있었다. 객사에 출입한 지 10여 년이 되었을 무렵 장상군은 편작을 불러 조용히 이야기하기를 "나는 비방을 가지고 있는데 내 나이 이미 늙어 공에게 비방을 전해줄까 합니다. 공께서는 이를 절대 누설하지 마십시오."라고 하였다.

"천지신명에게 누설하지 않겠다는 맹세를 하겠습니다."

이에 장상군은 품 속에서 약을 꺼내어 편작에게 주면서 "이것을 상지(上池)의 물*로 마시는데 계속 30일을 마시면 능히 사물을 보게 될 것입니다."라고 말하고 그의 비방의 의서를 모두 꺼내어 편작에게 주고 홀연히 사라졌다.

편작은 그의 말대로 30일 동안 약을 마셨더니 담장 너머 저편에 있는 사람이 보이고 오장 속의 멍울이 모두 보였다. 그는 특히 진맥을 잘하여 이름을 날렸고 의원이 되어 제나라에도 있었고 조나라에도 있었다. 조나라에 있을 때 편작이라는 이름으로 불리게 되었다.

그 후 괵(虢)나라에 들렀을 때 괵나라의 태자가 갑자기 죽었다 하여 온 나라 사람들이 슬픔에 잠겨 있었다. 편작은 궁문 아래에 이르러 중서자(中庶子) 벼슬을 맡은 사람 가운데 방술을 좋아하는 사람을 통하여 "제가 태자의 병을 고쳐 보겠습니다." 하고

* 상지(上池)의 물 : 아직 땅에 닿지 않은 물을 말하는 것으로 이슬과 대나무 잎 위의 물

편작 '편작(扁鵲)'은 원래 황제 때의 명의로, 그 모습이 새 모양으로 새겨져 있다.

말하였다.

　　왕과 그의 가족들은 모두 놀라며 의아해했다. 저 사람이 어떻게 죽은 사람을 치료할 수 있단 말인가? 그러자 편작이 말했다.

　　"태자는 아직 죽지 않았을 것입니다. 가서 확인해 보십시오. 태자의 귀는 아직 울리고 있을 것이며 코도 움직일 것입니다. 그리고 허벅다리는 아직도 약간 따뜻한 기운이 있을 것입니다."

　　왕이 의아해하면서 태자의 몸을 살펴보니 과연 그의 말과 같았다. 그 즉시 치료하도록 하였다.

　　태자의 몸에 몇 번 침을 놓자 태자는 곧바로 살아났다. 양쪽 갈비 밑에 찜질을 하자 태자는 이내 일어나 앉았고 그의 처방에 따라 약을 몇 첩 달여 먹이자 완전히 건강을 회복하였다.

　　진월인이 다 죽은 태자의 병을 고쳤기 때문에 사람들은 그를 '기사회생(起死回生)'의 명의라고 추앙하였다.

이 같은 사실에 대해 진월인은 겸손하게 말했다. "만약 사람이 참으로 죽었다면 나로서도 살릴 수가 없습니다. 태자의 병세에 대해서 나는 사전에 세밀한 진찰을 해서 그의 병세가 일시적인 인사불성의 상태에 빠져 있다는 사실을 알았던 것입니다. 때문에 나는 살 길을 찾고 있던 태자의 생명에 손을 빌려드린 것뿐입니다."

편작의 초상

진월인의 의술은 아주 뛰어났기 때문에 사람들은 '편작(扁鵲)'이 다시 태어났다고 칭찬하였다. 편작이란 옛날 황제 때의 명의로 오래된 옛날의 비석에는 그 모습이 새의 모양으로 새겨져 있고 그의 업적에 대한 확실한 기록은 없다. 아마도 세월이 흐름에 따라 진월인이라는 본명 대신 편작이라는 대명사가 널리 사람들의 기억 속에 남아 전해진 것이 아닌가 생각된다.

편작이 제나라의 수도 임치에 들러 국왕인 환후(桓侯)와 만난 일이 있었다. 편작은 환후의 혈색이 좋지 않음을 보고 그 자리에서 환후에게 "대왕께서는 지금 병에 걸려 있습니다. 그 병은 지금 피부를 범하고 있을 뿐이니 조기 치료를 하는 것이 좋겠습니다."라고 말하였다.

그러자 환후는 가슴을 풀어 헤치고 팔뚝의 근육을 자랑하면서 "나는 병 따위에 걸리지 않았소." 하고 편작과 작별하고 난 다음 좌우에 있는 신하들에게 "의사란 작자들은 돈을 벌기 위해 병이 없는 사람한테도 병을 고쳐주겠노라고 한다."고 말하였다.

닷새 후 환후를 만난 편작은 "대왕의 병은 이미 혈맥을 범하고 있습니다. 치료하지 않으면 더욱 악화될 것입니다."라고 주의를 환기시켰다.

마을 의사

　환후는 이 말을 듣고 아주 기분이 불쾌했다. 그로부터 닷새 후 편작은 일부러 환후를 문안하였다. 그리고 "대왕의 병은 이미 위와 장을 범하고 있습니다. 지금 당장 치료하지 않으면 매우 위험한 상태에 이를 것입니다."라고 말하였다. 이 말을 들은 환후는 매우 기분 나쁜 표정을 지었기 때문에 편작은 물러날 수밖에 없었다.

　편작은 닷새 후 또다시 환후를 문안하였다. 그러나 그때 편작은 아무 말도 하지 않고 그대로 물러나왔다. 환후는 그제서야 사람을 보내어 편작에게 치료를 요청했다. 그러자 편작은 "병이 피부를 범하고 있을 정도에서는 조금만 따뜻하게 해주면 바로 나을 수 있고, 혈맥을 범한 정도에서는 침구(針灸)로써 바로 치료할 수 있습니다. 병이 위와 장을 범했을 때는 약용(藥用) 술을 마시면 어느 정도 치료가 가능합니다. 그러나 지금 대왕의 병은 이미 골수에까지 침범하고 있으니 도저히 손을 쓸 수가 없습니다."라고 대답하였다.

이렇게 꾸물꾸물하고 있는 사이에 닷새가 지나자 국왕은 마침내 병석에 눕게 되었다. 환후는 부랴부랴 사람을 보내어 편작을 부르려 하였으나 그때는 이미 편작이 자취를 감춘 뒤였다. 환후는 며칠 동안 병상에서 신음하다가 죽고 말았다.

편작은 의료 활동을 하면서 의료 기술의 개선과 경험의 총괄(總括)에도 크게 힘을 기울이고 점쟁이나 주술(呪術)에 의한 병의 치료를 강력히 반대하였다.

"의약을 믿지 않고 점쟁이나 주술을 믿다간 나을 병도 낫지 않는 법이다."라고 주장하였다.

이 같은 그의 주장은 무당이나 주술사들로부터 맹렬한 반대와 공격을 받았으며 일부 재능 없는 의사들은 자기 자신의 의술은 연마하지 않고 편작을 질투하였다. 진나라에 온 편작은 그 명성이 더욱 높아져 국왕이 치료를 의뢰할 정도에 이르고 있었다.

당시 진나라에는 이혜(李醯)라는 시종의가 있었다. 그는 자기의 의술 수준이 편작에 비해 너무 뒤떨어지고 있음을 잘 알고 있었다. 편작의 명성이 높아지면 자신의 지위가 위협받을까 두려워 몰래 자객을 보내어 편작을 죽이고 말았다.

편작은 죽었지만 그의 의학 경험과 기술은 중국 의학의 귀중

편작묘

한 재산이 되어 후세 사람들에게 많은 혜택을 주었다. 그의 의학 이론은 후세 사람들에 의해 정리되어 《난경(難經)》이라는 책으로 만들어졌으며 중국 의학의 귀중한 문헌이 되고 있다.

사람들은 편작을 추모하여 약왕(藥王)이라 부르고 또 전통적 중국 의학의 개조로서 높이 숭앙하고 있다.

전국 시대의 서막

방랑의 망명공자 중이가 진나라에 복귀하여 진나라를 초강대국으로 만들고 진의 문공으로서 천하의 패자가 되어 그 위엄을 떨치던 진나라도 기원전 453년에 이르러서는 위·조·한의 세 나라로 분열되었다. 원래 진의 육경(六卿)은 범씨(范氏)·중행씨(中行氏)·지씨(智氏) 및 한·위·조의 여섯 사람이었다. 범씨와 중행씨는 먼저 멸망하고 나머지 네 사람이 세력 다툼을 벌이게 되었다. 이 가운데서도 지씨의 지백(智伯)이란 자가 가장 강하여 이들의 맹주 역할을 하고 있었다.

　이것을 기회로 하여 지백은 세 사람에게 땅을 베어 달라고 요구하였다. 첫 번째 대상은 한(韓)의 강자(康子)였다. 강자는 매우 불쾌했으나 힘을 앞세우는 당시의 형편으로는 호소할 곳도 없고 해서 만호(萬戶)의 고을을 그에게 주었다. 이에 자신을 얻은 지백은 또 위(魏)의 환자(桓子)에게도 요구하였다. 위에서도 만호의 고을을 그에게 주었다. 이번에는 조(趙)의 양자(襄子)에게 채고랑(蔡皐狼)의 땅을 요구하였다. 자기 땅을 달라고 하듯이 아주 어느 땅을 지정해서 달라고 요구한 것이다.

　조양자는 괘씸하기 짝이 없었다. 그의 가신(家臣) 장맹담(張孟談)과 더불어 숙의한 끝에 지백의 요구를 거절했다.

　지백은 크게 노했다.

　"제놈이 감히 내 요구를 거절하다니, 어디 두고 보자. 내 그놈을 기어코 멸망시키리라."

　지백은 조양자를 힘으로 없애 버리려 하였다. 자신의 군대만 아니라 한의 강자와 위의 환자에게도 군사를 동원토록 하여 공격을 감행하였다.

　조양자는 진양성으로 가서 이들 연합군과 대항하기로 하였다. 그가 진양성을 방어 진지로 선택한 이유는 나름대로 그 이유가 있었다.

　일찍이 조양자의 아버지 조간자가 윤탁(尹鐸)으로 하여금 진양성을 다스리게 할 때 그곳에 가장 세금을 가볍게 부과하고 선정을 베풀도록 해서 백성들이 그의 선정에 감복하여 유사시엔 죽기로써 싸우기로 맹세하고 있는 곳이었다. 이러한 사실을 안 조간자는 그가 살아 있을 때부터 그의 아들 조양자에게 이 다음에 만약 무슨 어려움이 닥치거든 진양성이 비록 멀지만 반드시 그곳으로 가서 대책을 세우라고 일러두었던 것이다.

　진양성에서는 조양자를 바삐 맞아들이고 온 성 안이 한덩어리가 되어 지백의 군사와 맞섰다. 지백이 거느린 연합군은 진양성을 포위하고 부근을 흐르는 하천을 막아 그 물을 모두 진양성 안으로 몰아넣었다. 성을 물에 잠기게 하자는 작전이었다.

　하루 이틀 시간이 흐름에 따라 진양성은 자꾸 물에 잠겼다. 성 안의 주민들은 가재도구를 높은 곳으로 옮기고 노숙을 해야 했으며 성이 잠기지 않은 곳이 6척에 불과하여 개구리가 우글거리고 있는 상태였지만 조금도 불평을 하거나 배반할 뜻이 없었다.

　조양자는 성이 물에 완전히 잠기기 전에 승부를 내야 할 긴박한 사태에 빠졌다. 그는 궁리 끝에 기사회생(起死回生)의 묘책을 생각해냈다.

　'진양성이 물에 잠겨 우리 진양성의 백성도 싫증을 느끼고 있지만 지백의 군사도 마찬가지일 것이다. 더욱이 한·위의 군사는 지백의 명령에 할 수 없이 출전했으므로 눈치만 보고 있을 것이 뻔하다. 한·위의 군사들을 내 편으로 만들어 지백의 군사를 협공해 보자.'

　조양자는 장맹담을 은밀히 한·위의 진영으로 파견하여 그들을 설득시키도록 하였다.

　"만일 조가 망하면 그 다음은 누구의 차례입니까? 입술이 없어지면 이가 시리다는 말이 있듯이 그 다음은 한도 위도 우리와 같은 운명이 될 것입니다. 결국 지백의 천하가 될 것이 확실합니다. 우리들 셋이 힘을 합하여 지백을 치는 일만이 오랫동안 함께 살 수 있는 길입니다."

장맹담의 말은 백 번 옳았다.

"만약 우리 셋이 힘을 합하면 지백을 이길 수 있는 계책이 있겠소?"

장맹담은 힘이 났다.

"물론입니다. 문제는 물입니다. 지금 진양성으로 흘러 들어오는 물길을 지백의 진영으로 돌리는 일입니다."

"좋소! 그렇게 하기로 합시다."

세 사람은 날짜와 시간을 맞추어 정하고 장맹담은 진양성으로 돌아왔다.

조양자는 약속된 날짜에 장졸을 보내어 먼저 제방을 지키던 지백의 군사를 모두 죽이고 진양성으로 흘러 들어오던 물길을 지백의 진영으로 돌렸다.

갑자기 물난리를 만난 지백의 군사들이 아우성을 치며 물을 피해 우왕좌왕하고 있을 때 한·위의 군사들이 일제히 협공하고 조양자는 직접 그 앞을 가로막아 무찔러 들어가니 지백의 군사는 대패하였다. 조양자는 지백을 죽이는 한편 그 일족도 모두 멸망시키고 지백이 소유하고 있던 땅을 삼분하였다.

조양자는 지백을 죽이고도 직성이 풀리지 않아 그의 두개골에 옻칠을 하고 변기로 사용하였다. 지백의 가신에 예양(豫讓)이라는 사람이 있었다. 예양은 본래 범씨와 중행씨를 섬기다가 나중에 지백을 섬기게 되었다. 지백은 그를 매우 소중히 여기고 총애하였다.

조양자가 지백을 죽이고 지백의 두개골을 변기로 만들자 예양은 다음과 같이 한탄하였다.

"내 들으니 선비는 자기를 알아주는 사람을 위하여 죽고, 여자는 자기를 좋아하는 사람을 위하여 화장을 한다고 하였다. 지백은 나를 알아주었으니 반드시 그를 위해 원수를 갚아 지백에게 보답할 것이다."

그는 드디어 성명을 바꾸고 스스로 죄인이 되어 조양자의 궁중에 들어가 변소의 내부를 바르고 있었다. 그는 양자가 변소에 오는 틈을 타서 양자를 죽이기 위해 비수를 품고 있었다. 양자가 변소에 가는데 갑자기 살기(殺氣)를 느끼어 변소를 수색하였다. 죄수로 가장한 자를 붙들어 심문하니 그는 예양이었다.

무슨 일로 비수를 품고 변소에 침입했느냐는 물음에 "지백을 위하여 원수를 갚고자 한다."라고 말하였다. 예양은 좌우의 사람들이 그를 베어 죽이려 하자 양자가 만류하였다.

"그 사람은 의로운 사람이다. 내가 조심하여 피하면 그만이다. 신하로서 주인을 위해 원수를 갚고자 하니 이 사람이야말로 천하의 현인이다." 그리고는 예양을 석방하였다.

그 후 예양은 또 몸에 옻칠을 하여 문둥이처럼 꾸미고 불에 탄 숯덩이를 머금어 벙어리가 되어 자기의 얼굴을 남이 전혀 알아볼 수 없게 하고 저잣거리에 다니며 거지 노릇을 하니 그의 아내조차 그를 알아보지 못하였다. 친구가 예양을 알아보고 울면서 말하였다.

동물 부리는 사람의 상 청동 인형. 서커스의 일원으로 보이는 사람이 곰을 닮은 동물을 부리고 있다.

"자네의 재능으로 양자의 신하가 되어 섬긴다면 반드시 양자의 신임을 받을 수 있을 것이며 그렇게 되면 자네 하고자 하는 일이 쉽지 않겠는가? 무엇 때문에 이같이 고생을 사서 하여 원수를 갚으려 하는가? 그러니 어찌 원수 갚기가 어렵지 않겠는가?"

예양은 고개를 가로저었다.

"이미 남의 신하가 되어 섬기면서 그를 죽이려 하는 것은 두 마음을 가지고 주인을 섬기는 일이다. 내가 하려는 일은 극히 어려운 일인 줄 나도 잘 알고 있다. 그러나 내가 이렇게 하는 까닭은 장차 천하 후세 사람들에게 남의 신하가 되어 두 마음을 품고 섬기는 자를 부끄럽게 해주기 위한 것이다."

이렇게 말하고는 가버렸다.

얼마 뒤 양자가 외출하게 되었는데 예양은 양자가 통과할 다리 밑에 숨어 기회를 노리고 있었다. 양자가 수레를 타고 다리에 이르자 갑자기 말이 놀라는 것이었다. 양자는 다리 밑에 틀림없이 예양이 잠복해 있을 것으로 생각했다. 사람을 시켜 수색한 결과 예양이었다. 양자는 예양을 꾸짖었다.

"그대는 원래 범씨·중행씨를 섬기던 자로 지백이 그들을 모두 멸망시켰는데도 범씨·중행씨의 원수를 갚지 않았을 뿐 아니라 도리어 지백의 신하가 되었다. 지백은 이미 죽었는데 어찌 특별히 지백을 위해서만 끝까지 원수를 갚으려 하는가?"

예양은 조금도 두려워하지 않고 태연한 태도로 말하였다.

"신이 일찍이 범씨·중행씨를 섬긴 일이 있사오나 범씨나 중행씨는 신을 여러 사람 중의 한 사람으로 대우하였습니다. 그러므로 나는 그들을 여러 사람으로서 보답하였습니다. 그러나 지백은 나를 국사(國士)로서 대우하였습니다. 그러므로 나는 국사로서

예양사

그에게 보답하는 것입니다."

양자는 탄식하며 말하였다.

"아, 예양이여! 그대가 지백을 위하여 하는 충성된 일은 이미 세상 사람들에게 널리 알려졌다. 그리고 내가 그대를 석방시키는 일도 이미 충분하였으니 더 이상 그대를 용서할 수 없다. 그대는 죽음을 각오하라."

양자는 군사들에게 명하여 예양을 포위하니 예양의 목숨은 경각에 달려 있었다. 예양은 조금도 동요하는 빛 없이 말하였다.

"신이 들자오니 어진 임금은 남의 아름다운 일을 은폐시키지 않으며, 충신에게는 절의(節義)를 위하여 죽는 의리가 있다 합니다. 전날 임금께서는 이미 신을 너그럽게 용서하여 천하의 사람들로부터 임금의 어지신 덕을 칭찬받았습니다. 오늘의 일로 신은 당연히 죽음을 받아야 할 것이오나 원컨대 임금의 옷을 얻어 그 옷을 쳐서 원수를 갚는 뜻을 이루게 해주신다면 비록 죽더라도 여한이 없겠습니다."

이에 양자는 그를 의롭게 여겨 사람을 시켜 자기 옷을 가져다 예양에게 건넸다. 예양은 칼을 빼들고 그 옷을 치며 말하였다.

"내 이렇게 하여 지하에 있는 지백에게 보답할 수 있을 것이다." 그리고는 마침내 칼에 엎어져 자결하였다. 예양이 죽던 날 조나라의 지사(志士)들은 모두 울며 그를 애도하였다고 한다.

진양성의 싸움에서 지씨 일족을 완전히 멸망시키고 조·한·위의 세 나라로 갈라진 후 주의 왕실에서 정식으로 제후의 나라로 인정받은 것은 그로부터 50년이 지난 기원전 403년의 일이다.

따라서 춘추 시대와 전국 시대의 경계는 진이 사실상 세 나라로 갈라진 해인 기원전 453년이라는 설과 정식으로 제후의 나라로 인정받은 기원전 403년이라는 두 가지 설이 있다. 《자치통감(資治通鑑)》의 저자 사마광(司馬光)은 기원전 403년(주의 위열왕 23년)으로부터 편년체(編年體) 역사를 기술하고 있다.

춘추 시대에서 전국 시대로 들어서면 중국의 역사는 제(齊)·초(楚)·연(燕)·조(趙)·한(韓)·위(魏)·진(秦)의 무대로서 이른바 전국 칠웅(戰國七雄)의 시대가 된다. 이 칠웅 사이에 끼인 약소국으로 주나라를 위시하여 노(魯)·송(宋)·중산(中山) 등 10여 국이 존재하였다.

주나라는 주왕이 다스리는 나라로 춘추 시대로부터 이미 허수아비 정권에 지나지 않았으나 종주국의 상징적 존재로서의 권위를 완전히 상실한 것은 아니었다. 때문에 천하의 패자로서 그 위엄을 떨치던 제후들도 존왕(尊王)의 기치를 높이 들었던 것이다.

그러나 전국 시대에 접어들면서부터는 그 양상이 아주 달라져 갔다. 주왕의 상징적 존재로서의 의의는 점점 사라져 작은 제후국과 다름없는 존재로 전락하고 말았다. 따라서 패자를 꿈꾸는 제후들 가운데 누구 하나 주왕의 존재를 마음속에 생각하는 사람이 없었던 것도 당연한 일로 생각되었다.

춘추 시대에는 주왕에 복종하지 않았던 초나라만이 자칭 왕이라 칭하고, 그 밖의 나라들은 공(公)이나 후(侯)로 칭하고 있었다.

기원전 334년 위(魏)의 영주가 왕이라고 칭한 데 이어 한·

조·연·중산 등이 연합하여 왕을 칭하고 나섰다. 이를 계기로 하여 불과 2, 30년 동안의 짧은 기간에 모든 나라가 왕이라 칭하기에 이르렀다.

그리하여 군웅들의 투쟁 목표는 한결같이 천하를 통일하고 자기의 권력을 소신대로 휘둘러 보겠다는 방향으로 귀결됨으로써 250년에 걸치는 전국 시대가 펼쳐지게 되었다.

위의 성쇠

전국의 칠웅 가운데서도 특히 강력한 세력을 가져 패자의 자리를 다툰 것은 위(魏)·제(齊)·진(秦) 세 나라였다.

그 가운데서도 다른 나라보다 앞서 지금까지의 법질서를 개혁한 위나라가 가장 먼저 강국으로 등장하였다.

위나라는 그 서쪽에 있는 진(秦)나라를 격퇴하여 황하 서쪽의 넓은 땅을 차지하였고, 진나라의 동방 진출을 제지하였으며 또 동쪽의 세 나라를 공격하여 도시와 땅을 빼앗고 제나라의 서방 진출을 견제하였다. 북쪽으로는 조나라와 싸워 일거에 조나라의 수도 한단(邯鄲)을 공략하고 남쪽으로 초나라를 공략하여 황하 이남의 넓은 도시와 땅을 수중에 넣었다.

이렇게 위나라가 위세를 떨치자 약소국들은 다투어 사자를 보내 공물을 바쳤고 강대국들도 위나라의 눈치를 보지 않을 수 없는 상황에 이르렀다.

위나라가 이렇게 강대해진 것은 유능한 인재를 등용하여 내치에 힘썼을 뿐 아니라, 손무(孫武)·사마양저(司馬穰苴) 이후 유명한 병법가로 손꼽히는 명장 오기(吳起)를 등용한 데도 원인이 있었다.

오기는 원래 위(衛)나라 사람이었는데 노나라에 가서 관직생활을 하고 있었다. 제나라에서 노나라를 치자 노나라에서는 오기를 장수로 임명하려 하였으나 오기는 제나라 여자와 결혼한 사이였다. 노나라에서 이를 의심하여 그의 장수 임명을 주저하자 오기는 그의 아내를 죽이고 장수가 되어 제나라의 군사를 대파하였다.

노나라에서는 오기의 사람됨을 좋게 보지 않았다. 그들은 노후(魯侯)에게 진언하였다.

"오기는 일찍이 증자(曾子)를 섬기다가 그의 어머니가 죽었다는 부음을 받고도 분상(奔喪)*하지 않은 자입니다. 또 그의 아내를 죽여서까지 장수되기를 원하였으니 그의 잔인하고 경박한 행동은 마땅히 벌을 받아야 합니다. 게다가 노나라의 힘은 약하온데 강대국인 제나라를 물리쳤다는 소문을 들으면 다른 나라에서 노나라를 경계하여 언제 또 공격해올지도 모르는 일입니다."

* 분상(奔喪) : 객지에서 부모상 소식을 듣고 급히 돌아가서 상주 노릇을 함

노나라 중신들이 오기의 사람됨을 비판한다는 소문을 들은 그는 노나라에서 자신을 처벌할까 두려워 다른 나라로 망명을 결심했다. 그는 당시 위나라 문후(文侯)가 어질고 널리 인재를 구한다는 소문을 듣고 위나라로 갔다. 위나라 문후는 오기의 사람됨을 중신 이극(李克)에게 물었다. 이극은 "오기는 탐욕스럽고 여자를 좋아하나 그의 용병술(用兵術)은 비록 사마양저라도 당하지 못할 것입니다."라고 말했다.

문후는 이극의 말을 들어 오기를 장수로 삼고 진나라를 쳐 다섯 성을 함락하는 대승을 거두었다.

오기는 장병들을 통솔함에 있어 다른 장수들과 특별한 점이 있었다. 그는 최하급의 병졸들과 의식(衣食)을 같이 하고 잘 때에도 자리를 깔지 않으며 행군할 때도 말을 타지 않고 자신의 소지품이나 식량 따위를 몸소 가지고 다니는 등 모든 일을 병졸들과 똑같이 하니 군사들이 마음속으로부터 오기에게 복종하였다.

병졸 가운데 악성 종기로 고생하는 자가 있으면 그는 친히 고름을 입으로 빨아 종기를 치료해(당시의 종기 치료법은 고름을 빨아내는 것이었다) 주었다. 그러자 그 병졸의 어머니가 이 소식을 듣고 통곡하였다.

사람들이 그 어머니에게 "당신의 아들은 병졸에 불과한데도 장군이 친히 그 종기를 빨아주는데 무슨 연유로 그렇게 통곡하는 거요?" 하고 물었다.

그러자 그 어머니는 "지난해에도 오장군이 그 애 아버지의 종기를 빨아준 일이 있었는데 그 후 남편은 전장에서 죽어 돌아오지 못했다오. 이번에 또 내 자식의 종기를 빨아주었으니 내 자식도 분명 살아 돌아오지는 못할 것이오. 내 그 일 때문에 이렇게 통곡하는 거라오!"라고 말하였다.

이렇듯 오기는 용병술에만 능했을 뿐 아니라 병졸들의 마음

스키타이식 검 전국시대의 것인데, 북방 민족의 영향을 받고 있다.

을 자신의 행동으로 사로잡아 사기를 진작시키는 데도 남다른 방법을 쓰고 있었다.

오기가 이렇게 병졸들과 동고동락하고 종기의 고름을 빨아주는 것은 진정한 인도주의에서 그런 것이 아니었다. 병졸들의 환심을 사 그들로 하여금 싸움터에서 결사의 용기를 진작시켜 승리를 거두고 자신의 공리(功利)를 높이기 위한 수단에서였다.

얼마 후 위의 문후가 죽고 그의 아들 무후(武侯)가 뒤를 이었다. 무후가 전문(田文)이란 사람을 재상으로 삼았는데 그때 오기는 서하(西河)의 태수로 있었다. 전문이 재상이 된 것을 매우 불만스럽게 생각하여 하루는 전문에게 말했다. "내 그대와 국가에 대한 공적을 비교해 보고 싶은데 어떻게 생각하오?"

전문은 매우 언짢았으나 이 기회에 오기의 콧대를 꺾어야겠다고 생각했다.

"좋습니다. 어디 말해 보시오."

오기는 자신의 공적을 늘어놓기 시작하였다.

"삼군(三軍)의 장수로서 병졸들에게 죽기로써 싸우게 하여 적국으로 하여금 감히 위나라를 넘보지 못하게 하는 일은 당신과 나 오기 중 누가 더 낫다고 생각하오?"

"나 그대만 못하오."

"백관을 거느리고 만민을 평화롭게 하며 국가의 창고를 충실하게 하는 일은 어떻소?"

"나 그대만 못하오."

"서하를 지켜서 진나라의 군사가 감히 동쪽으로 진출하지 못하게 하고 한나라, 조나라를 복종시키는 일은 누가 낫다고 생각하오?"

증자묘 오기의 스승인 증자의 묘. 오기의 유명한 살신성인은 공자의 제자인 증자의 영향이 컸을 것이다.

"나 그대만 못하오."

"이 세 가지 일은 그대가 나만 못한 것이 사실인데 그대의 지위가 나보다 위인 것은 무슨 까닭이오?"

"임금이 아직 어려서 나라가 어수선하고 대신들이 따르지 않으며 백성들이 아직 믿지 않는 이때에 재상의 자리를 그대에게 맡기겠는가 나에게 맡기겠는가?"

오기가 한참 동안 생각하더니 "그 일은 당신에게 맡길 것이다."고 말하자 전문이 정색을 하며 "이것이 바로 내가 그대의 위에 있는 까닭이오."라고 대답했다.

오기는 비로소 자기가 전문만 못하다는 것을 깨달았다.

전문이 죽고 공숙(公叔)이 정승이 되었는데 그의 아내는 위나라 공주였다. 공숙은 오기를 꺼려하여 무후에게 오기를 참소하였다. 이에 무후가 오기를 의심하여 신임하지 않자 오기는 죄를 입을까 두려워하여 위나라를 떠나 초나라로 갔다.

초나라의 도왕(悼王)은 평소부터 오기가 어질다는 소문을 듣고 있었으므로 초나라에 오자 곧바로 재상으로 등용했다. 재상이 된 오기는 법을 밝히고 명령을 자세하게 하며 급하지 않은 관원은 감원하고 공족 가운데서도 촌수가 먼 공족에게는 공족의 특권을 주지 않았다. 이 같은 조치의 궁극적 목표는 군대를 강력하게 하고 당시 천하를 휩쓸고 있던 유세자(遊說者)들의 합종(合從)과 연횡(連衡)의 언론을 봉쇄하자는 데 있었다.

이 같은 그의 정책이 실효를 거두어 남으로 백월을 평정하고 북으로 진(陳)·채(蔡)를 병합하였으며 삼진(三晉)을 물리치고 서쪽으로 진(秦)나라를 공략하니 제후들은 초나라의 국세가 강성함을 근심하였고, 초나라의 귀척들은 모두 오기를 원망하였다. 초의 도왕이 죽자 종실과 대신들이 난을 일으켜 오기를 공격하였다. 오기가 달아나 도왕의 시체에 엎드려 있었는데 오기를 쫓던 무리들이 오기를 쏘고 찌르는 바람에 도왕의 시체도 상처를 입게 되었다.

도왕을 장사지내고 태자가 임금이 되자 곧 영윤(令尹)을 시켜 오기를 활로 쏘고 도왕의 시체에도 상처를 입힌 자들을 모두 베어 죽이니 이 일에 연좌되어 일족이 전멸된 자의 수가 70여 가구에 이르렀다고 한다.

마릉의 싸움

손무(孫武)가 죽은 뒤 100여 년이 지나서 손빈(孫臏)이란 사람이 있었다. 그는 제(齊)나라의 아(阿)·전(鄄) 두 마을의 중간 지점에서 출생한 손무의 후손이다. 그는 방연(龐涓)과 함께 병법을 배웠는데 방연이 먼저 위나라에 벼슬하여 혜왕(惠王)의 장수가 되었으나 스스로 자신의 재능이 손빈만 못하다고 생각하고 항시 손빈의 존재를 불안하게 생각하였다.

방연은 손빈을 해치기 위하여 몰래 사람을 시켜 손빈을 부르게 하였다. 손빈은 방연을 의심하지 않고 위나라로 갔다. 손빈이 도착하자 방연은 사전에 계획한 대로 손빈을 간첩으로 몰아 두 다

* 자자형(刺字刑) : 죄인의 얼굴이나 몸에 죄인이라는 뜻의 글자를 바늘로 찔러 새기고 거기에 먹을 칠하는 형벌

리를 자르고 자자형(刺字刑)*을 가하여 그가 세상에 나와 활동할 수 없도록 하였다.

손빈은 기가 막혔다. 어떻게 하든 이곳에서 벗어나 제나라로 돌아가서 방연에게 원수를 갚아야 한다고 결심했다. 손빈은 계략을 써서 제나라의 사자가 위나라에 오는 틈을 타 수형인의 신분이었는데도 그 사자와 만날 수가 있었다. 제나라 사자는 손빈과 몇 마디 대화하는 사이에 그의 재능이 비상하다는 것을 알았다. 제나라 사자는 몰래 자기 수레에 태워 함께 제나라로 돌아와 제나라 장군 전기(田忌)에게 추천하였다. 전기는 손빈을 좋아하여 객(客)으로 삼았다.

손무의 동상

전기는 자주 제나라 공자들과 많은 재물을 걸고 마차를 몰아 승부를 겨루는 경마 내기를 하고 있었다. 손빈이 그 경기 내용을 보니 그 말들의 걸음에는 그다지 큰 차이가 없고 말에 상·중·하의 3등급이 있을 뿐이었다. 손빈이 전기에게 말하였다.

"장군께서는 다음에 큰 내기를 한 번 하십시오. 신이 반드시 장군이 이길 계책을 마련해 놓겠습니다."

전기는 왕과 여러 공자들과 함께 천금을 걸고 마차 경주 내기를 하기로 하였다. 손빈은 전기에게 귀띔하였다.

"지금 장군의 하등 사마(駟馬)

를 가지고 상대방의 상등 사마와 대결하게 하고 장군의 상등 사마와 상대방의 중등 사마를, 장군의 중등 사마와 상대방의 하등 사마를 대결하게 하십시오."

세 번 경기를 마치고 나니 전기는 한 번만 지고 두 번은 승리하였다. 이에 전기가 손빈을 위왕에게 추천하니 위왕은 병법을 의논해보고 드디어 군사(軍師)를 삼았다.

얼마 뒤 위나라가 조나라를 공격하자 조나라에서 제나라에 구원을 청해왔다. 제나라 위왕(威王)은 조나라를 구원하기로 결정하고 손빈을 장수로 삼으려 하자 손빈이 사양하였다.

"형벌을 받은 몸으로 어찌 장수가 될 수 있겠습니까?"

이에 위왕은 전기를 장수로 임명하고 손빈을 군사로 삼았다. 손빈은 휘장을 친 수레 속에 있으면서 모든 계책을 세우고 있었다.

조나라를 구원하기 위해서는 조나라로 가는 것이 일반 사람들의 생각이었으며 전기 또한 군사를 이끌고 먼저 조나라로 가려하였다. 그러자 손빈이 계책을 말하였다.

"실마리가 이리저리 헝클어져 얽힌 것을 풀려면 주먹으로 쳐서는 안 되며 싸움을 말리려면 손으로 쳐서는 안 됩니다. 먼저 급소를 치고 빈틈을 찔러 상대방의 형세를 불리하게 만들면 저절로 풀리게 마련입니다. 지금 위나라와 조나라가 싸우고 있으니 정예부대는 모두 나라 밖에 나가 싸우고 있을 것이며 나라 안에는 노약자만 남아 있을 뿐입니다. 장군께서는 군대를 이끌고 빨리 위나라 서울인 대량(大梁)으로 달려가십시오. 그렇게 하여 시가의 큰길을 점령하고 상대편의 빈틈을 찌르면 조나라를 공격하던 저

손무가 새겨진 동전

마룽고전비

들은 반드시 조나라 공격을 포기하게 되어 조나라는 저절로 구원될 것입니다."

전기는 손빈의 계획대로 위나라 서울로 쳐들어가니 과연 위나라는 조나라의 서울 한단(邯鄲)의 포위를 풀고 돌아오는 길에 제나라 군사와 계릉(桂陵)에서 싸우게 되었으며 이 싸움에서 제나라 군사는 위나라 군사를 대파하였다.

이로부터 13년 후 이번에는 위나라와 조나라가 연합하여 한나라를 공격하였다. 진(晋)에서 갈라진 삼진(三晋)이라 불리는 형제국 사이에 싸움이 벌어진 것이다. 한나라가 제나라에 위급함을 호소하여 구원을 요청해왔으므로 제나라에서는 전기를 장수로 하여 구원하도록 하였다. 전기는 손빈의 계책에 따라 위나라의 수도 대량으로 쳐들어갔다.

이때 위나라의 장수는 방연이었다. 방연은 제나라 군사가 대량으로 쳐들어왔다는 소식을 듣고 한나라 공격을 중지하고 돌아갔다. 제나라 군사가 방연보다 먼저 이미 위나라의 국경을 지나서 서쪽으로 행군하고 있었다. 손빈은 전기에게 말하였다.

"저 삼진의 군대는 본래 사납고 용맹스러워 제나라를 깔보고 있으며 제나라 군사를 겁쟁이라고 생각하고 있습니다. 싸움을 잘하는 자는 그 주어진 형편에 따라 그것을 유리하게 유도해야 합니다. 병법에 이르기를 '백 리 되는 거리를 전리(戰利)를 다투어 급히 달려가는 자는 상장(上將)을 전사하게 만들고 50리의 거리를 전리를 다투어 급히 달려가는 자는 군사의 반만이 도착한다.'라고 하였으니 제나라의 군사가 위나라의 땅에 들어가면 첫날에는

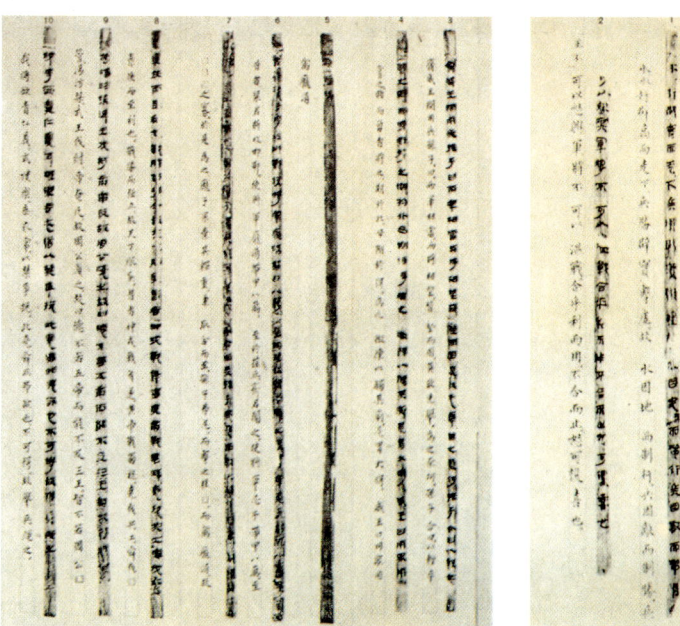

손자병법 죽간의 일부

10만 개의 밥짓는 아궁이를 만들게 하시고, 그 다음날엔 5만 개의 아궁이, 또 그 다음날엔 3만 개의 아궁이를 만들게 하십시오."

이것이 이른바 증병감조(增兵減竈)의 계책인 것이다.

위나라 장수 방연은 3일 동안 행군한 후 매우 만족해하면서 "내 본래부터 제나라의 군사들이 겁쟁이임을 알고 있었다. 우리 땅에 들어온 지 3일 만에 병졸 가운데 도망간 자의 수가 이미 반을 넘는구나." 하였다.

방연은 드디어 걸음이 느린 주력 보병은 버리고 걸음이 빠른 정예군만을 이끌고 밤낮을 가리지 않고 제나라 군사의 뒤를 쫓아갔다. 손빈은 방연의 행군 속도를 계산하여 날이 저물면 틀림없이 마릉에 도착할 것이라 생각했다. 마릉이란 곳은 길이 아주 좁을 뿐 아니라 길 옆이 아주 험난하고 막힌 데가 많아서 복병(伏兵)을

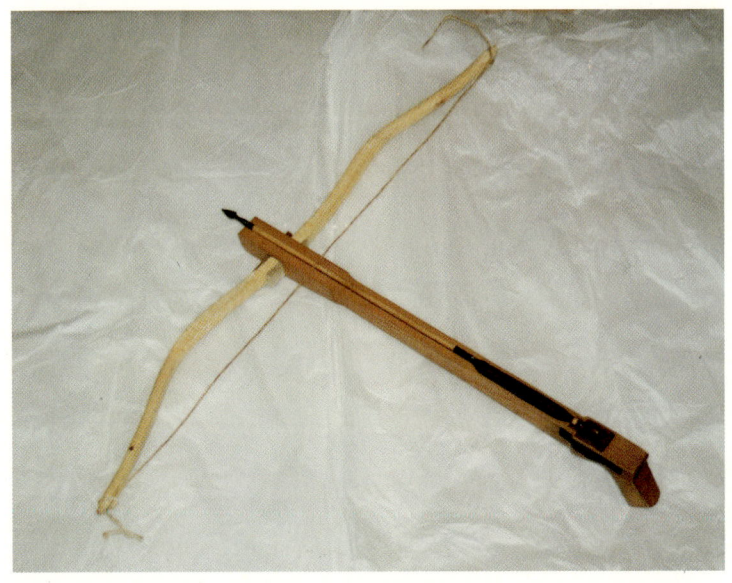

매복시키기에 알맞은 전략상의 요충지였다.

  손빈은 큰 나무를 깎아서 희게 만든 후 거기에 '방연이 이 나무 아래서 죽을 것이다.'라고 써놓았다. 그리고는 제나라 군사 중에서 활을 잘 쏘는 사람을 골라 일만 개의 쇠뇌(弩)를 장치하고 길 옆에 숨어 위나라 군사가 오기를 기다리고 있었다.

  "밤에 불빛이 보이거든 모두 일제히 발사하라."

  미리 약속을 해두었던 것이다. 밤이 되자 방연은 과연 마릉에 이르렀다. 컴컴한 밤이라 아무것도 보이지 않는데 유독 흰 나무에 글씨가 씌어진 것이 보였다. 방연은 불을 켜 비춰보면서 그 글을 읽기 시작하였다. 채 다 읽기도 전에 제나라 군사의 일만 개의 쇠뇌가 한꺼번에 강한 화살을 발사하였다.

  위나라 군사는 뜻밖에 기습을 받아 크게 혼란을 일으켜 이리저리 흩어져 달아나다 강한 화살에 맞아 죽는 자 부지기수였다. 방연은 자기의 지혜가 모자라 싸움에 패배한 것을 알고 스스로 자신의 목을 찔러 죽으면서 "드디어 내 그 더벅머리 아이놈을 유명하게 하였구나!" 하고 탄식하였다. 제나라 군사는 이를 계기로 위나라 군사를 모두 격파하고 위나라의 태자 신(申)을 포로로 하여 돌아왔다. 손빈은 이 싸움에서의 승리로 그 이름이 천하에 알려지게 되었다. 그가 지은 병법책이 후세에 전하고 있다.

쇠뇌

세상에 전해오고 있는 병법서 《손자(孫子)》는 오왕 합려를 섬겼던 손무의 저술이라는 설과 제나라 손빈의 저술이라는 설이 엇갈려 누구의 저술인지 분명치 않은 적이 있었다. 삼국 시대의 조조(曹操)는 《손자》의 주석을 붙이면서 본문까지도 뜯어 고쳤다는 설이 있었다. 그러나 1972년 4월 산동성 임기현의 은작산(銀雀山)에 있는 전한(前漢) 시대의 고분에서 《손빈병법》의 죽간(竹簡)이 발견됨으로써 세상에 전해오고 있는 《손자》는 손무의 저술임이 밝혀졌다.

백가쟁명

제나라 수도인 임치는 태산 동쪽 약 150킬로미터 지점에 있는 전국 시대 굴지의 대도시였다. 이 임치성에는 성문이 13개 있었다고 하는데 그중에서도 서문의 하나인 직문(稷門)은 천하의 학자들이 모여 학문이나 사상에 대하여 연구하고 그 결과를 기탄 없이 토론하는 이른바 백가쟁명(百家爭鳴)의 요람지라고 할 수 있었다.

일찍이 위왕(威王)이 즉위하던 해(기원전 357)는 위나라 문후가 죽은 지 30년이 되는 해였다. 당시 위나라는 진(晉)으로부터 삼가 분할에 의해 성립한 신흥 국가이면서도 전국 칠웅 가운데 가장 먼저 강국의 위치를 차지하고 있었다. 위나라가 강하게 된 원인이 훌륭한 인재를 등용한 데 있었음을 안 위왕은 직문 부근에 호화저택을 짓고 인재를 모아들여 학문 토론의 광장으로 삼았다. 그들에 대한 대우도 차관급 급료를 주어 자유로운 토론과 연구를 하게 하고 일정한 일은 맡기지 않았으므로 이들 학자들은 다른 분야의 학자에게서 무엇인가를 섭취하려고 하였다.

직문의 초대 간부가 순우곤(淳于髡)이었다는 것을 보면 직문의 학자촌 건설이 순우곤의 착상에서 나온 것인지도 모른다.

직문에는 여러 가지 사상과 학술을 연구한 학자들이 여러 나라로부터 모여들었다. 성선설(性善說)을 주장한 맹자(孟子)와 성악설(性惡說)을 주장한 순자(荀子)는 시대가 다르기 때문에 서로 얼굴을 맞댄 일은 없었지만 같은 시대 여러 학파의 학자들은 이 직문에 모여 매일 자유로운 토론을 하였다.

사람들은 이것을 가리켜, '백가쟁명'이라 불렀다. 제자백가(諸子百家)로 불리는 각양각색의 사상을 가진 학자들이 다투어 자신의 학문 사상을 주장하고 상대방의 학문 사상을 논평하는 것이다. 백가쟁명은 자유 분위기가 보장되지 않으면 실현될 수 없다. 제의 위왕이나 선왕(宣王)은 직문에 관한 한 이러한 자유 분위기를 절대 보장하고 적극적으로 백가쟁명을 장려하였던 것이다.

직문의 백가쟁명기는 중국의 학문·사상의 황금 시대였다고 할 수 있다. 토론과 논쟁으로 인하여 학문·사상은 더욱 성숙·발

《춘추사어(春秋事語)》
춘추·전국 시대 백서

전되고 새로운 것을 창조해냈다. 이런 면에서 볼 때 제의 위왕이나 선왕의 공적은 침략당한 토지를 돌려받거나 제나라의 위엄을 널리 천하에 떨친 것보다는 직문에 학자를 모아 백가쟁명의 분위기를 보장하고 장려했다는 점이 더 높이 평가되어야 할 것으로 생각된다.

맹자

《사기》에 열거된 직문의 학자로는 도가인 전병(田騈)·접여(接予)·신도(愼到)·환연(環淵), 정체 불명의 순우곤, 그리고 음양가인 추연(鄒衍) 등이다.

　유능한 인재를 모으려는 것은 당시 여러 제후들의 똑같은 소망이었다. 제후들의 머리 속에는 오로지 부국강병 한 가지 생각으로 꽉 차 있었다. 위나라 문후 때 유능한 인재를 모았다는 사실은 앞에서 언급한 바 있거니와 문후의 손자 혜왕(惠王)도 유능한 인재를 찾고 있었다. 이 혜왕은 제나라 위왕과 거의 같은 시기에 왕을 칭하기는 하였으나 실력면에서는 도저히 제나라를 따를 수가 없었다. 제나라에 대패하여 태자는 포로의 신세가 되었고 상장군 방연을 잃었으며 수도인 안읍(安邑)이 진(秦)나라에 가까워 위협을 느낀 나머지 훨씬 동쪽인 대량(大梁)으로 수도를 옮겨야 했다. 대량으로 수도를 옮겼기 때문에 위의 혜왕을 양의 혜왕으로도 부른다.

　《맹자(孟子)》의 개권 벽두 제1편 양혜왕편(梁惠王篇)에 맹자와 혜왕과의 문답 내용이 실려 있다.

　"선생께서 불원천리하고 이곳까지 오셨으니 장차 어떠한 부국강병책으로 우리나라를 이롭게 해주시겠습니까?" 하고 혜왕이 맹자에게 물었다.

　이 물음에 대하여 맹자는 다음과 같이 대답하였다.

　"왕께서는 하필 이득만을 말하십니까? 인(仁)과 의(義)가 있을 따름입니다."

그러나 오로지 부국강병의 패도에만 급급했던 당시의 제후왕들은 이 같은 맹자의 뜻깊은 말을 이해하지 못하였다.

이때 제나라 위왕은 이미 죽고 선왕이 즉위한 지 얼마 안 되는 때였으나 위왕 때부터 직문에 학자촌을 건설하여 널리 천하의 인재를 구하기 위하여 문호를 개방하고 있다는 소문이 파다하였다. 맹자가 제나라를 방문한 것은 기원전 318년경이었다.

맹자의 성은 맹(孟)이고, 이름은 가(軻)이다. 그의 자에 관하여는 자여(子輿), 또는 자거(子居), 자거(子車)라고도 하여 확실하지 않다. 그의 생존 연대에 대해서도 여러 설이 있으나 가장 유력한 설은 주의 열왕(烈王) 4년(기원전 372)에 출생하여 난왕(赧王) 26년(기원전 287)에 84세로 서거했다고 한다.

맹자의 어머니가 자애롭고 맹자의 교육을 위해 세 번씩이나 이사를 했다는 맹모삼천(孟母三遷)과 단기지교(斷機之敎)에 관한 이야기는 잘 알려져 있지만 맹자의 부모 이름은 전해지지 않고 있다.

어떤 역사가는 맹자를 직문의 학자로 취급하기도 하지만 이는 타당하지 않다. 맹자도 자신이 직문의 학자가 아니고 왕사(王師)이며 국빈으로서 제후와 대등한 관계임을 《맹자》에서 피력하고 있다.

맹자의 사상은 첫째, 천명을 중시하는 사상으로 천명에 따라 큰일이 이루어진다는 천인합일(天人合一)의 사상, 둘째, 하늘이 인간에게 선천적으로 착한 마음을 주었다는 성선설(性善說)을 주장하였고, 셋째, 인의(仁義)의 사상이고, 넷째, 힘으로써 사람을 지배하는 패도(覇道)를 배척하고 덕으로써 인을 행하는 왕도(王道) 정치의 실현을 주장하였다.

맹자는 그의 사상을 구현하기 위하여 여러 나라 임금에게 자신의 소신을 피력하고 그들이 자기의 가르침을 받아들여 왕도 정치를 펴주기를 바랐으나 당시의 임금들은 패왕이 되기를 원했을 뿐 왕도는 생각하지도 않았다. 그것은 너무나 현실과 먼 어리석은 생각이라 판단했던 것이다. 이에 실망한 맹자는 고향인 추(鄒)로 돌아가 후진들의 교육에 몸을 바쳤다.

상앙의 변법

손빈이 제나라에서 병법가로서 한창 이름을 떨치고 있을 무렵 진(秦)나라에서는 공손앙(公孫鞅)을 등용하여 부국강병을 위한 일대 정치 개혁이 추진되고 있었다.

공손앙은 원래 위왕(衛王)의 첩의 소생이었다. 나중에 진(秦)나라에 등용되어 상(商)이라는 곳에 봉해졌기 때문에 상앙(商鞅) 또는 상군(商君)이라고도 불린다. 그는 일찍부터 형명학(刑名學)을 연구하였으며 철저한 법치주의자였기 때문에 법가(法家)라고도 불린다.

처음 그는 위(魏)나라 재상 공숙좌의 가신으로 있었기 때문에 좀처럼 벼슬길이 열리지 않았다. 공숙좌가 죽기 얼마 전 그가 병석에 있을 때 위나라 혜왕에게 다음과 같은 부탁의 말을 남겼다고 한다.

"소신이 죽거든 공손앙을 등용하십시오. 만약 등용하지 않으시려거든 그를 죽여 없애야 하옵니다."

그러나 혜왕은 그 말을 듣지 않았다. 공숙좌가 죽은 후 공손앙은 진(秦)나라로 갔다. 이때 진의 효공(孝公)은 널리 인재를 구하기 위하여 등용의 문을 활짝 열어 놓고 있었다.

일찍이 진나라는 진의 목공 때 춘추 오패의 한 사람으로 인정할 정도로 국력이 강성하였으나, 그 후 삼진으로부터 공격을 받아 황하 서쪽의 땅을 빼앗겼고 중원의 여러 나라들은 진나라를 오랑캐로 대우하여 그들의 회맹에서조차도 배척하는 형편이었다. 효공은 이러한 치욕을 씻고 목공의 전성 시대를 재현하겠다고 굳게 다짐하고 있었다.

공손앙은 진나라에 가자 먼저 효공의 중신(寵臣) 경감(景監)을 통하여 효공에게 접근하였다. 그는 진나라의 부국강병(富國强兵)을 위해서는 먼저 낡은 법률과 제도를 개혁해야 한다고 주장하였다.

공손앙이 법률·제도의 개혁을 주장하자 진나라 조정에서는 일대 논쟁이 벌어졌다. 조정의 중신 가운데도 감룡(甘龍)·두지(杜摯) 등이 노골적으로 반대하고 나섰다.

감룡은 반대 이유를 다음과 같이 제시하였다.

"어진 임금은 언제나 백성의 뜻에 따라 정치를 해야 하는 것이지 백성들의 습관을 고치려고는 하지 않는 법입니다. 또 현명한 관리는 언제나 법을 근거로 하여 모든 일을 시행할 뿐 법률·제도를 변혁하려고는 하지 않는 법입니다. 옛 법을 따라 지키면 나라의 상하가 모두 안심하고 편안하게 지낼 수 있으니 모든 것에 얼마나 유리합니까?"

감룡의 말에 공손앙은 다음과 같이 반박하였다.

"지금까지 총명한 사람이 법률·제도를 확립하면 범상한 인물들은 그저 그 법률을 지킬 줄만 알고 있을 뿐입니다. 그러나 현명한 사람은 언제든지 불편한 옛 제도를 개혁하려고 하는 법입니다. 요컨대 선인들보다 못한 어리석은 사람은 옛 법률을 그저 완고하게 지킬 줄밖에 모른다는 것입니다."

두지도 감룡에 합세하여 반대 의견을 들고 나왔다.

"내가 보는 바로는 옛 규칙에 따라 일을 운용하면 하나도 틀림이 없다고 생각합니다. 선대의 국왕들이 제정해 놓은 제도를 그대로 지키면 무리한 길을 걷지 않아도 되는 게 아니겠습니까?"

공손앙은 침착한 태도로 이에 정연하게 반박하였다.

"생각해 보십시오. 하(夏)의 우왕(禹王)·상(商)의 탕왕(湯王)·주(周)의 무왕(武王)은 옛 제도에 구애받지 않고 운용의 묘를 살렸기 때문에 새로운 왕국을 건설할 수가 있었고, 하의 걸왕·은의 주왕은 다 같이 옛 제도를 완고하게 지키려고만 했기 때문에 망국(亡國)의 군주가 되었던 것입니다. 모름지기 국민 전체에게 유리하다면 구태여 선왕이 정해 놓은 옛 법률에 구속받을 필요는 없습니다. 국가에 유리하다고 판단되면 법률은 반드시 개혁해야 하는 것입니다."

공손앙의 논리는 정연하였다. 국가에 유리하다고 판단되면 옛 법률을 개혁해야 한다고 효공을 설득하였다.

효공은 "그 말이 옳소!" 하고 공손앙을 좌서장(左庶長)으로 삼아 법률 제도 개정령을 제정하여 정치 개혁에 착수하였다. 한마디로 말해서 공손앙의 정치적 개혁은 진나라를 전체주의 국가로 만들자는 데 있었다.

공손앙이 제정한 법의 내용은 엄벌주의·연좌제(連坐制)·밀고의 장려·신상필벌(信賞必罰) 등 법률 지상주의였다. 모든

상앙의 변법 상앙이 법개정을 실시하고 백성들을 시험하고 있는 모습

사항이나 사물에 대해서도 세목별로 세밀하게 규정되어 있어 일거수일투족에 이르기까지 법률의 구속을 받을 정도였다.

법률은 제정되었으나 아직 공포하기 전이었다. 공손앙은 생각했다. 아무리 훌륭한 법률과 제도를 만들어도 그것을 지키지 않는다면 아무런 쓸모가 없는 것이다. 그는 백성들이 자기의 법령을 믿지 않을 것이 두려워 법률을 공포하기 전에 법령은 지켜져야 한다는 결의를 백성들에게 보여주어야겠다고 생각했다. 한번 영을 내리면 국가에서도 그대로 착오 없이 시행한다는 본보기를 보여 주기로 했다.

그는 3자 길이 나무를 수도의 남문에 세워 놓고 백성들을 불러모아 이 나무를 북문으로 옮기는 자에게는 십 금(十金)을 주겠노라고 하였다. 그러자 백성들은 이를 괴이하게 생각하여 아무도 옮기는 자가 없었다. 이에 다시 이번에는 오십 금(五十金)을 주겠노라고 하였다. 그러자 백성 가운데 한 사람이 이를 북문으로 옮겼다. 공손앙은 즉석에서 오십금을 주고 속이지 않는다는 것을 분명히 밝힌 다음 새로 개정된 법률을 공포하였다.

새로운 법이 시행된 지 1년이 지나자 수천 명에 이르는 사람들이 법률의 불편을 호소해왔다. 그런 가운데 태자가 법률을 위반하였다.

공손앙은 "법률이 제대로 시행되지 않는 것은 위에서부터 법을 어기기 때문이다."라고 하고 태자를 법대로 처벌하려 했다. 그러나 태자는 임금의 뒤를 이을 사람이어서 형벌을 가할 수 없으므로 태자 대신 그의 부(傅, 후견인) 공자 건(公子 虔)을 처벌하고 그의 사(師, 교육 담당) 공손가(公孫賈) 또한 자자형에 처하니 이로부터 진나라 사람들이 모두 법령에 따랐다.

새로운 법령이 시행된 지 10년이 되자 진나라는 크게 실효를 거두어 길에서는 남의 물건을 줍지 않고 산에는 도둑이 없어졌으며 국가를 위한 전쟁에는 용감하고 개인 사이의 싸움을 겁내어 전국 방방곡곡이 잘 다스려져 나갔다.

처음에 법률이 제정, 공포되고 나서는 새로운 법이 불편하다고 호소하였으나 이제 와서는 그것이 편리하다고 말하는 사람들이 있었다.

공손앙은 이들에게 "당신들은 모두 법을 어지럽히는 자들이다."라고 하여 이들을 모두 변경 지방으로 강제 이주시켰다. 공손앙에 있어서 법은 절대적이었다. 법을 비난하는 사람은 말할 것도 없고, 법을 찬양하는 사람도 처벌하였으니 아무 소리 말고 묵묵히 따라오라는 것이었다. 그 뒤로 백성들은 감히 법령에 대하여 왈가왈부 논의하지 못하였다.

이렇게 하여 진나라의 내정은 정비되고 산업이 진흥되어 국력이 신장되면서 효공이 노렸던 부국강병이 서서히 이루어지고 있었다.

제나라 손빈의 작전으로 위나라가 마릉에서 대패하자 공손앙은 위나라를 공격하자고 효공에게 진언하였다. 다음해 공손앙이 장군이 되어 동으로 위나라를 공격하여 위나라 장군 공자 앙(公子卬)이 방심하도록 속임수를 쓰고 그 사이에 허를 찔러 공격하였다. 장군이 쓰러진 위나라 군사는 대패하여 황하 서쪽의 땅을 진나라에 내어 주기로 하고 강화를 맺었다.

진나라로선 오랫동안 기다렸던 실지 회복의 숙원을 이룬 셈이었다. 이 공로에 의해 공손앙은 상(商)에 봉해지고 이로부터 상앙 또는 상군이라 불리게 되었다. 그 후 위나라는 서쪽에 위치한 수도 안읍(安邑)이 위험하다고 생각하여 동쪽인 대량(大梁)으로 옮겼다.

상앙이 진나라의 재상으로 있은 지 10년 동안에 종실과 귀척 가운데 그를 원망하는 사람이 많았다. 엄벌주의 통제 국가였기 때문에 그 원망하는 소리는 겉으로는 나타나지 않았으나 지하수처럼 사람의 마음속으로 퍼져가고 있었다.

태자 대신 처벌을 받았던 공자건이 다시 법을 어기자 이번에는 의형(劓刑)*에 처하니 그는 집 안에서 한 발짝도 외출할 수 없는 신세가 되었다.

* 의형(劓刑) : 코를 베는 형벌

상앙의 정치적 개혁은 두 차례에 걸쳐 실시되었다. 제1차 개혁은 효공 3년(기원전 359)에 실시되었고, 제2차 개혁은 효공 12

년(기원전 350)에 실시되었다.

제2차 개혁에서는 부자 형제가 한방에서 동거하는 것을 금하였으니 이것은 인간성에 도전하는 잔악한 법이었고 또 도시와 시골과 취락(聚落)을 모아서 현(縣)을 만들고 현에는 중앙에서 영(令, 현의 장관)과 승(丞, 부관)을 파견하여 통치하였다. 전체주의 국가가 관료 통제국가임은 말할 나위가 없는 것이다. 도량형(度量衡)의 통일도 제2차 개혁 때 실시되었는데 이것은 진일보한 개혁이라 할 수 있겠다.

상앙이 많은 사람들로부터 원망의 소리를 들어가면서도 10년 동안이나 재상의 자리에 있었던 것은 효공의 신임이 두터웠기 때문이었다.

효공이 죽고 나면 상앙이 실각되리라는 것은 너무도 뻔한 일이었다. 효공이 죽기 다섯 달 전에 조량(趙良)이란 사람이 맹난고(孟蘭皐)의 소개로 상앙을 만난 일이 있었다. 조량은 바른말을 하더라도 문책하지 않겠다는 상앙의 다짐을 받고 일찍이 진의 목공 때 명재상으로 있던 오고대부가 덕정(德政)을 베푼 사실과 상앙의 가혹한 정치를 비교하면서 앞으로의 처신에 대해 다음과 같이 권고하였다.

"내가 생각하건대 상군의 위태함이 아침이슬과 같은데도 오

춘추·전국 시대 화폐
칼 모양으로 생겨서 도화라고 하며, 왼쪽은 춘추 후기, 오른쪽은 전국 시대의 것으로 주로 제나라나 연나라에서 주조되었다.

242　　이야기 중국사 · 1

히려 수명을 더하려고 하시니 참으로 안타까운 일입니다. 차라리 봉지(封地)로 받은 상 땅의 15고을을 나라에 돌려주고 시골에 돌아가 농사를 짓는 것이 상책인가 합니다."

춘추·전국 시대 후기의 화폐 진나라에서 만들어져 유통되던 것으로 원전이라고 한다.

상군은 조량의 말을 듣지 않았다. 그로부터 다섯 달 만에 진의 효공이 죽고 태자가 왕위를 이었다. 공자건의 무리들은 가만히 있지 않았다.

"상군이 배반할 뜻을 품고 있다 하옵니다." 하고 혜왕에게 참소하였다.

혜왕은 즉시 아전에게 명하였다.

"상군을 즉시 잡아오도록 하라."

상군에게 체포령이 떨어진 것이다.

이 같은 사실을 안 상군은 급히 도망하여 함곡관(函谷關)의 객사에서 하룻밤을 유숙하기를 청하였다. 객사의 관리들은 그가 상군임을 알지 못하였다.

"상군의 법에 여행권이 없는 자를 유숙시키면 처벌을 받게 됩니다."

상군은 속으로 탄식하였다.

'아, 내가 만든 법으로 내가 피해를 입는구나!'

상군은 그 길로 위나라에 갔다. 위나라 사람들은 그가 공자앙을 속여 위나라의 군사를 격파한 것을 원망하여 받아들이지 않았다. 받아들이지 않을 뿐 아니라 위나라에서는 도로 진나라로 돌려

춘추·전국 시대 화폐
평수포. 춘추 시대의 진나라, 전국 시대의 한나라, 위나라, 조나라를 중심으로 광범위하게 유통되었다.

보낼 작정이었다.

"상군은 진나라의 적이다. 진나라는 강성한 나라다. 만약 국적이 위나라에 들어온 것을 알면 가만히 있지 않을 것이다. 돌려보내는 것이 상책이다."

상군은 결국 진나라로 추방당하였다.

진나라로 돌아온 상군은 상으로 달아나 그의 무리들과 함께 상 땅의 군사를 동원하여 북쪽으로 나가 정(鄭)나라를 쳤다. 이에 진나라에서는 군대를 출동시켜 상군을 공격하여 정나라의 민지(澠池)에서 상군을 죽였다.

진의 혜왕(惠王)이 상군을 차열(車裂)*하여 여러 사람에게 돌려보이면서 "상앙처럼 배반하는 자가 되지 말라"고 하였다. 그리고 상군의 일가를 몰살시켰다.

진나라는 상앙이 죽은 후에도 상앙이 쌓아올린 부국강병의 기반 위에 더욱 강성해졌다.

상앙은 진나라의 국정 개혁의 희생자가 되어 무참히 살해되었지만 그는 진나라로 하여금 장차 천하를 통일할 수 있는 힘의

* 차열: 죄인의 시체를 두 대의 우차(牛車)나 마차에 나누어 묶어 놓고 각각 반대 방향으로 몰아서 죄인의 몸을 찢어 죽이는 형벌

원천이 되었다. 그가 죽은 후 117년에 진의 시황제(始皇帝)가 중국 역사상 최초의 통일 국가를 이룩하게 되었다.

한 · 조 · 연 · 초의 형세

앞에서는 전국 칠웅 가운데 위 · 제 · 진에 대한 정세를 알아보았다. 여기서는 그 나머지 한(韓) · 조(趙) · 연(燕) · 초(楚)의 정세를 훑어보기로 하자.

 진나라와 함께 왕을 칭한 한나라는 칠웅 가운데서도 가장 약소국이었다. 인구도 적고 산업도 부진하였다. 산이 많고 평야가 적었으며 위 · 진 · 초 등 강대국과 국경을 접하고 있어 전쟁이 그칠 날이 없었다. 때문에 수도를 평양(平陽) · 신정(新鄭) · 양책(陽翟) 등으로 자주 옮겨야 했다.

 이러한 한나라가 신불해(申不害)라는 천민 출신의 명재상을 등용함으로써 15년 동안 그 융성을 자랑하였다.

 신불해는 상앙과 동시대의 사람으로 형명학(刑名學)을 공부한 법가였으나 사마천은 신불해의 학문이 황제 · 노자로부터 나왔다 하여 노자 · 장자 · 한비자(韓非子)와 함께 취급하고 있다.

 신불해는 《신자(申子)》라는 저서를 남겼다고 《사기》에 기술하고 있으나 그 저서는 일찍이 유실되었기 때문에 그의 학문에 대해서는 《전국책(戰國策)》이나 《한비자(韓非子)》의 기술 가운데서 그 윤곽을 파악할 수밖에 없다.

 신상(申商)이라고 불릴 정도로 그의 학문은 상앙과 비슷하였으나 상앙은 법치주의자로 특히 법률을 중요시한 데 반하여 신불해의 학문은 제왕학(帝王學)에 가까웠던 것으로 짐작된다. 제왕학이란 군주가 될 사람이 배워야 하는 것인데 이것을 신하가 배웠다는 데 문제가 있었다. 법률 지상주의의 상앙은 법률을 내세워 엄연한 자세를 취한 데 비하여 신불해는 지나치게 군주를 의식한 나머지 항시 군주의 눈치를 살피는 태도를 취했다. 신불해가 임기응변에 능했던 것은 아마도 군주의 의향에 따라 자기의 태도를 바꿔야 했기 때문으로 생각된다.

자신의 원칙을 내세우지 않고 군주의 의향에 따랐음에도 불구하고 그는 한소후(韓昭侯)의 재상으로서 재임하는 동안 내정·외교에 실책이 없이 한나라를 강국으로 만들어 재상으로서의 소임을 다하였다. 한나라에서 신불해를 빼놓으면 아무것도 없다라는 말이 나올 정도였으니 보통 인물이 아니었음은 분명하다. 신불해는 상앙보다 1년 늦게 세상을 떠났다.

이 같은 한나라에 비하여 같은 삼진의 나라인 조나라는 매우 개성적인 나라였다. 조나라는 가장 북쪽에 위치하고 있었기 때문에 북쪽의 여러 민족과 교섭이 잦았고 이로 인하여 중원에서는 특이한 풍속의 나라로 여겨졌다. 수도는 진양으로부터 한단(邯鄲)으로 옮겨야 했다. 조나라는 남쪽으로 위나라와 제나라 등 강대국과 접하고 있었기 때문에 부득이 북방으로 진출하는 정책을 취하였다. 적(狄)이 세운 중산국(中山國)이 조나라의 수도에서 그리 멀지 않은 곳에 있었으며 흉노(匈奴)·누번(樓煩)·임호(林胡) 등의 부족이 북쪽에 있었기 때문에 조나라는 개척과 이민에 의한 북진 정책을 취할 수밖에 없었다.

소공(召公) 석(奭)을 먼 조상으로 하는 연(燕)나라는 계(薊,

지금의 북경)를 수도로 정하였다. 중원에서 멀리 떨어져 있었기 때문에 중원 여러 나라와의 전란에 휘말리지는 않았으나 산융(山戎) 등 변방 부족의 침공에 시달려야 했다.

춘추·전국 시대를 통하여 연나라는 역사 무대에 기록할 만한 사건·사변이 없이 근 1세기 반 동안을 지내왔다. 혹시 기록할 만한 사건이 있었다 해도 산융 등 변방 부족들이 중원과의 교통을 차단하고 있었기 때문에 전혀 전해지지 않았는지도 모른다는 일부 역사가의 견해도 있다.

춘추 시대 한때 패자로서 이름을 떨친 바 있는 남쪽의 초나라는 전국 시대에 이르러 월나라를 멸망시켜 합병하고 다시 운남(雲南)을 정벌하여 세력을 확장하였다. 이로써 초나라의 판도는 나머지 6국을 합한 넓이와 맞먹을 정도에 이르렀으나 그 영토에 비하여 그 세력은 그다지 강성하지 못하였다.

합종과 연횡

진나라가 상앙의 정치 개혁 이후 점차 세력을 확장하여 천하통일의 꿈을 착착 진행시키고 있을 무렵 제나라에서는 명재상 추기(鄒忌)를 등용하여 내정을 개혁함으로써 한때 주춤했던 세력을 만회하면서 점차 동쪽에서 번영하기 시작하였다.

전국 시대 초기 위나라가 패권을 잡은 데 이어 이번에는 진나라와 제나라가 패권을 다투는 양상이 벌어지게 되었다.

진나라와 제나라의 투쟁의 초점은 누가 먼저 초나라를 빼앗느냐 하는 데 있었다. 당시 초나라는 영토가 넓고 인구가 많아 천하의 대세를 좌우할 수 있는 막강한 세력으로 등장하고 있었다.

이러한 정세 밑에서 진나라를 제외한 연·제·초·한·위·조 여섯 나라가 연합하여 강대국인 진나라에 대항해야 한다는 이른바 합종설(合從說)과 이에 대항해서 진나라가 이들 여섯 나라의 동맹을 분쇄하고 그들 나라와 각각 화친해야 한다는 이른바 연횡설(連衡說)이 중원의 정치 무대에 등장하였다.

합종설의 추진자는 소진(蘇秦)이고, 연횡설의 추진자는 장의(張儀)였다. 소진은 낙양 출신이고 장의는 위나라 사람인데 둘 다 귀곡(鬼谷) 선생에게 사사하였다.

귀곡 선생은 그 출신이 밝혀지지 않은 인물이다. 그가 전공한 것은 좋게 말하면 국제 외교라 할 수 있고 나쁘게 말하면 권모술수라고 하는 편이 타당하겠다.

소진은 학업을 끝내자 입신출세의 길을 찾아 여러 나라를 찾아다녔다. 수년 동안의 유세(遊說) 끝에 몹시 곤궁하여 집에 돌아오니 가족들의 냉대가 심하였다. 소진은 크게 분발하여 방문을 닫고 주대(周代)의 책인 《음부(陰符)》*를 찾아내어 엎드려 읽은 지 1년 만에 췌마(揣摩)*하는 법을 터득하고야 말았다.

"이 정도면 당세의 임금들은 충분히 설득할 수 있을 것이다."

그는 자신에 차 있었다. 먼저 제일 강대국으로 이름난 진나라를 찾아갔다. 그때 진나라는 효공이 죽고 상앙이 처형된 후 혜왕이 즉위한 지 얼마 안 되는 시기였다. 그래서 혜왕을 설득하였다.

"진나라는 사방이 요새로 둘러싸인 천혜(天惠)의 나라입니다. 동쪽에는 함곡관과 황하가 있고, 서쪽에는 한중(漢中)이 있으며 남쪽에는 파(巴)·촉(蜀)이 있고 북쪽에는 마읍(馬邑)이 있으

* 《음부(陰符)》: 태공망 여상이 지은 병서
* 췌마(揣摩): 자신의 마음으로 상대편의 심정을 미루어 짐작함

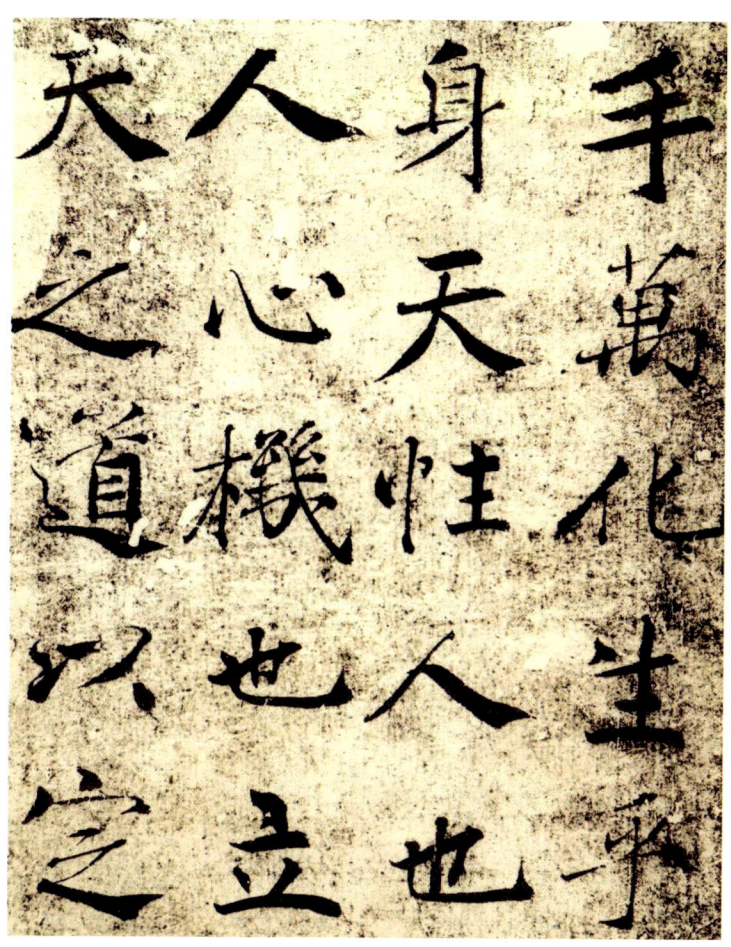

《음부(陰符)》 태공망이 지은 병서

니 이것은 하늘이 내려주신 요새의 땅입니다. 진나라의 선비와 백성들에게 병법을 가르친다면 천하를 통일하여 황제를 일컬을 수 있을 것입니다."

진나라 혜왕은 그때 막 상앙을 처형한 직후였으므로 이론을 앞세우는 변사(辯士)를 미워하여 소진의 말을 달갑게 여기지 않았다.

초나라의 검

소진은 동쪽으로 조나라를 찾아갔으나 정권을 잡고 있던 봉양군은 소진을 좋아하지 않았다. 이에 소진은 연나라로 가서 문공(文公)를 설득하였다.

"연나라가 중원의 전쟁에 휘말리지 않고 타국 군대의 침공을 받지 않는 것은 조나라가 남쪽의 여러 나라를 덮어 막고 있기 때문입니다. 그러니 대왕께서는 조나라와 종(從)으로 친교를 맺어 행동을 같이 한다면 연나라는 아무 근심이 없을 것입니다."

문후는 소진의 말을 옳게 여겼다.

"그대의 말이 옳소. 그대가 반드시 합종으로써 연나라를 편안하게 하고자 한다면 과인은 그대의 계책에 기꺼이 따르리다."

이에 소진에게 거마(車馬)와 노자를 충분히 주어 조나라에 가게 하였다. 이때 조나라에서는 봉양군이 이미 죽었으므로 소진은 곧바로 조의 숙후를 설득하였다.

"지금 산동의 여러 나라들 가운데서 가장 강한 나라는 조나라입니다. 진나라의 입장에서 볼 때 천하에서 가장 방해가 되는 것은 조나라입니다. 그렇지만 진나라가 감히 조나라를 치지 못하는 것은 한나라와 위나라가 그들의 후방을 어지럽힐 것을 두려워하기 때문입니다. 진나라가 한나라와 위나라를 치는 데는 명산대천의 요새나 장애가 없기 때문에 누에가 뽕 먹듯 야금야금 먹어 들어가면 한나라와 위나라는 버틸 수가 없어 결국 진나라의 신하가 될 것입니다. 진나라에 한나라와 위나라가 그의 후방을 어지럽힐 염려가 없어지면 공격의 화살은 조나라에 집중될 것이니 이것이 신이 대왕을 위하여 염려하는 바입니다.

저 연횡론(連衡論)을 주장하는 사람들은 모두 다 제후의 땅을 베어서 진나라에 주고자 합니다. 만약 이 일이 성공하면 그들은 크게 영달하여 자기 나라가 진나라에 화를 입을지라도 그 근심에 간여하지 않을 것입니다. 가만히 대왕을 위하여 생각하건대 한·위·제·초·연·조의 여섯 나라가 하나로 단결하여 종으로 친교를 맺어 진나라를 배척한다면 이보다 나은 계책은 없을 것입니다. 천하의 장수와 정승들을 원수(洹水)에 모이게 하여 서로 인질을 교환하고 다음과 같이 맹약하십시오.

'만약 진나라가 어느 한 나라를 치거든 다섯 나라가 모두 정예부대를 보내어 어떤 부대는 진나라를 교란시키고 어떤 부대는 직접 구원해주기로 한다. 만약 맹약을 어기는 나라가 있을 때에는 다섯 나라가 연합하여 이를 친다.'

이렇게 합종(合從)하여 진나라를 배척하면 진나라의 군사는

전국 시대의 전차 전국 시대에는 전차전이 주요한 형태의 전쟁이었다.

전국 시대의 전차 복원도

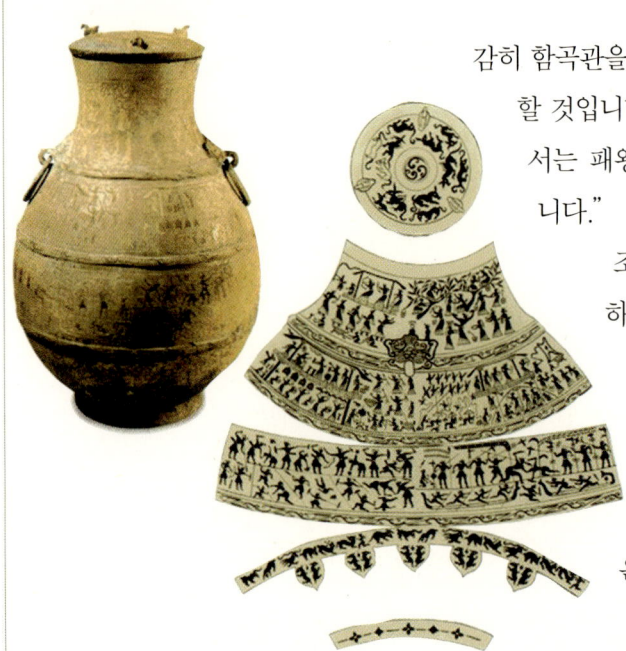

전국 시대 청동 항아리와 항아리에 새겨진 전쟁 모습

감히 함곡관을 나와 산동을 침범하지 못할 것입니다. 이렇게 한다면 대왕께서는 패왕의 업을 이루게 될 것입니다."

조나라 숙후는 크게 기뻐하여 소진에게 수레와 황금을 갖추어 주고 제후들과 맹약을 추진하는 책임을 맡겼다.

이때 진의 혜문왕은 서수(犀首)를 장수로 삼아 위나라를 쳐 장수 용가(龍賈)를 사로잡고 위나라 조음(雕陰)의 땅을 빼앗은 후 다시 군대를 동쪽으로 진군시키려 하였다. 소진은 만약 진나라의 군대가 조나라를 공격하게 되면 지금까지 추진한 합종의 맹약이 수포로 돌아갈 것을 걱정하여 계책으로 장의(張儀)를 격노케한 다음 장의로 하여금 진의 혜문왕을 설득하여 조나라를 치지 못하도록 조치하였다.

그리고 소진은 한나라의 선혜왕(宣惠王)을 설득하였다.

"한나라의 땅은 사방이 9백여 리나 되고 무장한 군대가 수십만 명이며, 천하의 강력한 활과 강한 쇠뇌는 다 한나라에서 나옵니다. 이제 대왕이 진나라를 섬기게 되면 진나라는 반드시 의양(宜陽)·성고의 땅을 요구할 것입니다. 그곳을 진나라에 바치고 나면 다음해에는 또다시 다른 땅을 요구할 것입니다. 이렇게 되풀이되면 마침내는 줄 땅이 없을 것이고, 진나라의 요구는 그침이 없을 것입니다. 그들의 요구를 받아들인다는 것은 원한을 사고 화를 자초하는 일밖에 안 됩니다. 속담에 이르기를 '차라리 닭의 입이 될지언정 소의 궁둥이는 되지 않는다.'는 말이 있습니다. 대왕처럼 현명한 임금께서 강력한 한나라의 군대를 보유하고 있으면서 소의 궁둥이라는 이름이 있게 된다면 얼마나 부끄러운 일이겠습니까!"

이에 한왕이 발끈 성을 내며 팔을 걷어붙이고 칼을 어루만지면서 "과인이 비록 불초하나 결코 진나라는 섬기지 않을 것이오. 그대의 말이 백 번 옳으니 내 그 계책에 따르겠소."

소진은 또 위왕을 설득하였다.

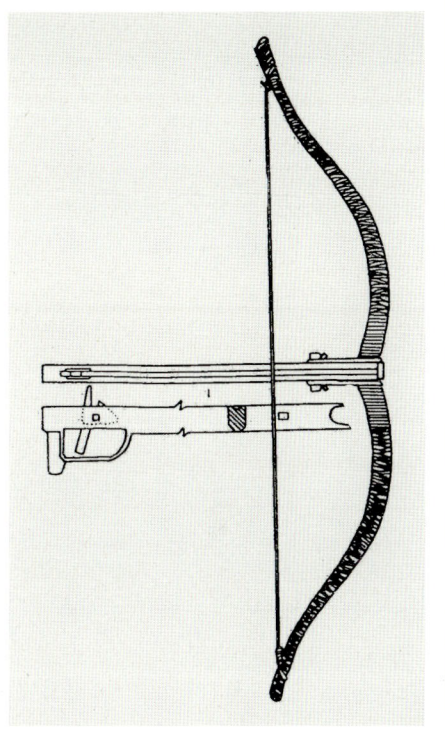

진나라의 노 복원도

"대왕의 땅은 사방이 천 리입니다. 비록 땅은 작다고 하나 들자옵건대 대왕의 군대는 무사가 20만, 창두(蒼頭)*가 20만, 분격(奮擊)이 20만, 시도(厮徒)*가 10만, 병거(兵車)가 6백 승(乘), 기마가 5천 필이나 있다고 합니다. 그러나 군신들 중에는 진나라를 섬겨야 한다고 말하는 자가 있다고 하니 이들은 모두 간사한 사람들이고 충신은 아닙니다. 도대체 신하가 되어 어떻게 그 임금에게 남의 나라에 땅을 떼어주고 남의 나라를 섬기라고 할 수 있겠습니까? 대왕께서는 깊이 살피십시오."

위왕이 말하였다.

"과인이 불초하여 아직까지 현명한 가르침을 듣지 못하였더

* 창두(蒼頭) : 푸른 수건으로 머리를 싸맨 팔힘이 센 군사
* 분격(奮擊) : 정예한 병졸
* 시도(厮徒) : 잡역에 종사하는 군사

니 이제 공의 말을 듣고 크게 깨달은 바가 있소. 온 나라를 걸고 그 계책에 따르기로 하겠소."

다음은 동으로 가서 제나라의 선왕(宣王)을 설득할 차례였다. 이제 네 나라는 모두 설득에 성공하였고, 나머지는 제나라와 초나라 둘뿐이었다. 소진은 자신이 생겼다.

소진은 제나라 선왕을 설득하였다.

"제나라는 사방이 험고(險固)한 요새로 된 나라입니다. 사방이 2천여 리나 되고 무장한 군대는 수십만, 식량은 산처럼 쌓여 있습니다. 제나라 수도 임치(臨淄)는 가구수가 7만이나 되며 매우 부유합니다. 임치의 길에는 수레의 바퀴통이 서로 부딪고 사람의 어깨가 서로 맞닿을 만큼 복잡하고 옷자락이 서로 이어져서 휘장을 이루고 소매를 들면 장막을 이루며 땀을 뿌리면 비를 이룰 정도입니다. 저 한나라와 위나라가 진나라를 두려워하는 것은 진나라와 경계를 접하고 있기 때문이지만 이제 진나라가 제나라를 공격하는 일은 그와는 사정이 다릅니다. 진나라는 한나라·위나라를 그 배후에 두고 있기 때문에 진나라가 비록 깊숙이 침입하고자 해도 이리처럼 뒤를 돌아보며 한나라·위나라가 그 후방을 덮칠 것을 두려워합니다. 그러니 진나라가 제나라를 침공할 수 없다는 것은 불을 보듯 명백한 일입니다.

그런데 진나라가 제나라를 어떻게도 할 수 없다는 것을 깊이 헤아리지 않고 서쪽으로 진나라를 섬기고자 하니 이것은 여러 신하들의 생각이 잘못된 것입니다."

제왕이 말하였다.

"과인이 불민하고 또 멀리 바닷가에 살고 있었기 때문에 남의 가르침을 얻어 듣지 못하였더니 공의 말을 듣고 많은 것을 깨

```
연횡설(連衡說)              합종설(合從說)

진秦-연燕                      연燕
   ×                          ‖
진秦-제齊                      제齊
   ×                          ‖
진秦-초楚                      초楚
   ×              진秦 ←      ‖
진秦-위魏                      한韓
   ×                          ‖
진秦-조趙                      위魏
   ×                          ‖
                              조趙
```

합종설과 연횡설

달았소이다. 내 그 계책에 찬성하겠소."

이에 소진은 남쪽으로 가서 초의 위왕을 설득하였다.

"초나라는 천하의 강국이고 대왕은 천하의 현명한 군왕이십니다. 땅은 사방이 6천여 리나 되고 무장한 군대가 백만이며 병거(兵車)가 천 승, 기마가 만 필이고 식량은 능히 10년을 견딜 만하니 이것은 패왕이 될 수 있는 바탕입니다. 그러한 초나라의 강대함과 대왕의 현명함으로 떨치고 일어서면 천하에 능히 당해낼 나라가 없을 것입니다. 초나라가 강해지면 곧 진나라는 약해질 것이고 진나라가 강하게 되면 곧 초나라는 약해질 것이니 그 형세는 양립(兩立)할 수 없습니다. 그러므로 대왕을 위한 계책으로는 6국이 종친하여 진나라를 고립시키는 것이 상책입니다. 대왕께서 종친을 하게 되면 제후들이 땅을 베어 초나라를 섬기게 될 것이고 연횡(連衡)하면 초나라는 땅을 베어 진나라를 섬겨야 합니다. 이 두 가지 계책은 그 차이가 매우 큽니다. 이 두 가지 중에서 어느 것을 택하시겠습니까?"

초나라 위왕은 소진의 계책을 옳게 여겼다.

"과인은 삼가 사직을 받들어 그 계책에 따르겠소."

초왕이 말하였다.

이에 이르러 6국의 합종이 이루어져서 힘을 합하여 진나라에 대항하기로 하였다. 소진이 종약(從約)의 장이 되고 6국의 정승을 겸임하게 되었다.

소진이 조나라 숙후에게 6국 종약의 맹약이 성공했음을 고하니 숙후가 크게 기뻐하여 그를 무안군(武安君)으로 봉하였다.

드디어 6국이 종약에 서명한 문서를 진나라에 보내니 이로부터 15년 동안 진나라의 군대는 감히 함곡관 밖을 엿보지 못하였다.

그 뒤 진나라는 서수(犀首)로 하여금 제나라와 위나라를 속여 함께 조나라를 치게 하였다. 이것은 진나라의 입장으로서는 어떻게 하든 6국의 동맹을 깨뜨리기 위한 정책에서 나온 작전이었다.

제나라·위나라가 조나라를 치니 조왕은 소진을 불러 책망하였다.

"무안군, 이게 어떻게 된 일이오. 동맹의 나라끼리 합세하여 우리나라를 치니 6국의 종약은 어떻게 되는 거요?"

소진은 두려웠다. 그는 스스로 연나라에 사자로 가서 연왕을 설득하여 기어코 연나라와 함께 제나라를 쳐서 제나라의 배신에 보복하겠다고 조왕에게 말한 다음 조나라를 떠나니 15년간 지켜졌던 종약은 깨어지기 시작하였다.

소진이 연나라에 오니 이 해에 연나라의 문후가 죽고 태자가 임금이 되었다. 이 사람이 연나라의 역왕(易王)이다. 역왕은 일찍이 진나라 혜왕의 딸과 결혼한 사이였다. 역왕이 즉위하자 제나라 선왕이 연나라의 국상을 틈타 연나라를 공격하여 10개 성을 빼앗아 갔다. 역왕은 몹시 분개하여 소진을 책망하였다.

"지금 제나라가 먼저 조나라를 치고 그 다음으로 연나라를 치고 있으니 선생 때문에 연나라는 천하의 웃음거리가 되고 있소. 선생께서는 연나라를 위하여 제나라에 빼앗긴 땅을 도로 찾아주시오."

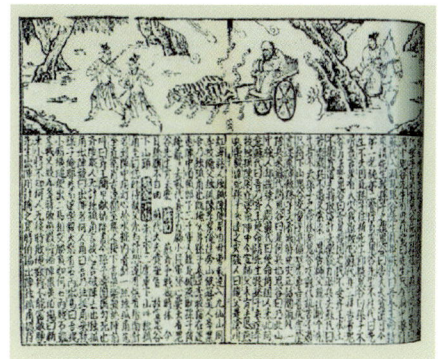

귀곡에서 하산하다

소진은 부끄러운 표정을 지으며 대답하였다.

"왕을 위하여 빼앗긴 성을 찾아오겠습니다."

소진이 제왕을 보고 두 번 절하고 엎드려 축하하고 또 우러러 불행을 조문하였다.

제왕이 괴이히 생각하며 "어째서 축하한다는 말과 불행을 조문한다는 말이 잇달아 나오는 거요?"라고 물었다.

"신의 말씀을 들어보십시오. 지금 연나라가 비록 약소하지만 곧 진나라 혜왕의 새 사위입니다. 대왕께선 그들의 10개 성을 빼앗았으나 강한 진나라와는 길이 원수를 맺은 것입니다. 지금 만약 진나라가 약한 연나라를 선봉으로 삼고 강한 진나라의 군대가 그 뒤를 엄호하여 온다면 천하의 강적을 스스로 불러들이는 일입니다."

제왕이 듣고 근심하는 빛을 보이며 말하였다.

"그렇다면 어찌해야 좋겠소."

"대왕께서 진정 신의 말씀을 믿으신다면 즉시 10개의 성을 돌려주십시오. 그러면 연나라에서는 10성을 돌려받은 것을 기뻐할 것이며 진왕도 자기 때문에 연나라의 10성을 돌려주었다는 것을 알고 또한 기뻐할 것입니다. 이렇게 되면 원수를 풀고 금석과 같은 굳은 친교를 맺는 것과 다름이 없습니다. 그리하여 연나라와 진나라가 함께 제나라를 한편으로 한다면 대왕의 호령은 천하에 떨치게 될 것이며 10성으로 천하를 취하는 것이니 이것이야말로 패왕의 업이 아니고 무엇이겠습니까?"

제왕은 소진의 말에 따랐다.

"좋소이다. 연나라의 10성을 돌려주겠소."

이로써 연나라는 10성을 돌려받게 되었다.

역왕의 어머니는 문후의 부인으로 소진과 정을 통하였다. 역왕은 이 일을 알면서도 소진을 극진히 대우하니 소진은 언제 자신에게 화가 미칠지 두려웠다. 그는 연나라를 빠져나가야겠다고 생각하고 기회를 보아 연왕을 설득하였다.

"신이 연나라에 있으면 연나라를 강하게 만들 수 없습니다. 그러나 제나라에 가 있으면 연나라를 반드시 강하게 만들 수 있을 것입니다."

연왕은 소진의 속셈을 모를 리 없었으나 그저 모르는 척 "마음대로 하십시오." 하였다.

소진은 거짓으로 연나라에서 죄를 지은 것처럼 꾸미고 제나라에 달려가니 제의 선왕은 그에게 객경(客卿)의 벼슬을 주었다.

얼마 후 제의 선왕이 죽고 민왕(湣王)이 즉위하였다. 소진은 민왕을 설득하여 장례를 후히 지내고 궁실을 높이 짓고 원유(苑囿)를 크게 넓히니 그것은 제나라를 피폐하게 만들어 연나라를 위하려는 속셈에서 나온 일이었다. 이윽고 연나라에서는 역왕이 죽고 쾌(噲)가 즉위하였다.

그 뒤 제나라 대부 가운데는 소진과 임금의 총애를 다투는 자가 많았다. 그중의 한 사람이 소진을 암살하려고 자객을 시켜 소진을 칼로 찌르게 하였으나 죽이지는 못하고 치명상을 입히고 달아났다. 제왕이 소진을 찌른 자를 전국에 수배하여 수색하였으나 잡지 못하였다. 소진은 임종(臨終)에 즈음하여 제왕에게 다음과 같이 부탁하였다.

"신이 죽거든(신이 큰 죄를 지은 것처럼) 시체를 차열(車裂)하여 저잣거리에 돌려보이며 소진이 연나라를 위하여 제나라에서 반란을 일으켰다고 말하십시오. 그러면 신을 죽인 자를 반드시 찾아낼 수 있을 것입니다."

제왕이 그 말과 같이 시행하였더니 과연 소진을 죽였다는 자가 스스로 나타났다. 제왕은 그를 사형에 처하였다.

연횡론의 추진자 장의는 위나라 사람으로 소진과 함께 귀곡 선생에게 사사하면서 학술을 배웠는데 소진보다 재능이 더 뛰어났다.

장의는 공부를 마치고 제후를 유세하였는데 일찍이 초나라의 정승과 함께 술을 마신 적이 있었다. 이때 초나라의 정승이 매우 아끼던 구슬(璧)을 잃어버리자 정승의 문하 사람들이 장의가 훔쳤을 것으로 생각하여 그에게 말하였다.

"장의는 가난하고 행실도 좋지 않으니 이 사람이 훔쳤을 것이 분명합니다."

그리고는 장의를 잡아다가 수백 대의 매를 쳤으나 장의는 끝끝내 승복하지 않았다. 어쩔 수 없이 장의를 놓아주었는데, 이 모양을 본 그의 아내가 "얼마나 고통이 심하십니까? 이럴 줄 알았더라면 차라리 글을 읽지 말았을 것을!" 하고 탄식하였다. 장의는 녹록한 인물이 아니었다.

운몽산 귀곡 선생이 득도하고, 장의와 소진이 귀곡 선생을 모시고 가르침을 얻었다는 산

장의가 혀를 내밀면서 말하였다.
"내 혀를 보라. 아직 있는지 없는지."
아내는 기가 막혀서 "혀가 있습니다." 하였다.
장의는 "그러면 됐어!" 하고는 좌절하지 않았다.

그때 소진은 이미 조왕을 설득하여 종친(從親)할 것을 약속받은 때였다. 그러나 진나라가 만약 조나라를 치게 되면 애써 추진하는 그의 종약 계획이 난관에 부딪힐 것이 뻔했다. 어떻게든 진나라로 하여금 조나라를 치지 못하도록 사전 조치를 해야만 했다. 이 일을 감당할 만한 사람은 오직 장의라고 생각했다. 그는 몰래 사람을 보내어 장의를 달래었다.

"당신은 소진과 동문으로 친구 사이입니다. 지금 소진은 이미 조나라에서 등용되어 요직에 있습니다. 소진을 만나보고 당신의 소원을 이루도록 하십시오."

그렇잖아도 장의는 소진을 만나보았으면 하고 생각하고 있던 참이었다.

장의는 이에 조나라로 가서 소진에게 만나보기를 청하였다. 소진은 수하 사람들에게 사전에 일러두었다. 장의가 오거든 그를 들여보내지도 말고 가지도 못하게 하라. 이렇게 며칠을 지낸 뒤에 겨우 그를 만나보게 하였다. 장의를 마루 아래에 앉히고 하인이나 첩에게 주는 음식을 주게 하였다. 그리고는 장의를 꾸짖었다.

"그대는 그 뛰어난 재능을 가지고도 스스로 이러한 모욕을 자초하였으니 내 어찌 그대를 왕에게 추천할 수 있겠는가. 그대는 거두어 쓸 만한 사람이 못되네."

그리곤 그를 사절하여 보냈다.

장의는 한탄하였다. 처음 올 때는 그를 친구로 알고 찾아왔는데 이런 모욕을 당하다니. 화가 난 그는 '제후들 가운데 섬길 만한 사람은 없지만 오직 진나라만이 조나라를 괴롭힐 수 있을 것이다.'라고 생각하고 드디어 진나라로 떠났다.

장의가 진나라로 향했다는 사실을 확인한 소진은 조용히 그의 부하를 불러 말하였다.

"장의는 재능이 뛰어난 사람이다. 진왕을 설득하여 영향력을 행사할 사람은 그 사람뿐인데 가난하여 진나라에 나아갈 자금이 없을 것이다. 내가 일찍이 그가 찾아왔을 때 모욕을 준 것은 그 사람이 작은 이익을 탐내어 큰 뜻을 이루지 못할까 염려하여 치욕을 주고 그의 뜻을 격려하기 위함이었다. 자네는 나를 위하여 그를 돕되 내가 시켰다는 일은 비밀로 해두게."

그리고는 거마와 자금을 두둑이 주어 장의를 수행하여 숙식을 같이하면서 모든 경비를 제공하고 장의가 필요하다고 하는 것은 무엇이든 넉넉히 공급하도록 하였다.

얼마 후 장의는 진나라 혜문왕을 만나게 되었으며 혜문왕은 그를 객경(客卿)으로 삼아 함께 국사를 의논하게 되었다. 이때에 이르러 소진의 부하가 하직하고 돌아가려고 하자 "그대의 도움으로 나는 출세하였다. 내 그대의 은공에 보답하려고 하는데 무슨 일로 가려고 하는가?" 하였다.

소진의 부하는 비로소 비밀을 털어놓았다.

"나는 당신을 알지 못합니다. 내가 이렇게 하게 된 것은 모두 소진이 시켜서 한 일입니다. 소진은 진나라가 조나라를 정벌하여 종약이 깨어질 것을 근심하였습니다. 그래서 당신의 힘을 빌려 진나라로 하여금 조나라를 공격하지 않도록 하기 위해 당신을 감격·분노하게 만들고 비밀리에 자금을 공급하게 하였습니다. 당신께서 이미 등용되었으니 나는 이제 돌아가야 합니다."

장의는 비로소 소진의 깊은 뜻을 알았다.

"아아, 내가 소진의 사려 깊은 술책 속에 있으면서 그것을 깨닫지 못하였구나!"

장의는 소진의 깊은 우정에 감탄하며 일단 조나라에 대한 공격을 제지시켰다. 장의는 진나라의 정승이 되었으며 그 후 4년 만에 혜문왕을 세웠다.

그는 먼저 위나라로 하여금 진나라를 섬기게 하여 제후들에게 그것을 본받게 하려고 하였다. 장의는 위나라 양왕을 설득하였다.

"위나라는 땅이 사방 천 리가 못 되며 사방이 평탄하여 이름난 높은 산이나 큰 하천의 장애가 없고 남으로는 초나라, 서로는 한나라, 북으로는 조나라, 동으로는 제나라와 접하고 있습니다. 사방을 수비하는 군사와 변방 요새의 관문을 지키는 자의 수는 십

만에 지나지 않는데다가 수도인 양(梁)의 지세는 본래부터 싸움마당입니다. 이제 종친하는 자가 천하를 하나로 단결하여 형제와 같이 되기를 약속하였으나 친형제로서 같은 부모의 혈육을 타고난 사람도 재물을 서로 다투는 일이 있습니다. 그런데 간사하고 시세에 따라 엎치락뒤치락하는 소진의 꾀를 믿으려 하니 성공할 수 없다는 것은 너무나 명백합니다.

대왕을 위한 계책으로는 진나라를 섬기는 것보다 더 나은 방법은 없습니다. 진나라를 섬기게 되면 초나라·한나라가 감히 움직이지 못할 것이니 초·한의 근심이 없다면 대왕께서는 베개를 높이하고 누워 있어도 위나라는 아무 근심이 없을 것입니다."

위의 양왕은 드디어 종약을 배반하고 장의를 통하여 진나라에 평화를 청하였다. 장의는 돌아가 다시 진나라의 정승이 되었다.

진나라가 제나라를 치려고 하자 제나라와 초나라가 종친하였다. 이에 장의는 초왕을 설득하기로 하였다. 당시의 정세로 보아 그가 추진하는 연횡론의 핵심은 초나라를 굴복시키는 데 있었다.

초나라 회왕(懷王)은 장의가 온다는 말을 듣고 국빈으로 대우하여 자신이 직접 장의를 인도하여 숙소에 들게 한 후 말하였다.

"이곳은 중원과 멀리 떨어진 누추한 나라요. 선생께서는 무엇을 가르쳐 주시겠소?"

장의는 예를 다하여 인사를 마친 후 초왕을 설득하였다.

"대왕께서 진정 신의 말을 옳게 들으시어 관(關)을 닫고 제나라와의 종약을 깨뜨린다면 신은 상어(商於)의 땅 6백 리를 초나라에 바치고 진나라의 여자로서 대왕의 시첩(侍妾)을 삼게 할 것이며 서로 혼인하여 길이 형제의 나라가 되게 하겠습니다."

초왕은 눈앞의 이익만 생각하고 크게 기뻐하며 그렇게 하겠다고 허락하였다. 여러 신하들도 다 축하하는데 홀로 진진(陳軫)이 탄식하며 슬퍼하였다.

초왕이 매우 불쾌하게 생각하여 "전쟁 없이 6백 리의 땅을 얻게 되었는데 슬퍼하는 것은 무슨 까닭인가?" 하고 물었다.

"신의 생각으로는 땅을 얻을 수 없을 뿐만이 아니옵고 제나라와 진나라는 힘을 합하게 될 것입니다. 그렇게 되면 화는 초나라에 미칠 것입니다."

"어째서 그런가?"

"저 진나라가 초나라를 만만치 않게 여기는 이유는 제나라와 친교를 맺고 있기 때문입니다. 지금 관문을 닫고 제나라와의 종약을 어긴다면 초나라는 고립됩니다. 이렇게 되면 진나라가 어찌 고립된 나라에 6백 리의 땅을 주겠습니까? 대왕을 위한 최선의 계책은 몰래 제나라와 합작하면서 겉으로 친교를 끊는 체하고 사람을 시켜 장의에게 수행(隨行)시키는 것이 좋겠습니다."

초왕은 진진의 말을 듣지 않았다. 오히려 장의에게 초나라 정승의 인수를 주고 후한 뇌물까지 주었다. 그리고 관문을 닫아 제나라와의 맹약을 끊고 한 사람의 장군을 시켜서 장의를 따라가 6백 리의 땅을 받아오도록 하였다.

장의는 진나라에 도착하자 술에 취한 척 수레 위에서 잡은 줄을 놓친 채 거짓으로 수레에서 떨어져 병을 일컫고 3개월이나 조정에 나타나지 않았다. 이 때문에 토지의 인도는 지연되고 있었다. 이쯤 되면 초왕은 장의의 책략을 한번 의심해 볼 수도 있었으나 전혀 의심하지 않았다.

"장의가 제나라에 대한 절교가 그다지 신통치 못하다고 여겨 그러고 있는 것인가?" 하고 드디어 제왕을 모욕하는 편지를 보냈다. 《사기》〈초세가(楚世家)〉에는 용사를 보내어 제왕을 크게 꾸짖었다고 되어 있으나, 다른 역사서에는 편지를 보낸 것으로 되어 있다. 아무리 용사라 해도 외국의 궁궐에까지 가서 왕을 모욕준다는 것은 사실상 어려운 일이니 편지를 보냈음이 확실한 것 같다.

제왕은 크게 노하여 몸을 굽혀 진나라와 친교를 맺었다. 진나라와 제나라의 친교가 맺어지자 비로소 장의가 모습을 나타냈다.

장의는 초나라의 사자에게 말하였다.

"신이 봉읍(俸邑)으로 받은 고을 6리가 있으니 그것을 대왕에게 바치고자 합니다."

초나라의 사자는 기가 막혔다.

"신이 초왕으로부터 명령을 받은 것은 상어의 땅 6백 리입니다. 그런데 갑자기 6리라니 그게 무슨 말씀이오?"

사자는 할 수 없이 빈 손으로 초나라에 돌아가 이를 초왕에게 보고하니 초왕은 크게 노하여 군대를 동원하여 진나라를 치고자 하였다. 그러자 진진이 말하였다.

"진나라를 치는 것은 땅을 베어 진나라에 주는 것만 못합니다. 진나라에 뇌물을 주고 그들과 합세하여 제나라를 친다면 우리가 땅을 진나라에 내주고 제나라에서 보상을 받는 것이니 초나라는 오래 존속할 수 있을 것입니다."

이번에도 초왕은 진진의 말을 듣지 않았다. 마침내 군대를 동원하여 장군 굴개(屈丐)로 하여금 진나라를 공격토록 하였다. 승패는 애당초부터 결정되어 있었다. 초왕이 크게 노하여 이성을 잃고 감정적으로 군대를 동원할 것을 계산해 놓고 있던 장의는 미리 초나라의 공격에 만반의 태세를 갖추고 있었다. 만반의 태세를 갖춘 진나라 군대와 갑자기 동원된 초나라 군대와는 그 질에서나 작전에서 많은 차이가 있었다.

초군은 진·제의 군대와 단양(丹陽)에서 싸워 크게 패하였다. 초나라 군사 8만 명이 진나라 군사의 칼 아래 쓰러지고 장군 굴개는 포로가 되었다.

진나라 군사는 승세를 몰아 초나라 영토인 한중(漢中)을 점령하니 초나라 회왕은 더욱 흥분하여 군대에 총동원령을 내렸다. 초나라의 군대는 진나라 영토 깊숙이 남전(藍田)까지 침공하여 대대적인 전투를 벌였으나 냉정하게 대응하는 진나라 군대에게 대패하였다.

이때 초나라의 수도에는 급보가 날아들었다. 초나라 군대가 진나라 영토에서 고전하고 있다는 사실을 탐지한 한나라·위나라가 연합하여 초나라 영토인 등(鄧)까지 침공하였다는 것이었다.

초의 회왕은 크게 놀랐다. 급선무는 무슨 수를 써서라도 남하하는 한·위의 군사를 막지 않으면 안 되었다. 그렇게 하자면 부득이 진나라와 싸우고 있는 주력부대를 철수시켜야만 했다. 철수할 경우 진나라 군대가 가만히 놓아보내지 않을 것이 뻔했다. 회왕은 하는 수 없이 초나라의 두 성을 베어주고 진나라와 강화를 맺고 군대를 철수시켰다.

다음해 진나라는 초나라에 사자를 보내어 이미 빼앗은 한중의 땅 일부를 돌려주고 계속 화친을 하자고 요청하였다. 진나라의 이 같은 화친 교섭은 6국 동맹을 깨뜨리기 위해서는 조그마한 희생을 치르더라도 초나라와의 화친이 필요했기 때문이었다.

그러나 회왕의 대답은 엉뚱하게도 "나는 한중의 땅을 원하지 않습니다. 원하는 건 장의뿐입니다."라고 하였다.

매우 감정적이고 냉정을 잃은 회왕다운 말이었다. 회왕의 생각은 오직 장의를 죽여 없애야겠다는 생각뿐이었다. 지금까지 초나라가 곤욕을 치른 것은 모두 장의 때문이니 그를 죽이지 않으면 직성이 풀리지 않을 정도로 회왕은 흥분해 있었다.

진왕은 장의를 보내고 싶었으나 차마 말을 꺼내지 못하였다. 장의는 이 같은 진왕의 뜻을 충분히 헤아리고 있었다. 그는 혜문왕에게 자진하여 초나라에 가겠다고 청하니 혜문왕이 만류하였다.

"저 회왕이 그대를 원하는 것은 그대에게 품은 원한을 속시원히 풀어보겠다는 뜻이니 가지 않는 것이 좋겠소."

장의가 말하였다.

"진나라는 강하고 초나라는 약합니다. 신은 일찍이 초나라의 궁중에 친진(親秦) 세력을 길러 놓았습니다. 그들의 말이라면 초왕은 다 듣습니다. 또 신이 진나라의 사자로서 가는데 초나라가 어찌 감히 죽일 수 있겠습니까? 설사 신이 죽임을 당한다 해도 초나라와의 화친이 이루어진다면 그것으로 만족합니다."

장의는 드디어 초나라에 사신으로 갔다. 초의 회왕은 장의가 오자 곧바로 옥에 가두고 죽이려고 하였다.

초나라 친진 세력의 우두머리 격인 상관대부 근상(靳尙)은 장의의 구명 운동에 앞장섰다. 그는 회왕의 총희 정수(鄭袖)에게 말하였다.

"부인께서 앞으로 초왕의 천대를 받게 되는 일을 알고 계십니까?"

정수는 뜻밖의 말에 의아한 표정을 지으며 그게 무슨 말씀이냐고 다그쳐 물었다.

"진나라 임금은 장의를 몹시 사랑하니 그를 구하기 위하여 장차 상용(上庸)의 땅 여섯 고을을 뇌물로 초나라에 주고 절세의 미녀를 초왕에게 바치며 궁중의 가무(歌舞) 잘하는 여인으로 그 미녀들의 시중을 들게 하려 하고 있습니다. 초왕은 땅을 소중히 알며 또 진나라를 존대하고 있으니 진나라의 여인을 귀여워할 것이고, 반면에 부인께서는 천대를 받게 될 것입니다. 그러니 초왕에게 말하여 장의를 놓아주도록 하는 것이 좋을 것입니다."

성격이 단순한 정수는 근상의 말을 그대로 믿고 밤낮으로 울며 회왕에게 호소하였다.

"남의 신하가 된 사람은 제각기 자기의 임금을 위하여 힘쓰는 것입니다. 진나라에서 장의를 보내온 것은 왕을 존중하기 때문이온데 장의를 죽이면 진나라는 반드시 노하여 초나라를 칠 것입니다. 첩이 모자가 함께 강남(江南)으로 옮겨가서 진나라에 어육(魚肉)이 되는 일이 없게 하여 주시기를 원합니다."

회왕은 애첩 정수와 떨어져서는 하루도 살 수 없다고 생각할 정도로 그녀를 사랑하고 있었으므로 그녀의 말을 들어 장의를 석방하고 후대하였다.

장의가 옥에서 나와 떠나기 전에 소진이 죽었다는 소문을 들었다. 장의는 초왕을 설득하였다.

"지금 천하의 강국은 진나라 아니면 초나라입니다. 두 나라가 서로 다툰다면 그 형세는 양립할 수 없을 것입니다.

온 천하의 제후들이 맹약을 맺고 종친하여 서로 굳게 지키기를 주장한 사람은 소진입니다. 그는 연나라에 거짓 죄를 지었다고 꾸며 제나라에 들어갔습니다. 제왕이 그를 받아들인 지 2년 만에 음모가 발각되어 저잣거리에서 차열(車裂)의 형에 처해졌습니다. 한낱 사기꾼에 지나지 않는 소진으로서 천하를 경영하여 제후를 하나로 단결시킬 수 없다는 것은 너무도 명백한 일입니다.

지금 진나라와 초나라는 서로 경계를 맞대고 있습니다. 이 같은 지형의 상태로도 서로 화친해야 할 사이입니다. 대왕께서 진정 신의 진언을 들어주신다면 신은 진나라의 태자로 하여금 초나라에 들어와 인질이 되게 하겠습니다. 초나라의 태자도 진나라에 들어가 인질이 되게 하십시오. 이렇게 하면 길이 형제의 나라가 되어 종신토록 공격하는 일이 없을 것입니다. 신이 대왕을 위한 계책으로는 이보다 더 나은 것은 없다고 생각합니다."

이에 초왕이 장의의 말을 듣고자 하니 굴원(屈原)이 반대하였다.

"전에 대왕께서는 장의에게 속았습니다. 장의가 왔기에 신은 대왕께서 장의를 삶아 죽일 것이라고 생각했습니다. 지금 차마 죽이지 않더라도 그의 간사한 말을 듣는 것은 옳지 않습니다."

회왕은 굴원의 말을 듣지 않고 장의를 용서하는 한편 진나라와 친교하기로 하였다. 장의는 초나라를 떠나 그 길로 한나라에 가서 한왕을 설득하였다.

"진나라의 군사와 산동(山東)의 군사는 마치 저 용사 맹분(孟賁)*과 겁부(怯夫)와의 대결 같고, 진나라의 군사가 무거운 힘으로 산동의 군사를 압박하는 것은 오확(烏獲) 같은 대역사(大力士)가 어린아이와 대결하는 것 같습니다. 그러니 대왕을 위한 계책으로는 진나라를 위하여 일하는 것보다 나은 것은 없습니다. 진나라가 하고자 하는 일은 초나라를 약화시키는 일이니 지금 대왕께서 서쪽을 향하여 진나라를 섬기고 초나라를 치면 진왕은 반드시 기뻐할 것입니다."

한왕은 장의의 말을 받아들이기로 하였다. 장의가 진나라에 돌아가 보고하니 진의 혜문왕은 크게 기뻐하여 장의를 무신군(武信

* 맹분(孟賁) : 제나라 역사의 이름

君)에 봉하고 다시 동쪽으로 제나라에 가서 민왕(湣王)을 설득하게 하였다. 장의는 민왕에게 말하였다.

"종친을 찬성하는 사람이 대왕에게 말하기를 '제나라는 서쪽에 강한 조나라가 있고 남에는 한나라·위나라가 있습니다. 제나라는 바다를 등지고 있고 땅이 넓고 백성이 많으며 군대는 강하고 용감하다.'고 합니다.

그러나 지금 진나라와 초나라는 서로 혼인하여 형제의 나라가 되었을 뿐만 아니라 한나라·위나라·조나라가 모두 땅을 베어 진나라를 섬깁니다. 만약 대왕께서 진나라를 섬기지 않는다면 진나라는 한나라·위나라·조나라의 군대를 동원하여 청하(淸河)를 건너서 박관(博關)을 향하여 진격할 것입니다. 그리되면 임치와 즉묵(卽墨)은 대왕의 소유가 아닐 것입니다. 그때에 이르러 아무리 진나라를 섬기고자 한들 이미 때는 늦었을 것입니다. 대왕께서는 이런 점을 깊이 헤아리시기 바랍니다."

제왕은 마침내 장의의 말에 따르기로 결정하였다.

장의는 서쪽으로 가서 조왕을 설득하였다.

"대왕께서는 천하의 제후를 모두 거느리시고 진나라를 배척하였습니다. 진나라 군대가 감히 함곡관을 나오지 못한 것이 이미 15년입니다. 대왕의 위업이 산동에 떨쳤으나 지금 초나라는 진나라와 형제의 나라가 되었습니다. 그리고 한나라와 위나라는 동번(東藩)이라고 일컬으면서 진나라를 섬기고 있으며 제나라는 어염(魚鹽)의 산지를 바쳤습니다. 이것은 마치 조나라의 오른팔을 끊어버린 것과 같습니다. 그러니 오른팔을 끊기고 남과 싸우며, 자기의 무리를 잃고 고립해 있으면서 위태하지 않기를 바란들 어찌 그렇게 될 수가 있겠습니까? 신이 가만히 대왕을 위하여 생각하건대 진왕과 만나서 서로 대면하여 우호를 맺고 군대를 무마하여 공격하지 말도록 청하는 것보다 더 좋은 계책은 없습니다."

조왕이 장의의 진언을 허락하자 장의는 북으로 연나라에 가 연의 소왕(昭王)을 설득하였다.

"대왕께서 진나라를 섬기지 않으면 진나라는 군대를 운중(雲中)·구원(九原)에 보내고 조나라 군대를 동원하여 연나라를 칠 것입니다. 그렇게 되면 역수(易水)·장성(長城)은 대왕의 소유가 아닐 것입니다. 이제 대왕께서 진나라를 섬기면 진왕은 반드시 기뻐할 것이며 연나라는 제나라와 조나라에 대한 근심이 없어질 것입니다. 대왕께서는 신의 진언을 깊이 생각하시기 바랍니다."

연왕이 말하였다.

"과인은 궁벽한 곳에 살고 있어 바른 계책을 얻어 듣지 못하였소. 이제 상객(上客)께서 다행히 가르쳐 주셨으니 서쪽을 향하여 진나라를 섬길 것이며 항산(恒山) 끝의 다섯 성을 바치겠소이다."

장의는 이때에 이르러 비로소 연횡론의 긴 여정을 마치고 이를 보고하기 위해 진나라로 향했다. 그가 함양(咸陽)에 도착하기 전에 혜왕이 죽고 무왕(武王)이 즉위하였다.

무왕은 태자로 있을 때부터 장의를 좋아하지 않았다. 그가 임금이 되자 장의의 정적들은 일제히 장의를 헐뜯기 시작하였다.

제후들은 장의와 무왕 사이가 좋지 않다는 소문을 듣고 모두 연횡을 배반하고 다시 합종하게 되었다.

일세의 지략가이며 변설(辯舌)의 천재 장의도 이때에 이르러서는 위기의식을 느끼지 않을 수 없었다. 그는 어떻게든 이 위기를 슬기롭게 넘겨야겠다고 생각했다. 진나라에 오래 있으면 장차 신변이 위태로울 것은 뻔했다. 드디어 장의는 무왕에게 말하였다.

"신을 위나라에 보내 주십시오."

무왕이 그 이유를 물었다.

"지금 들으니 제왕이 신을 매우 미워하고 있다 합니다. 신이 가 있는 곳이면 제왕이 반드시 군사를 동원하여 침공할 것입니다. 그러므로 신이 만약 위나라에 가면 제나라는 반드시 군대를 동원하여 위나라를 칠 것입니다. 제나라와 위나라는 성 아래에서 서로 대치하여 싸우느라 그곳을 떠나지 못할 것이니 대왕께서는 그 틈을 타서 한나라를 쳐서 삼천(三川)에 들어가시고 군대를 함곡관 밖에 내보내시어 공격하지 않은 채 주나라에 육박하면 주나라에서는 반드시 제기(祭器)를 내놓을 것입니다. 천자를 끼고 천하의 지도와 장부와 호적을 점검하여 제후들을 지휘하는 것이야말로 왕자의 일입니다."

진왕이 그럴 듯하게 생각하고 병거(兵車) 30승(乘)을 갖추어 장의를 위나라에 보냈다. 장의가 위나라에 들어오자 제나라에서는 과연 군대를 동원하여 위나라를 공격했다. 위나라 애왕(哀王)이 어쩔줄 몰라 근심하니 장의가 말하였다.

"대왕께서는 근심하지 마십시오. 제나라 군대는 신이 책임지고 물러나게 하겠습니다."

장의는 이렇게 말하고 그의 부하 풍희(馮喜)를 일단 초나라에 보냈다. 그리고는 초왕의 사자라는 신분을 빌어가지고 제나라에 가서 제왕에게 앞서 장의가 무왕에게 말했던 내용을 모두 털어놓은 다음 다음과 같이 설득케 하였다.

"이런 속셈이 있었기 때문에 장의에게 병거 30승을 갖추어 그를 위나라에 들여보낸 것입니다. 장의가 위나라에 들어오자 대왕께서는 위나라를 공격하였으니 이것은 대왕께서 나라를 피폐하

공손연 〈삼국지연의〉 삽화

게 만들고 동맹국을 쳐서 진나라를 유리하게 만들며 진왕으로 하여금 장의를 신임하도록 만드는 결과밖에 없습니다."

제왕은 풍희의 말을 듣고 드디어 위나라 공격을 중지하였다.

장의는 위나라에서 정승이 된 지 1년 만에 죽었다. 세상을 떠들썩하게 했던 오기(吳起)·상앙(商鞅)·소진(蘇秦)이 비참한 최후를 마친 데 비하여 목숨을 보전하여 천명대로 살다 죽었다.

소진과 장의가 그들의 뛰어난 권모술수를 바탕으로 합종(合從)과 연횡(連衡)의 이론을 내세워 여러 제후들을 설득하고 천하의 부귀를 누리게 되자 이를 부러워하여 다투어 소진과 장의를 본받는 자가 많았다. 위나라 사람 공손연(公孫衍)은 그의 호를 서수(犀首)라 하여 역시 변설로 이름을 날렸고, 소진의 아우 소대(蘇代)·소여(蘇厲)와 주최(周最)·누완(樓緩) 등 천하를 누비고 다니며 변설과 사술(詐術)로써 경쟁을 일삼는 자가 수없이 많았으나 그 가운데 가장 뛰어난 사람은 소진·장의·공손연 등이었다.

굴원과 이소

장의가 위나라에 가서 죽은 후에도 진나라의 기본정책은 조금도 달라지지 않았다. 상앙이 추진한 전체주의 정책이 계속 추진되고 있었다.

제나라 민왕이 합종의 주역이 되고자 하여 초왕에게 친서를 보내어 유혹하자 초의 회왕은 제나라와 친교를 맺었다. 이것이 기원전 309년의 일이며 그로부터 4년 후 진나라에서는 무왕이 죽고 소왕(昭王)이 즉위하였다. 소왕은 값진 뇌물과 미녀로 초왕을 유혹하니 초왕은 제나라와 친교를 끊고 친진(親秦) 정책으로 전환하였다. 다음해(기원전 304) 회왕은 진나라의 황극(黃棘)에 나아가 맹약을 맺으니 진나라에서는 초왕의 방문을 높이 평가하여 상용(上庸)의 땅을 초나라에 베어주었다. 이로써 초나라는 진나라와의 밀월 시대(蜜月時代)로 들어갔으나 이것은 제나라를 배반하는 행위였다.

제나라는 한·위와 연합하여 초나라를 공격하였다. 공격의 구실은 합종의 맹약을 위반했다는 것이었다. 초의 회왕은 부득이 친교국인 진나라에 구원을 요청하였다.

진나라와 제나라 사이를 자기 입맛에 맞게 간에 붙었다 쓸개에 붙었다 하는 초나라를 진나라로선 전적으로 믿을 수가 없었다. 언제 또 진나라를 배반할지 몰라 진나라에서는 초나라 태자를 인질로 하고 원군을 보내기로 결정하였다. 진나라에서 원군이 출동하자 제나라·한나라·위나라의 3국 군대는 철수하였다.

그런데 회왕 27년(기원전 302)에 진나라에 인질로 가 있던 초나라 태자가 사사로이 진나라 대신과 싸움을 벌여 그를 죽이고 도망해 초나라로 돌아온 사건이 벌어졌다. 이로써 진나라와 초나라의 친교가 끊기고 다음해 진나라는 제나라·한나라·위나라의 3국과 연합하여 초나라를 공격하였다. 초나라는 구원을 청할 나라가 하나도 없었다. 이 싸움에서 초나라 장군 당매(唐昧)는 전사하고 초나라 동쪽의 중구(重丘)가 점령당하였다. 다음해 또 진나라는 단독으로 초나라를 공격하여 장군 경결(景缺)을 죽이고 2만 명의 군사를 죽였다. 초나라의 대참패였다. 이렇게 되면 초나라는 원래의 친제(親齊) 정책으로 전환할 수밖에 없었다. 할 수 없이 태자를 제나라에 인질로 보내어 제나라와 친교를 맺었다.

다음해 진나라는 또 군사를 일으켜 초나라를 공격하여 여덟 성을 빼앗고 초나라에 국서를 보내어 초나라의 회왕과 무관(武關)에서의 회견을 요청하였다.

초나라 회왕은 걱정이었다.

"가는 것이 좋으냐? 안 가는 것이 좋으냐?"

친제파(親齊派)인 굴원(屈原)이 말하였다.

"진나라는 호랑이 같은 나라입니다. 믿을 수 없으니 가지 않는 것이 좋겠습니다."

회왕의 아들 자란(子蘭)은 친진파였다.

"진나라와 친교를 끊어서는 안 됩니다. 진나라의 요청대로 무관에 가는 것이 좋겠습니다."

회왕은 자란의 말을 들어 무관으로 들어갔다.

진나라는 군사를 숨겨두었다가 그의 배후의 길을 끊고 회왕을 억류하여 금중(黔中)과 무(巫)의 땅을 베어 달라고 협박하였다. 이 두 곳을 만약 진나라에 줄 경우 진나라의 파촉에서의 형세를 더욱 증대시키게 되어 초나라로선 더욱 불리하게 되는 것이었다. 초의 회왕은 현명하지는 않았으나 단순한 성격의 소유자였다. 끝까지 이를 거절하였기 때문에 억류당한 것이었다.

초나라의 왕은 진나라에 억류되고 태자는 인질로 제나라에 가 있으니 초나라로선 일찍이 없었던 큰 국난에 부닥친 것이다. 초나라 조정에서는 이런 때 진나라와 제나라가 초나라를 공격하면 완전히 멸망할지도 모른다는 우려에서 회왕의 서자로 왕위를 잇게 하는 방법까지도 생각하였다. 그러나 왕과 태자가 모두 외국에 살아 있기 때문에 그것도 불가능한 일이었고 진나라에 있는 왕을 돌아오게 하는 일 또한 어려움이 많았다. 이에 제나라에 인질로 가 있는 태자를 모셔오기로 하고 제나라에는 거짓으로 진나라에 가 있는 회왕이 죽었으니 태자를 돌려보내 달라고 요청하였다.

제나라에서는 태자를 돌려보내는 문제를 놓고 무조건 돌려보내자는 주장과 회북(淮北)의 땅을 베어 받기로 하는 조건을 내세우자는 두 주장이 엇갈렸으나, 결국 땅을 달라는 조건을 붙일 경우 초나라에서는 다른 왕자를 세워 왕으로 삼을 가능성이 있고 이렇게 되면 제나라가 인질로 잡고 있는 태자는 허수아비에 지나지 않을 뿐 아니라 여러 제후들에게도 제나라의 위신을 떨어뜨리는 결과를 가져온다는 결론이 내려져 무조건 태자를 돌려보냈다. 귀국한 태자가 즉위하니 이 이가 곧 경양왕(頃襄王)이다. 초나라에서는 즉시 이 같은 사실을 진나라에 통고하였다.

이로써 진나라에 억류된 회왕은 완전히 허수아비나 다름없는 존재가 되었다. 화가 머리끝까지 치솟은 진나라는 군사를 동원하여 무관에서 초나라를 공격하여 5만 명을 참수(斬首)하는 큰 전과를 올리고 15성을 빼앗았다.

딱하게 된 것은 회왕의 신세였다. 고국에서는 태자가 이미 즉위하였으니 회왕은 이제 왕이 아니었다. 고심 끝에 진나라에서 탈출하여 조나라로 갔으나 조나라에서는 진나라를 두려워하여 회왕을 받아들이려 하지 않았다. 이때 조나라는 무령왕(武靈王)이 퇴위하고 그의 아들 혜왕이 즉위한 때였다. 회왕은 하는 수 없이 위나라로 도망치려 하였으나 그의 뒤를 쫓는 진나라 군사에게 잡혀 도로 진나라로 연행되었다. 회왕은 망향의 한을 안은 채 3년 동안 고생하다가 끝내 진나라에서 죽고 말았다. 회왕의 유해가 초나라에 돌아오자 초나라 백성들은 회왕의 비극적인 죽음을 슬퍼하여 진나라에 대한 적개심이 불꽃처럼 타올랐으나 초나라의 국력은 이제 과거처럼 회복되기가 어려웠다.

경양왕이 즉위하자 그는 아우 자란(子蘭)으로 영윤(令尹)을 삼았다. 초나라 사람들은 일찍이 자란이 회왕을 권하여 진나라 무관에 나가게 하여 돌아오지 못하게 하였다고 책망하였으며 굴원 또한 자란을 미워하였다. 영윤 자란은 굴원이 자기를 미워한다는 말을 듣고 굴원과 사이가 나쁜 상관대부 근상으로 하여금 경양왕에게 굴원을 참소하게 하였다. 경양왕은 크게 노하여 굴원을 먼 곳으로 추방하였다.

일찍이 굴원은 회왕 때 좌도(左徒) 벼슬에 있었다. 견문이 넓고 기억력이 뛰어났으며 역대의 치란(治亂)에 밝아 회왕으로부터 신임이 두터웠다. 굴원이 회왕의 명을 받아 초나라를 부강하게 하기 위한 헌령(憲令)을 기초하고 있었는데 굴원과 왕의 은총을 다투던 상관대부 근상이 그걸 가로채어 자신의 공적으로 삼으려 하였으나 굴원은 이를 거절하였다.

근상은 이에 굴원을 회왕에게 참소하였다.

반고

"굴원은 학식을 빙자하여 믿고 대왕을 업신여기어 무엇인가 딴 마음을 품고 있는 듯합니다."

현명치 못한 회왕은 근상의 말을 믿고 굴원을 멀리하였다.

굴원은 왕의 듣고 보는 것이 총명하지 않고 참소와 아첨이 임금의 밝음을 가로막는 것을 근심하고 비통해하면서 장편의 시를 지어 그의 울분을 토로하니 이 시가 유명한 굴원의 〈이소(離騷)〉이다.

이 이소라는 주제의 뜻에 대하여는 두 가지 설이 있다. 하나는 후한 시대 반고(班固)의 설로, '이(離)'는 '이(罹)'와 같은 뜻으로 병이나 재앙에 걸린다는 뜻이고 '소(騷)'는 근심을 뜻하는 것이므로 '근심을 만난다.'는 뜻이라는 견해이다. 또 하나는 후한 때 왕일(王逸)의 견해로 '이(離)'는 이별의 뜻이므로 '이별을 근심한다.'라는 뜻이라는 설인데 앞의 설이 유력한 것으로 인정되고 있다.

굴원은 제나라와 연합하여 진나라에 대항해야 한다고 주장한 친제파였다. 당시 초나라는 굴원의 반대파인 친진파가 득세하고 있었는데 이들 친진 세력들은 진나라의 장의가 6백 리의 땅을 베어주겠다는 미끼에 속아 제나라와 친교를 끊었다. 그 후 끊임없이 진나라의 침략을 받게 되고 초나라가 고립무원의 지경에 이르게 되자 회왕은 굴원을 불러들여 다시 등용하려고 하였다. 굴원은 오직 조국 초나라에 공헌하겠다는 일념으로 수도인 영(郢)으로 돌아왔으나 재차 근상의 참소를 입어 강남 지방으로 추방되는 비운에 처해졌다.

굴원은 상수(湘水)가를 방황하면서 웅혼(雄渾)의 시 〈천문(天問)〉을 써냈다. 172가지 문제를 제기하여 비통한 울부짖음으로 천지(天地)에 의문을 호소하였다.

그는 여기서 우주에 관한 선인(先人)들의 설명에 의문을 품고 "도대체 태고의 시작에 대하여는 누가 그렇게 말하여 전승되는 것일까? 그때는 아직 천지가 형성되지 않은 혼돈한 상태였을 것인데 무엇에 근거를 두고 그렇게 말했는가?"라고 묻고 있다.

또한 그는 인류의 기원에 대한 전설에도 의문을 품고 "여와씨(女媧氏)가 진흙을 빚어 많은 남성과 여성을 만들었다고 전하고 있는데 그렇다면 여와씨 자신의 이상야릇한 형상은 누가 만들어냈단 말인가?"라고 묻고 있다.

굴원은 또 일련의 역사의 공죄(功罪)에 대해서도 의문을 제기하고 있다. 요컨대 자신의 뜻을 세상 사람들이 알아주지 않아 그의 뜻을 펴지 못하고 불우한 방랑의 신세가 됨으로 인하여 모든 전통적인 사고 방식을 긍정보다는 먼저 의심하는 눈으로 관찰하여 사회의 본질을 통찰하고 자연계를 판단하는 자세로 미래를 모색하려는 마음을 가지고 있었던 것이다. 그는 시인으로서의 소질과 풍격(風格)을 갖췄을 뿐 아니라 사상가·정치가로서도 훌륭한 품격을 갖춘 사람이었다.

굴원이 상수(湘水)가에 이르러 머리털을 풀어헤치고 못가로 다니며 침음(沈吟)하니 그의 모습은 아주 파리하고 수척했다.

어부가 그를 보고 물었다.

"당신은 삼려대부(三閭大夫)가 아닙니까? 무슨 까닭으로 이 지경에 이르렀습니까?"

굴원이 대답하였다.

"온 세상이 혼탁(混濁)하되 나 홀로 맑으며 많은 사람들이 취하였으되 나 홀로 깨었소. 내 이런 까닭으로 쫓겨나 이 지경이 되었소."

굴원은 이런 가운데서도 나라에 대한 걱정을 한시도 잊은 일이 없었다.

경양왕 19년(기원전 280) 초나라는 지금까지의 친진 정책에서 180도 전환하여 반진 정책을 펴 여러 제후의 나라에 사자를 보내어 반진동맹을 재건하려 하였다. 그러나 이를 눈치챈 진나라는 초나라를 공격하여 한북(漢北)과 상용(上庸)의 땅을 빼앗고 다음해에는 또 서릉(西陵)을 빼앗았다.

경양왕 27년(기원전 278)에는 진나라 장수 백기(白起)가 드디어 초나라의 수도 영(郢)을 함락하고 선왕의 무덤인 이릉(夷陵)을 불태워버리니 경양왕은 진성(陳城, 하남성)으로 후퇴하였고 다음해에는 다시 초나라의 무(巫)와 금중(黔中)을 점령하니 이곳은 초나라의 운명이 걸려 있는 곳이었다. 일찍이 회왕이 진나라에 억류당하면서까지도 끝끝내 내놓지 못하겠다고 버티던 요충지였는데 이제 진나라가 무력으로 빼앗아버린 것이다.

굴원의 사당

굴원은 이 소식을 듣고 조국의 앞날에 실망한 나머지 분연히 〈애영(哀郢)과 회사(懷沙)의 시〉를 짓고 음력 5월 5일 돌을 품고 멱라수(汨羅水, 호남성 상수의 지류)

에 몸을 던져 순국(殉國)하니 이때 그의 나이 62세였다.

　　애국 시인이었던 굴원은 중국 시가의 세계에서나 중국인의 생활면에 많은 영향을 끼쳤다. 중국 역대의 위대한 시인 이백(李白)과 두보(杜甫)도 예술·품격·덕성면에서 굴원의 영향을 많이 받고 있다.

　　호남성 도강현(湖南省桃江縣)에 있는 굴원에 얽힌 고적의 하나인 천문대 구지(天問臺舊址)는 지금까지 완전히 보존되어 있으며, 투신 자살한 멱라수가에는 그의 무덤과 사당이 세워져 있다. 굴원이 죽은 음력 5월 5일은 속칭 단오절(端午節)이라 하여 그를 추모하는 제일(祭日)로 정해져 있다. 매년 이 날이 되면 강남 지방의 사람들은 뱃머리에 용의 머리를 장식한 용선(龍船)의 경주를 성대히 벌이고 갈대잎으로 싼 송편을 멱라수 물고기에게 던져 주고 있다. 전설에 의하면 물속에 잠긴 굴원이 고기에게 뜯어먹히지 않도록 하기 위한 놀이라고 한다. 단오절에 송편을 만드는 일은 전국적으로 퍼져 지금까지 전해오고 있으며 이 같은 풍습은 중국에서뿐 아니라 멀리 일본·말레이시아 등 여러 나라에까지 전승되고 있다.

계명구도

전국 시대의 제후들은 각기 부국강병을 이룩하기 위하여 인재를 모으는 데 힘을 기울였지만 제후들뿐 아니라 당시의 유력한 귀족들도 그 신분에 따라 인재를 모으기에 광분했다. 그 대표적인 인물이 전국의 사군(四君)이라 불리는 사람들이다.

제나라의 맹상군(孟嘗君) 전문(田文), 조나라의 평원군(平原君) 조승(趙勝), 위나라의 신릉군(信陵君) 공자 무기(無忌), 초나라의 춘신군 황헐(黃歇) 네 사람이다.

이 가운데서도 특히 유명한 것은 맹상군이었다. 맹상군은 선왕의 막냇동생이며 위왕의 손자이다. 그의 문하에는 식객(食客)이 3천 명이나 되니 그의 명성은 제후들의 귀에도 들어갔다.

진나라 소왕이 맹상군이 어질다는 소문을 듣고 먼저 경양군(涇陽君)을 인질로 보내놓고 맹상군 보기를 원하였다. 맹상군이 진나라에 가려고 하자 그의 식객들은 모두 반대하여 가지 말라고 간하였으나 맹상군은 기어코 진나라에 가려 하였다. 식객 가운데 소대(蘇代)*가 또 만류하며 말하였다.

"오늘 아침 제가 밖에 나갔다가 돌아오는 길에 나무로 만든 인형과 흙으로 빚은 인형이 서로 이야기를 주고받는 것을 들었습니다. 나무인형이 말하기를 '하늘에서 비가 내리면 당신은 장차 부서지고 말 거야.' 라고 하니 흙으로 빚은 인형이 말하기를 '나는 흙에서 태어났으니 부서지면 곧 흙으로 돌아갈 뿐이지, 이제 비가 내리면 당신은 떠내려가서 그칠 곳을 알지 못할 것이야.' 라고 하였습니다. 지금 진나라는 호랑이 같은 나라이온데 군께서 가려고 하시니 만일 돌아오지 못하는 일이 생긴다면 군께서는 흙인형에게 비웃음을 당할 것입니다."

맹상군은 소대의 의미 깊은 말을 듣고 진나라로 가는 것을 중지하였다.

제나라 민왕 25년 다시 진나라에서 맹상군을 보내달라고 강요하는 바람에 맹상군은 마침내 진나라에 들어갔다. 진의 소왕은 즉

* 소대(蘇代) : 합종가로 이름을 날렸던 소진의 아우

시 맹상군으로 진나라 정승을 삼으려고 하였다.

소왕의 측근 가운데 한 사람이 말하였다.

"맹상군은 현명하나 제나라의 일족(一族)입니다. 그가 진나라의 정승이 된다 해도 반드시 제나라를 먼저 생각하고 진나라를 뒤로 미룰 것이니 진나라로선 위태로운 일입니다."

소왕은 그럴듯하게 생각하여 정승으로 삼으려는 계획을 취소하고 맹상군을 가두었다. 어진 사람을 등용하지 않을 경우 죽여 없애는 것이 당시 제후들의 일반적인 관례였다. 우선 가둬 놓고 계략을 써서 죽이자는 것이 진나라의 계획이었다.

맹상군의 목숨은 경각에 달려 있었다. 맹상군은 서둘러 사람을 시켜 소왕이 가장 총애하는 여인에게 뇌물을 보내고 자신의 석방 운동을 벌이게 하였다.

그러자 그 여인이 말하였다.

"석방해주는 대가로 맹상군이 가진 흰 여우 갖옷(狐白裘)을 나에게 주시오. 그렇게 한다면 맹상군을 석방하도록 힘써 보겠습니다."

맹상군은 단 한 벌의 호백구(狐白裘)를 가지고 있었는데, 이것은 여우 겨드랑이의 흰털만을 모아 만든 가죽옷으로 한 벌 만드는 데 1천 마리의 여우가 필요하였다. 값이 천 금이나 되는 천하에 오직 하나뿐인 진기한 물건이었다. 그러나 진나라에 들어와서 이미 소왕에게 바쳤기 때문에 호백구는 다시 없었다.

맹상군은 크게 근심하여 널리 식객들에게 좋은 방법을 물었으나 모두가 묵묵부답이었다. 그런데 제일 말석에 개의 흉내를 내어 도둑질을 잘하는 자가 나서며 말하였다.

"제가 호백구를 구해오겠습니다."

함곡관

　그는 드디어 밤에 개처럼 진나라 궁중의 보물창고에 들어가 전날 소왕에게 바쳤던 호백구를 가지고 왔다.
　그것을 진왕의 총희에게 바치자 그 여인은 맹상군의 일을 소왕에게 말하여 풀려나게 해주었다. 옥에서 풀려난 맹상군은 즉시 말을 달려 귀국길에 올랐다. 통행증을 고쳐 이름과 성을 변경하여 관소를 통과하려고 하였다. 맹상군이 말을 채찍질하여 국경 지대인 함곡관에 도착하니 그때는 밤중이었다. 이윽고 소왕은 맹상군을 석방한 것을 후회하여 그를 찾았으나 이미 떠나고 없었다. 즉시 사람을 시켜 역마를 달려 그를 뒤쫓아 잡아오도록 명령하였다.
　맹상군은 밤중에 관에 도착하였으나 진나라 법에 닭이 울어야 관을 통과시키게 되어 있었다. 맹상군은 뒤쫓아오는 자가 염려되어 안절부절 못하고 있는데 식객 가운데 닭 울음소리를 잘 내는 자가 있어 그가 닭 울음소리를 흉내내자 그 소리를 듣고 닭들이 모두 울었다. 이에 맹상군은 통행증을 보이고 무사히 관을 통과하였다. 통과한 지 잠시 뒤에 진나라의 뒤쫓는 자가 관에 도착하였으나 이미 맹상군이 관을 통과한 뒤였기 때문에 그대로 돌아갈 수밖에 없었다. 맹상군은 이 두 사람* 때문에 위기일발의 죽을 고비를 넘길 수가 있었다.

＊ 개처럼 도둑질을 잘하는 자(狗盜), 닭의 울음소리를 낸 자(鷄鳴).

일찍이 맹상군이 이 두 사람을 빈객으로 대우하자 다른 빈객들은 모두 이 두 사람과 함께 있기를 부끄럽게 여겼다. 그런데 맹상군이 진나라에서 위기에 부딪혔을 때에는 결국 이 두 사람이 그를 구출하였다. 그 뒤부터는 빈객들이 다 탄복하였다.

뒤에 제의 민왕은 송(宋)나라를 멸망시키고 더욱 교만해졌으며 진나라·초나라 사람들의 헐뜯는 말을 듣고 맹상군을 제거하려 하였다. 이에 맹상군은 신변의 위험을 느껴 위나라로 갔다. 위의 소왕(昭王)은 그를 정승으로 삼으니 그는 진나라·조나라와 연합하여 연나라와 함께 제나라를 공격하였다.

제의 민왕은 수도인 임치를 버리고 거(莒)로 도망하여 그곳에 있다가 죽으니 제의 양왕(襄王)이 그 뒤를 이어 즉위하였다. 양왕이 즉위하자 맹상군은 스스로 제후의 한 사람으로 독립하여 중립을 지켰으며 그가 죽자 양왕은 그에게 맹상군이라는 시호를 내렸다.

화우의 진

악의는 위나라 문후(文侯) 때의 장수 악양(樂羊)의 후손이다. 사람됨이 현명하고 용병술(用兵術)이 뛰어나 일찍이 조나라에 등용되었다. 조나라 무령왕(武靈王)이 사구(沙丘)의 난에서 굶주려 죽게 되자 악의는 조나라를 떠나 위나라로 갔다. 이때 연나라 소왕은 제나라가 연나라의 내분을 틈타 연나라를 공격하여 짓밟은 것을 원망하여 하루도 제나라의 원수 갚을 일을 잊지 않았으나 당시 연나라로선 제나라를 제압할 수 있는 힘이 없었다. 이에 소왕은 널리 인재를 모으기 위하여 몸을 굽혀 먼저 곽외에게 말하였다.

"제나라가 우리의 내분을 틈타 유린한 일은 그대도 잘 알고 있을 것이오. 내 연나라가 비록 작고 힘이 없어 보복할 수 없음을 잘 알고 있으나 널리 인재를 모아 함께 선왕 때의 치욕을 씻고자 함이 내 소원이니 그대는 마땅한 인재를 골라 추천하기 바라오."

곽외가 말하였다.

"옛날 어떤 임금이 천금을 신하에게 주면서 천리마를 구해 오라고 명하였습니다. 그 신하가 천리마를 사려고 가보니 그 천리마는 이미 죽었는지라 오백금을 주고 그 죽은 말을 사 가지고 돌아왔습니다.

임금이 노하자 그 신하가 말하기를, '죽은 말도 사 왔을진대 천리마를 가진 사람이 어찌 가만히 있겠습니까? 이제 곧 천리마가 당도할 것입니다.'라고 하였습니다. 반년이 채 못 되어 과연 천리마가 3필이나 당도하였다 하오니 이제 대왕께서 참으로 어진 인재를 구하고자 하실진대 먼저 신에게 예를 갖추어 그 모범을 보이신다면 신보다 어진 인재들이 천리를 멀다 아니하고 찾아올 것

〈악의론(樂毅論)〉 중국 삼국 시대 위나라 하후현이 전국 시대의 장군 악의에 대해 그의 전투 방식을 설명한 문장을 왕희지가 쓴 것이다.

화우의 진

입니다."

이에 소왕이 곽외를 위하여 새로 저택을 짓고 스승의 예로 대우하자 이 소문을 듣고 다투어 인재들이 모여들었다. 악의도 이들 가운데 한 사람이었다.

악의는 위나라에 있으면서 연나라 소왕의 소문을 듣고 위나라의 사자가 되어 연나라에 갔다. 연왕이 그를 빈객의 예로 대접하자 악의는 그런 예우를 사양하고 신하가 되기를 원하니 소왕은 그를 아경(亞卿)으로 삼았다.

이때 제나라 민왕은 남으로 초나라를 쳐서 승리하고 서로는 삼진(三晉)을 깨뜨리고 이어 삼진과 함께 조나라를 도와 중산(中山)을 멸망시켰다. 또 송나라를 멸망시켜 천여 리나 되는 땅을 넓히고 스스로 교만하여 자랑을 일삼으니 백성들이 모두 그를 싫어하였다. 이에 연의 소왕이 제나라 공격할 일을 묻자 악의가 대답하였다.

"제나라는 환공의 위업을 이어받아 땅이 넓고 사람이 많으니 연나라 단독의 힘으로 공격하기는 어렵습니다. 왕께서 반드시 공격하고자 하신다면 먼저 조나라·초나라·위나라와 한편이 되어야 합니다."

소왕은 이에 악의를 사자로 삼아 조나라 혜문왕(惠文王)과 만나 제나라 칠 일을 약정하게 하고 별도로 초나라·위나라와 연합하였다.

또한 조나라로 하여금 제나라를 공격함으로써 얻어지는 이점을 들어 진나라를 설득하게 하니 제후들은 모두 제나라 민왕의 교만하고 포악함을 미워하던 차이므로 다투어 합종하여 연나라와 함께 제나라를 공격하는 데 찬성하였다.

악의가 돌아와 복명하니 연의 소왕은 병력을 총동원하여 악의를 상장군으로 삼았으며 조나라 혜문왕도 정승의 인수를 악의에게 주었다. 악의는 이에 조·초·한·위·연의 군대를 연합하여 거느리고 제나라를 쳐서 제수(濟水)의 서쪽에서 대승을 거두었다. 제후들의 군대는 이 싸움을 마치고 돌아갔으나 악의는 홀로 연나라의 군대를 이끌고 제나라 군대를 추격하여 제나라 수도 임치에 도달하였다. 제의 민왕은 제수 서쪽에서 연합군에게 패하자 도망하여 거(莒)에서 방어하고 있었다. 악의는 홀로 머무르면서 제나라에 군대를 배치하고 항복을 권하였으나 제나라 군대는 성안에서 수세(守

전국 시대의 옥기

제나라 임치성

勢)를 취할 뿐이었다.

악의는 임치성을 공격하여 들어가 제나라의 보화와 재물과 제기(祭器)를 모두 빼앗아 연나라에 보냈다. 연의 소왕은 매우 기뻐하여 친히 제수가에 이르러 군대를 위로하고 상을 내렸으며 음식을 대접하였다. 악의를 창국군(昌國君)에 봉하고 다시 군대를 이끌고 항복하지 않은 제나라의 성을 평정하라 하였다.

악의는 제나라에 주둔하면서 제나라의 성을 공격한 지 아주 짧은 동안에 70여 성을 함락시켜 모두 연나라에 속하게 하였으나, 오직 거(莒)와 즉묵(卽墨) 두 성만을 함락하지 못하였다.

연나라 군대는 제왕이 거에 있다는 정보를 입수하고 군사를 총동원하여 거를 공격하였다. 초나라의 요치(淖齒)가 민왕을 죽였는데도 제나라 군사는 항복하지 않고 끝까지 연나라 군사를 방어하며 버티었다. 연나라 군대는 동으로 가서 즉묵을 포위하였다. 즉묵의 대부가 나가 싸우다가 패하여 죽으니 이에 성중의 백성들이 서로 전단(田單)을 추천하였다.

"일찍이 안평(安平)의 싸움에서 오직 전단의 종인(宗人)들만이 수레의 굴대 끝을 끊어내고 철롱(鐵籠, 쇠로 만든 바구니)을 붙이게 하여 탈출함으로써 생명을 보전하였으니 이것은 전단의 지모가 뛰어나고 용병에 익숙하기 때문이다."

그리고는 그를 장군으로 삼았다.

얼마 뒤 연의 소왕이 죽고 혜왕(惠王)이 즉위하니 혜왕은 태자 시절부터 악의를 좋아하지 않았다. 전단은 그 소문을 듣고 연나라에 이간책(離間策)을 썼다.

"민왕은 이미 죽고 아직 함락되지 않은 성은 두 성뿐인데 악의는 새로 임금이 된 혜왕과 사이가 나빠 사형을 두려워하여 감히 돌아가지 않고 제나라를 친다는 명분을 내세워 장차 군대를 연결하여 제나라의 왕이 되려고 한다. 그런 까닭에 그는 천천히 즉묵을 공격하면서 때를 기다리고 있다. 제나라 사람들이 두려워하는 것은 오직 다른 장수가 오면 즉묵이 하루아침에 함락될까 두려워할 뿐이다."

연의 혜왕은 벌써부터 악의를 의심하고 있었다. 이 말을 듣자 과연 그럴 것이라 생각하고 기겁(騎劫)으로 악의를 대신하게 하였다.

전국 시대의 사불상 조각

악의는 연나라를 버리고 조나라로 가버리니 연나라 군사들이 모두 분개하였다.

전단은 또 첩자를 연나라 진중에 보내어 말하기를 "내가 두려워하는 것은 오직 연나라의 군사가 항복한 제나라 군사의 코를 베어 그것을 전열(戰列)의 맨 앞줄에 두고 우리와 싸워서 그때문에 즉묵이 패하게 되는 일이다."라고 하자 연나라 군대가 그 말을 전해 듣고 그 말과 같이 하니 이 광경을 본 성중의 백성들은 적개심이 불덩이처럼 일어나 성을 지키다 죽을지언정 적에게 붙잡히지는 않을 것이라 다짐하였다.

전단은 또 첩자를 보내어 "즉묵의 백성들은 조상의 무덤을 매우 소중히 여기고 있다. 만약 연나라 군사들이 무덤을 모두 파내어 조상을 욕되게 할까 두려워한다. 이렇게 하면 즉묵의 사람들은 모두 기가 막혀 애통해한 나머지 즉묵을 지키고자 하는 사기마저 떨어져 즉묵은 그 날로 함락될 것이 뻔하다."라고 하였다.

용렬한 연나라 장수 기겁은 이것이 모두 전단의 계책인 줄을 모르고 또 그대로 시행하여 무덤을 파내어 죽은 사람을 불에 태웠다. 즉묵의 사람들은 성 위에서 이 광경을 보고 모두 눈물을 흘리고 울면서 죽기로써 싸우기를 원하니 그 사기는 하늘을 찌를 듯하였다.

춘추 시대의 방패

전단은 즉묵 사람들의 사기가 오른 것을 보고 이에 날쌔고 용감한 자를 무장시켜 성 안에 숨어 있게 하고 노약자와 부녀자만을 성 위에 오르게 한 후 첩자를 성 밖에 내보내어 연나라에게 항복할 기미가 있다는 소문을 퍼뜨리게 하였다. 또 백성들에게서 많은 돈을 거두어 즉묵의 부호들로 하여금 연나라 장수에게 가져다 바치면서 "즉묵이 만약 항복하거든 나의 가족과 처첩을 포로로 하지 말고 그저 목숨만 편안히 살게 해주십시오."라고 말하게 하였다. 연나라 장수는 매우 기뻐하며 그렇게 해주겠노라 약속하고 승리감에 도취되어 더욱더 군기가 해이해져 경계심을 풀고 있었다.

전단은 이에 성중에 있는 소 천여 마리를 모아 비단으로 옷을 만들어 입힌 후 다섯 가지 색깔로 용의 무늬를 그려 넣었다. 뿔에는 칼과 창을 묶어 매고 꼬리에는 기름을 부은 갈대를 다발로 묶어 놓았다. 성의 수천 곳에 구멍을 뚫어 놓고, 동시에 5천 명의 용감한 장사를 선발하니 이로써 전단이 구상한 '화우(火牛)의 진(陣)'의 기습 작전 준비는 완전무결하게 갖추어졌다.

기원전 279년의 어느 깊은 밤 전단은 공격 명령을 내리고 소 꼬리에 불을 붙여 그 구멍으로 내보냈다. 장정 5천 명이 그 뒤를 따랐다.

소는 꼬리가 뜨거워지자 미친 듯 연나라 군사에게 달려가니 연나라 군대는 아닌 밤중에 크게 당황하지 않을 수 없었다. 쇠꼬리의 횃불은 눈부시게 타오르며 빛을 내는데 연나라 군사가 보니 용의 무늬가 좌충우돌 마구 닥치는 대로 덤비는 것이었다. 연나라 군사는 받히는 대로 모두 죽거나 부상당하곤 하였으며 5천 명의 제나라 군사들은 그 뒤를 따라 마구 무찔러 들어갔다. 이와 함께 성 중에서는 북치고 고함을 지르며 노약자와 부녀자들은 모두 구리쇠 그릇을 쳐서 소리를 내니 연나라 진영은 그야말로 아비규환의 생지옥이 되었다. 제나라 사람들이 마침내 장수 기겁을 무찔러 죽이니 연나라 군사는 목숨을 구하여 도망쳤다.

제나라 군사는 승세를 몰아 연나라 군사를 추격하니 지나는 곳마다 모두 연나라를 배반하고 전단에게 돌아와 군대의 수가 날마다 증가하였다. 달아나는 연나라 군사를 추격한 제나라 군사는 마침내 황하가에 도달하여 빼앗겼던 70여 성을 모두 수복하였다. 이에 양왕을 거에서 수도 임치로 맞아들여 정사를 보게 하였다. 멸망의 위기에 처했던 제나라는 여기서 일단 만회하는 데 성공했으나 결국은 이 싸움에서 국력을 크게 소비하였기 때문에 진나라와 다시 패권을 다툴 수 있는 세력을 상실하는 결과를 가져왔다.

처음 연나라 군사가 제나라에 침공하였을 때 획읍(畫邑) 사람 왕촉이 어질다는 말을 들은 악의는 군중에 다음과 같은 명령을 내렸다.

"획읍의 둘레 3십 리 안에는 절대 들어가지 말라."

그리고는 사람을 보내어 왕촉에게 말하기를 "많은 제나라 사람들은 당신의 절의(節義)를 존중하고 있습니다. 나는 당신을 장군으로 삼고 1만 호의 고을에 봉하고자 합니다."라고 하였다.

왕촉이 끝까지 사절하고 받지 않으려 하자 "당신이 듣지 않는다면 내가 삼군을 이끌고 와서 획읍을 무찔러 버리겠소." 하였다.

왕촉은 태연한 자세로 말하였다.

"충신은 두 임금을 섬기지 않고 열녀는 두 지아비를 섬기지 않는다고 하오. 제왕이 나의 간하는 말을 듣지 않으므로 초야에 묻혀 농사나 지으려 하였는데, 나라는 이미 깨어지고 임금은 죽었으되 내가 능히 그것을 보전하게 하지 못하였소. 이제 군대를 가지고 나를 위협하니 내 차라리 의 아닌 것에 사는 것보다는 죽는 것이 낫겠소."

드디어 그는 나뭇가지에 목을 매달고 스스로 흔들어서 줄이 목을 꽉 죄게 하여 죽었다. 제나라의 도망쳤던 대부들이 이 소문을 듣고 그의 충절에 감동되어 거(莒)로 모여들어 제왕의 아들을 찾아 임금으로 세우니 이 이가 양왕(襄王)이다.

왕촉이 말한 "충신은 두 임금을 섬기지 않고(忠臣不事二君), 열녀는 두 지아비를 바꾸지 않는다(烈女不更二夫)"는 말은 후세 사람들의 귀감이 되고 있다.

장평의 싸움

제나라와 진나라가 패권 다툼을 벌이고 있는 동안 조나라는 그 북방에 있는 호족(胡族)들로부터 말타는 기술과 활쏘는 기술을 익히기 시작하였다. 싸움에 알맞은 호족들의 복장을 본떠 새로운 전투복을 만들고 여러 가지 군사 제도의 개혁을 단행하여 급속도로 국력이 강대해졌다.

제나라의 국력이 쇠퇴하자 이제 조나라가 진나라와 패권 다툼을 벌일 정도로 그 세력이 쟁쟁하였다. 이렇게 조나라의 국력이 강대해진 것은 상대부(上大夫) 인상여(藺相如)와 장군 조염파(趙廉頗)가 충성과 지략으로 조의 혜문왕(惠文王)을 보필하였기 때문이었다.

조나라 혜문왕 때에 초나라의 화씨벽(和氏璧)*을 얻었는데 진의 소왕이 그 소문을 듣고 사람을 시켜 조왕에게 편지를 보내어 진나라의 15성과 바꾸자고 제의하였다.

조왕은 대장군 조염파와 여러 대신들을 불러놓고 의논하였다.

"진왕이 비록 15성과 바꾸자고 하나 그것은 한낱 속임수에 불과하오. 화씨벽을 주지 않으려고 하면 막강한 진나라 군대가 공격해올지도 모르니 어떻게 하면 좋겠소?"

* 화씨벽(和氏璧) : 옛날 초나라 사람 변화(卞和)가 초산(楚山)에서 발견하였다는 천하의 보옥

목현(繆賢)이라는 신하가 말하였다.

"신의 사인(舍人) 가운데 인상여라는 자가 있사오니 그를 불러 하문하심이 좋을 듯하옵니다."

이에 왕이 인상여를 불러 물었다.

"진왕이 자기 나라의 15성과 화씨벽을 바꾸자고 하는데 어떻게 하면 좋겠는가?"

상여가 대답하였다.

"진나라는 강하고 조나라는 약합니다. 허락하지 않을 수 없습니다."

"화씨벽만 빼앗고 성을 주지 않으면 어떻게 하겠는가?"

"진나라가 성과 화씨벽을 바꾸자고 하는데 조나라에서 거절하면 잘못이 조나라에 있고, 조나라가 화씨벽을 주었는데도 성을 주지 않으면 잘못은 진나라에 있습니다. 신이 생각하건대 차라리 허락하여서 잘못된 책임을 진나라에 지우는 것이 좋겠습니다."

"누구를 사자로 보내는 게 좋겠는가?"

"마땅한 사람이 없다면 신이 가겠습니다."

이에 조왕이 인상여에게 화씨벽을 받들고 진나라에 가게 하였다.

상여가 진나라에 들어가 화씨벽을 받들어 진왕에게 올리니 진왕은 매우 기뻐하였으나 조나라에 성을 보상할 의사는 전혀 보이지 않았다. 상여가 앞으로 나아가 말하였다.

"그 벽옥에 흠이 있습니다. 신이 그곳을 알려 드리겠습니다."

진왕이 의심하지 않고 벽옥을 내어 주자 상여는 벽옥을 손에 넣고 물러나 기둥에 기대 섰다. 그때 상여는 머리털이 갓을 밀어 올릴 만큼 성이 나서 진왕에게 말하였다.

"대왕께선 벽옥과 성을 바꾸자고 하셨습니다. 신이 대왕께 벽옥을 바쳤으나 대왕께선 신을 대하는 예절이 매우 거만할 뿐 아니라 성을 보상할 의사가 전혀 없음을 알았습니다. 그러므로 신이 다시 벽옥을 가져왔습니다. 대왕께서 끝내 신을 협박하여 벽옥을 빼앗고자 하신다면 신의 머리는 지금 벽옥과 함께 기둥에 부딪쳐 부서질 것입니다."

상여는 벽옥을 가지고 기둥을 노려보며 벽옥을 기둥에 들이치려고 하였다. 진왕은 상여가 벽옥을 깨뜨릴까 두려워 사과의 뜻을 표하고 담당 관리를 불러 지도를 손가락으로 가리키면서 "여기서부터 15성을 조나라에 주라."고 명령하였다.

상여는 진왕의 속마음을 헤아리고도 남았다. 거짓말로 성을 주는 체할 뿐이라는 것을 알아채고 진왕에게 말하였다.

"화씨벽은 천하가 다 아는 보물 중의 보물입니다. 조왕께서 벽옥을 보낼 때 5일 동안 재계하셨습니다. 그러니 대왕께서도 마땅히 5일 동안 재계하고 빈객을 대접하는 예를 베푸십시오. 그런 연후에야 신이 비로소 벽옥을 올리겠습니다."

진왕은 끝내 강제로는 벽옥을 빼앗을 수 없다는 판단을 내리고 드디어 5일 동안 재계하겠다고 하고 상여를 객관에 머무르게 하였다.

상여는 객관에 머무르는 동안 그의 수행원을 누더기 옷으로 변장시켜 그 벽옥을 가슴에 품고 사잇길로 도망하게 하여 조나라에 돌려보냈다.

진왕은 5일 동안 재계를 마치고 빈객의 예를 베풀어 상여를 맞이하였다. 상여는 들어가 진왕에게 말하였다.

"진나라는 목공 임금 이래로 강한 세력만 믿고 다른 나라와의 약속을 굳게 지킨 일이 없습니다. 신은 진실로 대왕께 속아 조나라 임금의 명령을 저버리게 될까 두려웠습니다. 그래서 사람을 시켜서 벽옥을 조나라에 돌려보냈습니다. 진나라가 먼저 15성을 조나라에 베어 준다면 조나라가 어찌 감히 벽옥을 바치지 않겠습니까? 신은 대왕을 기만한 죄로 마땅히 죽음을 받아야 할 것을 알고 있습니다."

진왕과 군신들은 서로 보며 놀라고 성을 내었다.* 좌우의 신하 가운데 한 사람이 상여를 끌고 가려고 하자 진왕이 말하였다.

"지금 상여를 죽이면 끝내 벽옥을 얻을 수 없을 뿐 아니라 조나라와의 우호 관계가 끊어질 것이니 그를 후대하여 돌려보내도록 하라."

상여가 조나라에 돌아오자 조왕은 그의 벼슬을 높여 상대부(上大夫)로 삼았다. 그 뒤에 진나라는 조나라를 쳐서 석성(石城)을 빼앗고 그 다음해에 또 조나라를 공격하여 2만 명을 죽였다.

기원전 279년 진왕은 사자를 조나라에 보내어 화친하자는 명목으로 민지(澠池)에서 회담하자고 제의하였다. 조왕은 가지 않으려 하였으나 염파와 상여가 의논하여 말하기를 "왕께서 만약 가지 않으시면 조나라는 약하고 또 비겁하다는 약점을 보이게 됩니다." 하였다.

이에 조왕은 상여를 수행원으로 삼아 회담에 나아가기로 하였다. 진왕과 민지에서 만나 술자리가 한창 무르익어 갈 무렵 진왕이 먼저 말하였다.

"조왕께서 음악을 좋아하시어 비파를 잘 타신다 하니 한 곡조 들려주실 수 있겠습니까?"

조왕이 비파를 한 곡조 타니 진나라의 어사가 '모년 모월 모

* 진왕은 상여의 충성심과 지략을 마음속으로부터 감탄하였을 것이고 신하들은 상여의 대담한 행동에 그저 놀랄 뿐이었다.

일에 진왕이 조왕과 회담하고 조왕을 시켜 비파를 타게 했다.'고 기록하였다. 인상여가 앞으로 나아가 말하였다.

"신이 듣자오니 진왕께선 진나라의 음악을 잘하신다 합니다. 조왕께선 비파를 타셨으니 대왕께선 부(缶)*를 한 번 쳐주시기 바랍니다."

* 부(缶) : 술을 담는 기와 그릇으로 진나라 풍속에 장단을 맞추는 악기로도 쓰임

진왕이 매우 불쾌히 여겨 부 치기를 거절할 눈치를 보이자 상여가 말하였다.

"대왕과 신과의 거리가 불과 다섯 걸음 안이어서 신의 목의 피를 대왕께 뿌릴 수 있습니다."

진왕을 모시고 있던 좌우의 신하들이 상여를 칼로 찔러 죽이려 하자 상여가 눈을 부릅뜨고 꾸짖으니 좌우가 쓰러지듯 기가 죽어 감히 나서는 자가 없었다. 진왕은 할 수 없이 내키지 않는 부를 한 번 쳤다. 상여가 돌아보며 조나라의 어사를 불러 '모년 모월 모일에 진왕이 조왕을 위하여 부를 치다.'라고 쓰게 했다.

진나라의 군신들이 "조나라는 15개 성을 바치어 진왕의 만수무강을 송축하시오"라고 청하자 인상여는 "진나라는 함양(咸陽)을 바치어 조왕의 만수무강을 송축하시오."라고 응수하였다.

진왕은 회담을 마쳤으나 끝내 조나라를 굴복시키지는 못하였다. 조나라 또한 군비를 강대하게 하여 방비를 굳게 하니 진나라가 감히 움직이지 못하였다.

조왕은 회담을 마치고 귀국하자 상여의 공을 높이 평가하여 그의 벼슬을 높여 상경(上卿)으로 삼으니 그 지위가 염파보다 높았다. 염파는 기분이 별로 좋지 않았다.

"나는 조나라의 장수로서 성을 공격하고 들에서 싸워 큰 공을 세웠는데 인상여는 한낱 입과 혀만을 놀렸을 뿐이다. 또 상여

는 원래 천인 출신인데 나보다 지위가 높으니 나는 부끄러워 견딜 수가 없다. 내 상여를 보면 반드시 그에게 창피를 주리라."

상여가 이 말을 듣고 조회 때마다 번번이 병이라 일컫고 염파와 서열을 다투려 하지 않았다. 외출했다가 길에서 염파가 오는 것을 보면 수레를 끌고 피해 숨었다.

상여의 사인(舍人)들이 이 광경을 보고 상여에게 말하였다.

"염파가 나쁜 말을 한 것을 두려워하여 숨어서 다니시는 것은 너무 지나치십니다. 용렬한 사람도 부끄럽게 여길 일이온데 하물며 장상(將相)의 지위에 계신 분이 그럴 수 있겠습니까? 신들은 이제 하직하고 가겠습니다."

인상여가 그들을 만류하면서 말하였다.

"그대들은 염 장군과 진왕 중 누가 낫다고 생각하는가?"

"진왕이 낫다고 생각합니다."

그러자 인상여가 말하였다.

"그런 진왕의 위엄 앞에서도 상여가 조정에서 꾸짖어 그 군신들을 부끄럽게 하였는데 상여가 비록 노둔하다 하나 어찌 염 장군을 두려워하겠는가? 내가 가만히 생각하건대 강한 진나라가 감히 조나라에 싸움을 걸어오지 못하는 것은 오직 우리 두 사람이 있기 때문이다. 지금 두 범이 서로 싸우면 그 형세는 둘이 함께 살 수 없을 것이다. 내가 이렇게 피하여 다니는 것은 국가의 위급한 일을 우선으로 하고 사사로운 다툼은 뒤로 미루기 때문이다."

이 말을 전해 들은 염파는 옷을 벗어 어깨를 드러내고 가시 회초리를 짊어지고 인상여의 문에 나가 사죄하여 말하였다.

"소인이 비천하여 대인의 관대하신 뜻을 헤아리지 못하였습니다."

* 문경(刎頸) : 목이 잘리는 일이 있더라도 후회하지 않는 우정

마침내 서로 화합하여 문경(刎頸)*의 벗이 되었다.

민지는 지금의 하남성 민지현으로 지금도 진나라와 조나라가 회맹한 고적이 보존되어 있다.

민지의 회담이 있은 지 9년 후에 진나라는 군대를 동원하여 조나라를 공격하였으나 조나라 장수 조사(趙奢)에게 대패하였다. 그로부터 8년 후인 기원전 262년에 진나라 장수 백기(白起)가 또다시 조나라를 공격하여 장평(長平)에서 조나라 군사와 대치하였다. 이때 조나라에서는 혜문왕이 죽고 아들 효성왕(孝成王)이 즉위하였으며 장군 조사도 이미 죽고 인상여는 병이 위독하였다. 조나라는 염파를 장수로 하여 진나라를 치도록 하였다. 진나라 군대는 자주 조나라의 군대를 깨뜨렸고 조나라 군대는 방비를 튼튼히 하여 나가 싸우지 않았다. 조나라 장수 염파는 백전노장이었다. 진나라 군대는 멀리 원정해 있으므로 결전을 서두르리라는 작전을 간파하고 있었다. 조급히 공격하려는 진나라 군대를 느긋하게 지키면서 그들을 초조하게 만들어 사기를 꺾으려는 작전이었다. 이러한 상태가 3년 동안 계속되니 진나라는 예상 밖의 많은 군사비를 소모하게 되었다. 한없이 기다릴 수만 없다고 판단한 진나라에서는 이간책을 썼다.

"염파는 나이가 늙고 겁이 많아 싸우려 하지 않고 있다. 진나라에서 무서워하는 것은 조사의 아들 조괄(趙括)이 장수가 되는 것이다. 그렇게 되면 진나라 군대는 그날로 무너질 것이다."라는 유언비어를 퍼뜨렸다.

조왕은 원래 염파가 겁이 많고 싸우지 않는다 하여 그를 좋아하지 않았다. 유언비어를 그대로 믿고 조괄로 장수를 삼아 염파를 대신하게 하였다. 병석에서 이 소식을 들은 인상여가 간하였다.

"왕께서는 명성만 듣고 조괄을 쓰십니다. 그러나 조괄은 거문고 기둥에 아교풀을 칠하여 고정시켜 놓고 거문고를 타는 것과 같습니다. 조괄은 다만 그의 아버지 조사가 남긴 글을 잘 읽었을 뿐이고 임기응변(臨機應變)할 줄을 모릅니다."

그러나 조왕은 듣지 않고 조괄을 장수로 삼았다.

조괄은 소년 시절부터 병법을 배워 스스로 천하에 자기를 당할 사람이 없다고 자부하였다. 일찍이 그의 아버지 사와 병사를 논한 일이 있었는데 사는 그의 잘못된 점을 발견할 수 없었다. 그러나 잘한다고는 말하지 않았다. 괄의 어머니가 그 이유를 물으니 사는 다음과 같이 말하였다.

"싸움이란 사지(死地)다. 그런데 괄은 그것을 쉽게 말하니 조나라에서 만약 그 아이를 장수로 삼는다면 조나라 군사는 괄 때문에 깨질 것이다."

괄이 장수가 되어 떠나려고 할 때 그의 어머니가 왕에게 상소하여 말하기를 "괄을 장수로 하지 마십시오." 하니 왕이 그 연유를 물었다.

"조괄은 조사와 부자지간이지만 그 마음쓰는 것이 아주 다르옵니다. 남편은 음식을 나누어 먹는 친한 벗이 몇십 명이나 되옵고 벗으로 사귀는 사람은 몇백 명이나 됩니다. 나라에서 상금을 내리시면 그것을 모두 군사와 사대부에게 나누어 주었으며 나라에서 명령을 받은 날에는 집안 일을 묻지 않았습니다. 그런데 아들은 하루아침에 장수가 되자 군리(軍吏)들이 그를 우러러볼 수 없을 만큼 거만하오며 왕께서 내리신 금품과 비단은 모두 창고에 두었다가 날마다 전답을 살펴보아 그것을 사들입니다. 원컨대 왕께서는 괄을 장수로 삼지 마시옵소서."

"이 일은 내 이미 결정하였으니 어머니는 괘념치 마십시오."

"만일 뜻대로 되지 않는 일이 있을지라도 첩을 연좌(連坐)시키지 않겠습니까?"

왕이 그렇게 하겠노라고 허락하였다.

진왕은 조괄이 조나라 장수가 되었다는 소문을 듣자 비밀리에 백기를 상장군(上將軍)으로 삼고 왕흘(王齕)을 비장(裨將)으로 삼은 후 군중에 영을 내려 백기가 상장이 되었다는 사실을 누설하는 자는 목을 베겠다는 엄명을 내렸다.

조괄이 염파를 대신하여 장평에 이르자 군중의 약속을 모두 고치고 군리(軍吏)의 보직도 변경하였으며 지금까지 취해오던 수비 위주의 작전에서 공격 체제로 바꾸었다.

진나라 장수 백기는 그 소문을 듣고 기습 공격을 감행하여 거짓 패하여 달아나 뒷길로 돌아 식량 보급로를 차단하고 조나라 진영을 포위하였다. 조나라 군사는 기습군이 패하여 달아나자 그 승세를 몰아 성을 공격하였으나 성이 견고하고 방비가 튼튼하여 함락되지 않았다. 이런 상태가 46일 동안 계속되니 보급로가 끊긴 조나라 군사들은 굶주려 서로 잡아먹는 지경에 이르렀다. 조괄은 더 기다릴 수가 없어 정예부대를 편성하여 스스로 돌격을 감행하였다가 진나라 군사의 화살에 맞아 죽으니 조나라 군대는 여지없이 무너져 40만 명이 진나라에 항복하였다. 백기는 항복한 조나라 군사를 모두 구덩이에 묻어 죽이고 어린 군사 240명만 살려 보냈다.

다음해에 진나라의 군대는 드디어 조나라의 수도 한단(邯鄲)을 포위하였다. 1년 여의 포위 끝에 거의 함락되기 직전에 초나라·위나라의 구원군이 도착하여 겨우 포위를 풀게 할 수 있었다. 이 한단의 포위를 풀게 한 세 사람의 주역은 전국 시대의 사군으로 이름 높은 조나라의 평원군, 위나라의 신릉군, 초나라의 춘신군이었다. 사군 가운데 가장 현명하기로 이름 높은 맹상군에 대해서는 앞서 언급한 바 있다.

모수자천

진나라 소양왕 50년(기원전 258)에 진나라가 조나라의 수도 한단을 포위하자 조나라에서는 평원군으로 하여금 초나라에 가 구원을 청하여 합종하라고 하였다. 평원군은 조나라 공자의 한 사람으로 이름은 승(勝)이고 여러 공자 가운데 가장 현명하고 빈객을 좋아하여 그의 문하에는 항상 식객이 수천 명에 이르렀다.

평원군은 식객과 문하 중에서 문무를 다 갖춘 용력 있는 사람 20명과 함께 가기로 약속하였다. 19명은 가려냈으나 나머지 한 사람은 뽑을 만한 사람이 없었다. 그런데 모수(毛遂)라는 자가 앞으로 나서며 말하였다.

"들으니 군께서는 초나라와 합종하고자 하여 20명과 함께 가기로 약속하였는데 한 사람이 부족하다 하니 저를 끼워주시기 바랍니다."

평원군이 말하였다.

"어진 선비가 세상에 있는 것은 비유하건대 송곳이 주머니 속에 있는 것과도 같아서 당장에 그 끝이 드러나 보이는 법인데 지금 선생이 승의 문하에 있은 지가 3년이나 되었으되 좌우의 사람들이 아직 선생을 칭송하는 일이 없었으며 승도 아직 들은 바가 없소. 이것은 선생께서 재능이 없다는 증거요. 선생은 안 되겠습니다."

"신이 비로소 오늘에야 주머니 속에 있기를 청할 뿐입니다. 만약 신을 일찍부터 주머니 속에 있게 하였다면 아마 끝만이 드러난 것이 아니고 자루까지 드러났을 것입니다."

평원군이 마침내 모수와 함께 가기로 하니 19명이 서로 마주 보면서 모수를 비웃었으나 겉으로는 나타내지 못하였다.

평원군이 초나라에 이르러 초나라와 합종하기 위하여 그 이해득실을 논하는데 아침부터 시작하여 정오가 되도록 결정을 못하였다. 이에 모수는 칼을 어루만지며 섬돌에 올라가 평원군에게 말하였다.

"합종의 이해는 두 마디의 말로 족할 것인데 지금까지 결정하지 못하는 것은 무슨 까닭입니까?"

초왕이 노하여 꾸짖어 말하였다.

"내 지금 너의 주군과 더불어 말하고 있는데 너는 무엇하는 사람이길래 무례하게 구느냐. 당장 내려가지 못하겠느냐."

모수는 칼을 어루만지며 앞으로 나아가 말하였다.

"대왕께서 수를 꾸짖는 것은 초나라 사람들이 많다고 생각하기 때문일 것입니다. 그러나 지금 열 걸음 안에 초나라 사람 많은 것을 믿을 수는 없습니다. 왕의 목숨은 수의 손에 달려 있습니다. 우리 주군이 앞에 있는데 꾸짖는 것은 무슨 도리입니까? 지금 초나라의 강함을 잘 이용한다면 천하에 당해낼 나라가 없을 것입니다. 그런데 백기는 하찮은 필부에 불과한데도 그가 초나라와 한 번 싸워서 언(鄢)과 영(郢)을 빼앗고, 두 번 싸워서 이릉을 불사르고, 세 번 싸워 왕의 선조를 욕되게 하였습니다. 이것은 길이 잊지 못할 원한으로서 조나라도 부끄러워하는 일이거늘 왕께서는 이를 원망할 줄 모릅니다. 합종하는 것은 초나라를 위한 것이지 조나라를 위한 것은 아닙니다."

초왕이 말하였다.

"선생의 말이 맞는 것 같소. 내 삼가 사직을 받들어 합종하겠소이다."

이로써 종약은 성립하였고, 모수는 초왕의 좌우에게 말하였다.

"닭·개·말의 피를 가져오시오."

모수가 구리 쟁반에 받쳐들고 꿇어앉아 초왕에게 그 피를 올리면서 말하였다.

"왕께서 마땅히 피를 마시고 종약을 맹세하셔야 하겠습니다. 다음은 우리 주군, 다음은 수가 마시겠습니다."

전국 시대 무사 인형

마침내 전상(殿上)에서 종약이 결정되었다. 모수가 왼손으로 쟁반의 피를 들고 오른손으로 19명을 불러서 당하에서 피를 마시게 한 후 말하였다.

"당신들은 보잘것없는 사람입니다. 소위 남의 힘에 의지하여 일을 이룩하는 자들입니다."

평원군은 종약을 정하고 조나라에 돌아와 말하였다.

"승은 다시는 선비의 사람됨을 아는 체하지 않겠습니다."

그리고 모수를 상객(上客)으로 삼았다.

평원군이 조나라에 돌아오자 초나라에서는 춘신군을 장수로 하여 조나라를 구원하게 하고 위나라의 신릉군도 또한 왕명을 사칭(詐稱)하여 군대를 이끌고 조나라를 구원하기로 하였다.

춘신군은 앞서 말한 바와 같이 전국 사군의 한 사람이다. 다른 삼군이 모두 왕족인데 반하여 춘신군만이 홀로 왕족이 아니었다. 춘신군의 성은 황(黃), 이름은 헐(歇)인데 초나라 태자가 진나라에 인질로 갈 때 그 수행원으로 따라간 사람이었다. 함께 진나라에 억류되어 있다가 계략을 써서 태자를 탈출시켰고, 태자를 탈출시킨 후 당연히 죽임을 당할 각오를 하고 있었다. 진나라의 응후(應侯)가 주군을 위해 몸을 바치려는 충신이니 죽여서는 안 된다고 소왕에게 진언하여 목숨을 보전하였다. 그때의 태자가 즉위하여 고열왕(考烈王)이 되자 황헐을 불러 강동 땅에 봉하고 춘신군이라 불렀다. 식객이 3천 명이나 되었으며 담력도 있고 문화를 사랑할 줄 아는 인물이었다. 그 후 계속 등용되어 이때에 이르러 초나라의 장수로서 조나라를 구원하게 되었으며 그 후 복잡한 정치적 사정에 얽혀 이원(李園)에게 모살(謀殺)되었다.

위나라의 신릉군은 위나라 소왕의 막내아들로 안리왕(安釐王)의 이모제(異母弟)이다. 소왕이 죽자 안리왕이 즉위하고 공자 무기를 신릉군으로 봉하였다.

공자 무기는 사람됨이 어질어 선비 앞에 자신을 낮추어 예를 지켜 사귀니 사방에서 선비들이 모여들어 식객이 3천 명이나 되었다. 신릉군의 맏누이는 조나라 평원군의 부인이었다. 진나라 군사가 한단을 포위하자 평원군은 자주 위왕과 신릉군에게 편지를 보내어 구원을 요청했다. 위왕은 장군 진비(晋鄙)로 하여금 10만의 대군을 거느리고 조나라를 구원하게 하였다. 이 소식을 들은 진왕은 위왕에게 사자를 보내어 위협하였다.

"내가 조나라를 쳐서 항복받는 것은 시간 문제다. 제후 가운데 감히 조나라를 구원하는 자가 있으면 반드시 군대를 옮겨 먼저 그를 공격할 것이다."

위왕은 두려워한 나머지 사람을 시켜 진비의 진격을 중지시키고 군대를 업(鄴)에 주둔시켜 지키게 하였다. 그러면서 겉으로 조나라를 구원하는 척하며 사태를 관망하고 있었다.

조나라 평원군의 사자는 줄을 이어 위나라에 달려와 신릉군을 책망하였다.

"평원군이 스스로 공자의 누이와 혼인한 것은 공자의 높은 의리가 남의 곤경을 급하게 여길 줄 안다고 생각하였기 때문입니다. 이제 한단이 조석지간에 진나라에 항복하게 되었는데 위나라가 구원하러 오지 않으니 공자의 누이가 가엾지도 않습니까?"

신릉군은 자주 위왕에게 청하고 빈객·변사를 시켜 온갖 방법으로 위왕을 설득하려 했으나 위왕은 끝내 신릉군의 요청을 거절하였다. 이에 신릉군은 빈객과 의논하여 병거(兵車) 백여 승을 준비하고 빈객을 거느리고 진군에게 달려가 조나라와 함께 죽기로 작정하였다.

가는 길에 그의 상객(上客) 후생(侯生)을 만나보고 진군과 싸우다 죽고자 한다는 까닭을 말하였다.

"지금 공자께서 아무런 다른 계책 없이 진나라 군대에 달려들고자 하시니 이것은 마치 고깃덩이를 굶주린 범에게 던져주는 것과 같아서 아무런 공도 없을 것입니다."

공자가 두 번 절하고 이어 계책을 물으니 후생이 드디어 사람들을 물리치고 작은 목소리로 말하였다.

장간삼과극 창에 세 네 개의 쌍날 가지가 달려 있다.

"생이 들으니 진비의 병부가 항상 왕의 침실 안에 있다고 합니다. 그리고 여희(女姬)가 가장 총애를 받아 왕의 침실에 출입한다 하오니 여희의 힘이라면 능히 그것을 훔쳐낼 수 있을 것입니다. 또 공자께서는 일찍이 여희의 아버지 원수를 갚아준 일이 있사오니 그는 공자를 위한 일이라면 죽음도 사양하지 않으려고 할 것입니다. 공자께서 한 번 입을 열어 부탁한다면 능히 호부(虎符)를 얻어 진비의 군대를 교탈(矯奪)*하여 북으로 조나라를 구제하고 서쪽으로 진나라를 물리친다면 이것이야말로 오패(五覇)의 공입니다."

* 교탈(矯奪) : 임금의 명령을 사칭하여 빼앗음

공자가 그 계책에 따라 여희에게 요청하니 여희는 과연 진비의 병부를 훔쳐서 공자에게 주었다. 공자가 떠나려 하자 후생이 말하였다.

"장수가 밖에 있어서는 임금의 명령도 듣지 않는 수가 있습니다. 공자께서 만일 병부를 맞추어 보이더라도 진비가 공자에게 군사를 내주지 않고 다시 국왕에게 사자를 보내게 되면 일은 위태하게 될 것입니다. 신의 객 주해(朱亥)는 역사(力士)입니다. 데리고 가셨다가 진비가 듣지 않거든 주해를 시켜 격살(擊殺)하십시오."

공자가 업에 이르러 병부를 보이니 진비는 병부를 맞추어 보고 나서도 의심하고 손을 흔들어 공자를 보면서 말하였다.

"지금 내가 10만의 많은 무리를 거느리고 국경에 주둔하고 있으니 국가의 중대한 임무입니다. 지금 공자께서 한 채의 수레에 타고 와서 교대하려 하니 어찌된 일입니까?"

진비는 공자를 의심하는 눈치였다. 기회를 노리고 있던 주해가 소매 속에 숨겼던 40근 철퇴를 잽싸게 꺼내어 진비를 단번에 쳐서 죽였다.

공자는 드디어 진비의 군대를 거느리고 군사들을 점검하였다. 그리고 군중에 명령을 내려 말하였다.

"부자가 함께 군중에 있는 자는 아버지가 집으로 돌아가고 형제가 함께 군중에 있는 자는 형이 돌아가라. 독자로 형제가 없는 자는 돌아가 부모를 봉양하여라."

그리하여 정선한 군인 8만 명을 이끌고 전진하여 진군을 공격하니 진군은 한단의 포위를 풀고 물러갔다.

위왕은 공자가 병부를 훔쳐서 속이고 진비를 죽인 데 대하여 크게 노하였다. 공자도 또한 스스로 그 죄를 알고 진나라를 물리치고 조나라를 보존하게 한 다음에 장수로 하여금 그 군대를 인솔하여 위나라에 돌아가게 하였다. 그리고 공자는 홀로 식객과 함께 조나라에 머물러 있었다.

공자는 그 나라에 10년 동안 머물렀다. 진나라는 공자가 조나라에 있다는 말을 듣고 군대를 동원하여 위나라를 공격하였다. 위왕은 이를 근심하여 사자를 보내어 공자를 돌아오라고 하였으나 공자는 앞서 진비의 군대를 교탈한 일로 자기에게 노할 것이 두려워 가지 않으려 하였으나, 모공(毛公)과 설공(薛公)의 간언을 듣고 애국심에 불타 급히 수레를 몰아 위나라에 돌아왔다.

위왕은 공자를 보자 서로 붙잡고 울었다. 그리고 상장군의 인을 공자에게 주며 위기에 처한 위나라를 구출하라고 하였다. 이에 공자는 사자를 제후들에게 보내어 이 사실을 알리니 제후들은 공자가 장군이 되었다는 말을 듣고 모두 그들 장수로 하여금 군대를 이끌고 가서 위나라를 구원하게 하였다. 공자는 다섯 나라 군대를 이끌고 하외(河外)에서 진나라의 군대를 격퇴시켰다. 드디어 승세를 몰아 진군을 추격하여 함곡관에 이르러 진군을 눌러 막으니 진나라 군대는 감히 함곡관 밖으로 나오지 못하였다.

진왕은 공자가 위나라의 장수로 있는 한 진나라로선 승산이 없다는 판단을 내리고 황금 1만 근을 위나라에 뿌려 공자가 왕위를 노리고 있다는 소문을 퍼뜨리게 하였다. 위왕은 뜬소문을 믿고 드디어 공자 대신 다른 사람으로 장수를 삼으니 공자는 우울한 심정을 술로 달래다 마침내 술중독으로 죽고 같은 해에 위왕도 죽었다.

진나라는 공자가 죽었다는 말을 듣고 위나라를 공격하여 야금야금 위나라를 먹어들어가 18년 만에 위왕을 포로로 하고 위나라를 멸망시켰다.

양책대고 여불위

전국 시대에는 상인들이 각국을 왕래하면서 상업을 경영하는 사람이 많았다. 생활이 향상되고 수요가 증가함에 따라 상업이 활발해지고 규모도 점점 확대되어 전국 시대 말기에 이르러서는 대실업가가 탄생하기에 이르렀다.

양책(陽翟, 하남성) 출신의 여불위는 이 시대를 대표하는 대실업가로 여러 나라를 왕래하면서 천금의 재산을 모은 큰 부자가 되었다. 여러 나라를 왕래하였기 때문에 그의 식견은 남다른 데가 있었고 또한 모든 일에 대한 감식안(鑑識眼)이 뛰어났다.

이 여불위가 어느 날 상업 관계로 조나라 수도 한단에 왔다가 우연한 기회에 진나라에서 인질로 와 있는 진왕의 손자 자초(子楚)와 만나게 되었다. 자초를 만나본 여불위는 "이것이야말로 기화(奇貨)로다. 사둘 만한 가치가 있짜."라고 말하였다.

기화란 말할 것도 없이 진귀한 상품으로, '우연히 얻게된 진귀한 물건'이란 뜻이다. 보통 사람들은 대수롭지 않게 여기는 상품이지만 그 방면의 전문가가 보기엔 매우 가치가 있었다. 그것도 지금 당장 값이 나가는 게 아니고 얼마 동안 간직하고 있으면 아주 고가(高價)로 팔 수 있는 것이 기화이다.

그러면 왜 진나라의 인질 자초가 기화란 말인가?

전국 시대의 관습으로 여러 제후들이 서로 인질을 교환하는데 있어서 약한 나라에서 강한 나라로 보내는 인질은 태자와 같은 아주 중요한 인물을 보내야 했고, 강한 나라에서 약한 나라로 보내는 인질은 이와는 대조적으로 그다지 중요한 인물이 아닌 왕족의 사람으로 보내는 것이 당시의 관례였다.

진나라에서 조나라로 보내진 인질 자초는 진 소왕의 둘째아들 안국군(安國君)의 가운데 아들이었고 그의 어머니는 하희(夏姬)였는데 안국군의 사랑을 받지 못하였다. 소왕의 손자였으나 태자의 아들이 아니었기 때문에 왕위 계승 서열로 따지면 전혀 가망이 없는 편에 속했다.

만약 인질을 교환한 나라의 어느 한 나라가 공격하면 희생당하는 것은 인질이었다. 진나라는 본래 인질 교환에 관계 없이 제후를 공격할 작정이었으므로 희생되어도 그다지 아깝지 않은 사람을 인질로 골라 보낸 것이다. 결국 자초는 진나라를 위하여 희생될 한 사람에 지나지 않았다.

그런데 진나라 태자가 죽고 둘째아들인 안국군이 태자가 되니 자초는 태자의 아들이 되었을 뿐 아니라 왕위 계승 서열도 한 걸음 가까워졌다. 그러나 새로 태자가 된 안국군에게는 20여 명이나 되는 아들이 있었다. 태자의 후계자를 정할 경우 국내에 있는 아들 쪽이 훨씬 유리한 입장에 설 것이고 인질로 다른 나라에 가 있는 자초는 제외될 것이 뻔했다.

여러 나라를 여행하여 여러 가지 정보를 수집하고 있던 여불위는 진나라의 속사정을 잘 알고 있었다. 진나라 태자 안국군의 정부인(正夫人)은 화양부인(華陽夫人)으로 태자의 사랑을 받고 있었다. 그러나 화양부인에게는 아들이 없었다. 하지만 누구를 후계자로 세우느냐 하는 문제에 결정적인 권한을 행사할 수 있는 것은 화양부인이었다. 화양부인이 '이 사람이 가합하다.'고 지명하는 사람이 태자의 후계자로서 장차 왕위를 잇게 되는 것이다.

여불위는 후계자 지명권을 가진 화양부인에 대해서 모든 정보를 가지고 있었다. 그녀에게 가장 영향력을 행사할 수 있는 사람은 그녀의 언니라는 사실까지 알고 있었으며 화양부인의 성격, 무엇을 좋아하는가, 그녀의 언니는 어떤 사람인가 등등을 샅샅이 알고 있었기 때문에 화양부인에게 접근해서 공작을 펴는 일에도 자신이 있었다.

여불위는 자초에게 접근하여 다음과 같이 말하였다.

"내 당신의 문호(門戶)를 크게 만들어 드리겠소.

자초가 웃으며 말하였다.

"먼저 당신 자신의 문호를 크게 만드시오. 그러면 나의 문호도 크게 될 것이 아니오?"

"그것은 당신이 모르는 말씀이오. 나의 문호는 당신의 문호가 커지는 걸 기다려서 커질 것입니다."

문호를 크게 한다는 것은 부자가 된다는 뜻이다. 당신이 먼저 부자가 되는 것을 기다려 내가 부자가 된다는 말이다.

청동 전차

　자초는 마음속으로 여불위가 말하는 뜻을 알아차렸다. 여불위에게 물었다.
　"어떻게 하면 부자가 될 수 있겠습니까?"
　"당신은 가난한데다 인질의 몸이 되어 외출할 때 수레를 타는 것조차 자유롭지 못하니 빈객과 사귈 돈이 없을 것입니다. 내가 비록 가난하나 당신을 위하여 천금을 갖고 서쪽으로 가서 안국군과 화양부인을 섬겨서 당신을 후계자로 삼게 하겠습니다."
　자초는 이에 머리를 조아리며 말하였다.
　"반드시 그대의 계책대로 된다면 진나라를 그대와 함께 가지도록 하겠소."
　여불위는 이에 오백금을 자초에게 주어 빈객들과 사귀어 친교를 맺게 하고 다시 오백금을 가지고 진기한 물건과 보기 좋은 물품들을 사서 서쪽의 진나라로 떠났다. 먼저 화양부인의 언니에게 뵙기를 청하고 그 물건을 모두 화양부인께 바치며 말하였다.

"자초는 어질고 지혜가 있습니다. 제후들의 빈객과 친교를 맺어서 그의 빈객은 천하에 두루 퍼져 있습니다. 항상 말하기를 '자초는 부인을 하늘처럼 여기고 밤낮으로 울면서 태자와 부인을 사모하고 있노라'고 합니다."

부인은 매우 기뻐하였다. 불위는 이어 그의 언니를 시켜서 부인을 설득하게 하였다.

"지금 부인께서는 태자를 섬기어 매우 사랑을 받습니다. 그러나 아들이 없습니다. 나이 젊고 아름다울 때 일찍이 임금의 여러 아들 가운데 현명하고 효도하는 자를 골라서 친근하게 결속하고 천거하여 후계자로 삼지 않으면 얼굴빛이 노쇠하여 임금의 사랑이 해이해진 뒤에는 한마디 말을 하려고 한들 어찌 될 수 있겠습니까. 지금 자초는 현명하나 스스로 자신은 중간 서열에 있는 아들이니 후계자가 될 수 없다고 생각하고 있습니다. 부인께서 이 때에 그를 선발하여 후계자로 삼는다면 자초에게는 없던 나라가 생기는 것이고 부인에게는 없던 아들이 생기는 것이니 부인은 일생 동안 진나라의 은총을 누릴 것입니다."

화양부인의 마음을 움직이게 한 것은 오백금에 해당하는 선물보다도 '나이가 들어 얼굴빛이 노쇠하여 임금의 사랑이 끊기면 한마디 말도 할 수 없다'는 자신의 장래 문제에 대해 의표(意表)를 찌른 그의 언니의 말이었다. 자신이 직접 후계자를 지명한다면 그 은혜는 상대방에게 평생토록 깊은 감사의 뜻을 불어넣는 것이 된다.

화양부인은 고개를 끄덕였다. 그의 언니의 말이 옳다 생각하고 태자의 한가한 틈을 엿보아 조용히 입을 열었다.

"조나라에 인질로 가 있는 자초는 현명하다는 소문이 사방으로 퍼져 이곳을 내왕하는 사람들이 모두 다 칭찬합니다." 그리고는 눈물을 흘리며 말하였다.

"첩이 외람되이 태자마마의 사랑을 받고 있사오나 불행히도 아들이 없습니다. 원하옵건대 자초를 후계자로 삼아서 첩의 몸을 의탁하게 해주십시오."

안국군은 허락하고 부인과 함께 옥부(玉符)를 새겨 자초를 후계자로 할 것을 약속하였다. 이어 자초에게 후한 예물을 보내기로 하고 여불위에게 그것을 전달하게 하였다. 이로써 자초는 더욱 여유 있는 생활을 할 수 있게 되었고 빈객과의 친교도 활발해졌다.

조나라의 수도 한단은 천하에 이름난 색향(色鄕)이었다. 부호가 된 여불위는 돈을 미끼로 뛰어나게 예쁘고 춤을 잘 추는 여인을 얻어서 살고 있었는데 그녀는 임신하고 있었다. 여불위는 어느 날 자초를 초대하여 술을 마시게 되었는데 자초는 이 여인을 보자 그만 한눈에 반했다. 자초가 일어나 여불위에게 술잔을 올리며 그 여인을 자기에게 달라고 청하였다. 여불위는 매우 불쾌하였으나 다시 생각하니 이미 자신의 전 재산을 기울여 자초를 돕는 것은 기이한 이득을 얻기 위한 것임을 깨닫고 드디어 그 미희를 자초에게 바치기로 하였다. 그때 미희는 스스로 자기가 임신하고 있음을 숨겼다가 달이 차자 아들 정(政)을 낳았다. 자초는 물론 자신의 아들이라고 생각하고 그 미희를 부인으로 세웠다.

이 자초의 아들 '정'이 바로 후에 6국을 멸망시키고 천하를 통일한 시황제(始皇帝)였다. 시황제의 탄생은 진 소왕 48년(기원전 259) 정월이라고 기록되어 있다.

시황제가 태어난 2년 후 그는 생명의 위기를 맞게 되었다.

진나라 소왕 50년에 진나라가 왕흘(王齕)로 하여금 군사를

진나라의 청동검

거느리게 하여 한단을 포위하여 차차 육박해 들어가자 조나라에서는 인질로 잡고 있는 자초를 죽이고자 하였다. 여불위는 자초와 모의하여 황금 6백 근을 감시하는 아전에게 뇌물로 주고 탈출하여 진나라 군중에 있다가 진나라로 돌아가게 되었다.

조나라는 나머지 자초의 처자를 죽이고자 하였으나 자초의 부인은 조나라 권문세도가의 딸이었으므로 어린 아들과 함께 무사히 살아날 수가 있었다. 자초의 처자가 무사할 수 있었던 이면에는 여불위의 사전 대비가 있었기 때문이었다. 여불위는 만일의 사태에 대비하여 미리 그들의 은신처를 마련해 놓았었고 그들을 호위할 인물까지도 물색해 놓는 등 만반의 준비를 갖추고 있었던 것이다.

이 한단의 포위 작전 때 조나라를 구원하기 위해 초나라 군대를 이끌고 온 춘신군과 위나라 군대를 이끌고 온 신릉군에 대한 이야기는 앞서 언급한 바 있다.

한단의 싸움 6년 후 진의 소왕이 죽고 태자 안국군이 즉위하니 이 이가 효문왕(孝文王)이다. 효문왕이 즉위하자 자초를 태자로 삼았으며 조나라에서는 자초의 부인과 아들 정을 받들어 진나라에 돌려보냈다. 당시에는 1년의 복상기간(服喪期間)이 지난 후에야 정식으로 즉위식을 거행하는 것이 관례로 되어 있었다. 소왕이 죽은 후 1년의 상기를 마치고 즉위식을 올린 효문왕은 즉위 3일 만에 죽으니 이에 태자로 있던 자초가 진나라

왕이 되었다. 이가 곧 장양왕(莊襄王)으로 장양왕은 자기를 태자로 지명한 화양후를 화양태후라 하고 생모인 하희를 높여서 하태후(夏太后)라고 하였다.

여불위의 예견은 적중하였다. 과연 자초는 '기화'임에 틀림없었다. 장양왕이 즉위하자 여불위를 승상으로 삼고 문신후(文信侯)로 봉하여 하남·낙양의 10만 호를 식읍(食邑)으로 주었다.

장양왕이 즉위한 지 3년 만에 죽으니 태자 정이 임금이 되었다. 진왕 정의 원년은 기원전 246년으로 이때 그의 나이 13세의 어린 소년이었다. 여불위를 높여서 상국(相國)*을 삼고 중보(仲父)라고 불렀다. 춘추 시대의 첫 번째 패자 제의 환공이 관중을 중보라 부른 고사를 본받은 것으로 본래의 뜻은 아버지의 동생, 즉 숙부라는 뜻인데, 여불위의 경우 '아버지와 같은 사람'이란 개념을 더 강하게 풍긴다.

* 상국(相國) : 승상보다 한층 높은 칭호

여불위는 소중한 기회를 잃기는 하였으나 기화의 아들이 엄연히 왕위를 이었고 왕위에 오른 그가 사실은 자신의 아들이었으며 게다가 나이가 어렸기 때문에 진나라에서는 여불위의 권세를 따를 자가 없었다. 여불위는 어느 사이엔가 일찍이 자신의 첩이었던 시황제의 생모와 정을 통하게 되었다. 옛날에 관계했던 여인이었지만 지금은 엄연히 태후의 신분을 가진 여성이다. 여불위는 대담하게도 그런 여인과 관계를 맺은 것이다. 이 점에 대하여는 나중에 그 사실이 밝혀지겠지만 여불위보다는 태후 쪽이 더 적극적이었던 것 같다.

여불위는 전국 시대의 사군처럼 선비들을 불러모으고 그들을 후대하니 식객이 3천 명에 이르렀다. 여불위는 이에 그의 식객들에게 각각 보고 들은 바를 모두 저술케 하여 이를 편집하여 천지만물과 고금의 사물을 모두 갖춘 이른바 백과사전(百科事典)을 펴냈다. 세상 사람들은 이를 《여씨춘추(呂氏春秋)》라고 불렀는데, 팔람(八覽)*, 육론(六論)*, 십이기(十二紀)*의 3부로 이루어져 있으며, 모두 20여 만언(萬言)이나 되었다. 이 《여씨춘추》는 극히 일부만이 유실되었을 뿐 대부분이 현존하고 있으나 후인(後人)들의 가필(加筆)도 있었던 것 같다. 그 이유는 여불위가 죽은 후의 일까지도 기록하고 있는 사실로 미루어 추측할 수 있다.

* 팔람(八覽) : 여씨 춘추의 여덟 편의 이름
* 육론(六論) : 여씨 춘추 속의 '논(論)'이라는 제목을 붙인 여섯 편의 이름
* 십이기(十二紀) : 여씨 춘추의 12기로 나누어 서술한 편의 이름

《여씨춘추》가 완성되자 여불위는 이것을 함양의 시문(市門)에 진열하여 놓고 천금을 그 위에 달아놓은 다음 '이 책에서 단 한 글자라도 더 보태거나 빼버리거나 고치는 자가 있으면 천금을 주겠노라.'고 호언하였다. 후세에 이르러 훌륭한 문장을 가리켜 '일자천금(一字千金)'이라고 말하는 것은 이 고사에서 비롯된 것이다.

시황제가 점점 성장함에 따라 여불위는 불안한 마음이 생겼다. 태후와의 관계가 발각되어 화가 미칠 것이 두려워 적당한 기회에 태후와의 관계를 끊으려 하였으나 태후 쪽에서 그를 놓아주지 않았다.

여불위는 자기보다 성적 매력이 있는 자를 태후에게 추천하고 그녀의 품에서 벗어나려 하였다. 이에 비밀리에 음경(陰莖)이 큰 노애라는 사람을 구하여 그를 자기집 사인(舍人)으로 삼았다. 여불위는 때때로 창악(倡樂)을 벌이고 노애(嫪毒)로 하여금 그 큰 남근(男根)으로 오동나무로 만든 수레바퀴를 꿰어 들고 다니게 하였다. 그리하여 그 이야기가 태후의 귀에 들어가도록 하여 태후의 호기심을 자극시켰다. 유달리 남자를 좋아하는 태후는 그 이야기를 듣고 가만히 있지 않았다. 여불위에게 그 사인을 자신의

궁중에서 일하게 하면 어떻겠느냐고 은근히 말하였다. 여불위는 속으로 이제 됐다 생각하고 그 자를 궁형(宮刑) 받은 자라고 속여 태후의 궁중으로 보냈다.

태후는 몰래 그와 정을 통하면서 몹시 그를 사랑하였다. 태후는 임신하게 되자 비밀이 탄로날까 두려워 거짓으로 점쟁이에게 점을 치게 한 후 "태후가 거처하는 궁을 함양에서 옛 수도였던 옹(雍) 땅으로 옮겨 살아야 한다."고 말하게 하여 드디어 옹 땅으로 이사하였다.

노애는 항상 태후를 따라다녔으며 옹 땅에서 두 아들을 낳았다. 이 추문은 드디어 시황제 9년(기원전 238)에 드러나고 말았다. 노애는 사실 환자가 아니며 항상 태후와 정을 통하여 두 아들을 낳아 모두 숨겨두고 태후와 모의하여 말하기를 "왕이 죽으면 내 아들로 후계자를 삼자."고 한다고 고발하는 자가 있었다.

진왕은 노애를 형리(刑吏)에게 넘겨 심문하게 한 결과 그의 전모는 백일하에 드러났다. 노애가 환관이 아니라는 사실은 그의 신체를 검사한 결과 뚜렷이 밝혀졌고 여불위와도 관련이 있다는 사실까지도 밝혀졌다.

노애의 삼족을 멸하고 그의 사인들도 모두 가산을 몰수하고 촉(蜀) 땅으로 내쫓겼다.

이제 나머지 문제는 여불위를 어떻게 처벌하느냐가 큰 관심거리였다. 시황제의 당초 목적은 노애의 사건을 계기로 여불위를 숙청하려는 의도가 짙었던 것 같다. 21살의 젊은 왕에게 여불위는 매우 거추장스러운 존재임에 틀림없었다.

여불위가 시황제의 생부라는 소문이 사실무근이라고 치더라도 그가 시황제의 큰 은인임에는 틀림없는 사실이었기 때문에 시황제로선 별로 탐탁치 않은 존재였다. 의욕적인 군주일수록 자기를 견제하는 유력한 신하의 존재가 눈엣가시처럼 여겨지는 것이다. 그러나 여불위가 진나라 유일의 일등공신이라는 사실은 누구나 다 아는 사실이었기 때문에 노애처럼 반란을 이유로 숙청할 수는 없었다. 그래도 대담한 시황제는 여불위를 참형에 처하려 하였으나 3천 명이나 되는 빈객 가운데 유능한 변사들이 적극적으로 여불위를 변호하였기 때문에 왕은 차마 처단하지 못하였다.

노애의 사건이 있은 지 1년 후인 시황제 10년(기원전 237)에 여불위를 상국의 직에서 파면하고 그의 봉지인 하남·낙양으로 떠나가라는 처분이 내려졌다.

그로부터 1년 남짓하여 제후들의 빈객과 사자들이 끊임없이 여불위를 방문하며 왕래가 끊이지 않자 시황제는 여불위가 혹시 반란을 일으킬까 두려워 촉 땅으로 옮겨가서 살라는 전지를 내렸다.

"그대가 진나라에 무슨 공이 있기에 그대를 하남에 봉하고 10만 호를 식읍으로 주었단 말인가? 그대가 진나라와 무슨 친족 관계가 있기에 중보(仲父)라고 일컫는가? 그대의 가속과 함께 촉에 옮겨 있으라."

여불위가 곰곰히 생각하니 진왕이 날이 갈수록 자신의 지위를 점점 약화시키는 것은 장차 자기를 참형에 처하려는 것 같았다. 그리하여 그는 스스로 음독자살하였다. 이것이 시황제 12년(기원전 235)의 일로서 노애 사건이 있은 지 3년 후의 일이다.

시황제 19년에 태후가 죽자 시호를 제태후(帝太后)라 하고 장양왕과 합장하였다.

진의 천하통일

전국 시대로 들어서면서 군웅이 할거하여 밀고 밀리는 전쟁이 200여 년 동안 계속되자 진나라를 제외한 나머지 여섯 나라는 이미 국력이 약화되어 강대한 세력을 가진 진나라에 의해 차례차례 멸망하는 비운을 맞게 되었다.

　이 여섯 나라 가운데 가장 먼저 멸망당한 것은 한나라였다. 지리적으로 보아도 진나라와 국경을 접하고 있을 뿐 아니라 가장 약한 나라였기 때문에 어쩔 수 없는 운명이었다.

　한나라가 멸망한 것은 시황제 17년(기원전 230)의 일로 이 해는 바로 화양부인이 죽은 해이기도 하다. 시황제의 아버지 자초를 후계자로 지명한 화양부인은 시황제의 최대 은인이었으며, 추문으로 아들 시황제를 괴롭혔던 생모인 제태후가 죽은 것은 그로부터 2년 후의 일이었다. 이 해에 조나라는 사실상 멸망하였다. 조왕이 진나라의 포로가 되자 그의 공자인 가(嘉)가 스스로 대왕(代王)이라고 일컬었다가 멸망당한 것이 시황제 25년(기원전 222)의 일이다.

　한나라가 멸망하기 3년 전 진나라가 군사를 일으켜 한나라를 치자 한왕은 공자 한비(韓非)를 사자로 보내어 한나라의 위기를 모면하려 하였다. 이 사람이 유명한 《한비자(韓非子)》의 저자 한비이다.

　당시 진나라의 재상은 이사(李斯)였는데 한비와 이사는 모두 성악설(性惡設)의 개조(開祖)인 순자(荀子)에게 수학한 동문이었다. 한비쪽이 재능이 훨씬 뛰어났었으나 아깝게도 그는 말더듬이었기 때문에 저작 활동에 전념할 수밖에 없었다.

그의 저서는 진나라에까지 보급되어 시황제가 그의 저서를 보고 크게 감동하여 말하기를 "아, 과인이 이 사람을 만나보고 그와 사귈 수 있다면 죽어도 한이 없겠다."고 하였다.

《사기》에는 시황제가 그 책의 저자가 한의 공자 한비라는 사실을 알고 급히 한나라를 공격하였다고 기록하고 있다.

그러면 시황제는 왜 그렇게 한비의 저서를 읽고 감동하였을까? 한비의 저서인 《한비자》에 의하여 그의 사상을 더듬어보면 유가(儒家)인 순자의 문하에서 학문을 배웠지만 유가와는 정반대의 경향을 보이고 있다. 그는 유가에서 선왕의 도라고 존중하는 이상주의를 배척하고 특히 국가를 경영하는 데 있어서 철저하게 인정을 배척할 것을 주장하였다. 임금과 신하, 아버지와 아들 사이에 사적인 정이 개입되어서는 안 된다고 주장했다. 관리를 임명할 때는 그 사람의 재능을 기준으로 할 것이며 신상필벌(信賞必罰)을 강조했다. 개인적으로는 아무리 임금과 친한 신하라도 실책이 있으면 반드시 법에 의해 처벌해야 한다. 법은 절대적인 것이므로 아버지가 법에 저촉됐을 경우 아들은 절대 숨겨 두어서는 안 되고 법에 의해 아버지를 고발해야 한다고 하여 인정의 개입을 철저하게 배척하였다.

한왕은 처음에는 한비를 등용하지 않았으나 진나라에서 한나라를 공격하여 급하게 되자 한비를 사자로 삼아 진나라에 보냈다. 시황제가 한비의 저서를 읽고 감동했다는 소문이 한나라에까지 퍼져 진나라의 공격을 막기 위해서는 한비를 보낼 수밖에 없다고 생각했던 것이다.

한비가 한나라의 사자가 되어 진나라에 오자 시황제는 크게

진의 천하통일

기뻐하였다. 일찍부터 사모하고 있던 사람을 만났으니 매우 기뻐하는 것은 당연하였으며 장차 그를 측근에 두어 정치 고문으로 등용할 작정이었다.

이사는 한비가 등용되면 자신의 지위가 위태해질까 두려워 중신인 요가(姚賈)와 함께 한비를 모해(謀害)하였다.

"한비는 한나라의 공자입니다. 만약 진나라에서 등용한다면 한나라를 위하고 진나라를 위하지 않을 것입니다. 이제 왕께서 그를 등용하지 않은 채 오랫동안 머물게 했다가 돌려보낸다면 이것은 스스로 후환을 남기는 일입니다. 법을 적용하여 죽여 없애는 것이 상책이라 생각합니다."

시황제는 그렇게 생각하여 일단 한비를 형리에게 내리어 적용할 법을 연구하도록 하였으나, 그의 재능을 아깝게 여겨 사람을 보내어 그를 사면하기로 하였다.

그러나 때는 이미 늦어 있었다. 시황제가 한비를 지극히 아끼는 점으로 미루어 보아 한비를 죽여 없애라는 결정을 내리지 못할 것이라고 판단한 이사는 서둘러 한비에게 독약을 보내어 자살하게 하였던 것이다.

한비는 진나라 옥중에서 죽었으나 시황제의 정책은 한비의 학설에 많은 영향을 받았다.

한나라가 멸망한 것은 한비가 진나라에서 죽은 3년 후로 시황제 17년(기원전 230)이다. 진나라 내사승(內史勝)에 의해 멸망되었다.

시황제 19년(기원전 228) 조나라 수도 한단이 함락되고 조나라가 멸망하였다. 한단을 함락한 것은 진나라 장수 왕전(王翦)이었다.

양릉동호부 시황제가 정벌 나갈 군사를 고를 때 사용한 동제 호랑이. 가운데를 중심으로 둘로 나누어지는데 오른쪽과 왼쪽으로 갈라져 각각 '가장 뛰어난 병사의 부적으로 오른쪽에는 황제가 있고, 왼쪽에는 양릉이 있다.'라는 의미의 12자의 명문이 금으로 새겨져 있다. 군사를 파병할 때 양쪽을 합하여 상서로운 효과를 얻어 살아 돌아올 수 있다고 믿었다.

그로부터 3년 후인 시황제 22년(기원전 225)에 위나라 수도 대량이 진군의 수공(水攻)으로 함락되고 위왕은 포로가 됨으로써 위나라는 멸망하였다. 이때의 진나라 장수는 왕전의 아들 왕분(王賁)이었다.

삼진을 멸망시키고 연나라를 공격하여 연나라 태자 단(丹)을 연수(衍水)까지 추격하여 격파한 시황제는 그 여세를 몰아 초나라를 겨냥하였다. 진나라가 천하를 통일하느냐 못하느냐는 바로 이 대초전에서 이기느냐 지느냐에 달려 있는 중요한 일전이었다. 시황제는 이 대초전의 중요성에 비추어 장군들을 모아 놓고 의논하였다.

"내가 초나라를 치고자 하는데 장군들의 생각에는 몇 사람이면 족하다고 생각하오."

현명하고 용맹스럽기로 이름난 젊은 장군 이신(李信)이 대답하였다.

"20만 명이면 족하다고 생각합니다."

시황은 왕전에게 묻자 왕전이 말하기를 "60만 명이 아니면 안 되겠습니다."라고 하였다.

시황제는 두 사람의 의견을 듣고 "왕 장군도 늙었구려. 무엇을 그리 겁내시오. 이 장군은 과연 기개가 대단하오. 이장군의 말이 옳소." 하였다.

드디어 이신과 몽염(蒙恬)에게 20만의 군대를 거느리고 초나라를 치게 하였다.

이 싸움에서 진나라는 서전에서는 승리하였으나 초나라 군사는 진나라 군사의 교만한 틈을 타서 사흘 밤 사흘 낮을 쉬지 않고 추격전을 벌여 해이해진 진나라 군대를 대파하였다.

패전 보고를 받은 시황제는 친히 왕전에게 달려가 사과하여 말하였다.

"과인이 장군의 말을 듣지 않았기 때문에 초나라에게 욕을 당했소. 장군은 비록 병이 들었으나 어찌 그대로 누워만 있겠소. 제발 과인을 위해 출전해주시오."

왕전은 여러 차례 사양했으나 60만 대군을 주겠다는 조건으로 드디어 출전하기로 하였다.

왕전이 60만 대군을 거느리고 출전하자 시황제는 친히 패상까지 나와 전송하였다. 왕전은 가면서 좋은 전택(田宅)과 원지(園池)를 하사해달라고 여러 번 청하였다.

이에 시황이 말했다.

분지 지형 춘추·전국 시대의 작은 나라 진이 천하를 통일할 수 있었던 이유 중의 하나는 관중 분지를 끼고 있어 전략적으로 방어에 유리했기 때문이다.

"장군은 가시오. 어찌 가난함을 그다지 걱정하오."

이 말에는 '어째서 출전을 앞둔 장군이 이것저것 달라고 하는가' 라는 핀잔의 뜻도 담겨 있다.

왕전이 말하였다.

"대왕의 장군이 되어 아무리 공을 세워도 봉후(封侯)의 자리는 얻을 수 없기 때문에 대왕께서 신을 신임할 때 때를 놓치지 않고 얻을 것을 청하여 자손을 위한 유산으로 남기고자 할 뿐입니다."

시황은 크게 웃고 말았다. 그 웃는 얼굴을 본 왕전은 아마도 안도의 한숨을 내쉬었을 것이다. 왕전은 국경에 이르렀는데도 다섯 차례나 사자를 함양에 보내어 전택의 하사를 청구하였다. 어떤 사람이 왕전에게 "장군께서 임금에게 하사를 비는 것이 너무 지나치십니다."라고 말하자 왕전이 대답하였다.

"그렇지 않다. 저 진왕은 성질이 난폭하여 사람을 믿지 않는다. 지금 진나라의 모든 무장병을 나에게 위임하였다. 내가 많은 전택을 청하여 자손의 업을 위하고 내 자신의 신변을 튼튼하게 함으로써 나에게 다른 큰 뜻이 없다는 것을 보이지 않는다면 진왕은 도리어 나를 의심하게 될 것이다."

왕전을 맞아 싸울 초나라 장수는 항연(項燕)이었다. 초나라에서는 왕전이 60만 대군을 거느리고 온다는 말을 듣고 온 나라 안의 군대를 총동원하여 진군과 대치하였다.

왕전은 진(陳)에서 평여(平輿)에 이르러 진지를 굳게 지키기만 하고 나가 싸우기를 즐겨하지 않았다. 초나라 군대가 자주 싸움을 걸었으나 끝까지 나가 싸우지 않았다. 이것은 처음부터 짜여진 왕전의 작전이었다. 나가 싸우지 않으면 맥빠진 초나라 군대가 포위를 풀고 물러갈 것이라고 판단하였던 것이다. 아무리 싸움을 걸어도 진군이 나오지 않자 초나라 장수 항연은 드디어 군대를 이끌고 동쪽으로 가고 있었다. 왕전이 이 기회를 타서 초군을 추격하면서 장사들로 하여금 공격하게 하여 초군을 크게 깨뜨렸다. 근수 남쪽에 이르러 초나라 장군 항연을 죽이니 초나라 군대가 패주하였다.

이 항연의 죽음에 대하여는 두 가지 기록이 엇갈리고 있다. 《사기》의 〈왕전열전〉에는 '항연을 죽이다.'로 되어 있고, 〈본기〉에는 '항연 자살하다.'라고 기록되어 있다.

어쨌든 적군의 총사령관이 죽자 진나라 군대는 그 승세를 몰아 초나라 각지를 공략·평정하였다. 드디어 시황제 24년(기원전

223) 초왕 부추(負芻)는 포로가 되고 마침내 초나라는 멸망하였다. 전사한 초나라 장군 항연은 나중에 진나라를 멸망시킨 '역발산 기개세(力拔山氣盖世)'의 주인공 항우(項羽)의 일족으로 항우의 할아버지뻘이 되는 사람이다. 뒤에서 언급하겠지만 진나라를 멸망시킨 것은 초나라에서 대대로 장군으로 있던 항씨 일족이었다.

도궁에 비수현

초나라가 멸망한 다음해인 시황제 25년(기원전 222)에 진나라 장수 왕분은 요동(遼東)으로 도망한 연왕을 포로로 하고 드디어 연나라를 멸망시켰다. 진나라가 천하를 통일하는 역사적 과정에서 가장 극적인 사건을 든다면 그것은 연나라 태자 단(丹)이 자객 형가(荊軻)를 진나라에 보내어 시황제를 암살하려다 실패한 사건이다.

일찍이 연나라 태자 단은 조나라에 인질로 가 있었다. 이때 진왕 정은 조나라에 인질로 와 있던 자초(子楚)의 아들로 태어나서 소년 시절을 단과 친밀하게 보냈다. 이 정이 진나라의 임금이 되었을 때 단이 진나라에 인질로 가게 되었다. 태자 단은 진나라에 가면 진왕이 어렸을 때 친구였던 옛정을 생각해서 반가이 대해 줄 줄 알았으나 진왕 정은 그를 냉정하게 대우하였다. 이에 태자 단은 원한을 품고 도망하여 돌아왔다. 돌아와서는 진왕에 대한 원수를 갚기 위해 백방으로 사람을 찾고 있었다.

그 뒤 진나라는 한나라를 멸망시키고 이어 조나라를 공격하여 수도 한단을 함락하고 제나라·초나라를 공격하는 한편 북쪽으로 연나라를 공략하려 하니 연나라에서는 임금과 신하들이 모두 벌벌 떨며 두려워하였다.

얼마 뒤 진나라의 장수 번오기(樊於期)가 진왕에게 죄를 짓고 연나라로 망명해왔다. 태자 단이 번오기를 받아들여 머물러 있게 하자 태부(太傅) 국무(鞠武)가 간하였다.

"진왕은 포악하여 연나라를 노리고 있습니다. 더구나 번 장군이 이곳에 있다는 것을 알면 어떻게 되겠습니까? 태자께서는 빨리 번 장군을 흉노 땅에 보내어 진나라에서 구실을 잡지 못하게 하십시오. 그리고 서쪽으로 삼진과 맹약을 맺고 남쪽으로 제나라·초나라와 연합하며 북쪽으로 흉노의 선우(單于)와 강화하게 하십시오. 그렇게 한 뒤에라야 진나라를 견제하고 연나라가 보전할 수 있습니다."

"태부의 계책은 너무나 많은 시일이 걸립니다. 나는 진왕을 원망하는 마음이 극도에 달하여 잠깐 동안도 머뭇거릴 수가 없습니다. 번 장군은 몸을 의탁할 곳이 없어 저에게 의지하고 있습니다. 저는 이를 거절할 수는 없습니다. 바라옵건대 태부께서는 다른 계책을 가르쳐 주십시오."

태자의 말을 들은 국무는 전광 선생(田光先生)을 태자에게 추천하였다.

태자가 전광 선생을 만나보고 몸을 낮추어 말하기를 "연나라와 진나라는 양립(兩立)할 수 없으니 원컨대 선생께서는 이 점에 유의하여 주십시오."라고 하였다.

이 말을 들은 전광은 "신이 듣건대 군마는 하루에 천 리를 달릴 수 있으나 늙게 되면 노둔한 말만도 못 하다 하오니 신은 이제 늙은 말과 같습니다. 그러하오나 신이 어찌 나라 일에 가만히 앉아 있을 수 있겠습니까? 저와 친교가 있는 형가(荊軻)는 쓸 만한 인물입니다."라고 하였다.

"그러시면 형가와 친교를 맺을 수 있도록 주선해주십시오."
"삼가 그렇게 하겠습니다."

전광이 즉시 일어나 바른 걸음으로 나가니 태자가 문까지 나와 조용히 말하였다.

"제가 말씀드린 것이나 선생이 말씀하신 것은 나라의 중대사이오니 선생께서는 누설하지 마십시오."

전광이 머리를 숙이고 웃으며 "염려하지 마십시오."라고 말하였다.

전광은 그 길로 형가를 방문하였다.

"태자에게 족하(足下)*를 추천하였으니 원컨대 궁으로 가서 태자를 뵙도록 하시오."

형가가 "삼가 명령을 받들겠습니다."라고 말하자 전광이 또 말하였다.

"내가 들으니 유덕한 사람은 일을 행하는 데 사람에게 의심나지 않게 한다고 합니다. 태자가 제게 말씀하시기를 '우리가 말한 것은 나라의 큰일이니 선생은 누설하지 마십시오.'라고 하였습니다. 그것은 태자가 저를 의심하는 것입니다. 사람에게 의심을 품게 하는 것은 의기 있는 대장부의 취할 바가 아닙니다."

그리고는 스스로 목을 찔러 죽었다.

자신이 죽음으로써 국가의 중대사가 외부에 누설되지 않을 것을 보증하기 위함이었다. 전광의 이 같은 장렬한 죽음은 협객의 전형이라 할 수 있을 것이다.

* 족하(足下) : 나이가 비슷한 사람을 높여 일컫는 말

전광이 태자에게 추천한 형가는 위(衛)나라 사람으로 그의 조상은 제나라 사람이었다. 글읽기와 칼쓰기를 좋아하였으며 그 기량을 내세워 위나라 원군(元君)을 설득하려 하였으나 원군이 그를 등용하지 않았다.

유세길에 나선 형가가 유차(楡次)라는 곳에서 갑섭(蓋聶)과 검술을 논하는데 서로 의견이 맞지 않자 갑섭이 성내어 눈을 부릅 뜨고 노려보자 형가는 그곳을 떠나 한단으로 갔다. 한단에서 노구천(魯句踐)과 장기를 두다가 장기 규칙을 논하다가 다투게 되었다. 노구천이 성을 내어 형가를 꾸짖자 형가는 묵묵히 그곳을 떠나버렸다. 형가의 생각으로는 그들과 다투어 봐야 아무런 가치가 없다고 판단했기 때문이었다.

연나라에 온 형가는 개백장과 축(筑, 악기)을 잘 타는 고점리(高漸離)와 사귀었다. 개백장이란 말할 것도 없이 개를 잡는 백장으로 천대받는 직업이었다. 그러나 형가는 의기가 상합하면 상대방의 신분 따위는 문제삼지 않는 인물이었다.

축이란 거문고와 비슷한 현악기의 일종으로 대나무로 그 줄을 타는 악기였다. 축의 명인 고점리가 축을 타면 형가는 거기에 장단을 맞추어 노래를 부르고 감격하면 곁에 사람이 있든 없든 구애받지 않고 호탕하게 놀았다.

그러나 형가는 여느 주객들과는 달랐다. 글읽기를 좋아하는 지식인이었기 때문에 어디를 가든 그곳의 호걸들과 교유하였다. 연나라에서도 처사 전광이 그가 보통 사람이 아님을 알고 그와 교유하였으며 또 태자에게 추천하였던 것이다.

형가는 태자를 찾아가 뵈었다. 전광이 이미 죽었다는 사실을 말하고 전광의 말을 태자에게 전하니 태자는 두 번 절하고 꿇어앉아 눈물을 흘렸다.

"제가 전 선생에게 누설하지 말라고 경계한 것은 큰일을 성공시키고자 했을 뿐입니다. 제가 어찌 전 선생을 의심했겠습니까?"

형가가 자리에 앉자 태자는 자리를 피하고 머리를 조아리며 말하였다.

"전 선생이 저의 불초함을 모르시고 족하를 추천하여 이렇게 만날 수 있게 되었으니 이것은 하늘이 연나라를 버리지 않으셨기 때문일 것입니다. 제가 생각해보건대 연나라는 힘이 약하여 온 나라의 힘을 다 기울인다 해도 진나라를 당하지 못할 것입니다.

또한 제후들은 모두 진나라에 굴복하여 감히 합종하는 자가 없습니다. 저의 어리석은 생각으로는 진실로 천하의 용사를 얻어 진나라에 사자로 보내어 말로써 진왕을 유인한다면 진왕은 탐욕이 많은 자라 반드시 진왕에게 접근할 수 있을 것이며 그리 되면 하고자 하는 일을 성취할 수 있을 것 같습니다. 진왕을 위협하여 제후들에게서 빼앗은 땅을 모두 돌려주게 한다면 그것은 최선의 성과이고 그렇게 할 수 없다면 그 기회에 진왕을 찔러 죽이는 길밖에 없다고 생각합니다. 그러나 목숨을 바칠 만한 사람을 알지 못합니다. 형경(형가를 높여 부르는 말)께서는 이 점에 유의하여 주시기 바랍니다."

한참 있다가 형가가 말하였다.

"이것은 나라의 큰 일입니다. 신은 노둔하고 재능이 없어 그런 큰일을 맡겨 시키실 수 없을 것입니다."

태자가 머리를 조아리며 여러 번 간청하니 형가는 드디어 허락하였다. 이에 형가에게 상경(上卿)의 벼슬을 내리고 일등 여관에 머무르게 하였다. 그리고 날마다 천하진미의 음식과 미녀를 보

형가 사마천의 《사기》 중 〈자객열전〉에는 진시황을 암살하려한 자객 형가의 이야기가 실려 있다. 그림은 진시황 암살 장면이다. 가장 왼쪽이 형가이고, 호위병이 그를 저지하고 있다. 가운데 옷소매가 잘린 채 옥을 들고 있는 사람이 진시황이고, 그 오른쪽에 창과 방패를 든 사람은 호위병, 땅에 쓰러져 있는 사람은 진무양, 가운데 기둥에 꽂혀 있는 것은 형가가 던진 비수이다. 가운데 상자에 들어 있는 것은 번오기의 머리이다.

* 독항(督亢) : 현재 북경시와 보정시 사이에 있는 비옥한 평야

내어 형가의 마음을 흡족하게 하였다.

　이렇게 한 지가 꽤 오래건만 형가는 떠날 생각을 하지 않았.

　태자가 참다 못하여 "진나라의 군대가 가까운 장래에 역수(易水)를 건너게 되면 족하를 오랫동안 모시고자 한들 어찌 그렇게 될 수 있겠습니까?"라고 말하였다.

　형가는 기다리고 있었다는 듯이 "태자의 말씀은 잘 알겠습니다. 지금 당장 맨손으로 간다 해도 진왕에게 접근할 방법이 없습니다. 접근하지 못하면 만사는 끝장입니다. 지금 진왕은 번 장군을 찾기 위해 현상금까지 걸어놓고 있습니다. 번 장군의 머리와 연나라 독항(督亢)* 땅의 지도를 얻어 진왕에게 선물로 바친다면 진왕은 반드시 신을 만나줄 것입니다. 그렇게 되면 원수를 기필코 갚을 수 있을 것입니다."

　번오기의 머리가 필요하다는 말을 들은 태자는 그것은 인정상 도저히 할 수 없는 일이라고 반대하였다.

　형가는 태자의 심중을 헤아리고 직접 번오기를 만나서 말하였다.

　"지금 번 장군의 부모와 일족들은 모두 장군 때문에 죽임을 당하였습니다. 진나라에서는 황금 천 근과 만 호의 고을을 상으로 내걸고 장군의 머리를 구하고 있다 합니다. 장군께서는 장차 어떻게 하시렵니까?"

　번오기는 눈물을 흘리며 탄식하였다.

"저는 이 일을 생각하면 가슴이 터지는 듯하오나 아무리 생각해도 좋은 계책이 나오지 않습니다."

형가가 말하였다.

"지금 당장 연나라의 근심을 풀어주고 장군의 원수를 갚을 수 있는 방법이 있다면 어떻게 하시겠습니까?"

번오기는 놀라는 듯 앞으로 나아가 말하였다.

"그게 어떤 계책입니까?"

"장군의 머리를 진왕에게 바치겠다고 하면 진왕은 반드시 신을 만나줄 것입니다. 그때 신이 왼손으로 진왕의 소매를 잡고 오른손으로 가슴을 겨냥하여 찌릅니다. 그렇게 하면 장군의 원수를 갚고 연나라가 보전할 수 있을 것입니다. 장군의 의향은 어떻습니까?"

번오기는 팔뚝을 걷어붙이며 나아가 말하였다.

"이야말로 제가 절치부심 기다리던 일입니다. 당신의 뜻을 알겠습니다."

번오기는 스스로 목을 찔러 죽었다. 태자가 이 소식을 듣고 매우 슬퍼하였으나 어찌할 수 없었다. 마침내 번오기의 머리는 함에 넣어 봉하여졌다.

여기에 태자는 천하에 예리하기로 이름난 조나라 서부인(徐夫人)의 비수를 백금을 주고 사들였다. 독약을 칼날에 바르고 시험해본 결과 실오라기만큼의 피가 흐를 정도의 상처를 입었는데도 그 자리에서 죽지 않는 자가 없었다.

이 비수는 비단 두루마리로 된 지도 맨 끝에 감쪽같이 끼워 넣었다. 왕을 만나는 사람은 몸에 털끝만큼의 쇠붙이도 지닐 수 없었기 때문이었다. 또 태자는 별도로 진무양(秦舞陽)이라는 용사를 형가의 부사로 삼아 형가를 수행토록 하였다. 이 진무양은 13세 때 사람을 죽인 일로 세상에 널리 알려진 용사인데 사람들이 감히 그를 쳐다보지 못하였다.

이렇게 하여 모든 준비는 완료되었으나 형가는 떠날 생각을 하지 않았다. 형가에게는 믿을 만한 사람이 있어 그와 함께 가기로 되어 있었으나 연락이 잘 안 되어 그가 아직 오지 않았기 때문에 그를 기다리고 있었다.

태자는 형가의 마음이 변하여 혹시 후회하는 것이 아닌가 의심하여 형가에게 물었다.

"날짜가 이미 다하였습니다. 형경께서는 무슨 다른 생각이 있습니까?"

형가가 크게 성내면서 말하였다.

"이번 일은 헤아릴 수 없는 중대한 일입니다. 진무양이 아무리 용감하다 하나 더벅머리 아이에 불과합니다. 내가 머무르고 있는 것은 내가 믿을 만한 사람이 오기를 기다려 함께 가려고 한 것입니다. 이제 태자께서 재촉하시니 떠나겠습니다."

형가는 분연히 일어나 길을 떠났다.

태자와 그 일을 알고 있는 빈객들은 모두 흰옷·흰갓 차림으로 그를 전송하여 역수 가에 이르렀다. 흰옷·흰갓은 상복이다. 일의 성패 여하에 관계없이 살아 돌아올 가능성은 만에 하나도 없기 때문에 모두 다 상복을 입은 것이다. 역수 가에 이르렀을 때 그의 친구 고점리는 축을 치고 형가는 거기에 맞추어 노래를 부르니 듣는 사람들이 모두 눈물을 흘리며 울었다. 또 앞으로 걸어가면서 노래를 부르니 그 가사는 다음과 같다.

바람소리 쓸쓸하고	風蕭蕭兮
역수 물은 차가워라	易水寒
장사 한번 가면	壯士一去兮
다시 오지 못하리	不復還

그 노랫소리 강개(慷慨)하여 듣는 사람들이 모두 눈을 부릅뜨고 머리털이 갓을 치킬 듯 일어섰다. 이에 형가는 수레에 올라 떠났는데 끝내 뒤를 돌아보지 않았다.

드디어 진나라에 도착한 형가는 천 금을 들여 산 후한 선물을 진왕의 총신에게 바치고 그를 설득하여 진왕 뵙기를 청하였다.

진왕은 총신의 말을 듣고 매우 기뻐하여 연나라의 사자를 함양궁에서 인견(引見)하였다. 이때 형가는 번오기의 머리를 넣은 함을 받들고, 진무양은 독항의 지도를 넣은 상자를 들고 차례로 나아가는데 섬돌 앞에 이른 진무양은 갑자기 얼굴빛이 변하여 벌벌 떨었다.

진나라의 여러 신하들이 이 모습을 보고 괴이하게 여기자 형가가 무양을 돌아보고 웃으며 앞으로 나아가 말하였다.

"북녘 땅 오랑캐의 미천한 사람이 일찍이 천자를 뵈온 일이 없습니다. 그래서 떨며 두려워합니다. 대왕께서는 잠시 그를 용서하시고 사자의 임무를 마치게 해주십시오."

진왕이 형가에게 말하였다.

"무양이 갖고 있는 지도를 받아오라."

형가는 지도를 받아 올렸다. 진왕이 두루마리로 된 지도를 펼치면서 보는데 형가의 눈이 잠시도 지도에서 떠날 줄을 몰랐다. 긴장의 순간이었다. 마침내 지도가 끝나니 비수가 드러났다. 형가는 잽싸게 왼손으로 진왕의 소매를 잡고 오른손으로 비수를 잡아 진왕을 찔렀다. 비수가 미처 몸에 닿기 전에 진왕이 깜짝 놀라 몸을 떨쳐 일어서니 소맷자락이 찢어졌다. 진왕이 칼을 빼고자 했으나 황급하고 칼이 칼집에 꽉 꽂혀 있었기 때문에 당장에 뺄 수가 없었다. 형가가 진왕을 쫓아가자 진왕은 기둥을 돌며 달아났다. 여러 신하들은 모두 불의에 일어난 사태에 경악하여 어찌할 바를 몰랐다. 그리고 진나라 법에 당상에서 왕을 모시는 신하들은 한 치의 무기도 갖지 못하게 되어 있었다. 무기를 가진 호위 군사들은 모두 궁전의 아래에서 서 있을 뿐, 임금의 조서가 있어 부르기 전에는 전상에 올라올 수가 없었을 뿐만 아니라 이 황급한 상황에서 당하에 있는 무사를 불러올릴 겨를이 없었다. 그런 까닭에 형가가 진왕을 쫓고 있는데도 창졸간에 형가를 칠 물건이 없었다. 여러 신하들은 모두 손으로 칠 수밖에 없었다. 이때 시의(侍醫) 하무저(夏無且)가 받들고 있던 약이 든 자루를 형가에게 내던졌다. 그러나 진왕은 기둥을 돌며 쫓겨 다닐 뿐 자기 자신에게 칼이 있는 줄도 몰랐다.

좌우의 신하들이 "왕께서는 칼을 등에 짊어지십시오."라고 외쳤다.

진왕은 그제서야 칼을 등 뒤로 돌리면서 드디어 빼서 형가의 왼쪽다리를 내리쳤다. 형가가 털썩 쓰러지면서 그 비수를 당겨 진왕을 겨냥하여 던졌다. 그러나 빗나가 구리기둥을 맞히고 말았다. 진왕의 장검이 잇달아 형가의 몸뚱이를 내려치니 형가는 여러 군데에 상처를 입어 유혈이 낭자하였다. 형가는 일이 실패했음을 알고 기둥에 의지하여 진왕을 꾸짖어 말하였다.

"내가 실패한 것은 산 채로 협박하여 제후들에게서 빼앗은 땅을 모두 돌려주겠다는 약속을 받아서 태자에게 보답하려고 했기 때문이다."

이때에 좌우의 신하들이 몰려와서 형가를 죽였다.

이 극적인 사건은 그 후 여러 가지 전설을 후세에 남기고 있다. 진왕이 기둥을 돌며 형가에게 쫓기고 있을 때 앞에서 말한 것과는 좀 달리 형가는 시의 하무저가 던진 약이 든 자루에 걸려 멈칫하는 순간 진왕이 장검을 빼어 형가를 내리쳤다는 이야기가 있는가 하면, 형가가 진왕을 만난 곳은 지밀(至密) 내전으로 내시와 궁녀만이 있는 곳이었다. 지도 끝에 숨겨 놓은 비수가 나타나자 형가가 진왕의 목에 비수를 들이댔다. 진왕은 황급한 상황에서도 기지를 발휘하여 형가에게 마지막 소원이라고 하면서 다음과 같이 부탁하였다.

"이제 나는 꼼짝없이 죽게 되었소. 죽는 마당에 내 마지막 소원 하나 들어줄 수 있겠소?"

형가는 무슨 생각에서였는지 "그 마지막 소원이 무엇이오?"라고 물었다.

"나에게는 둘도 없이 사랑하는 여인이 있소. 그 여인의 거문고 타는 소리 한 곡조만 듣고 죽겠소."

그 여자는 병풍 뒤에서 숨을 죽이며 형가와 진왕의 대화를 듣고 있었다. 거문고 타는 기회만 주어진다면 진왕을 살릴 수 있는 곡조를 타야겠다고 생각하고 있었다.

"그렇게 합시다."

형가의 말소리가 들려 왔다.

그 여인은 거문고를 타기 시작하였다.

"여덟 자 높이의 병풍도 대왕께서는 능히 뛰어넘으실 수 있습니다. 빨리 몸을 떨쳐 병풍을 뛰어넘으십시오."

거문고 소리를 듣고 있던 진왕은 비호처럼 형가의 손을 떨치고 병풍을 뛰어넘어 위기를 모면할 수 있었다.

실패로 끝난 이 극적인 사건은 전국 시대 말기에 이르러 국력이 약한 연나라가 강국 진나라를 도저히 대항할 힘이 없었기 때문에 부득이 암살이라는 비상수단을 쓸 수밖에 없었던 당시의 상황을 대변해주고 있다. 이 사건은 250여 년에 걸친 전국 시대의 변화무쌍한 풍운의 역사가 서서히 그 막을 내리고 있음을 암시해주는 사건이라 할 수 있다.

이 사건이 있은 다음해(기원전 226) 진나라는 더욱 많은 군대를 동원하여 연나라 수도 계성(薊城)을 함락하니 연왕 희(喜)와 태자 단은 요동으로 도망하였다. 그래도 진나라가 공격을 늦추지 않자 연왕은 태자 단의 목을 베어 그 머리를 진왕에게 바쳤다. 그러나 진나라가 연나라를 공격하는 근본 의도는 암살 사건에 대한

농기구 전국 시대 이후 우경(牛耕)이 출현해 농업 생산력이 증가했다. 무기에 적합하지 않은 주철이 농기구 제작에 사용되었다.

보복이 아니고 천하를 통일하기 위한 것이었다.

　　형가가 진나라의 함양궁에서 죽임을 당한 5년 후 진나라의 대군은 요동까지 추격하여 연왕 희를 사로잡음으로써 연나라는 멸망하였다. 소공석(召公奭)을 시조로 하는 연나라는 8백여 년의 역사에 종지부를 찍었으며 희성(姬姓)의 나라 가운데 최후에 멸망한 것이 이 연나라였다.

　　6국 가운데 마지막으로 남은 것은 제나라였다. 연나라가 멸망한 다음해 진나라 장수 왕분은 연나라를 멸망시킨 여세를 몰아 창졸간에 제나라 수도 임치에 들이닥치니 제나라 사람들이 감히 대항하지 못하였다. 진나라는 사람을 시켜 제왕을 달랬다.

　　"만약 당신이 항복하면 5백 리의 땅을 주어 조상의 제사를 받들게 하고 당신의 자손들을 길이 보전하게 할 것이다."

　　제왕이 항복하자 약속과는 달리 제왕을 공(共) 땅으로 추방하여 산 속에서 굶어 죽게 하였다. 이것이 시황제 26년(기원전 221)의 일로 제나라를 마지막으로 평정함으로써 마침내 천하통일의 대업을 이룩하게 되었다.

산업과 인문 과학

전국 시대의 농업

농업은 지금으로부터 약 1만 년 전인 신석기 시대부터 시작된 것으로 보인다. 그러나 농업이 크게 발달한 것은 철기가 농업에 널리 이용되면서부터이다. 춘추 시대에는 나무로 만들어졌던 호미가 철제로 바뀌고 인력에 의한 밭갈이가 소를 이용한 밭갈이 방법으로 바뀌었으며 전국 시대에 이르러서는 낫이나 도끼 따위도 철제로 바뀌었다. 그와 함께 비료를 쓰는 방법과 종자에 비료와 흙을 섞는 방법, 땅을 가는 방법, 전답에 물을 대는 새로운 농업 기술이 잇달아 개발됨으로써 중국의 농업은 새로운 발전 단계에 들어서게 되었다.

이 새로운 발전 가운데 가장 주목되는 것은 관개(灌漑) 기술의 발달이라 할 수 있다. 강이나 하천의 연안 지대에서는 강이나 하천의 물을 끌어들이는 관개법이 성행하고 있었다.

위나라의 업(鄴) 지방에서는 장하(漳河)의 물을 관개하기 위하여 12개의 용수로를 만들었으며 진나라의 관중(關中) 지역에는 길이 150킬로미터에 이르는 용수로를 건설하였다. 또한 진나라의 촉군 태수는 사천의 성도 평야에 도강(都江)의 제방을 쌓는 대규모 수리공사를 벌여 6만 헥타르의 전답에 물을 대어 성도 평야를 비옥한 땅으로 바꾸고 사천을 천혜의 도시로 만드는 데 성공했다. 도강의 제방은 역대로 내려오면서 보수와 확장 공사를 행하여 지금은 엄청난 넓이의 관개 면적을 자랑하고 있다. 그러나 그 주요한 공사와 기본적인 규모는 이미 창건 당시에 그 기초공사를 튼튼히 하였기 때문에 현재에 이르러서도 그 기능을 발휘하고 있는 것으로 생각된다.

벨트의 쇠고리 전국 후기의 것. 황금으로 된 짐승의 몸에 황갈색 옥을 끼워넣었다.

한편 그 당시의 황하는 자주 홍수가 범람하여 황하 연안의 여러 나라들은 각자 자기 나라 위주의 공사를 하여 물을 다른 나라로 흘려 보냈기 때문에 수해를 많이 당해야 했다. 당시의 수리 건설 사업은 봉건제의 시작과 함께 시작되었으나 동시에 봉건제의 할거라는 조건 때문에 지역적인 제약을 받은 것이 사실이었다. 이러한 제약은 비단 수리 시설뿐 아니라 사회 경제 전체에 미치고 있었다.

전국 시대의 수공업

목공(木工)·칠공(漆工)·도공(陶工)·피혁가공(皮革加工)·방직(紡織)·제염(製鹽)·제동(製銅)·제철(製鐵) 등의 수공업은 도구의 개량과 생산 관계의 변화에 따라 각각 발명과 진보 현상을 보였다. 그중에서도 가장 진보를 보인 것은 제철업의 발달이었다.

제철은 이미 춘추 시대부터 시작되었으나 비교적 대규모의 제철과 농업과 수공업에 철기가 널리 이용된 것은 역시 전국 시대 중기와 후기에 들어서면서였다.

제철은 원래 제동 기술을 기초로 하여 발전한 것이지만 강철제의 공구가 만들어짐으로써 청동기 제작 기술도 비약적으로 발전하여 뛰어난 일품(逸品)을 만들어내기에 이르렀다.

근년 호북성에서 발견된 전국 시대 증국(曾國)의 문화재인 동준동반(銅樽銅盤)은 그 정교함이 마치 상아세공(象牙細工)의 기법을 연상케 하는 일품으로 그 복잡한 제작 공정에 대하여는 지금까지도 고고학자들 사이에 해명되지 않은 수수께끼로 남아 있다.

또한 하북성에서 출토된 중산국의 문화재는 금은상감의 세공

28팔수가 그려진 옷 상자 달의 공전 주기를 27.32일로 관측하여 적도대를 28 구역으로 나누었으며, 이 옷 상자에는 28수가 그려져있다.

기법을 발휘한 보기 드문 일품으로 평가되는데 이 같은 금은상감의 공예 기술이야말로 강철로 만든 조각 도구의 발명에 의해 만들어지는 것이다.

중산국과 증국은 그 유래조차 뚜렷하지 않을 뿐 아니라 이제까지의 역사책에서도 그다지 다루어지지 않은 조그마한 제후국에 지나지 않았다. 이와 같은 작은 나라의 공예 기술이 그렇게 정교한 것을 보면 부국강병을 자랑하던 강대국의 수공업이 얼마나 발달되었는가를 미루어 짐작할 수 있다.

농업과 공업이 발달함에 따라 상업도 급격히 발달하여 도시가 형성되기 시작하였다.

당시 제나라의 수도 임치는 중국 굴지의 대도시로 면적이 60 제곱킬로미터, 가구 수 7만에 이르렀다. 도시로 불릴 대규모의 취락이 전국에 30개 가까이 있었으며 1만 호를 넘는 현(縣)이나 1천 호가 넘는 촌락이 즐비했다. 상인들은 이들 도시와 촌락들을 왕래하며 상업 활동을 하였다. 네 바퀴가 달린 큰 수레를 수십 대, 선박을 백수십 척씩 동원하여 대상(隊商)을 편성하는 상업 활동도 성행하였다.

상업이란 원래 사람들로부터 천시당하는 직업이었으나 이때에 이르러서는 그런 관념은 이미 사라지고 있었다. 호상(豪商)이나 대상인들이 국왕이나 영주와 대등한 입장에서 행세하였으며 제철소·광산·목장의 소유주나 보석상 및 식량과 피륙의 도매상 가운데는 공작(公爵)·후작(侯爵)에 상당하는 사회적 지위를 가졌거나 대신이나 재상의 관직에 오른 자가 있을 정도로 지위가 향상되었다.

천문학의 발달

고대 중국의 천문학은 오랫동안의 발전 단계를 거쳐 전국 시대에 이르러서는 이미 하나의 체계를 형성하였다. 방위 천문학의 28수(二十八宿)의 한 가지 예로 그 발전상의 윤곽을 짐작할 수 있다.

고대 중국에서는 성좌에 나타나는 여러 가지 현상의 변화를 관측하기 위하여 천체를 지상과 마찬가지로 구역을 나누어 식별하였다. 지표에서 동서남북으로 구분하는 예에 따라 천체도 또한 동서남북의 네 구역으로 나누어 '사방의 사상(四象)·성상(星象)'으로 구분하여 관측하였다. 이와 같은 방위 천문학은 무려 3천여 년 전의 은나라 때부터 시작되어 차츰 발전되어 왔다.

은허(殷墟)의 갑골문 가운데 이미 '사상'에 관한 기록이 있으며 서주(西周) 시대에는 28수의 구분법이 이미 확정되었을 가능성이 짙다. 이 같은 사실은 《시경(詩經)》 가운데서 8개의 성좌에 대한 명칭이 소개되고 있는 것으로 짐작할 수 있다.

석신(石申)과 감덕(甘德)에 의해 이루어진 《성경》은 전국 시대 별의 움직임의 관측에 관한 완벽한 기록이다. 당시 또 다른 《무함(巫咸)》이라는

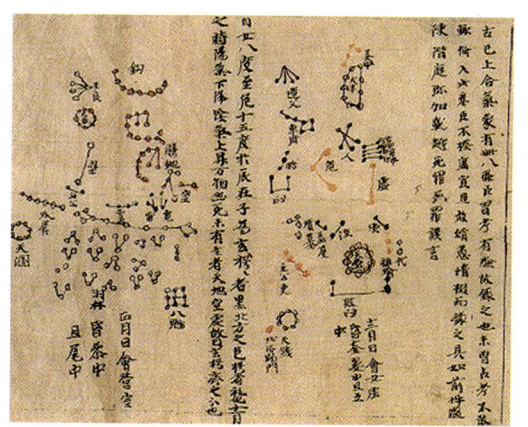

평면천체도 기원전 4세기에 세 명의 천문학자가 관측해 평면천체도를 그렸다. 원본은 소실되었고 기원후 4세기경 복제된 것이 남아 있다.

이름의 천문에 관한 책이 있었다. 이것은 은나라 때 성좌를 관측하던 관리의 이름을 붙인 항성도의 기록이다.

당시 이 3권의 천문에 관한 저서를 정리한 결과 모두 284성좌, 464개의 항성이 확인되었음이 판명되었다. 이것은 세계 최고(最古)의 항성도라고 말할 수 있다. 이보다 약 70~80년 늦게 서방 사람으로는 최초로 그리스 사람이 항성도를 만들어냈다.

별의 관측 방법이 발전함에 따라 중국의 역법(曆法)도 크게 발전하였다. 당시에 이미 태양·달·별의 운행에 대한 법칙성을 근거로 하여 달력이 만들어졌다.

춘추오패와 전국칠웅의 계보

(1) 제(齊)의 환공(桓公)
  1. 태공망 여상(呂尙)……—13.희공(僖公)—14.양공(襄公)—15.환공(桓公)
(2) 진(晉)의 문공(文公)
  1.당숙우(唐叔虞)……—20.해제(奚齊)—㉑도자(悼子)—㉒혜공(惠公)—㉓회공(懷公)—㉔문공(文公)
(3) 초(楚)의 장왕(莊王)
  ① 웅역(熊繹)……—⑳성왕(成王)—㉑목왕(穆王)—㉒장왕(莊王)
(4) 오왕 합려(吳王闔閭)
  ① 수몽(壽夢)—2.제번(諸樊)—③여제(餘祭)—4.여매(餘昧)—⑤요(僚)—⑥합려(闔閭)—⑦부차(夫差)
(5) 월왕 구천(越王句踐)
  ① 윤상(允尙)—2.구천(句踐)

위(魏): 1.문후(文侯)—2.무후(武侯)—3.혜왕(惠王)—4.양왕(襄王)—⑤애왕(哀王)—⑥소왕(昭王)—⑦안리왕(安釐王)—⑧경민왕(景緡王)—⑨왕가(王假)
제(齊): 전씨(田氏) 1.태공(太公)—2.후염(侯剡)—③환공(오)(桓公;午)—4.위왕(威王)—⑤선왕(宣王)—⑥민왕(湣王)—⑦양왕(襄王)—⑧왕건(王建)
진(秦):①양공(襄公)……—㉕효공(孝公)—㉖혜문왕(惠文王)—㉗무왕(武王)— ㉘ 소 양 왕(昭 襄王)—㉙효문왕(孝文王)—㉚장양왕(莊襄王)— 31.시황제(始皇帝)
한(韓):①경후(景侯)—2.열후(列侯)—③문후(文侯)—4.애후(哀侯)—⑤장후(壯侯)—⑥소후(昭侯)—⑦선혜왕(宣惠王)—⑧양왕(襄王)—⑨희왕(釐王)—⑩환혜왕(桓惠王)—⑪왕안(王安)
조(趙):①열후(烈侯)—2.무후(武侯)—③경후(敬侯)—4.성후(成侯)—⑤숙후(肅侯)—⑥무령왕(武靈王)—⑦혜문왕(惠文王)—⑧효성왕(孝成王)—⑨도양왕(悼襄王)—⑩유목왕(幽穆王)—⑪대왕(代王)
연(燕):①소공(召王)……—35.환공(桓公)—36.문공(文公)—37.역왕(易王)—38.왕쾌(王噲)—39.소왕(昭王)—40.혜왕(惠王)—41.무성왕(武成王)—42.환효왕(孝王)—43.왕희(王喜)
초(楚):①웅역(熊繹))……—㉒장왕(莊王)……—33.숙왕(肅王)—34.선왕(宣王)—35.위왕(威王)—36.회왕(懷王)—37.경양왕(頃襄王)—38.고열왕(考烈王)—39.유왕(幽王)—40.애왕(哀王)—41.부추(負芻)

4
진의 흥망

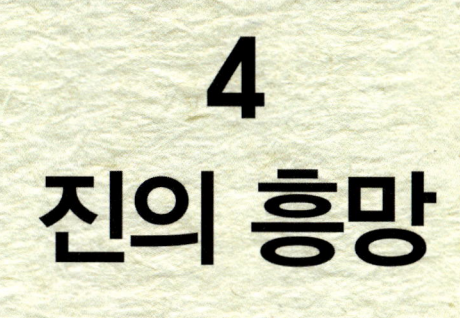

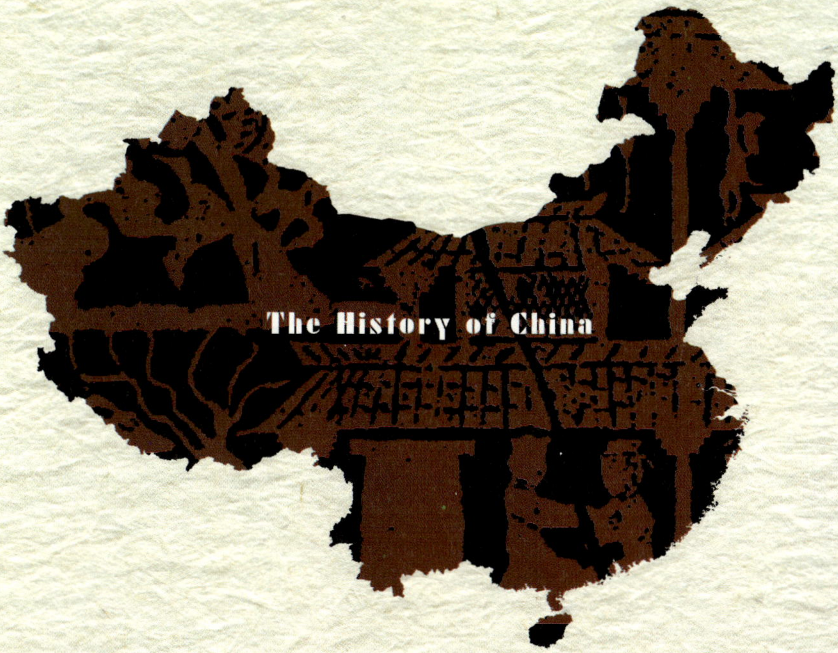

The History of China

진의 통일

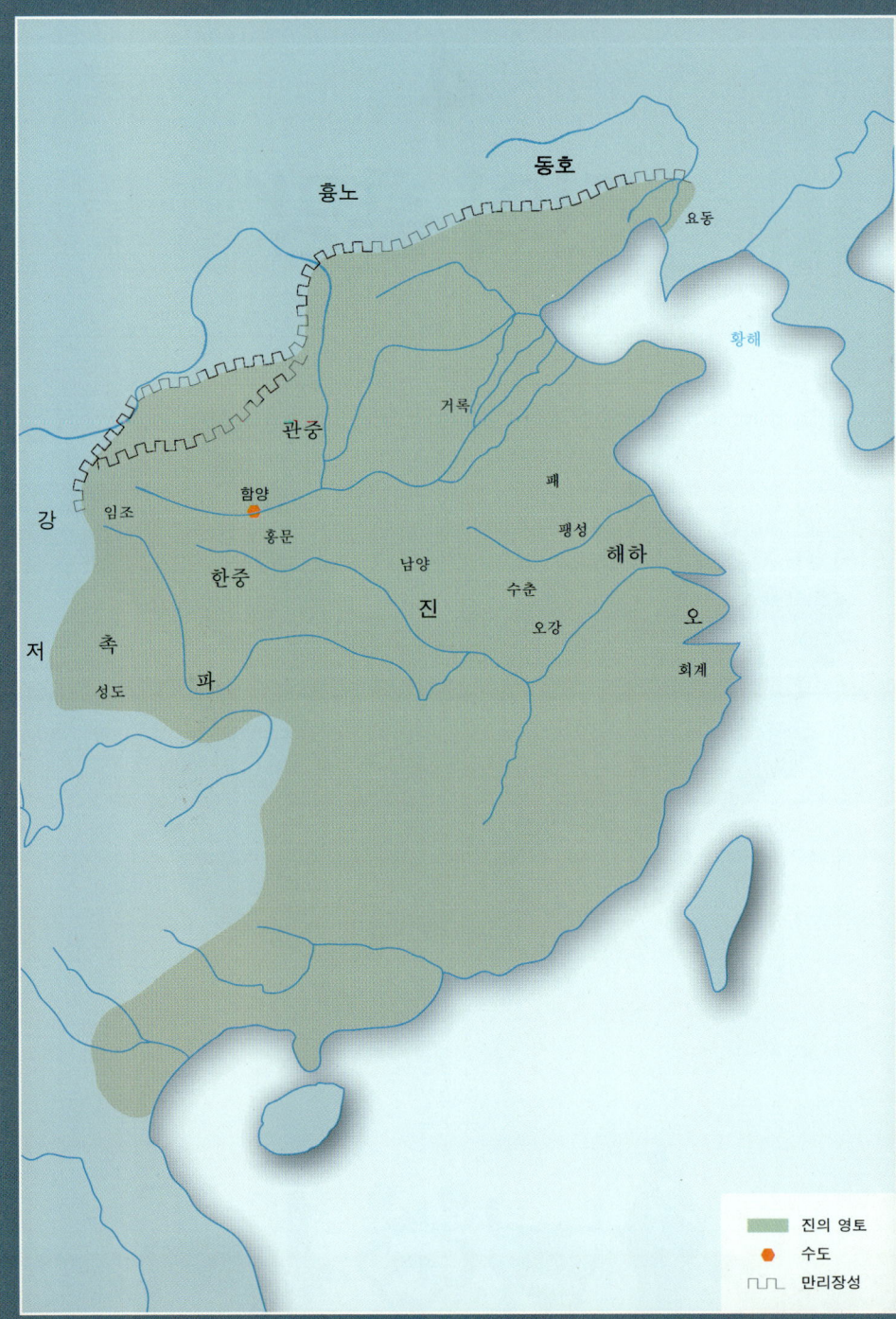

진의 흥망

중국 역사상 최초로 통일국가를 이룩한 진시황제는 봉건제를 폐지하고 군현제를 실시하여 강력한 중앙 집권 체제를 확립하였다. 그는 승상 이사(李斯)에게 명하여 문자와 도량형을 통일하고 모든 제도의 개혁을 단행하였다. 장군 몽염에게 명하여 흉노를 토벌하고 만리장성의 대공사를 감독하도록 하였다. 시황제는 자기의 정책을 반대하거나 비판하는 세력을 철저히 단속하기 위하여 역사상 유례없는 분서갱유(焚書坑儒)를 단행하였다. 또 아방궁의 건설과 여산릉(驪山陵)의 공사 등으로 3백만 명의 무상 노역을 동원했으며 이를 뒷받침하기 위한 재정을 조달하기 위해 무거운 세금을 부과하였다. 과중한 조세 부담, 가혹한 법과 형벌로 온 천하는 마치 감옥과 같았다. 진왕조의 지주 정권과 농민 간의 모순은 시황제가 죽은 다음해인 기원전 209년에 마침내 진승(陳勝)·오광(吳廣)이 반란을 일으키는 결과를 가져왔다. 이 반란을 신호로 각지에서는 진나라 타도를 외치는 반란이 요원의 불길처럼 타올랐고 유방과 항우도 이때에 봉기하여 여러 제후들과 힘을 합쳐 진나라 타도에 선도적 역할을 하였다. 진나라를 멸망시킨 후에 유방과 항우가 천하를 다투게 되었다. 유방의 진영에는 소하, 장량, 한신 등의 명참모·명장이 있어 유방을 잘 보좌하였고, 항우의 진영에는 범증이 자주 계책을 진언하였으나 항우는 이를 제대로 받아들이지 않았다. 처음 유방에게 불리했던 전세가 날이 갈수록 유리해져 유방은 마침내 궁지에 몰린 항우를 해하(垓下)의 싸움에서 완전 고립시킴으로써 오강에서 최후를 마치게 하였다. 이 유방과 항우의 싸움은 소설《초한지(楚漢誌)》의 무대이기도 하다. 엄격히 말할 때 진나라 타도의 수훈갑은 항우임에 틀림없었으나 마지막 승리의 열매를 거둔 것은 전한 왕조를 세운 유방이었다.

중앙 집권과 군현제

진나라가 천하를 통일한 기원전 221년은 중국 역사상 매우 중요한 해이다. 주나라 평왕이 섬서성의 호경에서 하남성의 낙양으로 수도를 옮긴 것이 기원전 770년의 일이고, 이 해로부터 기원전 221년까지 550년간 주왕조는 시종 쇠퇴의 길을 걸었고 각지에는 제후들이 할거하여 각 나라 사이의 패권 다툼은 쉴 날이 없었다. 이러한 격동의 역사에 종지부를 찍고 천하통일의 대업을 이룩한 것은 나이 39세의 젊은 진의 시황제였다. 물론 이 같은 기적적인 위업은 결코 우연히 이룩된 것은 아니었다.

진의 효공은 기원전 356년 상앙을 등용하여 법질서의 개혁을 단행하고 귀족 계급의 특권을 일부 폐지하여 군주권의 강화를 도모하였다. 또한 토지 매매의 자유화, 황무지 개간의 장려, 소농경제(小農經濟)의 보호 등 일련의 경제 정책을 개혁하였으며 엄격한 법질서의 확립으로 사회는 안정되고 산업이 발달하였다.

전국 시대 후기에 이르러 진나라 영토는 전국의 3분의 1에 불과하였으나 그 경제력은 전국의 60퍼센트를 차지하는 큰 부를 이룩하였다. 이 같은 눈부신 경제 발전에 힘입어 진나라는 일찍부터 전국 칠웅 가운데 가장 강국으로 두각을 나타내면서 천하통일의 기초를 굳게 다져갔다.

상앙의 개혁 이후 진나라의 국력이 나날이 신장하고 있을 때 다른 여섯 나라는 개혁의 불철저함과 법제의 미비 등으로 나날이 쇠퇴해갔다. 겨우 13세의 어린 나이로 왕위에 오른 진왕 영정(嬴政)은 22세(기원전 238) 때 관례(冠禮)*를 치르고 친히 국정을 도

* 관례(冠禮) : 성인이 되는 의식

맡았다. 중국 통일의 이상에 불타고 있던 진왕은 초인적인 식견과 기백으로 정적을 물리치고 실권을 한손에 장악하였다.

진왕이야말로 역사의 조류에 편승한 인물이었다. 그는 법가의 인물을 기용하여 국정을 보좌하게 하고 6국을 집어삼키는 전쟁을 일으켜 겨우 17년 만인 39세 때 중원의 봉건 할거에 종지부를 찍고 다시 북쪽의 흉노족을 물리쳤으며, 남쪽으로는 오령산맥을 넘는 광활한 대지에 통일된 대제국을 건설하는 공전의 대업을 완성하였다.

천하통일의 대업을 이룩한 진왕은 스스로 그 권위와 지배적 지위를 확립하기 위하여 어느 날 군신들을 모아 놓고 말하였다.

"천하는 이미 통일되었소. 이 대업의 성취를 후세에 전하기 위해서는 이에 걸맞는 군주의 칭호가 없어서는 안 되겠소."

대신들은 입을 모아 "우리 임금의 덕은 삼황(三皇)보다 낫고 그 공적은 오제(五帝)보다 높다."고 칭송하였다.

열띤 의논 끝에 '진왕'의 칭호는 '황제(皇帝)'로 결정되었다. 중국 고대의 여러 성왕인 삼황 오제의 공덕을 한몸에 겸했다는 뜻이다. 그 후에 '시(始)' 자를 위에 붙여 결국 '시황제(始皇帝)'로 칭하게 되었다. 그 뜻은 시황제의 아들은 2세 황제, 손자는 3세 황제로 자자손손이 전승하여 끝없이 이어지는 왕조임을 단정한다는 발상에서 나온 것이다. 또 황제의 명(命)은 '제(制)', 영(令)은 '조(詔)'라 칭하고 시호(諡號)의 제도를 폐지하였으며 지금까지 보통 사람이 자신을 '짐(朕)'이라고 일컫던 것을 황제의 일인칭에 한해서만 사용하기로 하고 옥새(玉璽) 또한 황제의 도장에 한해서만 일컫기로 하였다.

이를 시행하기 위하여 시황제는 이사(李斯)에게 명하여 천하의 명옥(名玉) '화씨벽(和氏璧)'에 '수명우천 기수영창(受命于天旣壽永昌)'이라는 여덟 자를 새긴 전국 옥새(傳國玉璽)를 만들게 하였다. 그가 시황제가 된 것은 천명이며 영원히 번영한다는 뜻을 옥새에 새긴 것이다.

그러나 이 역사의 풍운아는 얼마 후 역사의 냉엄한 조소를 받게 되었다. 진왕조는 2대째에 이르러 겨우 15년의 단명 왕조(기원전 221~206)로 그 막을 내리게 된 것이다.

시황제는 함양궁에서 문무백관들이 입을 모아 만수무강을 칭송하는 경축 분위기 속에서도 마음이 편안하지만은 않았다. 이 새로운 통일 국가를 어떻게 통치하여 굳건하게 하느냐가 시황제의 당면한 대과제였다.

이 통치 방법에 대하여 중신들의 의견은 두 갈래로 갈라졌다. 그 하나는 승상(丞相) 왕관(王綰)의 의견으로 연나라·제나라·초나라는 워낙 거리가 멀어 조정의 위엄이 미치기 어려우니 왕자를 그곳에 봉하여 통치하도록 하는 것이 좋겠다는 의견이었다. 이에 대하여 정위(廷尉, 형벌을 맡은 관원) 이사는 전국 시대의 예를 들어 반대하였다. 전국 시대 천하가 전쟁의 와중에 휘말리게 된 것은 주나라 무왕이 그 일족과 공신들을 각지에 봉하여 그 자손의 대에 이르러 점점 소원해지면서 서로 원수처럼 싸우게 되고 주나라 천자는 이를 제지할 힘이 없었기 때문에 전쟁이 쉴 날이 없었고 결국 주나라도 멸망하게 되었으니 왕자를 봉하는 것은 부당하다는 의견이었다.

시황제는 결국 이사의 의견을 채용하여 전국을 36군(나중에 4군을 추가하여 40군)으로 나누고 군 밑에는 현을 두어 통치하는 군현 제도를 시행하였다. 그리고 각 군현의 장관은 모두 중앙 정부에서 임명, 파견하였다. 이들은 모두 엄연한 관리의 신분으로서, 제후와는 달리 세습이 허용되지 않았으며 그 인사권을 중앙 정부가 장악하고 있어 그들의 할거 상태를 미연에 방지하도록 하였다.

중앙에는 전국 각지를 통치하는 국가 기구로서 각 방면의 정무를 관장하는 구경(九卿)을 두고 그 위에 승상(정치 담당), 태위(太尉, 군사 담당), 어사대부(御史大夫, 감찰 담당)의 삼공(三公)을 두었다.

그리하여 최종적으로 모든 군사·정치 권력을 황제 한 사람이 장악하는 중앙 집권 체제를 확립하였다. 이때부터 청나라에 이르는 2천여 년간 중국의 왕조는 끊임없이 교체되었으나 시황제가 시작한 중앙 집권 체제는 면면히 이어져 갔다.

중앙 집권의 진왕조가 발표한 최초의 정령(政令)은 각종 제도의 통일에 관한 일이었다.

우선 교통에 많은 지장을 주는 봉건 할거 시대의 유물인 관소·성채 등을 헐어 함양을 중심으로 하는 방사선 모양의 간선 도로를 만들었다. 동쪽으로는 하북·산동, 남쪽으로는 강소(江蘇)·호남, 북쪽으로는 내몽골 자치구였던 음산(陰山)에 이르는 도로망을 구축하였는데, 폭은 전국 일률적으로 50보(步), 도로 양쪽에는 10미터 간격으로 소나무를 가로수로 심었다. 이렇게 하여 전국의 군현은 사방으로 통하게 되어 할거 시대의 양상을 일변시켰다.

계속해서 문자·화폐·도량형(度量衡) 및 제도와 법률을 통일하는 조치를 취하였다. 2천만 인구의 오랜 습관에 대한 이 역사적 대개혁이 십수 년 동안에 완성되었다는 것은 중앙 집권적 신왕

소전체 12자전 진시황의 문자 통일 정책으로 이사의 소전(小篆)을 표준체로 확정했다. 이 벽돌에는 12글자의 명문이 새겨져 있는데 "海內皆臣, 歲登成熟, 道毋飢人(세상은 모두 신하이고, 세월이 거듭날수록 더욱 성숙되니, 도처에 굶는 이는 하나도 없다)"라고 쓰여 있다. 아마도 진시황의 업적을 기리는 문구라고 생각된다. (왼쪽)

태산각석-소전체 (오른쪽)

조의 역사적 진보성을 과시한 큰 성과라고 할 수 있다.

2천여 년의 세월이 흐른 지금에 와서는 이들 간선 도로의 자취를 거의 찾아볼 수 없으나 내몽골 자치구의 황하의 오르도스 지역 부근에는 지금도 당시의 모습을 담고 있는 유적이 두어 군데 있다.

진나라 때 국토 통일을 위해 벌인 공사 가운데 지금까지도 그 형태를 고스란히 담고 있으며 또한 그 위력을 발휘하고 있는 것은 영거(靈渠)로 불리는 운하이다. 이 운하는 기원전 214년에 건설된 전장 33킬로미터의 운하로 원래는 진착거(秦鑿渠), 또는 상계운하(湘桂運河)라 불리던 것을 당나라 때에 영거라고 불렀다. 상계 운하라는 이름에서 알 수 있듯이 호남의 상수(湘水)와 광서의 계(桂, 이강)를 잇는 수로로 장강(長江)의 물과 주강(珠江)의 물을 연결하는 파이프 구실을 하고 있다.

시황제는 천하를 통일한 후 영남 지방(광동, 광서 일대)을 개발하기 위하여 50만의 병사와 인부를 파견하였으나 식량과 물자

영거

의 수송, 보급 문제가 큰 난관에 부딪쳤다. 기원전 219년 전국을 시찰하기 위하여 상수의 상류까지 와 있던 시황제가 이 사실을 알고 친히 수리 전문가인 사록(史祿)에게 명하여 식량과 물자를 보급할 수로를 굴착토록 하였고, 이렇게 하여 탄생한 것이 상계 운하이다.

이 수로는 산을 넘어 배가 산기슭 저쪽에 있는 강에 닿을 수 있도록 계단식으로 설계된 운하로 그로부터 2천 년 후 미국에서 만든 파나마 운하와 같이 갑문식(閘門式) 운하로 되어 있었다. 이 영거 운하의 개통으로 중국 남부와 중원 지역 간의 경제·문화 교류가 촉진됨으로써 광동·광서 지구는 눈부신 발전을 보이게 되었다. 1974년 말 광주의 건축 공사장에서 진·한(秦漢) 시대의 조선장 유지가 발견된 것으로 미루어 보아 당시의 공업이 얼마나 융성하였던가를 알 수 있다.

남쪽의 영거 운하 개발과 동시에 북쪽에는 장성을 쌓도록 명하였다. 나일 강변에 높이 솟은 피라미드가 고대 이집트 노예제

사회의 걸작이라면 중국 북쪽의 평야와 산맥을 꾸불꾸불 꼬리를 물고 달리는 만리장성이야말로 중국 고대가 낳은 위대한 기적이라 할 수 있을 것이다.

분서갱유

시황제 34년(기원전 213) 때마침 함양궁에서는 천하통일을 경축하는 잔치가 푸짐하게 열리고 있었다. 그러나 이 잔치에서 오랫동안 곪아온 정치 투쟁이 폭발하고 말았다.

시황제의 측근인 박사와 복야(僕射)의 주청신(周靑臣)을 비롯한 여러 신하들이 시황의 공덕을 칭송하며 축배를 올렸다. 이때 순우월(淳于越)이 앞에 나아가 경전을 인용하여 옛것을 찬미하고 현재를 풍자하는 발언을 하였다.

승상 이사는 순우월의 발언에 반론을 제기하여 옛것을 빙자하여 현세를 비판하고 인심을 교란시키는 행위는 용서할 수 없다고 비난하였다. 사실 순우월의 발언은 국가의 통일과 진왕조의 통치를 강화하기 위한 주장이었으나 이사는 이에 반대하여 더욱 극단적인 탄압책을 써야 한다고 주장하였다. 그 주장의 내용은, 진나라 역사 이

분서갱유 분서갱유의 상상도. 《제감도설(帝鑑圖說)》 삽화

서복과지 서복이 불사약을 구하러 동쪽으로 와서 한라산 정방폭포에 들러 '서복이 이곳에 왔다가다'라는 글귀를 바위에 새기고 갔다고 한다.

외의 다른 서적은 모두 불살라 없앨 것, 다시 옛 시서(詩書)에 대하여 의논하는 자는 사형에 처하고, 옛 것을 옳게 여기고 현재를 비판하는 자는 그 일족을 멸할 것 등이었다.

시황제는 이사의 의견을 채용하여 많은 서적을 불살라버리고 다만 의약·복서(卜筮)와 농사에 관한 서적만 남기도록 하였다.

이 분서 정책에 대하여 유생들은 크게 불만을 품고 시황제를 비판하는 자가 속출하였다. 시황제는 이들 비판 세력을 누르기 위하여 보다 강경한 탄압 정책을 취했고, 마침내 유생들을 생매장하는 사건이 발생하였다.

이 갱유(坑儒) 사건을 간추려 보면 만년의 시황제는 미신을 좋아하여 오직 자신의 불로장생(不老長生)만을 생각하게 되었다. 천하를 통일한 시황제로서도 자신의 죽음에 대해서는 마음대로 할 수 없었다. 그는 자신이 오래 살기 위하여 여러 차례 해외에 사람을 보내어 불사(不死)의 영약(靈藥)을 구해오도록 하였으나 그런 약이 있을 턱이 없었다.

일찍이 시황제는 방술을 좋아하는 서복(徐福)*에게 동남동녀(童男童女) 3천 명과 많은 보물을 실은 선단(船團)을 거느리게 하여 동해에 있다는 신선이 사는 섬에 가서 불사약을 구해오도록

* 서복(徐福) : 《사기》에는 서시(徐市)로 기록되어 있음

노벽(魯壁) 진시황의 분서갱유 때, 공자의 제자들이 공자의 벽에 책을 숨겨 놓았다. 후에 공자 집 벽이 허물어지면서 숨겨 놓은 책들이 발견되었다.

하였으나 그는 영영 돌아오지 않았다.

일설에 의하면 서복은 불사약은 구할 수가 없고 그대로 돌아가면 죽임을 당할 것이 확실하였기 때문에 그 길로 동남동녀와 함께 일본으로 도망가서 살았다는 이야기도 있다. 또 일설에는 서복이 시황제의 곁에서 떠나기 위하여 동해에 가서 불사약을 구해오겠다고 속여 많은 젊은 남녀와 재물을 싣고 일본으로 갔다는 설도 있다. 지금 일본 각지에는 서복의 묘가 있다고 한다.

불사의 영약을 구하는 일에 골몰했던 시황제는 이번에는 후생(候生)·노생(盧生)이라는 방사에게 영약을 구해 오도록 하였으나 결국은 그들로부터 우롱만 당하고 말았다. 아무리 방사라도 효험이 없으면 가차 없이 사형에 처하는 것이 시황의 성품이었다. 후환을 두려워한 후생·노생도 결국은 도망치고 말았다. 이들의 행방을 찾고 있던 중에 후생·노생이 도망하면서 황제인 자기를 비방했다는 사실을 알았다.

시황제는 크게 노하여 자기를 비방했을 것으로 생각되는 함양의 학자들을 철저히 조사토록 하였다. 조사 결과 자기를 비방한 자는 주로 유생들이고 그들이 비방한 내용은 '시황제는 유생을 우습게 알고 법에만 의존하고 있다. 권세욕의 권화(權化), 잔학한 폭군…'이라는 것이었다. 이에 비방에 관련된 유생 460명을 체포하여 구덩이를 파고 생매장하였다. 이것이 시황제 35년(기원전 212)의 일로 역사상 유명한 분서갱유 사건이다.

진나라가 천하를 통일한 후 이 같은 정치적 투쟁이 일어난 것은 필연적인 결과였다. 그러나 시황제가 이 정치 사상의 투쟁에 대하여 잔학한 조치를 취한 것은 역사적 교훈으로써 명기(銘記)할 만한 일이다. 사상적인 의견의 대립을 폭력으로 누르려 하는 것은 현자의 정치가 아니다. 분서의 결과는 사상적인 통일을 못했을 뿐만 아니라 고대 문화의 전적을 파괴, 소멸하는 문화 말살 정책에 불과하였으며, 갱유 사건 또한 정견이 다른 유생들을 육체적으로는 말살하였으나 정신적으로는 도리어 많은 반발을 불러 일으켜 진왕조의 강화는커녕 통치의 기반을 약화시키는 결과를 가져왔다.

그 후 시황제는 유아독존적인 자기도취에 빠져 결국 진왕조를 멸망하게 만들었다.

약초를 캐는 사람 진시황은 사람들을 보내어 불사약을 캐오도록 했다.

여산릉과 아방궁

시황제는 13세에 즉위하면서부터 여산(驪山) 기슭에 자신의 능묘(陵墓)를 만들기 시작하여 50세에 이르러서야 겨우 완성하였다. 36년의 오랜 세월에 걸친 이 대공사는 서안시(西安市) 동쪽섬 서성의 임동(臨潼)으로부터 동쪽으로 5~6킬로미터 되는 지점에 실시되었는데 여산릉이라고도 하고 시황릉이라고도 부른다.

1974년 봄 여산릉 동북쪽 약 1킬로미터 되는 지점에서 우물 파는 공사를 하던 중 고대의 도용(陶俑)* 파편이 다량으로 출토되었다. 그 후 조사 발굴 결과 2천여 년간 땅속에 묻혀 있던 시황제의 근위병 도용에서 완전 무장한 병사·군부(軍夫) 및 병사를 태운 전차를 끄는 군마 등 약 6천여 점에 달하는 도용이 발견되었다.

이들 도용은 모두 시황제의 능묘 곁에 있는 배총(陪塚)에서 발견된 것으로 본체인 능묘의 규모는 상상할 수 없을 정도로 큰 규모를 자랑하고 있다.

여산릉의 높이는 116미터, 주위의 길이 2.5킬로미터, 사방이 각각 약 600미터에 달하는 대규모 능묘이다. 역사적 기록에 의하면 묘실(墓室)은 지하 깊숙한 곳에 있어 3차례에 걸쳐 수층(水層)을 제거했다고 하며 관은 동으로 주조(鑄造)했다고 한다. 능묘 안에는 궁전·누각·회랑(廻廊) 등이 있어 많은 진기한 보물이 들어차 있었다. 또 시황제의 절대적 권위를 상징하기 위하여 능묘 안의 돔식 천장에는 진주로 아로새긴 일월성신(日月星辰)이 반짝이고 지면에는 수은을 이용한 하천과 호수가 만들어져 천문·지리·현세의 천하가 펼쳐져 있다. 또 실내에는 문무백관의 자리

* 도용(陶俑) : 순사자(殉死者) 대신 묻은 흙인형

병마용의 일부

가 차례대로 벌여 있고 경유(鯨油)*에 의한 조명이 점등되어 있다. 묘실에는 활을 장치해 도굴자가 침입하면 즉시 화살이 쏟아지는 구조로 되어 있다. 지상의 건물도 장관을 이루었을 것으로 짐작되지만 모두 타버려 형적조차 찾아볼 수 없다.

* 경유(鯨油) : 고래의 가죽이나 뼈·내장 등에서 짜낸 기름

이 가운데 2천여 년의 신비를 간직하고 있는 묘실이 열리는 날도 멀지 않을 것으로 보인다. 그때에는 진왕조 전성기의 경제·문화 수준이 밝혀질 것이고 진나라가 불과 15년의 단명 왕조로 막을 내리게 된 원인도 보다 소상히 밝혀질 것으로 생각된다. 역사적 기록에 의하면 여산릉의 조영 공사에만도 무려 75만 명의 죄수가 동원되었다고 한다.

여산릉의 조영 공사와 거의 동시에 시작된 또 하나의 대토목

공사는 아방궁(阿房宮)의 건축 공사였다. 역대 이래로 써오던 함양궁은 협소하여 천하를 통일한 시황제의 궁전으로는 위엄이 서지 않았다. 이에 아방궁을 짓기로 하였는데 이 아방은 원래 지명으로 임시로 붙인 이름이었다. 궁전이 완성된 후에 적당한 이름을 붙이기로 하였는데 아방궁이 미처 완성되기도 전에 진나라는 멸망의 비운을 맞게 된 것이다.

아방궁을 지을 때 맨 먼저 전전(前殿)을 짓기로 하였는데 동서의 길이가 5백 보(步), 남북이 50장(丈), 위층에는 1만 명이 앉을 수 있고 아래층에는 다섯 길이나 되는 기를 세울 수 있을 정도의 규모였다. 아방궁 건축 공사에도 무려 70만 명의 강제 노역이 동원되었다고 한다.

이 밖에 만리장성의 공사에 30만 명, 영남 개발에 50만 명, 전국의 도로 공사, 또는 비대해진 공공 건물에 따른 잡역(雜役) 등을 합친다면 무려 3백만 명에 달하는 인원이 무상 노역에 동원된 셈이니 백성들의 과중한 부담은 상상하고도 남음이 있다.

진시황릉

전국 시대 이래 오랫동안 전란에 시달려 온 백성들은 평화를 갈망하고 통일을 염원하고 있었으나 통일 후의 진왕조가 백성들에게 베푼 것은 과중한 조세와 부역, 가혹한 법과 형벌, 굶주림과 죽음뿐이었다. 백성들에게는 온 나라 안이 큰 감옥과 같이 느껴졌다.

진왕조의 지주 정권과 농민 계급과의 이 같은 모순은 점차 격화하여 시황제가 죽은 다음해 (기원전 209) 가을에 농민 반란이 일어나 영화를 꿈꾸던 진왕조는 삽시간에 붕괴 전야의 큰 혼란 속으로 빠져들게 되었다.

여산릉의 하수관 석회석으로 만든 갑옷의 일부

박랑사의 철퇴

시황제에게 멸망당한 6국의 관계자들은 진나라에 대한 원한이 사무쳐 가혹한 법률의 압박에도 불구하고 시황제에 대한 보복을 노리는 자들이 많았다.

시황제 29년(기원전 218) 동쪽 순행길에 나선 시황제가 박랑사를 통과할 때 갑자기 큰 철퇴가 날아와 시황제의 경호 마차에 명중하였다. 시황제가 탄 수레를 겨냥하여 던진 것이 빗나가 경호 마차를 맞힌 것이다. 시황제가 크게 놀라 급히 범인을 수색토록 하였으나 범인을 찾지 못하였다. 크게 노한 시황제는 온 천하에 영을 내려 10일 동안의 대수색 작전을 폈으나 범인을 끝내 체포하지 못하였다.

이 사건의 주범은 사실은 이보다 훨씬 뒤에 유방(劉邦)을 도와 유방으로 하여금 한나라를 창건하게 한 명참모 장량(張良)이었다. 장량은 원래 6국 가운데서도 가장 먼저 멸망당한 한나라 사람이었다. 그의 조상은 한나라의 명문 거족으로 5대에 걸쳐 재상의 자리를 이어 왔다. 진나라가 한나라를 멸망시켰을 당시 장량은 아직 어려 관직에 등용되지는 않았으나 조국을 멸망시킨 진나라에 대한 적개심은 늘 그의 가슴속에서 불타고 있었다. 그는 전 재산을 털어 시황제를 암살할 용사를 널리 찾고 있었는데 놀랄 만한 힘을 가진 역사를 발견하였다. 그 역사는 120근이나 되는 철퇴를 아주 멀리까지 던질 수 있는 장사였다. 당시의 1근은 256그램이었다고 하니 약 30킬로그램의 철퇴였다. 그러나 이 철퇴는 아깝게도 빗나가 시황제 암살은 실패에 그치고 말았다.

형가의 친구였던 축(筑)의 명인 고점리도 형가의 암살 실패 사건 이후 성명을 바꾸고 숨어 지내고 있었다. 신기에 가까운 축의 솜씨만은 숨길 수가 없어 그 소문이 시황제의 귀에까지 들어갔다. 시황제는 고점리가 형가의 친구였다는 사실을 잘 알고 있었으나 너무나 축의 솜씨가 뛰어났기 때문에 한 번 궁중에 불러 축을 연주시키기로 하였다. 시황제는 설마 고점리가 딴 마음을 먹으리라고는 생각하지 않았으나 고점리는 의기남아였다. 그는 생각 끝에 축 안에 납을 집어 넣어 이를 시황에게 던져 죽이려 하였다. 연주가 한창 무르익어 가자 시황제는 오직 연주 소리에 도취되어 있는 듯하였다. 기회를 노리고 있던 고점리가 시황제를 겨누어 축을 냅다 던졌다. 그러나 그 축은 아깝게도 빗나가 저격 사건은 또 실패로 끝나고 고점리는 죽임을 당하였다.

이 사건 이후 시황제는 종신토록 진나라에 멸망당한 여러 나라의 사람들은 절대로 신변 가까이 접근시키지 말라는 엄명을 내렸다.

만리장성

진의 시황제라고 하면 먼저 만리장성을 연상할 정도로 만리장성은 시황제의 상징처럼 되어 있다. 그러나 이 만리장성은 처음부터 시황제가 모두 쌓은 것이 아니다. 전국 시대에 이미 여러 제후의 나라에서 자국의 국방을 튼튼히 하기 위하여 그 국경선에 장성을 쌓은 일이 있었다.

제나라의 장성은 산동반도를 둘러싸도록 낭야산에서 태산 방향으로 쌓았으며 초나라의 장성은 여수(汝水)와 한수에 걸쳐 쌓았다. 특히 진나라·조나라·연나라 등 세 나라는 북쪽 흉노의 침입을 막기 위해 각각 장성을 쌓았다. 황하 중류의 이른바 중원에 가까운 위나라도 장성을 쌓았다.

천하가 통일되자 이 같은 장성은 오히려 교통을 방해할 뿐으로 불필요한 곳에 있는 장성은 철거하지 않으면 안 될 운명에 놓여 있었다. 그러나 당시 북쪽에는 흉노(匈奴) 세력이 강성하여 장차 국경을 위협할 염려도 있었기 때문에 천하를 통일한 시황제로선 흉노를 저지하기 위해서도 북쪽에 있는 장성은 철거할 수가 없었다. 오히려 더 보강하지 않으면 안 될 형편이었다.

시황제 32년 시황제가 북쪽 변방 지대를 시찰하고 있을 때 일찍이 장생불사의 영약을 구하기 위하여 동해로 떠났던 노생이 돌

아와 아뢰기를 "도참설(圖讖說)에 이르기를 '진나라를 망치는 자는 호(胡)'라 하였습니다."라고 하자 시황제는 이 호야말로 북쪽에 있는 오랑캐 흉노를 가리킴에 틀림없다고 생각하였다.*

* 사실은 시황제가 죽은 후 황제의 자리를 이은 2세 황제 호해(胡亥)를 가리킴

이에 장수 몽염(蒙恬)으로 하여금 30만의 군사를 거느리고 북쪽 오랑캐를 쫓아버리고 장성을 쌓도록 하였다. 몽염은 이 장성을 쌓는 데 있어 지형에 따라 험고한 곳을 이용하여 관새(關塞)를

만리장성 북방의 침입을 막기 위해 쌓았다. 명 시대에 증축했다.

만드니 임조(臨洮)에서 시작하여 요동에 이르는 연장 1만여 리에 달하는 대공사였다. 또 황하를 건너 양산(陽山)에 의거하여 구불구불 굽이를 이루면서 북쪽으로 올라갔다. 이 공사를 위하여 군사는 노숙을 해야 했고 몽염은 10여 년 동안 상군(上郡)에서 나오지 못하였다.

　이 만리장성의 공사에 동원된 병사와 인부들의 고통은 이루 말할 수 없을 정도로 많은 비극적 전설을 낳고 있다.

　맹강녀(孟姜女)는 만리장성 축조 공사에 징용되어 간 남편을 위하여 두툼한 겨울옷을 마련하여 가지고 어려운 여행 끝에 공사 현장에 도착하였다. 오랜만에 남편을 만날 기쁨에 들떠 있던 맹강녀에게 뜻하지 않은 비보가 기다리고 있었다. 그녀의 남편은 이미 죽었다는 것이다. 그녀의 슬픔을 어떻게 다 필설로 형용할 수 있으랴! 남편의 유해라도 있으면 하고 찾아보았으나 그 유해조차 찾을 길이 없었다. 그녀가 통곡하여 장성 주위를 맴돌자 갑자기 성벽이 무너지면서 남편의 유해가 나타났다는 것이다.

이 이야기는 춘추 시대 열녀로 이름난 기량(杞梁)의 아내가 전사한 남편을 위하여 통곡하자 그에 감동하여 성벽이 무너지면서 남편의 유해가 나타났다는 이야기와 비슷하다.

전쟁이나 부역에 남편을 잃은 아내는 몇만, 아니 몇십만에 이르는지 헤아릴 수 없었다. 오뉴월에도 찬 서리를 내리게 한다는 여인들의 눈물은 시대를 초월하여 지금도 사람들의 가슴에 그 슬픈 사연을 호소하고 있다.

시황제는 널리 천하를 순행하고자 하여 그때까지 아직 길이 뚫리지 않았던 구원(九原)에 길을 내고 바로 감천(甘泉)에 도달

직도(直道) 진시황은 흉노 방비를 위해 수도 장안에서 만리장성까지 오르도스 지방으로 직도를 건설하였다.

하기를 원하였다. 몽염은 이 길을 뚫기 위하여 산을 파고 골짜기를 메꾸어 1천 8백 리에 달하는 길을 닦았다. 시황제 37년(기원전 210) 10월에 시황제가 거동길에 올라 회계에서 노닐고 해안을 따라 북으로 낭야를 향해 떠났다. 이 거동에는 승상 이사와 왕명을 출납하는 임무를 맡은 조고가 수행하였다. 작은 아들 호해는 귀염을 받고 있었는데 수행하기를 청하니 시황이 허락하였다. 시황이 낭야로 가던 도중에 병이 들어 몽염의 아우 몽의를 시켜 재를 올려 병의 쾌유를 빌게 하였으나 몽의가 채 돌아오기도 전에 시황은 사구(沙丘)에 이르러 병이 더욱 위독해졌다. 시황이 조고를 시켜 부소에게 줄 유서를 만들었다. 그 유서의 내용은 "군사를 몽염에게 맡기고 함양에 와서 나의 영구(靈柩)를 맞아 장례를 거행하라."였다.

　　유서를 봉함하였으나 미처 사자에게 주기 전에 시황이 죽었다. 유서와 옥새가 다 조고에게 있었고, 다만 아들 호해와 승상 이사 및 조고와 환관 5~6명만이 시황의 죽음을 알 뿐 그 밖의 여러 신하들은 알지 못하였다. 이사는 시황이 밖에서 죽고 진정한 태자가 없으므로 시황의 죽음을 발표할 경우 예기치 않았던 사태가 발생할 것을 우려하여 국상을 비밀에 붙였다.

　　이 사이 이들 세 사람은 공모하여 유서를 위조하여 호해를 태자로 삼고 부소와 몽염에게는 죄를 씌워 죽음을 명하는 내용으로 바꿔 놓았다.

　　시황의 유해가 함양에 이르자 비로소 시황의 죽음이 발표되고 태자가 즉위하여 2세 황제가 되었다. 시황의 유해가 함양까지 운구되는 동안 악취를 막기 위하여 소금에 절인 생선을 실은 수레까지 동원되었다.

시황제의 각석문자 탁본 시황제는 태산에서의 봉선 의식을 행한 최초의 인물로, 그 각석문이 지금도 전해지고 있다. 또 그는 10년간 5차례나 순행을 했는데 이는 각지의 실정을 알아봄과 동시에 황제가 받은 하늘의 기를 지방에 나누어준다는 의례적 행위이기도 했다. 그가 스스로의 덕을 찬양하기 위해 세운 기념비의 각석 탁본이다.

위조된 유서를 받은 부소는 곧바로 죽었으나 몽염은 이를 의심하여 재차 명령을 청문하였으나 몽염의 출세를 두려워한 조고의 음모에 의하여 결국 사약을 내려 죽게 하였다.

몽염은 죽음에 임하여 탄식하며 말하였다.

"내 하늘에 무슨 죄가 있기에 허물 없이 죽는단 말인가?"

또 한참 있다가 천천히 말하였다.

"염의 죄 참으로 죽어 마땅하다. 임조에서 공사를 시작하여 요동까지 1만여 리가 되는 장성을 쌓았으니 그 가운데는 어찌 지맥(地脈)을 끊은 곳이 없을 수 있겠는가. 이게 바로 염의 죄다."

그리고는 약을 마셔 죽었다.

몽염의 이 같은 생각은 잘못된 것이라고 《사기》의 저자 사마천은 말했다.

"모든 백성들의 평화를 닦아야 한다고 극간하지 못하고 시황의 뜻에 영합하여 공사를 벌인 것이야말로 몽염의 죄이거늘 무슨 지맥 끊은 일에 죄를 돌리려고 한단 말인가!"

일찍이 시황제가 천하를 통일한 후 분서갱유 등 독재 정치를 감행하자 그의 장자 부소는 이를 극간하다가 시황제의 노여움을 사게 되어 결국 함양에서 쫓겨나 몽염 장군에게 가게 되었다. 내쫓긴 명목은 몽염 장군을 감독케 한다는 것이었으나 엄격히 판단해보면 당시의 진나라 형편으로는 시황제의 이 같은 조치가 전연 무의미한 것은 아니었다.

그때 만약 몽염 장군이 은밀히 반란을 꾀하여 흉노와 결탁하여 남쪽을 공격한다면 활력을 잃은 당시의 진나라로선 과연 이들을 물리칠 수 있었을 것인가 하는 의문을 갖게 한다. 시황제는 이런 점을 감안하여 몽염 장군을 감독하는 임무가 막중함을 알았고 자신의 장자 부소의 능력을 인정했기 때문에 내쫓는 척하면서 몽염 장군 있는 곳으로 보낸 것이 시황제의 본심이었을지도 모른다. 그러나 이 같은 인사 조치는 결국 아무것도 모르는 호해에게 제위를 물려주는 결과를 낳았고 그로 인하여 진왕조는 불과 15년의 단명 왕조로 막을 내리게 되었던 것이다.

불타오르기 시작한 반란의 불꽃

시황의 뒤를 이어 제위에 오른 2세 황제 호해는 시황제처럼 재능과 포부도 없이 오로지 잔인포악한 정치만을 일삼았다. 자신에게 반대하는 자를 베어 죽이고 22명이나 되는 형제 자매, 그 일족까지 암살, 혹은 차열형(車裂刑)으로 죽였다. 나중에는 승상 이사까지도 요참형(腰斬刑)*으로 죽였다.

* 요참형(腰斬刑) : 허리를 베어 죽이는 형벌

요컨대 진왕조의 내부 모순은 갈수록 점점 더해져 반란의 불씨만 보이면 순식간에 요원의 불길처럼 타오를 기세에 이르고 있었다.

시황제가 죽은 다음해(기원전 209) 하남성 양성 사람 진승(陳勝)과 양하 사람 오광(吳廣) 등 9백 명이 징용되어 고향을 떠나 북쪽 변방인 어양(漁陽)을 향해 가고 있었다. 어양은 현재의 북경 부근이다. 어양의 성 쌓는 일과 수비의 임무를 담당하기 위해 떠난 것이다. 목적지인 어양까지 가는데 인솔 대장 밑에 이들 일행을 보살피는 둔장(屯長)이 있었는데 공교롭게도 진승과 오광이 둔장을 맡게 되었다. 이들 일행이 대택향(大澤鄕, 지금의 안휘성 동남)에 이르렀을 때 큰 장마가 계속되어 길이 막혀 더 나아갈 수가 없었다. 그들은 떠날 때 모월 모일까지 목적지에 도착하라는 명령을 받았다. 아무리 계산을 해보아도 지정된 날짜까지 목적지에 도착하기란 도저히 불가능하였다. 진나라 법에 기일 내에 도착하지 않으면 이유 여하를 막론하고 모두 참형에 처하도록 되어 있었다. 이들 일행은 모두 참형을 당해야 할 공동 운명에 놓여 있었다.

진승과 오광은 대책을 의논하였다. 이대로 어양에 간다 해도 기일이 늦어 죽음을 면할 수 없고 도망친다 해도 또한 죽음을 면할 수 없다. 어차피 죽을 바에야 한 번 큰 이름이나 내고 죽는 것이 사나이의 취할 바가 아니겠는가? 진승은 이렇게 생각하였다. '온 천하 백성들은 포악한 진나라의 학정에 말할 수 없는 고통을 겪고 있다. 만약 우리들이 진나라 타도의 깃발을 높이 쳐들면 각

지의 백성들은 이에 호응해 올 것이 확실하다.'

오광은 진승의 의견에 전적으로 찬동하였다. 이로써 이들 두 사람의 반란 계획은 확정되었다.

오광은 여러 사람들 앞에서 인솔 책임자를 설득하였다.

"어양에 가 개죽음을 당하기보다는 모두 마음을 합쳐 살 방법을 찾는 편이 낫지 않겠습니까?"

그러나 대장은 오광의 말을 듣기는커녕 술이 곤드레가 되어 오광을 채찍으로 후려쳤다. 일벌백계로 오광을 한 번 때려서 여러 사람에게 본때를 보일 심산이었으나 도리어 대중의 분노를 사게 되었다. 오광은 그 대장이 차고 있던 칼을 빼앗아 잽싸게 그 대장의 목을 보기 좋게 베어버렸다. 그 순간 또 한 사람의 대장의 목이 진승의 손에 의해 날아가버렸다.

마침내 일은 벌어지고 말았다. 진승은 여러 사람에게 부르짖었다.

"우리들은 모두 기한을 어겼소. 어양에 가도 참수될 것이고 요행히 참수를 면한다 해도 변방의 부역에 종사하게 될 것이오. 부역에 종사했다가 사고 없이 고향에 돌아온 사람은 지금까지 한 사람도 없소. 어차피 죽을 바에야 한 번 보람 있는 일을 해야 하지 않겠소? 왕후와 장상(將相)이 어찌 따로 씨가 있겠소. 우리들도 하면 되는 것이 아니겠소!"

일동은 모두 만세를 부르며 호응하였다. 나무를 꺾어 무기를 만들고 장대를 세워 깃대를 삼았다. 이것은 중국 역사상 최초의 농민 봉기라 할 수 있다. 이 봉기는 삽시간에 전국적인 규모로 확산되어 요원의 불길처럼 타올랐다.

진승과 오광은 자기들이 공자 부소와 초나라 장수 항연(項

燕)이라 사칭하고 단을 모으고 맹세를 마친 후 진승은 스스로 장군이 되고 오광은 도위가 되어 서쪽으로 진(陳, 지금의 하남성 회양현)에 진출하였다. 대택향에서 진까지 진출하는 동안 이들의 봉기 소식을 들은 반진(反秦) 장병들이 속속 가담하여 전차 6, 7백 량, 기병 1천여 명, 보병 수만 명이 집결하였다. 진승·오광은 이들 병력을 거느리고 손쉽게 진성(陳城)을 공격, 점령하였다.

　　이 진에는 명사로 이름난 무신(武臣)과 장이(張耳)·진여(陳餘)라는 사람이 있어 진승·오광은 이들 지식인을 참모로 삼아 휘하에 거느렸고 또 항연의 부하였던 주문(周文)이라는 사람도 가담시켰다.

　　진 땅의 호걸과 부로(父老)들이 한결같이 진승에게 초왕이 되기를 권하였다. 진승이 이 문제를 장이·진여에게 물으니 두 사람이 대답하기를 "저 진나라는 무도하여 남의 나라를 빼앗고 남의 사직을 전멸시켰으며 남의 후세를 끊고 백성의 힘을 피폐하게 하였습니다. 그러므로 장군께서는 한 번 살기조차 돌아보지 않는 계책을 내어 잔학한 진나라를 제거하려고 하십니다. 지금 처음으로 진에 와서 왕이 된다면 천하에 사심을 보이는 것이 됩니다. 원컨대 장군께서는 왕이 되시지 마시고 급히 군대를 이끌고 서쪽으로 들어가 사람을 보내어 6국의 후손으로 하여금 왕이 되어 뒤를 잇게 하십시오. 그렇게 함으로써 장군은 자기 편의 당을 만들고 진나라로서는 적을 늘리는 것이 됩니다. 적이 많아지면 힘이 나누어질 것이고 당이 많아지면 병력은 증강하게 될 것입니다. 이렇게 하여 포악한 진나라를 토멸하고 함양에 웅거하여 제후들을 명령하면 제업(帝業)은 이루어질 것입니다."라고 하였다.

　　그러나 진승은 이들의 말을 듣지 않고 부로들의 권유에 따라

진승·오광의 반란

초왕이 되고 나라 이름을 장초(張楚)라고 하였다. 역사상으로는 진승이 왕이라 칭한 곳의 이름을 따 진왕(陳王)이라고도 한다. 진승은 오광을 가왕(假王, 대리왕)으로 임명하여 함께 진나라 토멸 계획을 의논하였다.

　장초가 일어나 진승이 왕을 일컬었다는 소문은 어두운 밤에 높이올라간 횃불처럼 순식간에 전국적으로 퍼져 진왕조 타도의 봉화가 높이 타올랐다. 각지의 백성과 장병들은 여기저기서 반란을 일으켜 다투어 진승에게 호응해왔다.

　당시 초나라 지방에는 수천 명에 이르는 무장 집단이 여기저기 있었기 때문에 진왕에게 호응해오는 군사의 수는 헤아릴 수 없이 많아 어느덧 수십만 명에 이르게 되었다. 이에 진왕은 군사 작전에 익숙하다는 주문을 장군으로 임명하여 수십만 대군을 이끌고 진나라를 공격토록 하였다. 주문은 함곡관을 공격하여 깨뜨리고 파죽지세로 대군을 진격시켜 진나라 수도 함양 동쪽 50킬로미터 지점까지 육박하는 데 성공했다.

당황한 진의 2세 황제는 이때서야 비로소 위급함을 깨닫고 급히 명령을 내려 여산 기슭에서 부역에 종사하던 수십만 명의 죄수를 방면하고 그들에게 무기를 주어 장한(章邯)으로 하여금 이들을 거느리게 하여 주문의 군대와 싸우도록 하였다.

주문의 군대는 여기저기서 모여든 오합지졸인데다가 너무 깊숙이 무계획하게 진나라 땅에 들어왔기 때문에 장한군과의 싸움에서 대패하여 함곡관까지 후퇴하였다. 주문은 즉시 진왕 진승에게 패전 소식을 전하고 증원군을 요청하였으나 증원군은 끝내 오지 않았다. 고립 상태에 빠진 주문의 군대가 계속 장한군에 패하자 책임을 느낀 주문은 스스로 목을 찔러 자결하였다.

한편 무신·장이·진여는 진왕의 명령으로 북쪽으로 올라가 조나라를 평정하였다. 진왕은 조나라를 평정하고 그 군대를 서쪽으로 돌려 진나라를 공격할 계산이었다. 그러나 무신은 조나라를 평정하자 스스로 조왕이라 칭하고 진여는 대장군, 장이는 승상이 되었다. 진왕은 조나라를 점령한 무신에게 군사를 서쪽으로 진격시켜 진나라를 공격하라고 독촉하였다.

그러나 조왕이라 칭한 무신에게는 나름대로 계산이 있었다. 만약 서쪽으로 진격하여 진나라와 싸우면 많은 병력의 손실을 보지 않으면 안 된다. 질는지 이길는지도 모르지만 만약 이긴다 해도 그의 군대는 만신창이가 될 것이니 결국은 손해다. 공격할 만한 곳은 서쪽인 진나라가 아니라 동쪽의 연나라이다. 그 이유는 진나라는 자기들의 본거지를 침략해오는 군대를 필사적으로 맞아 싸우려고 할 것이며 연나라는 이미 진나라에 멸망당한 나라이므로 나라 잃은 백성이 누구를 위하여 필사적으로 싸우려 하겠는가. 잘 하면 조나라에서 오는 군대를 해방군으로 맞이할 가능성도 있을 것이다. 이렇게 하여 조나라와 연나라가 합세하면 그 형세가 매우 강성하여 진왕도 마음대로 할 수가 없을 것이 아닌가? 이것이 무신의 계략이었다.

장이·진여는 천하에 알려진 명사로서 진나라가 천하를 통일한 후 자취를 감추자 시황제가 열심히 찾던 인물이었다. 장이에게는 1천 금, 진여에게는 5백 금의 현상금이 걸려 있을 정도의 인물이었기 때문에 그들은 무신과 함께 천하의 정세를 먼저 판단하고 계략을 정했던 것이다.

조나라·연나라가 합세하여 북쪽의 대 땅에 웅거하면 진왕 진승이 지배하는 초나라와 그 세력이 대등하게 된다. 초나라가 진나라를 쳐 이긴다 해도 겁날 것이 없으며 초나라와 진나라가 싸움을 벌여 끝까지 싸우다가 함께 무너져버린다면 그때야말로 조·연의 세력이 천하를 장악할 가능성마저 생기게 되는 것이다.

조왕을 자칭한 무신과 장이·진여는 이런 계산 밑에 한광(韓廣)이란 자를 장군으로 삼아 연나라에 파견했다. 예상대로 연나라는 아무 저항 없이 한광을 기꺼이 맞아들였다. 그러나 여기서 장이·진여가 미처 생각지 못한 사태가 발생하였다. 연나라의 유력한 세도가들이 장군 한광을 연왕으로 추대하자 한광은 연왕이 되어 독립하였다.

이렇게 하여 각자 자신의 목전의 이익만 탐하게 되니 일치단결하여 진나라를 격멸할 가능성은 희박해졌다. 그 위에 조왕 무신은 하찮은 일로 죽임을 당하고 장이와 진여도 사이가 나빠졌다.

망탕산

　장군 전장(田藏)은 가왕 오광이 교만하고 용병에 어둡다는 이유로 오광을 죽여 그 머리를 진왕 진승에게 보냈다. 그러자 진왕은 전장을 영윤(令尹)에 임명하였으니, 진승·오광 하면 마치 일심동체처럼 여겼던 두 우두머리 사이에도 거센 대립 관계가 있었던 것 같다.
　진나라 장군 장한은 승세를 몰아 진격을 계속하여 진성(陳城)에 육박하였다. 진승은 고군분투, 끝까지 항전했으나 중과부적이었다. 할 수 없이 하성보(下城父, 지금의 안휘성 와양현)로 퇴각하여 분전하던 중 진승을 가장 가까이 모시던 어자(御者) 장가(莊賈)가 진승을 죽이고 진나라에 항복하였다. 그러자 진승의 접객 주임(接客主任)으로 있던 여신(呂臣)이 일단 함락되었던 진성을 다시 탈환하여 장가를 죽이고 그 원수를 갚았다.
　진승·오광의 봉기는 결국 실패로 끝났으나 그들은 새로운 시대를 연 선구자로 높이 평가되고 있다. 진승이 진조 타도의 깃발을 높이 든 후 진성을 점령하고 왕이라 일컬은 것은 겨우 6개월에 불과하였으며 그가 죽은 해는 기원전 208년이었다.

진승은 죽은 후 현재의 하남성 영성현 망탕산 밑에 묻혔다. 한나라 때에 이르러 그의 묘 인근에 있는 30호를 묘지기로 배정하고 해마다 제사를 지내도록 하였으나 세월이 흐름에 따라 그의 묘는 누구 한 사람 아는 이 없이 잡초에 뒤덮였다.

이를 안타깝게 여긴 영성현 사람들은 그의 묘를 수축하고 커다란 석비를 세워 그의 선구적 용단을 추모하였다.

유방과 항우의 등장

진승의 봉기는 실패로 끝났으나 그가 일으킨 진조 타도의 투쟁은 그치지 않았다. 요원의 불길처럼 타올랐던 봉기는 일시적으로 좌절되었지만 그로부터 반년 후에는 다시 열화처럼 타올랐다. 그러나 이 투쟁의 지도권은 이미 농민의 지도자로부터 지주 계급과 6국의 옛귀족 세력의 손으로 넘어가고 있었다.

한고조 유방

그 대표적 인물은 유방(劉邦)과 항우(項羽)이다. 유방의 자는 계(季)이고, 패(沛, 지금의 강소성 패현) 출신으로 진나라 때 사수(泗水)의 정장(치안 담당 하급 관리)을 지냈다. 그는 패에서 군사를 일으켜 점차 병력을 집결시킨 후 망탕산(芒碭山)에 웅거하였다. 유방이 봉기한 것은 진승이 7월에 대택향에서 봉기한 두 달 후인 9월이었다.

　유방의 인상은 높은 코에 용의 얼굴이고 왼쪽 다리에는 72개의 사마귀가 있었으며 사람을 아꼈다. 주기를 좋아하여 언제나 활달하였으며 큰 도량을 지니고 있어 조그마한 집안 살림은 돌보지 않았다. 그가 일찍이 함양에 나아가 부역에 종사하고 있을 때 시황제의 위풍당당한 거마 행렬을 보고 큰 숨을 몰아쉬면서 "대장부로 태어나서 한 번 저렇게 되어볼 것이다!"라고 탄식하였다.

　선보(單父) 사람 여공(呂公)은 당대의 유명한 관상가였다. 유방의 관상을 본 여공은 유방을 존경하여 말하기를 "제가 많은 사람의 관상을 보아왔습니다만 당신과 같은 관상은 본 적이 없습니다. 저의 말을 헛되이 생각 마시고 원컨대 스스로를 자중자애하십시오. 그리고 한 가지 소청이 있습니다. 저에게 불초 여식이 있사오니 설거지나 하고 청소나 하는 아내로 맞아주셨으면 합니다."

　이에 여공이 그의 딸을 유방에게 주니 이 여인이 바로 나중에 여후(呂后)가 되었다.

　일찍이 시황제가 살아 있을 때 항상 말하기를 "동남쪽에 천자의 기운이 서려 있다. 마땅히 그 기운을 눌러야겠다."고 하여 동남쪽으로 순행하여 천자의 기운을 눌렀다. 천자의 기운을 누르는 의식은 단을 쌓아 하늘에 제사 지내고 재앙을 없애달라고 기도를 드리는 의식이다. 유방이 이 소문을 듣고 마음에 짚이는 바가 있어 망탕산 깊숙이 연못가에 들어가 숨었다. 그러나 공교롭게도 그의 부인 여후가 항상 그의 숨은 곳을 찾아왔다. 유방이 괴이하게 생각하여 여후에게 물었다.

　"아무도 모르게 이 깊은 산중에 홀로 숨었는데 어떻게 번번이 찾아내시오."

"당신 숨는 곳의 위쪽 하늘에는 항상 이상한 구름 기운이 서려 있으므로 그 구름을 보고 당신을 찾습니다."

이 소문을 듣고 더욱 많은 사람들이 그에게로 모여들었다.

처음 유방이 사수 정장의 하급 관리로 근무하고 있을 때 여산의 시황제 능묘 조영 공사에 동원되는 인부의 인솔 책임자가 되어 여산으로 가고 있었는데 도중에 탈주하는 자가 속출하였다. 유방이 생각해보니 여산까지 도달하기 전에 모두가 다 도망칠 것이 확실하였다. 유방은 난처하였다. 목적지에 갈 수도 없고 그렇다고 패에 돌아가도 처벌될 것이 뻔하였다. 유방은 마침내 결단을 내렸다.

"당신들은 모두 돌아가시오. 나 또한 이대로 도망치리다."

동원된 인부를 해산시키자 그 가운데 수십 명이 유방을 따랐다. 당시에는 이와 같이 탈주자가 속출하였다. 진승·오광이 진조 타도를 외치고 봉기하자 순식간에 군사들이 모여들어 군세가 강해진 것은 모두 다 탈주자들의 집단이 모여들었기 때문이었다.

국경 지대에 위치한 패의 현령은 진승·오광이 봉기하자 그의 진로를 결정하지 못해 골치를 앓고 있었다. 여러 가지 생각 끝에 봉기에 가담할 생각을 굳히고 패현의 서기로 있던 소하(蕭何)와 옥리(獄吏) 조참(曹參) 등과 의논하였다.

"나리께서는 중앙에서 임명된 관리로서 이곳에 부임하여 법에 의해 백성을 다스렸기 때문에 아무리 봉기에 가담한다 하더라도 패의 장정들은 쉽게 따르지 않을 것입니다. 한 가지 방법은 패에서 도망쳐온 무리들을 밖에서 모아 그들로 하여금 패현의 장정들을 설득하고 압력을 가하여 나리의 뜻에 따르게 하는 것이 좋겠습니다." 하고 소하가 진언하였다.

"패에서 도망쳐온 무리라니 그게 무슨 말이오?"

"유방이 도망쳐 백 명 정도의 무리와 함께 있는 모양입니다."

현령은 망설이는 눈치였다. 그러나 이 시점에 이르러 달리 방법이 없었다.

"유방과 연락을 취할 수 있을까?"

"번쾌(樊噲)라는 자가 유방과 아는 사이라 하오니 그를 보내는 것이 좋을 듯합니다."

번쾌는 패현의 관리가 아니고 개백장이었다. 자객 형가의 친구에도 개백장이 있었으니 이런 직업을 가진 사람들에게는 호협(豪俠)한 성질이 있었던 것 같다.

현령은 번쾌를 유방에게 보내어 그들을 불러오도록 하였다. 번쾌가 유방의 무리를 데리고 현 가까이 도착했을 때 현령의 마음은 변해 있었다.

애당초 현령은 확고 부동한 의사에 의해 반란에 가담할 뜻을 가진 것이 아니었다. 잘못하면 궐기한 백성들 손에 죽임을 당할 것이 두려워 순간적으로 내린 판단이었다. 번쾌를 보낸 다음 곰곰 생각해 보니 유방과 같은 도망자를 부른 것은 실수라고 생각되었다. 진나라의 힘이 약해지기는 했으나 아직도 대규모의 병력이 있다. 본격적인 전쟁이 벌어지면 그 승부를 헤아리기 어렵다. 만약 진나라가 우세할 경우 반역자들은 여지없이 처단될 것이다. 이것이 현령의 속마음이었다.

"성문을 굳게 닫고 유방의 무리는 한 사람도 성 내에 들어오지 못하게 하라. 유방과 내응하는 자는 가차 없이 목을 베어라."

현령은 이렇게 엄명을 내리고 있었다.

딱한 것은 소하와 조참이었다. 현령은 이들의 내심을 알고 있었기에 우물쭈물하다간 죽을 것이 뻔했다. 소하와 조참은 어둠을 틈타 성벽을 뛰어넘어 유방의 무리들이 있는 곳으로 탈출하였다.

당시 유방의 무리는 백 명 정도에 지나지 않았다. 그 무리들은 모두 도망병 아니면 도망 인부들이었기 때문에 그 질이 아주 낮았다. 번쾌와 이들 일행이 성문 앞에 당도하니 번쾌의 말과는 달리 성문이 굳게 닫혀 있었다. 유방은 무슨 꿍꿍이속이 있구나 하고 의아해 있을 때 소하와 조참이 다가왔다. 소하와 조참의 설명을 들은 유방은 잠시 생각에 잠겼다.

유방은 패현의 부로들에게 격문을 보내어 현령을 죽이고 궐기할 것을 종용하기로 하였다.

"패현의 부로들에게 보낼 격문을 하나 작성하시오."

소하에게 부탁하였다.

소하는 생각하였다. 격문을 작성하는 것은 문제가 아니다. 어떻게 보내느냐가 큰 문제이다.

"격문을 작성하는 것은 어렵지 않습니다만 무슨 방법으로 그 편지를 성 중에 보냅니까?"

"그건 염려 마시오. 화살에 매어 쏘아넣으면 되지 않소."

소하는 유방의 기지에 감탄했다.

격문을 받아 본 성중의 부로들은 현령의 처사에 불끈 화가 치솟았다. 무거운 조세, 가혹한 형벌, 병역, 부역 등 백성들의 원한은 직접 통치자인 현령에게 돌려지게 마련이다. 패현의 부로들은 현청에 몰려들어 현령을 주살하고 성문을 활짝 열어젖혔다.

유방을 맞아들인 패현의 백성들은 유방을 현령으로 추대하고 패공(沛公)이라 불렀다. 소하와 조참 등이 패현의 자제들을 모으니 그 수가 모두 3천 명에 이르렀다.

유방은 휘하에 소하·조참·번쾌 등 한제국 건국 공신을 거느렸고 패현의 자제 3천 명을 기반으로 하여 제후들의 세력과 호응하게 되었다.

유방이 패에서 군사를 일으킬 무렵 절강성의 회계에서는 아버지 항연을 진나라 장수 왕전에게 잃은 항량(項梁)이 진나라에 대한 사무친 원한을 씻기 위해 군사를 일으킬 결의를 다지고 있었다. 회계 군수 은통(殷通)은 강서 지방에서 반란이 일어났다는 소문을 듣고 자신의 처신에 대해 생각해 보았다.

초 패왕 항우

도처에서 지방관이 백성들에게 죽임을 당하고 있다. 이 고장의 백성들도 가만히 앉아 있지 않을 것이다. 그렇다면 내가 먼저 선수를 쳐야 하겠다.

이렇게 생각한 은통은 그 고장에서 이름난 항량에게 의논하였다. 항량은 초나라 명장 항연의 아들이다. 일찍이 항연은 20만 대군을 거느린 진나라 장군 이신과 싸워서는 이겼으나 60만 대군을 거느린 왕전에게 죽임을 당하고 초나라가 패망하였다는 것은 앞에서 말한 바 있다. 초나라 사람들은 이 항연의 죽음을 믿지 않으려 했다. 진승과 오광이 맨 먼저 봉기할 때 초나라 사람들의 이러한 영웅 불사설을 이용해서 항연의 이름을 사칭할 정도로 항연은 초나라 사람들에게 추앙되고 있었다.

항연의 아들! 이러한 이름으로 나서기만 한다면 초나라 군사는 너도 나도 앞을 다투어 내 깃발 아래 모여들 것이다. 진승·오광처럼 치사하게 남의 이름을 사칭하는 것이 아니라 떳떳한 항연의 아들인 것이다. 어디 한 번 일어서 보자.

회계 군수를 죽이고 이곳을 기반으로 군사를 일으킬 궁리를 하고 있을 때 군수로부터 이런 제의를 받다니 일 치고는 기이한 일이었다. 항량은 먼저 그의 조카 항우(項羽)와 의논하고 싶었다.

항량은 항우에게 사정을 설명한 다음 그 대책을 의논했다.

"숙부님, 이거야말로 하늘이 내려주신 좋은 기회입니다. 하늘이 주는 것을 받지 않으면 도리어 재앙을 받습니다. 지금 곧 군수 은통의 목을 베고 강동의 자제들을 규합시켜 군사를 일으키는 것이 좋겠습니다."

항량과 항우는 회계 군수 은통을 죽일 계교를 정하고 먼저 항량이 군수의 자리에 들어가 항우를 불러들였다. 은통은 앞으로의 일을 의논하기 위해 항우를 불러들이는 것으로 생각했다. 항우는 군수의 자리에 다가가 다짜고짜 칼을 뽑았다. 영문을 모르는 군수가 반사적으로 일어서려 하자 항우는 일어서려는 은통의 목을 향해 힘껏 칼을 내리쳤다. 외마디 소리와 함께 피를 내뿜으며 은통의 목은 마룻바닥에 떨어졌다. 항량은 은통의 목을 집어들고 은통의 인수(印綬)를 빼앗아 자기 몸에 찼다. 인수는 관리의 신분증명서이다. 군수의 인수를 몸에 찼다는 것은 군수임을 선언한 것과 같은 뜻이다. 항량은 이번 거사의 목적을 회계 백성들에게 고하고 군 소속의 여러 현에서 8천 명에 이르는 정병을 모았다.

항우의 이름은 적(籍)이고 자가 우인데 항적보다는 항우로 불린다. 원래 하상(下相, 강소성 숙천현) 사람이었는데 그의 숙부 항량과 함께 회계에서 망명 생활을 하고 있었다. 신장 8척의 대장부로 힘은 능히 산을 뽑을 만하고 겹으로 된 눈동자를 가진 희대의 장사였다. 소년 시절에 학문을 가르쳤으나 학문도 싫어하고 검술을 가르쳤으나 검술 또한 싫어하였다. 항량이 크게 실망하여 노여워하자 항우가 말하기를 "학문이란 성명을 기록할 정도면 족하고, 검술은 한 사람의 적밖에 대항할 수 없습니다. 이 따위는 대장부가 할 일이 아닙니다. 나는 만인의 적을 상대하여 싸우는 기술을 배우고자 합니다."라고 하였다.

항량은 그의 기백을 기특히 여겨 그때부터 병법을 가르치기 시작하였다.

진시황제의 순행 행차가 절강성의 회계에 이르렀을 때 항량은 항우와 함께 그 행차를 구경하러 나갔다. 천자가 강남 땅에 행행하는 것은 처음 있는 일이며 멀리서 천자의 행렬을 구경해도 괜찮다는 윤허가 있었던 것이다.

과연 천자의 행렬은 거창하였다. 줄이은 검은 기가 하늘을 가리웠고 앞뒤로 벌여 달리는 기마대만도 끝이 보이지 않을 정도로 많았다. 호위하는 친위병들의 황금 갑주는 햇빛에 반사되어 눈부시게 빛났고 은백색 투구는 조화 있게 흔들리고 있었다. 형형색색의 술로 장식된 말과 수레에는 채색이 영롱하였다.

"호화롭구나! 대단하구나! 천자님의 위엄은 놀랍구나!"

사람들은 감탄사를 연발했다.

항우는 눈을 번득거리며 행렬을 응시하다가 "저놈의 자리를 내가 대신하겠다."고 말했다.

"쓸데없는 소리 마, 일족이 몰살당한다."

항량은 그렇게 꾸짖었지만, '이놈은 기개가 쓸 만한 놈이구나!' 하고 마음속으로 칭찬하였다.

이 이야기는 유방과 항우의 인물·성격을 비교할 때 흔히 인용되는 말이다.

"대장부로 태어나서 한번 저렇게 되어야지!"

"저놈의 자리를 내가 대신하겠다."

전자는 유방의 표현이고 후자는 항우의 표현이다. 궁극적으로 같은 것을 말한 것인데 유방의 표현은 매우 완곡한 표현으로 자신은 있지만 그 자신을 숨기고 있는 데 반하여 후자는 노골적이고 직설적이다. 이 표현에서도 두 사람의 성격 차이를 엿볼 수 있다.

유방과 항우는 연령적으로 많은 차가 있었다. 시황제가 죽던 해 항우의 나이는 22세이고 유방은 37세였다. 일설에는 46세라는 설도 있다.

그 출신에 있어서도 항우는 대대로 초나라에서 장군을 지낸 명문 출신이었고, 유방은 그의 양친의 이름이 한왕조 시대의 기록에서조차 찾아볼 수 없을 정도로 이름 없는 서민 출신이었다.

두 사람이 군사를 일으킬 때도 유방은 행정 구역상으로도 가장 하급 단위인 패현에서 일어나 패현의 자제 3천 명을 거느렸고, 항량·항우는 여러 현을 지배하는 군에서 일어나 정병 8천 명을 거느렸다. 자제와 정병은 그 질에 있어 상당한 차이가 있었다. 자제란 그저 나이가 젊을 뿐 군사 훈련을 제대로 받지 않은 자를 가리키는 말이고, 정병이란 여러 사람 가운데서 선발하여 철저한 훈련을 받은 군사를 말하는 것이다.

유방과 항우의 세력 분포

진나라 장수 장한이 진승의 주력부대인 주문의 30만 대군을 격파하자 2세 황제는 크게 힘을 얻어 장군 사마흔(司馬欣)·동예(董

翳)등을 파견하여 장한의 반란군 토벌 작전을 도우니 진나라 군대는 연전연승 기세가 등등하였다.

　진승·오광의 봉기를 신호로 각지에서 반란이 일어나자 '이제는 끝장이다.'라고 생각했던 백성들은 진나라 군대의 연전연승 소식을 듣자 '그래도 천하의 주인인 진나라의 힘이 반란군을 무찌를 힘이 있다'고 다시 평가하는 사람들도 있었다. 진승의 명을 받고 조나라로 파견된 무신이 조왕이라 칭했고 얼마 후 하찮은 일로 죽임을 당했다는 말은 앞서 말한 바 있다.

　하찮은 일로 조왕 무신을 죽인 사람은 바로 그 막하에 있던 이량(李良)이란 자였다. 이량은 무신의 명령으로 산서성의 상산을 공략하고 다시 태원을 치기 위해 군사를 진격시켰으나 도중에 진나라 군대가 험난한 곳에 진을 치고 있어 도저히 진격할 수가 없었다. 이에 이량은 무신이 있는 조나라 수도 한단으로 돌아가 원군을 요청할 생각이었다. 그런데 때마침 진군으로부터 천자의 사자라고 칭하는 자가 칙서를 가지고 왔다는 전갈을 받았다.

　"이게 웬일일까. 이런 때 천자의 사자라니, 믿을 수 없군."

　이량은 반신반의하면서 그 칙서를 뜯어보았다.

　"이량은 일찍이 진나라의 신하로서 관직에 올라 총애를 받았다. 이제 마음을 고쳐 먹고 진에 충성을 다한다면 그 죄를 용서하고 높은 관직을 내리겠노라."

　이량이 보기에 그 칙서는 수상한 점이 많았다. 칙서의 내용도 그러려니와 봉함도 되어 있지 않았다.

　"이건 분명 가짜로군!"

　이렇게 생각하면서도 마음 한구석에는 '과연 우리들의 반란은 성공할 수 있을까?' 하는 의아심이 깊이 자리잡고 있었다. 그런 가운데 이량이 구원병을 요청하기 위해 한단의 교외에 이르렀을 무렵 백여 기를 거느린 행렬과 만났다.

"아, 조왕 무신의 행렬이 틀림없구나."

이량이 말에서 내려 엎드려 인사를 올렸다. 그런데 그 행렬은 조왕 무신이 아니고 소풍을 나갔다가 술이 만취해 돌아오는 무신의 누이의 행차였다. 그녀는 술이 고주망태가 되어 일어나 인사할 수 없을 정도여서 그의 사자에게 명해서 인사를 대신케 했다.

"수고가 많소이다."

이량이 인사를 받고 사자를 바라보니 안면이 없는 자였다.

"당신의 주인은 누구시오?"

이량의 부하가 물었다.

"조왕의 누님 되시는 분이다."

사자는 퉁명스럽게 대답하고 자못 교만한 태도로 말머리를 돌려 달려가는 것이었다.

이량의 부하는 얼굴이 상기되어 "결례가 아닙니까? 장군께서 엎드려 인사를 하였는데 저 여자는 수레에서 내리지도 않았을 뿐 아니라 사자에게 인사를 대신하게 했습니다. 이는 장군에 대한 모독입니다. 그대로 둘 수 없습니다."

이량의 가슴에서는 참을 수 없는 분노가 치밀어 올랐다. 동시에 앞서 받은 천자의 칙서가 머리에 떠올랐다.

"혹시 그것이 진짜일는지도 모르는 일이다. 곧바로 쓰러질 줄 알았던 진나라가 계속 승세에 있지 않은가."

이량의 마음은 흔들리고 말았다.

"조나라를 배반하고 진나라에 돌아가자."

이량은 큰 소리로 명령을 내렸다.

"저 여자의 일행을 쫓아가서 죽여 없애라!"

조왕 누이의 일행은 눈 깜짝할 사이에 죽임을 당했다. 이량은 계속 전군을 채찍질하여 한단에 이르렀고, 조왕 무신의 목을 베어 죽였다.

조왕 무신의 막하에 있던 장이와 진여는 재빨리 몸을 잘 숨겨 이량이 점령한 한단으로부터 탈출하는 데 성공하였다. 이들 두 사람은 수만의 군사를 모아 전국 시대 조왕의 유족인 조혈(趙歇)을 조왕으로 추대하고 신도(信都, 하북성)에 기반을 구축하였다.

이량은 신도를 공격하였으나 도리어 장이·진여의 군대에게 패하였다. 갈 곳을 잃은 이량은 마침내 진나라 군대에 투항하여 장한의 부하가 되었으며 장이·진여는 신도로부터 다시 한단으로 돌아왔다.

진승의 명을 받고 남양을 평정한 송류(宋留)는 진승이 죽었다는 소식을 듣자 이젠 모든 것이 끝났다 생각하고 진군에 투항했다. 그러자 진군은 송류를 함양에 보내어 본보기로 차열형에 처하여 죽였다.

진가(陳嘉)는 담(郯)에서 군사를 일으켰다. 진승의 군대가 패했다는 소식을 듣고 경구(景駒)라는 사람을 초왕(楚王)으로 추대하고 유(留)*땅에 자리잡았다.

패공이 이 소식을 듣고 경구에게 가고 있었다. 도중에 장량(張良)을 만났다. 장량도 또한 경구에게 가는 도중이었다. 이 만남이야말로 패공에게는 천하를 얻는 만남이요, 장량에게는 왕자의 스승이 되는 만남이었다. 그러나 그 당시에야 누가 이들의 만남을 그렇게 보았겠는가? 지금까지도 모사의 제 일인자인 명참모를 '장자방'이라 부르고 있다. 이 장자방은 다름 아닌 장량을 가

* 유(留) : 나중에 장량이 봉함을 받은 곳

리키는 말이다. 장막 안에 앉아서도 천리 밖의 승패를 한눈에 들여다보는 지략가이다. 이러한 장량이 일찍이 박랑사에서 시황을 저격했다가 실패한 후 망명 생활을 보내면서 천하의 정세를 관망하다가 이때에 이르러 패공과 만나게 된 것이다.

박랑사 저격 사건 후 장량은 몸을 피하여 하비(下邳)라는 곳에서 숨어 지내고 있었다. 하루는 사람들의 왕래가 드문 다리 부근에서 베옷을 걸친 백발 노인을 만났다. 얼핏 보기에도 범상한 노인이 아님을 직감할 수 있었다. 그 노인이 다리를 건너다가 한쪽 신발을 다리 밑에 떨어뜨리고 장량을 돌아보며 말했다.

장량 한의 공신으로 장자방이라고도 불리며 박랑사에서 진시황을 암살하려다 실패한 후 하비에 은신하면서 병법을 공부해 유방의 책사가 되었다.

"이봐 젊은이, 내려가 신을 주워 오게."

장량은 화가 났으나 마음을 고쳐 먹고 신발을 주워 왔다. 그러자 노인은 발을 내밀었다. 장량은 꿇어앉아 신을 신겨드렸다. 노인은 미소를 지으며 마을 쪽으로 가다가 다시 돌아와 "젊은이, 가르쳐 줄 것이 있으니 5일 후 아침 일찍 이곳으로 오게." 한마디 말을 남기고 홀연히 사라지는 것이었다.

장량은 5일 후 아침 일찍 다리 있는 곳으로 갔다. 노인이 먼저 와 있었다.

"젊은이, 무례하군. 어른과의 약속에 늦게 오다니!"

장량은 그 자리에서 무릎을 꿇고 머리를 숙였다. 노인은 장량을 뚫어지게 노려보았다. 무언의 질책이었다.

"다시 5일 후 아침 일찍 이곳으로 오게."

장량은 5일 후 첫닭이 울 무렵에 떠났다. 그러나 노인이 먼저 와 있었다. 노인은 크게 노하였다. "젊은이, 안 되겠군. 그렇게 성의가 없어서야 원!"

장량은 몸둘 바를 몰랐다. 땅바닥에 엎드려 재삼 사죄하였다. 장량은 5일 후 밤중에 떠났다. 다리 부근에 이르니 사람의 그림자는 보이지 않았다. 얼마 동안 기다리고 있으니까 노인이 한가한 발걸음으로 다가왔다.

"응, 와 있었군!"

노인은 기분이 좋았다.

"현명하신 가르침을 받고자 합니다."

장량은 다시 무릎을 꿇었다. 노인은 품 속에서 책 한 권을 꺼내어 장량에게 건네주며 말했다.

"이 책을 열심히 공부하면 왕자(王者)의 스승이 될 것일세. 앞으로 10년 후면 왕자가 나타날 것이니 열심히 공부하게."

날이 밝자 장량이 그 책을 펼쳐보니 《태공병서(太公兵書)》였다. 주나라 최고의 건국 공신 태공망 여상이 쓴 책이라 전해지고 있지만 현재에는 전해지지 않고 있다. 장량은 이 태공병서를 공부하여 왕자의 스승이 되는 길을 터득하였다고 하며, 그 노인은 황석(黃石) 노인이라고만 전해지고 있다.

유방이 장량과 처음 만났을 때 유방은 수천의 부하를 거느리고 있었으며 장량은 백여 명의 장정을 거느리고 있었다.

유방이 장량에게 "천하를 경영하는데 무슨 묘책이 없을까?" 하고 물었다.

"지금 천하의 인심은 몹시 흔들리고 있습니다. 이런 세상에 무엇인가 확실한 것은 없을까 하고 사람들은 찾고 있습니다. 태공망의 병서에는 확고부동한 것을 사람들에게 주는 사람이야말로 천하를 경영할 수 있다고 말하고 있습니다."

장량이 대답하자 패공은 장량의 말이 마음에 들었다. 잘못이 있을 때 장량이 그것을 지적하면 순순히 따랐다. 장량은 패공의 이 같은 인품에 감탄하였으며 남의 말에 귀를 기울이고 또한 받아들일 줄 안다는 것은 윗사람으로서 어려운 일인데 패공은 이를 능히 해내니 이분이 야말로 하늘이 내리신 분이라 감탄하고 패공을 섬기기로 결심하였다.

패공이 근거지로 삼은 패현의 서쪽 가까운 곳에 풍현(豊縣)이 있었다. 패공이 풍현을 빼앗아 옹치(雍齒)라는 자에게 그곳을 지키게 하였다. 옹치는 그 고장의 이름난 선비로 전부터 패공을 무뢰한이라 하여 무시해왔는데 이제 그 무뢰한 밑에 예속되었으니 그는 분해 견딜 수가 없었다. 이렇게 불만을 품고 있을 때 위(魏)로부터 연락이 왔다.

"진승이 봉기한 이래로 진에 멸망된 6국이 각지에 왕을 세우고 있다. 위왕 고(咎)도 그중의 한 사람인데 모든 면에서 패공보다 낫다. 위왕을 섬기는 것이 낫지 않겠는가?"

옹치는 멀리 내다보는 안목이 없었다. 위를 등에 업고 패공에게 반기를 들고 일어났다.

패공은 화가 머리끝까지 치밀어 올랐다. 즉각 풍현을 공격했지만 옹치는 성문을 굳게 닫고 지켜 좀처럼 함락되지 않았다. 단숨에 함락될 줄 알았던 풍현이 뜻대로 함락되지 않자 패공은 더 많은 병력이 필요하다는 것을 깨달았다.

유방은 즉시 진가가 초왕으로 옹립한 경구가 있는 유 땅으로

기병

가서 군사를 빌려오려고 하였으나 때마침 진의 장군 장한의 부대가 그 일대까지 진출해 있었다.

유방은 소(蕭, 서주 서쪽)에서 진의 군사와의 싸움에서는 패했으나 탕(碭)을 공략하여 승리했다. 이 싸움에서의 승리로 유방의 휘하 군사는 3천에서 9천으로 늘어났다. 유방과 장량이 만난 것은 이 무렵이었다.

진승이 봉기하자 각지의 호걸들이 이에 호응하여 궐기했으나 이 가운데서도 역대 장군 출신인 항량이 가장 우세하였다. 만약 진승이 싸움에 불리하여 전사할 경우 그 주도권은 항량에게로 돌아갈 것이 확실했다. 진가가 경구를 초왕으로 추대한 것은 그 주도권을 장악하여 봉기군의 주류는 이쪽이라고 선언한 것과 다름없었다.

항량은 진가를 공격하기로 결심했다. 이에 강동의 정병 8천을 거느리고 강을 건너 서쪽으로 진격하였다. 진영(陳嬰)은 항씨가 대대로 초나라의 장수였다고 하여 곧 군대를 거느리고 항량의 휘하로 들어갔으며 경포와 포장군(蒲將軍)도 또한 군대를 이끌고 항량의 휘하로 들어갔다.

경포는 육(六)현 출신으로 성은 영씨(英氏)이다. 장년이 되어 경형(鯨刑)*에 처해졌기 때문에 경포라 불린다. 소년 시절 어떤 사람이 그의 관상을 보고 "형벌에 처해진 뒤에 왕이 되겠다."라고 하였다.

장년이 되어 법에 걸려 경형에 처하게 되자 그는 기뻐하여 말하기를 "어떤 사람이 나의 관상을 보고 형에 처해진 뒤에 왕이 되겠다고 하더니 아마 이것일 것이다."라고 하자 사람들은 모두 그를 놀리며 웃었다. 나중에 경포는 과연 항우의 선봉장으로 많은

* 경형(鯨刑) : 죄인의 얼굴이나 피부에 먹실로 죄명을 집어 넣는 형벌

전공을 세우고 구강왕(九江王)에 봉해지니 관상가의 예언은 적중한 셈이었다. 그는 형의 언도를 받고 여산으로 옮겨져 부역에 종사하였다. 여산에는 수십만 명의 죄수들이 모여 있었는데 경포는 그 무리의 장인 호걸들과 통하고 있었다. 그러다가 그 무리를 거느리고 도망하여 장강을 무대로 군도(群盜) 노릇을 하였는데 항량이 서쪽으로 온다는 말을 듣고 그의 휘하에 들어갔던 것이다.

경포 쪽에서 자진하여 휘하에 들어오겠다고 희망하였으며 항량 또한 병력이 필요하였기 때문에 그를 받아들이긴 했으나 경포와 항우와는 원래 기질이 맞지 않는 사람이었다. 훨씬 후의 일이지만 유방과 항우가 치열한 패권 다툼을 벌일 때 경포를 꾀어 항우를 배반하게 하여 항우의 진영에 막대한 타격을 준 일이 있었다. 꾐에 빠져 배반한 경포에게도 문제가 있었지만 자기 진영의 중요 인물을 장악하지 못한 항우에게도 물론 인간적으로 결함이 있었다고 하지 않을 수 없다.

이때 항량의 군사는 6, 7만 명으로 늘어났다. 항량은 이들 군사에게 호령하였다.

"진왕 진승이 진나라를 타도하기 위해 싸우고 있는 이때에 진가라는 자가 외람되이 경구를 초왕으로 추대하니 이는 진왕을 배반하는 행위이다. 그 자를 그대로 둘 수 없다."

그리고 군사를 진격시켰다. 진가는 호릉(胡陵)에서 잡혀 죽고 경구 또한 도망치다가 항량의 군사에게 잡혀 죽었다. 이로써 항량의 병력은 진가·경구의 군사를 더하여 10만으로 늘어나게 되었다. 대단한 병력이었다.

이에 비해 유방의 군사는 9천 명에 불과했으니 비교할 수조차 없다. 유방은 팔짱을 끼고 생각에 잠겼다. 앞에 있던 장량이 패공의 심정을 헤아리고 "항량에게 가서 5천 명 정도의 군사를 빌려다가 풍현을 공격하는 것이 어떻겠습니까?" 하고 권유했다.

"5천씩이나 빌려줄까?"

유방은 장량의 얼굴을 물끄러미 바라보았다.

"2천이라면 빌려주지 않을지 모르오나 5천이라면 반드시 빌려줄 것입니다."

장량은 자신 있게 말했다. 항량은 과연 5천의 군사를 빌려주었다. 패에 돌아온 유방은 장량에게 2천과 5천의 숫자에 대하여 물었다. 장량은 빙그레 웃으며 다음과 같이 말하였다.

"패공께서는 9천의 군대를 가지고 있습니다. 여기에 2천의 군사를 빌렸을 경우 2천은 9천 속에 흡수되어 버립니다. 빌려준 쪽에서 본다면 이것은 그저 주는 것밖에 안 됩니다. 그러나 5천으로 했을 경우 이는 전체의 3분의 1을 넘는 숫자입니다. 쉽게 흡수되지 않을 뿐더러 오히려 부대의 중추가 되어 전군의 향방을 움직이는 힘이 될 수도 있습니다. 사태 여하에 따라서는 5천으로 9천의 군대를 자기 편으로 만들 수 있다는 것입니다."

유방은 빙긋 웃으며 고개를 끄덕였다. 유방은 마음속으로 감탄하며 장량이 하는 말이라면 이유를 묻지 않고 따라도 된다고 생각하였다.

유방은 1만 4천의 군사를 거느리고 풍현을 공략하여 함락하고 패에 돌아왔다.

장량은 유방에게 말하였다.

"지금 주군께서는 항량의 군에 예속되어 있습니다. 그리고 5천의 군사를 빌렸기 때문에 그 군사를 항량에게 빼앗기지나 않을까 걱정하고 계시오나 조심하는 것만이 능사가 아닙니다. 이쪽에서도 그 밑에 속해 있는 것을 잘 이용하여 상대를 빼앗을 궁리를 해야 합니다."

유방은 눈을 끔벅였다. 그건 어려운 일이라고 무언의 눈짓을 보낸 것이다. 패공의 속뜻을 알아차린 장량은 다시 부연하여 말하였다.

"항량이 처음 거느린 강동의 장정은 8천에 불과했습니다. 그러나 자연히 불어나 지금은 10만이 되었습니다. 군사의 수에 집착하지 마십시오. 10만이나 20만은 언제든지 모을 수 있다고 생각하는 것이 옳습니다."

유방은 장량의 말을 믿기로 하였다. 10만이나 20만의 군대는 언제든지 모을 수 있다고 생각하며 장량의 말뜻을 깊이 음미하고 있었다.

얼마 후 진왕 진승이 진군과의 싸움에서 패사했다는 소식이 전해졌다. 각지에서 일어난 봉기군은 구심점을 잃게 된 것이다. 새로운 구심점으로 등장한 사람은 역대 장군을 지낸 명문 출신으로 10여만의 군사를 거느린 항량이었다. 항씨 가문은 초나라 장군 계통으로 이 일족에는 전형적인 군인 기질의 인물들이 많았다.

항량의 조카 항우는 숙부의 명을 받고 양성(襄城, 하남성)을 공격했으나 군사들이 굳게 지켜 좀처럼 함락되지 않았다. 고전 끝에 성을 함락하자 항우는 불끈 화를 내면서 "이 성의 군대는 모두 지독한 놈들뿐이다. 모조리 구덩이에 파묻어 죽여버려라." 하고 커다란 구덩이를 파고 항복한 병사들을 모두 생매장하였다.

2세 황제 2년 항량은 각지에서 일어난 여러 진영의 장수를 설(薛)이란 곳에 소집하였다. 여러 장수를 소집한 것은 항량이 봉기군의 주체로서 진승의 죽음을 확인하고 금후의 방침을 검토하기 위해서였다.

　항량은 남의 의견 따위에 별로 귀를 기울이는 성격이 아니었으나 자신에게 확고한 방침이 서지 않았기 때문이며 또 하나 중요한 목적은 소집의 주체가 됨으로써 자신의 실력을 과시하기 위해서였다. 춘추 시대부터 제후를 소집하는 자가 패자로서 인정받았던 선례에 따른 것이라 할 수 있다.

　이때 거소(居鄛)에 사는 범증(范增)이 찾아왔다. 그는 70세의 노인으로 평소 집에 있으면서 기계(奇計)를 좋아하였다. 항량에게 진언하기를 "진승이 실패한 것은 6국의 유족을 옹립하여 왕으로 삼지 않고 자립하여 왕을 일컬었기 때문입니다. 진나라에 멸망된 6국은 모두 원한에 사무쳐 원수 갚을 것을 생각하고 있으며 그 가운데서도 특히 초나라 사람들의 복수심은 대단합니다. 초나라 사람들은 지금까지도 회왕이 귀국하지 못하고 진에서 객사한 것을 가엾게 여겨 회왕을 생각하고 눈물을 흘리고 있습니다. '비록 세 가구만 남아도 진을 멸망시키는 것은 초나라밖에는 없을 것이다.'란 말이 있습니다. 그러므로 반진의 깃발을 든 봉기군은 반드시 초왕의 후예를 세워서 왕으로 삼아야 합니다. 봉기한 여러 장수들이 당신의 휘하에 들어오는 것은 당신이 대대로 초의 장군을 지낸 혈통을 물려받았기 때문에 초의 왕족을 왕으로 세울 것이라 믿고 있기 때문입니다."라고 하였다.

　항량은 범증의 말을 옳게 여겨 진나라에서 객사한 회왕의 손자 심(心)이라는 사람을 옹립하여 초의 회왕이라 칭했다. 이 이름은 진나라에서 망향의 한을 안은 채 객사한 옛일을 상기시킴으로써 초나라 사람들의 적개심을 불러 일으키자는 반진 운동의 상징이었다. 그리고 항량은 스스로 무신군(武信君)이라 일컬었다.

이때 유방도 일군의 장수로서 설 땅의 회합에 참가하였다. 연표에 의하면 이 회합은 2세 황제 2년 6월의 일이고 진승이 죽은 후 반년 뒤의 일로 되어 있다.

이 무렵 진나라 조정에서는 조고의 탈권 공작(奪權工作)이 한창 진행되고 있었다. 조고는 원래 조나라 왕족의 자손이라 일컬어지고 있었지만 진나라에서는 미천한 신분이었다. 형제가 모두 거세된 환관이었기 때문에 오로지 학문에 열중하여 공자 호해의 사부(師傅)로 있었을 뿐 정치적 권력을 장악하지는 못하고 있었다.

시황제의 유서 위조 사건은 조고 외에는 2세 황제 호해와 이사 세 사람밖에 모르는 일이었다. 이 세 사람은 다 함께 평생토록 이 비밀을 누설하지 않았을 것인데 《사기》의 저자 사마천은 도대체 누구한테서 어떤 방법으로 이 같은 위조 사실을 취재했을까? 생각해볼 문제이다.

혹시 시황제의 유서가 애당초부터 호해를 자신의 후계자로 지명했던 것은 아닐까? 즉 위조하지 않았을 것이라는 가능성도 있다. 유생을 좋아하고 자비심이 깊은 부소에 대한 동정심이 위조설을 만들어냈다고도 볼 수 있다.

시황제는 유생들을 매우 싫어하였다. 위정자가 나라를 다스리는데 인정이 개입되어서는 안 된다는 《한비자》에 심취하였던 시황제가 유생을 좋아하고 인정이 많은 부소를 황제의 자격이 없다고 판단했을지도 모르는 일이다. 반면 호해는 조고로부터 법률을 공부하였기 때문에 자신의 뒤를 이을 황제의 자격으로서는 부소보다 호해 쪽이 적임자라고 평가했을 가능성도 배제할 수는 없다.

어쨌든 조고는 음모를 써서 2세 황제를 즉위시켜 서서히 권력을 쥐게 되자 그 권력을 믿고 자기와 감정이 좋지 못했던 사람들에게 죄를 뒤집어씌워 투옥시키거나 처형하였다. 그런 일로 그는 여러 사람들로부터 많은 원한을 사고 있었다. 언제 대신이 조정에 들어가 정사를 아뢰다가 자기의 이 같은 비행을 헐뜯어 나쁘게 말할지 모르는 일이었다.

"황제를 조정에 나오지 못하게 해야겠다."고 생각한 조고는 기회를 보아 2세 황제에게 아뢰었다.

"천자가 존귀한 까닭은 군신들이 다만 천자의 소리를 들을 수 있으나 그의 얼굴을 볼 수 없기 때문입니다. 그런 까닭에 천자는 짐이라고 말합니다. 또 폐하께서는 아직 나이가 젊어서 모든 일에 다 능통하지 못하시니 일을 잘못 처리하시면 곧 폐하의 단점을 대신들에게 보이게 될 것입니다. 이것은 폐하의 총명하심을 천하에 보이게 하는 바가 못 됩니다. 그러니 폐하께서는 깊이 금중(禁中)에 편안히 계시면서 사건이 생기면 신과 시중이 그것을 가지고 의논하여 결정하게 하십시오. 그렇게 하면 대신이 감히 의심나는 일을 아뢰지 못하게 되고 온 천하가 폐하의 현명하심을 칭송할 것입니다."

2세 황제로서도 정사를 보는 일이 결코 즐거운 일은 아니었다. 놀면서 지낼 수 있다면 그 이상 좋은 일이 없을 것이라 생각되었다.

2세는 조고의 말을 들어 조정에 나가지 아니하고 금중에만 있었다. 조고는 금중에서 항상 2세를 모시고 있으면서 정권을 한 손아귀에 넣었다.

조고의 최대 라이벌은 승상 이사였다. 두 사람은 시황제의 유서를 위조한 사이였으므로 서로 의심하는 바가 많았다. 게다가 이사 아들들은 모두 시황제의 딸과 혼인한 사이였으며 이사의 딸들도 또한 시황제의 아들과 혼인한 사이였으므로 이사가 살아 있는 한 조고는 권세를 전단할 수가 없었다.

조고는 이사를 제거할 음모를 꾸몄다. 하루는 승상 이사에게 말하기를 "관동 지방에 반란군이 들끓고 있는 이때 천자께서는 백성을 징용해서 아방궁의 공사를 계속하시고 개나 말 따위 쓸데없는 완상물을 모으고 계십니다. 신이 간하고자 하나 지위가 미천합니다. 이런 일이야말로 승상께서 하실 일이온데 어찌해서 가만히 보고만 있습니까?"

"당신의 말이 옳습니다. 내 또한 진작부터 간하고자 하였으나 폐하께서 조정에 나오시지 않으니 만나뵐 수가 없습니다."

조고는 이사의 말을 듣고 "승상께서 진실로 간언을 드리시겠다고 하면 신이 폐하를 배알할 한가한 시간을 엿보아 승상께 알려 드리겠습니다."라고 말하였다.

이에 조고는 2세가 한창 잔치를 벌이고 미인들이 앞에 모시고 있을 때를 기다려 사람을 보내어 승상에게 알리기를 "폐하께서 지금 한가하니 오셔서 일을 아뢰시오."라고 전하였다.

이사는 좋은 기회라 생각하고 급히 궁전에 이르러 배알을 청하였다. 이와 같이 하기를 세 번이나 거듭하니 2세가 성내어 말하였다.

"내 항상 한가한 날이 많거늘 그런 때에는 승상이 오지 않고 잔치 기분이 한창 흥겨울 때만 골라서 배알을 청하니 승상은 나를 젊다고 업신여기고 있는 거요?"

조고는 이런 기회를 놓치지 않고 말하였다.

"이와 같은 일은 이상합니다. 저 사구에서의 유서 위조 비밀을 이사는 알고 있습니다. 지금 폐하께서는 이미 즉위하여 황제가 되시었고, 신 또한 낭중령(郎中令)의 자리에 올랐습니다. 그러나 이사의 지위는 그대로 승상에 있습니다. 이것은 그의 뜻이 땅을 베어 받아서 왕 되기를 바라는 것일지도 모릅니다. 또 폐하께서 신에게 아무 말씀 않으시기에 감히 아뢰지 못했사오나 승상의 장남 이유(李由)는 삼천(三川)의 태수입니다. 초나라의 도적 진승 등은 다 승상의 고향 근처 사람이오며 반란군이 삼천 일대를 횡행하고 있어도 이유는 성을 지키고만 있을 뿐 나가 토벌할 생각은 하지 않사옵니다. 신은 이유가 도적과 서로 내통하고 있다고 들었으나 아직 그 자세한 증거를 얻지 못하였습니다. 또 승상은 밖에 있어 그 권세가 폐하보다도 무겁습니다.”

 2세는 조고의 말을 긍정적으로 받아들였다. 승상을 심문하고자 하였으나 그 증거가 뚜렷하지 않음을 염려하여 사람을 시켜 삼천 태수가 반란군과 내통한 상황을 조사하게 하였다.

 이런 소식은 이사에게도 전해졌다. 이사는 직접 2세를 배알하고 조고의 음모를 밝히려 하였으나 이때 2세는 감천궁(甘泉宮)에 있으면서 광대놀이를 구경하고 있어 배알하지 못하고 글을 올려 조고를 규탄하였다.

 “신이 들으니 신하 된 자의 권력이 임금의 권력과 비슷해지면 위태해지지 않는 나라가 없다 하옵니다. 지금 폐하에게는 나라의 정사를 제 마음대로 하는 대신이 있어 폐하의 위신을 위협하고 있으니 제나라 간공을 죽이고 제나라를 차지한 전상(田常)과 같은 변이 일어날까 두렵습니다.”

 그러나 2세는 전부터 조고를 신임하였다.

 “그 무슨 말이오? 조고는 사람됨이 청렴하고 힘써 노력하는 자로서 아래로는 사람의 정리를 알고 위로는 짐의 마음을 잘 맞게 하오. 조고를 의심하지 마오."

이사는 다시 간하였다.

"그렇지 않습니다. 저 조고는 본래 미천한 신분으로 아는 것이 없고 이를 탐하여 그치지 않습니다. 그 위세가 폐하에 버금가건만 욕구가 끝이 없습니다. 그런 까닭에 변을 일으킬까 두렵다고 말하는 것입니다."

2세는 이사를 그대로 두었다간 조고를 죽일까 두려웠다. 가만히 조고에게 이사의 말을 이야기하였다.

"승상이 꺼리는 바는 다만 신 조고 한 사람뿐입니다. 신이 죽고 나면 승상은 바로 전상과 같은 변을 일으켜 진나라를 차지하고자 할 것이 틀림없습니다."

이에 2세는 마침내 이사를 형리에게 넘기고 조고를 시켜 이사의 옥사를 심문하게 하였다.

조고가 모함한 것은 이사뿐이 아니고 우승상 풍거질(馮去疾)과 장군 풍겁(馮劫) 등도 모함하였다. 풍거질과 풍겁은 2세 황제에게 도처에서 반란이 그치지 않는 것은 아방궁의 공사를 계속하기 위한 병역·부역·무거운 세금 때문이니 아방궁 공사를 중지해달라고 간언을 드렸다.

2세 황제는 노하여 "반란이 일어나는 것은 그대들의 책임이 아닌가?"라고 하여 이들을 형리에게 넘겼다.

배후 조종자는 역시 조고였다. 풍거질과 풍겁은 형리에게 넘겨져 굴욕을 당하기보다는 깨끗한 죽음이 낫다 생각하여 스스로 목숨을 끊었다.

이사가 투옥된 채 죽지 않은 까닭은 진나라가 천하를 통일하여 대제국으로 발전한 것은 오로지 자기의 공적이라는 자신이 있었기 때문이며 또 실제로 반역할 마음이 없었다는 것을 믿고 전후 사실을 진술하여 2세에게 상서하면 2세가 깨닫고 자기를 놓아줄 것으로 믿었기 때문이었다.

이사는 그의 공과(功過)를 들어 옥중에서 상서하였다.

이사의 상서가 올라오자 조고는 아전으로 하여금 그 글을 내버리게 하고 "죄수의 신분으로 어찌 감히 임금께 상서할 수 있단 말이냐."라고 하였다.

조고는 자기의 식객 10여 명을 어사·알자·시중이라고 속이고 교대하면서 이사를 심문하게 하였다. 이사가 죄목을 부인하자 그때마다 다시 매를 치게 하니 이사는 고문에 견디지 못하고 마침내 자복하고 말았다. 또 사람을 시켜 삼천 태수 이유를 심문하려 하였으나 사자가 삼천에 이르렀을 때는 항량이 이미 이유를 쳐죽인 후였다.

2세 황제 2년 7월에 이사를 오형(五刑)을 갖추어 논죄하고 함양의 저자에서 허리를 베어 죽였다. 오형이란 가장 잔인한 형벌로 이 형벌을 만든 사람은 다름 아닌 이사였다. 자신이 만든 형벌에 자신이 당한 것이다.

옥에서 형장으로 끌려가는 도중 이사는 함께 끌려가는 가운데 아들을 돌아보면서 "나는 너와 함께 다시 한 번 누런 개를 이끌고 고향 땅 상채(上蔡)의 동문을 나와서 토끼사냥을 하려고 하였으나 이젠 그것도 할 수 없게 되었구나"하며 부자가 서로 울었다. 이사의 삼족이 모두 멸망당하였다.

이사가 죽자 2세는 조고를 중승상(中丞相)에 임명하여 크고 작은일을 모두 그에게 위임하여 국사를 전단하게 하니 진나라는 말기 증상을 보이기 시작하였다.

2세 황제 2년 9월 진나라 장군 장한은 정도(定陶, 지금의 산동성 서쪽)에서 오랜만에 봉기군을 무찔렀다. 이 봉기군의 총수는 항량이었는데 이 싸움에서 항량이 전사하였다. 장한은 승세를 몰아 조나라 수도였던 한단을 격파하고 거록(鉅鹿, 하북성 남쪽)을 포위하였다. 이때 거록에는 조왕(趙王) 헐(歇)이 있었는데 자주 사람을 보내어 구원을 요청했다.

초의 회왕은 송의(宋義)를 상장으로 하고 범증을 말장, 항우를 차장으로 임명하여 조나라를 구원하게 하였다. 항우는 이 인사에 크게 불만을 품었다. 항량이 죽었으니 상장은 당연히 자기가 되어야 한다고 생각하고 있었던 것이다.

송의는 전군을 안양(安陽, 하북성과 하남성의 경계 지점)까지 진격시키고 그곳에서 40여 일이나 머무른 채 대세를 관망하고 있었다. 항우는 오금이 쑤셔 견딜 수가 없었다. 여러 번 송의에게 진격할 것을 진언했으나 송의에게는 나름대로 계획이 있었다. 진나라 군대가 조나라 군대와 실컷 싸우게 한 후 지쳐 있을 때 진나라 군대를 때려 부술 계획이었다.

송의는 제나라와 우호관계를 맺기 위해 그 사자로 아들 종양(宋襄)을 보내기로 하였다. 때는 11월 엄동설한에 비까지 내려 군졸들은 추위에 떨고 있었으며 또한 그 해는 흉년이 들어 군량이 거의 바닥이 날 지경이었다. 그런데도 송의는 제나라로 가는 자식을 위해 성대한 잔치를 베풀었다.

항우는 끓어오르는 분노를 참을 수가 없었다. '봉기군이 처음으로 패하여 회왕의 마음이 편안하지 않으며 전 장병을 동원하여 송의에게 통솔케 하였으니 이 싸움이야말로 봉기군의 성패를 좌우하는 싸움이거늘 군졸들은 생각지 않고 사사로운 정을 앞세우니 사직을 위하는 신하라 할 수 없다. 그런 위인이 어떻게 상장이 될 수 있단 말인가? 이런 인물을 상장으로 모시는 군솔들이 가엾다. 그대로 둘 수 없다.' 이른 아침 항우는 송의의 장막으로 들어가 송의의 목을 베었다. 항우는 송의의 목을 들고 장막 밖으로 나와 전군에게 고하였다.

"회왕의 명령으로 송의의 목을 베었다."

이에 항우는 전군을 이끌고 거록에 포위되어 있는 조군을 구원하러 나갔다. 전군이 강을 건너자 배를 모조리 가라앉히고 가마솥, 냄비, 천막까지도 모두 불살라버렸으며, 3일분의 식량만을 휴대하게 하였다. 어떠한 일이 있더라도 물러나지 않으며 3일 안에 적을 무찔러버리겠다는 굳은 결의를 보인 것이다.

거록을 포위한 진군의 장수는 일찍이 항량의 아버지 항연을 죽인 진나라 장군 왕전의 손자 왕리(王離)였다. 장한은 총사령관으로서 거록 남쪽에 본부를 설치하고 용도(甬道)*를 만들어 보급품을 수송하고 있었다.

항우는 왕리의 군사를 역포위하고 아홉 번을 싸워 크게 이기고 왕리를 사로잡았다. 이 싸움에서 항우의 군사들은 일당백(一當百)의 용맹을 떨쳐 조왕을 구원하러 온 제후의 군대들을 놀라게 하였다. 항우 군사들의 용맹과 능숙한 지휘력에 압도되어 제후의 군대들은 그저 구경만 하고 있을 뿐이었다.

싸움이 끝나자 관전하고 있던 제후의 장군들은 항우의 진문에 와서 그 지휘를 청하니 이제 항우는 초나라뿐 아니라 여러 제후의 상장군이 되어 제후의 군사들이 모두 그 지휘를 받게 되었다.

처음에 초의 회왕은 여러 제후의 장수들에게 다음과 같이 약속하였다.

* 용도(甬道) : 양쪽에 담을 쌓은 길

"우리의 최종 목표는 진을 멸망시키는 일이다. 맨 먼저 관중(關中)*에 들어가 그곳을 평정하는 자를 관중의 왕으로 삼겠다."

* (關中) : 진나라 수도 함양을 중심으로 하는 수도권

그러나 당시의 상황은 진나라가 천하의 주인으로서 막강한 군사력을 가지고 있었다. 여러 장수들은 싸움에 불리하여 자신을 잃고 감히 먼저 관중을 공격하기를 꺼려 하였다. 그러나 홀로 항우가 그의 숙부 항량이 전사한 것에 분개하여 패공과 함께 관중을 공격하기를 희망하였다.

회왕은 여러 노장들의 의견을 들어 결정하기로 하였다. 회왕과 노장들은 내심으로 항우를 좋아하지 않았다.

"항우는 성질이 과격하고 교활하여 서민의 생활 따위는 생각지도 않는 인물이다. 일찍이 양성을 함락하였을 때만 해도 저항이 심했다 하여 항복한 군사들을 모조리 생매장한 일이 있을 뿐 아니라 공격하는 곳마다 잔악한 행동을 서슴지 않았으니 백성들의 원망이 대단하였다. 정서군의 장군으로는 관후한 사람을 보내어 의로써 진나라 백성을 효유하여 그들의 협력을 얻을 수 있는 장군을 골라 보내는 것이 좋겠다."

여러 노장들의 의견은 이러했다.

이에 회왕은 패공을 정서군의 장수로 임명하였다.

항우가 거록에서 조왕을 구원하기 위하여 진군과 격전을 벌이고 있을 때 패공은 정서군을 이끌고 창읍(昌邑)으로 나와 거기서 팽월(彭越)의 군사를 합쳤다. 패공이 군대를 이끌고 서쪽으로 고양(高陽)을 지나가게 되었다. 이때 패공은 역이기(酈食其)라는 모사를 휘하에 거느리게 되었다.

역이기는 진류현 고양 사람으로 어려서 글을 즐겨 읽었으나 집안이 가난하여 생계를 잇기 위해 마을 감문(監門)의 아전 노릇

을 하였다. 역이기는 재능이 뛰어난 인물이었으나 그 지방의 호걸들은 그를 등용하려 하지 않았다. 이에 깊이 재능을 숨기고 기회를 기다리고 있었다. 패공의 휘하에 있는 기사(騎士)가 마침 역이기와 한 고향 사람이어서 패공은 때때로 그 기사에게 그 고장의 어진 사람이 누구인가 묻곤 하였다. 마침 그 기사가 고향에 돌아오자 역이기는 그 기사에게 말하였다.

"내가 듣기에 패공은 거만하여 사람을 업신여기지만 웅대한 계략이 많다고 하니 내가 한 번 만나 천하의 일을 의논하고 싶네. 자네가 나를 위하여 만날 수 있도록 주선해주게."

기사는 고개를 가로저으며 말하였다.

"패공은 유자(儒者)를 좋아하지 않습니다. 손님 가운데 유관을 쓰고 오는 자가 있으면 그 갓을 벗게 하고 그 안에 오줌을 누곤 합니다. 사람들과 말할 때에도 항상 유자들을 나쁘게 말합니다. 유생으로서 패공을 만나 그를 설득하기는 어려울 것입니다."

"어쨌든지 한 번 만나게나 해주게."

기사가 한가한 틈을 타 역이기의 말을 아뢰니 패공은 역이기를 고양의 전사(傳舍)로 불렀다.

역이기가 패공을 뵈러 들어가니 패공은 마침 걸상에 걸터앉아 두 여인으로 하여금 발을 씻기게 하고 있었다. 역이기는 들어가 읍할 뿐 절은 하지 않고 정색하여 말하였다.

"족하는 진나라를 도와서 제후를 치려고 하십니까. 아니면 진나라를 깨뜨리려고 하십니까?"

패공은 역이기를 꾸짖어 말하였다.

"어리석은 선비놈아. 지금 천하가 모두 진나라에게 고통을 받은 지 오래이므로 제후들이 서로 힘을 합하여 진나라를 공격하고 있다. 어째서 진나라를 도와 제후를 친다는 말 따위를 하는가?"

"족하께서 무리를 모으고 의병을 규합하여 기필코 무도한 진나라를 쳐 없애고자 하신다면 걸터앉아서 장자를 만나는 무례한 일 따위는 하지 말아야 할 것입니다."

이에 패공은 발씻는 것을 그치고 일어나 옷을 바로잡으며 역이기를 인도하여 상좌에 앉히고 사과하였다.

역이기가 전국 시대 6국이 합종·연횡하던 일을 말하자 패공은 기뻐하여 "그렇다면 계책을 어떻게 써야 하겠습니까?" 하고 물었다.

"족하께서 오합의 무리들을 규합하고 흩어진 군사들을 모은 것이 채 만 명도 못 됩니다. 이런 군사를 가지고 곧바로 강한 진나라에 쳐들어가는 것은 마치 범의 입을 더듬는 것과 같이 위험한 짓입니다. 대체로 진류(陳留) 땅은 천하의 요충지로서 사방으로 탁 트여 교통이 매우 편리한 곳이며 지금 그 성 안에는 양곡이 많이 쌓여 있습니다. 신이 그곳의 현령과 친한 사이오니 제가 그곳의 사자로 가 그를 달래어 족하에게 항복하게 하겠습니다. 만일 그가 말을 듣지 않는다면 족하께서는 군사를 출동시켜 공격하십시오. 신이 내응하겠습니다."

이에 역이기를 보내고 패공은 군대를 이끌고 그의 뒤를 따라가서 진류를 평정하고 그를 광야군(廣野君)이라 일컬었다.

역이기는 자신의 아우 역상(酈商)을 추천하여 그로 하여금 수천 명을 거느리고 패공을 따라 서남방을 공략하도록 하고 자신은 항상 제후들 사이를 왕래하면서 유세(遊說)하는 일을 맡았다.

진류를 평정한 패공은 개봉을 공략하였으나 개봉의 진군은 성을 굳게 지켜 좀체 함락되지 않았다. 패공은 그대로 지나쳐 영양(穎陽)을 공략하고 다시 북상하여 옛 한나라 땅인 환원(轘轅)을 공략하였다. 이곳의 공략에는 대대로 한나라의 재상을 지낸 장량이 있었으므로 패공은 별 어려움 없이 평정하였다.

패공은 남하해서 남양군을 공격했다. 남양 군수 의(齮, 성은 알지 못함)는 원성(宛城)으로 물러나서 굳게 지키고 항복하지 않았다. 패공은 그대로 지나가 버리려 하였으나 장량이 반대하였다.

"이곳은 그대로 지나쳐서는 안 됩니다. 이곳에는 수십 개의 성이 있으며 물산도 풍부하고 군사력도 강합니다. 우리 군사가 그대로 지나쳐서 서쪽으로 간다면 추격해올 것이 틀림없습니다. 작전상 그대로 지나쳐도 괜찮은 곳과 그렇지 않은 곳이 있습니다."

"그럼 어떻게 하는 것이 좋겠소?"

"일단 지나쳤다가 다시 돌아와서 공격하는 것이 좋겠습니다. 대신 되돌아올 때는 깃발을 바꿔야 합니다. 그러면 원성 쪽에서는 3만의 군사가 지나간 다음 또 다른 3만의 군사가 나타나서 성을 포위했다고 생각할 것입니다. 여기서 굳게 지키어 싸우는 동안 먼저 지나간 3만의 대군이 다시 돌아와 6만의 대군과 싸워야 할 것으로 생각하여 항복을 청해올 것입니다."

장량의 계책은 한치의 어긋남도 없었다. 과연 남양 태수는 항복을 청해왔다. 패공이 남양을 항복받은 것은 2세 황제 3년 7월의 일이었다. 패공은 계속해서 군사를 이끌고 서쪽으로 진격하니 지나는 곳마다 모두 항복하였으며 추호의 민폐도 끼치지 아니하자 진나라 백성들이 모두 기뻐하였다.

거록에서 진군을 크게 깨뜨리고 왕리를 사로잡은 항우는 승세를 몰아 진의 총사령관 장한과 장수의 남쪽에서 대치하고 있었다. 패전소식을 들은 2세 황제는 사람을 장한의 진영에 보내어 장한을 책망하니 장한은 앞으로의 일이 염려되었다. 이에 장사(長史) 흔(欣)을 함양에 보내어 그곳의 상황을 탐지하는 한편 새로운 지령과 원군을 받아오도록 하였다. 장사 흔은 함양에 이르러 조고를 만나기 위하여 3일 동안이나 머물렀으나 조고는 만나주지 않고 오히려 그를 의심하여 죽이려 하였다. 흔은 도망쳐 장한에게 돌아와 함양의 정세를 보고하였다.

"지금 조정에서는 조고가 모든 일을 혼자서 전단하고 있습니다. 장군이 설사 반란군과 싸워 이긴다 해도 조고는 그 공을 시샘하여 여러 가지 이유를 들어 장군을 죽이려 할 것이며, 패할 경우 그 패전의 책임을 물어 또한 죽음을 면치 못할 것입니다. 이겨도 죽고 저도 죽을 바에야 차라리 제3의 방도를 강구하는 것이 현명하다고 생각됩니다."

"제3의 방도란 무엇이오?"

장한은 짐짓 알면서도 장사 흔에게 물었다. 흔은 장한의 눈치를 보며 말했다.

"항우와 맹약을 맺고 항복하는 일입니다."

맹약을 맺으려 해도 항우가 들어줄지도 모르는 일이고 항복한 후에도 양성에서처럼 모두 생매장당할지도 모르는 일이다. 장한은 아직도 장기전으로 버티면 전혀 승산이 없는 것도 아니어서 망설이고 있었다. 장사 흔이 또 말하였다.

"장기전으로 버티는 동안 조고가 무슨 음모를 꾸밀지도 모르는 일입니다. 설사 이긴다 해도 장군의 목숨은 무사하지 못할 것입니다."

장한은 이에 항우와 맹약을 맺고 눈물을 흘리며 조고의 일을 말하였다. 항우는 맹약에 따라 장한의 항복을 받아들이고 장한을 옹왕(雍王)으로 세웠으나 그대로 초군 진영에 머물러 있게 하고 장사 흔을 상장군으로 삼아 항복한 진나라 군사 20만을 거느리게 하였다.

항우가 장한의 항복을 받아들이기로 한 데는 나름대로의 속사정이 있었다. 항우는 원래 속전속결로 공을 세우기를 좋아하는 사람이었다. 장수의 남쪽에서 장한과 대치한 것이 40일이나 되고 보니 항우의 진영에서는 군량이 바닥이 날 지경이었고 또 한 가지 서둘러야 할 중대한 문제가 있었다.

초의 회왕이 여러 장수를 모아 놓고 "맨 먼저 관중에 들어가서 그곳을 평정하는 자에게 관중의 왕을 삼겠다."라고 선언한 그 말이 항우의 머리를 강타하고 있었다.

언제까지고 장한과 대치하고 있다가 관중에의 선두 입성을 패공에게 빼앗겨서는 안 된다. 서둘러야 한다. 이것이 항우의 속셈이었다.

거록의 싸움에서 제후들의 군사가 그의 휘하로 들어와 항우의 병력은 40만에 이르렀고 또 항복한 장한의 군사 20만을 더하여 항우의 군사는 도합 6,70만 명으로 늘어났다. 항우는 이들 병력을 정비하여 관중으로 입성을 서두르고 있었다.

무너지는 함양

승상 이사를 모함하여 죽이고 중승상에 임명된 조고는 스스로 권력의 무거움을 알았다. 그는 자기의 권력을 시험해보고 싶었다.

하루는 사슴을 2세에게 바치고 "폐하, 이것은 말이옵니다."라고 하였다. 2세의 눈에는 틀림없는 사슴으로 보이는데 조고가 말이라고 하니 2세는 자기 눈을 의심하였다. 2세는 웃으면서 조고에게 말하였다.

"승상이 나를 놀리는구려. 사슴을 가리켜 말이라고 하다니?"

조고는 정색하며 말하였다.

"그러시다면 좌우에 있는 신하들에게 하문하여 보시옵소서."

2세가 좌우의 신하들에게 물으니 어떤 신하는 묵묵부답 아무 말도 하지 않고, 또 어떤 사람은 말이라고 대답하였다.

조고는 사슴이라고 대답한 신하를 눈여겨보았다가 그들을 은밀히 법으로 다스려 처단하였다. 그 후로 군신들은 모두 전전긍긍 조고를 두려워하여 감히 조고의 잘못을 말하는 자가 없었다.

그러나 아무리 잘못을 규탄하는 소리를 막으려 해도 잘못이라는 현실은 지워버릴 수가 없는 것이다. 관동에서 반란군이 봉기하여 진나라 타도를 외치자 2세는 이를 근심하여 조고에게 물었다. 그러자 조고는 그따위 좀도둑은 폐하께서 족히 근심하실 일이 아니라고 호언을 거듭하였다. 그러나 지금의 사태는 어떠한가?

경극 〈우주봉〉 환관 조고에 관한 경극

항우는 진나라의 주력부대를 이끈 장한을 항복시켜 관동이 온통 반란군의 손에 넘어갔다. 이 책임은 누가 져야 할 것인가? 언제 군신들이 들고 일어나 자신을 규탄하여 2세 황제로 하여금 목을 베게 할지 두려웠다. 조고는 병을 가장하여 조정에 나가지 않고 그의 사위인 함양령 염악(閻樂)과 상의하여 2세를 죽일 음모를 꾸몄다.

진2세쌍조판 진시황의 소전체로 도량형 통일에 관한 내용을 청동판에 새기고 진 2세가 보충했다고 한다.

이때 2세는 종묘 귀신을 받드는 재계를 한다면서 상림(上林)에 들어갔으나 실제로는 날마다 사냥을 즐겼다. 지나가던 사람이 어쩌다 상림에 들어온 일이 있었는데 2세는 직접 활을 쏘아 그를 죽인 일이 있었다. 조고는 염악에게 이 문제를 탄핵하도록 하였다.

"어떤 사람의 짓인지는 알 수 없으나 상림에 사람의 시체가 옮겨 놓여져 있습니다."

염악이 이렇게 탄핵하자 조고는 2세에게 간하여 말하였다.

"천자가 이유 없이 죄 없는 사람을 죽였으니 귀신이 장차 재앙을 내릴 것입니다. 폐하께서는 마땅히 궁전을 멀리 피해 재앙을 물리치는 기도를 드려야겠습니다."

2세는 궁을 떠나 망이궁(望夷宮)으로 갔다. 그곳에서 재계를 올리고 머무른 지 3일 만에 조고는 호위하는 군사에게 거짓 조서를 내려 그들로 하여금 모두 소복 차림으로 무기를 갖고 궁을 향하게 하였다. 그리고 조고는 들어가 2세에게 말하였다.

"산동의 반란군들이 쳐들어왔습니다."

2세는 깜짝 놀라 급히 망루에 올랐다. 소복 차림을 한 무장 군인이 궁을 향하고 있는 모습이 보였다. 2세는 두려웠다. 이때 염악이 칼을 들고 2세를 협박하였다.

"교만방자하고 무도하게 사람을 죽인 2세는 천벌을 받아 마땅하다. 천하가 모두 2세를 배반했으니 이 자리에서 자결하라."

2세 황제는 미련을 버리지 못하고 조고를 만나 사정해볼 생각으로 "승상을 좀 만나게 해주오."라고 말하였으나 염악은 고개를 가로저으며 큰 소리로 말하였다.

"이것은 모두 승상의 명령이오. 천하를 위해 2세를 주살하라는 엄명이 내렸소이다. 만나봐야 소용이 없을 것이오."

2세 황제는 마침내 단념하고 단검을 뽑아 목을 찔러 죽었다.

2세 황제가 죽자 조고는 황제의 옥새를 끌어당겨 자신이 찼다. 그러나 좌우의 신하들은 누구 하나 그를 따르는 자가 없었다. 그래도 조고는 욕심을 버리지 못하고 전상에 오르자 공교롭게도 궁전이 세 번이나 무너지려 하였다.

마부 인형

조고는 하늘이 저를 돕지 않고 군신이 허락하지 않는 것을 스스로 깨닫고 인기 있는 황자를 골라 왕으로 옹립하기로 하였다.

조고는 왕으로 옹립할 인물로 형의 아들인 자영(子嬰)을 생각했다. 비극의 태자 부소에게는 백성들의 동정이 모아지고 있으니 그의 아들인 자영을 옹립하면 백성들의 동정을 얻을 수 있을 것이라 생각했기 때문이었다.

조고는 황족과 대신들을 불러 모아 놓고 말했다.

"지금 진나라는 유감스럽게도 천하의 주인으로서의 권위를 잃어가고 있습니다. 일찍이 진나라에게 멸망당했던 6국이 각각 자립하고 있습니다.

우리는 현실을 똑바로 보아야 합니다. 따라서 공자 자영을 세워 황제를 호칭할 것이 아니라 왕이라 칭함이 옳을 것입니다."

이에 조고는 공자 자영으로 하여금 목욕 재계하고 종묘의 조상의 영전에서 옥새를 전달하는 절차를 밟도록 하였다.

자영은 두 아들과 대책을 의논했다.

"조고는 2세 황제를 죽이고 군신들이 들고 일어나 자기를 죽일 것이 두려워 거짓으로 의를 내세워 나를 왕으로 옹립하고 목욕재계한 후 종묘에서 옥새를 전한다 하니 내가 병이 났다 하고 종묘에 나가지 않으면 조고는 반드시 나를 데리러 올 것이다. 그때 조고를 없애는 것이 좋겠다. 조고는 믿을 수 없는 인물이다. 지금까지 그가 자행해온 정치적 만행은 용서할 수 없다. 내가 왕이 된다 해도 조고가 살아 있는 한 나도 2세 황제의 꼴이 될 것이 틀림없다. 종묘·사직을 보존하고 내가 살기 위해서는 조고를 먼저 죽일 수밖에 없다."

이것이 자영의 결론이었다. 자영은 두 아들과 환자 한담(韓談)을 시켜 조고가 오거든 그를 찔러 죽이라고 사전에 모든 준비를 시켰다.

목욕재계를 끝낸 자영은 병이라 핑계하고 종묘에 나가지 않았다. 자영이 나오지 않자 조고는 군신들로부터 의혹의 눈총을 받을 것이 두려웠다. 내관들을 보내어 종묘에 납시라고 여러 번 재촉하였으나 자영은 꿈쩍도 하지 않았다.

"승상께서 직접 맞이하신다면 공자께서도 차마 나오시지 않을 수 없을 것입니다."

내관들이 권유했다. 조고는 마음에 내키지 않았으나 할 수 없이 자영이 있는 곳으로 가 그를 맞아오기로 하였다.

조고는 자영과 마주앉으며 아뢰었다.

"편찮으시다는 말씀은 들었사오나 종묘에서 옥새를 받자옵는 일은 막중한 의식이오니 납시옵소서."

그때 한담이 살기를 띤 얼굴로 나타났다. 그의 손에는 단검이 쥐어져 있었다. 조고는 반사적으로 소리를 질렀으나 한담은 재빨리 조고에게 달려들어 그의 단검을 조고의 심장에 꽂았다.

선혈을 뿜으며 죽어가는 조고에게 자영은 내뱉었다.

"네 죄를 네가 알렷다!"

자영은 조고의 삼족을 멸하고 조고의 목을 함양의 저잣거리에 효수하였다.

이 무렵 남양을 평정한 패공의 군사는 여세를 몰아 무관(武關)으로 진격하였다. 무관은 관중에 들어가는 요새로 진왕 자영이 증원군을 보강하여 굳게 지키고 있었다. 패공이 단숨에 공략하려고 하자 장량이 진언하였다.

"이곳 진군은 강합니다. 함부로 공격하는 것보다는 일부 군사를 산 위에 배치하고 깃발을 더욱 많이 세워 군사의 수가 많아 보이도록 위장하고 역이기와 육가(陸賈)로 하여금 진나라 장수를 만나 이해득실로써 설득하게 하는 것이 좋을 듯합니다."

패공은 장량의 말을 들어 그대로 시행하니 과연 진나라 장수들이 화친할 것을 청해왔다. 패공이 장량에게 물었다.

"진나라 장수들이 화친을 청해왔으니 어찌하면 좋겠소?"

"안 됩니다. 화친하고자 하는 것은 다만 장수들뿐이옵고 병졸들이 따르지 않을지도 모르는 일입니다. 가만히 기다리고 있다가 그들의 군기가 해이한 틈을 타 공격하는 것이 좋겠습니다."

진나라 군사들은 군기가 해이해질 수밖에 없었다. 장수들이 화친할 속셈을 갖고 있었으니 난장판이나 다름없었다. 이 틈을 타 패공은 무관을 포위하고 괴산을 넘어 총공격을 개시하였다. 허를 찔린 진군은 여지없이 무너졌다. 패공은 이어 남전(藍田)에 이르러 진군을 격파한 다음 함양을 향해 다시 북상하였다.

진왕조의 최후

패공은 말 위에서 좌우를 둘러보았다. 위수 저쪽에 함양의 성벽이 보이기 시작했다. 그는 지금 10만 대군의 장수로서 그 옛날 노동 인부로 동원되어 노역에 종사했던 바로 그 땅에 온 것이다. 패공의 가슴은 감개무량했다. 패공은 함양으로 들어가기 전에 군사들의 피로를 풀기 위해 패상(覇上)에 진을 쳤다. 진나라의 군신 백관들은 모두 진나라를 배반하여 막아 싸우는 자가 없었다.

저쪽에서 흰 수레가 하나 다가오고 있었다. 진왕 자영이 항복하러 오는 행차였다. 이것은 자영이 왕이 된 지 46일의 일이었다. 진왕 자영은 흰 말이 끄는 흰 수레를 타고 스스로 목에 실로 짠 끈을 걸고 있었으며 황제의 옥새·부(符)·절(節)을 봉한 상자를 가지고 지도(軹道) 가에 나와 항복을 청하였다.

"진왕을 죽여야 합니다."

여러 장수들이 말하였다. 그러나 패공은 고개를 가로저었다.

"처음에 회왕이 나를 관중으로 보낸 것은 관용을 베풀라는 뜻이었소. 이미 항복한 자를 죽이는 것은 상서롭지 못한 일이오."

그리고는 진왕을 형리에게 넘겼다.

사냥 한대의 화상전

　패공은 이에 서쪽으로 함양에 입성했다. 패공의 눈은 휘둥그레졌다. 패공뿐 아니라 모든 장수들의 눈도 마찬가지였다. 시황제는 천하를 통일하자 천하의 부를 모두 함양에 모았던 것이다. 제장들은 다투어 금은보화와 비단이 산더미처럼 쌓여 있는 창고에 들어가 그것을 나눠 가지기에 분주하였다.

　그러나 남달리 생각이 많은 소하는 그런 재물 따위는 거들떠보지도 않고 홀로 승상부에 들어가 먼저 진나라 지도와 호적을 챙겼다. 얼마나 배려 깊은 행동인가! 이로써 패공은 가만히 앉아서도 천하의 지리 상태와 호구의 많고 적음을 손바닥 들여다보듯 훤하게 알 수 있어 앞으로의 작전에 큰 도움을 얻게 되었다.

　패공은 궁전 안의 화려한 장막과 송아지만한 개, 번들번들 윤기가 흐르는 말, 그리고 금은보화를 보고 군침을 삼켰다. 그러나 더욱 패공의 군침을 삼키게 하는 것은 미녀였다. 고르고 골라 모아 놓은 3천의 궁녀!

　패에서 군사를 일으켜 많은 고생과 목숨을 건 싸움 끝에 이곳 함양까지 왔으니 궁중에 머물러 즐겨보고 싶은 생각이 간절하였다. 이를 눈치 챈 번쾌가 패공에게 간하였다.

　"패공께서는 장차 천하를 갖고자 하십니까? 그렇지 않으면 한낱 부잣집 늙은이가 되고자 하십니까? 함양에 모아 놓은 모든 사치스런 물건들은 모두가 진나라를 망치게 한 것들입니다. 무도한 진나라를 없애고자 하시면서 그따위 사치스런 물건을 즐겨 쓰고자 하시니 이것은 있을 수 없는 일입니다. 원하옵건대 급히 전군을 패상으로 물려 숙영시키고 궁중에 머물지 마시옵소서."

패공은 번쾌의 간언을 들으려 하지 않았다. 계속 궁중에 머물러 즐길 눈치였다. 장량이 부드러운 목소리로 간하였다.

"패공께서 이 함양까지 올 수 있었던 것은 우리의 힘이 강했던 것도 사실이지만 그보다는 진나라가 지나치게 무도했기 때문입니다. 아직도 천하는 평정되지 않았습니다. 나머지 나쁜 무리들을 없애기 위해서는 마땅히 검소한 생활로 모범을 보여야 합니다. 충성된 말이 귀에는 거슬리나 행동에는 이롭고, 좋은 약이 입에는 쓰나 나쁜 병에는 이로운 것이오니 패공께서는 번쾌의 말을 들으심이 옳을 것입니다."

패공은 마침내 전군을 함양에서 물려 패상에 주둔하였다.

약법삼장

진나라는 법률 지상주의의 나라였다. 세세한 부분까지 법률로 정해져 있었고 그 시행이 엄격하여 백성들은 압박감에서 헤어나지 못했었다. 패공은 전군을 함양에서 패상으로 물린 후 장량의 조언에 따라 관중의 나이 많은 어른과 호걸들을 불러 모아놓고 이렇게 약속하였다.

"여러분들은 진나라의 가혹한 법에 시달린 지 오래입니다. 정부를 비방하는 자는 삼족을 멸하고, 둘이서 말을 주고받는 자는 저자에서 목을 베니 이 얼마나 무서운 세상이었습니까. 내가 관중의 왕이 된다면 이러한 진나라의 가혹한 법을 모두 폐지하고 삼장(三章)의 법으로 다스릴 것을 약속합니다. '사람을 죽인 자는 죽이고, 사람을 상하게 하거나 도둑질한 자는 그에 상응하는 벌을 준다.'
이 세 가지 원칙에 따라 법을 시행하겠으니 모든 관리와 백성들은 안심하고 옛날과 같이 생업에 종사하기 바랄 뿐입니다. 내가 이곳에 온 목적은 백성들의 나쁜 일을 없애기 위함이오, 결코 침해하는 일은 없을 것이니 조금도 두려워하지 마시기 바랍니다. 또 한 가지 밝혀둘 것은 내가 군대를 패상에 주둔시키는 뜻은 제후들이 관중에 오기를 기다려 그들과 약속을 정하기 위함입니다."

이렇게 선언한 패공은 사람들을 시켜 진나라 관리들과 함께 각 현과 향읍을 돌면서 패공이 약속한 정책을 고유하니 진나라 백성들이 크게 기뻐하여 앞을 다투어 소·양·술·음식 따위를 가지고 와 군사들에게 헌상하려 하였다.

패공은 이를 사양하여 하나도 받지 않고 "창고에 남은 곡식이 있으니 민폐를 끼치지 않을 작정입니다."라고 하니 백성들이 더욱 기뻐하여 패공이 관중의 왕이 되지 못할까 걱정할 정도였다.

이렇게 관중의 백성들이 패공을 흠모하고 있을 때 항우가 백만 대군을 거느리고 쳐들어온다는 소문이 백성들에게 퍼졌다. 백성들은 항우가 쳐들어오면 혹시 패공이 관중의 왕이 되지 못할까 두려웠다. 진나라 백성들은 패공을 위해 함곡관의 군비를 증강하여 다른 제후 군사들의 입관(入關)을 막으려 하였다.

한고조입관도 초 회왕이 최초로 진의 본거지인 관중에 들어간 자를 관중 왕으로 삼는다는 약속을 했다. 이에 유방이 관중 사람들에게 삼장의 법으로 다스릴 것을 약속하며 먼저 관중으로 들어갔다.

  장수의 남쪽에서 진장 장한과 40여 일간의 대치 끝에 장한을 항복시킨 항우의 군대에서는 심상치 않은 움직임이 일고 있었다. 장한의 휘하에 있던 20만의 진군들은 대부분 장한의 항복에 불만을 품고 있었다. 그 위에 원래 항우가 거느렸던 관동의 병사들이 이들 항복한 군사들에게 복수전을 벌이고 있었다.

  일찍이 진나라가 천하를 통일하자 아방궁을 짓는다, 장성을 쌓는다, 여산릉을 만든다는 등 많은 공사를 벌여 쉴 새 없이 관동 지방의 백성들을 강제로 징용하여 중노동에 종사시켰다. 이럴 때면 으레 관서의 병졸들이 감독자가 되어 으스대면서 채찍을 들고 노동자들을 괴롭혔던 것이다. 이때 괴롭힘을 당했던 4,50만의 관동 군사가 괴롭힘을 준 관서 군사 20만에게 앙갚음을 하려는 것이다. 이들 투항병들은 투항한 이래 여지없이 혹사당하여 톡톡히 보복을 받았다. 투항병들은 참을 수가 없었다.

"천하를 호령하던 우리가 이렇게 굴욕을 당하다니, 어디 함곡관에만 들어서 보아라. 그때는 맛을 톡톡히 보여주리라!"

그들은 이렇게 마음속으로 다지고 있었다. 물과 기름이 서로 섞일 수 없듯이 이들 군부 내에는 심한 갈등이 일고 있었다. 이러한 분위기를 알아차린 항우는 무서운 명령을 내렸다.

"항복한 진병 20만은 한 놈도 남기지 말고 모두 죽여 버려라. 그대로 두었다간 애써 관중에 들어간 다음 반란을 일으킬 가능성이 있다."

항우의 명령을 받은 관동의 군사들은 이들을 밤에 습격하여 진병 20여 만을 신안성 남쪽 구덩이에 생매장하였다. 말만 들어도 소름이 끼치는 잔악한 행위이다.

이리하여 항우는 대군을 이끌고 관중을 목표로 진격을 계속하여 함곡관에 이르렀다. 이곳에서 패공이 이미 관중에 들어가 함양을 함락하고 진왕 자영으로부터 항복을 받았다는 사실을 알게 되었다. 항우의 분노는 머리끝까지 치솟았다.

"그 촌놈이 먼저 관중에 들어갔다고, 내 그놈에게 본때를 보여주리라!"

항우는 이를 갈았다.

사실 힘에 있어서 패공은 항우의 적수가 못되었다. 이때 항우

규문와당 진나라의 집시꽃무늬 막새

의 군사는 40만이고 패공의 군사는 10만에 불과하였다. 그것도 패공의 군사는 진에서 투항한 군사가 대부분이었으나 항우의 군사는 진에서 항복한 이질적인 군사 20만을 처치하였으므로 거의가 순수한 산동 출신의 병력이었다. 극단적으로 말하여 패공의 군사는 혼혈 집단이라 할 수 있고 항우의 군사는 순수 집단이라 할 수 있는데 그 숫자에 있어서도 4대 1로 패공 쪽이 열세에 놓여 있었다.

항우는 단숨에 함곡관을 쳐부수려 하였다. 그러나 함곡관을 지키는 군사들이 패공을 위하여 결사적으로 분전하여 쉽게 함락되지 않았다. 항우는 경포를 시켜서 먼저 사잇길로 쳐들어가 관 아래에 있는 진군을 격파하여 마침내 함곡관을 깨뜨릴 수 있었다.

함곡관을 함락한 항우는 단숨에 위수(渭水)의 서쪽까지 군대를 진격시켰다.

패공의 군중에서도 자신들의 힘이 항우보다 훨씬 열세임을 알고 항우 쪽에 붙으려는 자가 있었다. 패공의 좌사마(左司馬) 조무상(曹無傷)이 항우의 진영에 몰래 사람을 보내어 "패공은 관중의 왕이 되고자 하여 함양 궁전의 금은보화와 미녀들을 모두 자기 소유로 하고 관중의 왕으로 봉함을 받고자 합니다."라고 고자질하였다. 과격한 성격의 항우는 이 말을 듣고 크게 노하였다.

* 호궤(犒饋) : 음식을 베풀어 군사를 위로함

"모든 병사들을 호궤(犒饋)*하라. 내일을 기하여 패공의 군사를 도륙하리라."

항우는 큰 소리로 명령하였다.

이때 항우의 군사는 도합 40만이었는데 이를 불려 백만이라 일컫고 신풍(新豊)의 홍문(鴻門)에 진을 치고 있었으며 패공의 군사는 모두 10만인데 20만이라 일컫고 패상에 진을 치고 있었다. 항우의 군사(軍師) 범증이 항우에게 진언하였다.

"패공이 일찍이 산동에 있을 무렵 남의 재물을 탐하고 여자를 좋아하는 무뢰한이었습니다. 그런데 관중에 들어와서는 재물을 취하는 일도 없고 여자를 가까이 하지도 않으니 이것은 그의 사람됨이 결코 작지 않다는 증거입니다. 내가 사람으로 하여금 그의 기상을 살피게 하였던바 천자의 기상이 있다 하니 때를 놓치지 말고 하루라도 빨리 처치하십시오."

항우는 고개를 끄덕거렸다.

홍문의 만남

패공의 진영에는 위험한 고비가 숨막히게 다가오고 있었다. 40만 항우 군사가 습격을 노리고 있는 것이다. 정면 대결을 해도 승산이 없을 것이 뻔한데 급습을 당한다면 묵사발이 될 것은 불을 보듯 뻔했다.

항우의 진영에 항백(項伯)이라는 자가 있었다. 항백은 항우의 숙부로 장량이 망명 생활을 보내고 있을 때 그도 망명 생활을 하면서 장량의 신세를 진 적이 있는 사람이었다. 항백뿐 아니라 그의 일족이 모두 장량의 신세를 졌었다.

항백은 장량의 일이 걱정되었다. 내일이면 패공의 군사가 전멸될지도 모르니 장량 또한 생명이 위태로웠다. 신세진 의리를 생각해서라도 그대로 앉아 있을 수 없어 항백은 그날 밤 몰래 말을 몰아 패공의 본진이 있는 패상으로 달려가 장량을 만났다.

"내일이면 패공의 군사는 묵사발이 되네. 항우의 40만 대군이 급습하기로 되어 있거든. 나와 함께 도망하는 것이 어떻겠나?"

장량은 침착한 태도로 말하였다.

"도망칠 수 없습니다. 신은 패공으로 인하여 한나라의 망국한을 풀었습니다. 이제 패공께서 위급한 상황에 처해 있는데 패공을 버리고 떠나는 것은 의리가 아닙니다. 이 일을 패공에게 빨리 알려드려야 하겠습니다."

장량이 패공에게 자초지종을 이야기하니 패공은 항백을 맞아들여 친히 술을 권하면서 말하였다.

"내가 관중에 들어온 후 모든 것에 털끝만큼도 손댄 일 없이 관리와 백성들을 위로하고 궁전의 보물창고와 부중에 있는 창고를 봉해 놓은 것은 모두 항 장군이 오기를 기다리기 위함이었습니다. 또 장수를 보내어 함곡관을 지키게 한 것은 다른 도적들의 침입을 막기 위함일 뿐 어찌 다른 뜻이 있었겠습니까. 이 모두가 항 장군을 위한 것이었으니 원하옵건대 항백 대인께서는 이러한 나의 마음을 헤아려 항 장군에게 잘 말씀드려 오해가 없도록 힘써 주시기 바랍니다."

항백은 패공의 말을 듣자 쾌히 허락하고 패공에게 다음과 같이 부탁하였다.

"신이 항 장군에게 자세히 설명하겠사오나 패공께서도 내일 아침 일찍 오셔서 항 장군에게 사죄의 뜻을 표하는 것이 좋을 듯

홍문연 함양을 정복한 항우가 유방을 홍문으로 초대해 떠보는 홍문의 연

합니다."

　패공은 선뜻 내키지 않았으나 장량의 권고도 있고 해서 그렇게 하기로 하였다. 항백은 그날 밤 항우의 본진으로 돌아가 패공을 위해 항우를 설득하였다.

　"패공이 먼저 함양을 함락한 것은 장군을 위함이지 패공 자신을 위한 일이 아닙니다. 그렇기 때문에 보물창고를 모두 봉해놓고 털끝만큼도 손댄 일이 없이 장군이 오기를 기다린 게 아니겠습니까? 이제 장군께서 이처럼 큰 공이 있는 사람을 공격하고자 한다면 이것은 의가 아닙니다. 장군과 패공이 다 함께 무도한 진나라를 없애고자 하는 것은 의를 위함이거늘 이제 의를 저버린다면 이는 백성들의 신망을 잃게 되는 일입니다. 패공을 공격하기보다는 잘 대우하는 것이 이로울 것입니다."

　항우는 항백의 말을 듣고 살기등등했던 기세가 누그러졌다.

다음날 아침 패공은 백여 기를 따르게 하고 변명과 사죄를 하기 위해 항우의 본진인 홍문(鴻門)으로 향했다. 이것이 역사상 유명한 홍문의 잔치이다.

패공은 항우의 군문에 나아가 사죄하였다. 이때 패공은 자신을 신이라 일컬었다. 굴욕적인 항복과 같은 것이었다. 99번 지더라도 최후의 승리자가 되면 되는 것이다. 최후의 승리자가 되기 위해서는 수모도 참고 견뎌야 한다. 패공은 장량이 간곡히 부탁한 말을 되새기며 사죄하였다.

"신이 장군과 더불어 힘을 합하여 진나라를 공략할 때 장군께서는 하북(河北)에서 격전을 벌이시고 신은 하남(河南)에서 싸움을 벌였습니다. 천만 뜻밖에도 신이 먼저 관중에 들어가 진나라의 항복을 받았으나 이것은 모두 장군을 위한 것입니다. 신은 모든 것을 완전한 형태로 장군에게 드리려고 생각하였습니다. 그래서 군사를 패상에 물리고 장군을 기다리고 있었습니다. 그런데 장군께서는 소인배의 말을 들으시고 신을 의심하신다 하오니 신은 천하 백성들이 장군을 의심할까 두렵습니다."

패공의 말을 들은 항우는 고개를 끄덕였다. 패공을 죽이지 않겠다는 마음이 싹트기 시작한 것이다.

"나는 원래 패공을 의심하지 않았소. 그런데 당신의 좌사마 조무상이란 자가 사람을 보내어 여러 말을 하여 일이 이 지경에 이르렀소이다. 이 어찌 내 본심이겠소."

항우는 패공을 머물게 하고 잔치를 벌였다. 술자리가 무르익을 무렵 범증은 자주 항우에게 눈짓을 보내기도 하고 자신이 차고 있던 옥결(玉玦)을 꺼내 보이면서 '유방을 살해할 기회는 바로 지금이요, 때를 놓치지 마시오' 라고 재촉하였으나 항우는 끝내 들지 않았다. 초조해진 범증은 연회장 밖으로 나와서 항우의 사촌 동생 항장(項莊)을 밖으로 불러내어 말하였다.

"항 장군이 소심하여 차마 결단을 내리지 못하고 있으니 그대는 연석에 들어가 축배를 올리고 칼춤 추기를 청하여 칼춤을 빙자하여 패공을 쳐서 그 자리에서 죽여야 하오. 그렇지 못하면 항씨 일족은 나중에 모두 패공의 포로가 될 것이오."

항장은 고개를 끄덕이고 연회장으로 들어갔다. 축배를 올린 다음 좌중을 둘러보며 말하였다.

"군중에 너무 흥이 없으니 칼춤으로써 흥을 돋울까 합니다."

항우가 허락하였다.

혈기 왕성한 항장은 칼을 빼들고 일어나 칼춤을 추기 시작했다. 항백은 항장이 패공을 노리는 것을 알아차렸다. 항백 또한 칼을 빼들고 칼춤을 추면서 패공을 가로막아 항장의 칼이 패공에게 향하지 못하도록 하였다.

좌중에 있던 장량도 이젠 가만히 있을 수가 없었다. 연회장 밖에 나아가 번쾌를 보고 말하였다.

"지금 항장이 칼춤을 추면서 패공을 노리고 있으니 형세가 아주 급박하오."

장량의 말을 들은 번쾌는 "안 되겠습니다. 내가 들어가 패공과 생명을 같이 하겠습니다." 하였다.

번쾌는 칼을 찬 채 쇠방패를 갖고 연회장에 이르러 들어가려고 하였다.

연회장을 지키던 수위가 "초대되지 않은 손님은 연회장에 들어갈 수 없습니다." 하고 번쾌를 가로막았다.

번쾌는 들은 척도 하지 않고 방패로 수위를 떠밀었다. 수위는 번쾌의 억센 힘에 꼼짝도 못하고 땅바닥에 고꾸라졌다. 이 틈을 타서 번쾌는 성큼성큼 들어가 장막을 걷어올리고 딱 버티고 선 채 항우를 쏘아보았다.

번쾌는 심한 분노에 차 머리칼은 곤두서고 눈꼬리는 째질 것 같은 험상궂은 모습이었다.

항우는 저도 모르게 칼자루를 만지며 큰 소리로 물었다.

"누군가?"

"패공의 참승(驂乘)* 번쾌입니다."

장량이 대답하였다.

"장사로군! 이 자에게 술을 주도록 하라."

한말들이 술잔이 그에게 주어졌다. 번쾌는 일어선 채 술잔의 술을 단숨에 들이켰다.

"이 자에게 생돼지 다리를 하나 가져다 주어라." 번쾌는 방패를 도마로 삼아 칼을 빼서 고기를 잘라 날고기를 그 자리에서 먹어 치웠다.

"과연 장사로군! 더 마실 수 있겠는가?" 하고 항우가 물었다.

"예, 신은 죽음도 사양하지 않습니다. 어찌 술 따위를 사양하겠습니까. 일찍이 진나라는 호랑이 같은 마음을 품고 사람 죽이기와 처벌하기를 밥 먹듯 하였기 때문에 천하가 모두 배반하였습니다. 회왕이 여러 장수들을 모아 놓고 선언하기를 '먼저 진나라를 깨뜨리고 함양에 입성한 자를 그곳의 왕으로 삼는다' 라고 하였습니다. 우리 주군 패공께서는 여러 장수에 앞서서 함양을 평정하고 어느 것 하나 손대지 않고 군사를 패상에 물려 장군을 기다리고 계셨습니다. 이렇듯 노고가 많고 공이 큰데도 장군께서는 봉작을 내리기는커녕 오히려 소인배의 말만 들으시고 공이 있는 사람을

* 참승(驂乘) : 옛날 임금이 수레를 탈 때 임금 자리 옆에 태우는 신임하는 신하

없애려 하시니 이것은 진나라의 포악한 정치를 그대로 답습하는 일인지라 장군께서 취할 바가 아니라고 생각합니다."

항우는 묵묵히 말이 없었다.

패공의 운명은 아주 아슬아슬한 위기에 놓였다. 항우가 패공을 살리려 해도 그의 부하들이 어떠한 일을 꾸밀지 모르는 일이었다. 패공도 이러한 위험을 느끼고 있었다.

패공은 변소에 가는 체하여 번쾌에게 손짓해 그를 장막 밖으로 불러내었다.

패공이 밖으로 나오자 항우는 도위 진평(陳平)에게 패공을 불러오라고 명하였다. 패공은 어떻게 하든 그대로 돌아가야겠다고 생각했다.

"나는 이대로 돌아가고 싶은데 하직의 말도 하지 않고 그대로 나왔으니 어찌하면 좋겠소?" 하고 번쾌에게 물었다.

"대행(大行)은 세근(細謹)을 돌아보지 않고 대례(大禮)는 소양(小讓)을 사(辭)하지 않는다 하였습니다(큰 일을 하려면 자질구레한 일은 무시해도 된다). 지금 형편으로 보아 저쪽은 칼과 도마이고 우리 쪽은 어육입니다. 하직 인사 따위 차릴 수가 없습니다." 패공은 마침내 그대로 돌아가고 뒷일은 장량에게 부탁하여 사죄하도록 하였다.

패공은 수레를 버린 채 홀로 말 한 필에 타고 사잇길로 빠져나와 패상의 본진으로 급히 말을 달렸다.

인사도 하지 않고 그 자리를 뜨는 것이므로 함께 데리고 온 백여 기를 거느리고 돌아갈 수가 없었다. 경비병에게 발각되어 본부에 연락하게 되면 어떠한 사태가 일어날지 모르기 때문이었다. 이때 패공을 따른 사람은 번쾌 · 하후영(夏侯嬰) · 근강(革斤

彊)·기신(紀信) 등 네 사람뿐이었는데 모두가 창과 칼만 가졌을 뿐 도보였다.

　　패공이 패상의 본진에 도착했을 무렵 장량은 항우 앞에 나아가 "패공은 너무 융숭한 대접을 받자와 인사도 차릴 수 없을 만큼 취하셨습니다. 그리하여 저에게 명하여 대왕에게 백벽(白璧) 한 쌍, 대장군에게 옥두(玉斗) 한 벌을 올리라 하셨습니다. 변변치 못한 물건이오나 물리치지 마시기 바랍니다."

　　대왕이란 항우, 대장군이란 범증을 가리키는 말이다.

　　"그래요! 패공은 지금 어디 있소?"

　　"대왕께서 패공의 잘못을 나무라실까 두려워 홀로 피해 달아났사옵니다. 지금쯤 아마 패상에 도착했을 것으로 짐작되옵니다."

　　"그렇겠군!"

　　항우는 패공이 자신을 두려워하는 것이 별로 나쁘게 생각되지 않았다.

　　"역시 소심한 사람이군!" 마음속으로 그렇게 생각했다.

　　항우는 장량이 올리는 백벽을 받아 자리 옆에 놓았다. 그러나 범증은 장량이 올리는 옥두를 받자 땅위에 놓고 칼을 빼어 그것을 쳐깨뜨리며 "통탄할 일이로다. 소인배와는 함께 일을 도모할 수 없구나! 장차 항왕의 천하를 빼앗는 자가 있다면 그것은 반드시 패공일 것이다. 우리들 일당은 패공의 포로가 되고 말 것이다."라고 분개하였다.

　　사실 범증으로서는 안타깝기 그지없는 일이었다. 패공과 같은 인물을 그런 절호의 기회에 제거하지 못했으니 치밀어 오르는 분노로 배알이 뒤틀릴 지경이었다. 그래서 항우가 나간 다음 항장에게 소인배라고 빗대어 항우를 비꼬았던 것이다.

이 무렵 패상으로 돌아온 패공은 조무상을 끌어내어 베어 죽였다. 홍문의 잔치는 기원전 206년 12월의 일이었다.

수일 후 항우의 40만 대군은 함양을 도륙하여 항복한 진왕 자영을 죽이고 패공이 봉인해 둔 금은보화며 비단 등을 모두 빼앗고 미녀들까지도 거리낌없이 몰수했다. 그리고 궁전에도 불을 질렀다. 항우가 지른 불은 함양의 거리를 태워 3개월 동안이나 꺼지지 않았다. 이렇게 함양을 유린해야만 항우의 직성이 풀렸을 것이다.

패공이 일찍이 관중에 들어갔을 때 부로들에게 약속하기를 법 3장의 원칙에 따라 다스리고 나머지 가혹한 법률은 모두 폐지한다고 선언한 바 있다. 까다로운 법률에 시달려 온 진나라 백성들은 패공의 이 같은 선언에 쾌재를 부르며 그가 관중의 왕이 되기를 가뭄에 비 기다리듯 고대하였다. 그러나 관중의 부로들이 바라던 기대와는 달리 패공은 관중의 왕이 아니고 파(巴)·촉(蜀)·한중(漢中)의 왕이 되었다. 그의 공식 칭호는 한왕(漢王)이었다.

함양을 유린한 후 항우는 앞으로의 일을 구상했다.

"이제부터 어떻게 할 것인가?"

항우는 고향인 동쪽으로 돌아가고 싶은 마음이 간절하였다. 항우의 속마음을 알아차린 어떤 사람이 다음과 같이 진언하였다.

"관중은 사방이 산천에 의해 가로막힌 천연의 요충지이며 토지 또한 비옥합니다. 이곳을 도읍으로 삼는다면 가히 천하의 주인이 될 것입니다."

항우는 혈기가 앞설 뿐 심사숙고하는 성품이 아니었다. 앞에 보이는 것은 불타버린 궁실의 폐허뿐 도대체 함양은 을씨년스럽게만 느껴졌다.

"아니야, 역시 고향으로 돌아가야 해."

항우는 고향행을 결정했다.

"부귀공명을 이룩하고서도 고향에 돌아가지 않는 것은 마치 비단옷을 입고 밤길을 걷는 것과 같은 것이 아닌가, 아무도 알아주는 사람이 없으면 얼마나 쓸쓸한 일이겠는가?"

항우는 관중에서 얻은 금은보화 · 비단 · 미녀들을 가득 싣고 금의환향의 길을 재촉하였다.

달라지는 천하의 형세

항우는 함양에서 팽성(彭城)에 있는 회왕에게 사자를 보내어 관중의 평정 상황을 보고하였다. 이번 토진군의 상징적인 총수는 회왕이었기 때문이다. 항우의 보고를 받은 회왕은 "약속대로 시행하라."는 것이었다. 약속이란 먼저 관중으로 들어간 자가 관중의 왕이 된다는 일이다. 항우의 입장은 난처하였다. 항우에게도 할 말은 있었다. 토진군을 보낼 때 항우에게는 북쪽을 공략하게 하고 패공에게는 서쪽 관중을 공략토록 하였던 것이다. 그러니 패공이 먼저 관중으로 들어간 것도 당연하지 않겠는가? 그러나 이제 와서 그 약속을 무시할 수는 없었다.

항우는 범증과 이 문제를 의논하였다. 어떠한 구실을 붙여서라도 패공의 관중왕 자리를 거절해야 한다고 생각하였다. 패공 같은 인물에게 관중왕을 내줄 수는 없다. 그러나 앞서 회왕 앞에서 제장들과의 약속을 일방적으로 어긴다면 모든 장수들로부터 신용을 잃게 될 것이다. '항우는 믿을 수 없는 사람이다.' 라고 그들이 배반하면 그것도 간단한 문제가 아니다. 이렇게 생각한 그들은 다음과 같은 엉터리 구실을 하나 생각해냈다.

파(巴)와 촉(蜀)은 도로가 험난하나 진나라 사람들이 많이 옮겨 사는 곳이니 이곳도 관중이라 할 수 있다. 여기에 한중(漢中)을 덧붙여 패공에게 주어 한왕(漢王)으로 칭한다는 것이 항우와 범증이 생각해낸 억지였다.

파·촉은 지금의 사천성으로 넓기는 하지만 변방의 땅이다. 이 지방뿐이라면 누가 보아도 독 안에 든 쥐처럼 패공을 가둔다는 비난을 받을 것이므로 관중과의 경계에 있는 한중을 덧붙여 주어 형식만을 갖추어 보자는 속셈이었다.

항우는 마침내 패공을 세워 파·촉·한중의 왕으로 삼고 한왕이라 칭하여 남정(南鄭)에 도읍하게 하였다. 만약 항우 자신이 관중의 왕이 된다면 제후들로부터 빗발치는 비난은 물론 명분이 서지 않으므로 자신도 또한 관중의 왕이 되지 않고 진나라의 항장에게 관중을 3등분하여 맡기기로 하였다.

함양 이서의 땅은 장한을 세워 옹왕(雍王), 함양 이동은 장사 흔을 세워 새왕(塞王), 상군 지방은 동예를 세워 책왕(翟王)을 삼았다. 이것은 진나라의 항장들로 하여금 패공을 변방에 가두어 놓자는 속셈에서였다.

항우는 스스로 서초패왕(西楚覇王)이라 칭하여 양·초의 땅 구군(九郡)을 통치하고 팽성(彭城)을 수도로 정하였다. 그리고 진의 토벌에 공로가 있었던 여러 장수들에게 영지를 나누어주고 왕으로 봉하였다. 이때 왕으로 봉함을 받은 제후는 진의 항장 장한·장사 흔·동예를 비롯하여 경포·한광 등 18명에 이르렀다.

파·촉의 땅에 봉함을 받은 한왕 패공은 처음부터 항우의 이 같은 인사에 불만을 품고 있었다. 더구나 진의 항장들을 관중의 세 왕으로 봉하여 자신을 가두어 놓으려고 한 그의 처사에는 끓어 오르는 분노를 참을 수가 없었다.

여러 장수들을 불러놓고 "이번 항우의 나에 대한 처사는 차마 그대로 넘길 수가 없소. 내 기필코 항우를 공략하여 응징하겠소."라고 말하였다.

주발(周勃)·관영(灌嬰)·번쾌 등 무장들은 혈기만 믿고 이를 찬성하여 항우를 공략하자고 하였으나 소하가 만류하여 간하였다.

"비록 한중이 나쁜 땅이긴 하오나 죽는 것보다는 낫지 않겠습니까? 한 사람 앞에 무릎을 꿇고서도 나중에 천자가 된 옛 성군들의 일을 생각하십시오. 원하옵건대 왕께서는 한중에 있으면서 백성들을 잘 기르고 어진 사람을 불러들여 파·촉의 힘을 기른 후 기회를 보아 관중을 평정한다면 가히 천하를 도모할 수 있을 것입니다."

한왕은 소하의 말을 옳게 여겨 소하를 승상으로 삼았다.

기원전 206년 4월 영지를 받은 여러 제후들은 함양 부근의 위수(胃水)를 떠나 각각 영지를 향해 떠났다.

이때 한왕은 서쪽의 한중으로 향하여 들어가는데 그곳은 길이 좁고 험난하여 잔도(棧道)를 놓고 통행하는 곳이었다. 잔도란 사닥다리처럼 나무를 얽어 걸쳐놓은 길이다. 한왕은 이 잔도를 통과하고 나서 모두 불살라버렸다. 이는 장량의 제안에 따른 것인데 장량은 왜 이런 제안을 하였을까?

여기에는 두 가지 뜻이 있었다. 진나라가 평정되자 제후가 된

잔도(棧道) 험한 산에 널빤지를 놓아 선반처럼 만든 길로 군량 수송 등에 사용되었다.

여러 장수들은 각기 영지로 돌아가게 되니 군대가 별로 필요 없게 되어 상당수에 이르는 군대를 해산시켰다. 이들 해산된 병졸들이 떼를 지어 한중을 습격할 것에 대비하자는 것이 그 하나이고, 또 한 가지 중요한 이유는 잔도를 불살라버리면 한왕이 다시 동쪽으로 진출하여 중원의 패권을 겨룰 뜻이 없다는 것을 실제 행동으로 보임으로써 항왕의 경계심을 누그러뜨리자는 작전이었다.

"항왕이 나에 대한 경계심을 풀게 하는 것도 좋지만 그러면 나는 다시 동쪽으로 진출하지 말라는 거요? 잔도가 없다면 나갈 수가 없지 않소?"

한왕은 답답하여 장량에게 푸념하였다.

"잔도는 없어졌지만 딴 길이 있습니다. 아무도 모르는 길이니까 작전에는 안성맞춤입니다. 승패는 이제부터입니다. 자중하시고 기다리셔야 합니다." 하고 장량은 한왕을 위로하였다.

파・촉이라는 변경을 좋아하지 않는 것은 한왕을 위시한 그의 장수들뿐만 아니라 휘하의 병졸들도 마찬가지였다. 도중에서 이탈하여 도망치는 자가 속출하였다. 한왕의 행렬이 서울로 정해진 남정(南鄭)에 이르니 장병들이 모두 고향의 노래를 부르며 또한 도망하는 자가 많았다.

도망하는 병졸 때문에 골치를 앓고 있는 한왕에게,

"승상 소하가 도망하였습니다."라는 청천벽력과 같은 보고가 들어왔다. 한왕은 자기 귀를 의심하였다. 딴 사람이라면 몰라도 소하가 도망을 치다니 정말 믿을 수 없는 말이었다. 한왕은 몹시 화가 나고 양팔을 잃은 듯 실망하였다.

얼마 후 소하가 돌아와 한왕을 뵈었다. 한왕은 한편으로 성내고 한편으로 기뻐하면서 소하를 꾸짖었다.

"그대가 도망하다니 무슨 일이오?"

"신이 도망한 것이 아니고 도망한 자를 붙잡기 위해 뒤쫓았을 뿐입니다."

"그대가 뒤쫓아갔다는 자가 누구요?"

"한신(韓信)입니다."

한왕이 다시 꾸짖어 말하였다.

"여러 장수들 중에 도망한 자가 한두 사람이 아니었는데도 공은 뒤쫓아간 일이 없었소. 그러니 한신을 뒤쫓아갔다는 말은 거짓말이 아니겠소?"

"그렇지 않습니다. 다른 여러 장수들은 얻기가 쉽습니다만 한신과 같은 사람은 나라 안에 둘도 없는 국사(國士)입니다. 왕께서 길이 한중의 왕이 되기를 원하신다면 한신을 등용하지 않아도 되겠지만, 반드시 천하를 다투고자 하신다면 한신이 아니면 함께 일을 계책할 사람이 없습니다. 왕께서는 어떻게 하시겠습니까?"

한왕이 대답하였다.

"내 또한 동쪽으로 진출하고 싶은 생각이 간절할 뿐이오. 어찌 답답하게 이곳에 오래 눌러 있겠소."

"왕의 계획이 그러시다면 곧바로 한신을 등용하십시오. 만약 등용하지 않는다면 한신은 또 도망할 것입니다."

"내 한신을 불러 대장으로 삼겠소."

한왕이 말하자 소하가 말하였다.

"왕께서는 본래 거만하고 무례하여 지금 대장 임명하는 일을 어린아이 부르는 것처럼 하시니 이런 점이 바로 한신이 도망하려고 하는 까닭입니다. 왕께서 반드시 그를 대장에 임명하고자 하신다면 좋은 날을 가려서 재계하고 광장에 단을 설치하여 예를 갖추는 게 옳을 것입니다."

한왕이 허락하였다.

이 소문을 들은 여러 장수들은 모두 기뻐하였다. 사람마다 제각기 생각하기를 내가 대장이 될 것이라고 하였다. 그런데 결국 대장에 임명된 사람은 한신이었다. 천만 뜻밖의 일에 온 군중은 놀랐다. 일개 미관 말직에 지나지 않았던 한신이 대장이 되었으니 군중이 놀라는 것은 당연했다. 그러면 한신은 어떤 사람인가?

한신은 회음(淮陰) 사람이다. 젊었을 때 가난한데다 별다른 선행이 없었으므로 관리로 뽑히지도 못하고 언제나 남에게 붙어서 먹으니 그를 싫어하는 자가 많았다.

한신이 성 밑에서 낚시질을 하고 있었는데 빨래를 하고 있던 한 아주머니가 한신의 굶주린 모습을 보고 수십일 동안 그에게 식사를 제공하였다. 한신이 기뻐하고 그 아주머니에게 "내 후일에

화음후 열전 중에서

반드시 은혜를 갚아 드리겠습니다." 하니 그 아주머니는 불끈 화를 내면서 "대장부가 스스로 생활할 능력이 없기에 내가 왕손을 가엾게 여겨, 식사를 제공했을 뿐이거늘 어찌 보상 따위를 바라겠소." 하였다.

회음의 백장들 가운데 몹시도 한신을 업신여기는 젊은이가 있었다. 어느 때 그 백장이 한신을 놀려댔다.

"네가 키가 크고 칼을 즐겨 차고 다니기는 하지만 속은 겁쟁이일 뿐이다."라고 말하자 여럿이서 한신을 모욕하였다.

"이봐 한신, 죽기 싫으면 나를 칼로 찔러라. 그렇지 않거든 내 바짓가랑이 밑으로 기어나가거라."

한신은 한참 동안 그를 바라보다가 머리를 숙이고 바짓가랑이 밑으로 기어나오니 온 저자의 사람들이 "한신은 정말 겁쟁이야!"라고 놀려댔다.

항량이 회계에서 일어나 군사를 거느리고 회수를 건너오자 한신은 칼 한자루만을 가지고 그를 쫓아 항량의 군사가 되었으나 무명의 병졸에 지나지 않았다. 항량이 정도의 싸움에서 패하여 죽자 항우의 휘하에 들어갔다. 항우는 그를 낭중으로 삼았다. 한신은 여러 번 항우에게 계책을 올렸으나 항우는 한 번도 그의 계책을 채용하지 않았다.

한왕 패공이 파촉으로 들어오게 되자 한신은 항우의 진영에서 도망하여 한나라로 갔다. 그러나 이 무명의 한신을 알아주는 사람은 아무도 없었다.

어느 때 한신은 소하와 이야기할 기회를 가졌다. 소하는 자주 한신과 이야기하는 가운데 한신이 뛰어난 인물임을 알아차렸다. 한군이 남정에 이르렀을 무렵 도망하는 장병들이 많았다. 한신도 자신의 거취 문제를 생각해보았다. 소하가 자신의 이야기를 한왕에게 진언했는데도 아마 한왕이 나를 등용하려 하지 않기 때문에 아직껏 아무 말이 없을 것이다. 그렇다면 이곳에 더 머무를 필요가 없지 않겠는가. 한신은 이렇게 판단하고 도망쳤던 것인데 뒤늦게 안 소하가 한신을 뒤쫓아와 한왕에게 한신을 추천하여 대장으로 임명하게 된 것이다.

한신이 배례를 마치고 자리에 올라가니 한왕이 말하였다.

"승상이 자주 장군의 이야기를 하였소. 장군께서는 어떠한 계책으로 과인을 가르치려 하시오?"

한신이 사은하고 이어 한왕에게 물었다.

"지금 동쪽으로 진출하여 천하의 패권을 다툴 상대자는 항왕이 아니겠습니까?"

"그렇소."

"대왕께서 스스로 생각하시기에 용맹스럽고 사납고 어질고 굳세기가 항왕과 비교하여 누가 낫다고 보십니까?"

한왕이 잠시 동안 생각하다가 "내가 못하다고 생각하오."라고 대답했다.

"그러하옵니다. 신도 또한 대왕께서 그만 못하다고 생각합니다. 그러나 신은 일찍이 그를 섬긴 일이 있사오니 항왕의 사람됨을 말씀드리겠습니다. 항왕은 한번 성을 내어 큰 소리로 꾸짖으면 천 사람이 다 벌벌 떱니다. 그러나 어진 장수에게 일을 맡기고 처리하게 할 줄을 모릅니다. 그러니 이것은 다만 필부의 용맹에 지나지 않습니다. 항왕은 사람을 대할 때 공손하고 자애스러우며 말씨는 화하고 부드럽습니다. 남이 병이 들면 자신의 음식을 나눠줄 정도로 인정이 많습니다. 그러나 자기가 부리는 사람이 공이 있어서 마땅히 봉작해야 할 사람에게는 그 인(印)이 망가지고 깨어지도록 만지작거리며 차마 내어주지 못합니다. 그러니 이것은 아녀자의 인(仁)일 뿐입니다.

　　항왕은 지금 천하의 패자로서 비록 제후들에 군림하고 있으나 관중에 있지 않고 팽성을 수도로 삼고 있습니다. 의제를 옮겨 강남으로 쫓아보내고 항왕이 지나는 곳이면 죄 없는 백성을 잔혹하게 죽여 없애니 이름은 비록 패자라고 하지만 실은 천하의 인심을 잃고 있습니다. 그러므로 그의 강한 위세를 약화시키기 쉽습니다. 지금 대왕께서 진실로 항왕의 정책에 반대하여 천하의 지혜스럽고 용맹있는 자를 임명하여 부린다면 정복하지 못할 곳이 없을 것이며 천하의 성읍을 공신에게 봉한다면 어딘들 복종시키지 못하겠습니까. 전쟁의 명분을 바르게 하고 고향이 그리워 항상 동쪽으로 돌아가기를 원하는 군사를 써서 동방의 적을 공략한다면 무찌르지 못할 적이 어디 있겠습니까?

　　또 관중을 차지하고 있는 세 왕은 본래 진나라의 장수였습니다. 진나라의 자제들을 거느린 지 수년 동안에 죽이고 멸망시킨 것은 이루 다 말할 수 없을 정도로 많습니다. 게다가 그의 무리들을 속이고 항왕에게 항복하여 신안에 이르렀을 때 항왕이 항복해 온 진나라 군사 20여만 명을 구덩이에 생매장하였습니다. 그때 오직 장한·사마흔·동예만은 죽음을 면했습니다. 진나라 부형들은 이 세 사람에 대한 원한이 골수에 사무치고 있습니다. 그런데 초나라는 위력으로써 이 세 사람을 관중의 왕으로 삼았으니 진나라 백성 치고 그들을 사랑할 사람이 누가 있겠습니까?

　대왕께서는 관중에 들어가셔서 털끝만큼도 해치는 일이 없었으며 진나라의 가혹한 법을 폐지하고 3장의 법만을 두기로 약속하셨습니다. 진나라 백성들은 모두 대왕께서 진나라의 왕이 되기를 원하고 있습니다. 지금 대왕께서 군대를 이끌고 동쪽으로 진출하신다면 관중은 격문을 전하는 것만으로도 평정할 수 있을 것입니다."

　이에 한왕은 매우 기뻐하여 스스로 생각하기를 '내가 한신을 얻음이 너무 늦었구나.'라고 하였다. 마침내 그의 계책을 채용하여 제장이 공격할 곳을 각각 나누어 정하였다.

새 모양으로 장식된 유리 상감의 금동조형 식단금구 장안성에서 출토된 것으로 상단은 새 모양이고 하단은 나무를 끼우도록 되어 있다. 전체가 도금되었고, 유리 구슬이 상감되는 등 정교하게 제작되었다.

　항우는 진나라를 평정하자 진나라 토벌에 공이 있는 자에게 영지를 주어 제후로 삼는 분봉제(分封制)를 실시하였다. 그러나 이 같은 분봉제는 전국 시대의 혼란과 진나라의 악정에 시달려 온 백성들이 바라던 평화와 통일의 실현과는 거리가 먼 것이었다. 천하를 통일하기 전의 군웅 할거의 상태로 되돌아가는 것에 지나지 않았으며 그 위에 항왕은 영지를 주어 제후를 봉하는 데 있어서도 논공행상이 그 공평성을 잃어 자기의 기분에 맞는 사람에게는 좋은 땅을 주어 왕으로 삼고 그렇지 않은 자에게는 봉작을 하지 않았다. 이런 일로 여러 장수 가운데는 노골적으로 불만을 표시하는 자가 많았다. 이런 결과는 마침내 제후들이 각기 영지로 돌아간 후 한 달 남짓해서 산동 지방에서 전쟁이 일어나 모처럼 평화를 갈망하던 중원 천지가 다시 전란의 와중에 휩쓸리는 결과를 가져왔다.

일찍이 진나라 재상 이사가 처형되었을 때 제나라는 전가(田假)를 왕으로 옹립하였다. 전영(田榮)이 전가를 추방하자 전가는 항우에게 와 몸을 의탁하고 있었다. 진을 멸망시킨 후 항우는 전도(田都)를 제나라 왕으로 삼았다. 이에 대하여 전영이 분개한 것은 당연했다. 전영은 곧바로 전도를 죽이고 제왕이 되었으며 팽월을 장군으로 임명하여 양(梁)에서 반란을 일으키게 하였다.

일심동체의 사이처럼 보였던 장이와 진여의 우정에도 금이 갔다. 장이는 상산왕(常山王)으로 봉함을 받았으나 진여는 왕이 되지 못하였다. 항우를 원망한 진여는 전영에게서 군사를 빌려 항우의 편에 들어가 있는 장이를 공격하였다. 그 후 장이는 한왕 유방에게 몸을 의탁하게 되었다.

항우는 이때에 이르러 의제(義帝)가 존재할 의의가 없다고 생각하였다. 진나라 토멸의 상징적 존재로 받들던 의제가 진나라가 평정된 지금에 무엇이 필요할 것인가? 그는 의제를 없애버려야겠다고 생각했다.

사자를 보내어 "옛 제도에 의하면 황제의 영토는 지방이 천리이고 강 상류에 사셨다 하옵니다. 이러한 곳으로는 장사 임현만 한 곳이 없사오니 그곳으로 천도하시기 바랍니다."라고 하여 장사로 옮기게 하였다.

의제의 가신들은 항우의 속마음을 눈치채자 모두 슬금슬금 도망쳐버렸다. 항우는 은밀히 구강왕 경포 등에게 명하여 장강 중류에서 의제를 살해하고 말았다.

한·초의 쟁패

한왕 유방은 한신의 계책에 따라 그 해 8월에 옛길을 따라 동쪽으로 진출하여 관중의 옹(雍)을 공격하였다. 이 옛길은 누구에게도 알려지지 않은 길이어서 기습 작전에는 매우 효과적이었다.

유방의 군사는 순식간에 옹왕 장한을 무찌르고 장한이 도망하자 다시 그를 추격하여 포위하였다. 또 여러 장수를 파견해서 각지를 공격하니 새왕 장사흔과 책왕 동예 등은 모두 싸우지도 못하고 항복하였다. 유방은 눈 깜짝할 사이에 넓은 관중의 땅을 차지한 것이다.

이 소식을 들은 항우는 몹시 격분했다. 그는 당장 유방을 치고 싶었으나 제나라 전영도 쳐야 하고 또 조나라가 제나라와 연합하여 배반할 기미마저 보여 전영을 칠 것인가 유방을 칠 것인가 망설이고 있었다.

이때 장량으로부터 항우에게 한 통의 편지가 날아들었다. 편지 내용은 다음과 같았다.

"한왕 유방은 약속된 직(職)을 받지 못하여 관중의 왕이 되고자 합니다. 약속대로 관중의 왕만 된다면 그 이상 동쪽으로 진출할 생각은 없을 것입니다. 또 근자에 제나라·조나라가 힘을 합하여 초나라를 멸망시키자는 내용의 밀서를 그들의 밀사로부터 빼앗아 동봉하오니 헤아려 주시옵소서."

장량의 편지 속에는 '제나라·조나라가 연합하여 초를 멸망시키자'라는 내용의 밀서가 들어 있었다.

장량의 편지를 받은 항왕은 먼저 북쪽의 제나라부터 토벌키로 하였다. 장량은 편지 한 통으로 항왕의 마음을 움직여 제나라를 치게 하고 그 사이에 유리한 공격을 펼칠 계획이었다.

제나라를 공격하기로 한 항왕은 동원령을 내려 구강왕 경포에게 출병을 명했으나 경포는 병을 핑계삼아 자신은 출전치 않고 수천 명의 군사를 부하 장수에게 인솔시켜 보내왔을 뿐이었다.

항우는 화가 나서 "나는 저를 우대하여 제후로 삼았거늘 벌써부터 마음이 달라지다니 어디 두고 보자."하며 그를 벼르고 있었다.

하지만 항우는 싸움에는 강했다. 친히 군대를 이끌고 북상하여 전영을 격파했다. 전영은 목숨을 구하여 평원까지 달아났으나 그곳에서 주민들에게 살해되었다. 항우는 계속 북쪽으로 올라가 제나라의 성을 불사르고 항복한 제나라 병사를 또 구덩이에 생매장하였다.

전영의 아우 전횡(田橫)은 그동안에 흩어졌던 제나라 병사들을 모아 성양에서 반란을 일으켰다. 싸움에 지기만 하면 어김없이 몰살당할 것이므로 전횡의 군사는 필사적으로 항전하였다. 이 때문에 항우는 팽성으로 개선하지 못하고 제나라에 머물러 싸움을 계속하고 있었다.

한왕 유방은 함곡관을 넘어 하남을 평정하고 남으로 평음진을 건너 낙양의 신성에 이르렀다. 이때 신성의 삼로(三老) 동공

(董公)이 한왕을 설득하였다.

"무릇 싸움에는 대의명분 없이는 승리할 수 없습니다. 지금 항우는 무도하게도 의제를 시해했으니 이것은 천하의 역적입니다. 대왕께서는 인의를 위하여 마땅히 3군의 무리에게 의제를 위하여 소복으로 상을 거행하게 하시고 널리 제후들에게 이 사실을 알린 다음 항왕을 공격하소서."

이에 한왕은 의제의 상을 발표하고 제후들에게 사자를 보내어 다음과 같이 고하였다.

"천하가 모두 의제를 내세워 우리는 모두 의제를 섬겼다. 그런데 지금 항우는 의제를 추방하여 시해했으니 이것은 천하의 역적이다. 과인이 스스로 의제의 상을 발표하여 군사들은 모두 소복으로 거상하게 하고 관중의 병사와 삼하(三河, 하남·하내·하동)의 병사를 거두어 남쪽으로 강한(江漢)을 타고 내려가 제후왕을 따라 의제를 시해한 초의 역적을 격살하려 하노라."

한왕의 이 같은 통고를 받은 제후들은 의제를 시해한 항왕의 처사에 분개하는 자가 많았다. 그들은 군사를 동원하여 한왕의 휘하에 들어오니 이로써 유방은 다섯 제후의 군사 56만을 거느릴 수가 있었다. 낙양으로부터 항우의 수도인 팽성까지는 황하와 회하가 뒤얽혀 흐르는 지대였다. 한왕은 주로 수로를 이용하여 동쪽으로 팽성을 향해 진격하였다.

이때 항우는 끈질기게 항전하는 제나라를 치기 위해 성양에 있었다. 한왕이 팽성을 향해 진격한다는 소문을 듣고서도 먼저 제나라를 평정한 다음에 한왕을 공격할 작정이었다. 그래서 팽성은 텅 비어 있었던 것이다.

유방의 군대는 힘 안 들이고 팽성을 함락하였다. 팽성에 입성한 한군은 금은보화와 미녀들을 끌어안고 날마다 전승 축하연을 벌였다. 군기는 문란해지고 사기 또한 엉망이었다. 병력의 수만을 믿고 항우의 반격에 대비하는 방어 태세가 소홀하였다.

팽성의 함락 소식을 들은 항우는 왈칵 성을 냈다. 그는 포위 중에 있는 군사 가운데서 정병 3만을 골라 부대를 편성하여 팽성을 향해 말을 달렸다. 이때 한군은 항우가 동쪽에서 공격해올 것으로 생각하였으나 항우는 한군의 허를 찔러 새벽에 서쪽 소현(蕭縣)을 무찌르고 동쪽으로 팽성에 육박하여 정오 무렵에 한군을 크게 깨뜨렸다. 한군은 패하여 모두 곡수·사수(穀水·泗水)로 달아나니 항우는 이를 추격하여 10여만 명을 죽였다. 항우는 계속 한군을 추격하여 수수(雎水)에 이르렀다.

수수의 낭떠러지까지 쫓긴 한군은 진퇴유곡의 함정에 빠졌다. 앞에는 강이 가로막혀 있고 뒤에서는 추격이 급하였다. 한군은 강으로 뛰어들었다. 서로 짓밟혀 죽는 아수라장이 되었다.

수수에 떨어져 죽은 한군은 무려 10만 여명에 달했다. 강물이 시체에 막혀 흐르지 못할 지경이었다.

항우군은 유방의 본진을 세 겹으로 포위하였다. 하늘로 솟아오르고 땅을 파고드는 재주가 없으면 꼼짝 없이 죽어야 할 급박한 운명에 놓여 있었다.

이제는 마지막이라고 체념 비슷한 말을 마음속으로 되뇌고 있을 때, 갑자기 서북쪽으로부터 일진 폭풍이 불어닥쳐 나뭇가지가 꺾이고 집이 무너지며 돌과 모래가 하늘로 휘말려 올라가 대낮인데도 어두컴컴한 밤과 같았다. 항우가 거느린 초군이 크게 놀라 사방으로 흩어지며 어지러워졌다.

유방은 이 혼잡한 틈을 타서 수십 기를 데리고 포위망을 뚫고 도망칠 수가 있었다.

유방은 고향인 패에 들러 가족들을 데리고 가려 하였다. 유방이 패로 도망친 것을 안 항우군은 급히 추격해왔다. 이 소문을 들은 유방의 가족들은 뿔뿔이 흩어져 피하고 집에 없었기 때문에 한왕은 가족들을 만나지 못하고 거리에서 겨우 아들 효혜(孝惠)와 딸 노원(魯元)을 만나 이들 두 아이를 수레에 싣고 서쪽으로 도망쳤다. 초군은 급히 추격해오고 유방의 말은 지쳐 점점 추격군과의 거리가 가까워지자 유방은 두 자식을 수레 밖으로 밀어 떨어뜨렸다. 함께 타고 있던 하후영(夏侯嬰)이 잽싸게 두 아이를 안아 올렸다. 이렇게 하기를 거듭 세 번이었으나 그때마다 하후영은 두 아이를 안아 올렸다.

한 문화 수렵과 수확을 하는 한나라의 생활 모습

유방의 가족을 돌보고 있던 심이기(審食其)는 다른 가족들은 분산시키고 유방의 아버지 태공(太公)과 여후와 함께 달아나다가 불행하게도 초군에게 발각되어 포로가 되었다. 항왕은 이들 유방의 가족들을 항상 군중에 두어 인질로 삼았다.

유방이 팽성에서 패하자 그를 따르던 제후들은 하나둘씩 유방을 배반하고 항우 쪽으로 갔다. 새왕 장사흔과 책왕 동예가 항왕에게 항복하였으며 제나라·조나라도 한왕을 배반하고 초나라와 화친을 맺고자 하였다.

한왕 유방은 앞으로의 대책을 장량과 의논하였다.

"나는 앞으로 관중 이동의 땅을 공략하는 데 있어 그 작전 지역을 각각 분담할까 하는데 누가 그 임무를 감당할 만하오?"

"구강왕 경포는 항우가 가장 아끼는 올빼미처럼 사나운 장수입니다. 항우가 제나라를 토벌할 때 경포에게 동원령을 내렸으나 경포는 병을 핑계삼아 수천의 병사를 보냈을 뿐이니 항우는 그 일로 경포를 벼르고 있습니다. 경포를 설득하여 우리 편에 끌어들인다면 가히 함께 일을 도모할 수 있을 것입니다.

또 팽월이 제나라와 연합하여 양에서 항우에게 배반하였으니 이 또한 맡길 만한 인물입니다.

또 대왕의 장수로는 홀로 한신이 큰 일을 담당할 수 있습니다. 이 세 사람에게 위임하신다면 초나라를 능히 물리칠 수 있을 것입니다."

한왕 유방은 경포를 설득할 인물을 물색하였으나 적임자를 쉽게 찾지 못했다. 좌우의 사람들을 보고 "천하의 대사를 함께 계책할 사람이 없으니 안타까운 일이로군!" 한탄하였다.

알자 벼슬로 있는 수하(隨何)가 앞으로 나오며 말하였다.

"폐하께서 무슨 말씀을 하시는지 자세히 알 수 없습니다."

한왕이 말하였다.

"누가 능히 회남에 이르러 구강왕 경포를 달래어 그로 하여금 군대를 동원하여 초나라를 배반하게 할 수 있겠는가? 그리하여 항왕의 발을 두어 달만 묶어 놓는다면 내가 천하를 취하는 데에 걱정이 없을 것이다."

"신이 청컨대 사자로 가겠습니다."

한왕은 수하를 사자로 삼아 20명의 수행원과 함께 회남으로 파견하였다.

팽성의 싸움에서 패한 한신은 다시 군대를 수습하여 한왕과 함께 형양(滎陽)에서 만났다. 한신뿐 아니라 여기저기 흩어졌던 군사들이 형양으로 집결하였으며 소하는 관중의 노약자들을 징발하여 형양에서 합류하니 한군의 군세가 서서히 회복되기 시작하였다.

항우는 유방의 형양성을 공격하였으나 한신은 초군과 싸워 경(京)·색(索) 사이에서 초군을 크게 깨뜨렸다. 유방은 이에 담으로 둘러싸인 도로를 변수(汴水)까지 이어서 오창(敖倉)의 곡식을 운반하는 보급로를 구축하였다.

오창은 천하의 곡식이 집중되는 진나라 때 만든 식량 창고로 형양 서북쪽 오산에 있었다. 이곳을 확보하기만 하면 식량 문제는 해결되는 것이다.

항우군은 오창의 보급로를 중점적으로 공격하는 한편 형양성을 포위하는 작전을 펴 유방군과 대치하였다.

한왕 유방이 형양에 온 것은 한왕 2년 5월의 일이었다. 그 해 6월에 위왕(魏王) 표(豹)가 어버이의 병을 핑계삼아 휴가를 얻어 돌아간 후 한나라를 배반하고 초나라와 화친하였다. 한왕은 역이기를 위왕 표에게 보내서 달랬으나 굴복하지 않자, 8월에 한신을 보내어 위나라를 공격토록 하였다.

위왕 표는 포판에 많은 군대를 배치하고 임진(臨津)을 방어하고 있었다. 한신은 배를 이어 임진을 건너는 척하면서 군사를 몰래 하양으로 돌려 나무통으로 가교(假橋)를 만들어 강을 건너 안읍(安邑)을 기습하였다. 위왕 표는 깜짝 놀라 군대를 이끌고 한신을 맞아 싸웠으나 한신의 상대가 못 되었다. 한신은 표를 사로잡아 형양에 있는 한왕에게 보내고 위나라를 평정하였다.

위나라를 평정한 한신은 한왕에게 사람을 보내어 다음과 같이 계책을 진언하였다.

"원컨대 신에게 3만의 군사를 빌려 주시면 북쪽으로 연나라와 조나라를 평정하고 동쪽으로 제나라를 토벌하고 남쪽으로 초나라의 보급로를 끊은 다음 형양에 돌아가서 대왕과 합류할까 합니다."

한왕은 한신의 계책을 받아들여 "그렇게 하라."고 허락하고 장량을 보내어 한신을 돕도록 하였다. 한신은 장이와 함께 군사 수만을 이끌고 동으로 정경을 내려가 조나라를 칠 계획이었다. 조왕과 성안군 진여는 한신이 공격해온다는 소식을 듣고 군사를 정경 어귀에 집결시키고 20만 명이라고 일컬었다. 광무군 이좌거(李佐車)가 성안군을 설득하였다.

"지금 한군은 승세를 타고 멀리 와서 싸우니 그 예봉을 당할 수가 없습니다. 그러나 천 리 먼 곳에서 양식을 공급하게 되면 군사들이 굶주리기 쉽다 하였습니다. 지금 정경의 길은 수레가 나란히 지나갈 수 없고 기마는 대열을 이룰 수가 없습니다. 그러니 한군의 양식은 반드시 그 후방에 있을 것이 확실합니다. 원하옵건대 신에게 3만의 군사를 빌려 주신다면 그들의 보급로를 끊어 놓겠습니다. 족하께서는 구거(溝渠)를 깊게 하고 본진을 굳게 지키면서 그들과 교전하지 마십시오. 그렇게 하면 저들은 앞으로 나와도 싸울 수도 없고 후퇴하려 해도 돌아갈 길이 없을 것입니다. 그리고 우리 복병이 그 후방을 끊어 약탈할 것이 없게 한다면 10일이 못 되어 두 장수의 머리를 휘하에 바치겠습니다."

그러나 성안군은 광무군의 계책을 듣지 않았다.

한신은 사람을 시켜 염탐한 결과 광무군의 계책이 채용되지 않았음을 알았다. 이에 군대를 이끌고 정경을 향해 내려갔다. 정경의 어귀에서 30리 떨어진 곳에 야영하고 밤중에 군중에 영을 내려 날랜 기병 2천 명을 선발하였다. 그리고 이들 2천 명에게 붉은 기 한 개씩을 갖고 샛길로부터 산속에 숨어 들어가 조나라의 군진을 바라보고 있으라고 하면서 다음과 같이 명령하였다.

"조나라 군대는 우리가 달아나는 것을 보면 반드시 진지를 비워놓고 쫓아올 것이다. 너희들은 빨리 조군의 진지에 들어가서 조나라의 기를 뽑아버리고 한나라의 붉은 기를 세워라."

한신은 이에 만 명을 선발대로 보내어 물을 등지고 진을 치게 하니 조나라의 군대가 바라보고 크게 웃었다(병법을 모른다 하여). 아침에 한신은 대장기를 높이 세우고 북을 치며 행군하여 정경 어귀로 진격하였다. 조나라 군대는 진지를 열고 한군을 공격하여 오랫동안 전투를 벌였다. 한신과 장이가 거짓으로 북과 기를 버리고 수상(水上)의 군진으로 달아나니 조나라 군사는 과연 진지를 비워 놓고 한나라의 기와 북을 빼앗으며 한신·장이를 추격해왔다. 한신·장이가 수상의 군진으로 들어가자 군사들은 결사적으로 조군과 싸웠다.

이 틈에 한신이 내보냈던 기병 2천 명이 일제히 조나라 진지로 달려들어가 조나라의 기를 다 뽑아버리고 한나라의 붉은 기 2천 개를 세워 놓았다.

조군은 힘껏 싸웠으나 이기지도 못하고 한신·장이 등도 사로잡지 못하였으므로 진지로 돌아가려 하였으나 조나라 진지에는 이미 한나라의 붉은 기가 꽂혀 있었다. 조군은 크게 놀라 한군이 이미 조왕의 장수들을 다 사로잡은 줄로 생각하고 혼란에 빠져 도망치기 시작하였다. 조나라 장수가 도망치는 군사를 베면서 막으려 하였으나 대세는 어찌할 수 없었다. 이에 한나라 군대가 앞뒤에서 무찔러 들어가니 조군은 대패하였다. 성안군은 참살당하고 조왕 헐(歇)은 사로잡혔다.

여러 장수들은 승전을 기뻐하면서 한신에게 물었다.

"병법에 이르기를 '산을 우편으로 배후를 삼고 물을 앞으로 왼편에 두라'고 하였습니다. 그런데 장군께서는 이와는 반대로 물을 등져 진을 치고도 마침내 승리하였으니 이것이 무슨 전술입니까?"

"이것도 또한 병법에 있는 것인데 다만 제군이 살피지 못했을 뿐이다. '죽을 땅에 빠진 뒤라야 살 수 있고, 망하는 땅에 서본 뒤에라야 존재할 수 있다'고 병법에 말하지 않았던가? 또 나는 본래부터 사대부들을 훈련시켜 따르게 한 것이 아니고 평소에 아무 훈련도 쌓지 않은 저자의 사람들을 몰아다가 싸우게 한 것이니 그들에게 살 땅을 준다면 다 달아날 것이니 어찌 그들을 부릴 수 있겠는가?"

제장이 듣고 모두 탄복하였다.

조군을 무찌른 한신은 군중에 영을 내려 광무군을 죽이지 못하게 하고 "광무군을 사로잡아 오는 자에게 천금의 상을 내리겠노라."고 하였다. 얼마 후 광무군을 포박하여 휘하에 데리고 온 자가 있었다. 한신은 곧 그의 포승을 풀고 마주앉아 광무군을 스승의 예로 대접하고 물었다.

"내가 북으로 연나라를 치고 동으로 제나라를 치고자 합니다. 어떻게 하면 공을 세울 수 있겠습니까?"

광무군이 사양하여 말하였다.

"나라를 망친 대부는 나라를 보존할 일을 도모할 수 없으며 패군의 장은 무용을 말할 자격이 없다 하였습니다. 신이 어찌 대사를 의논할 수 있겠습니까?"

한신이 말하였다.

"백리해(百里奚)가 우(虞)에 있을 때는 우가 망하고 진(秦)에 있을 때는 진나라가 패자가 되었으니 백리해가 우에 있을 때는 어리석고 진에 있을 때는 지혜로웠던 것이 아닙니다. 임금이 그의 계책을 채용했느냐 채용하지 않았느냐에 달렸을 뿐입니다. 만약 성안군이 족하의 계책을 들었더라면 신은 이미 포로가 되었을 것입니다. 원컨대 족하는 사양하지 마시고 계책을 가르쳐 주십시오."

한신이 거듭 말하자 광무군이 입을 열었다.

"신은 들으니 지혜 있는 사람도 일천 가지 일을 생각하면 한 가지 일은 실수가 있고, 어리석은 사람도 일천 가지 일을 생각하면 그중에 한 가지 일은 성공한다고 합니다. 그런 까닭에 광부의 말도 성인은 귀를 기울인다 하였습니다. 지금 장군께서는 위왕 표를 사로잡고 일거에 정경을 내려와 하루아침에 조나라의 20만 대군을 깨뜨리고 성안군을 베어 죽이니 장군의 위엄이 천하에 진동합니다. 그러나 싸움에 피폐한 군대를 몰아 갑자기 연나라의 견고한 성을 함락하려 한다면 아무리 싸우고자 하여도 지구전이 되어 힘으로써는 함락시킬 수 없을 것입니다. 지금 장군을 위한 계책으로는 싸움을 정지하고 군대를 휴식시키며 조나라 백성들을 위무하고 군사들에게 술을 먹인 뒤에 연나라로 향하는 것이 가장 좋겠습니다. 그 뒤에 변사를 보내어 서면을 받들고 가서 한군의 우수한 점을 알리면 연나라는 반드시 복종할 것입니다. 연나라가 이미 복종한 다음 제나라에 또 변사를 보내어 연나라가 항복한 사실을 알리게 되면 비록 지혜 있는 자가 있을지라도 제나라를 위한 다른 계책을 세우지 못할 것입니다."

"좋습니다. 당신의 가르침에 따르겠습니다."

한신은 광무군의 계책에 따라 사자를 연나라에 보내니 연나라는 과연 형세만 바라보고 항복하였다.

한신은 한왕에게 사자를 보내어 그간의 승전 상황을 보고하고 이어 장이를 세워 조왕을 삼을 것을 청하니 한왕이 허락하였다. 이로써 장이는 조왕이 되었다.

형양성에서 항우군과 대치하고 있던 유방은 점점 형세가 불리하였다. 항우군이 형양성을 포위하여 오창에서의 보급로를 차단하니 식량이 떨어져 바닥이 날 지경이었다. 군사를 굶주리게 하고 싸울 수는 없는 것이다.

유방은 강화를 희망했다. 형양을 경계로 삼아 유방은 형양 서쪽을 지배하고 항왕은 형양 동쪽을 지배하자는 조건을 내세워 항왕에게 사자를 보냈으나 항우의 아부(亞父) 범증이 이를 받아들일 리 없었다.

범증은 항우에게 권하여 더욱 맹렬한 기세로 형양성을 공격하니 사태는 더욱 급박해지고 있었다.

"항우의 진영에 범증이 있는 한 강화 제의는 받아들여지지 않을 것입니다. 항우와 범증의 사이를 이간시켜 항우로 하여금 범증을 의심하게 하는 계략을 씀이 좋겠습니다. 대왕께서는 너무 심려치 마십시오." 하고 진평(陳平)이 계책을 말하였다. 진평은 항우의 사자가 형양성에 올 것에 대비하여 모든 준비를 갖추고 있었다.

항우의 사자가 형양성에 이르자 진평은 초호화판으로 차린 음식 상을 들려 가지고 나왔다. 초나라 사자를 흘끗 바라보고 놀라는 척하면서 "아부(범증)가 보낸 사자인 줄 알았더니 항왕이 보낸 사자이시군요. 이거 실례해야겠습니다." 하고 그 음식상은 도로 물리도록 하고 대신 검소하게 차린 음식상을 내어 항왕의 사자를 접대하였다.

사자의 보고를 받은 항우는 더럭 의심이 났다. 그렇잖아도 범증의 존재가 거북스러웠는데 혹시 유방과 내통하고 있다면 그대로 둘 수 없지 않은가. 이렇게 생각한 항우는 차차 범증의 권한을 빼앗아버렸다.

범증도 차차 항우에 대한 불만이 쌓였다. 홍문에서 자기 지시대로 유방을 제거했더라면 팽성에서의 수모도 없었을 것이고 지금 형양성을 포위하는 고생도 없었을 것이 아닌가? 자기의 실수는 생각지도 않고 요즈음에 와서는 자신을 의심하고 권한까지 빼앗지 않았는가! 생각이 여기에 미치자 범증은 더 참을 수가 없었다.

범증은 항우를 찾아가 "천하의 대세는 이미 결정이 났소이다. 이제부터는 대왕께서 직접 처리하십시오. 신은 이제 나이가 들어 고향으로 돌아가 관직 없는 백성으로 여생을 마칠까 합니다."라고 청원하였다.

항우는 범증을 만류하지 않았다. 범증은 터질 듯한 분노를 안고 팽성을 향해 길을 떠났으나 그는 분에 못이겨 등창이 재발하여 팽성으로 가는 도중에 죽고 말았다.

항우의 진영에서 범증은 떠났지만 항우군은 더욱 포위망을 압축하여 육박해 들어왔고 보급은 끊겨 식량은 떨어지고 말았다. 유방은 더 이상 형양에서 버틸 수가 없었다.

장군 기신(紀信)은 자신을 희생시켜서라도 한왕을 구해야겠다고 생각하고 한왕에게 말하였다.

"사태가 매우 급박합니다. 신이 진평과 의논하여 대왕을 탈출시킬 계책을 가지고 있습니다. 신이 거짓 항복하는 척하여 초나라 군사를 속일 것이니 대왕께서는 이 틈을 타서 형양성을 빠져나가십시오."

한왕 유방은 기신의 충성을 마음에 새겼다.

밤이 되자 진평은 동문으로부터 여자를 포함하여 무장병 2천 명을 성 밖으로 내보냈다. 이를 본 항우의 초군이 사방으로부터 덤벼들어 이들을 공격하였다. 이때 기신이 황옥거(黃屋車)를 타고 깃털로 된 깃발을 수레 왼쪽에 휘날리며 나가자 군사들을 시켜 큰 소리로 말하였다.

"성중에 식량이 떨어져 한왕이 항복하러 나온다."

황옥거는 노란색 비단으로 지붕을 씌운 수레로 천자가 타는 수레이고 깃털로 된 깃발 또한 천자가 탄 수레에만 달게 되어 있다. 이때 한왕은 천자가 아니었으므로 장군 기신이 초나라 군사의 이목을 집중시켜 그들을 속이기 위한 계책이었다.

한왕이 항복하러 온다는 말을 들은 초군 진영에서는 일제히 만세를 부르며 환호하였다. 성을 포위하고 있던 장병들은 너도나도 동문으로 모여들어 한왕이 항복하는 꼴을 구경하려 하였다.

한왕은 이 틈을 타서 수십 기를 데리고 서문으로부터 탈출할 수 있었다.

한왕 유방이 항복하러 나왔다는 소식을 들은 항우는 급히 동문으로 달려왔다. 항우는 황옥거를 바라보며 마음속으로 쾌재를 불렀다.

"유방을 끌어내라."

항우는 크게 소리쳤다. 끌려나온 유방의 얼굴을 살피던 항우는 깜짝 놀랐다.

"이게 누구야!"

항우는 얼굴이 새빨개지며 눈을 부릅떴다.

"유방은 어디 있느냐?"

"한왕께서는 이미 성을 빠져나가셨을 거요."

기신은 큰 소리로 웃으며 말하였다.

"간사한 이 놈을 불태워 죽여라."

항우는 이를 부드득 갈며 그 자리를 떠났다.

형양에서 빠져나온 한왕은 남쪽으로 달아나다가 완(宛)·섭(葉)의 중간에서 경포를 만났다. 한왕은 경포와 함께 군대를 거두어 모으면서 성고를 향해 내려오고 있었다.

일찍이 한왕의 알자 벼슬로 있던 수하가 구강왕 경포를 설득하러 갔다는 일은 앞서 말한 바 있다. 수하는 경포를 만나 이해 득실을 들어 설득한 결과 초나라를 배반하고 한나라와 한편이 될 것을 허락하였으나 감히 다른 사람에게 누설하지 않고 있었다.

그때 마침 초나라 사자가 구강왕이 있는 곳에 머무르면서 급히 초나라를 도울 군대를 출동시키라고 경포에게 독촉하고 있었다. 수하는 혹시 경포의 마음이 변할까 염려하여 초나라의 사자가 숙박하고 있는 여관을 찾아가 상좌에 앉으면서 말하였다.

"구강왕은 이미 한나라와 한편이 되었는데 어찌 초나라가 군대를 출동시키라고 할 수 있는가?"

경포는 놀라고 초나라의 사자는 불끈 일어서며 경포를 노려보았다. 수하는 경포를 설득하였다.

"일은 이미 벌어졌습니다. 초나라의 사자를 죽여서 돌아가지 못하게 하고 급히 한나라로 돌아가서 힘을 합하도록 하는 것이 좋겠습니다."

이에 경포는 초나라의 사자를 죽이고 이어 군대를 일으켜 초나라를 공격하였다. 초나라는 항성(項聲)·용저(龍且)로 하여금 경포를 막아 싸우도록 하였다. 수개월에 걸친 싸움 끝에 용저가 경포의 군사를 깨뜨렸다. 경포는 군대를 이끌고 한나라로 달려가고자 하였으나 항우가 죽일 것을 두려워하여 단신으로 수하와 함께 한나라로 돌아왔다.

한나라에 돌아온 경포는 다시 사람을 시켜 구강에 들어가서 그의 처자와 군대를 거느리고 돌아오도록 하였다. 초나라에서는 이미 구강의 군대를 몰수하고 경포의 처자를 죽인 후였다. 이에 경포의 사자는 경포의 옛 친구와 신임했던 자들을 찾아다니며 수천 명의 무리를 거느리고 한나라에 돌아왔다.

형양성에서 장군 기신에게 감쪽같이 속아 유방을 놓친 항우군은 유방이 완·섭 사이에 있다는 정보를 입수하고 계속 추격전을 벌여 완성에 육박해 들어왔다. 한왕은 굳게 지키며 대세를 관망하고 있었는데 이때 팽월이 한나라 장수가 되어 게릴라전을 펼쳐 하비(下邳, 강소성)에서 항성과 설공(薛公)을 무찌르고 설공을 살해하였다.

"항성이 패하고 설공이 죽었다고!"

화가 잔뜩 난 항우는 주력부대를 이끌고 팽월을 치러 갔다. 그리고 성고성은 종공(終公)에게 맡겨 지키도록 하였다.

유방은 이 틈을 다서 종공을 깨뜨리고 성고성으로 들어갈 수 있었다.

팽월을 치러 간 항우는 단숨에 팽월의 게릴라부대를 격파하고 이어 형양성을 함락한 다음 성고성을 포위하였다.

한왕은 성고성에서 탈출하여 홀로 등공(藤公)과 함께 동으로 황하를 건너 수무(修武)를 향해 달아났다. 수무에는 장이와 한신의 군병이 있었다. 소수무(小修武)의 전사에서 숙박한 한왕은 이른 새벽에 "한나라의 사자다."라고 소리치며 조나라의 군진에 달려 들어갔다. 이때 장이와 한신은 아직 일어나기 전이었다. 한왕은 그들의 침실에 들어가 그들의 인부(印符)를 빼앗고 여러 장수를 지휘 소집하여 그들의 배치를 바꿔 놓았다. 이런 후에야 한신과 장이는 일어나 한왕이 와 있는 것을 알고 매우 놀랐다.

한왕은 두 사람의 군대를 빼앗고 장이에게 조나라 땅을 수비하라 명하고, 한신을 상국으로 삼아 조나라 군대 중에서 아직 징발하지 않은 자를 징집하여 제나라를 공격하라고 명하였다.

성고성에 포위되었던 한나라 장수들은 하나둘씩 빠져나와 한왕이 있는 곳으로 모여들었다. 항우군은 마침내 성고성을 함락하고 서쪽으로 진격해왔다. 한나라에서는 군대를 동원하여 공성(鞏城, 하남성)에서 항우군을 막아 더 이상 서진할 수 없도록 저항하고 있었다.

한편 한왕은 유가(劉賈)를 시켜 군대를 거느리고 팽월의 게릴라전을 돕도록 하였다. 팽월의 게릴라전은 항우에게는 매우 골치 아픈 일이었다. 한번 무찌르면 자취를 감추었다가 기회를 보아 초나라 후방을 어지럽히니 항우는 유방을 공격하랴 팽월을 공격하랴 동분서주하였다.

유방은 제장들을 모아 놓고 의논했다.

"나는 성고 이동의 땅을 포기하고 공성과 낙성(洛城, 낙양 동북)을 굳게 지켜 초나라의 서진을 저지하려 하는데 제장들의 의견은 어떠하오."

역이기가 앞으로 나오며 말하였다.

"참다운 하늘의 뜻을 아는 자만이 왕업을 이룰 수 있다 하였습니다. 왕은 백성으로써 하늘을 삼고 백성은 먹는 것으로써 하늘을 삼는 법입니다. 지금 오창에는 곡식이 산더미처럼 쌓여 있습니다. 그런데도 초나라에서는 형양성을 함락하면서도 오창을 굳게 지키지 않고 군사를 동쪽으로 돌렸으니 이것은 하늘이 한나라를 위해 돕는 일입니다. 대왕께서는 이런 기회를 이용하여 급히 군대를 진격시켜 형양을 빼앗고 오창의 곡식을 확보한 다음 성고의 천연적 지세를 요새화하고 태행(太行)의 도로와 비호(蜚孤)의 좁은 어귀를 막고 백마진(白馬津)을 굳게 지키면서 제후들에게 견제하는 형세를 보이면 천하의 형세는 한나라로 돌아올 것입니다."

한왕은 역이기의 말에 따라 다시 오창을 빼앗을 기회를 노리고 있었다.

성고를 함락한 항우는 대사마 조고(曹咎)에게 성고를 지키게 하고 자신은 팽월을 토벌하기 위해 동쪽으로 떠났다.

"내가 여기 없는 동안 한나라가 싸움을 걸어오더라도 결코 싸워서는 안 된다. 15일 동안 굳게 지키고만 있어라. 15일 동안에 나는 반드시 팽월을 주살하고 다시 이곳으로 돌아오리라."

항우는 몇 번이고 조고에게 타일렀다. 한군이 자주 조고에게 싸움을 걸었으나 처음에 조고는 나와 싸우지 않았다. 한나라 진영에서는 사람을 시켜 조고에게 욕설을 마구 퍼부었다. 그래도 조고는 참고 견디었으나 5, 6일 동안을 계속하여 욕설을 해대니 조고는 참을 수가 없었다. 화가 난 조고는 한군과 싸우기 위해 사수를 건넜다. 사수를 반쯤 건넜을 무렵 이를 기다리고 있던 한군은 조고의 초군을 맹렬히 공략하니 초군은 여지없이 무너졌다. 이 싸움에서 조고와 진의 항장 장사흔은 자결하고 말았다.

한군은 다시 진격하여 성고성을 빼앗고 광무(廣武)에 주둔하여 오창의 곡식을 확보하였다.

팽월을 토벌하기 위해 동쪽으로 떠났던 항우는 조고의 패전 소식을 듣고 다시 서쪽으로 돌아와 광무에 진을 치고 한군과 대치하였다.

오창의 서쪽 삼황산에 두 성이 서로 마주보고 있었다. 동쪽에 있는 성은 동광무, 서쪽에 있는 성은 서광무라 하였다. 그 거리가 2백 보 정도였다. 항우와 유방은 각각 이 두 성에서 대치하고 있었다.

서로 대치한 지 수개월이 지나도 승부는 나지 않았다. 날이 갈수록 항우는 초조하였다. 팽월이 자주 양에서 게릴라전을 벌여 초나라 후방을 교란시킬 뿐 아니라 항우의 진영에는 식량이 떨어져가고 있었다. 항우는 한 가지 계책을 생각해냈다.

광무의 골짜기를 사이에 두고 2백보 거리로 마주보고 있으니 얼굴도 보이고 목소리도 들리는 거리였다.

어느 날 항우는 높은 도마 위에 인질로 잡고 있는 유방의 아버지 태공을 올려 놓고 큰 소리로 한왕에게 말하였다.

"지금 당장 항복하지 않으면 태공을 삶아 죽이겠노라."

한왕도 큰 소리로 응수하였다.

"나는 그대와 함께 북면하여 회왕에게 명을 받아 형제가 되기를 약속하였으니 내 아버지가 바로 그대 아버지나 다름이 없다. 그대가 반드시 그대 아버지를 삶아 죽이려거든 나에게 국 한 그릇을 나누어 보내달라."

항왕이 화를 참지 못하고 태공을 죽이려 하자 항백이 만류하였다.

"천하의 일이 앞으로 어떻게 될지 아직 알 수 없으며 천하를 위해 일하는 자는 자질구레한 가사 따위는 돌보지 않는 법이니 비록 태공을 죽인다 해도 아무 효과가 없을 것입니다."

항왕은 항백의 말을 듣고 태공을 죽이지 않았다.

초군과 한군이 오랫동안 서로 버티어 결판이 나지 않으니 장정들은 병역에 동원되어 고생이 막심했고, 노약자들은 보급품을 수송하느라 극도로 피로해 있었다. 이런 상태를 언제까지고 그대로 기다릴 수는 없었다. 성미가 급한 항우는 유방에게 다음과 같이 제의하였다.

"천하가 크게 어지러운 지 수년에 백성들의 고난은 이루 말할 수 없다. 이것이 모두 다 우리 두 사람 때문이 아니겠는가? 우리 두 사람이 한 번 싸워 자웅을 결단하면 천하의 백성들은 이런 고생을 하지 않아도 될 것 아닌가? 한 번 싸워서 자웅을 결단하자!"

유방은 웃으면서 "싸우려면 차라리 지혜로써 싸울지언정 힘으로는 싸우지 않겠다." 하고 항우의 죄목 열 가지를 들어 항우를 공박하였다.

항우는 화가 머리끝까지 치솟아 쇠뇌(강궁의 한 가지)를 당겨 한왕을 겨냥하여 힘껏 쏘았다. 쇠뇌는 한왕의 가슴을 맞혔다. 한왕은 순간적으로 기지를 발휘하여 "오랑캐놈이 내 발을 맞혔다." 하며 발을 문지르며 성 안으로 들어갔다.

한왕은 상처가 악화되어 병석에 눕게 되었다. 장량은 한왕에게 간청하여 말하였다.

"아무리 불편하더라도 일어나서 군사들을 위로하여 사졸들을 안심시키고 초나라로 하여금 승세를 타 공격해오는 일이 없도록 하셔야 합니다."

한왕은 억지로 일어나 군사들을 위로하다가 병이 더욱 악화되어 성고성으로 돌아왔다.

한편 한왕으로부터 제나라를 공격하라는 명을 받았던 한신은 군대를 이끌고 동으로 평원 나루를 향해 가는 도중에 한왕이 이미 역이기를 시켜서 제나라를 설득하여 항복받았다는 소문을 들었다. 한신이 제나라 공격을 중지하려고 하자, 변사 괴철(蒯徹)*이 한신을 설득하였다.

"지금 장군께서는 조서를 받고 제나라를 치러 가고 있습니다. 그런데 한나라에서 홀로 밀사를 보내어 제나라를 항복받았습니다. 그러나 어디 장군에게 중지하라는 조서가 있었습니까? 또 역이기는 일개 변사입니다. 수레 앞의 가로나무에 엎드려 세 치의 혀를 놀려 제나라의 70여 성을 항복받았습니다. 장군께서는 수만 군대를 거느리시고 1년여의 싸움 끝에 겨우 조나라의 50여 성을 평정하였으니 장수로 있은 지 수년이 되도록 도리어 한낱 더벅머리 선비의 공만도 못하단 말입니까?"

한신은 괴철의 말을 들어 제나라를 치기 위해 황하를 건넜다. 이때 제나라는 이미 역이기의 말을 듣고 한나라에 사자를 보내어 강화를 맺고 한군에 대한 방비를 풀고 있었다. 한신은 제나라 역성하(歷城下)의 군대를 습격하고 그 승세를 몰아 마침내 임치에 이르니 제왕 전광(田廣)은 역이기가 자기를 속였다 하여 그를 삶아 죽이고 고밀(高密) 땅으로 달아나 초나라에 사자를 보내어 구원을 요청하게 하였다.

제왕 전광의 구원 요청을 받은 항왕은 용저로 하여금 군사를 거느리고 제나라를 구원토록 하였다. 제왕 전광과 용저의 연합군이 한신과 싸우려 하자 어떤 사람이 용저를 설득하였다.

* 괴철(蒯徹) : 한무제의 이름이 철이기 때문에 《사기》에는 철 대신 통(通)으로 쓰고 있다.

"한나라의 군대는 멀리 와서 싸우니 힘을 다하여 싸울 것이므로 그 공격을 당해낼 수 없을 것입니다. 그러니 장군께서는 성벽을 높게 하여 지키면서 이미 잃어버린 성의 성주들을 불러 모아 초나라가 와서 구원한다는 사실을 알리면 그들은 반드시 한나라를 배반할 것입니다. 한나라의 군대는 2천 리나 되는 먼 길을 와서 싸우니 이미 항복했던 성들이 모두 배반하면 그들은 식량을 얻을 수가 없을 것이므로 싸우지 않고도 항복받을 수 있을 것입니다."

용저가 말하였다.

"나는 평소부터 한신의 사람됨을 잘 알고 있다. 제 힘으로 생계를 꾸려나가지 못하고 빨래하는 아주머니에게 빌붙어 밥을 얻어먹거나 백장의 바짓가랑이 밑을 기어나오던 겁쟁이이니 내 어찌 한신 따위를 두려워하겠느냐."

용저는 싸우기로 하고 유수(濰水)를 사이에 두고 한신과 마주하여 진을 쳤다. 한신은 밤에 몰래 사람을 시켜 일만여 개의 자루를 만들고 거기에 모래를 가득 채워서 유수의 상류를 막게 하였다. 그리고는 군대를 이끌고 반쯤 건너가서 용저를 공격하다가 거짓으로 지는 체 돌아서서 달아났다. 용저는 기뻐하면서 말하였다.

"한신이 겁쟁이임을 내 알고 있었더니 과연 그렇군!"

그리고는 한군을 추격하여 물을 건너오기 시작하였다. 반쯤 건너왔을 때 한신이 막아놓았던 모랫자루를 한꺼번에 터버리자 갑자기 큰물이 밀어닥쳤다. 한군이 급히 쳐서 용저를 죽이자 용저의 군대는 우왕좌왕 하며 달아났고, 제왕 전광도 달아났다. 한신은 이들을 추격하여 제왕과 초나라 군사들을 모두 사로잡고 제나라를 평정하였다.

한신은 한왕에게 글을 보내어 다음과 같이 청원하였다.

"제나라는 거짓과 속임수를 잘 써 변덕이 심한 나라입니다. 또 남으로 초나라와 인접하고 있으니 가왕을 세워서 진정시키는 것이 좋겠습니다. 원컨대 신을 가왕으로 세워 주십시오."

이때 한왕 유방은 형양성에서 항우군에게 포위되어 위급한 상황에 처해 있었다. 한왕은 한신의 사자가 올린 글을 펴보고 크게 노하여 꾸짖어 말하였다.

"내가 지금 곤경에 처해 있는데 와서 도와주기는커녕 스스로 왕이 되겠단 말이냐?"

장량과 진평은 한왕의 발을 일부러 밟고는 사과하는 척하며 한왕의 귀에 대고 말하기를 "한나라는 지금 불리한 형편에 있습니다. 그를 세워서 왕으로 삼고 스스로 한나라를 위하여 제나라를 지키게 하는 것이 상책입니다. 그렇지 않으면 변이 일어날 것입니다."고 하였다.

한왕은 곧 깨닫고 다시 사자를 꾸짖어 말하였다.

"대장부가 제후를 평정했으면 마땅히 참왕이 될 것이지 어찌 가왕이 된단 말이냐?"

한왕은 장량을 보내어 한신을 세워 제왕을 삼고 그의 군대를 징발하여 초나라를 치게 하였다.

항우는 용저가 죽었다는 말을 듣고 크게 두려워하여 우태(盱台) 사람 무섭(武涉)을 시켜 다음과 같이 제왕 한신을 설득하게 하였다.

"지금 항왕과 한왕 두 사람의 싸움에 있어 승패의 열쇠는 족하에게 있습니다. 족하가 오른편에 가담하면 한왕이 이기고 왼편에 가담하면 항왕이 이길 것입니다. 오늘 항왕이 망하면 다음엔 족하를 쓰러뜨릴 것입니다. 족하는 항왕과 옛 인연이 있습니다.

어찌하여 한나라를 배반하고 초나라와 연합하여 천하를 삼분하여 왕이 되고자 하지 않습니까?"

한신이 사절하여 말하였다.

"신은 일찍이 항왕을 섬겼으나 벼슬이 낭중에 불과하였고 지위는 집극(執戟)에 지나지 않았습니다. 계책을 드려도 채용하지 않은 까닭에 초나라를 배반하고 한나라로 갔습니다. 한왕은 나를 상장군으로 임명하여 수만의 군대를 주었으며 스스로 옷을 벗어서 나에게 입히고 음식을 내려서 나를 먹였습니다. 진언과 계책은 채용되었습니다. 그런 까닭에 내가 지금에 이르게 되었습니다. 대체로 남이 나를 깊이 신임하는데 내가 그를 배반하는 것은 상서롭지 못한 일이니 나를 위하여 항왕에게 잘 말씀 전하여 주시오."

무섭이 떠나가자 괴철이 관상학적으로 한신을 설득하였다.

"신이 군의 얼굴을 보니 봉후(封侯)에 지나지 않으며, 군의 등을 보니 귀하기가 이루 말할 수 없습니다."

"그게 무슨 뜻인가?"

한신이 묻자 괴철이 말하였다.

"초나라와 한나라가 서로 엎치락뒤치락하며 오랫동안 싸우는 동안에 지혜 있는 자와 용맹한 자가 함께 곤고(困苦)한 지경에 이르렀습니다. 신이 생각하건대 그 대세로 보아 천하의 성현(聖賢)이 아니면 이 천하의 어지러움을 그치게 할 수 없다고 여겨집니다.

이제 두 왕의 운명은 바야흐로 족하에게 달려 있습니다. 족하가 한나라를 위하면 한나라가 이기고 초나라 편이 되면 초나라가 이길 것입니다. 진실로 신의 계책을 써주신다면 한·초 양편을 다 이롭게 하고 함께 보존하는 일이니 천하를 삼분하여 솥발처럼 버티면 그 형세 어느 편에서도 먼저 움직이지 못할 것입니다. 족하와 같은 성현하신 분이 제나라의 옛땅을 다스리고 교·사(膠泗)의 땅을 소유하여 제후들을 덕으로써 회유하면서 궁전 깊숙한 곳에서 손을 마주잡고 왕으로서의 예를 지키면 천하의 군왕들은 서로 이끌고 와서 제나라에 조회할 것입니다. 하늘이 주는 것을 받지 않으면 도리어 그 허물을 받고, 때가 왔는데도 감행하지 않으면 도리어 그 재앙을 받는다 하였으니 원컨대 족하는 깊이 생각하십시오."

한신이 말하였다.

"한왕이 나를 극진히 대우하고 있습니다. 내 어찌 이를 탐하여 의를 저버릴 수 있겠습니까?"

괴철이 또 설득하여 말하였다.

"용맹과 지략이 군주를 진동하게 하는 자는 몸이 위태롭고 불세출의 공을 세운 자에게는 상이 없다 하였습니다. 지금 족하는 군주를 진동하게 하는 위력을 지니고 있으며 상받을 수 없는 공을 가지고 있습니다. 초나라로 돌아가면 초나라 사람들이 믿지 않을 것이며 한나라로 돌아가면 한나라 사람은 떨며 두려워할 것입니다. 족하는 어느 곳으로 돌아가겠습니까?"

한신이 사례하여 말하였다.

"선생께서는 더 이상 말씀하지 마십시오. 나도 이 일에 대하여 생각해보겠습니다."

수일 후 괴철이 다시 한신을 설득하여 말하였다.

"대체로 공이라는 것은 이루기는 어렵고 실패하기는 쉬우며, 때라는 것은 얻기는 어렵고 잃기는 쉽습니다. 좋은 때는 두 번 다시 오지 않습니다. 원컨대 족하는 다시 한 번 심사숙고하십시오."

한신은 망설이며 차마 한나라를 배반하지 못하고 괴철의 말을 사절하였다. 괴철은 자신의 진언이 받아들여지지 않자 한신의 곁을 떠났다.

항우의 마지막 싸움

항우군은 군사적으로 우세했지만 동정서벌 왔다갔다 하느라 완전히 지쳐버렸다. 더구나 안정된 후방 기지가 없어 보급에 어려움을 겪고 있었다. 이에 반하여 유방은 군사적으로는 뒤졌지만 군사들은 휴식을 취하였고 군량도 풍족하였다.

장기적인 소모전 끝에 항우군은 점점 피폐해지고 전쟁의 주도권은 점차 한군의 수중으로 넘어왔다. 항우도 이런 불리한 정세를 인정하고 있었다. 이런 때 제왕 한신이 군사를 진격시켜 초나라를 공격하니 항우는 크게 근심하고 있었다.

유리한 입장에 선 유방은 이런 기회에 인질로 잡혀 있는 태공과 여후를 찾아오려 하였다.

한왕은 육가(陸賈)를 보내어 태공을 돌려줄 것을 청하였으나 처음 항우는 듣지 않았다. 한왕은 다시 후공(侯公)을 사자로 보내어 강화교섭을 진행시켰다.

강화의 조건으로는 홍구(鴻溝)라는 강을 경계로 하여 그 서쪽은 한나라, 동쪽은 초나라로 정하고 양군은 각각 동서로 철수하기로 하며 인질로 잡고 있는 한왕의 가족들을 돌려보내라는 것이었다.

불리한 입장에 처해 있는 항우는 이 조건을 수락하였다. 기원전 203년 9월 양군은 홍구를 경계로 천하를 양분하고 인질을 돌려보냈다.

홍구는 전국 시대에 만들어진 인공 운하로 황하와 회하의 두 강을 연결한 강이다. 지금도 하남성 형양현에 폭 3백 미터의 흔적이 남아 있으며 홍구의 양쪽 산 위에는 한왕의 진지와 항왕의 진지 유적이 남아 있다.

강화의 조건에 따라 항우는 무장을 풀고 동쪽으로 향하였다. 유방이 서쪽으로 돌아가려 하자 장량과 진평이 한왕에게 진언하였다.

"지금 한나라는 천하의 태반을 차지하고 제후들이 다 복종하고 있습니다. 반면에 초나라는 군사가 피로하고 군량이 다 떨어졌습니다. 이것은 하늘이 초나라를 망하게 하는 때입니다. 이런 기회에 초를 치지 않는다면 호랑이를 길렀다가 잡혀먹히는 꼴이 됩니다. 지금 항우를 놓아보냈다간 나중에 우리가 대항할 수 없을 만큼 큰 세력으로 자랄 것입니다."

한왕은 이들의 말을 들어 즉시 군사를 동쪽으로 돌려 양하 남쪽까지 항우군을 추격하다가 일단 멈추고 한신과 팽월에게 사자를 보내어 각각 그들의 군사를 이끌고 고릉(固陵)에서 합류하여 초나라를 치라고 하였다.

유방의 군사는 고릉까지 진격했으나 아무리 기다려도 한신과 팽월의 군사는 도착하지 않았다. 이 사이 초나라는 한군을 공격하여 크게 한군을 깨뜨리니 한왕은 고릉성으로 도망쳐 참호를 깊게 파고 굳게 지키는 태세를 취했다.

"한신·팽월의 군대가 오지 않으니 어떻게 된 일이오?"

한왕은 답답하여 장량에게 나무라듯 물었다.

"제나라를 쳐 깨뜨린 후 그들에게는 아직 어느 땅을 주겠다는 약속이 없으니 그들이 오지 않는 것은 당연한 일입니다. 대왕께서는 이들에게 영지를 베어 주어 천하를 함께할 뜻을 밝힌 다음에야 그들이 군사를 거느리고 올 것입니다. 그러니 수양에서 북쪽으로 곡성에 이르는 땅은 팽월에게 주고, 진(陳, 하남성)에서 동쪽으로 바다에 이르는 땅을 한신에게 영지로 주시옵소서. 그렇게 하여 그들로 하여금 각각 책임을 지워 싸우게 하시면 쉽게 초나라를 깨뜨릴 수 있을 것입니다."

한왕은 다시 한신·팽월에게 사자를 보내어 영지를 주겠다는 증서를 전하고 군대를 이끌고 고릉에 오도록 하였다. 이에 한신·팽월이 모두 군대를 이끌고 고릉을 향해 남하하고 있었다.

이즈음 초나라 대사마 주은이 초나라를 배반하여 육(六)이라는 성을 함락하고 구강의 군대를 이끌고 육가와 경포를 따라 수춘으로부터 진격하여 성보(城父)를 무찌르고 해하(垓下)에 이르렀다.

항우는 해하(垓下, 안휘성 영벽현)에 진을 치고 한군과 대치하였다. 이때 항우의 군사는 10만이었다.

천하를 놓고 마지막 승부를 가리는 건곤일척(乾坤一擲)의 순간은 서서히 다가오고 있었다.

한신은 자기가 가진 모든 병력과 제후들의 군사를 모두 합쳐 30만에 이르는 군대를 진두지휘하였다. 좌익은 그의 부하 공장군, 우익은 마찬가지로 비장군, 그리고 유방의 본진 후방에는 강후와 시장군이 따랐다.

한군은 여러 겹으로 해하의 항우 진지를 포위하였다. 성내의 군량은 거의 바닥이 나고 사기는 떨어져 탈주병이 속출하였다.

한신은 해하에 모여든 여러 군사 가운데서 초나라 출신 군사들을 골라 일반 군사들에게 초가(楚歌)를 가르치게 하였다.

사면초가(四面楚歌)란 여기서 유래한 말이다. 사면에서 자기 고향 노래만 들려온다는 말로 자기를 도와야 할 고향 군사들이 모두 한군에 가담하여 고립무원의 지경에 빠진 상태를 말한다.

한신은 겹겹으로 에워싼 전군에게 초가를 부르게 하였다. 역발산 기개세의 천하장사 항우도 사면에서 들려오는 고향의 노래를 듣자 점점 마음이 약해지기 시작하였다. 마지막 순간이 다가왔다는 절박감이 머리를 어지럽혔다. 야음을 타고 점점 크게 들려오는 초가에 귀를 기울이던 항우는 크게 놀랐다.

경극

"아, 한나라는 초의 땅을 이미 다 차지하였는가? 웬 초나라 사람들이 이렇게도 많단 말인가!"

항우는 밤중에 일어나 장막 속에서 술잔을 손에 들었다. 우희가 그 잔에 술을 따랐다. 우희는 항우가 군사를 일으킨 이래 줄곧 항우를 따라다니며 시중들던 항우의 애첩이었다.

우희는 계속해서 술을 따랐다. 그녀도 이것이 이승에서의 마지막 순간임을 짐작하고 있었다. 술기운이 항우의 몸에 돌자 그는 치밀어 오르는 감회와 비분강개한 감정을 노래에 담아 읊었다.

    힘은 능히 산을 뽑고도 남음이 있고
    기백은 능히 천하를 덮었노라!
    때가 이롭지 못하니 오추마야 너마저 달리지 않는구나!
    오추마야 너마저 달리지 않으니 어쩔 수 없구나!
    우희야 우희야, 이를 어쩐단 말이냐!

    力拔山兮氣盖世　時不利兮騅不逝
    騅不逝兮可奈何　虞兮虞兮奈若何

  오추마는 항우가 타고 다니던 애마의 이름이다. 검푸른 털에 흰 털이 섞이고 하루에 천리를 달리는 준마였다.
  항우는 이 노래를 푸념처럼 읊조리며 눈물을 흘리니 좌우에 있던 사람들이 모두 울었고 감히 쳐다보는 사람이 없었다. 그 뒤 우희가 어떻게 되었는지에 대해서 정사에는 아무 언급이 없고 다만 《초한춘추(楚漢春秋)》에 우희의 화답(和答)이라 하여 다음과 같이 소개하고 있다.

    한병은 이미 초나라 땅을 차지했고
    사면에 들리는 건 초나라 노래 소리뿐
    대왕의 기개가 다하는 날
    천첩 어찌 삶을 바라리오

漢兵已略地　四方楚歌聲

大王意氣盡　賤妾何聊生

　우희의 최후의 장면에 대해서 후세 문인들은 여러 가지 각색을 가했다.

　우희는 항우에 대한 정절을 지키기 위해 항우의 검을 청해 받아 스스로 목을 찔러 죽었다고도 한다. 또 항우가 자기로 인하여 번뇌할까 두려워 자결했다고도 한다. 혹은 항우가 우희에 대한 번뇌를 끊기 위해 우희의 목을 쳤다는 이야기도 전하고 있다.

　그 후 우희의 무덤이라는 곳에서 가냘픈 풀이 싹터서 자라니 후세 사람들은 이 풀을 '우미인초(虞美人草)'라고 불렀다는 설이 있다.

　자리를 박차고 일어난 항우는 큰 소리로 "자아, 포위망을 뚫고 남쪽으로 가자."고 외치며 오추마에 올라탔다.

　휘하에는 선발된 장사 8백 기가 그를 따랐다. 때는 아직 깊은 밤이었다.

　항우는 포위망을 뚫고 남쪽으로 달렸다. 날이 샐 무렵에야 항우가 탈출한 것을 안 한군은 기장(騎將) 관영(灌嬰)에게 5천의 기병을 거느리고 항우를 추격하게 하였다.

　남으로 달아나던 항우가 회수를 건널 무렵에는 8백 기 가운데 겨우 백여 기가 따를 뿐이었다. 도중에서 모두 탈락해버린 것이다.

　항우는 한병이 급히 추격해오므로 잠시도 쉴 새 없이 말을 달려 음릉(陰陵)에 이르렀을 때 길을 잃고 말았다.

　항우의 기병은 어떤 농부에게 길을 물었다. 그 농부는 손으로

우미인초

길을 가리키면서 "왼쪽으로 가십시오."라고 속여서 말하였다. 항우는 이 농부가 길을 속여서 가르쳐 준 사실을 얼마 후에야 알았지만 그때는 당장 믿을 수밖에 없었다. 농부가 일러준 대로 왼쪽으로 달리다가 늪지대로 빠져버렸다. 더 갈 수가 없어 다시 돌아와 동쪽으로 달렸다. 이렇게 시간을 보내는 동안에 한나라의 기병대는 더욱 가까운 거리까지 추격해왔다.

항우가 동성(東城)에 이르러 따르는 자를 헤아려보니 겨우 28기에 지나지 않았다. 항우는 말을 멈추고 생각했다.

"5천의 기병이 바짝 쫓아오고 있는데 우리는 겨우 28기에 지나지 않는다. 아무리 생각해도 빠져나갈 구멍이 없구나." 이렇게 생각한 항우는 28기의 장정을 향해 말하였다.

"내가 군사를 일으킨 이후 오늘에 이르기까지 8년이 되었다. 그동안 70여 회의 싸움에서 한 번도 패한 일이 없었는데 지금 이 같은 곤경에 처했으니 이것은 하늘이 나를 망치게 하려는 것이지 결코 싸움을 잘못한 죄가 아니다. 나는 이제 죽음을 각오했다. 마지막으로 한의 포위를 무너뜨리고 장수를 베고 기를 쓰러뜨려 3승을 거두어 그대들로 하여금 싸움을 잘못한 죄가 아님을 보여주리라."

그리고는 한나라 장수 한 사람과 도위 한 사람을 베어 죽이고 수백 명의 한군을 죽이니 그의 부하들은 모두 감탄하며 땅에 엎드렸다.

이에 항왕은 동쪽으로 오강(烏江)을 건너려고 하였다. 오강의 정장(亭長)은 배를 대고 항우 일행을 기다리고 있다가 항우에게 말하였다.

"강동이 비록 땅이 좁다고는 하지만 사방이 천 리나 되고 인구는 수십 만입니다. 족히 왕업을 이룰 만한 곳이오니 어서 배에 오르십시오."

항우는 웃고 나서 말하였다.

"하늘이 나를 망치려 하는데 강을 건너 무엇하랴. 나는 8년 전 강동의 젊은이 8천을 이끌고 이 강을 건너 서쪽으로 갔다. 그러나 지금은 한 사람도 살아 돌아오지 못했으니 비록 강동의 부형들이 나를 불쌍히 여겨 왕으로 추대한들 내 무슨 면목으로 그들을 대하겠는가? 설사 그들이 아무 말을 않더라도 내 어찌 부끄러운 마음이 없겠는가? 그렇게 할 순 없지!"

이윽고 항우는 오강의 정장을 향하여 "나는 당신이 장자(長者)임을 알겠소. 이 말은 내가 5년 동안이나 탄 말인데 하루에 천 리를 달리는 천하에 둘도 없는 준마요. 차마 죽일 수가 없으니 그대는 이 말을 받아주시오."라고 말하고 말을 그에게 넘겨 주었다.

항우는 부하를 돌아보며 "그대들도 모두 말에서 내리라. 칼 싸움으로 결전을 벌이리라." 하였다.

항우와 그의 부하들은 칼을 가지고 추격해오는 한병들과 접전을 벌였다. 항우는 스스로 칼을 잡고 혼자서 한군 수백 명을 죽이고 자신도 10여 군데에 상처를 입었으나 굽히지 않고 혼전을 벌이던 중 낯익은 얼굴을 보았다.

"너는 내 친구 여마동(呂馬童)이 아닌가?"

항우가 소리쳤다. 여마동은 항우의 친구였는데 지금은 한의 기병 장교로 있었다. 여마동은 난처하였다. 자기를 부르는 소리에 얼굴을 돌리면서 뒤에 있던 왕예(王翳)에게 손가락으로 항우를 가리켰다.

"이 사람이 항왕입니다."

"내 목에 천 금의 상과 1만 호의 봉후가 걸려 있다고 들었네. 내 옛정을 생각해서 그대에게 공덕이나 베풀고 죽겠노라."

항우는 이렇게 말하고 마침내 스스로 목을 찔러 죽었다.

여마동으로부터 항우임을 확인한 왕예가 먼저 항우의 목을 낚아채자 나머지 기병들도 서로 달려와 항우의 시체를 차지하려고 서로 다투어 짓밟혀 죽은 자가 수십 명에 이르렀다.

결국 항우의 몸은 다섯 동강이로 나누어졌다. 목을 차지한 왕예는 두연후에 봉해지고, 여마동은 중소후, 양희(楊喜)는 적천후, 양무(楊武)는 오방후, 여승(呂勝)은 영양후로 봉해졌다.

항우가 죽음으로써 4년 여에 걸친 한·초전은 그 막을 내렸다. 진승·오광이 봉기한 이래 진나라 타도의 수훈갑은 항우였으나 마지막 승리의 열매를 거둔 것은 한왕 유방이었다.

진승·오광이 봉기한 것은 진의 2세 원년(기원전 209)의 일이고, 항우가 오강에서 최후를 마친 것은 한 5년(기원전 202)의 일이다. 항우의 죽음으로 초나라 땅은 거의 다 평정되었으나 아직 노나라가 항복하지 않았다.

한왕은 노나라를 치기 위해 대군을 이끌고 성 가까이 이르러 보니 은은한 풍악 소리와 글 읽는 소리가 들려 왔다.

"노나라는 예의를 지키고 절의에 죽는 기풍이 있다 하더니 과연 그런 모양이다. 무력으로 항복시키는 것보다 사세로써 설득하여 항복시키는 것이 좋겠다." 하고 사자에게 항우의 목을 가져가 노나라 부로들에게 돌려 보이고 항복을 설득하였다.

이렇게 해서 노나라는 피를 흘리지 않고 항복하였다.

한왕은 항우를 노공(魯公)의 예로서 곡성(穀城)에 장사지냈다. 이때 한왕은 눈물을 흘려 슬퍼하였고 항우의 일족을 모두 사면하는 한편 홍문의 위기에서 자신을 구해준 항백을 사양후(射陽侯)에 봉하고 유씨 성을 주었다. 한왕 유방은 그 길로 정도에 이르러 제왕 한신의 진영에 달려들어가 그 군사를 모두 빼앗았다.

1월에 제후와 군신들은 모두 한왕 유방에게 황제의 자리에 오를 것을 간청하였다. 유방은 형식상 세 번 사양한 후 황제 자리에 오르기로 하였다.

2월 갑오(甲午)에 범수(氾水, 정도 서북쪽) 남쪽에서 황제의 즉위식이 거행되니 이로써 한왕조가 정식으로 출범하게 되었다.

진왕조의 계보

영씨(嬴氏))

비씨 非氏…… 진중 秦中 ─ 장공 莊公 ─ 1.양공 襄公 ─ 2.문공 文公 ─ 태자정공 ─
기원전　　　　845~822　　822~788　　778~766　　766~716　　太子竫公

├─ 3.영공 寧公 ─┬─ 5.무공 武公
│　 716~704　　│　 698~678
│　　　　　　　├─ 6.덕공 德公 ─┬─ 7.선공 宣公
│　　　　　　　│　 678~676　　│　 676~663
│　　　　　　　└─ 4.출자 出子　├─ 8.성공 成公
│　　　　　　　　　 704~698　　│　 663~660
│　　　　　　　　　　　　　　　└─ 9.목공(임호)穆公(任好) ─ 10.강공(앵)康公(罃)
│　　　　　　　　　　　　　　　　　 660~621　　　　　　　　　 621~609

├─ 11.공공(화)共公(和) ─ 12.환공 桓公 ─ 13.경공 景公 ─ 14.애공 哀公 ─ 15.혜공 惠公 ─
│　 609~604　　　　　　 604~557　　　 577~537　　　 537~501　　　 501~491

├─ 16.도공 悼公 ─ 17.여공공 厲共公 ─┬─ 18.조공 躁公 ─
│　 491~477　　　 477~443　　　　　│　 443~427
│　　　　　　　　　　　　　　　　　└─ 19.회공 懷公
│　　　　　　　　　　　　　　　　　　　 427~423

├─ 태자(소)太子(昭) ─ 20.영공靈公 ─ 24.헌공(사습)獻公(師隰) ─ 25.효공(거량)孝公(渠梁) ─
│　　　　　　　　　　 423~413　　　 385~361　　　　　　　　　 361~338
└─ 21.간공 簡公 ─ 22.혜공 惠公 ─ 23.출자(出子)
　　 413~400　　　 400~387　　　 387~385

├─ 26.혜문왕(사)惠文王(駟) ─ 27.무왕(탕)武王(蕩)
│　 338~311　　　　　　　　　 311~307
│　　　　　　　　　　　　　　 28.소양왕(칙)昭襄王(則) ─ 29.효문왕(주)孝文王(柱) ─
│　　　　　　　　　　　　　　　 307~251　　　　　　　　 251~250

└─ 30.장양왕(자초)莊襄王(子楚) ─ 31.시황제(정)始皇帝(政) ─┬─ 33.진왕(자영)秦王(子嬰)
　　 250~247　　　　　　　　　　 247~210　　　　　　　　　│　 207
　　　　　　　　　　　　　　　　　　　　　　　　　　　　　└─ 32.2세 황제(호해)
　　　　　　　　　　　　　　　　　　　　　　　　　　　　　　　 二世皇帝(胡亥)
　　　　　　　　　　　　　　　　　　　　　　　　　　　　　　　 210~207

5
전한 시대

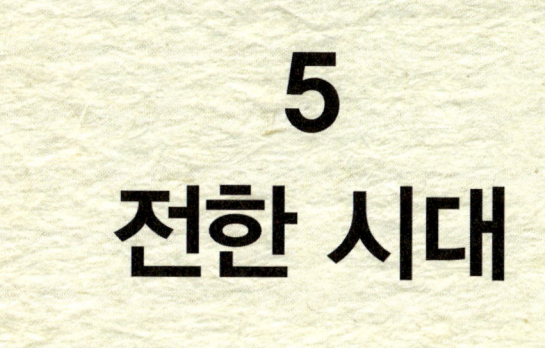

전한 시대

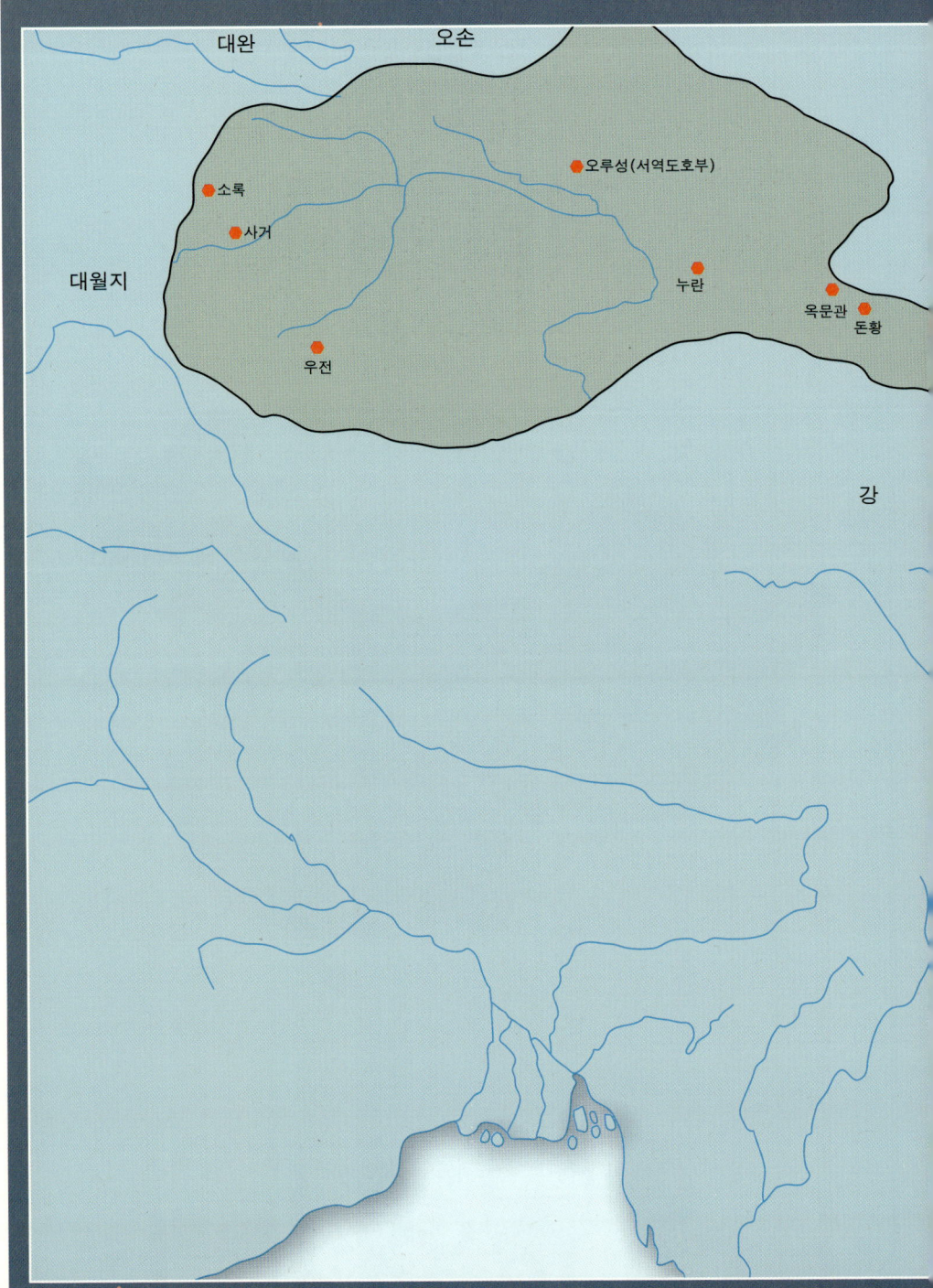

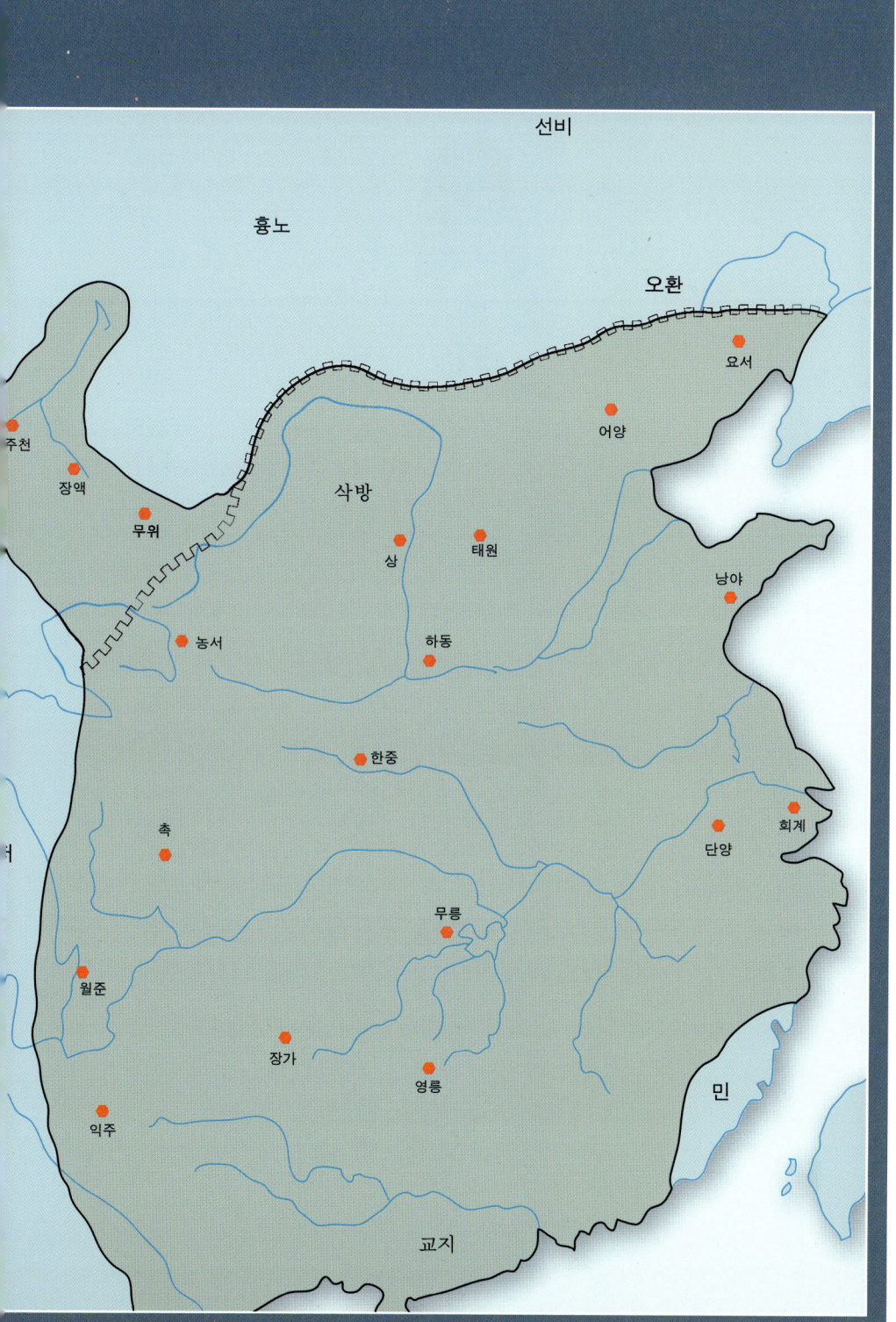

전한 시대

역발산 기개세(力拔山氣蓋世)의 장사 항우를 물리치고 전한을 세운 한고조 유방은 봉건제의 장점과 군현제의 장점을 살린 이른바 군국제를 실시하였다.

왕조 초기에는 한신(韓信)·팽월(彭越)·경포(鯨布) 등 전한 창업의 일등 공신들을 차례차례 숙청하였고, 흉노와는 화친책을 썼다. 한고조가 죽고 난 후에는 그의 정처 여후(呂后)의 집권 시대가 당분간 이어졌다. 여후는 유방이 사랑하던 여인들과 그 여인들에게서 태어난 황자들을 무참히 살해하는 일을 서슴지 않았다. 그 죽이는 방법도 차마 입에 담을 수 없는 참혹한 방법을 썼다. 그뿐 아니라 여씨의 천하를 만들기 위해 여씨 일족을 왕으로 세우는 등 여씨 세력의 포석에 적극적이었다.

여후가 죽자 여씨의 정권은 무너지고 다시 유씨의 천하가 되었다. 문제(文帝)·경제의 선정이 이어져 천하는 바야흐로 태평성대를 구가하였다. 경제 때 제후의 세력을 약화시키기 위한 정책에 오초 칠국이 반발하여 반란을 일으켰으나 주발의 아들 주아부(周亞夫)에 의해 쉽게 평정되었다. 경제의 뒤를 이은 무제는 창업 이래 쌓아올린 문화적·경제적 여력을 바탕으로 과감한 정책을 펴 전한의 황금 시대를 이룩하였다. 그는 지금까지 화친책으로 일관해오던 대흉노 정책을 버리고 적극적인 정책으로 전환하였다. 위청·곽거병 등에게 명하여 흉노를 토벌하고 전한의 위력을 크게 떨쳤다.

이러한 정책에 힘입어 장건(張騫)은 역사상 유명한 실크로드를 개척하는 선구가 되었다. 사마천의 《사기》도 무제 때 이루어졌으나 국내적으로는 무고의 난이 일어나 황태자가 살해되는 등 불상사가 많았으며 정치적 소용돌이에 휘말려 중신들의 희생도 많았다. 무제가 죽고 제14대 평제 때에 이르러 외척 왕망(王莽)이 전한을 찬탈하고 '신(新)'이라는 나라를 세웠으나 제도 개혁의 실패로 혼란이 가중되어 15년 만에 망하고 광무제(光武帝) 유수(劉秀)가 후한을 세우게 되었다.

왕조 초기의 혼란

진왕 자영이 한왕 유방에게 항복한 것은 한왕 원년(기원전 206)의 일이다. 이 해로부터 4백여 년 계속되는 한왕조의 역사는 시작되었다. 그러나 항우가 오강에서 최후를 마치고 한고조가 정식으로 황제의 위에 오른 것은 그로부터 4년 후인 고조 5년(기원전 202)의 일이다.

한왕조는 전반 2백여 년의 전한(前漢)과 후반 근 2백 년의 후한(後漢)을 합하여 4백여 년 계속되었다. 전한을 서한(西漢), 후한을 동한(東漢)이라고도 하는데 이것은 전한의 수도가 서쪽 장안에 있었고, 후한의 수도가 동쪽 낙양에 있었음에 연유한다.

범수의 남쪽에서 황제의 자리에 오른 고조 유방은 군신들을 이끌고 낙양으로 돌아왔다. 그 직후에 공신에 대한 봉작이 시행되었다.

제왕 한신을 초왕으로 삼아 하비에 도읍하게 하였다. 초의 의제에게 후사가 없어 의제를 생각하는 초나라 백성들의 마음이 진정되지 않았으니 이들 백성들의 마음을 위로하기 위해서는 초나라 풍습에 익숙한 한신이 적임자라 하여 초왕으로 삼는다는 것이 그 구실이었다. 그러나 항우가 죽은 후 고조는 한시도 한신을 잊은 일이 없었다. 그만큼 한신을 경계했다는 증거이다.

건성후인 팽월은 양왕으로 봉하여 정도에 도읍하게 하고, 원래의 한왕 신(한신과는 다름)을 한왕으로 삼아 양책에 도읍하게 하고, 형산왕 오예(吳芮)를 장사왕으로 삼아 임상(臨湘, 장사현)에 도읍하게 하였다.

그리고 회남왕 경포, 연왕 장도(臧荼), 조왕 조오(趙敖) 등은 그대로였다.

한신은 봉국인 초나라에 도착하자 그에게 식사를 제공해주었던 빨래하던 아주머니에게 천 금의 사례금을 주고, 자신을 욕보이던 젊은이들 중에 바짓가랑이 밑으로 나가라고 시키던 자를 불러서 중위를 시키고 여러 장상들에게 말하였다.

"이 사람은 장사다. 나를 욕보이던 때에 내가 어찌 그를 죽일 수 없었겠는가? 그를 죽인다 해도 이름이 드러나는 것이 아니었기 때문에 참고 오늘의 공을 성취한 것이다."

낙양에 돌아온 고조는 5월에 이르러 군대를 해산하여 각자 집으로 돌려보내고 군신들을 모아놓고 잔치를 벌였다. 그는 술잔을 높이 들고 군신들을 향해 말하였다.

"내가 천하를 차지하게 된 것은 무엇 때문이며, 항우가 천하를 잃게 된 것은 무엇 때문인지 그대들은 숨김 없이 말해보라."

왕릉(王陵)이 조심스럽게 대답하였다. "폐하께서는 거만하여 사람을 업신여기시고 항우는 인자하여 자비를 베풀었습니다. 그러나 폐하께서는 성을 공략하여 승리한 뒤에는 그 공적이 있는 자에게 나누어주어 천하와 더불어 그 이로움을 같이 하셨습니다. 항우는 그렇지가 않았습니다. 어진 자와 능력 있는 사람을 질투하고 의심하며 공이 있는 사람에게 차마 땅을 나누어주지 못하고 그 공을 모두 자기의 것으로 하였습니다. 이것이 천하를 잃은 까닭이라 생각하옵니다."

유방은 술을 한 잔 쭉 마시고 나서 말했다.

"그대는 아직 하나만 알고 둘은 모르고 있군! 군진의 장막 속에서 계책을 세워 천리 밖의 승패를 산가지* 하나로 판가름 짓는

* 산가지 : 옛날에 수효를 셈치는 데 쓰던 물건으로 대나 뼈로 젓가락처럼 만들었음

일은 내가 장량만 못하고, 국가를 다스리고 백성들을 위무하며 보급을 원활히 하는 일은 내가 소하만 못하고, 백만 대군을 거느려 싸우면 반드시 이기고 공략하면 반드시 빼앗는 일은 내가 한신만 못하오. 이 세 사람은 모두가 인걸이야. 나는 이들 인걸을 잘 썼기 때문에 천하를 차지할 수 있었던 것이고, 항우에게는 홀로 범증 한 사람뿐이었는데 이 사람마저도 제대로 쓰지 못했기 때문에 천하를 잃게 된 걸세."

군신들은 모두 탄복하였다.

이때 제나라의 전횡(田橫)은 죽임을 당할 것이 두려워 그의 무리 5백여 명과 함께 아주 멀리 떨어진 섬에 들어가서 살고 있었다. 전횡이 죽임을 당할까 두려워한 것은 일찍이 제왕이 죽자 그의 아들 전광이 제왕이 되고 전횡이 전광을 도와 정승으로 있었다. 한신이 제나라를 쳐 제왕 전광을 사로잡자 전횡은 역이기를 삶아 죽이고 흩어진 군사를 모아 스스로 제왕이 되어 관영과 싸워 패하고 팽월에게 귀순하였다. 그 후 팽월이 양왕이 되니 전횡은 한고조가 혹시 참형에 처하지 않을까 두려워하였다.

한고조가 듣고 생각하기를 "전횡의 형제가 처음 제나라를 평정했을 때 제나라 어진 사람들이 많이 따랐다. 지금 그들이 바다 가운데 있으니 불러들이지 않으면 뒤에 난을 일으킬지도 모르겠다." 하고 곧 사자를 보내어 전횡의 죄를 용서하고 그를 불러오게 하였다.

전횡은 이를 사절하여 말하였다.

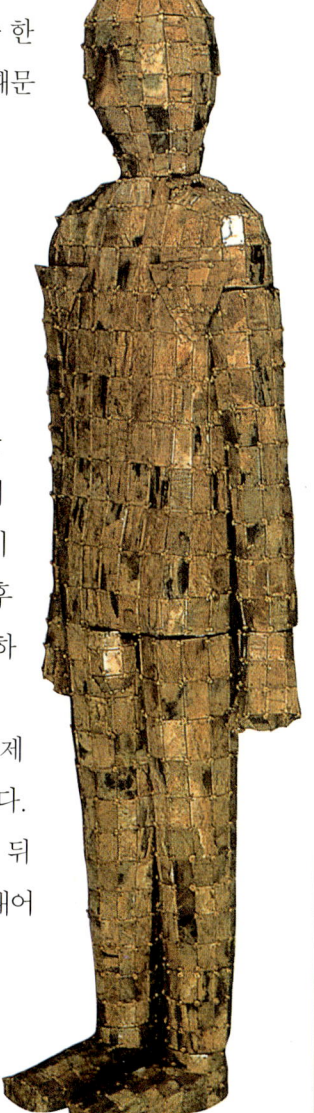

금루옥의 임금이 죽은 후에 그 시신에 염을 한 후 네모난 옥편을 금실로 꿰어 만든 옷을 입힌 것이다. 이 옥의에 옥 1,203개와 2,567그램의 금실이 사용되었다고 한다. 하북성 정현 팔각랑촌 40호 한묘 출토.

"신은 폐하의 사자 역생을 삶아 죽였습니다. 지금 그의 아우 역상이 한나라 장군으로 있다 하오니 신은 두려워 감히 조서를 받들지 못하겠습니다. 그저 서인이 되어 섬을 지키고 살기가 소원입니다."

한고조는 역상에게 조서를 내려 전횡이 올 경우 그를 수행하는 사람들에게 조금도 해를 입히지 말라고 명하고 다시 전횡에게 사자를 보내어 "전횡이 오면 큰 자는 왕으로 봉할 것이고 작은 자는 후로 삼겠다. 그러나 오지 않으면 군대를 동원하여 목을 벨 것이다." 하였다.

이에 전횡은 그의 객인 두 사람과 함께 낙양으로 향하여 오다가 낙양을 30리 앞둔 시향의 역에 이르러 사자에게 말하였다.

"남의 신하된 자 천자를 알현하는 데 있어 마땅히 몸을 씻어야 할 것입니다."

그곳에서 유숙하게 되자 전횡이 그의 객인에게 말하였다.

"횡은 처음에 한왕과 함께 남면하여 고(孤)라고 일컬었다. 그런데 지금 와서는 한왕은 천자가 되고 횡은 북면하여 그를 섬기게 되었으니 그 수치스러움은 이루 말할 수 없다. 또 나는 남의 형을 죽였으면서도 그의 아우와 어깨를 나란히 하여 한 임금을 섬기려고 하니 어찌 마음에 부끄럽지 않겠는가? 또한 폐하가 나를 보고자 하는 것은 한 번 나의 얼굴을 보고자 하는 것에 불과할 것이다. 지금 폐하는 낙양에 있으니 나의 머리를 베어 30리의 거리를 달려가더라도 나의 형용은 흐트러지지 않아 알아볼 수 있을 것이다."

그리고 스스로 목을 찔러 죽었다. 두 객인이 그의 머리를 받들고 고조를 알현하였다.

"아, 할 수 없는 일이구나! 평민 출신으로 몸을 일으켜 형제

세 사람이 차례대로 왕이 되었으니 어찌 어질지 않겠는가!"

한왕은 눈물을 흘렸다. 그리고 두 객인을 도위로 삼고 왕자의 예로써 전횡을 장사지냈다.

장사를 지내고 나자 두 객인은 전횡의 무덤 곁에 구덩이를 파고 스스로 목을 베어 그 구덩이에 떨어지게 하여 죽었다.

고조는 이 소식을 듣고 매우 놀랐다.

"그 나머지 무리가 5백 명이나 바다 가운데 있다고 하니 그들을 모두 불러오도록 하라." 하고 사자를 보냈다. 사자가 도착해보니 그들은 전횡이 죽었다는 말을 듣고 모두 자살한 후였다. 이것으로 전횡의 형제가 얼마나 선비들의 마음을 얻고 있었던가를 만천하에 보인 것이다.

한고조는 낙양이 한나라의 도읍지로 부족함이 없다고 생각하고 길이 이곳을 수도로 삼으려 하였다. 제나라 사람 누경(婁敬)이 낙양을 지나다가 우장군을 통하여 고조에게 뵙기를 청하였다. 고조를 뵙게 되자 누경은 다음과 같이 진언하였다.

"폐하께서는 낙양에 도읍하셨으니 주나라 왕실보다 더 융성하여야 할 것이옵니다."

"물론이지, 주나라 왕실보다 더욱 융성한 왕조가 되어야지."

고조는 대답하였다.

누경은 한고조의 눈치를 살피면서 "낙양은 천하의 중심지입니다. 덕이 있는 제왕은 왕업을 펴기에 좋은 곳이지만, 덕이 없는 제왕은 멸망하기가 쉬운 곳입니다. 반면에 관중은 사방이 산과 강으로 둘러싸인 천연의 요새인지라 만약의 경우 백만의 무리를 능히 대적할 수 있으니 비유하여 말하건대 천하의 목을 한 손으로 잡고 한 손으로 그 등을 치는 것과 같은 요충지입니다. 한나라의

미앙궁 터

도읍지로서 이만한 곳은 없을 것입니다."

낙양에 미련이 있던 고조는 누경의 말을 듣자 쉽게 결단을 내리지 못하고 군신들과 의논했다. 그런데 대부분의 군신들은 산동 출신이었다. 그들은 다투어 낙양의 장점을 들어 낙양을 수도로 정해야 한다고 주장하였다.

고조는 장량에게 의견을 물었다. 그러자 장량은 "낙양이 비록 장점도 많으나 사면으로부터 적의 공격을 받기 쉬우니 이곳은 무력을 쓸 곳이 못됩니다. 관중은 옥야가 천 리이고 그 안쪽에는 파·촉의 땅을 가지고 있으며 삼면이 산으로 둘러싸여 천연의 요새를 이루고 있으며 병자루처럼 좁게 트인 동쪽으로는 작은 병력으로도 백만 대군을 견제할 수 있으니 이곳이야말로 금성천리(金城千里)요 천부(天府)의 땅입니다. 누경의 진언을 받아들임이 좋을 것입니다."

장량의 판단을 믿은 고조는 즉일로 서쪽으로 옮겨 함양 근처에 새로운 수도를 정하기로 결정하였다. 이곳이 장안(長安)이며 소하가 임시로 장락궁(長樂宮)을 보수하여 궁전으로 사용하게 하고 새로 장려한 미앙궁(未央宮)을 짓기로 하였다.

대풍가

고조 6년의 일이다. '초왕 한신이 역모를 꾀했다.'는 상서가 들어왔다. 고조는 진평의 계책을 채용하여 천자의 순행을 핑계삼아 한신을 유인하기로 하였다.

"진(陳)에 모이라. 내 운몽(雲夢)에서 노닐고자 하노라."

고조는 제후들에게 사자를 보내어 이렇게 통고하였다. 한신은 자기를 유인하기 위한 계책인 줄 모르고 운몽에서 회합을 마친 후 고조가 초나라에 도착하면 그때 군대를 동원하여 배반하여도 늦지 않다고 생각했다. 자신은 아무 죄가 없다 생각하고 천자를 뵙고자 하였으나 마음 한구석엔 혹시 사로잡히지나 않을까 하는 두려움이 있었다. 이를 눈치챈 어떤 사람이 한신에게 말하기를 "종리매(鐘離昧)의 목을 베어 천자께 뵙는다면 반드시 기뻐할 것이며 아무 근심이 없을 것입니다."고 하였다. 한신은 생각 끝에 이 일을 종리매와 의논하기로 하였다.

종리매는 항왕의 장수였다. 본래 한신과 친한 사이였는데 항왕이 죽자 도망하여 한신에게 몸을 의탁하고 있었다. 한왕은 종리매가 초나라에 있다는 말을 듣고 조서를 내려 종리매를 체포하라고 하였으나 한신은 초나라에 온 지 얼마 안 되어 아직 체포하지

* 운몽(雲夢) : 초의(七澤, 7개 연못)의 하나로 9백리 큰 늪으로 이루어져 있으며 진시황제가 제5차 순수(巡狩)때 이곳을 방문하였음. 지금의 호북성(孝感懸) 서북 지방.

흉노 흉노의 귀족생활. 〈채문희귀한도권〉

않고 있었다.

한신의 말을 들은 종리매는 꾸짖어 말하였다. "한나라가 초나라를 빼앗지 않는 것은 내가 공과 함께 있기 때문입니다. 이제 공이 나를 체포하여 스스로 잘 보이려고 한다면 내가 죽은 다음 공도 또한 망할 것입니다. 이제 보니 공은 장자가 아닙니다." 그리고는 스스로 목을 찔러 죽었다.

한신이 종리매의 머리를 가지고 진에 가서 고조를 뵈니 갑자기 힘센 무사 몇 사람이 뛰쳐나와 한신의 팔을 비틀어 뒤로 하고 손을 묶어버렸다. 그리고 한신을 고조의 뒷수레에 태우고 낙양으로 향했다.

한신은 수레 속에서 "역시 세상에서 하는 말이 옳구나. 날쌘 토끼가 잡히면 그것을 쫓던 개는 삶아 먹히고, 새가 없어지면 좋은 활은 치워버린다. … 또 적국이 망하면 지모 있는 신하도 죽는다 하더니 천하가 평정된 이제 내가 잡혀 죽게 되는 것은 당연한 일이로다!"

고조가 말하였다.

"어떤 사람이 공이 역모를 꾀했다고 고변하는 자가 있었기 때문에 체포했노라."

고조는 한신을 심문했지만 혐의를 찾을 수 없어 석방하였다. 그러나 작위는 왕에서 회음후(淮陰侯)로 격하되었다.

그 후 한신은 고조가 자신의 유능함을 두려워하여 미워함을 알고 항상 병을 핑계삼아 조회에도 나가지 않고 천자의 거동에도 수행하지 않았다. 한신은 주발·관영 등과 동렬에 서는 것을 매우 창피하게 느꼈다.

고조는 일찍이 조용히 한신과 더불어 여러 장수들의 군사 통솔 능력에 대해 말한 적이 있었다. 고조가 한신에게 묻기를 "나같은 사람은 얼마나 되는 군대의 장수가 될 수 있겠는가?" 하니 한신이 대답하였다.

"폐하께서는 10만 명의 장수에 불과합니다."

그러자 고조가 말하였다.

"군은 어떠한가?"

"신은 많을수록 더욱 좋습니다."

고조가 웃으며 말하였다.

"많을수록 좋다면 어찌 나에게 사로잡히는 바가 되었는가?"

"폐하께서는 군대의 장수가 될 수는 없어도 장수의 장수가 될 수는 있습니다. 이것이 신이 폐하에게 사로잡힌 까닭입니다. 또 폐하는 하늘이 준 것이지 사람의 힘은 아닌 것으로 압니다."

한신이 대답하였다.

그 후 진희가 거록수(鉅鹿守)에 임명되어 한신에게 작별 인사를 갔을 때였다. 한신은 진희의 손을 잡고 좌우를 물리친 다음 탄식하며 말하였다.

"공의 임지는 천하의 정병이 있는 곳일 뿐더러 공은 폐하의 신임과 사랑을 받고 있지 않은가? 가령 남이 공이 배반하였다는 말을 해도 처음에는 믿지 않을 것이고, 두 번 말하면 의심할 것이고, 세 번 말하면 그때는 성내어 스스로 공을 치러 올 것일세. 그때 내가 공을 위하여 안에서 일어나면 가히 천하를 도모할 수 있을 것일세."

진희는 원래 한신의 유능함을 알고 있었으므로 "삼가 가르침을 받들겠습니다." 하고 임지로 떠났다.

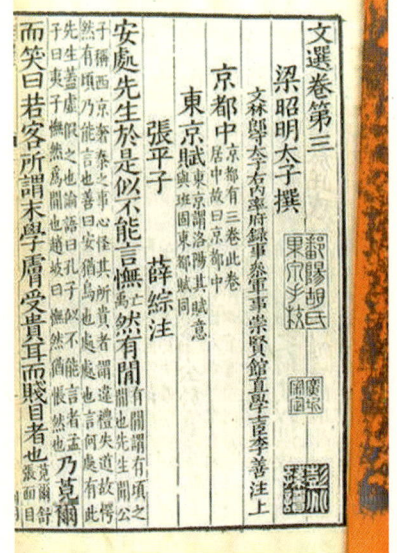

《문선(文選)》

고조 10년 진희가 과연 배반하였다. 고조는 친히 군대를 거느리고 진희의 토벌에 나섰으나 진희와의 내응을 약속한 한신은 병을 핑계삼아 따라가지 않고 은밀히 사람을 진희에게 보내어 "공은 다만 군사를 일으키라. 그러면 내가 여기서 공을 돕겠노라."라고 전하고 그의 가신들과 의논하여 밤에 거짓 조서를 내려 여러 관가에 갇혀 있는 죄수들을 석방하여 보내고 여후와 태자를 습격하기로 하였다. 각 부서와 책임자를 모두 정하고 진희의 회보가 오기만을 기다리고 있었다. 그의 사인(舍人)이 한신에게 득죄하여 한신이 그를 죽이려 하자 사인의 아우가 "고변이요. 한신이 배반하고자 합니다." 하고 여후에게 보고하였다.

여후는 한신을 부르고자 하였으나 혹시 오지 않을 것을 염려하여 소하와 상의하고 사람을 시켜 거짓으로 진희를 토벌하기 위해 친정중인 천자가 보낸 것처럼 속여서 말하기를 "진희는 이미 죽였다."라고 하였다.

　여후와 군신들은 승상 소하가 꾸민 계책임을 알지 못하고 모두 와서 축하하였다. 승상 소하는 한신에게 사자를 보내어 "비록 병중일지라도 들어와서 축하하는 것이 도리가 아니겠습니까?" 하고 말하니 한신은 들어가지 않을 수가 없었다. 한신이 들어가자 미리 대기하고 있던 힘센 무사들이 재빨리 한신을 포박하여 장락궁의 종실(鐘室)에서 한신을 베어 죽였다.

　죽음에 임하여 한신은 최후 진술에서 "내 괴철의 계책을 채용했었더라면 이 지경이 되지 않았을 것이다. 이제 아녀자의 속임수에 떨어졌으니 어찌 하늘이 시키는 일이 아니겠는가?"

　여후는 한신의 삼족을 모두 멸하였다.

　고조는 진희를 토벌하고 돌아와서 한신의 죽음을 들었다. 한편으로는 기뻐하고 한편으로는 슬퍼하면서 "한신이 죽을 때 무어라고 말하던가?" 하고 물었다.

　"그는 괴철의 계책을 채용하지 않았음을 한탄하였습니다."

　"괴철을 잡아오도록 하라."

　괴철이 잡혀오자 고조가 물었다.

　"네가 회음후에게 배반하라고 가르쳐 주었더냐?"

　"그렇습니다. 신이 가르쳐 주었습니다. 그러나 그가 신의 계책을 채용하지 않더니 이 지경에 이르렀습니다. 만일 그가 신의 계책을 채용했었더라면 폐하께서 어찌 그를 무찌를 수 있었겠습니까?"

　고조가 성내어 말하였다.

　"이 놈을 삶아 죽여라."

　괴철은 조금도 두려워하는 빛이 없이 태연히 말하였다.

"진나라가 그 사슴을 잃자 천하가 모두 그 사슴을 쫓았습니다. 결국은 재주가 높고 발이 빠른 자가 먼저 얻게 되었습니다. 도척의 개가 요임금을 짖은 것은 요임금이 어질지 않기 때문이 아니고 그 주인이 아니기 때문에 짖은 것입니다. 그때에 신은 다만 한신을 알았을 뿐 폐하는 알지 못하였습니다. 뿐만 아니라 천하에는 날카로운 칼을 갈면서 폐하처럼 그 자신이 천하를 차지해 보려고 한 사람이 많았으나 그들의 힘이 미치지 못했을 뿐입니다. 폐하께서는 그들을 모두 삶아 죽여야 하겠습니까?"

"이 자를 석방하라."

고조는 괴철을 용서하였다.

한신의 모반 사건은 몇 가지 의문을 가지게 한다. 일찍이 유방도 한신의 작전 능력을 칭찬하며 "싸우면 반드시 이기고 공략하면 반드시 빼앗는다."라고 하여 한신을 인걸로 인정한 사실이 있었다. 그런 한신이 진희와의 모반 사건을 그의 사인의 아우까지 알 수 있도록 모의했을 리가 없을 뿐더러 그저 사인의 아우라고만 기록되었을 뿐 그 성명이 밝혀지지 않고 있다. 소하와 여후가 한신 같은 군사적 천재를 일찍 숙청하지 않으면 한나라의 앞날이 위험하다고 생각하여 모반의 죄를 뒤집어씌워 고조가 없는 사이에 죽였을 가능성도 배제할 수는 없다. 모반의 혐의는 희박하지만 살려두면 언제 그가 군사적 재능을 발휘할지 모르니 없애야 한다는 것이 그들의 진의였는지도 모른다.

숙청당한 공신들은 한신뿐이 아니었다. 한신보다 앞서 연왕 장도가 숙청되었다. 장도는 원래 연나라의 장군이었는데 항우를 따라 관중에 들어간 무장이었다.

진나라가 평정되자 그는 연왕이 되었고 유방은 한왕이 되었다. 그는 항우의 인맥에 속하는 인물이었다. 그 후 한신이 연나라를 평정하자 초나라를 배반하고 한나라에 항복한 자였다. 엄격히 말하여 한의 공신이라고는 할 수 없는 인물이었다.

항우가 죽은 후 곧바로 그가 모반하자 고조가 친히 군대를 이끌고 그를 격파하고 노관(盧綰)을 새 연왕으로 삼았다.

고조 7년(기원전 200)에는 한왕 신이 모반하였다. 한왕 신은 원래 한의 양왕의 서손으로 신장이 여덟 자 반이나 되는 거구였다. 초·한의 항쟁 때 처음 항우는 정창(鄭昌)이라는 사람을 한왕으로 삼았는데 한신이 한나라를 평정하자 이 나라 출신인 장량의 추천에 따라 한왕이 되었다.

고조 3년 한왕 신이 유수부대를 거느리고 형양성을 지키고 있었다. 항우의 공격을 받아 일단 항우에게 항복했다가 그 후 도망하여 한나라로 돌아왔다.

한에서는 다시 그를 한왕으

T자형 백화 중국 창사시 마왕퇴한묘에서 출토된 묘주의 관을 덮고 있던 백화. 백화의 위쪽 반은 천상의 풍경으로 해(日)와 달(月), 촉룡(燭龍), 천국의 문신(門神)이 그려져 있다. 아래쪽 반은 제후(諸侯)의 도장(印)인 교룡(交龍) 그림이다. 교룡 사이는 상, 중, 하 3단으로 나뉘어진 그림이 있는데, 상단은 무덤 주인의 모습과 하인, 중단은 제사를 지내는 모습, 하단은 물 속의 모습이다. 이 백화는 고대 문헌에 보이는 명정(銘旌)이며, 혼을 승천시키기 위한 매체로 사용되었다.

로 삼았다. 항우를 격파하고 천하를 평정하자 고조는 한왕 신이 재능이 있고 무용도 있으니 북방의 흉노를 방어하라 하고 도읍을 진양에 정하게 하였다.

한왕 신은 상서를 올렸다. "나라가 변방에 있어서 흉노가 자주 침입하오니 변방의 관새(關塞)에서 가까운 마읍(馬邑, 산서성 삭현)을 도읍으로 하고자 합니다."

고조가 이를 허락하자 신은 곧 마읍을 도읍으로 정하여 흉노의 방어 기지로 삼았다.

당시 흉노는 묵특(冒頓)이라는 영걸스런 수장이 나타나 바야흐로 세력을 확장하고 있었다. 묵특은 두만 선우(頭曼單于)의 아들이다. 두만 선우 시절에는 진나라 몽염 장군의 위세에 눌려 오르도스 지방을 빼앗기고 동호(東胡)나 월지(月氏)의 세력도 강성하였기 때문에 흉노는 태자 묵특을 인질로 삼아 월지에 보냈었다. 그 후 두만은 젊은 애첩에게서 아들을 낳자 묵특 대신 그를 후계자로 삼을 생각으로 월지를 급습하였다. 급습을 받은 월지에서는 인질로 잡고 있는 묵특을 죽이려 하였으나 용감한 묵특은 월지국의 명마를 훔쳐 도망하여 본국으로 돌아왔다. 얼마 후 그는 아버지 두

옷을 입은 남자 나무인형 높은 신분으로 보이는 남자의 목용(木俑). 마왕퇴한묘에서 출토되었다.

만을 죽이고 스스로 흉노의 선우가 되었다. 선우는 흉노의 말로 왕을 뜻한다.

묵특은 스스로 선우가 되어 곧바로 동호를 격파하였다. 동호를 격파하는데는 적을 방심시키는 작전을 폈다. 동호에서는 아들이 아버지를 죽인 정변이 일어나 흉노가 매우 혼란해 있을 것으로 보고 흉노에게 명마를 달라고 요청하였다. 묵특은 눈을 딱 감고 그들의 요구대로 명마를 주었다. 그러자 이번에는 미녀를 달라고 요구하였다. 묵특은 이 요구에도 응하였다. 그러자 이번에는 또 넓은 불모(不毛)의 땅을 요구하였다. 이 불모의 땅은 흉노에게 있어 그다지 아까운 땅이 아니었다. 명마나 미녀를 보냈으니 이번에도 순순히 응할 것으로 믿고 동호에서는 흉노에 대한 방비를 하지 않았다. 명마나 미녀를 요구했을 때는 방심하지 않고 방비를 튼튼히 하고 있었으나 거듭 흉노에서 순순히 응했기 때문에 이번에는 경계심을 풀고 방심하고 있었던 것이다.

이 틈을 노린 묵특은 총력을 기울여 동호를 멸망시키고 서쪽으로 월지를 쳐서 대파하였다. 이어 남쪽으로 누번(樓煩)·백양(白羊)을 병합시키고 몽염에게 빼앗겼던 땅을 모두 회복하였다.

이렇게 흉노가 세력을 확장할 수 있었던 것은 그들에게 가장 위협이 되었던 몽염이 죽고 진나라 말기의 혼란과 유방과 항우의 싸움이 계속되었기 때문이다. 그동안 흉노는 아무런 저항도 받지 않고 서서히 그 힘을 길러 30만의 강병을 거느리는 막강한 강국으로 자랐던 것이다.

흉노는 강력한 군사력으로 마읍을 포위하였다. 한왕 신은 여러 차례 사자를 보내어 강화를 요청하였다. 한나라는 군대를 출동시켜 한왕 신을 구원하였으나 신이 자주 흉노에게 사자를 파견했다는 사실을 알았다. 그에게 혹시 모반할 뜻이 있지나 않을까 하여 마읍에 파견된 사자를 시켜 신을 꾸짖게 하였다.

한왕 신은 아무리 변명하여도 지금까지 흉노와 내통했다는 이유를 들어 죽이지나 않을까 두려웠다. 여러 가지 생각 끝에 마침내 흉노와 약속하고 한나라를 공격하기로 하였다. 그리고는 마읍을 가지고 흉노에게 항복하고 태원을 공격하였다.

고조는 친히 군사를 이끌고 출동하여 신의 군사를 동제(銅鞮)에서 격파하고 그 장수 왕희(王喜)를 베어 죽이니 신은 흉노에게로 달아났다.

백토(白土)라는 곳에 있던 한왕 신의 부장 만구신(曼丘臣)과 왕황(王黃) 등은 조나라의 후예인 조리(趙利)를 세워 왕으로 삼고 한왕 신 휘하의 패잔병을 모아 신과 묵특과 모의하여 한나라를 공격하기로 하였다.

흉노는 좌현왕(左賢王)·우현왕(右賢王)으로 하여금 만여 기를 거느리고 왕황 등과 공동 행동을 취하게 하였다.

이렇게 하여 한나라와 흉노와의 격돌이 시작되었다. 이때 한나라 군대는 진양에서 왕황 등의 군사를 격파하였다. 흉노의 선우 묵특이 대(代)의 상곡에 있다는 정보를 입수하고 진양에 있던 고조는 사람을 시켜 묵특의 상황을 살피게 하였다.

이때 묵특은 한나라의 염탐꾼이 올 것을 알고 장사와 살찐 말은 모두 숨겨 놓고 노약자와 비루먹은 말만을 보이게 하였다. 사자 십배(十輩)는 묵특의 계략을 알지 못하고 자신이 본 그대로 생각하여 "묵특을 치는 것이 좋겠습니다."라고 보고하였다.

고조는 다시 유경(劉敬)을 보내어 살피도록 하였다. 유경이 돌아와 보고하기를 "두 나라가 서로 싸우는 마당에 자신의 강력한 점을 보이려고 하는 것이 당연한 일이거늘 신이 가본바 노약자와 초라한 말들만 보이니 이것은 반드시 그들의 단점을 보임으로써 승리를 노리는 흉계임이 분명합니다. 치지 않는 것이 좋겠습니다." 하였다.

고조는 크게 성내어 유경을 꾸짖어 말하였다.

"제나라 오랑캐놈이 말로써 벼슬을 얻더니 이제 망녕된 말로 내 군사의 사기를 꺾으려 하는구나." 그리고는 유경을 포박하여 광무에 가두었다.

고조는 평성(平城)으로 군대를 출동시켰다. 군대가 아직 평성에 이르기 전에 묵특이 정예 기병 40만을 출동시켜 고조를 백등(白登, 평성의 동북쪽)에서 포위하였다. 묵특의 백등 포위 작전은 매우 집요하였다. 아무리 포위망을 뚫으려 해도 뚫을 수가 없었다. 게다가 추운 겨울철이어서 한병은 10인 가운데 2,3명이 동상에 걸려 고통을 받고 있었다. 이에 비하여 흉노의 군사는 추위에 익숙하여 아무런 피해도 없었다.

진평은 계교로써 포위를 풀어야겠다고 생각했다. 그는 화공으로 하여금 미인도를 그리게 하고 사자로 하여금 그 미인도와 후한 선물을 연씨(閼氏, 선우의 정처. 황후)에게 보내어 말하기를, "지금 한나라 천자께서는 곤경에 처하여 이 미인을 묵특에게 바치고자 하십니다."라고 하였다.

연씨는 그 미인을 묵특에게 바칠 경우 그 여인에게 자신의 사랑을 빼앗길까 두려웠다. 묵특을 달래어 말하기를 "지금 한나라의 땅을 얻는다 해도 거기서 살 수는 없을 것입니다. 그리고 두 임금이 서로 괴롭힘을 당할 것이 없지 않습니까?"라고 하였다.

이에 묵특은 성을 포위한 지 7일 만에 포위를 풀고 물러갔다.

한병은 화살을 활시위에 잰 채 탈출하여 평성에서 후속 구원병과 합류하였다.

이로써 흉노와의 싸움은 끝났으나 한왕 신을 베어 죽이려던 애당초 목적은 달성하지 못하였다. 이 싸움은 무승부인 듯한 인상을 주지만 사실은 흉노 쪽의 판정승이었다.

고조는 광무에 도착하자 유경을 석방하고 맨 먼저 흉노의 상황을 살피러 갔던 사자 십배의 목을 베었다. 그리고 유경을 관내후(關內侯)로 승격시켜 건신후(建信侯)라 불렀다.

고조는 환궁하는 도중 조나라에 들렸다. 이때 조왕 장오(張敖)는 장이의 아들이며 또한 고조의 장녀 노원 공주의 남편이었다. 고조는 사위 앞에서 두 다리를 쭉 뻗고 욕설을 퍼부으며 조왕을 꾸짖었다. 세 살 버릇 여든까지 간다고 황제가 된 후에도 젊었을 적 나쁜 버릇은 고쳐지지 않았던 모양이다.

자신들이 섬기는 조왕이 고조에게 모욕당하는 것을 본 조나라 중신들은 크게 분개하였다.

"아무리 황제라고 하지만 신하들이 보는 앞에서 우리의 왕을 모욕하다니 참을 수 없는 일이다."

관고(貫高)·조오(趙午)의 무리들은 이렇게 생각하고 고조를 죽일 계획을 세웠다. 아직도 전국 시대의 살벌한 풍조가 짙게 남아 있는 시기였다. 다행히 일은 사전에 발각되어 황제의 시해 계획은 중신들만의 모의이고 조왕과는 아무 관련이 없다는 사실이 밝혀져 조왕의 생명은 구했으나 왕을 폐하고 선평후(宣平侯)로 격하되었다.

다음 조왕에는 고조의 총애를 받던 척부인(戚夫人) 소생 여의(如意)가 되었다. 이때 여의의 나이 겨우 9세였으나 이미 대

(代)의 왕이 되어 있었다. 대왕에는 박부인(薄夫人) 소생 항(恒)이 되었다. 이 항은 나중에 황제가 된 문제(文帝)이다. 애당초 대왕에는 고조의 형인 유중(劉仲)이 임명되었는데 나라를 버리고 낙양으로 돌아왔기 때문에 합양후(合陽侯)로 격하되었던 것이다.

한나라의 정책은 철저하게 황족에 한하여만 왕을 세우고 다른 성의 왕은 폐한다는 것이었다. 이 같은 사실은 그동안의 역사가 증명해주고 있다.

한신이 제왕의 자리에서 초왕으로 옮겨지자 제왕에는 고조의 장남 유비(劉肥)가, 한신이 초왕에서 회음후로 격하되자 고조의 동생 유교(劉交)가 초왕이 되었다.

한신이 처형된 고조 11년(기원전 196)의 시점에서 볼 때 왕족이 아닌 사람이 왕으로 있은 것은 회남왕 경포, 양왕 팽월, 연왕 노관 세 사람뿐이라고 할 수 있다. 실은 이 밖에도 장사왕 오신(吳臣, 오예의 아들), 민월왕 무저, 남월왕 조타 등이 있었으나 이들은 한나라의 영향력이 실질적으로 미치지 않는 번왕(藩王)에 지나지 않았다.

한신이 억울하게 죽은 해 양왕 팽월이 모반하였다. 팽월은 원래 창읍(昌邑, 산동성) 사람으로 무뢰배였다. 진나라 말기 천하가 크게 어지러워지자 무리를 모아 유방의 거병 초기에 도운 일이 있었다. 그 후 연나라의 흩어진 군졸을 모아 1만여 명에 달하는 병력으로 유방을 위하여 초나라 후방에서 게릴라전을 펼쳤다. 팽월의 초나라에 대한 게릴라전은 유방의 쟁패전에 크게 공헌하였다. 해하의 작전에도 팽월은 전군을 이끌고 참전하였다는 사실은 앞에서 언급한 바 있다.

진희가 마읍에서 배반했을 때 고조가 친정에 나서자 팽월은 부하장수만을 보내고 자신은 병을 핑계삼아 출정하지 않았다. 문책의 사신이 오자 팽월은 정중히 사신을 맞아들여 사죄하려 하자 그의 부장 호첩(扈輒)이 진언하였다.

"차라리 군사를 일으켜 모반하는 것이 낫지 않겠습니까?"

팽월은 망설이면서 여전히 병을 핑계삼아 움직이지 않고 사태를 관망하고 있었다. 이 사이에 "양왕 팽월이 모반했습니다."라는 밀고가 있어 팽월은 어이없이 체포되고 말았다. 일단 죽음을 면하여 촉으로 유배되었으나 마침내는 처형되었다. 고조는 다섯째아들 유회(劉恢)를 양왕으로 세웠다.

고조가 해하의 싸움에서 항우를 무찌를 수 있었던 것은 한신·팽월·경포 세 장군이 대군을 이끌고 참전했기 때문이었다. 한나라로선 이들 세 사람이 최고의 공로자였다. 이들 가운데 한신·팽월이 이미 죽임을 당했으니 경포가 다음 차례는 자기일 것이라고 생각한 것은 당연한 일이었다.

한나라는 팽월을 죽여서 소금에 절이고 그 절인 고기를 그릇에 담아 각 제후들에게 돌렸다. 그것이 회남에 도착했을 때 회남왕 경포는 때마침 사냥을 나가려다가 그것을 보고 몹시 두려워하였다. 마치 "너도 모반하면 이렇게 될 것이다."라고 말하는 것과 같았다.

'모반을 하지 않더라도 모반의 죄를 뒤집어 씌우겠지.'

이것이 경포의 생각이었다. 경포는 몰래 군대의 부서를 정하여 만일의 사태에 대비하는 임무를 정하여 두고, 이웃 고을의 동정을 살피면서 경계하고 있었다.

경포의 사랑하는 여인이 병이 들어 의사에게 치료를 받게 되었다. 중대부 비혁은 전에 경포의 시중이었으므로 이 여인에게 선물을 바치고 이 여인과 친숙해지자 의사의 집에 가서 술을 마시고 논 적도 있었다. 어느 때 이 여인이 경포를 모시다가 무슨 말 끝에 비혁의 사람됨을 칭찬하자 경포는 성을 내며 "너는 어디서 그를 알게 되었느냐?" 하며 그들의 사이를 의심하게 되었다. 비혁이 두려워 병들었다고 핑계하자 경포는 더욱 그를 의심하여 비혁을 체포하려 하였다. 비혁은 자신이 살기 위해서는 경포의 모반을 밀고하는 수밖에 없다고 생각하여 장안으로 말을 달렸다. 이 같은 사실을 안 경포는 급히 사람을 시켜 비혁을 뒤쫓아 잡아오게 하였으나 미치지 못하고 비혁은 마침내 장안에 이르러 고변하였다.

"경포가 모반을 꾀하는 증거가 있습니다. 일이 드러나기 전에 경포를 베어야 할 것입니다."

고조는 비혁이 올린 글을 읽고 상국인 소하에게 말하니 소하가 말하였다.

"경포는 모반할 사람 같지 않습니다. 혹시 무고일지도 모르오니 우선 비혁을 가두고 사람을 보내어 경포의 태도를 살펴보는 것이 좋겠습니다."

한편 회남왕 경포는 비혁이 고변했다는 사실을 알고 그가 자기 나라의 비밀을 모두 말했을 것이라고 의심하고 있었다. 한나라의 사자가 와서 경포를 심문하므로 마침내 비혁의 가족을 몰살시키고 군대를 동원하여 배반하였다.

고조는 여러 장수를 모아놓고 물었다.

"경포가 배반하였으니 어떻게 하면 좋은가?"

여러 장수들은 입을 모아 "군대를 동원하여 그 놈을 구덩이에 묻어야 합니다."라고 하였다. 그러자 여음후(汝陰侯) 등공(藤公)이 "신의 객인에 본래 초나라의 지방 장관이었던 설공이라는 자가 있는데 계략을 세우는 데 뛰어난 재주가 있습니다. 한 번 물어보시는 것이 좋겠습니다." 하였다.

고조는 곧 설공을 불러 물으니 설공이 대답하였다.

"경포가 배반하는 것은 하나도 괴이하게 여길 것이 못됩니다. 경포가 만일 상계(上計)를 택한다면 산동은 한나라의 소유가 아닐 것이며, 중계를 택한다면 승패의 확률을 알 수 없으며, 만일 하계를 택한다면 폐하께서는 아무 걱정이 없을 것입니다."

"그러면 경포는 어느 계책을 택할 것인지 말해 보라."

설공은 자신 있는 태도로 답했다.

"하계를 택할 것이 분명합니다."

"어째서 상계, 중계를 버리고 하계를 택할 것이라 하는가?"

"경포는 본래 도적의 무리에 불과합니다. 마침내 자력으로 왕의 자리에 오르기는 했으나 이것은 다 자기 자신이 살기 위해 한 일이고 장래를 염려하고 백성의 이익을 위하여 한 일이 아닙니다. 그런 까닭에 하계를 택할 것입니다."

고조는 설공의 계책을 받아들이기로 하고 자신이 직접 장수가 되어 경포 공격에 나섰다.

경포는 과연 설공이 말한 것과 같이 하계를 택하였다. 동으로 형(荊)을 공격하니 형왕 유가는 달아나 부릉에서 죽었다. 경포는 그 군대를 인솔하여 초나라를 쳐 깨뜨리고 드디어 서쪽으로 가서 한나라 군대와 기현(蘄縣, 안휘성 숙현)에서 대치하였다. 이때 경포의 군사는 매우 정예부대였다.

고조는 용성에 성벽을 쌓고 경포의 군대를 바라보니 진을 설치한 것이 항우의 포진법과 같았다. 고조는 멀리서 경포를 바라보면서 "무엇이 괴로워서 배반했는가?" 하니, 경포가 말하기를 "황제가 되고 싶을 뿐이오."라고 하였다. 고조는 크게 성내어 경포를 꾸짖고 싸움을 벌였다. 이 싸움에서 경포의 군사는 대패하여 달아났다. 회수를 건너가서 추격해오는 한군과 자주 싸웠으나 패하여 경포는 백여 명의 군사와 함께 강남으로 달아났다.

그러나 이 싸움에서 고조는 유시(流矢)*에 맞아 부상을 입었다. 다른 장수에게 명하여 경포를 추격하게 하였던바 경포가 번양(番陽)으로 달아나자 번양 사람이 경포를 자향(玆鄕)의 농가에서 잡아 죽였다.

* 유시(流矢) : 누가 쏘았는지 모르는 화살

달아난 경포의 추격을 다른 장수에게 맡긴 고조는 장안으로 개선하는 도중에 고향인 패에 들렀다. 오랜만의 금의환향이었다.

젊은 시절에 그는 이곳에서 건달 생활을 하여 많은 비난도 받았지만 이제 황제가 되어 돌아온 것이다. 그는 고향의 옛 친구와 부로들을 모두 불러 모아 큰 잔치를 베풀었다. 잔치가 무르익고 술기운이 돌자 깊은 감회에 젖어 축(筑, 현악기의 일종)을 치며 문제의 〈대풍가(大風歌)〉를 지어 부르며 춤을 추었다. 그뿐 아니라 고향의 소년들 120명에게 이 노래를 가르쳐 합창하게 하였다.

큰 바람 불어닥쳐 구름은 흩날리고
위엄 해내(海內)에 떨쳐 고향에 돌아오다
이제 어떻게 맹사(猛士)를 얻어 천하를 지킬거나

大風起兮雲飛揚
威加海內兮歸故鄕
安得猛士兮守四方

여기서 큰 바람은 난세를 뜻하는 말이고 구름은 자기 자신을 포함한 영웅호걸들을 가리킨다. 세상이 어지러워지자 영웅호걸들이 여기저기서 일어나 다투다가 이제 자신의 위엄을 천하에 떨치고 금의환향하였다. 그 천하를 길이 보전하기 위해서는 용맹한 사나이들을 얻어서 사방을 지키게 해야겠다는 내용이다.

이 '대풍가'는 항우의 '해하의 노래'와 자주 비교된다. 항우가 해하에서 한군에 포위되어 사면초가의 비운에 처했을 때 읊은 노래는 앞서 말한 바 있거니와 항우는 그 패배의 책임을 그 자신에게 돌리지 않고 시운이 불리하여 하늘이 자신을 망치게 하려고 한다는 등의 말로 다른 곳에 책임을 전가시키고 있다.

이에 비하여 유방의 〈대풍가〉는 난세의 큰 바람이 불어닥치자 구름이 되어 하늘을 날고 다른 구름의 도움을 받아가며 천하를 평정하고 금의환향하였다고 술회하고 있다. 그리고 앞으로도 용맹한 사나이들을 얻어 길이 천하를 지키고 싶다고 말하고 있다.

혹자는 〈대풍가〉 첫 구의 큰 바람은 유방을 가리키고, 구름은 항우를 위시하여 그에게 적대 관계에 있던 군웅을 가리키는 것이라고 해석하기도 한다. 즉 자신이 큰 바람이 되어 항우 등을 불어서 날려버렸다는 뜻이라고도 한다. 마지막 구는 일단 차지한 천하는 자기 혼자의 힘으로는 지킬 수 없으므로 용맹한 사람을 바란다는 원망을 나타내고 있어 결코 항우와 같이 자기 힘만을 찬미하지는 않고 있다.

소년들이 부르는 〈대풍가〉의 합창이 점점 흥을 돋우자 고조는 자리에서 일어나 손발을 흔들며 춤을 추었고 춤이 끝나자 두 눈에서는 두 줄기 눈물이 흘렀다.

고조가 〈대풍가〉에 맞추어 춤을 춘 것은 고조 12년 10월이고 그로부터 7개월 후에 세상을 떠났다. 고조가 눈물을 흘린 것은 나이를 먹어서 마음이 약해진 탓도 있었겠지만 경포와의 토벌 작전에서 부상당한 상처 등으로 건강 상태도 좋지 않았던 탓인 듯하다.

사실 고조는 경포의 토벌 작전에 나서기 전부터 건강 상태가 좋지 않았다. 그래서 태자인 영(盈)을 총사령관으로 임명하여 경포를 토벌하게 할 예정이었으나 여후가 반대하고 나섰다.

"경포는 천하의 맹장으로 용병에 능한 사람입니다. 이러한 만만치 않은 적과 상대하여 제장을 독려하여 그를 무찌를 수 있는 것은 폐하밖에 없습니다. 비록 몸이 불편하시더라도 저희들을 위해 이번만은 친히 출정하여 주옵소서."

여후가 울면서 호소하자 고조는 할 수 없이 친히 경포 토벌에 나섰던 것이다. 그러나 여후의 호소는 다른 속셈이 있었다. 당시 고조는 바야흐로 조강지처인 여후를 멀리하고 척부인이라는 여자를 총애하고 있었는데 척부인이 자기가 낳은 아들 여의를 태자로 책립해달라고 울면서 조르고 있었다. 게다가 고조는 현재 태자로 책립된 영이 너무 유약하다는 점에 불만을 품고 망설이고 있었다.

상황이 이러했으니 여후로서는 신경을 곤두세울 수밖에 없었다. 남편과 함께 고생해서 얻은 천하를 남의 아들에게 넘겨줄 수 없다고 생각하여 오빠인 건성후(建成侯)와 의논했다. 건성후는 장량에게 이 일을 의논한 결과 장량은 난색을 표명하면서 한 가지 방법을 넌지시 알려주었다.

"천하를 평정하자 폐하께서는 천하의 현자를 널리 초빙하셨습니다. 그러나 아무리 초빙해도 응하지 않은 네 사람의 인물이 있습니다. 네 사람은 모두 노인이온데 이 네 사람만 태자의 신변에 모시게 할 수 있으면 태자의 자리도 안전할 것입니다." 그리고는 그 초빙 방법도 가르쳐 주었다.

이런 때 태자 영을 총사령관으로 하여 경포를 토벌하라는 것이었으니 만약 태자가 이 토벌 작전에 공을 세운다면 몰라도 실패하거나 지지부진한 성과를 가져온다면 태자를 폐하는 좋은 구실이 될 것이 확실했다.

고조가 〈대풍가〉를 부르고 눈물을 흘린 것은 고향에 돌아온 감상에 젖어서만이 아니라 죽음을 예감했기 때문이었는지도 모른다. 위험 인물을 숙청하고 난 고조는 '용맹한 사나이'가 없음을 실감했음인지 '용맹한 사나이'를 그리워하는 염원이 나타나 있다. 축을 치며 대풍가를 부를 때 그의 눈앞에는 일찍이 용맹을 떨치던 한신·팽월·경포 등의 얼굴이 어른거렸을 것이다.

경포가 멸망되자 왕족이 아닌 왕으로는 오직 연왕 노관 한 사람뿐이었다. 이성의 왕을 숙청한다는 원칙에서 보면 노관의 지위도 안전할 수만은 없었다. 그러나 사람들은 '설마 연왕 노관만이야' 하고 예외 취급하였다. 사람들이 예외라고 생각한 까닭은 연왕 노관은 고조와 죽마지우였기 때문에 심복 부하보다도 더 가까운 사이였다. 그뿐만 아니라 이들 두 사람의 부친끼리도 친구 사이였으며 고조와 노관의 생일까지도 한날이었다. 친구끼리 같은 날에 남자 아기를 낳자 당시 동네의 화젯거리가 되어 동리 사람들은 양고기와 술을 가지고 양가에 몰려와 축복하였다는 것이다.

항우를 멸망시킨 후 연왕 장도가 배반하여 이를 토벌하여 항복받자 고조는 조서를 내려 연왕으로 세울 공로자를 상신하라 명하였다.

물론 고조의 의중 인물은 노관이었다. 고조의 입장에서 보면 소하와 조참이 일한 공로로는 노관보다 앞섰으나 친분으로 따지면 누구도 노관을 따를 자가 없었다. 심지어 침실까지도 출입할 정도로 친밀한 사이였다.

군신들은 모두 이런 점을 알고 있었기 때문에 "노관은 항상 폐하를 따라서 천하를 평정하였으며 공도 가장 많습니다. 그를 연왕으로 세우는 것이 좋겠습니다."라고 하였다.

고조는 조서를 내려 이를 윤허하였다. 다른 왕을 세우는 일은 고조도 마음에 내키지 않는 임명이었으나 노관만은 자신이 바라던 바였기 때문에 누구든지 노관만은 예외일 것이라고 생각하고 있었다. 그러나 마침내 예외가 아니라는 사실이 드러났다.

고조 11년 가을에 진희가 대(代) 땅에서 배반하니 고조가 친정에 나서 한단에서 진희의 군사를 토벌하자 연왕 노관도 토벌 작전에 참전하여 동북쪽을 공격하였다. 노관은 진희를 바로 멸망시키고 나면 자신이 한나라에서 불필요한 인물이 되어 연왕의 자리를 오래 유지할 수 없을 것을 두려워하였다. 진희를 멸망시키고 나면 다음은 연나라를 멸망시킬지도 모르니 가능한 진희와의 싸움을 오래 끌어야겠다고 생각하고 몰래 범제(范齊)를 진희에게 보내어 될 수 있는 대로 오래도록 전쟁을 계속하여 승패를 결정하는 일이 없게 하도록 하였다.

고조 12년(기원전 195) 한나라에서는 번쾌를 시켜 진희를 공격하여 그를 베어 죽이자 항복한 진희의 부장이 말하기를 "연왕 노관이 그의 부하 범제를 진희에게 보내어 모의한 사실이 있습니다."라고 하였다.

고조는 진상을 규명하기 위하여 사자를 보내어 노관을 불렀으나 노관은 두려워 병을 핑계삼아 나오지 아니하였다. 이로 말미암아 고조는 노관을 더욱 의심하게 되었다.

고조는 또 벽양후와 어사대부를 보내어 연왕을 맞아오게 하고 이어 연왕의 좌우 사람들을 심문하게 하니 노관은 더욱 두려워하여 문을 닫고 들어앉아 숨어 살면서 그의 측근에게 다음과 같이 말하였다.

"유씨가 아니면서 왕으로 있는 사람은 나 혼자뿐이다. 지난해 봄에 한나라는 한신의 삼족을 멸하고 여름에는 팽월을 베어 죽였다. 이것은 모두 여후의 계략이다. 지금 황상께서는 병이 들어 나라 일을 여후가 처리하고 있는데 여후는 부인이기 때문에 유씨 성이 아닌 왕과 큰 공이 있는 신하를 죽이는 것을 일삼고 있다."

세상에는 비밀이 없다는 말이 있듯이 이 말이 누설되고 말았다. 벽양후가 이 이야기를 임금에게 보고하자 고조는 더욱 노하게 되었다. 이럴 즈음 흉노에서 항복해온 자가 말하기를 "장승(張勝)이라는 자가 도망하여 흉노에 와 있는데 연왕 노관이 보냈다 합니다."라고 하였다.

장승은 애당초 노관이 흉노에게 보낸 간첩이었다. 그러나 보기에 따라서는 그가 흉노와 모의했다는 증거가 되기도 한다.

"노관이 과연 배반했구나!"

고조는 번쾌로 하여금 연나라를 토벌하게 하였다. 연왕 노관은 그의 궁인·가족들과 수천의 기병을 거느리고 장성 아래에 있으면서 상황을 보고 있다가 임금의 병이 나으면 자신이 직접 들어가 사죄하려 하였으나 4월에 고조가 죽자 그의 한 가닥 희망은 무산되고 말았다. 노관은 할 수 없이 그의 무리를 거느리고 흉노 땅에 들어가 항상 한나라에 돌아가기를 생각하다가 1년 후 그곳에서 죽었다.

새로운 연왕에는 고조의 막내아들 유건(劉建)이 임명되었다.

춤 추는 시녀들

　노관의 사건은 고조가 고향인 패에서 〈대풍가〉를 노래한 후 장안에 돌아온 뒤에 일어났다.
　"고조가 백마를 잡아 군신들과 피를 마시며 맹약하기를 '유씨 성이 아닌 사람을 왕으로 세우면 천하가 함께 쳐 없앨 것이다'라고 하였다."
　이 말은 우승상 왕릉이 한 말이라고 하여 《사기》〈여후본기〉에 실려 있다.
　이런 맹약이 언제 이루어졌는지는 확실히 알 수 없으나 장사왕(長沙王) 등 몇몇 사람의 예외를 제외하고는 고조가 죽기 몇 개월 전에 유씨 성이 아닌 왕은 한 사람도 남지 않고 모두 숙청되었다. 한신이 초왕에서 회음후로 강등되어 주발 등과 같은 서열에 서게 된 것을 매우 부끄럽게 여겼다는 말은 앞에서 언급한 바 있거니와 그러면 왕과 후와는 어떤 차가 있는지 한번 알아보기로 하자.

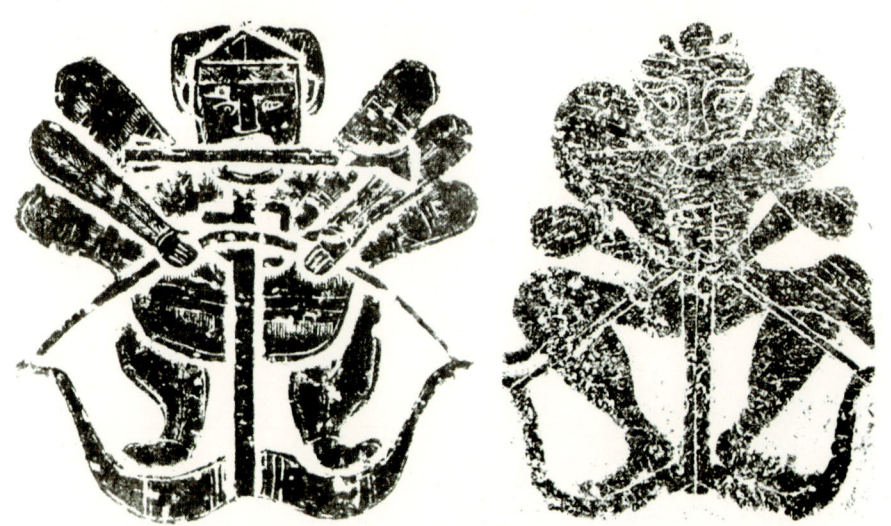

한대의 동노궤 노궤는 전국 시대에 나타나 한나라 때 위력을 떨쳤다.

* 번병(藩屛) : 울타리처럼 왕실을 보호하는 제후

역사적으로 볼 때 주나라 봉건제의 후유증은 춘추·전국의 난세를 가져왔고, 진의 군현 제도의 후유증은 진왕조의 급속한 붕괴를 가져왔다. 한나라는 이들 두 제도의 장점을 따고 단점을 버리는 제도를 채택하여 번병(藩屛)*을 두기로 하였다. 이들 번병들은 왕조가 멸망하면 자신들도 따라 멸망할 것이기 때문에 목숨을 바쳐 그 영지를 지키려 할 것이다. 그러나 그 나라의 규모가 너무 비대해서는 안 되고 요소요소에 적당한 크기의 나라를 세우고 그곳에 황족을 왕으로 세운다는 것이 한나라의 기본 정책이었다.

한신이 격하된 후 초나라는 두 나라로 나뉘어 회동의 3군 53현은 형왕 유가에게, 설·동해·팽성의 3군 39현은 초왕 유교에게 주었으니 그 규모는 훨씬 적어진 셈이다.

이들 왕의 나라에는 각각 정승을 비롯하여 관료 기구를 중앙 정부와 똑같이 두어 중앙 정부의 축소판이라 할 수 있었다. 이러한 제도는 독립성이 비교적 강하여 그 후 한제국은 이 때문에 고통을 겪어야 했다. 그리고 왕들은 당연히 자기 나라에서 독립된 정치를 하고 이따금 황제에게 입조하기로 되어 있었다.

황실의 번병이기 때문에 나라마다 당연히 군대를 둘 수가 있었다. 그러나 그 군대의 동원권은 황제에게 있었으며 정승도 중앙 정부에서 임명하는 것을 원칙으로 했다. 따라서 제도상으로는 완전한 독립 왕국이 될 수 없었고 중앙 정부에서도 이탈할 수 없도록 제도적 장치가 마련되어 있었다.

왕에 대하여 후는 진나라 제도를 답습한 것으로써 20등작(等爵)의 최고 지위이다. 이 최고의 작칭(爵稱)을 '철후(徹侯)' 라고도 불렀다. 이 철은 '통(通)'과 같은 뜻으로 '통한다' 는 뜻이다. 위로 천자와 직통한다는 뜻이다. 20작의 사람은 신하로서는 그 이상 높은 자가 없으므로 직접 위로 천자와 연결된다는 데서 그렇게 불리었다.

고조의 증손에 해당하는 무제(武帝)의 이름이 철(徹)이었기 때문에 천자의 이름을 피하기 위하여 '철후' 를 통후(通侯) 혹은 열후(列侯)로 바꿔 부르기도 한다.

한신은 초왕에서 회음후로 강등되었는데 회음은 현의 이름이다. 현에 봉해지면 그 현을 후국(侯國)이라 불렀는데 똑같이 나라라 불러도 왕의 나라와 후의 나라와는 하늘과 땅의 차이가 있었다. 초왕 시절의 한신은 6군 89현의 주인이었는데 회음후 시절의 한신은 1개현의 주인에 불과하였으니 그 차이를 실감할 수 있다.

열후의 명칭은 그 봉해진 고을의 이름을 맨 앞에 붙여 부르는 것이 원칙이었다. 소하는 찬현(酇縣)에 봉해졌기 때문에 찬후(酇侯), 조참은 평양현(平陽縣)에 봉해졌기 때문에 평양후라 불렀다.

같은 열후이면서도 그 봉호(封戶)*의 수에는 차이가 있었다.

* 봉호(封戶) : 봉해 받은 가구수

유후(留侯) 장량은 1만 호, 조참은 1만 6백 호, 소하는 8천 호, 번쾌는 5천 호, 항우를 끝까지 추격하여 공을 세운 여마동은 1천 5백 호, 연왕 장도의 모반군을 토벌한 부장 선호(宣虎)는 9백 호였으니 많은 차등이 있었음을 알 수 있다.

봉호로부터 징수하는 세금이 열후의 수입이 되기 때문에 호수가 많으면 많을수록 수입이 많아진다. 그러나 열후는 반드시 봉해진 고을에 가서 그 고을을 다스리지 않아도 되었다. 소하·조참·장량과 같은 중요 인물들은 계속해서 고조의 곁에 있으면서 정치를 보좌하였다.

20등작의 최고 관직인 열후 다음인 19등작의 작명은 관내후(關內侯)이다. 열후가 봉해진 고을 이름을 붙여 부른 데 반하여 관내후는 그냥 관내후라고만 불렸다. 이들 관내후에게는 일정한 봉지(封地)가 없이 다만 관내에 거주하면서 자기가 봉해 받은 호수에서 징수한 세금에 해당하는 조세를 받을 뿐이었다. 개중에는 수천 호를 받는 관내후도 있어 수백 호의 열후보다 경제적으로는 윤택한 사람도 있었으나 열후와 관내후와의 지위에는 큰 차이가 있었다. 보통 제후(諸侯)라고 말하면 제국의 왕과 열후만을 지칭하는 것이고 관내후는 포함되지 않는다.

고조 일대에 열후에 봉해진 공신은 《사기》에는 백여 명, '고조 공신 후자 연표'에는 공신 137명, 기타 외척과 왕자를 합쳐 143명으로 되어 있다. 왕자 가운데 한 사람은 왕위를 계승하게 되지만 다른 왕자는 열후로 봉해진다. 천하를 평정한 후 고조 6년부터 봉작을 주기 시작하였으니 고조가 죽기까지 7년 동안에 143명이 봉작을 받은 셈이 된다.

고조의 병사

고조 8년 한왕 신의 잔당을 토벌하고 장안으로 돌아온 고조는 소하가 건축 중인 미앙궁(未央宮)의 장려함을 보고 크게 노하여 소하를 꾸짖었다.

"천하가 흉흉하여 오랫동안 전화에 시달렸고 아직도 그 성패를 알 수 없는데, 무슨 궁전을 이렇게 장려하게 짓는단 말이오?"

소하는 정중히 아뢰었다.

"천하가 아직 미정한 상태에 있을수록 장려한 궁전을 지어 새로운 지배자의 힘을 널리 과시해야 할 것입니다. 이 힘을 실물을 통해 보임으로써 백성들이 안심하고 생업에 종사할 수 있도록 하기 위해서입니다. 또 천자는 사해를 집으로 삼기 때문에 장려하지 않으면 위엄이 서지 않으며 후세 사람들이 이보다 더 훌륭한 궁전을 지을 수 없도록 하기 위함입니다."

고조는 할 말이 없었다. 빙그레 웃을 뿐이었다. 그런데 장안은 진의 수도였던 함양에서 좀 떨어진 곳에 위치하고 있다. 함양은 위수 북쪽에 위치해 있고 장안은 위수 남쪽에 있다. 위수 북쪽에 있던 함양은 모두 항우가 불을 질러 타버렸고 다행히 위수 남쪽에 있었던 진나라 때의 별궁은 파괴되지 않았기 때문에 적당히 보수만 하면 바로 사용할 수 있었던 상태였다. 그 별궁은 진나라 때는 흥락궁(興樂宮)이라 불렸는데 고조는 장락궁(長樂宮)이라 개명하고 우선 이곳에서 정사를 돌보기로 하였다. 이 장락궁의 규모는 주위 8킬로미터 정도로 그 안에 신궁(信宮)·장추전(長秋殿)·영수전(永壽殿)·영녕전(永寧殿) 등의 부속 건물이 있었다.*

* 《사기》의 〈고조 본기〉에는 장락궁이 이루어졌다고만 기록되어 있을 뿐 진나라 별궁을 보수했다는 기록이 없다

그러나 진나라의 퇴물인 별궁만으로는 새로운 왕조의 체면이 서지 않았다. 그래서 소하는 장려한 미앙궁을 지었던 것이다. 장락궁보다 훨씬 규모가 크고 그 가운데 40여 부속 건물이 들어서게 되어 있었다. 물론 소하가 완성시킨 것은 그 일부로 전전(前殿)·북궐(北闕)·동궐(東闕), 그리고 무기고·식량창고 정도였다. 전전은 정면이 110여 미터, 깊이가 30여 미터, 높이가 80여 미터였다고 기록되어 있다. 그러나 고조는 계속 장락궁에서 거처하였다.

일찍이 경포가 모반했을 때 고조는 병이 심하여 사람 대하기를 싫어하였다. 금중(禁中)에 누워 있으면서 문을 지키는 군사에게 명하기를 "군신들을 절대 들여보내지 말라."고 하였다.

주발(周勃)과 관영 등은 10여 일 동안이나 감히 들어가지 못하였다. 이래서는 안 되겠다고 생각한 번쾌는 다짜고짜 문을 밀치고 들어가니 대신들도 번쾌의 뒤를 따라 들어갔다. 고조는 홀로 한 사람의 환관을 베고 누워 있었다. 번쾌 등 군신들은 눈물을 흘리며 말하였다.

"옛날 폐하께서 신 등과 함께 패 땅에서 일어나 천하를 평정할 때는 그 얼마나 기력이 왕성하였습니까? 지금 천하가 이미 평정되었는데 무슨 병으로 이렇게 고생하십니까? 폐하께서는 어찌 진나라 때 조고의 일을 생각하지 못하십니까?"

고조는 웃으며 일어났다. 그 뒤 연왕 노관의 모반 사건이 일어나자 번쾌를 시켜 연나라를 치게 하였다. 이때 고조는 병들어 있었다. 고조의 병상에는 고조가 사랑하는 척부인과의 환관이 척부인의 지시를 받아 여후가 낳은 태자 영을 폐하고 척부인이 낳은 여의를 빨리 태자로 책립해야 한다고 은근히 충동질하고 있었다.

여후의 여동생을 아내로 삼고 있는 번쾌는 척부인과에서 가장 두려워하는 인물이었다. 척부인파에서는 번쾌를 제거하기 위해 그를 참소하여 말하였다.

"번쾌는 여씨의 일당입니다. 만일 하루아침에 황상께서 유고하시는 날에는 번쾌는 즉시 군대를 끌고 와서 척부인과 조왕 여의의 무리를 모두 죽여 없앨 것입니다. 번쾌는 지금 20만 대군을 거느리고 노관을 치지 않고 병사들을 쉬게 하고 있다 합니다."

고조는 그 말을 듣고 매우 성내어 "진평과 주발을 부르라." 명하였다.

진평과 주발이 대령하자 "주발은 번쾌를 대신하여 장수가 되고, 진평은 번쾌를 잡아 당장에 군중에서 베어 죽여라." 하였다.

진평과 주발은 상의하여 번쾌를 먼저 죽이지 않고 함거에 싣고 일단 장안으로 연행한 후 죽이고 살리는 것은 고조에게 맡기려고 하였다. 그런데 장안으로 오는 도중에 고조가 죽었다는 소식을 들었다.

함거에 실려 장안으로 돌아온 번쾌는 석방되고 작위와 명예는 회복되었으며 정치적 실권은 여후에게로 넘어갔다.

처음 고조는 경포 토벌에 나섰다가 빗나간 화살을 맞고 부상을 입은 후 병세가 날로 악화되었다. 고조가 살아 있을 때 태자 책립 문제를 결정짓지 않으면 안 될 입장에 처해 있던 척부인파에서는 더욱 집요하게 고조의 마음을 움직였다. 고조의 마음은 더욱 척부인의 아들 여의에게로 쏠리고 있었다. 고조가 태자를 바꾸려 한 것은 단순히 척부인을 총애해서가 아니라 현재 태자로 책립된 영이 너무 유약하기 때문에 창업 초기의 한제국을 그에게 맡긴다는 것이 매우 불안했기 때문이었다.

이 같은 고조의 속마음을 안 장량이 간하여 고조의 마음을 돌리려 하였으나 고조는 쉽게 이를 받아들이려 하지 않았다. 천자의 고문격인 숙손통은 태자 폐립의 문제에 대해서 목숨을 걸고 반대하였다.

"옛날 춘추 시대 진헌공은 사랑하는 여희 때문에 태자 신생을 폐하고 해제를 세움으로써 수십 년에 걸쳐 진나라가 어지러웠고, 진나라는 일찍 부소를 태자로 정하지 않았기 때문에 조고가 황제의 유서를 위조하여 호해를 태자로 세워 스스로 멸망을 초래하였음은 폐하께서도 직접 보신 일입니다. 지금 태자께서 어질고 효성스러움을 천하 백성들이 다 듣고 우러러 받들고 있습니다. 폐하께서 굳이 적자인 태자를 폐하고 다른 왕자를 태자로 세우시려면 먼저 신의 목을 베십시오."

완고하고 변통 없는 숙손통이 고금의 예를 들어가면서 간하니 고조로서도 할 말이 없었다.

"다만 희롱삼아 한 말일 뿐이오."

그러자 숙손통이 말하였다.

"태자는 천하의 근본입니다. 근본이 한번 흔들리면 천하가 모두 흔들리는 법입니다. 어찌 천하로써 희롱하려 하시옵니까. 천부당 만부당하오이다."

태자 폐립 문제에 대하여는 장량 · 숙손통뿐 아니라 대신들 가운데도 반대하는 사람이 많았다. 고조는 군신들의 마음이 모두 조왕 여의에게 없음을 깨닫고 있었으나 그래도 확실한 결정을 내리지 못하고 있었다.

태자 폐립 문제로 고심하던 여후가 그녀의 오빠 건성후 여석지를 시켜 장량에게 계책을 문의한바 일찍이 고조가 아무리 초청해도 나오지 않았다는 네 사람의 현자를 초빙하는 방법을 장량이 넌지시 가르쳐주었다는 사실은 앞서 말한 바 있다.

여택은 장량의 계책에 따라 사람을 시켜 태자의 정중한 편지를 받들고 그들을 맞으니 네 현인은 모두 태자의 초빙에 응해 은신처에서 나왔다. 이들 네 현인은 우선 건성후의 숙소에서 쉬고 있었다. 고조와 군신들이 모두 모이는 연회가 열려 태자 영이 그 연회장에 들어갈 때 이들 네 현인이 모두 태자를 모셔 연회장에 따라 들어섰다.

네 사람 모두 나이는 80여 세이고 머리도 눈썹도 수염도 눈처럼 희었다. 의관은 거룩해 보였으며 고고한 기풍은 흡사 이 세상 사람 아닌 신선같이 느껴졌다.

연회장의 많은 시선이 이들 네 사람에게 모아졌다. 황제도 괴이히 여겨 "그대들은 어떤 사람들이오?" 하고 물었다.

네 사람이 앞으로 나가며 이름을 말하고 인사를 올렸다.

"신은 동원공(東園公)이라 아룁니다."

"신은 녹리선생(甪里先生)이라 아룁니다."

"신은 기리계(綺里季)라 아룁니다."

"신은 하황공(夏黃公)이라 아룁니다."

네 노인의 이름을 들은 고조는 크게 놀랐다. 이 네 현인이야말로 고조가 천하를 평정한 뒤 어질다는 말을 듣고 여러 차례 초빙하였으나 끝내 모습을 나타내지 않던 인물이었다.

"나는 오래전부터 그대들을 찾았으되 나오지 않고 피하지 않았던가? 그런데 지금은 어찌하여 내 아이를 따르고 있는가?"

"폐하께서는 선비를 업신여기시고 꾸짖기를 좋아하시니 신 등은 의로써 욕됨을 받지 않으려고 황공하옵게도 피했사옵니다. 지금 태자 영은 성품이 어질고 인품이 뛰어나 선비를 아낄 줄 아시므

황제옥새 '기병' 그림 가운데 있는 옥새 '황제옥새'란 네 글자가 새겨진 옥새. 여후가 생전에 가지고 있었던 것으로 보인다.

로 천하 백성들이 모두 목을 길게 빼고 그 분을 위해 죽음도 사양치 않는다 하옵니다. 이 분이야말로 저희들이 섬겨야 할 명군이라 생각되어 스스로들 나와 이렇게 모시고 있는 것이옵니다."

네 현인이 말하였다. 고조는 네 노인을 한참 동안 바라보고 있다가 "그대들은 오래오래 태자를 지키고 보좌하라." 하였다.

네 노인이 하례의 인사를 올리고 물러가자 고조는 이들을 목례로 전송하면서 척부인을 불러 이들 노인을 가리키며 말하였다.

"나는 태자를 바꾸려고 했었소. 그러나 태자 영을 저 네 현인이 보좌하고 있으니 이젠 깃과 날개가 다 돋아났소. 움직일 수 없으니 단념하시오."

십년 공부 도로아미타불이 된 척부인은 울음을 터뜨렸다. 고조는 척부인의 슬픔을 위로하기 위해 척부인에게 초의 춤을 추게 하고 자신은 초의 노래를 불렀다. 그 가사가 《사기》의 '유후세가(留侯世家)'에 실려 있다.

    홍곡 높이 날아
    단숨에 천리를 가도다
    깃과 날개가 이미 돋아나
    사해를 가로지르도다
    사해를 가로지르는 것을
    진정 어이하리
    증작이 있다 한들
    맞힐 수가 없도다

鴻鵠高飛　一擧千里
羽翮已就　橫絶四海
橫絶四海　當可奈何
雖有矢矰繳　尙安所施

　　태자 영의 곁에는 네 현인이 있어 날개가 이미 돋아나 사해를 날고 있다. 아무리 좋은 활이 있어도 살이 이르지 못하게 되었으니 어쩔 수 없다는 뜻이다.
　　고조는 이 노래를 몇 번이고 되풀이하여 불렀으나 척부인은 흐느껴 울 따름이었다.
　　결국 고조가 태자를 바꾸지 않은 것은 장량의 계책에 따라 이들 네 현인을 불러내는 데 성공한 것이 결정적 계기였다.
　　그 후 고조의 병세는 더욱 중태에 빠졌다. 여후가 명의를 불러 치료하려 하자 고조는 고개를 가로저으며 말하였다.
　　"내 평민의 몸으로 석 자 칼을 잡고 천하를 차지했으니 이 또한 천명이 아니겠소. 이렇게 병들어 쓰러진 것도 또한 천명이오. 사람의 명은 하늘에 있는 것이니 비록 편작인들 무슨 소용이 있겠소? 치료는 필요 없소."
　　그리고는 황금 50근을 주어 명의를 돌려보냈다. 고조도 자신의 생명이 다했음을 짐작하고 있었고 여후 또한 이를 짐작하였다.
　　여후는 후계자 문제를 걱정하여 고조의 의중을 떠보았다. 태자 문제는 이미 확정되었으므로 대신의 후계자 문제였다.
　　"소상국도 나이가 많습니다. 그가 죽은 후에는 누가 대신하는 것이 좋겠습니까?".
　　"조참에게 맡기시오."

그러나 조참 또한 고령이었다. 여후는 그 다음 차례를 물었다.

"왕릉이 가하지만 조금 우직하니 진평으로 하여금 그를 돕도록 하시오. 진평이 비록 지모가 많으나 단독으로 국사를 담당하기는 어려우니 정치는 왕릉·진평 두 사람에게 맡기고, 주발이 중후하고 소박하지만 유씨를 편안히 할 사람은 주발일 것이니 이 사람에게 군사적인 일을 맡기어 태위(大尉)*를 삼도록 하시오."

＊ 태위(大尉) : 군사의 최고 책임자

여후는 또 다음 차례를 물었다. 그러자 고조는 "그 후 문제는 당신의 알 바가 아니오."라고 말끝을 흐렸다. 자꾸 다음 차례를 물으니 고조는 '도대체 당신은 언제까지 살려고 그러는가.'라고 마음속으로 생각했을지도 모르는 일이다.

죽음에 임박한 고조가 국사를 담당할 대신들의 이름을 댈 때 장량은 제외되어 있다. 장량은 일찍이 고조가 천하를 평정하고 낙양에서 잠시 머물다가 장안으로 도읍이 옮겨지자 고조를 따라 관중으로 들어온 후부터 신선이 되기를 원하여 곡식을 끊고 있었다. 천하가 평정되어 조국 한나라에 대한 원수를 갚았으니 이제 물러나고 싶어하였다.

＊ 적송자(赤松子) : 태고적 신선의 이름

"원컨대 인간의 일을 버리고 적송자(赤松子)*를 따라 놀려고 할 따름입니다."라고 말했듯이 그는 인간사에 미련이 없었다.

장량이 신선이 되기를 원한 것은 일종의 보신책이었을 것이라는 견해도 있다. 사실 고조는 천하를 차지한 뒤 장도·한신·한왕 신·팽월·경포, 그리고 예외라고 인정했던 죽마지우 노관까지도 숙청하였다. 심지어는 노관 토벌군의 총사령관인 번쾌까지도 참수하라는 명령을 내렸던 것이다. 지모가 뛰어난 장량은 이 같은 상황을 미리 짐작하고 고조와 여후의 의심을 사지 않으려 했던 것이다.

논공행상이 있을 때 고조는 장량의 수훈을 인정하여 다음과 같이 말한 적이 있었다.

"그대는 마음대로 제나라 땅에서 3만 호를 골라 가지라."

그러자 장량은 "신이 하비에서 처음 일어나 폐하와 만났으니 이것은 하늘이 신을 폐하에게 주신 것입니다. 폐하께서는 신의 계책을 채용하시어 다행히 시운이 맞아 천하를 얻으신 것입니다. 신은 원컨대 유 땅에 봉해지면 그 이상 바랄 것이 없겠습니다. 3만 호라는 말씀은 가당치도 않습니다."라고 하여 인간 세상의 부귀와 공명에 뜻이 없음을 밝히고 있다.

정치 이야기가 나오면 장량은 "신은 모르는 일입니다."라고 일축하여 일체 관여하지 않았다. 이리하여 장량은 숙청 대상에서 제외되었고 그 후 적송자를 따라갔는지 여부에 대해서는 아무 기록이 없다.

아무리 행운을 타고난 고조 유방도 죽음만은 면할 수가 없었다. 재위 12년(기원전 195) 여름 4월 갑진일에 장락궁에서 고조는 영면하였다. 재위 12년간이라고 하지만 이것은 한왕이 된 때부터 계산한 것이고 항우를 멸망시키고 황제가 된 해로부터 따지면 8년밖에 안 되니 새로운 왕조의 발족 단계에서 죽은 셈이다.

새로운 왕조가 서면 당연히 새로운 법령과 제도, 예악 등을 정비해야 하는데 고조의 주변에는 그럴 만한 인물이 없었다. 고조를 비롯하여 그의 주위 인물들은 모두 하층 계급 출신에 불과하였고 군사인 장량만이 재상가 출신이었으나 성인이 되었을 때는 이미 한나라가 멸망하여 관직에 나갈 수가 없었다.

일찍이 고조가 군신들을 모아놓고 건국의 대축하연을 벌였을 때 술에 취한 군신들이 서로 공을 다투어 마침내는 칼을 빼어 기둥을 찍는 등 뜻하지 않은 일이 벌어져 연회장은 엉망이 되었다.

군신간의 예의 따위는 아랑곳없이 황제가 된 유방에게도 무뢰배끼리의 의리 정도로 알고 있는 버릇 없는 행동을 취했던 것이다.

"이들 버릇 없는 인간들을 어떻게 할 수 없을까?"

고조는 자신의 오만무례한 품위 없는 행동을 생각하면서 이를 근심하였다.

숙손통은 고조가 그런 것을 몹시 싫어함을 알고 진언하였다.

"대체로 유생이라는 것은 함께 진취하는 것은 어려우나 이루어진 것을 함께 지킬 수는 있습니다. 신은 노나라의 유생들을 불러다가 신의 제자들과 함께 조정의 의식을 제정하겠습니다."

숙손통은 진나라 때 문학으로 박사가 되어 2세 황제의 궁정에 출입한 자였다. 숙손통의 진언을 들은 고조는 "어렵지 않게 만들 수 있겠는가?" 물었다.

"신은 고대의 예와 진나라의 의식을 참고하여 그것을 시세와 인정에 맞게 만들고자 합니다."

"시험삼아 해보되 다만 알기 쉽고 내가 능히 행할 수 있나를 헤아려서 만들도록 하라."

고조는 윤허하였다.

이에 숙손통은 사자를 노나라에 보내어 유생 30여 명을 불러오게 하여 임금의 좌우에서 학문하는 자와 그의 제자들 백여 명과 함께 야외에 면체(綿蕞)*를 설치하여 예를 익혔다.

* 면체(綿蕞) : 예를 강할 때 띠를 묶어 세워 존비의 차례를 표시하는 일

한 달 정도 지난 뒤에 "폐하께서 시험삼아 한번 보시옵소서." 하고 숙손통이 아뢰었다.

예를 행하는 것을 본 고조는 "이만하면 나도 할 수 있겠다. 이 예법을 10월부터 조정에서 실시하게 하라." 하고 군신에게 명하

였다.

고조 7년 장락궁이 이루어지자 제후와 군신들이 모두 입조하여 10월의 의식이 거행되었다. 전하에는 공신·열후·장군·군리들이 차례에 따라 서쪽에 늘어서서 동쪽을 향하고, 문관은 승상 이하 차례대로 동쪽에 늘어서서 서쪽을 향했다. 이에 황제가 연을 타고 방을 나오면 제후왕 이하 녹봉 6백 석에 이르는 관리가 어전에 인도되어 차례로 조하를 받들어 올렸다.

시녀 인형

조하의 예가 끝나자 다시 법주(法酒, 의식의 술)를 마련하여 놓고 신하들이 전상에서 모시고 앉는데 모두 엎드려 머리를 숙이고 지위의 고하에 따라 일어나 황제에게 헌수하였다. 조회를 마치고 술잔치를 벌였는데 감히 떠들고 실례하는 자가 한 사람도 없었다.

고조는 만족하여 "내 오늘에야 비로소 황제가 존귀하다는 것을 알았다."하여 기뻐하였다.

아마도 숙손통이 이 조정의 의식을 제정하기 전에는 황제로서도 제장들과 마주앉아 말을 주고받고 했던 것 같다. 이것도 창업에 얽힌 하나의 이야기이다.

또 황제로서의 존엄을 길이 유지하기 위하여 일찍이 논공행상에 의하여 왕으로 봉했던 공신이나 장군들을 숙청하였으며 장차 국가의 통치에 유리한 조치의 일환으로 왕자나 왕족들을 제후로 임명하였다. 또한 재상인

장안성 유적

소하 등과 더불어 일련의 법령과 제도를 제정하여 중국 역사상 두 번째의 봉건 왕조를 세웠다.

초기의 봉건 왕조는 정치적으로는 통일되었으나 경제면에서는 붕괴 상태에 있었다. 원래 진왕조의 폭정에 의하여 농민들은 기아를 면치 못하여 짐승들의 옷을 입거나, 개 · 돼지의 먹이를 먹어야 할 정도로 궁핍한 상태에 이르고 있었다. 그 후 농민 봉기에 이은 8년간의 전쟁에 의하여 농토는 황폐화되고 난을 피하여 유랑하는 백성들이 산야에 가득하였다.

진나라 때 3천만이었던 인구가 한대 초기에는 650만으로 감소되었다고 하며 곡역성(曲逆城, 하북성 완현동남)은 진나라 때 3만 가구였던 것이 한대 초기에는 5천 가구로 감소되어 있었다.

일찍이 고조가 백등에서 흉노에게 7일간 포위되었다가 진평의 기계(奇計)를 써서 풀려나자 남으로 곡역성을 지나면서 "내가 천하를 두루 다니면서 보았으되 내 마음에 드는 곳은 오직 낙양과

이 곡역뿐이다."라고 극구 칭찬하고 6차례에 걸쳐 기계를 내어 고조를 위기에서 구출했던 진평을 곡역후로 임명했던 바 있다.

이처럼 살기 좋은 고장인 곡역성이 이 정도로 황폐하였다면 당시의 경제 사정을 넉넉히 짐작할 수 있다.

여후의 시대

고조가 죽자 태자 영이 황제의 위에 올랐으나 그는 나이가 어리고 유약하여 실권은 여후가 장악하였다.

《사기》의 저자 사마천은 냉철한 사가로 현실을 존중한 데 반하여 《한서》의 저자 반고(班固)는 원칙과 명분을 중시하는 경향이 있었다. 《사기》와 《한서》는 모두 기전체(紀傳體) 형식을 취하고 있다. 천하를 지배한 왕조와 제왕의 전(傳)은 '본기'에 기록하고, 지방 정권, 즉 제후의 전은 '세가'에 기록하고, 그 밖의 여러 인물의 전은 '열전'에 기록하는 것이 기전체의 기록 방법이다.

태자 영이 즉위하여 혜제(惠帝)로 불렸으나 《사기》에는 혜제 본기가 없고 '고조 본기' 다음에 '여후 본기'로 이어지고 있다. 혜제는 8년 동안 재위하였으나 정치적 실권은 사실상 여후가 장악하였기 때문에 혜제가 천하를 지배했다고 할 수 없으므로 사마천은 아무 거리낌없이 혜제를 본기에서 제외시켰다.

이에 반하여 반고는 명목상이라 하지만 엄연히 제위에 올랐기 때문에 본기에서 제외시킬 수 없다고 생각하여 《한서》에는 '혜제 본기'를 넣고 있다. 또한 《한서》에는 항우·진승을 모두 열전에 넣고 있다. 《한서》가 한의 역사를 기술한 것이기 때문에 그렇게 취급했을지 모르지만 《사기》는 천하의 역사를 다룬 것이기 때문에 사마천은 항우를 본기에, 진승을 세가에 넣고 있다. 한대의 학자들은 항우를 고조와 똑같이 취급했다 하여 비난의 소리도 있지만, 사마천은 짧은 동안이지만 항우의 위령이 천하에 미친 것이 사실이기 때문에 그를 본기에 넣고 진나라 토멸의 선구자격인 진승을 제후로 취급하여 세가에 넣었다. 이 같은 사마천의 역사관으로 볼 때 사실상 혜제는 천하를 지배하지 못했으므로 본기에 넣을 자격이 없음은 확실하다 하겠다.

고조가 죽자 가장 난감한 처지에 빠진 것은 척부인이었다. 여후는 많은 지지 세력을 갖고 있었지만 척부인이 믿은 것은 오직 고조 한사람뿐이었다. 고조가 죽고 난 지금 그녀는 고립무원의 외톨이가 되었다. 태자 폐립 문제, 번쾌 주살 음모 등이 모두 척부인에 의해 자행되었음을 익히 알고 있는 여후는 척부인이 미워서 견딜 수가 없었다. 그것뿐이랴. 시앗을 보면 돌부처도 돌아앉는다는 말이 있듯이 만년의 남편 유방은 척부인만을 사랑하고 자기를 멀리한 것도 새삼 분하게 느껴졌다.

"이들 모자는 용서할 수 없다."

마침내 여후는 척부인을 죽이기로 하였다. 그것도 단숨에 쳐 죽이는 것으로는 직성이 풀리지 않았다. 그는 역사상 잔인하기로 유명한 방법을 썼다.

여후는 우선 척부인을 영항(永巷)

노자 마왕퇴에서 출토된 노자 백서. 조참의 통치 근본은 무위이치라 불리는 도가적 황노사상이었다.

에 가두었다. 영항이란 원래 후궁들이 거처하던 곳으로 여러 개의 방이 거리처럼 쭉 배열되어 있었기 때문에 붙여진 이름이며 또한 후궁이 죄를 범했을 때 치죄하던 곳이었다. 척부인은 머리를 깎이고 재갈이 물려졌으며 빨간 옷이 입혀지고 그곳에서 방아를 찧는 벌이 내려졌다.

척부인을 가둔 여후는 척부인의 아들 여의를 장안으로 불렀다. 여의는 조왕으로서 조나라에 있었다. 모자를 한꺼번에 죽일 생각으로 조왕에게 출두할 것을 명령하였다.

이때 조의 재상은 건평후 주창(周昌)이었다. 그는 여후가 척부인과 조왕을 함께 해치려는 마음을 헤아리고 "고조께서는 신에게 조왕을 위탁하셨습니다. 조왕은 지금 병석에 누워 있으므로 감히 예궐하라는 조서를 받들 수가 없습니다."라고 거절하여 사자가 세 번이나 되풀이하여 왕복하였다.

여후는 크게 노하여 주창을 즉시 소환하라 명하였다. 조왕 여의의 일이라면 고조의 유명(遺命)을 구실로 응하지 않을 수 있지만, 주창 본인으로서는 따르지 않을 수가 없었다. 주창이 장안에 이르자 다시 사자를 보내어 조왕 여의를 불렀다.

혜제는 동생 여의가 궁중에 오면 여후에 의해 살해될 것을 알고 패상까지 나가서 동생인 조왕 여의를 맞이했다. 그리고 그 후로는 조왕과 침식을 같이하였다. 그러던 어느 날 혜제는 아침 일찍 사냥을 나갔다. 이때 여의는 너무 어려서 아직 자고 있었기 때문에 같이 사냥에 나갈 수가 없었다. 날이 새기 전에 돌아오면 아무 일 없겠지 하고 혜제는 사냥을 나갔던 것이다.

혜제는 이처럼 인자하여 동생을 보호하였지만 지키는 사람 열이서 도둑놈 하나 못 당한다는 격으로 결과는 너무 뜻밖이었다.

복숭아를 훔치는 동방삭 동방삭은 유창한 변설과 재치로 무제의 측근이 된 문인으로, 서왕모의 복숭아를 훔쳐먹어 오래 살게 되었다고 하는 속설이 있다. 부국강병책을 주장했으나 받아들여지지 않았다.

* 짐주(鴆酒) : 짐새라는 독조의 깃과 털로 빚은 술

틈을 노리고 있던 여후는 사람을 시켜 미리 준비하고 있던 짐주(鴆酒)*를 조왕에게 권하여 마시게 했다. 짐주를 마시면 살아날 길이 없었다.

여후는 이렇게 해서 조왕 여의를 살해하고 영항에 가둔 척부인을 죽여 원한을 씻으려 하였다.

여후는 먼저 척부인의 두 손과 두 다리를 끊고 눈을 도려내고 귀를 잘라 귀머거리로 만든 다음 약을 먹여서 벙어리로 만들었다. 그리고 변소에 갖다 놓고 인체(人彘, 인간 돼지)라고 이름 붙였다.

며칠 후 여후는 이 인체를 자기 아들 혜제에게 보였다.

혜제는 이 인간 돼지가 척부인임을 알고 충격을 받은 나머지 병이 들어 그 후 1년 여를 병석에 누워 있으면서 사람을 시켜 여후에게 다음과 같이 그의 심정을 털어놓았다.

"이것은 인간으로서 차마 할 짓이 아닙니다. 나는 어머니의 아들로서 양심상 도저히 천하를 다스려 나갈 수가 없습니다."

혜제는 이때부터 정치를 포기하고 술과 여자를 가까이했다. 이 때문에 정치의 대권은 더욱 여후의 손에 쥐어졌다.

고조가 끝까지 태자를 바꾸려 했던 것은 단순히 척부인을 사랑했기 때문만은 아니고 태자의 이 같은 유약함이 불안했기 때문이었을 것이라는 추측을 갖게 한다.

소하와 조참

혜제 2년 재상 소하의 병세가 위독하다는 말을 듣고 혜제는 친히 소하의 병상에 나가 문병하였다. 이 자리에서 혜제는 소하에게 물었다.

"후임 재상으로 누가 가합하다고 생각하시오."

"그 신하의 사람됨을 알아보는 것은 임금만한 사람이 없다 하였습니다. 폐하께서는 누가 좋다고 생각하시옵니까?"

"조참이 어떻소?"

"잘 보셨습니다."

소하는 조참을 후임 재상으로 천거하였다. 조참은 소하가 죽었다는 말을 듣고 사인(舍人)들에게 "내가 곧 입궐할 것이니 서둘러 행장을 준비하도록 하라." 하고 말했다. 과연 잠시 후에 대궐에서 사자가 내려와 조참은 입궐하여 소하의 뒤를 이어 재상이 되었다.

조참과 소하는 원래 친한 친구 사이였으나 후에 장상의 지위에 오르면서 정치적 의견이 맞지 않아 멀어지게 되었다. 그러나 소하가 죽음에 임하여 후임 재상으로 추천한 것은 조참이었다.

조참은 재상으로서 국정을 맡게 되자 모든 일을 변경함이 없이 소하가 실시하던 규칙을 그대로 따랐다. 그리고 관리들 가운데 문필과 능력보다는 충의지심이 두텁고 덕이 있는 사람을 측근으로 발탁하고 문필과 능력을 앞세워 명예를 탐하는 자를 추방하였다. 그리고 대신들이 정치적 문제에 대하여 문의하는 일이 있으면 조참은 술과 고기를 가져오라 하여 정사는 제쳐놓고 곤드레만드레 취하여 마시고 먹는 것으로 세월을 보냈다.

조참의 이 같은 행동을 본 혜제는 마음이 편치 않았다. 혜제는 조참의 아들을 불러 그로 하여금 조참에게 다음과 같이 묻도록 하였다.

"아버지께서는 막중한 재상의 자리에 계시면서 국정은 몰라 하고 마시고 잡수시는 것으로 일을 삼으시니 이래서야 어떻게 천하를 안정시킬 수 있겠습니까?"

이 말을 들은 조참은 불덩이처럼 성을 내어 옆에 있던 널판지 조각을 들어 그의 아들을 세차게 때리면서 "네가 무엇을 안다고 입을 놀려대느냐. 국사 같은 일은 네 따위 무리들이 함부로 입에 담을 일이 아니니라." 하고 꾸짖었다.

이 소문을 들은 혜제는 더욱 의아한 생각이 들어 직접 조참에게 그 이유를 물었다. 조참은 당황하면서 "폐하에게 여쭐 말씀이 있습니다. 폐하께서 스스로 생각하시기에 선제와 폐하를 비교할 때 누가 더 영명하다고 생각하십니까?"라고 물었다.

"짐이 어찌 감히 선제를 따르겠소."

"그러면 폐하께서 신과 소하를 비교할 때 누가 더 어질다고 보십니까?"

"그대가 소하만 못한 것 같소."

조참은 매우 근엄한 표정을 지으면서 "폐하의 말씀이 옳습니다. 폐하는 선제에 미치지 못하고 신 또한 소하만 못합니다. 선제와 소 재상은 천하를 평정하고 또한 법령과 제도를 제정하셨습니다. 그러므로 신 등은 그 제정된 법령과 제도를 굳게 지켜 계속 밀고 나가는 것이 좋지 않겠습니까?"라고 말하였다.

혜제는 조참의 의미심장한 말을 알아듣고 "좋은 생각이시오.

그렇게 하도록 합시다." 하고 조참의 의견에 찬동하였다.

여기서 '소규 조수(蕭規曹隨)'란 고사성어가 유래하였다. 즉 '소하가 제정한 법령·제도를 조참이 그대로 이어받아 지킨다'는 뜻이다.

조참의 이 같은 정치적 구상은 어디서 나왔을까? 조참은 혜제 밑에서 재상을 맡기 얼마 전에 제나라의 재상을 역임한 바 있었다. 그때 조참은 저명한 학자와 유생을 초빙하여 국가 안정책에 대한 자문을 받은 일이 있었다. 그러나 이들의 정책이 각양각색이어서 별로 참고되는 바가 없었고 그 후 조참은 교서(膠西, 산동성 고밀현 북쪽)의 대학자 개공(蓋公)에게 가르침을 청했다.

개공은 "도를 다스리는 데는 청정(淸淨)을 제일로 삼아야 하여 이렇게 함으로써 백성이 스스로 편안해진다."라는 도리에 대해 설명하였다. 이 말을 바꾸어 말하면 국정을 담당하는 사람은 정치상의 규정이나 제도를 간소화해서 백성을 안심시키지 않으면 국가도 안정시킬 수 없다는 뜻이다. 이 사상은 '청정무위(淸淨無爲)' 또는 '무위이치(無爲而治)'라고도 불린다.

이 같은 정치 사상은 진의 폭정과 장기간의 전란을 겪은 백성들이 생활의 안정을 갈망하던 사회 현실에 적합한 사상이었다. 이는 이미 황제나 노자의 경전 가운데 나와 있는 것으로 황노 사상(黃老思想) 또는 황노 정치라고도 불렀다. 한대 초기에 이 황노 사상을 제창한 사람은 다름 아닌 재상 조참이었다.

그 후 이 사상은 조정에까지 파급되어 궁정 내의 모든 관리들이 이 사상의 영향을 받게 되었고 마침내는 한대 초기의 정치적 지도 이념이 되었다.

한대 초기의 '백성에게 휴식을 제공한다'는 국가 정책은 한의 고조, 혜제, 여후에 의해 20여 년간 추진되어 나름대로의 성과를 올렸다. 역사가들은 당시의 상황을 "의식은 풍족하고, 형벌은 줄어들고, 천하는 평온하였다."고 칭찬을 아끼지 않고 있다.

흉노와의 관계

일찍이 고조가 백등에서 흉노에게 7일간이나 포위되자 진평의 기계를 써서 그 포위에서 풀려났다는 일은 앞서 말한 바 있다. 그 후에도 흉노는 자주 북쪽 변방을 침범하여 한나라를 괴롭혔으므로 고조는 유경으로 하여금 화친조약을 체결하도록 하였다.

흉노를 무찔렀던 한나라의 군대 복원도

그 조약의 내용은 '한나라의 적장공주(嫡長公主)를 선우의 아내로 할 것, 해마다 피륙과 곡식·술·음식 등을 보낼 것, 한나라가 흉노에 대하여 형제가 될 것' 등으로 매우 굴욕적인 조약이었다. 화친조약을 맺은 뒤에도 흉노는 몇 차례 국경을 침범한 일이 있긴 했으나 전쟁다운 전쟁은 없었다.

혜제 3년(기원전 192) 흉노로부터 여태후에게 매우 외설적이고 무례한 편지가 날아들었다.

"고독에 번민하고 있는 나는 늪지대에서 나서 말이 마구 달리는 평원

광야에서 자랐다. 이따금 국경을 넘어 중국에 노닐기를 원하였더라. 지금 폐하(여태후)도 혼자된 몸, 나 또한 혼자 있어 두 임금이 모두 쓸쓸하니 우리 있는 것으로써 없는 것을 바꿈이 어떠하리."

《춘추좌전》에 '장맥분흥(張脈憤興)'이라는 말이 있다. 혈기가 바야흐로 터질듯이 넘쳐 흘러 욕정을 견디지 못하겠다는 뜻이다. 나도 그렇고 과부가 된 당신도 그럴 것이니 우리 잘 해보는 것이 어떻겠느냐는 일종의 능멸과 조롱이 뒤섞인 것이었다.

여태후는 얼굴이 붉으락푸르락하여 당장 사자의 목을 베고 흉노를 공격하려 하였다. 즉시 제장들을 모아 이 일을 의논하니 상장군 번쾌가 먼저 말하였다.

"원컨대 신이 10만의 군대로 흉노 땅을 휩쓸고 오겠습니다."

여러 장수들이 다 여태후의 뜻에 영합하여 "그렇습니다." 하고 찬성할 뿐 아무도 이견을 내세우는 사람이 없었다.

그러자 낭중(郎中)으로 있는 계포(季布)가 앞으로 나서며 "번쾌를 참형에 처해야 되겠습니다. 일찍이 고조께서 40여만의 대군을 거느리고 가서도 백등에서 곤욕을 당하셨습니다. 그때 번쾌는 상장군이었습니다. 그런데 지금 번쾌가 어떻게 10만의 군대를 가지고 흉노를 휩쓸 수가 있겠습니까? 이것은 면전에서 기만하는 행위입니다. 더구나 진나라가 오랑캐의 정벌을 너무 일삼았기 때문에 진승 등이 봉기하였던 것입니다. 지금 전쟁의 상처가 아직 아물지 않았는데도 번쾌가 망

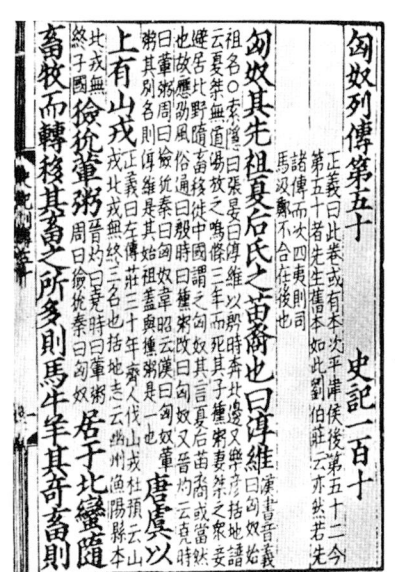

〈흉노열전(匈奴列傳)〉
《사기(史記)》의 〈흉노열전〉. 고대에 험윤, 훈육 등으로 불린 민족을 흉노로 해석하고 있다.

흉노족의 사슴형 금괴수와 벨트 버클

녕된 말로 아첨하여 천하를 요동시키고자 합니다." 하였다.

이때 전상에 있던 대신들은 모두 두려워하였으며 여태후는 조회를 폐회하였다.

냉정히 판단해볼 때 지금 당장 흉노와 싸울 시기는 아니었다. 여태후도 이 같은 점을 알고 그 이상 흉노 정벌의 논의는 하지 않고 계속 화친을 추진하기로 하였다.

여태후의 전권

혜제 2년(기원전 193) 제왕 유비(劉肥)가 장안에 입조(入朝)하였다. 유비는 고조의 장남이고 혜제의 서형이었다.

당시 궁정 안은 궁중과 외전으로 나뉘어 있었다. 외전이란 군신들이 출입하면서 정사를 의논하는 곳이고, 궁중은 황제의 일족들이 사생활을 하는 곳이었다. 《자치통감(資治通鑑)》의 주석자 호삼성(胡三省)의 주석에 의하면 당시의 황족들은 외전에서는 황제에 대하여 군신의 예를 취했지만 궁중에서는 사가에서처럼 항렬과 나이를 따졌다. 그래서 제왕 유비는 외전에서는 동생인 혜제에 대하여 신하의 예를 갖췄지만 궁중에서는 혜제보다 윗자리에 앉았다. 역사적 기록에 의하면 혜제가 윗자리에 앉도록 여러 번 권했다고 한다. 제왕은 동생이 자꾸 권했기 때문에 할 수 없이 윗자리에 앉았던 모양이었다.

여후의 옥새

그러나 이를 본 여태후는 크게 노여워하였다. 아무리 윗자리를 권하더라도 제왕이 윗자리에 앉아서는 안 된다고 생각한 여태후는 그 자리에서 제왕을 독살하려 하였다. 여태후는 사람을 시켜 독술이 든 술잔을 제왕에게 권하였다. 혜제는 자기 어머니가 무엇을 하려는지 대충 짐작하고 있었다. 그는 먼저 제왕 앞에 놓여진 술잔을 들어올렸다. 당황한 여태후는 재빨리 일어나 혜제의 소맷자락을 힘껏 당겼다. 그 바람에 술잔은 혜제의 손에서 떨어지고 술은 엎질러져 버렸다. 제왕은 그제서야 눈치를 채고 술에 취한 척하면서 그 자리를 빠져 나왔다.

숙소로 돌아온 제왕은 위험한 고비는 겨우 넘겼으나 앞으로의 일이 걱정되었다. 어떻게 하면 여태후의 노여움을 풀게 할 수 있을지 몰랐다. 그는 가신과 의논 끝에 성양군(城陽郡)을 노원 공주(魯元公主)의 탕목읍(湯沐邑, 세금을 일상 생활의 경비에 충당하는 토지)으로 바치기로 하였다. 그러니까 결국 제왕 유비는 조그마한 군 하나와 자신의 생명을 바꾼 셈이었다.

조왕 여의가 살해된 후 여태후는 회양왕 유우(劉友)를 조왕으로 세웠다. 유우는 고조의 아들이지만 그 어머니의 이름은 알려지지 않고 있다. 《사기》·《한서》도 똑같이 그를 제희(諸姬)의 아들이라고만 기록하고 있다.

척부인처럼 고조의 총애를 받아 자신을 괴롭혔던 여인이나 그의 아들에 대하여는 끝까지 용서하지 않았던 여태후였지만, 후궁으로 있으면서 고조의 총애를 받지 못했던 여인의 아들에 대하여는 관용을 베풀었던 모양이다.

그 하나의 예로 조왕이 된 유우를 들 수 있다. 여태후는 여씨 일족의 딸을 유우에게 주어 그를 자신의 세력권 내에 묶어두려 하였다. 그러나 이번에는 유우 쪽에서 오히려 여태후를 적대시하였다. 유우가 여태후를 적대시하는 것은 너무나 당연하였다. 형제인 조왕 여의는 살해되고 제왕 유비도 하마터면 살해될 뻔하였다. 그녀의 전권으로 황족인 유씨들은 전전긍긍하고 여씨 일족들은 자기들의 세상을 구가하고 있으니 여태후를 좋게 볼 수 없었다. 유우는 왕비로 주어진 여씨를 사랑하지 않고 박대하였다. 여씨는 이것을 원망하여 여태후에게 조왕 유우를 고자질하였다.

"조왕이 항상 말하기를 '여씨들이 어째서 왕이 될 수 있단 말인가? 내 여태후가 죽으면 기필코 이들을 쳐 없애고야 말테다!'라고 합니다."

이때 여태후는 이미 여씨 일족을 왕으로 세우고 있었다. 유씨가 아닌 사람은 왕으로 세우지 말라는 고조의 맹약을 어겼기 때문에 유우는 분개하고 있었던 것이다.

여씨의 고자질을 들은 여태후는 조왕 유우를 장안으로 불러 감금하고 "이 자에게 절대 음식을 주지 말라."는 엄명을 내렸다.

마침내 유우는 굶어 죽고 말았다.

　유우가 죽음으로써 공석이 된 조왕에 이번에는 양왕 유회(劉恢)를 세웠다. 그리고 양왕의 자리에는 자신의 오빠의 손자인 여산(呂産)을 세웠다.

　새로 조왕이 된 유회는 여씨 일족의 여인들 성화에 옴짝달싹 못할 지경이었다. 본의 아니게 여산의 딸을 왕후로 맞이할 도리밖에 없었던 조왕은 그녀가 어마어마한 동족의 가신들을 데리고 조나라에 들어오자 어안이 벙벙하였다. 마치 자신을 감시하러 온 듯한 느낌이 들었던 것이다. 유회에게는 전부터 총애하던 여인이 있었는데 이를 시기한 왕후가 그 여인을 독살해버렸다.

　유회는 4장의 노래를 지어 악사들로 하여금 이 노래를 부르게 하였는데 이 노래의 내용은 전하지 않고 있다. 그는 울분을 참다 못해 정신착란을 일으켜 마침내 자살하고 말았다.

　조왕이 되었던 세 사람의 유씨는 모두 불운한 최후를 마쳤다. 유여의는 독살당하고, 유우는 유폐되었다가 굶주려 죽고, 유회는 자살하였다. 이 세 사람은 왕으로 세워진 순서에 따라 은왕(隱王), 유왕(幽王), 공왕(共王)으로 시호를 붙여 구별하고 있다.

　혜제는 재위하는 동안 완전히 허수아비였다. 혜제의 황후는 그의 누이인 노원 공주의 딸이니 말하자면 생질녀를 정처로 맞이한 셈이다. 성은 장이지만 사실상은 여씨 일족과 다름이 없었다. 그러나 이들 부부 사이에서는 끝내 한 사람의 자녀도 태어나지 않았다.

　병약한 혜제가 죽고 난 후의 일을 걱정한 여태후는 후궁이 낳은 아들을 혜제 부부가 낳은 것처럼 꾸며 길렀다. 그리고 이 황자를 낳은 여인의 입을 막기 위해 그 여인을 무참히 살해하였다.

혜제가 24세로 죽자 그의 아들이 황제 위에 오르니 이 이가 소제(少帝)이다. 이 소제의 황후는 여태후의 둘째 오빠의 아들 여록(呂祿)의 딸이었는데 아주 어린 나이에 황후로 내정되어 있었다.

여태후는 이렇게 여씨 일족의 천하를 다져갔다. 정권을 지키기 위해서는 무력이 제일이라고 생각한 그는 조왕인 여록을 상장군으로 삼아 북군(北軍)의 지휘권을 맡겼고, 양왕인 여산에게 남군(南軍)의 지휘권을 맡겼다. 이들은 각각 제후로서 그들의 나라가 있는데도 부임하지 않고 수도 장안에서 군대를 장악하고 있었다. 결국 한제국의 군대는 완전히 여씨가 장악하고 있는 셈이었다.

일찍이 혜제가 죽은 후 여태후는 여씨를 왕으로 세우고자 하여 먼저 우승상 왕릉에게 물었다. 그러자 왕릉은 "선제께옵서 백마를 잡아 피를 마시며 맹약하시기를 '유씨가 아닌 사람을 왕으로 세우거든 천하가 모두 함께 쳐 없애라.' 고 하셨습니다. 여씨를 왕으로 세울 수는 없습니다."라고 말하여 여태후의 제의를 일축하였다.

그러자 여태후는 몹시 불쾌히 생각하여 이번에는 좌승상 진평과 태위 주발에게 똑같이 물었다. 진평과 주발은 여태후의 제의를 거절하지 못하고 찬동하였다.

강직한 왕릉이 진평과 주발의 어이없는 태도에 분개하여 두 사람을 꾸짖자 그들은 "지금 당장 곧은 말로 조정에서 다투는 일은 우리들이 당신만 못하고, 한제국과 유씨의 자손을 안정기반 위에 올려 놓는 일은 당신이 우리만 못할 것이오."라고 대답하였다.

그 후 여태후는 여러 여씨를 왕으로 세우고 정권을 전단하자 우승상 진평은 그 일을 근심하였으나 반대해서 다툴 만한 힘도 없고 또 화가 자신에게 미칠 것이 두려워 항상 근심하고 깊은 생각에 잠기곤 하였다.

　어느 날 육가가 진평의 집에 이르러 곧바로 들어가 앉으며 진평의 근심에 잠긴 모습을 보고 말하였다.

　"천하가 편안하면 뜻을 정승에게 기울이고, 천하가 위태하면 뜻을 장군에게 기울입니다. 정승과 장군이 서로 화합하면 선비들이 사모하여 따르기를 힘쓸 것입니다. 선비들이 힘써 따르면 천하에 변이 있을지라도 권력이 나누어지지 않을 것입니다. 지금 사직을 위한 계책으로는 두 분이 서로 화합하는 일입니다."

　그리고 진평에게 여씨를 누를 몇 가지 계책을 말하였다. 진평은 육가의 계책을 써 두 사람이 서로 결속하니 이로써 여씨의 음모는 점점 약화되었다.

　여태후의 집권 시대는 혜제 재위 8년을 포함하여 거의 15년에 이른다. 혜제가 죽고 난 후 명목상의 황제로 소제가 즉위하였으나 사실상 여태후가 전권하였기 때문에 역사가들은 이 시기를 고후(高后) 몇 년이라 부르고 있다. 고후 8년 3월 여태후는 불제(祓除)*를 올리고 환궁하는 길에 파란 개(蒼犬)와 같은 요물이 여태후의 겨드랑이 밑으로 뛰어드는 것이 보였다. 그러나 잠시 후 아무것도 보이지 않았다.

　점쟁이에게 점을 친 결과 "조왕 여의가 재앙을 일으키고 있기 때문입니다."라고 말했다. 그 후 여태후는 액상(掖傷)*을 앓기 시작하여 7월에 이르러 더욱 악화되었다. 그에게 참변을 당한 망령들의 원혼이 있다면 병상에 있는 여태후를 얼마나 저주하겠는가?

　여태후도 자신의 임종이 가까워옴을 알고 여씨 일족의 중심 인물인 여록과 여산을 불러 경계의 말을 당부하였다.

　"고조께서 천하를 평정한 후 대신들과 맹약하기를 유씨가 아

* 불제(祓除) : 재앙과 부정(不淨)을 물리치고 깨끗하게 함

* 액상(掖傷) : 겨드랑이에 상처가 생김

닌 왕은 천하가 모두 함께 쳐 없애라 하셨다. 지금 여씨 일족을 왕으로 세운 데 대하여 대신들이 모두 마땅치 않게 여기고 있으니 내가 죽은 뒤에 변이 일어날까 두렵다. 부디 내 장례는 소홀히 하더라도 군대를 잘 거느려 궁궐을 지키는 데 전력을 기울이라. 유씨 일파가 궁정을 제압하면 큰일이니 재삼 경계하도록 하라."

여태후는 고후 8년 7월 신사(辛巳)에 죽었다. 그의 유조(遺詔)에 따라 천하에 대사령을 내리고 여산을 상국으로, 여록의 딸을 황후로 삼았다.

여태후가 병들기 전에 마지막으로 한 일은 연왕 유건(劉建)이 죽자 유건에게는 뒤를 이을 아들이 없다는 구실을 붙여 여씨 일족인 여통(呂通)을 새로운 연왕으로 세운 일이었다. 사실은 연왕 유건에게는 애첩에게서 낳은 아들이 있었으나 여태후는 무참하게도 그 아들을 암살해버렸던 것이다.

이렇듯 여태후는 여씨의 천하를 만들기 위해 별의별 수단을 다 썼으나 천하의 일은 한 사람의 힘으로 움직일 수 없었다. 그녀가 죽자 제왕 유양(劉襄)은 여씨를 타도할 목적으로 군사를 일으키기로 하였다. 유양은 노원 공주에게 성양군을 바치고 겨우 목숨을 건진 제왕 유비의 아들이다. 유양이 군사를 일으키기로 한 것은 주허후 유장의 권고에 의해서였다.

유장은 제왕 유양(劉襄)의 동생으로 장인이 여씨의 중심 인물인 여록이었다. 여태후가 죽자 여씨가 서울의 방비를 튼튼히 하여 유씨의 세력을 완전히 몰아내고 그들의 천하를 만들기 위한 책모를 꾸미고 있다는 것을 잘 알고 있었다.

서울 장안은 여씨가 완전히 군권을 장악하고 있으므로 지방에서 군사를 일으켜 장안으로 쳐들어간다면 그 소문을 듣고 장안에 있는 유씨파의 공신과 대신들도 분발해서 여씨 타도에 가담할 것이 틀림없다. 이렇게 생각한 유장은 유양에게 군사를 일으킬 것을 권유하였던 것이다.

　제왕 유양이 군사를 일으키려 하자 여씨 일파의 인물로서 감시 임무를 띠고 제나라에 재상으로 파견되어 있던 소평이 한발 앞서 제나라 궁전을 포위해버렸다.

　그러자 제왕 유양의 가신 위발(魏勃)이 왕궁의 경호를 도와주겠다고 소평을 속여 소평의 저택을 포위하였다. 소평은 입술을 깨물고 자살하였다.

　제왕 유양은 제나라의 군대만으로는 너무 미약함을 느끼고 낭야왕 유택을 속여 그 휘하의 병력까지 합쳐 마침내 여씨 토멸의 깃발을 높이 들고 각 제후들에게 격문을 보내어 여씨 토벌에 호응할 것을 권하였다.

　제왕이 군사를 일으켰다는 보고를 받은 재상 여산은 관영에게 군사를 주어 제왕을 토벌케 하였다.

　관영은 명령에 따라 대군을 거느리고 제나라 토벌에 나서긴 했으나 조금도 싸울 마음이 없었다. 그는 형양에 이르자 제나라 군중에 밀사를 보내어 전하였다.

　"우리가 서로 싸우면 여씨를 이롭게 할 뿐이오. 태후를 잃은 여씨는 몹시 불안해하여 얼마 있으면 일을 일으킬 것이오. 그때 우리는 힘을 합하여 '여씨 토벌'의 기치를 높이 들고 장안으로 쳐들어갑시다. 그때까지는 싸움을 하지 말도록 합시다. 나는 이 이상 전진하지 않겠소이다."

　이리하여 제왕 유양은 국경선까지 후퇴해버렸고 관영은 형양에 주둔하여 움직이지 않았다.

한편 여씨 일파들은 서둘러 유씨를 몰아내고자 하여 회의를 거듭하였으나 좀체로 결단을 내리지 못하였다. 밖으로는 제나라의 침공이 두렵고 관영군도 믿을 수 없을 뿐만 아니라 안으로 유씨 지지 세력들의 움직임도 두려웠다. 중신 가운데도 주허후 유장과 태위 주발의 존재가 특히 두려워 그들은 불안에 떨고 있었다.

여씨 토멸의 열쇠는 여록・여산이 장악하고 있는 군사적 지휘권을 어떻게 빼앗느냐에 달려 있었다. 장군의 인수가 없으면 군사의 최고책임자인 태위로서도 군사를 움직일 수 없는 것이 당시의 제도였다.

태위 주발은 여씨들이 불안해하고 있는 허점을 노려 역기(酈寄)를 여록에게 보내어 그를 설득하여 장군의 인수를 빼앗을 계획을 세웠다. 역기는 여록과 친구 사이였다.

역기는 여록을 설득하여 말하였다.

"고조와 여후가 함께 천하를 평정하매 유씨는 9명, 여씨는 3명이 왕으로 봉해졌습니다. 이는 모두 대신들과 의논하여 결정한 것으로서 이미 제후에게 포고하여 제후들도 모두 당연한 일로 알고 있습니다. 그런데 지금 태후께서 돌아가셨고 황상께서는 나이가 어린데 족하는 조왕의 인수를 차고 있으면서도 조나라에 가지 않고 상장군으로서 대군을 거느리고 궁정에 머물러 있으니 대신과 제후들이 모두 의심하고 불안해하고 있습니다."

"그들의 불안을 없애려면 어떻게 하면 좋겠소?"

"상장군의 인수를 반환하고 군사를 태위에게 넘기십시오. 그리고 양왕 여산에게도 재상의 인수를 반환하게 한 다음 이 같은 사실을 대신과 제후들에게 알리고 봉국인 조나라로 가셔야 합니다. 그러면 제나라 군대는 돌아갈 것이며 족하께서는 마음 편안히 지내실 수 있을 것입니다. 그렇지 않으면 대신과 제후들이 어떻게 나올지 알 수 없으며 일이 늦으면 후회하게 될지도 모릅니다."

여록은 역기의 말을 옳게 여겨 태위인 주발에게 군사 지휘권을 넘겨주었다. 주발은 곧바로 군문에 들어섰다. 거기에는 북군의 수만 병사가 벌여 서 있었다. 주발은 큰 소리로 외쳤다.

"여씨에게 편들 자는 오른쪽 어깨를 벗고, 유씨에게 편들 자는 왼쪽 어깨를 벗어라!"

군사들은 모두 왼쪽 어깨를 벗어 유씨를 지지하는 결의를 보였다. 군사들이 여씨를 두려워했던 것은 여씨가 군권을 장악하고 있었기 때문이었다. 북군의 지휘권이 유씨 지지 세력의 중심 인물인 주발에게 돌아왔으니 승패는 이미 결정지어진 것이나 다름없었다.

또 여산이 장악하고 있는 남군에는 여씨 일파가 가장 두려워하는 유장이 쳐들어갔다. 난데없이 큰 바람이 불어닥쳐 여산이 달아나자 남군은 싸우지도 않고 모두 달아났다. 유장은 달아나는 여산을 추격하여 베어 죽이고 다시 궁정에 깊이 들어가 장락궁의 경호 책임자 여경시(呂更始)를 베어 죽이고 북군에 달려가 태위에게 이 사실을 보고하였다.

여씨 일족의 남녀노소는 모두 참살당했다. 북군의 지휘권을 넘겨준 여록도 조나라로 돌아가지 못한 채 칼에 맞아 죽었다.

연왕 여통은 사람을 보내어 주살했고 여태후의 여동생이며 번쾌의 아내였던 여수는 매를 맞아 죽었다. 여수가 낳은 번쾌의 아들 번항까지 살해되었다.

이 어처구니없는 정변에 대하여는 몇 가지 의문을 갖게 한다. 여태후가 정권을 쥐고 흔들 때 소하·조참·장량·번쾌 등 이른바 건국의 원훈들은 모두 혜제 재위 시에 이미 세상을 떠났지만 살아남은 역전의 호걸들이 어째서 여씨 일족의 전횡을 수수방관하고 침묵을 지켰을까?

가장 큰 이유는 여씨 일족의 진영에는 걸출한 인물이 없기 때문에 그들이 아무리 세도를 부려봤댔자 여태후가 살아 있는 동안뿐이라는 생각에서 느긋이 여태후가 죽기만을 바라고 있었기 때문으로 보아진다.

그러기 때문에 슬기주머니라고 불리는 진평마저도 여태후 시절에는 술만 마시고 정치에 무관심한 척 하면서 여태후의 지목을 피하였다. 진평도 술에 빠져 별 볼 일 없는 인간으로 인식시킴으로써 생명의 안전을 꾀하기 위해서였는지 모른다.

사실 공신과 대신들의 두려운 존재는 여태후임에 틀림없었다. 한신·팽월 등 건국의 공로자들을 숙청한 것도 주로 여후의 획책에 의한 것이었다.

한신을 죽인 시기는 고조가 친정 중이었으니 이것은 분명히 여후의 획책이고, 양왕 팽월은 고조가 일단 서민으로 촉땅에 유배하기로 처분을 내렸다. 그래서 낙양을 떠나 촉으로 가는 도중 팽월은 장안에서 낙양으로 가는 여후를 만나 울면서 그의 무죄를 호소하고 촉 땅으로 가는 것보다는 고향인 창읍에 가서 여생을 마치고 싶다고 애원하였다.

그러자 여후는 "팽 장군의 일은 내가 책임지리다." 하였으나 낙양으로 와 고조에게 팽월을 죽여야 한다고 주장하여 마침내 죽였던 것이다. 이렇듯 여후 쪽이 고조보다 더 공신 처벌에 가혹했음을 몸서리가 날 정도로 보아왔던 대신들이기에 전전긍긍할 수밖에 없었다.

소하와 조참 같은 심복들도 여후를 두려워하고 있었다. 10여 년 동안 화합 제일주의의 정치로 백성들의 신뢰를 한몸에 받고 있던 소하가 고조 만년에 이르러 갑자기 많은 전답을 사들이고 그 대금의 지불을 질질 끄는 추태를 보였다. 이것은 아마도 자신의 평판을 떨어뜨리기 위한 고의적인 행동이었을 가능성이 짙다. 자신의 평판이 지나치게 좋으면 여후로부터 경계의 대상이 되기 때문이었다.

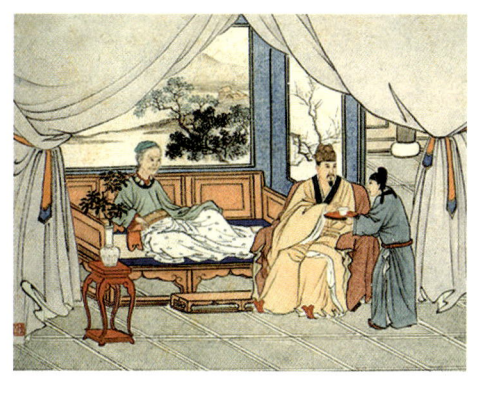

친상탕약(親嘗湯藥) 문제의 효행에 대한 고사의 한 장면

소하가 죽은 후 재상의 자리를 이은 조참도 정치는 제쳐놓고 술과 음식에 빠진 일이 있었다. 백성에게 휴식을 제공하고 자신도 또한 휴식하기 위한 것이었다고 해석하고 있으나 사실은 여태후를 안심시키기 위한 수단이었는지도 모르는 일이다.

여태후가 여씨를 왕으로 세우고자 하여 먼저 왕릉에게 물었을 때 왕릉은 여태후의 제의를 일축한 데 반하여 진평과 주발은 여태후의 뜻을 꺾지 못하고 찬동하였다. 이에 대하여 후세의 역사가들은 만약 진평, 주발도 반대하고 기타 대신들도 모두 반대하였더라면 여태후 홀로 그의 뜻을 강행하지는 못했을 것이고 따라서 그렇게 여씨 일족들의 집권 시대는 오지 않았을 것이 아니냐고 안타까워 한다. 이런 견지에서 볼 때 진평과 주발이 여씨 정권을 쓰러뜨린 공로는 그저 여씨를 왕으로 세운 데 대한 죄과를 속죄한 것에 불과하며, 신하된 자의 의리로서는 마땅히 왕릉을 귀감으로 삼아야 한다는 것이 춘추필법의 논리이다.

문경지치

여씨가 멸망하고 다시 유씨의 한나라가 되자 조정의 중신과 제후들은 누구를 황제로 세워야 하는가를 논의하였다. 현재 황제의 자리에 있는 소제 홍(弘)은 비록 혜제의 정비 소생이라 하여 황제가 되기는 하였으나 사실은 여태후가 여씨 일파의 세력을 심기 위해 여씨와 인연이 깊은 후궁이 낳은 아들이었으며 허수아비 황제에 불과했으니 이를 폐하고 새로운 황제를 옹립하려는 것은 당연하였다.

새로운 황제의 후보로는 고조 유방의 여덟 아들 중 남아 있는 대왕(代王) 유항(劉恒)과 회남왕(淮南王) 유장(劉長) 두 사람이었다. 서열과 성격으로 볼 때 이 두 사람 가운데 대왕 유항을 옹립하는 데는 별다른 이견이 없었다.

유항은 4남인데다 성격도 관후하고 자비심이 많았다. 반면 유장은 막내아들인데다 성격도 교만하고 침착성이 없었다. 유항을 선택하는 데 반대하는 사람은 없었다.

그러나 여씨 일파를 토멸하는 데 맨 먼저 군사를 일으켰던 제왕 유양은 고조의 적장손으로 또한 유력한 후보임에 틀림없었다. 적장손인데다 여씨 토멸에 공이 있으니 누가 이 사람의 옹립을 반대하고 나서겠는가.

결국 최종 선발에 남은 사람은 대왕 유항과 제왕 유양 두 사람이었다. 여씨의 집권에 골치를 앓았던 중신과 제후들은 이들 두 후보의 외척 문제를 최종적으로 평가하여 결정짓기로 하였다. 대왕 유항의 어머니는 박씨(薄氏)로 관후한 장자의 집안이라는 평판이 높았고, 제왕 유양의 어머니 쪽에는 외척의 세력을 업은 사균(駟鈞)이란 사람이 있는데 성질이 포학하고 거칠어 제왕이 황제가 될 경우 제2의 여씨 정권이 나올 염려가 있다 하여 마침내 대왕 유항이 옹립되어 황제의 자리에 올랐다.

우경 한나라 때, 철제 농구의 전면적 보급으로 우경(牛耕)이 일반화되었다.

고조 유방의 넷째 아들 유항이 황제로 옹립된 것은 앞에서 말한 것처럼 그의 어머니 박씨가 어질고 착한 장자의 집안이었다는 점에 있었다. 박부인에 대하여는 다음과 같은 이야기가 전한다.

박부인은 소녀 시절 관부인, 조자아 등과 사이가 좋아 서로 약속하기를 "이 다음에 누가 출세를 하든 우리 서로의 일을 잊어서는 안 된다." 하고 굳게 약속한 일이 있었다. 그 후 관부인과 조자아는 고조 유방으로부터 총애를 받는 몸이 되었으나 박부인은 그렇지가 못했다. 관부인과 조자아는 소녀 시절의 약속을 잊지 않고 적당한 기회에 고조 유방에게 그들 세 사람의 이야기를 들려주었다. 그러자 고조 유방은 "그렇다면 박 여인에게도 사랑을 주어야겠군!" 하고 박 여인을 입시토록 하여 총애하였다. 그런데 공교롭게도 단 하룻밤을 모셨는데 임신이 되어 유항을 낳았다.

여태후 집권 시대에는 척부인처럼 고조의 총애를 독점하다시피 한 여인들은 된서리를 맞았지만 박씨처럼 총애가 두텁지 않았던 여인들에 대하여는 그렇게 혹독하던 여태후도 너그럽게 보아 대왕의 어머니로서 대 땅에 갈 수 있었다.

황제의 외척 선고(選考) 과정에서 대왕의 모계뿐 아니라 대왕의 부인인 두씨(竇氏) 문제도 거론되었다.

두씨는 장안 시녀 시절에 정리의 대상이 되었을 정도로 미미한 존재였다. 일찍이 여태후 시절에 각지의 양가집 처녀를 모아 여태후의 시녀로 삼은 일이 있었다. 이때 두씨도 시녀로 발탁되어 궁중에 들어왔다. 그 후 시녀의 수가 너무 많아 인원을 줄이기 위한 방안으로 각 제후들에게 각각 5명의 시녀를 나누어주기로 하였다. 이러한 정책은 고조가 죽은 후 무제가 즉위하기까지 취해졌던 것으로 사치와 무리를 하지 않는다는 것이 국시로 되어 있었다. 궁중도 마찬가지로 낭비를 줄이기 위해 지나치게 인원이 많으면 정리를 해서 감축했다.

여태후 시대 제후왕의 수는 약간 변동이 있긴 했으나 항시 13,4명 정도는 되었다. 정리 대상에 든 시녀들은 어떤 제후에게로 보내질지 알 길이 없이 무조건 명령에 따라야 했다.

두씨도 정리 대상에 든 여인이었다. 그녀는 자기 고향 근처인 조나라에 가기를 희망하여 이 사무를 담당하는 환관에게 미리 부탁하였으나 환관은 이를 까맣게 잊고 있어 그녀의 부탁은 허사가 되고 마침내 대왕에게 보내지게 되었다.

그런데 대 땅은 산서성 북쪽에 있는 흉노와 접경한 변방 지역이었다. 전국 시대 조나라의 영토로 진의 시황제가 조나라 수도 한단을 함락하고 조왕을 포로로 잡자 조의 공자가 탈출하여 대 땅으로 가 그곳에서 왕을 일컬은 일이 있는 고장이다. 망명 정권을 세울 정도의 곳이니 중원 천지에 비하면 쓸쓸하기 짝이 없는 곳이었다.

두씨는 이러한 곳으로 가는 것이 몹시 서글펐으나 여태후의 명령이니 거역할 도리가 없었다. 울며 대 땅으로 가야 했다.

장안에서 온 시녀 다섯 사람 가운데 대왕은 두씨만을 사랑했다. 대왕에게는 물론 정처가 있었으나 일찍 세상을 떠났고 두씨는 2남 1녀를 낳았다. 정처에게서도 네 사람의 아들이 있었으나 무슨 일인지 모두 병사하고 말았다.

여태후의 죽음으로 여씨가 멸망하고 다시 유씨의 천하가 되자 대왕 유항이 황제로 즉위하였다. 울며 대 땅으로 갔던 두씨는 이제 위세당당하게 장안으로 돌아와 황후의 자리에 오르게 되었다. 부탁받은 환관이 잊을 정도로 출중하지 못했다는 것은 그만큼 소극적이었다는 것으로 인정되어 대왕의 외척 선고 과정에서도 합격점을 받았던 것 같다.

우물

대왕에서 장안으로 맞아들여져 황제 위에 오른 이는 바로 명군으로서 그 칭송이 자자했던 한의 문제(文帝)이다.

문제는 중국 역사상 검소하기로 이름난 황제이다. 그는 즉위한 지 얼마 안 되는 봄철에 친히 적전(籍田)*을 갈아 농업과 누에치기를 장려하였다.

* 적전(籍田) : 종묘의 제사에 바치는 곡식을 농사짓는 전답

문제는 또 각 지방 행정 관청에 명하여 농민이 농사지을 시기를 잃지 않도록 계몽·지도하고 가난한 농민에게는 오곡의 씨앗과 식량을 대여해주고 농지의 조세를 반으로 감하여 고조가 정한 15분의 1세를 30분의 1세로 개정하였다.

이어서 농지의 조세를 12년 동안이나 전액 면제하였다. 그때

답차 물을 퍼올리는 농기구의 하나. 형태는 물레방아 바퀴나 달구지의 바퀴처럼 생겼는데 한가운데를 축으로 나선형으로 붙인 발판을 사람이 밟아 바퀴를 돌린다. 바퀴가 돌 때마다 물이 따라 올라온다. 염전에서도 많이 쓰였다.

까지의 인두세(人頭稅)는 한 사람당 1년에 120전이었는데 문제 때에 이르러서는 그 3분의 1로 감액하여 1인 1년에 40전으로 하였다. 또 부역은 1인 1년에 1회 1개월이었던 것을 3년간에 1회 1개월로 개정하였다. 이처럼 농민의 부담을 덜어주는 시책은 사회경제의 회복과 발전을 크게 촉진시키는 결과를 가져왔다.

 문제는 농민에 대한 조세와 부역을 경감시키면서도 자신의 생활에 대하여는 검소와 절약을 기본으로 삼았다. 그는 노대(露臺)*를 지으려고 생각하였으나 필요경비를 계산해본 결과 황금 1백 근이 소요된다는 사실을 알았다.

 황금 1백 근은 중류 가정 10세대의 재산과 맞먹는 금액이었다. 문제는 경비가 너무 많이 든다 하여 노대의 건축을 취소하라 하였다. 그의 옷은 무늬와 장식이 없는 검정색 비단을 주로 사용하였으며 가장 총애하는 신부인(愼夫人)에게도 질박과 절검의 모

* 노대(露臺) : 지붕이 없고 관망이 좋은 높은 건물

범을 보이기 위하여 실내의 커튼류는 무늬가 없는 단색의 천을 사용토록 하고 의복이나 치마의 길이도 땅에 끌리지 않도록 짧게 하였다.

문제는 죽음에 임하여 다음과 같이 유언하였다.

"내가 죽은 다음 장례를 치를 때는 거마와 의장병을 거창하게 벌여 세우지 않도록 하고 장례에 참석하는 사람이 머리에 쓰는 흰 베도 폭이 세 치가 넘지 않도록 하라. 그리고 복상(服喪) 기간도 될 수 있는 대로 줄이고 복상 중이라도 결혼과 제사를 제한하지 말며 술과 고기를 금지시키지 말라 하였다. 그리고 자신의 능묘(陵墓)는 백성들의 부담을 덜기 위하여 산기슭에 만들되 금·은·동·주석이나 옥 따위를 사용하지 말고 모두 와기(瓦器)를 사용하고 그 규모도 적게 하라."

나침반 한나라 때 자철광으로 만들어진 최초의 나침반. 별자리에 근거한 24방향과 팔괘가 그려져 있는 청동판 위에 올려져 있는 숟가락 모양의 기구가 남쪽을 가리키게 되어 있다.

한의 문제와 진의 시황제는 모두 지주 계급을 대표하는 인물이었으나 그들이 한 일은 전혀 다른 면을 보여주고 있다.

진의 시황제는 뛰어난 재능과 원대한 웅략(雄略), 그리고 백성에 대한 포학으로 역사에 이름을 남겼다. 지금까지도 여산 기슭에 있는 거대한 능묘는 시황제다운 풍모를 여실히 보여주고 있다.

반면 한의 문제는 부역과 조세를 경감하고 친히 검소한 생활로 모범을 보임으로써 청사에 그 이름을 남기고 있다. 서안시 동북에 있는 그의 능묘인 패릉(覇陵)은 질박과 검소를 생활 신조로 한 한의 문제다운 간소한 면모를 보여주어 사람들의 이목을 끌고 있다.

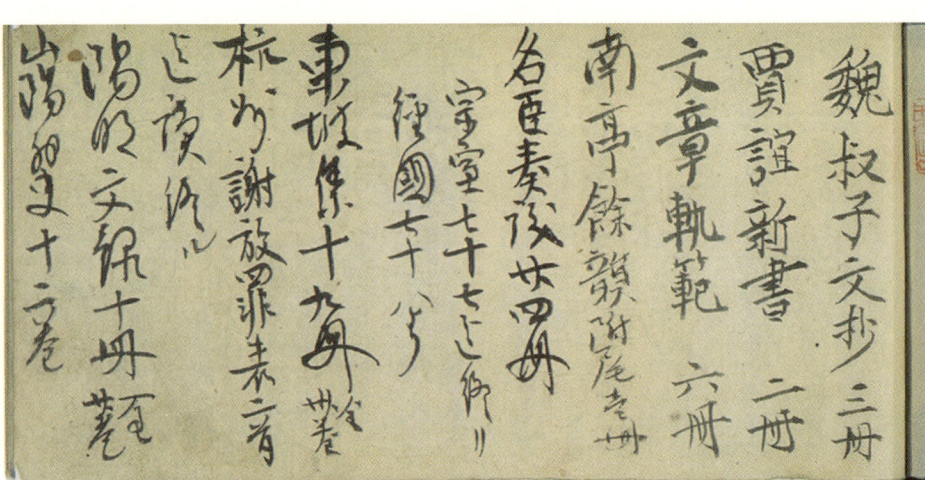

〈가의신서(賈誼新書)〉
한나라의 가의가 편찬한 중국의 서지

문제는 재위 23년(기원전 157) 46세에 죽고 그 뒤를 이어 경제(景帝)가 즉위하였다. 문제와 경제는 모두 '백성에게 휴식을 제공한다'는 정책을 40년 가까이 실시하였기 때문에 사회 경제는 공전의 번영을 이룩하였고 사회 질서는 안정되어 태평성대를 구가하였다. 이 때문에 역사에서는 이 시대를 '문경(文景)의 치(治)'(기원전 179~141)라고 부르고 있다.

경제 시대 말기에 이르러서는 3분의 2세기 동안이나 침체되었던 경제가 활성화되어 각 군현의 정부 창고에는 식량과 동전이 꽉꽉 차 있었다. 도시의 국유 창고에는 동전이 산더미처럼 쌓여 있었고 식량은 오래 보관되어 변질되고 창고가 모자라 노적가리가 산더미처럼 쌓였다.

황제의 마장(馬場)에서는 30만 마리나 되는 말을 길렀고 백성들이 타고 다니는 노새는 도시와 농촌의 거리 어디서나 볼 수 있었다. 한고조가 천하를 평정했을 당시 재상이나 장군이 외출할 때 마차가 없어 소가 끄는 수레를 타고 다녔던 것은 동화처럼 느

한문제의 릉

껴지는 과거의 일이 되어 보통 평민들까지도 말을 타고 다닐 정도였다.

인구도 급격한 증가 현상을 보여 어떤 지역에서는 4~5배로 증가하였다. 춘추·전국 시대 최대의 도시로 알려졌던 제나라의 임치에는 그 당시 7만 호였던 것이 이때에는 호수 10만, 인구 50만의 도시로 발전하였다.

사회의 기풍도 크게 달라져 진나라 때는 오형 등 가혹한 형벌과 까다로운 법률로 매년 1백만 이상의 백성들이 범죄의 사슬에 걸려들었으나 한의 문제 때에는 이 같은 참혹한 형벌은 일찍부터 폐지되었을 뿐 아니라 심지어 체형까지도 폐지하는 현상을 보였다.

중국 봉건 사회의 역사를 훑어보면 전한의 '문경의 치'는 후세 당대의 '정관(貞觀)*의 치(治)', 청대의 '강희(康熙)의 치(治)'와 함께 모두 황제의 칭호와 연호를 붙인 봉건 왕조의 번영 시대를 칭송하는 말이 되었다.

* 정관(貞觀) : 정관은 당태종 이세민이 황제로 있을 때의 연호

오초 칠국의 난

문제 시대 흉노가 이따금 변경을 침범하여 약탈을 감행한 일은 있었으나 대규모적인 침공은 없었다. 문제는 흉노에 대하여 화친 제일주의를 취하여 변경의 수비를 엄중히 한 정도에 그쳤다. 한때는 흉노를 원정할 구상도 했으나 흉노가 스스로 군사를 철수시켰기 때문에 사실상 원정은 한 번도 없었다.

혜제 이후 50여 년간 큰 전쟁이나 큰 공사가 없이 천하는 잘 다스려졌으나 그 가운데서도 사회의 불합리한 현상은 점점 돋아나고 있었다. 언제까지고 '청정무위(淸淨無爲)'의 정치에만 맡기고 아무것도 하지 않는 것이 제일이라고 방치할 수는 없었다.

태평을 구가하는 시대에도 예리한 관찰력을 가진 사람은 다른 사람이 전혀 느끼지 못하는 불합리한 현상을 발견할 수 있는 것이다.

노장 사상에 젖어든 사람이라면 비록 그런 기미를 알아차려도 세상이 흘러가는 대로 내버려둘 수밖에 없다고 생각할지 모르지만 유가나 법가의 사람들은 이미 '무위' 만으로는 세상이 막다른 골목에 다다랐다고 위기감을 느끼게 된다. 문제·경제 시대에 걸쳐 이 같은 예리한 관찰력을 가진 사람은 유가인 가의(賈誼)와 법가인 조조(鼂錯)였다.

가의는 낙양 사람으로 그의 나이 18세 때 시를 외고 글을 짓는 데 능숙하다는 소문이 자자하였다. 얼마 후 가의는 박사가 되니 이때 그의 나이 겨우 20세로 최연소 박사였다. 가의는 제자백가의 글에 능통하여 여러 노선배들이 말하지 못하는 것을 다 대답하니 문제는 기뻐하여 1년 안에 태중대부로 승진시켰다.

가의는 예악을 일으켜야 한다고 정열적으로 문제를 설득하니 문제도 그의 열의에 감동되어 장차 가의를 중용하려 하였다.

가의의 이 같은 승진을 마땅치 않게 여긴 것은 승상 주발과 태위 관영의 무리였다. 그들은 고조를 따라 진나라를 무찌르고 항우와 싸워 천하를 얻는 데 크게 공헌한 건국의 원훈이었다. 건국 20년에 스물 안팎의 새파란 젊은 놈이 무엇을 안다고 함부로 지껄이니 그들의 비위가 뒤틀리는 것도 당연했다. 가의는 지금까지 실시해 온 정책을 비판할 뿐 아니라 새로운 계획을 잇달아 진언하니 노신들은 가의가 눈엣가시처럼 여겨졌다. 그들은 가의를 헐뜯어 말하였다.

"낙양 사람은 나이가 적고 학문한 기간도 얕으면서 오로지 정권을 제 마음대로 처단하여 모든 일을 어지럽게 만들려고 합니다."

문제는 가의의 재능을 인정하고 있었으나 중신들로부터 몹시 미움을 받는 인물의 등용은 가능한 피하기 위하여 가의를 장사왕(長沙王)의 태부로 삼았다.

왕의 태부라고 하면 이름은 거창하지만 장사국은 가난하기로 유명한 나라였으므로 좌천이나 다름없었다. 세상을 걱정하고 백성을 구하려는 젊은 가의의 이상

장신궁등 경제의 황자 유승의 아내 두관의 묘에 들어있던 부장품. 오른손으로부터 연기를 유도하여 안쪽 광량(光量)도 조절할 수 있게끔 되어 있는 뛰어난 것이다.

은 황제 주변의 노신들에 의해 여지없이 좌절당하고 만 셈이었다. 가의는 귀양살이를 가는 심정과 같았다. 임지인 장사로 가기 위해서는 먹라강을 건너야 한다.

가의는 이곳에서 투신자살한 굴원의 일을 자신과 비유해보았다. 굴원은 참소를 입어 추방당했고 가의는 노신들의 미움을 받아 좌천당했다. 그는 부(賦)를 지어 굴원을 조상하였다.

장사에 있은 지 4년 만에 가의는 문제의 막내아들인 양왕 유읍(劉揖)의 태부가 되었다. 양왕의 태부가 된 가의는 자주 상서를 올려 정치를 논하였다. 그는 세상 사람들이 사치에 흘러 농민이 농사를 버리고 도시로 이주하여 상공업에 종사하는 것을 우려하였다. 그는 농업을 인간의 본업이라 하고 상공업은 말업(末業)이라 하여 농본주의 정책을 주장하였다.

가의의 진언이 어느 정도 받아들여졌는지는 자세히 알 수 없으나 농본주의는 원래 한왕조의 건국 이념이었다. 농본주의 외에 가의가 문제에게 진언한 것은 제후들의 힘이 너무 비대하기 때문에 그들의 세력을 약화시켜야 한다는 것이었다. 가의는 그 대책으로서 제후의 나라를 가능한 분할할 것을 진언하였다. 구체적으로 말하면 어떤 제후왕에게 5인의 아들이 있으면 종전까지는 한 사람의 왕자만 왕위를 계승하기로 되어 있었던 것을 5인에게 평등하게 분할, 계승시키자는 내용이었다. 이렇게 하면 왕의 수는 늘어나지만 나라의 규모는 작아져서 제후들의 힘의 팽창을 예방할 수 있다는 것이었다.

가의는 양왕 유읍이 낙마(落馬)하여 죽자 자기의 책임이라고 비관하면서 울음으로 세월을 보내다가 1년 후 33세로 죽었다. 가의가 진언한 제후왕에 대한 대책은 조조에 의해 추진되었다.

고조가 죽은 후 40년의 휴식 기간이 흐르는 동안 사회적 불합리 현상은 있었으나 국력은 크게 증강되었다. 제후왕과 열후의 나라도 이에 따라서 같이 부강하게 되었지만 중앙 정부의 힘이 더욱 비약적으로 부강해졌다.

정권의 생리도 생물과 비슷한 점이 있는 모양이었다. 강하면 강할수록 더욱 강력해지고 싶은 것처럼 한의 중앙 정부는 부강해질수록 더욱 강력한 중앙 집권을 꾀하려 하였다. 이러한 정책은 결과적으로 제후왕의 힘을 약화시키는 결과를 가져와 제후들이 반란을 일으키게 되었다.

황족의 원로격인 오왕 유비(劉濞)가 중앙 정부에 대하여 반동을 일으키는 주도 세력이 되어 반란을 일으켰다.

유비는 고조 유방의 형인 유중(劉仲)의 아들로 문제의 종형이다. 문제는 재위 23년에 죽고 그의 아들 유계(劉啓)가 즉위하여 경제가 되었다. 유비는 일찍이 숙부인 고조가 경포 토벌 작전에 친정할 때 종군한 공로로 약관 20세에 오왕이 되어 그의 부친의 불명예를 씻었다.

고조 유방은 젊었을 때 가사는 돌보지 않고 무뢰배 생활을 일삼아 아버지 태공의 마음을 몹시 상하게 하였다. 이에 비하여 유방의 형 유중은 가사에 충실하고 치산에도 힘써 인근에서는 칭송이 자자하였다. 태공은 형처럼 착실한 인간이 되라고 입버릇처럼 유방을 나무란 적이 한두 번이 아니었다.

그러나 무뢰배로 속을 썩이던 유방이 황제가 되었다. 황제가 된 유방이 부친인 태공에게 "아버지께서는 늘 저를 살림을 못하는 건달이라고 나무라시면서 형을 본받으라 하시더니 지금 제가 해낸 일과 형이 한 일 중 어느 쪽이 더 훌륭하다고 생각하십니까?"라고 말하자, 이를 지켜 보던 군신들은 모두 만세를 부르고 너털웃음을 웃어가면서 즐겼다는 이야기가 전한다.

이렇게 군신들이 웃은 데는 황제 유방의 형 유중이 그 전 해에 큰 실수를 저질렀기 때문이었다.

고조의 형 유중은 처음에 대의 왕으로 세워져 봉국인 대 땅으로 부임했다. 앞에서도 여러 차례 말한 대로 대 땅은 흉노와의 접경지대였다. 그곳의 왕으로서 임무 수행이 어렵게 되자 그곳을 버리고 낙양으로 도망쳐 돌아오자 그 벌로 왕에서 합양후(合陽侯)로 격하당했던 일이 있었던 것이다.

가업을 다스리는 일은 동생인 고조보다 앞섰으나 제후왕으로서 유중은 낙제감이었다. 고조가 경포 토벌 때 유중의 아들 유비(劉濞)를 종군하게 한 것은 아버지의 불명예를 만회할 수 있는 기회를 주기 위한 배려에서였다. 어떤 공로로 오왕이 되었는지는 알 수 없으나 일단 아버지가 잃었던 제후왕의 지위를 도로 찾은 셈이었다.

경제가 즉위했을 무렵 유비는 오왕에 재위한 지 40년에 가까웠다. 그런데도 그는 꽤 오랫동안 장안에 입조하지 않고 있었다. 그가 입조하지 않는 데는 나름대로의 이유가 있었다.

문제 때에 있었던 일이다. 오왕의 아들이 오태자의 신분으로 입조하여 황태자 시절의 경제와 바둑을 두다가 약간의 시비가 벌어져 경제가 던진 바둑판에 맞아 오태자가 죽은 사건이 있었다.

그 후로 오왕은 병을 일컫고 입조하지 않았다. 문제도 자기의 아들인 황태자의 잘못으로 일어난 사건이었으므로 오왕에게 궤장(几杖)*을 내리고 그의 결례를 문제삼지 않으려 했다.

문제가 죽자 아들의 원수인 경제가 즉위하였다. 그런데다 장안의 중앙 정부에서는 문제 시대의 정책을 이어받아 제후왕의 힘

* 궤장(几杖) : 안석과 지팡이를 늙은 대신들에게 내리는 파격적인 예우

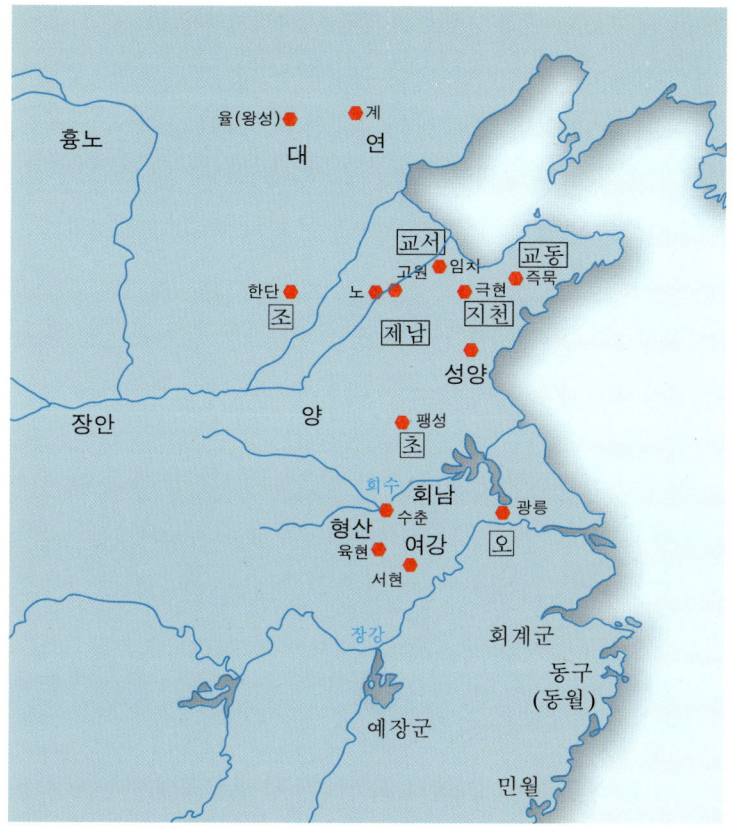

오초 칠국의 난 지도

을 약화시키기 위해 이것저것 성가시게 트집을 잡고 있었다. 경제가 즉위하자 그 측근이었던 조조가 어사대부로 등용되었다. 이것은 부수상에 상당하는 지위였다. 조조는 가의의 제후왕 봉지 삭감론을 계승하여 이를 강력히 추진하려 하였다.

맨 먼저 공격의 대상이 된 것은 초왕 유무(劉戊)였다. 박태후의 상중에 여자를 가까이했다는 이유로 사형을 면하는 대신 동해군 38현을 몰수당했다. 그 다음은 교서왕(膠西王) 유앙(劉卬)이 매작(賣爵)사건과 관련해서 6현을 몰수당했다. 조왕인 유수(劉

遂)도 죄가 있다 하여 상산군 18현을 바치기로 하였다.

　이렇게 되면 바둑 사건으로 입조하지 않았던 오왕이 문제시 되는 것은 뻔한 일이었다. 문제가 살아 있을 때는 관용을 베풀어 그의 사촌형이 늙고 병들었다 하여 궤장(几杖)을 내리기도 하였으나 경제는 그의 아버지처럼 관대하지 않을 뿐더러 조조는 냉철한 현실주의적 정치가였다.

　오왕 유비는 40년 동안이나 오나라를 다스려 왔다. 구리나 소금의 국영으로 인하여 백성들에게서 세금을 거둘 필요가 없었으며 정치는 원만히 이루어지고 있었다. 이러한 오나라에 오왕은 무척 애착을 느끼고 있었다. 이러한 땅을 삭감당하는 일은 도저히 참을 수 없는 일이라 생각되었다.

　봉지를 빼앗기거나 빼앗기기 일보 직전에 몰려 있는 제후왕이 자꾸만 늘어갔다.

　이런 판국에 황족의 원로격인 오왕 유비로부터 각 제후들에게 다음과 같은 호소의 편지가 날아들었다.

　"이런 상태로 나가다간 우리들 제후왕들은 점점 가난해져 마침내는 멸망하여 한나라에 병탄되고 말 것이다. 앉아서 멸망을 기다리는 것보다는 일어나서 살 길을 찾는 것이 낫지 않겠는가?"

　함께 궐기하여 살 길을 찾자는 권유였다.

　반란을 일으키려면 명분이 있어야 한다. 한의 황제는 제후왕에 대하여 어디까지나 큰집이므로 정면으로 공격할 수는 없는 것이다. 이런 때 모반의 이유로 등장하는 구실은 어느

한대의 동전

시기에나 거의 비슷한 내용이다.

오왕 유비가 내세운 모반의 구실은 "황제 곁에서 정사를 그르치는 간사한 무리를 제거하지 않으면 안 되겠다."는 것이었다.

오왕의 권유에 따라 처음 모반에 가담한 나라는 모두 9국이었으나 그 후 두 나라가 탈락하여 마침내 모반의 군사를 일으킨 제후국은 모두 7개국이었다. 이것을 '오초 칠국의 난'이라 부르는데 경제 3년(기원전 154)의 일이었다.

오왕 유비가 모반을 결심하게 된 결정적 계기는 이 해 정월에 오나라에 돈을 벌어주는 소금의 생산지 회계군과 구리의 생산지인 예장군(豫章郡)을 중앙 정부에 바치라는 통보가 오왕 유비에게 전해졌던 것이다.

소금의 제조와 구리 광산의 개발은 어디까지나 모두 오왕 유비에 의해 추진된 것으로 오나라 소유임에 틀림없었다. 그것을 중앙 정부에서 송두리째 가로채려고 하니 오왕의 입장에서 보면 도저히 참을 수 없는 일이었다. 게다가 경제로 말하면 자신의 아들을 바둑판으로 때려 죽인 장본인이 아니었던가? 마침내 오왕 유비는 반란을 결심하였다.

탈락한 두 제후는 제왕 유장려(劉將閭)와 제북왕 유지(劉志)였고, 오왕의 권유에 동의하여 반란에 가담한 여섯 제후왕은, 초왕 유무(劉戊), 조왕 유수(劉遂), 교서왕 유앙(劉卬), 교동왕 유웅거(劉雄渠), 치천왕 유현(劉賢), 제남왕 유벽광(劉辟光)이었다.

맹주격인 오왕은 오나라에 동원령을 내렸다. 그는 당시 62세의 고령이었고, 겨우 14살이었던 막내아들까지도 종군하였다. 오나라에서는 14세 이상 62세까지의 남자 전원을 군대로 편성하니 모두 20만 명에 이르렀다. 이 수를 기준으로 환산해볼 때 오나라는 3군 53현의 큰 나라였으나 그 인구는 예상 외로 적다는 사실을 알 수 있다. 인구의 증가는 장안을 중심으로 한 관내 지방이나 낙양을 중심으로 한 중원 지방에서 급격한 증가 현상을 보였을 뿐이고 오나라처럼 남쪽에 치우친 지방 등에서는 그다지 뚜렷한 증가 현상은 없었다.

오왕의 권유에 호응한 여섯 나라는 경제적으로는 구리·소금으로 부강해진 오나라에 의존하고 있었으나 병력이 문제였다. 오나라는 한나라의 외번(外藩)인 민월(閩越)과 동월(東越)에게도 구원병을 요청하였다. 동월은 현재의 절강성, 민월은 복건성에 있는 나라였다. 동월은 구원병을 보내왔으나 민월은 거부하였다. 조나라도 북쪽의 흉노와 연락하여 원병을 얻기로 하였으니 내전에 외세까지 개입된 셈이었다.

한왕조는 건국 이래 최대의 위기를 맞아 조정은 술렁거리기 시작하였다.

경제는 즉위한 지 얼마 안 되어 조정에서의 정치적 세력 관계도 아직 안정되지 못한 상태에 있었다. 문제 시대의 중신과 경제가 즉위한 후 기용한 대신과의 협조 관계가 잘 이루어지지 않는 상태였다. 경제가 발탁한 인물 가운데 두각을 나타낸 인물은 조조였는데 당시 조조는 태자가령(太子家令)의 직책을 맡고 있었다. 이 직책은 비서실장과 같은 것으로 경제의 제일 측근자였다.

경제가 즉위했을 당초의 승상은 신도가(申屠嘉)였고, 어사대부는 도청(陶靑)이었다. 경제는 조조를 등용하여 내사(內史)를 삼았는데 내사는 도지사(都知事)에 상당하는 요직으로 조조의 권세는 승상을 능가하고 있었다. 경제는 조조의 말만 듣고 승상의 의견은 별로 받아들이지 않는 상태였으므로 구신과 새로 기용된 대신 간의 마찰이 있었던 것은 당연하였다.

내사가 된 조조는 출입의 편리를 위하여 관청의 남쪽에 조그마한 문을 뚫었는데 그 문이 태상황(고조 유방의 아버지)의 사당 담장과 맞닿아 있었다. 이를 안 승상 신도가는 "조조가 무례하게도 태상황의 사당 담장을 뚫었으니 마땅히 불경죄로 다스려 그를 참형에 처해야 합니다."라고 경제에게 진언하였으나 경제는 도리어 "사당의 담장이라 하지만 그것은 바깥 담장에 지나지 않으며 또 그 일은 내가 시킨 일이니 내사에게는 아무 잘못이 없소."라고 하여 조조를 비호하였다.

승상은 분해 견딜 수가 없었다.

"먼저 조조의 목을 벤 다음 불경죄를 논했더라면 좋았을 것을!" 하고 한탄하다가 피를 토하고 죽었다.

그러자 도청이 승상으로 승진하고 공석이 된 어사대부에는 내사 조조가 임명되었다. 그의 권세는 하늘을 찌를 듯 강성하였으며 그는 의욕적인 인물이었기 때문에 정적을 타도하는 데도 매우 적극적이었다. 이 때문에 문제 시대의 고참 중신인 신도가 두영(竇嬰)들로부터 미움을 받고 있었다.

조조를 미워한 사람은 또 있었다. 원앙(袁盎)이라는 인물이었는데, 그는 의협심이 강한 사람으로 중랑장의 관직으로부터 제나라·오나라의 승상을 역임한 바 있었다. 말하고 싶은 일은 단도직입적으로 서슴없이 말하고 싫은 것은 싫다고 솔직하게 말하는 이론과 실천이 일치하는 인물이었다.

문제 시대 제일 먼저 제후왕의 세력을 약화시켜야 한다고 주장한 사람이 원앙이었다. 같은 정견을 갖고 있고 성격도 비슷했기 때문인지 모르지만 이들 두 사람은 견원지간이었다. 조조가 있는 곳에는 원앙이 가지 않았고 마찬가지로 원앙이 있는 곳에는 조조도 가지 않았다. 얼마 후 조조는 "원앙이 오왕으로부터 뇌물을 받았다."는 혐의를 뒤집어씌워 삭탈관직하여 서인으로 삼았다. 이것은 어사대부의 막강한 권력에 의한 처분이었다.

오초 칠국의 난이 일어나자 이번에는 원앙이 복수할 차례였다. 서인의 자격으로는 황제를 알현할 수 없었으나 황제의 측근에 있는 사람을 통하면 알현이 가능했다.

원앙은 두영을 통하여 "오초 칠국의 난을 피흘리지 않고 평정할 계책이 있습니다."라고 하여 황제의 알현을 청하였다.

두영은 두태후의 조카로서 조조를 미워하는 구세력의 핵심 인물이었다. 원앙은 두영의 소개로 쉽게 황제를 알현할 수 있었다. 원앙의 계책은 간단하였다.

"칠국이 연합하여 반란을 일으킨 목적은 황제 곁에 있는 간사한 무리를 제거하는 데 있다 하였습니다. 간사한 무리로 지목된 조조를 베면 난은 평정될 것입니다."

경제는 천하의 주인이었다. 조조는 그의 심복이며 가장 신뢰하는 신하임에는 틀림없었으나 천하를 위해서는 어쩔 수가 없다고 생각하였다.

10여 일 후 황제의 부름을 받은 조조는 관복을 입고 집을 나섰으나 그의 수레는 궁전으로 향하지 않고 형장인 동쪽 저잣거리로 향하여 마침내 그곳에서 참수당했다.

조조가 처형되었다고 해서 오초 칠국이 군사를 물리지는 않았다. 반란이라는 중대사를 결행하게 된 그들로선 상당한 각오가 있었던 것이다. 황제의 곁에 있는 간사한 무리를 제거한다는 것은 한낱 구실에 지나지 않았다.

원앙은 봉상(奉常)*에 등용되어 조조를 죽였다는 사실을 통고하기 위하여 오나라에 파견되었다. 그는 일찍이 오나라의 승상으로서 이곳에 부임한 적도 있어 오왕과는 잘 아는 사이였다.

오나라에 온 원앙을 오왕 유비는 만나려 하지 않았다.

"내가 이미 동제(東帝)가 되었거늘 누구에게 무릎을 꿇을 것인가?"라고 오왕은 말했다.

장안에서 황제의 사자가 오면 황제의 신하된 자는 모두 그의 칙사에게 배례를 드려야 했다. 오왕이 제후로서 원앙을 만나면 무릎을 꿇고 절을 할 의무가 있는 것이다. 만나지 않는다는 것은 절을 하지 않겠다는 뜻으로, 오왕이 장안의 황제를 서제(西帝)로 인정하여 동제인 자신과 대등하다고 생각하고 있음을 말해주는 것이다.

한나라가 진의 군현 제도를 그대로 답습하지 않고 제후의 나라를 두는 군국제를 채택한 것은 만약의 사태가 발생했을 때 황실의 번병(藩屛)*이 되어 반란군을 막아줄 것을 기대했기 때문이었다. 번병이 없는 진나라가 간단히 망해버린 사실에서 얻은 교훈을 살려보자는 의도에서였다.

번병으로서 황실을 지켜야 할 황족의 제후왕이 지금 반란군으로 둔갑한 것이다. 그것도 칠국이 연합하였으니 전 제후 왕국의 반정도가 중앙 정부에 배반한 셈이다. 지도를 보아 알 수 있듯이 한의 판도 동남부를 차지한 제후왕의 반란이었다. 오왕이 '동제'를 자칭한 의도는 만약의 경우 장안의 중앙 정부를 무너뜨리지 못할 망정 적어도 천하를 양분할 수 있다는 희망을 가졌을지도 모른다.

그렇지만 군국제가 전혀 아무런 효과가 없었던 것은 아니었다. 번병의 구실을 훌륭히 해낸 제후왕도 있었다.

* 봉상(奉常) : 구경의 한 사람

* 번병(藩屛) : 왕실이나 나라를 수호하는 먼 밖의 감영이나 병영

양왕 유무(劉武)는 경제의 동생으로 같은 두태후의 소생이었으므로 경제와 가장 가까운 사이였다. 막내아들이었기 때문에 두태후는 양왕을 몹시 사랑하고 있었다.

황제의 동모제였으므로 반란군의 맹주인 오왕도 당초부터 양왕을 포섭 대상에서 제외시켰다. 모반 계획을 누설할 것이 확실했기 때문이었다.

반란군이 장안을 노리기 위해서는 먼저 양나라를 격파해야 한다. 양나라를 함락하지 않으면 배후를 역습당할 염려가 있기 때문이었다. 오·초의 연합군은 회수를 건너 극벽(棘壁)에서 양군을 일단 무찔렀으나 양나라 수도 수양(睢陽)은 끝내 함락시킬 수가 없었다. 양왕 유무는 오·초 연합군의 서진을 막는 데 훌륭한 번병 구실을 하여 끝까지 버티었다.

수도 장안에서는 주발의 아들 주아부(周亞夫)가 군사 최고 책임자인 태위로서 토벌군을 이끌고 창읍으로 진군하여 이곳을 기지로 삼아 오·초 연합군과 그들 본국과의 연락로를 차단하였다. 오왕 유비는 당황하여 창읍을 공격하였으나 주아부는 성문을 굳게 닫고 싸우려 하지 않았다. 보급로를 끊었으니 시간이 지나면 반란군은 식량이 떨어져 장병이 굶주리게 되리라는 것을 뻔히 알고 있었기 때문이었다.

오·초 연합군에는 굶주려 죽는 자가 속출하였다. 굶주림에 견디지 못해 도망하는 장병이 잇달아 늘어났다. 오·초 연합군은 하는 수 없이 철수하기 시작하였다. 그러자 주아부가 정병을 이끌고 그 뒤를 맹추격하니 오왕은 주력부대를 버리고 친위병만을 거느린 채 밤중에 도망치고 초왕 유무는 자살해버렸다.

교서·교동·치천왕 등은 제나라 수도 임치를 포위하였다.

제나라는 모반 동맹에 가담하라는 권유를 받고 처음에는 참가할 뜻을 보였다가 중도 탈락하였기 때문에 반란군들이 포위하였으나 제나라도 굳게 지켜 한 치도 양보하지 않았다.

조나라로부터 원병의 요청을 받았던 흉노도 반란군의 형세가 불리함을 보고 계속 대세를 관망하고 있었다.

단숨에 천하를 뒤집어 엎으려던 오왕 유비의 계획은 크게 무너지기 시작하였다. 주아부에 의해 오·초 양군이 격파되었다는 소문은 모반 동맹을 붕괴시키고야 말았다. 제나라 수도를 포위했던 제후의 군대는 후퇴하다가 한군의 추격을 받고 왕들은 모두 자살하고 말았다.

홀로 남은 조왕 유수는 조나라 수도 한단에서 저항했으나 한나라 장수 역기(酈寄)의 공격을 받고 마침내 자살하고 말았다.

도망친 오왕 유비는 장강을 건너 강남으로 가 구원군으로 참전해온 동월군의 영접을 받았으나 형세를 관망하던 동월군은 이미 한나라와 내통하고 있었다. 동월은 패전한 오왕을 죽여 그 수급을 한나라에 보냈다. 오의 태자 유구(劉駒)는 민월로 도망쳤다.

한무제의 치적

기원전 141년 미앙궁에서 경제가 죽고 황태자 철(徹)이 그 뒤를 이어 제위에 올랐다. 그때 그의 나이 겨우 16세였으며 이 임금이 바로 전한 왕조의 황금 시대를 이룩한 한의 무제(武帝)이다. 무제는 중국 역사상 진의 시황제와 더불어 '진황한무(秦皇漢武)'로 일컬어질 정도로 과감하였고 많은 업적을 남겼다.

그는 한왕조 창업 이래 쌓아 올린 문화적·경제적 여력을 바탕으로 역대 이래 취해오던 무위(無爲)의 노장 사상에서 유위(有爲)의 정치 체제로 전환하였다. 또 수십 년 동안 북쪽의 흉노와 취해오던 화친정책을 굴욕적인 것이라 판단하여 공격 위주의 강경책으로 전환하였다. 무제는 자기 자신의 솜씨를 한번 휘둘러 유사 이래의 대업을 이룩해보겠다는 자신에 차 있었다.

무제가 첫 번째 시도한 것은 중앙 집권의 강화였다. 16세에 즉위한 무제가 22세 때 있었던 일이다. 이제 무제도 제위에 오른 지 6, 7년이 지났으니 황제로서의 위엄과 정치적 역량이 어느 정도 틀이 잡힐 만한 연륜이 되었다. 그런데도 중요 관직의 임명은 승상 전분(田蚡)이 혼자서 처리하고 있는 형편이었다. 무제는 어떻게든 전분의 독주를 막아야겠다고 생각하고 있었다.

소무 소무는 한무제 때 포로 교환차 사절로 갔다가 흉노에 억류당했다.

하루는 전분이 어전에서 꽤 많은 중요 관직에 임명할 사람을 추천하였다. 무제는 침착하고 위엄 있는 태도로 "경이 지금 추천하는 인물들은 이미 다 임명한 게 아니겠소. 이미 임명해 놓고 추천하는 형식을 취하는 것은 온당치 않은 일이오. 실은 나도 몇 사람 임용하고 싶은 사람이 있어 생각 중이오."라고 말하였다. 그 후로 무제는 중요 관직의 임명권을 자기 손아귀에 넣게 되었다.

이어서 그는 여러 가지 방법으로 제후들의 권력을 약화시키고 조정의 대권을 강화하였다. 경제면에서는 화폐 제도를 통일하여 정부가 화폐를 주조하고 소금·철·술 등의 전매 제도를 채택하였다. 사상면에서는 제자백가의 학설을 인정하지 않고 유가인 동중서(董重舒)의 사상을 받아들여 중앙 집권제의 강화와 국가의 통일을 굳건히 다지는 여론을 환기시켰다.

내정을 굳건히 다지는 한편 대흉노 정책을 강화하여 무력에 의하여 침략과 소란을 저지시킨다는 강경책을 썼다.

건원(建元) 6년(기원전 135) 어전 회의에서 흉노에 대한 대책이 논의되었다. 이때 왕회(王恢)는 강경책을 내세워 흉노를 쳐야 한다고 주장하고, 한안국(韓安國)은 화친을 계속해야 한다고 주장했다. 어전회의에 참석한 중신들 대부분은 화친책을 찬성하였기 때문에 무제는 마음에 내키지 않는 화친을 당분간 계속하였다.

2년 후 왕회는 다시 흉노를 쳐야 한다고 진언하였다. 이때 한안국은 또 화친을 주장하였다. 한안국이 화친을 주장하는 이유는 "한나라가 흉노를 치기 위해서는 수천 리를 원정하여야 합니다. 흉노는 만전의 태세를 갖추고 있다가 피로에 지친 한군을 맞아 싸우게 되니 이렇게 되면 한나라가 불리할 것입니다."라는 것이었다.

이에 대하여 왕회는 새로운 계책을 진언하였다.

"그렇다면 흉노로 하여금 한나라를 치게 만들어 우리가 맞아 싸우는 방법을 쓰겠습니다." 하고 몰래 마읍(馬邑) 안에 30만의 복병을 배치시킨 후 안문군(雁門郡) 마읍의 호족 섭일(聶壹)로 하여금 간첩이 되어 흉노로 도망하여 선우에게 다음과 같이 말하게 하였다.

"내가 마읍의 행정 책임자와 관리들을 모두 베어 죽이고 성

불상을 참배하는 한무제 막고굴 벽화 일부

으로써 항복하면 마읍의 재물을 다 얻을 수 있습니다."

섭일은 마읍에서 신임이 두터운 호걸로 그의 말이라면 선우도 믿을 정도였다. 선우는 섭일에게 그렇게 하도록 허락하는 한편 밀정을 보내어 마읍의 상태를 탐지하도록 하였다.

이때 흉노의 선우는 일찍이 흉노의 세력을 크게 떨쳤던 묵특의 손자 군신 선우였다. 섭일은 죄수의 목을 성벽에 높이 매달아 성내의 쿠데타가 성공한 것처럼 가장하였다. 밀정은 성벽에 매달은 목이 마읍의 현령과 관리들인 줄 알고 선우에게 연락하니 군신 선우는 10만의 기병을 거느리고 마읍 공격에 나섰다. 군신 선우는 장성을 넘어 약탈을 자행하면서 마읍을 향해 내려오는데 소·말·양떼들이 초원 가득히 방목되어 있는데도 사람의 그림자는 한 사람도 보이지 않았다. 의아한 생각이 든 군신 선우는 장성 가까이 있는 봉화대를 급습하여 봉화대 책임자를 심문하였다.

봉화대의 책임자는 고급 간부는 아니었지만 제1선을 담당하는 지휘자여서 한나라의 복병 계획을 알고 있었다. 심문에 못이긴 봉화대 책임자는 "한나라의 군대 30만 명이 마읍 안에 숨어 있다."고 말하였다.

"하마터면 한나라에 속을 뻔하였구나!"

군신 선우는 마읍 공격에 나섰던 10만의 기병을 모두 철수시킴으로써 한의 복병 계획은 완전히 실패로 돌아가고 30만 한군은 맥이 빠져 버렸다.

그런데 왕회는 사전에 별도로 3만의 군대를 거느리고 흉노의 보급부대를 습격하기로 작전이 짜여 있었다. 군량이나 무기를 수송하는 보급부대는 주력부대와 떨어 있는 것이 보통이었다. 그런데 왕회는 보급부대를 공격하지 않았다. 그 이유는 흉노의 주력부대가 마읍 공격을 중지하였으므로 만약 한군이 보급부대를 습격할 경우 흉노는 전 주력부대를 이끌고 구출 작전을 펼 것이고 그렇게 되면 왕회의 3만 군대가 패전할 것이 확실했기 때문이었다.

그러나 무제는 왕회가 마음대로 군사를 이끌어 싸움을 중지한 죄를 물었다. 왕회는 "신은 진실로 돌아와서 죽임을 당할 것을 알았습니다. 그러나 폐하의 군사 3만 명은 완전히 보전할 수 있었습니다."라고 말하여 이해득실을 논하였으나 마침내 정위에게 넘겨져 참형에 처해야 한다는 구형이 있었다. 왕회는 생각 끝에 승상 전분에게 천 금의 뇌물을 주어 구명 운동을 벌였다.

전분은 감히 무제에게는 말하지 못하고 태후에게 말하여 왕회를 구하려 하였다.

태후가 무제에게 왕회의 일을 말하자 무제는 "왕회가 주가 되어 마읍의 작전을 짰습니다. 비록 사전에 계획이 누설되어 선우는 사로잡지 못했을망정 보급부대를 공격하였더라면 체면은 세울 수 있었을 것입니다. 이제 왕회를 베지 않으면 천하에 사과할 길이 없습니다."라며 단호히 거절하였다.

이 소식을 들은 왕회는 체념하고 자살해버렸다. 이 마읍의 사건은 한나라에 있어 큰 치욕이었으며 흉노와의 관계를 더욱 악화시키는 결과를 가져왔다.

이 같은 치욕은 그로부터 4년 후 거기 장군(車騎將軍) 위청(衛青)에 의해 씻을 수가 있었다.

원광(元光) 6년(기원전 129) 위청·공손오(公孫敖)·공손하(公孫賀)·이광(李廣)의 네 장군은 각각 1만 명의 기병을 거느리고 네 방향으로 흉노 땅에 쳐들어갔다. 이 가운데 공손하는 흉노군과 만나지 못하여 싸움을 하지 않았고, 공손오는 흉노에게 패하여 7천 기를 잃었다. 이광은 흉노에게 패했을 뿐만 아니라 한때 포로가 되었다가 겨우 탈출하여 돌아왔다. 공손오와 이광은 참형에 해당하였으나 돈을 바치고 서인으로 격하되었다. 한나라 때에는 거액의 돈을 바치고 사형을 면하는 제도가 있었다.

네 장수 가운데 오직 위청 한 사람만이 상곡으로부터 쳐들어가 흉노들이 하늘에 제사지내는 용성까지 공략하여 적을 참수하거나 포로로 잡은 것이 7백 명에 이르는 전과를 올렸다. 수적으로 볼 때는 그다지 큰 성과라고 할 수 없으나 용성까지 공략했다는 것은 큰 의의를 갖는 것이었다. 위청의 이 같은 승리로 한나라의 조야는 흥분을 감추지 못하였다. 건국 70년 이래 한군이 장성을 넘어 그 북쪽을 공략한 것은 이번이 처음이기 때문이었다.

다음해 무제의 총애를 받고 있던 위자부(衛子夫)가 남자아이를 출산했다. 위자부는 위청의 누이이다. 위청은 황자(皇子)의 출산을 축하라도 하듯 3만의 기병을 거느리고 안문으로 나가 수천 명의 적을 참살하는 전과를 올렸다.

다시 다음해인 원삭(元朔) 2년(기원전 127)에 위청은 운중에서 북으로 나가 장성 바깥 서쪽으로 돌아가 진나라 말기 흉노에게 빼앗겼던 오르도스 지방을 회복하였다. 3회에 걸친 전공에 의해 위청은 장평후가 되어 식읍(食邑)이 3천 8백 호에 이르게 되었다.

하서를 수복한 곽거병

　그 후 위청은 마침내 대장군이 되어 7차례에 걸쳐 원정군을 이끌고 흉노와 싸워 공을 세웠으나 후반은 그의 생질인 곽거병(霍去病)의 눈부신 전공 때문에 위청의 명성은 점점 빛을 잃어가고 있었다.

　무제의 강력한 정책과 위청·곽거병의 전공에 의해 흉노와 화친정책으로 일관해오던 과거의 치욕을 씻을 수 있었던 것은 오로지 두 장군의 힘만으로 이룩된 것은 아니다. 그 배경에는 한나라의 국력이 그만큼 충실해졌기 때문이었다.

　무제는 기질적으로 위청보다는 곽거병을 좋아했다. 평양 공주의 저택에서 아전 생활을 하여 노예적 기질이 몸에 배인 위청은 겸손이 지나쳐 오히려 아양 떠는 것처럼 보이는 태도가 마음에 들지 않았다. 이에 반하여 곽거병은 귀족 출신이었기 때문에 무제에

장건 서역으로 떠나는 장건. 장건은 월지와 동맹을 맺고 흉노를 격파하기 위해 서역 월지로 파견되었다. 월지와의 동맹 체결은 무산되었으나, 그의 여행을 통해 동서양 문물의 교류가 시작되었다. 막고굴 벽화의 일부

게는 솔직하고 신선한 느낌을 주었던 듯하다. 그래서 원정 때는 최정예부대를 으레 곽거병에게 맡겼다.

원수(元狩) 2년(기원전 121)은 마치 곽거병의 해라고 할 수 있을 정도로 그는 큰 공을 세웠다. 이 해에 곽거병은 3회에 걸쳐 원정을 하였는데 그때 그의 나이 겨우 약관 20세였다.

제1회 원정은 농서(隴西)로 진격하여 흉노의 절란왕(折蘭王)을 죽이고 노후왕(盧侯王)의 목을 베었으며 혼야왕(渾邪王)의 아들을 사로잡고, 참수하거나 포로로 한 자가 8천 1백 명에 이르는 전과를 올렸다.

제2회 원정은 그 해 여름에 거연(居延)을 넘어 소월지(小月氏)를 지나 기련산(祈連山)을 공격하였다. 이 원정에서 박망후(博望侯) 장건(張騫) · 합기후 공손오(公孫敖)는 곽거병의 군단과 만나는 시간을 지체하였다는 이유로 참형에 처해야 한다는 구형을 받았으나 돈을 바치고 죽음을 면하여 서인이 되었다.

제3회 원정은 그 해 가을로 원정이라기보다는 혼야왕의 항복을 받기 위해 하서(河西)로 파견된 일이었다. 계속되는 패전에 흉

파미르 고원 '세계의 지붕'이라고 일컬어지는 파미르 고원. 서역으로 가기 위해서는 반드시 이 험준한 산을 넘어야 했다.

타클라마칸 북변을 통과하면 실크로드 내륙 루트의 하나인 파미르 고원에 이른다.

노의 이치 선우는 혼야왕·휴도왕에게 그 책임을 물으려 하자 이들 두 왕은 문책이 두려워 한나라에 항복하려 하였다. 도중에 휴도왕이 항복을 망설였기 때문에 혼야왕이 휴도왕을 죽이고 그 무리를 빼앗았다.

  이와 같이 흉노는 내부가 동요되어 있었다. 항복한 혼야왕의 군중에도 항복에 반대하는 자가 있었다. 곽거병은 항복에 반대하

는 흉노 8천 명을 베어 죽였다.

한나라는 국력의 충실·명장의 활약·흉노의 내부 동요 등 성공적으로 흉노를 제압할 수 있었다. 성공의 가장 큰 원인은 사전에 흉노의 사정을 정확히 파악할 수 있었기 때문이었는데, 장건의 서역 여행이 큰 의의를 갖는다.

무제 즉위 전 20년경의 일이다. 당시 흉노에게 격파당한 월지(月氏)는 돈황에서 멀리 북쪽으로 도망하여 월지왕의 미망인을 왕으로 세우고 흉노를 원망하면서 절치부심 오랫동안 복수의 기회를 노리고 있었다. 이러한 사정을 알고 있던 무제는 월지와 동맹을 맺어 흉노를 협공하려 하였다. 그래서 우선 월지에 보낼 사자를 구하고 있었는데 마침 장건이 자원하고 나섰던 것이다.

장건의 출발에 앞서 무제는 그의 고모부인 당읍후 진오(陳午)의 사저에서 노예로 있는 감보(甘父)를 장건의 종자로 삼아 따라 보내기로 하였다. 감보는 흉노 출신으로 변방 밖의 사정을 잘 알고 있는 자였다.

장건은 1백여 명의 종자를 거느리고 장안을 출발하여 황하 서쪽 변경 지방에 이르렀을 무렵 뜻밖에 흉노에게 사로잡혀 선우

무사 그림 벽걸이 실크로드를 통해 동서양 문물이 교류되었다. 그리스 병사로 추정되는 무사그림 벽걸이

* 대완(大宛) : 중앙아시아 동부의 페르가나 지방

에게로 보내졌다. 이것이 건원 초년의 일로 당시 흉노의 선우는 군신이었다. 그는 장건 일행을 심문하여 월지에 가는 사자임을 알고 장건을 억류하였다. 흉노를 치기 위해 군사 동맹을 맺으러 가는 사자를 흉노가 억류하는 것은 당연했다.

이로써 장건은 10년 동안 억류 생활을 해야 했다. 흉노의 여성을 아내로 맞이하여 자식을 낳고 완전히 흉노가 된 것처럼 행세하였다. 장건은 이렇게 하여 흉노의 경계심을 누그러뜨리고 그들의 감시가 소홀한 틈을 타서 탈출하였다. 장건 일행은 서쪽으로 수십 일 동안 여행을 계속하여 대완(大宛)*에 도착하였다.

그런데 돈황에서 북쪽으로 쫓겨간 월지는 똑같이 흉노에게 쫓긴 오손(烏孫)에게 다시 쫓겨 망명지에서 서남쪽으로 쫓겨났다. 오손은 터키 계통의 부족으로 현재의 카자흐족의 선조라는 설이 있다.

쫓기고 쫓긴 월지는 사마르칸트 부근에 정착하였다. 그곳은 토지가 비옥하고 부근에 강력한 부족이 없었으며 단지 그 남쪽에 대하(大夏)가 있었다. 대하는 상업을 주로 하는 무력이 없는 나라였기 때문에 월지는 힘들이지 않고 대하를 속국으로 삼았다. 넓고 비옥한 토지에다 속국까지 생겼으니 월지의 입장에서 보면 전화위복이 된 셈이었다.

장건은 대완에서 강거국(康居國)을 지나 월지에 도착하여 월지를 설득하였으나 월지는 한나라와의 군사동맹을 끝까지 거부하

무릉 한무제의 릉. 무제가 즉위하면서 공사를 시작했다고 한다.

였다. 월지의 평화주의·비동맹 정책으로 장건의 군사동맹 체결의 목적은 무산되고 말았다.

귀국길에 오른 장건 일행은 곤륜산 남쪽 기슭을 따라 서역 남로를 택했다. 이때 천산 남로는 흉노의 세력권에서 벗어나 있었다. 카슈가르(喀什)·야르칸트(莎車)·우전(于田)·누란(樓蘭)에서 차이담 분지(柴達木盆地)를 지나 농서(隴西)에 이르는 길을 택했다. 누란에서 돈황으로 가는 것이 정상 코스였으나 돈황은 흉노의 지배하에 있었다. 차이담 분지의 야강족은 장건이 월지에서 입수한 정보에 의하면 자립국(自立國)이었으나 막상 들어가 보니 이미 흉노에게 복속되어 있었다. 결국 장건은 이곳에서도 또 억류당하였다.

1년 여의 억류 끝에 장건은 흉노의 군신 선우가 죽고 그의 태자와 동생이 선우의 자리를 놓고 벌이는 내분을 틈타 탈출에 성공하였다.

원삭 3년(기원전 126) 장건은 무려 13년 만에 장안으로 돌아

돈황석굴

왔다. 월지와의 군사동맹 체결은 실패하였으나 그의 보고에 의해 한나라는 서역의 정세를 보다 상세히 알 수가 있었다.

긴 억류 생활을 하는 동안 그는 흉노의 세력권 안에 있는 이곳저곳을 돌아다니며 초원·사막·산악·호수·도로 등을 그의

태산 봉선 의식은 태산에서만 행할 수 있었다.

발군의 기억력으로 머릿속에 지도를 그려넣었던 것이다. 장건의 지리적 지식 덕분에 그 후 한군은 물이나 군량 부족으로 고통을 받은 일이 없었다. 귀국한 후 장건은 열후의 자리에 올랐다.

원수 2년의 곽거병의 원정 때 장건이 기일을 지체했다는 이유로 참형의 구형이 내려지자 속전(贖錢)을 물고 서인이 되었다는 사실은 앞에서 언급한 바 있다. 그렇지만 그 후 무제는 자주 장건을 불러 서역의 정세를 물었고 얼마 후 장건의 관직과 명예는 회복되었다.

장건은 귀국 후 1년 남짓해서 죽었다. 그는 죽었지만 그의 노력은 열매를 맺기 시작하여 한나라와 외교 관계를 맺지 않았던 오손·야랑(夜郎)·대완 등이 자진해서 한나라와 외교 관계를 맺는 등 한나라의 위엄은 널리 서역까지 떨쳤다. 세계적으로 유명한 실크로드는 바로 한무제 때 장건이 처음 개척한 것으로 그 의의는 매우 크다 하겠다.

그 후 무제는 남월을 평정하여 9군을 두고, 또 서남이(西南夷)를 평정하여 5군을 설치하였으며 동으로 위만조선(衛滿朝鮮)을 평정하여 낙랑(樂浪)·임둔(臨屯)·현도(玄菟)·진번(眞蕃)의 4군을 설치하였다.

봉선과 사마천의 《사기》

무제는 문제·경제에 비하여 신선에 대한 관심이 많았고 제사에 대해서도 매우 적극적이었다. 이 때문에 방사 신원평(新垣平)의 무리인 이소군(李少君)·제의 소옹(少翁)·난대(欒大) 등이 자주 궁정에 출입하였다.

무제 즉위 초년에는 두태후가 눈을 번득이고 있었기 때문에 황노 사상과 거리가 먼 제사나 의식은 거행할 수가 없었다. 무제가 처음으로 옹(雍) 땅에서 오제(五帝)에게 제사 지낸 것은 두태후가 죽은 다음인 원광 2년의 일이었다.

사마천

무제는 그 후 3년마다 친히 교외에 나가 제사를 지내기로 하였으며 후토(后土)에도 제사 지냈다.

원봉 원년(기원전 110) 흉노는 이미 변방을 넘보는 일이 없어졌고 남월마저 평정되었다. 또 보정(寶鼎)이 출토되는 등 성군 시대에 나타나는 상서로운 징조가 나타나 봉선(封禪)*의 시기는 점점 무르익어가고 있었다. 봉선이란 태평성대를 이룩한 성천자가 천지신명에게 제사를 올리는 의식이다. 그러니까 천자라 해도 아무나 봉선할 수는 없었다.

*봉선(封禪) : 흙을 쌓아 단을 만들고 하늘과 땅에 제사를 지냄

봉선은 비밀리에 행해지는 의식이었다. 무제는 이 해 4월 마침내 태산(泰山)에 올라 봉선하기로 하였다. 봉선에 수행한 사람은 곽거병의 아들 곽자후(霍子侯, 곽선霍嬗) 한 사람뿐이었다. 그때 곽자후는 소년이었다. 유일한 수행자인 곽자후는 그 직후에 죽었는데 모든 것은 극비에 붙여졌다.

봉선이라는 미증유의 행사에 수행하는 것은 더 없는 영광이었다. 그래서 수행하지 못한 사람들은 모두 억울해했다. 이때 태사령(太史令)으로 있는 사마담(司馬談)은 자신의 직책상 반드시 수행인에 끼일 줄 알고 있었다.

죽간 사마천의 《사기》는 죽간에 쓰여졌다.

태사령이란 천자를 따라 천자의 행동을 기록하는 직책이니 사마담으로서는 당연한 생각이었다. 그러나 유감스럽게도 수행원에서 제외되어 낙양에 남게 되었던 것이다. 이를 분하게 여긴 사마담은 마침내 분사하고 말았다. 이 사마담은 바로 《사기》의 저자 사마천의 아버지이다.

사마천은 《사기》의 자서 서문에서 다음과 같이 술회하여 사마담의 유언을 소개하고 있다.

이 해에 천자가 처음으로 봉선의 예를 행하였는데 태사공은 낙양에 머물러 있어서 그 일에 참여할 수가 없었다. 그러므로 분을 못이겨 죽으려 하였다. 그런데 아들 천이 때마침 사명을 마치고 돌아와서 아버지를 황하와 낙수 사이에서 뵈었다. 태사공이 천의 손을 잡고 말하기를 "이제 천자께서는 천세의 대통을 이어받아 태산에서 봉선하는 예를 행하고 있다. 내가 이에 수행하지 못함은 천명으로 돌릴 수밖에 없다. 내가 죽으면 너는 반드시 태사가 될 것이다. 태사가 되거든 내가 저술하려 했던 것을 잊지 말라. 대저 효도란 어버이를 섬김으로 시작하여 임금을 섬기고 몸을 세워 그 이름을 후세에 남기고 부모를 나타나게 함으로써 끝나는 것이다.…"

사마담이 죽은 3년 후 사마천은 태사령이 되었다. 사마천은 "내가 저술하려 했던 것을 네가 저술하라."는 아버지의 유언에 따라 《사기》를 저술하기 시작하였다. 그 뒤 7년에 흉노 정벌에 나섰던 이릉(李陵)을 변호하다가 무제의 노여움을 사 궁형(宮刑)에 처하여지는 화를 입었다. 이릉이 흉노 정벌에 나선 경위는 다음과 같다.

천한(天漢) 2년(기원전 99) 이사 장군(貳師將軍) 이광리(초명 李0年)는 3만의 기병을 거느리고 주천(酒泉)에서 천산(天山)으로 출격해 우현왕(右賢王)의 흉노군과 싸워 1만여의 적을 무찔렀으나 돌아오는 길에 흉노의 대군에 포위되어 궁지에 빠졌다. 이 때 맹장 조충국(趙充國)의 결사적 분전에 힘입어 겨우 포위망을

간소 지방 사마천은 《사기》의 자료수집을 위해 하북, 간소 지방 등을 여행했다.

뚫고 탈출했으나 한군의 6, 7할이 전사하였으니 패전이나 마찬가지인 결과였다.

　같은 무렵 기도위(騎都尉) 이릉(李陵)은 보병 5천을 거느리고 거연(居延)을 거쳐 북쪽으로 준계산(浚稽山)에 도달하였다. 이릉은 전장군 이광(李廣)의 아들이다. 이광은 일찍이 흉노와의 싸움에서 길을 잃고 늦게 도착하여 이를 심문하려 하자 칼을 빼어 자결한 용장인데 그의 조상은 진나라 때의 명장 이신(李信)이었다. 때문에 이릉은 항시 무장 출신 명문의 긍지를 가지고 있었다.

　처음 무제는 이릉에게 이사 장군 이광리 휘하 보급부대의 지휘관으로 삼으려 하였으나 이릉은 그따위 후방부대보다는 일선에 나가 싸우기를 자원하였다.

　무제는 "그대에게 줄 기병이 없다."고 하자 이릉은 "보병이라

목마 내몽고자치구 동한묘에서 발견된 벽화로 묘주는 동한 왕조가 파견한 사지절호(使持節護) 오환교위(烏桓校尉)였다. 이 벽화는 당시 고급 관료의 장원에서 목마 모습을 전하고 있다.

도 좋습니다."라고 대답하였다. 이릉의 5천 명 보병부대는 준계산에서 선우의 주력부대인 3만 기병과 마주쳤다. 이릉은 성난 사자처럼 사투를 벌인 끝에 수천 명의 흉노군을 쳐죽이니 선우는 크게 놀라 일단 후퇴하려 하였다. 그때 이릉의 군후(軍侯)로 있던 관감(管敢)이 이릉군의 교위(校尉)에게 모욕당한 것을 분히 여겨 도망쳐 흉노에게 항복하고 한군의 내부 사정을 선우에게 털어놓았다.

"한군은 군사가 5천 명에 지나지 않을 뿐더러 응원부대도 없고 화살마저 다 떨어진 실정입니다."

관감의 말을 들은 선우는 크게 기뻐하고 후퇴하려던 군사를 되돌려 한군을 맹공격하였다. 이릉은 8일간에 걸쳐 사투를 벌였으나 중과부적으로 군사의 태반을 잃고 원군마저 없었다. 이릉은 "폐하에게 보고할 면목이 없다." 하고 마침내 흉노에게 항복하고 말았다.

이릉의 항복 소식을 들은 한나라 조정에서는 이릉을 논죄하기에 이르렀다. 처음 무제는 이릉을 이광리의 휘하에 소속시켜 그의 보급부대 지휘관으로 삼으려 했다는 말은 앞에서 언급한 바 있다. 무제의 이 같은 속마음은 이광리에게 공을 세울 기회를 주자는 데 있었다. 이광리는 무제가 몹시 사랑했던 이부인(李夫人)의 오빠였다. 그래서 무제는 공사를 가리지 않고 이광리에게 호의를 보였다. 그런데 이릉은 이를 거절하고 독립 보병부대를 이끌고 출전했기 때문에 무제는 이를 괘씸하게 생각하고 있었다.

군신들은 무제의 속마음을 알고 있는지라 무제의 뜻에 영합하기 위하여 모두 유죄론을 주장하였다. 이릉을 변호한 사람은 오직 한 사람, 사마천이었다. 그는 강경한 어조로 다음과 같이 이릉을 변호하였다.

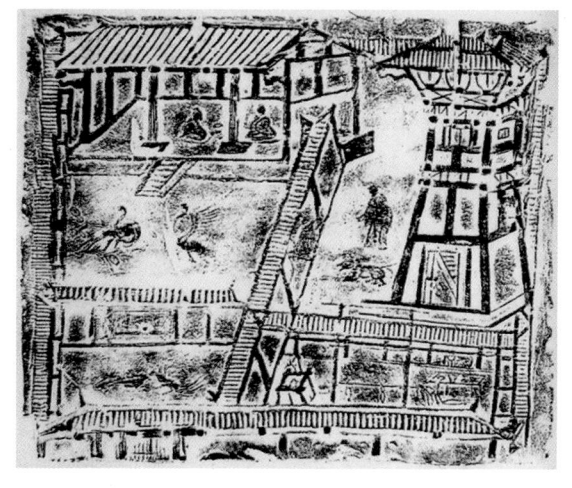

한대의 정원

"이릉은 부모에 효도하고 선비들과 사귐에 신의가 있었으며 항상 용감하여 자신을 돌아보지 않고, 국가의 위급한 일에 몸을 바치려 하는 것이 그의 평소 쌓아올린 바라, 국사(國士)로서의 풍도가 있었사온데 이제 한 가지 불행한 일이 있다 하여 군신들이 들고 일어나 그의 죄를 만들어내니 진실로 통탄할 일입니다. 또 이릉은 불과 5천의 보병으로 적군 깊숙이 들어가 수만의 군사를 물리치니 흉노는 사상자를 구원할 겨를이 없어 민병까지 총동원하여 함께 포위 공격하였습니다. 이릉은 8일간에 걸쳐 천 리를 전전하면서 사투를 벌여 화살은 떨어지고 길이 막히자 병졸들은 맨주먹으로 칼날을 무릅쓰고 죽기로써 싸웠으니 이처럼 사력을 다한다는 것은 비록 옛날의 명장일지라도 이릉보다 낫지 않을 것입니다. 이릉이 비록 패전했으나 그가 흉노의 예봉을 꺾은바 공로는 족히 천하에 드러날 것입니다. 그가 죽지 않고 항복한 것은 적당

옥문관 한무제가 간쑤성 둔황현에 설치한 관문

한 기회를 얻어 공을 세워 한나라에 보답하기 위한 것임이 분명합니다."

사마천의 강경한 발언은 무제의 감정을 크게 상하게 하였다. 사마천의 이 말 속에는 이릉은 불과 5천의 보병으로 흉노의 주력부대와 만나 사투를 벌였는데 이광리는 3만의 기병을 거느리고도 흉노의 별동대인 우현왕과 싸워 6,7할의 군사를 잃고 목숨을 구하여 도망쳐 돌아오지 않았느냐는 이광리를 비난하는 듯한 인상마저 풍기고 있었다.

무제는 사마천이 그럴 듯한 말로 남을 속여 넘겨 이광리의 공적을 가로막고 이릉을 위하여 변명한다고 생각하여 사마천을 궁형에 처하도록 하였다. 궁형이란 거세(去勢)하는 형벌로 사대부로서는 최상의 굴욕이었다. 사마천은 이때 사대부로서의 긍지로 자결을 택해야 했는데도 삶을 계속하였다. 그도 죽고 싶은 마음은 간절했겠지만 차마 죽지 못했다.

무제가 불쾌하게 생각할 줄을 뻔히 알면서도 감히 이릉을 변

호한 것은 그것이 옳다고 생각
했기 때문이었다. 이릉과 사마
천은 같은 신하로서 서로 얼굴
을 대한 일은 있었으나 그렇게
친한 사이는 아니었다. 소신대
로 말하여 그때문에 욕을 받는
다면 죽음을 택한다는 것이 아
마 사마천의 인생관이었을 것

옥문관의 장성 유적

이다. 그렇지만 그는 죽어서는 안 될 일이 있었다. 아버지 사마담
의 유언을 그는 아직도 다 지키지 못했기 때문이었다.

    분사(憤死)하기에 앞서 그의 손을 잡고 눈물을 흘리며 말하
던 아버지의 모습이 그의 뇌리에 떠올라 죽으려는 그의 마음을 호
되게 꾸짖었던 것이다.

    사마천이 궁형을 받은 것은 그의 나이 48세 때의 일로 2년 후
출옥하였다. 그의 출생 연대에 대해서는 《사기정의》에는 경제 중
원 5년(기원전 145), 《사기색은》에는 무제 건원 6년(기원전 135)
으로 되어 있다. 후자에 따른다면 38세 때 궁형을 받은 셈이 된다.

    사마천은 출옥 후 중서령(中書令)의 일을 맡아보면서 《사기》
의 저술에 힘썼다. 사마천이 받은 치욕의 상처는 견디기 어려운
것이었다. 그는 견디기 어려운 상처를 받은 자만이 저술에 열중할
수 있다는 마음의 자세로 임했다. 봉선의 의식에 참여하지 못했던
아버지의 굴욕과 자신이 받은 정신적 치욕과 육체적 상처를 씹으
면서 사마천은 붓을 움직였다. 그가 저술한 《사기》는 본기(本紀)
12권, 표(表) 10권, 서(書) 8권, 세가(世家) 30권, 열전(列傳) 70
권으로 도합 130권에 이른다.

무고의 난

역사상 진황한무(秦皇漢武)로 일컬어지는 무제가 황제의 위에 오르게 된 것은 여자의 힘에 의해서였다. 무제의 장모이자 고모인 관도 공주(館陶公主)가 무제를 제위에 올려놓은 주역이었다. 때문에 무제는 즉위 초부터 이들 여성들에 둘러싸여 그들의 눈치를 보아야 했다. 이 여성들과 그들을 둘러싼 권력 싸움은 끊임없이 되풀이되어 마침내 무고(巫蠱)*의 난이 일어나게 되었다.

* 무고(巫蠱) : 무당이나 사도(邪道)로써 남을 저주하는 일

맨 처음 무고의 난은 진황후(陳皇后)를 실각시킨 사건으로 공손오(公孫敖)가 그의 아내의 무고에 연좌되어 요참(腰斬, 허리를 베어 죽임)의 형을 받은 사건이었다. 그 다음이 주안세(朱安世)의 무고 사건에 관련되어 무제의 두 딸 제읍 공주·양석 공주를 비롯하여 위황후(衛皇后)의 측근인 공손하·위군유·공손경성·위항 등이 주살된 사건이다.

이것이 이른바 제1차 무고의 난으로 위황후를 고립시키는 결과를 가져왔다. 당시 황태자 유거(劉據)는 위황후가 낳은 단 한 사람의 아들이었다. 무제에게는 황태자 외에도 왕부인 소생인 제왕 유굉(劉閎), 이희(李姬)의 소생 단(旦)과 서(胥), 그리고 무제가 몹시 총애했던 이부인(李夫人)의 아들 창읍왕(昌邑王), 조첩여(趙婕妤) 사이에 낳은 황자 불릉(弗陵) 등이 있었다.

무제가 황태자 유거를 약간 불만족스럽게 생각하고 있다는 사실은 황실의 측근이라면 다 아는 것이었다. 무제가 불만족스럽게 생각하는 이유는 자기를 닮지 않았다는 이유에서였을 뿐 다른 이유가 있었던 것은 아니었다.

주안세에 의한 무고의 옥사는 정화 원년에 일어났고 공손하 일족이 주살된 것은 그 다음해인 정화 2년의 일이었다. 같은 해 제2차 무고의 난이 일어나 마침내는 황태자까지 죽게 하는 커다란 사건으로 확대되었다.

제2차 무고의 난의 주동 인물은 강충(江充)이었다. 강충은 조나라 한단 출신으로 노래와 춤에 뛰어난 미모의 누이동생이 조왕의 태자에게 총애를 받고 있었다. 조왕은 무제의 이모형(異母兄)인 유팽조(劉彭祖)였는데, 엄격하고 정치에 열중하는 인물이었다. 이에 반하여 조왕의 태자 단(丹)은 아버지만 못하였다. 강충은 선천적으로 고자질을 잘 하는 기질이 있었던 때문인지 누이동생으로부터 들은 태자의 일을 낱낱이 조왕에게 고자질하였다. 이 소문을 듣고 크게 노한 태자 단이 강충을 체포하려 하자 강충은 장안으로 달아났다. 그러자 태자는 강충의 가족들을 모두 잡아다가 죽여버렸다.

이 소식을 들은 강충은 태자 단의 사건을 조정에 호소하였다. 조정에서는 태자의 소행을 조사한 끝에 태자를 체포하여 정위에게 넘겨 심리한 결과 사형의 논고가 내려졌다.

조왕 팽조는 완고한 인물이었다. 조나라 전국에서 용맹한 자를 뽑아 친히 흉노 토벌에 나서 사력을 다해 공을 세움으로써 태자의 죄를 속죄하고 싶다는 상서를 올렸다. 결국 흉노의 토벌은 허락되지 않았으나 태자는 사형을 면하고 폐태자한다는 처분으로 낙착되었다.

무제는 처음 강충을 보았을 때 지금까지 보지 못한 특이한 인물이라고 생각했다. 강충은 이때 무제로 하여금 자신의 인상을 잊지 않도록 하기 위해 아주 기이한 복장을 하고 있었다. 이런 점이 무제의 마음을 끌었고 또 제후왕들의 일을 두려움 없이 고발하는 용기를 높이 평가하여 강충을 기용하기로 하였다.

강충은 자신이 왜 기용되었는지를 잘 알고 있었다. 신분의 고하를 막론하고 서슴없이 고발해야겠다는 신념으로 관도 공주나 황태자의 비위 사실까지도 두려워하지 않고 적발하였다. 어느 때 천자만이 다닐 수 있는 길을 황태자의 사자가 수레를 몰고 달린 일이 있었는데 강충은 이 사건을 적발하였다. 이를 안 황태자가 사람을 시켜 강충에게 눈감아줄 것을 부탁하였으나 강충은 듣지 않고 그대로 무제에게 보고하였다. 무제는 어떠한 권위 앞에서도 굴하지 않는 강충의 강직한 태도에 만족하고 있었다.

이 일이 있은 후 강충은 황태자로부터 미움을 받게 되었다. 이때 무제의 나이 66세이고 황태자의 나이 38세의 장년이었다. 무제가 세상을 떠나면 황태자가 즉위할 것이고 그렇게 되면 자신에게 보복할 것이 틀림없었다. 이렇게 생각한 강충은 서둘러 무고의 난을 준비하였다. 나무 인형을 여러 개 만들어 궁중 여기저기에 묻었다. 황후의 궁전, 황태자의 거처 주변에도 여러 개 묻었다.

이때 무제는 나이가 늙어 사람을 의심하는 일이 많았고 미신에 깊이 빠져 있었다. 하루는 낮잠을 자는데 꿈속에 나무로 만든 사람 수천 명이 몽둥이를 들고 무제를 때리려 하였다. 무제가 깜짝 놀라 잠을 깼는데 그 후로 무제는 병석에 눕게 되었다.

강충은 좋은 기회라 생각하여 흉노 출신 무당 단하(檀何)를 매수하여 다음과 같이 말하게 하였다.

"궁중에 무고의 기운이 있습니다. 이를 제거하지 않으면 큰 화를 입을 것입니다."

이 말을 들은 무제는 강충으로 하여금 이번 무고 사건을 치죄토록 하였다. 강충은 득의양양하였다. 후궁의 거처, 황후·황태자의 궁전 곳곳이 파헤쳐졌다. 파는 곳마다 나무 인형이 나오자 이를 지켜본 사람들은 모두 입을 벌리며 아연해했다. 특히 황태자 궁전 근처에서는 많은 인형이 나왔다. 그뿐 아니라 비단에 쓴 글이 나왔는데 이 또한 무제를 저주하는 내용이었다.

강충은 이 같은 사실을 마땅히 황상에게 아뢰어야 한다며 태자를 급히 잡으려 하였다. 태자는 어찌할 바를 모르고 있었는데 태자의 소부(少傅)가 계책을 말하였다.

"강충을 죽여 없애는 것만이 황태자께서 살아날 수 있는 길입니다."

황태자도 곰곰이 생각하니 지금까지 강충이 한 행동으로 보아 비상 수단을 쓰지 않으면 자신의 죄를 면할 길이 없다고 판단하고 마침내 뜻을 굳혔다.

황태자는 그의 가신(家臣)으로 하여금 황제의 사자를 사칭하여 강충을 잡아오게 하였다. 강충이 황태자 앞에 연행되어 오자 황태자는 "조나라 오랑캐놈아, 전에는 네 국왕 부자를 어지럽히더니 그것도 부족하여 이번에는 내 부자를 어지럽히려 드느냐!" 하고 크게 꾸짖은 다음 강충의 목을 베게 하였다. 이것이 수만의 무죄한 생명을 빼앗은 희대의 요망한 인물 강충의 최후였다. 이 무고의 난을 날조하는 데 협력한 것은 궁중에도 무고의 기운이 있다고 말한 흉노 출신 무당 단하였는데 그도 역시 연행하여 상림원(上林苑)에서 불태워 죽였다.

이때 무제는 감천궁(甘泉宮)에 있었다. 감천궁은 진의 시황제가 함양 서북쪽 감천산에 지은 별궁이었는데 무제가 이것을 확장하여 개축하였다. 태산에서 봉선한 다음해(기원전 109) 무제는 감천궁에 거대한 통천대(通天臺)를 세웠다. 그 이름과 같이 하늘에 닿을 듯한 높은 누대로 지상에서의 거리가 1백여 장(丈)이나 되어 비구름이 감돌았고 대 위에는 승로반(承露盤)을 만들어 구름 위의 이슬을 받게 하였다. 구름 위의 이슬이란 신선의 약이라 하여 무제가 복용하였다.

한나라 때의 장(丈)은 지금의 2.25미터였으니 1백 장이라면 2백 미터가 넘는 셈이다. 당시의 건축 기술로 과연 이런 건물이 세워졌을지 의문이다. 《자치통감(資治通鑑)》 주석에 인용된 '한구의(漢舊儀)'에는 통천대의 높이가 50장이고 장안에서의 거리가 2백 리인데 통천대에서 장안성을 바라볼 수 있었다고 기록되어 있어 후자의 기록이 더 신빙성이 있어 보인다.

강충의 목을 벤 황태자는 백관들에게 다음과 같이 고하였다.

"황상께서는 지금 감천궁에서 병으로 고생하고 계시다. 의심컨대 무슨 변고가 있어 간사한 무리가 반란을 일으킬 기미가 보인다."

이렇게 선포한 황태자는 장안에 갇혀 있는 죄수들을 석방하고 북군의 영문 앞에 이르러 북군의 사자 임안(任安)을 불러 부절(符節)을 주고 북군을 출동시키도록 명하였다.

임안은 부절을 받고 북군의 영문에 들어가자 문을 굳게 닫고 나오지 아니했다. 황태자는 하는 수 없이 시민들을 끌어내어 장락궁 서문 근처에서 승상의 군대와 5일에 걸쳐 대전한 결과 수많은 사상자를 내었다.

감천궁에서 장안에 변이 일어났다는 보고를 받은 무제는 재빨리 명령을 내렸다.

"수레바퀴로 방색을 설치하라. 칼로 싸우면 병졸과 백성들이 많이 상할 것이니 칼로 싸우는 일이 없도록 하라. 성문을 굳게 닫아 반란의 무리들이 달아나지 못하게 하라."

당시의 승상은 유굴리였는데 그는 승상의 인수를 잃어버릴 정도로 당황하였다. 반면에 무제는 반란의 진압을 명령하면서도 전투의 확대를 막는 조치를 취하는 등 자신만만하였다. 감천궁에서 앓고 있다던 무제가 장안성 서쪽 건장궁(建章宮)에 모습을 나타내자 이 소문을 들은 황태자의 민병들은 도망하기에 바빴고 점점 패색이 짙어져 갔다.

황태자는 장락궁 남쪽에 있는 두문(杜門)을 나와 도망쳤다. 이때 두문은 사직(司直) 전인(田仁)이 지키고 있었는데 전인은 부자간의 싸움이기 때문에 눈치껏 해야겠다고 판단하여 성문을 굳게 지키지 않았거나 도망가게 내버려 두었던 모양이었다.

황태자가 도망쳤다는 사실을 안 승상은 전인의 책임을 물어 그를 목베려 하였다. 그러자 어사대부 경승지(景勝之)가 이를 만류하였다. 뒤늦게 이 사실을 안 무제는 격노하였다.

"모반한 자를 도망치게 한 관리를 승상이 참하는 것은 당연한 일이거늘 어사대부는 어째서 그것을 만류하였느냐."

무제가 크게 문책하자, 어사대부 경승지는 황공한 나머지 자살하고 말았다.

황태자 유거는 동쪽으로 도망가 호현 천구리(泉鳩里)에 은신처를 마련하였다. 의협심이 많은 신발 장수가 황태자를 숨겨주고 식사를 제공하였다. 그러나 몹시 가난하여 호화롭게 자란 황태자로선 숙식의 고통을 견딜 수가 없었다. 호현에는 황태자와 안면이 있는 부자가 살고 있어 비밀리에 연락을 취하다가 은신처가 발각되고 말았다.

호현의 병졸과 관리들이 황태자의 은신처를 포위하자 체념한 황태자는 목을 매었다. 장부창(張富昌)이라는 병졸이 문을 박차고 들어가 신안현 소속 아전 이수(李壽)와 함께 황태자를 안아 일으키고 목을 찔러 절명시켰다. 신발 장수는 포위 병졸과 싸우다 장렬한 최후를 마쳤고 황태자의 두 아들도 죽임을 당하였다.

강보에 싸여 있던 황태자의 손자만은 생명을 부지하여 옥에 갇혀 여죄수의 젖을 먹고 성장하였다.

38세에 죽은 황태자에게 손자가 있었다는 것이 현대에서는 이상하게 생각되지만 황태자는 15세 때 결혼하였으므로 손자가 있었다는 것은 조금도 의심할 여지가 없다.

황태자가 7월 임오일(壬午日)에 강충을 죽이고 쿠데타를 일으켰다가 8월 신해일(辛亥日)에 호현에서 죽기까지는 꼭 29일이었다.

무제는 신상필벌을 원칙으로 하는 황제였다. 황태자를 도망치게 한 전인과 북군의 영문 앞에서 태자로부터 북군 출동의 부절을 받은 임안 등이 모두 요참의 형에 처해졌다. 임안은 부절을 받기는 했으나 군대를 동원하지는 않았는데, 일단 부절을 받아놓고 형세가 유리한 쪽에 가담하려는 두 마음을 가졌다는 것이 참형에 처한 이유였다. 호현에서 황태자의 목에 칼질을 한 두 병졸의 포상에 대하여는 논란이 많았으나 결국 열후에 봉해졌다.

이처럼 많은 사람을 희생시킨 황태자 무고 사건은 끝났으나 그 후 황태자의 무죄를 상서하는 사람이 잇달았다. 호관현의 삼로(三老)* 영호무(令狐茂)를 위시하여 고조묘의 숙위관인 전천추(田千秋) 등 꽤 지위가 높은 사람들까지 황태자의 무죄함을 주장하고 나섰다. 무제는 전천추를 불러 보니 씩씩한 장부의 기상이

* 삼로(三老) : 마을의 교육을 담당하는 하급 관리

넘쳐 흐르고 그의 말은 논리가 정연했다. 이에 무제는 크게 깨닫고 "부자지간의 일은 다른 사람이 말하기 어려운 일인데도 공이 그 옳고 그름을 분명히 밝혀 말하니 이것은 고조의 신령이 공으로 하여금 나를 깨우치게 함이로다." 하고 전천추를 대홍려(大鴻臚, 외무 장관)로 삼았다.

이 무고의 난은 앞에 열거한 사람 외에도 거짓이 많았다는 사실과 강충이 날조했다는 사실이 점차 밝혀지고 있었다. 황태자는 당초 간악한 강충을 죽이는 것이 목적이었을 뿐 아버지 무제에게 반항할 의사가 없었다는 사실도 판명되었다. 무제는 이 일을 깊이 뉘우치고 황태자가 죽은 호현에 사자궁(思子宮)*을 짓고 귀래망사지대(歸來望思之臺)*라고 이름붙였다.

* 사자궁(思子宮) : 자식을 생각하는 궁전.
* 귀래망사지대(歸來望思之臺) : 황태자의 혼백이 돌아오기를 바라고 생각하는 집

황태자의 무죄 사실이 밝혀지자 무제는 강충 일가의 삼족을 멸하고 강충에 협력했던 환관 소문(蘇文)을 위수의 다리 위에서 불태워 죽였다. 호현에서 황태자의 목에 칼질을 하고 열후의 자리에 올랐던 두 사람은 관직이 삭탈되고 일가족이 모두 죽임을 당하였다.

황태자의 무죄가 판명된 것은 정화 3년(기원전 90)의 후반이었다. 이 해의 전반에 무고의 난의 여파(餘波)와 같은 사건이 일어났다. 이 사건에 관련되어 주살된 사람은 승상 유굴리였다. 유굴리는 무제의 이모형(異母兄) 중산왕 유승(劉勝)의 아들이었다. 유승은 철저한 향락주의자로 무려 120명에 이르는 자식을 두었는데 유굴리는 그중의 한 사람이니 무제의 조카뻘이 된다.

유굴리의 아들이 이사 장군 이광리의 딸과 결혼했으니 이광리와는 사돈지간이 된다. 그 해 3월 오원(五原)과 주천(酒泉)을 침공하여 한나라 도위를 죽인 흉노를 토벌하기 위해 이광리가 7

《가채악무잡기용군》 기예를 부리는 사람들의 인형 산동성 서한묘에서 출토된 진귀한 것으로 당시 귀족들의 생활 모습을 볼 수 있다.

만의 군대를 거느리고 원정길에 올랐다.

승상 유굴리는 이광리의 출정을 위교 부근까지 전송나가 송별연을 베풀었다. 이 자리에서 이광리는 승상 유굴리에게 속삭였다.

"승상께서는 서둘러 창읍왕(昌邑王)을 태자로 세우도록 황상께 주청하십시오. 그렇게만 된다면 우리 두 사람이야 무슨 근심이 있겠습니까?"

창읍왕은 무제가 몹시 총애했던 이광리의 누이인 이부인의 아들로 그때 이부인은 죽고 없었다.

황태자 유거가 죽은 후 무제는 아직 후계자를 결정하지 못하고 있었다. 나이로 따지자면 연왕 유단의 차례였으나 무제의 마음에 차지 않았고 유단의 동생 유서도 마찬가지였다.

태시 3년(기원전 94) 후궁인 조첩여가 황자 불릉을 낳았다. 그때 무제의 나이 63세였다. 불릉은 임신한 지 14개월 만에 출생하였다. 고대(古代) 성군으로 일컬어지던 요임금이 임신한 지 14개월 만에 태어났다는 전설이 있어 무제는 이 전설에 따라 불릉이 태어난 궁전의 문 이름을 요모문(堯母門)이라 고쳤다. 불릉은 무제를 많이 닮아 유아 때부터 기골이 장대하였다.

조첩여에 대하여는 다음과 같은 이야기가 전한다.

조첩여는 태어나면서부터 두 주먹이 꼭 쥐어진 채 펴지질 않았다. 힘이 센 사람, 의원 등이 그 주먹을 펴려 하였으나 절대로 펴지질 않았다. 그런데 공교롭게도 무제의 손에 닿자 스스로 펴졌다는 것이다. 이 때문에 궁중 사람들은 그녀를 권부인(拳夫人)이라고 불렀다.

유단·유서·유불릉 세 황자가 창읍왕의 경쟁자였다. 창읍왕이 황제가 되면 이광리·유굴리는 모두 외척으로서 그 지위가 튼튼해진다. 이런 소망을 이루기 위해서는 무고의 방법을 쓰지 않으면 안 될 것으로 생각한 승상 부인은 마침내 그 방법을 실천에 옮겼다. 이때는 여러 번 무고의 난이 휩쓸고 간 직후였고 무고의 대부분이 날조였다는 사실이 밝혀진 후여서 확실한 증거가 없이는 고발할 엄두도 못내는 형편이었다.

그러나 내자령(內者令)*으로 있는 곽양(郭穰)이 승상 부인의 무고 사실을 고발하였다. 그는 직책상 후궁들과의 접촉이 많아 궁내의 동정에 정보가 빨랐다.

* 내자령(內者令) : 궁중의 의상이나 장막 따위를 관리하는 내관

조사 결과 사실임이 판명되어 승상 유굴리는 요참의 형에 처해지고 일가족이 몰살당하는 화를 입었다.

이광리는 당시 원정 중이었고 그의 처자는 옥에 갇히게 되었다. 이광리는 처자를 살리기 위해서는 큰 공을 세우는 방법밖에 없다고 생각하여 무모하게 흉노 땅 깊숙이 침공하여 무리한 작전을 거듭한 결과 5만의 기병을 거느린 선우에게 대패하여 마침내

흉노에게 항복하고 말았다. 옥에 갇힌 그의 가족들이 여지없이 몰살당한 것은 말할 것도 없다.

어두운 이야기는 계속 이어진다.

흉노에게 항복한 이광리는 선우의 딸을 아내로 맞이하고 최고의 대우를 받으면서 호화스런 생활을 하였다. 그런데 이보다 먼저 흉노에게 항복하여 흉노의 정령왕(丁靈王)이 된 위율(衛律)이 질투 끝에 거짓 술책을 써서 이광리를 죽였다.

선우의 어머니가 병석에 눕게 되자 무당이 흉노의 선대 혼령을 불러 물어본즉 선대의 선우 혼령이 나타나 말하기를 "제사를 지낼 때 너희들은 꼭 한나라 이사 장군을 제물로 바쳐라. 지금 이사 장군이 나라 안에 있는데도 어째서 제물로 바치지 않는고!"라고 노하고 있다는 것이었다. 흉노의 풍속에 무당의 탁선(託宣)*은 절대적인 것이었다. 마침내 선우는 이광리를 죽여 제물로 바쳤다. 이 같은 일은 모두 위율이 조작한 사건이었다.

무제는 재위 54년에 50년 동안이나 크고 작은 전쟁을 계속하였다. 이렇듯 많은 전쟁은 그 대부분이 역사의 전진을 촉진하는 것이었으나 몇몇 전쟁은 다분히 정의를 무시한 침략 전쟁이었음을 부인할 수 없다. 이렇듯 오랜 세월에 걸친 전쟁 때문에 물자의 손실은 말할 것도 없고 인구의 손실 또한 막대하였다.

무제는 그의 만년에 이르러 이 이상 전쟁을 계속하다간 진왕조처럼 쉽게 멸망할지도 모른다고 깊이 깨닫게 되었다. 그래서 기원전 89년에 조칙을 내려 자신의 과오를 뉘우치고 전쟁을 중지하여 경제의 재건에 힘을 기울이는 한편 신선의 도를 말하는 방사들을 모두 해산시켰다.

후원(後元) 2년(기원전 87) 무제는 오작궁에서 죽으니 그의

* 탁선(託宣) : 신이 사람에게 붙거나 꿈속에 나타나 그들의 뜻을 알리는 일

곽광 곽광은 상해에서 도시를 지키는 수호신인 성황으로 모셔지고 있다. 가운데 빨간 상이 곽광

나이 71세였다. 권부인(조첩여)이 낳은 불릉이 황제 위에 오르니 이가 소제(昭帝)로 그의 나이 겨우 8세였다. 무제는 죽을 때 봉거 도위(奉車都尉) 곽광(霍光), 부마 도위(駙馬都尉) 김일제(金日磾), 태복(太僕) 상관걸(上官桀)에게 어린 소제를 보필하라는 유촉을 내렸다.

여운의 시대

무제가 죽은 후 전한이 멸망하기까지의 약 90년간은 무제의 여운(餘韻) 시대라 할 수 있다. 무제가 죽고 나자 궁정 내의 권력 투쟁은 여러 갈래로 갈라져 매우 복잡한 양상을 보였다. 우선 주요 갈래를 간추리면 다음과 같다.

1. 제위 계승에 대한 투쟁
2. 내조 내부(內朝內部)의 주도권 쟁탈전
3. 내조와 외조(外朝)의 완전 장악

제위 계승 문제는 일단 불릉(소제)이 즉위함으로써 해결되었으나 그의 경쟁자 중의 한 사람이었던 연왕 유단이 불만을 품고 있었다. 유단은 무제의 죽은 상황, 유촉을 받은 경위 등이 밀실 안에서 극비리에 행해졌기 때문에 이를 믿을 수 없다고 생각하였다.

소제 불릉이 모태 안에서 14개월 만에 태어났다는 사실에 대해서도 그는 깊은 의혹을 가지고 있었다. 14개월로 계산하지 않으면 무제의 자식으로 인정할 수가 없기 때문에 그런 엉터리 계산이 나온 것이지 사실은 무제의 아들이 아니고 무제의 유촉을 받은 곽광(霍光)의 아들일 가능성이 짙다는 이유를 내세워 군대를 일으키려 하였다.

유단은 이 같은 이유를 내세워 일거에 거사할 생각이었다. 중산왕인 유승의 증손과 제왕의 손자 유택(劉澤) 등이 이 거사에 가담하기로 되어 있었다.

그들은 수렵(狩獵)을 구실로 군사를 모아 거사일에 대비하고 있었다. 그들이 거사하는 이유를 밝힌 격문에는 "소제는 무제의 아들이 아니다. 마땅히 천하가 함께 쳐 없애야 한다."라는 것이었다. 이 같은 내용은 민심을 동요시키는 작전으로는 매우 효과적이었지만 반면 누설될 가능성이 많았다.

청주 자사(靑州刺史)로 있는 준불의(雋不疑)가 이 음모 사실을 알고 유택을 체포하였다. 자사의 직책은 군수 등 지방관의 치적을 시찰·조사하여 황제에게 보고하는 관직이었다.

준불의는 유택이 황족임에 구애받지 않고 준엄하게 심문한 결과 연왕 유단이 이번 거사의 주모자라는 사실을 밝혀냈다. 연왕은 황제의 지친(형)이라는 이유로 죽음을 면하고 유택 등은 주살됨으로써 연왕의 탈권 투쟁은 실패로 끝나고 말았다.

청주 자사인 준불의는 이 공로에 의해 경조윤(京兆尹, 서울특별시장)에 발탁되었다. 이 사건은 시원 원년(기원전 86)의 일이었다.

그로부터 4년 후에 누런 소가 끄는 수레를 탄 어떤 사나이가 미앙궁의 북문에 나타나 자칭 황태자 유거라고 하였다. 이 소문을 들은 장안성 안은 소연했고 수만의 인파가 그를 보기 위해 몰려들었다. 승상을 비롯하여 중신들 가운데 죽은 황태자를 알고 있던 자들도 누구 한 사람 입을 여는 자가 없었다. 누가 보아도 그는 황태자와 너무 닮아 그 진부를 식별하기 어려웠다. 그뿐 아니라 일찍이 호현에서 죽었다던 황태자는 가짜이고 진짜 황태자는 살아서 도망쳤다는 이야기가 항간에 떠돌고 있었기 때문에 더욱 난처하였다.

이 소식을 듣고 뒤늦게 도착한 준불의는 망설이지 않고 대뜸 그 자를 포박하여 하옥시켰다. 준불의는 "먼저의 황태자는 선제로부터 죄를 얻었으니 죽지 않고 도망쳤다 해도 죄인임에 틀림이 없고, 지금 나타났다 해도 또한 죄인임에는 틀림없다."고 단정하였다.

조사 결과 이 사나이는

염전 소제 때 어사대부 상홍양은 염철전매법을 시행했다.

죽은 황태자의 가신으로부터 황태자와 꼭 닮았다는 말을 듣고 장난삼아 한판 연극을 꾸며낸 하양(夏陽) 지방 출신의 방모(方某)라는 사실이 밝혀졌다.

이 사건이 있은 후 준불의의 명성은 조야에 떨쳤다. 그는 엄격하면서도 잔인하지 않다는 좋은 평판을 받았다. 준불의의 인격에 반한 대장군 곽광이 그의 딸을 주려고 하였으나 준불의가 한사코 거절했다는 것이다. 얼마 후 준불의는 건강상의 이유로 관직에서 사퇴하고 집에서 세상을 떠났다. 한나라를 위해서는 매우 애석한 인재를 잃은 셈이었다.

다음은 내조의 주도권 싸움에 눈을 돌려보자.

내조의 중심 인물은 무제로부터 어린 소제를 잘 보필하라는 유촉을 받은 곽광·김일제·상관걸 세 사람이었다. 그러나 소제 즉위 후 1년 반 남짓해서 김일제가 죽음으로써 두 사람의 싸움으로 압축되었다. 김일제가 살아 있을 때는 이들 두 사람 사이를 원만히 조정하여 별 탈이 없었으나 김일제가 죽은 후부터 이들 두 사람 사이에는 갈등이 일기 시작하였다. 처음에는 그다지 표면화되지 않았으나 시일이 지남에 따라 점점 눈에 띄게 나타났다.

곽광과 상관걸은 사돈지간이었다. 곽광의 딸이 상관걸의 아들 상관안과 결혼하여 딸을 낳았다. 상관걸에게는 친손녀, 곽광에게는 외손녀였다.

상관안은 자신의 딸을 황후로 책립하고자 하여 장인인 곽광과 의논하였다. 곽광은 조정 내에서 가장 발언권이 강하였기 때문에 곽광과 상관걸이 마음만 합치면 딸의 황후 책립은 실현이 가능하였다. 그러나 곽광은 "아직 그럴 나이가 아니다."라고 말하며 고개를 가로저었다. 그때 상관안의 딸은 겨우 7세의 어린 나이였다.

그런데 상관안은 곽광 이상으로 궁중에서 강한 실력을 행사하는 사람이 있음을 알았다. 소제가 즉위하면서 그를 보육하고 있는 개장 공주(蓋長公主)였다. 개장 공주는 소제의 누님으로 갑후(蓋侯) 왕충(王充)의 아내였으며 왕충은 무제의 어머니 왕태후의 오빠 왕신(王信)의 아들이었다.

개장 공주에게는 정외인(丁外人)이라는 하간 출신 남자 애인이 있었는데 그는 상관안과 친한 사이였다. 상관안은 이 정외인을 통하여 개장 공주의 힘을 빌려 시원 4년(기원전 83)에 마침내 겨우 8세의 딸을 소제의 황후로 책립시키는 데 성공했다. 그때 소제의 나이는 12세였다.

상관 일가는 이제 자기네 세상이 되었다고 좋아했으나 이것이 상관 일가를 파멸시키는 결과를 가져오리라는 것을 안 사람은 아무도 없었다.

상관안의 딸을 황후로 책립해 주었다는 인연으로 개장 공주와 상관의 집안은 아주 가까워졌다. 개장 공주는 연왕 단의 친누이였다. 연왕 단이 반란을 주동했다가 실패한 이야기는 앞에서 언급한 바 있거니와 그 후도 연왕 단은 제위에 대한 미련을 버리지 못하였고 개장 공주 또한 그 일에 적극 협력하는 태도를 취하였다.

얼마 후 상관걸 부자가 개장 공주의 애인 정외인을 열후에 봉하고자 하여 곽광에게 의논하였다. 그러자 곽광은 "공이 없는 자를 후(侯)에 봉하지 말라는 고조의 유훈(遺訓)이 있는데 어찌 정외인을 열후에 봉한단 말씀이오?" 하고 그들의 제의를 일축해 버렸다. 이 일로 인하여 곽광과 상관걸 부자의 대립은 더욱 격렬해지기 시작하였다.

상관걸 부자는 마침내 개장 공주와 음모를 꾸몄다. 그들의 음

창읍의 현재 모습

모 내용은 우선 연회장에 먼저 복병을 매복시키고 주연을 베풀어 곽광을 쳐 죽인 다음 소제를 폐하고 연왕을 맞아 황제로 세우고, 그 다음에는 상관안이 또 잔치를 베풀고 연왕을 청하여 역시 복병을 시켜 연왕을 죽인 다음 상관걸을 황제로 세운다는 것이었다. 그러나 이 음모는 사전에 누설되어 그들 일당은 일망타진되었다.

어쨌든 이 사건으로 상관 일가는 곽광의 외손녀이자 황후인 어린 여자 한 사람만 목숨을 부지하고 나머지는 모두 주살되었다.

연왕 단도 천자의 조서를 받아 비참한 자결을 하였고 그의 부인 등 연왕의 뒤를 이어 죽은 자가 20여 명에 달했다.

이 사건과 관련 어사대부인 상홍양(桑弘羊)도 주살되었다. 상홍양은 외조(外朝)의 대표자로서 내조(內朝) 대표인 곽광과 대립하고 있었다. 개인적으로는 말할 것도 없고 정책상으로도 대립하는 일이 많았다. 이런 사정으로 상홍양은 곽광의 반대파인 상관걸 부자에게 접근했던 것이다.

한대의 놀이 문화

상관걸 일가를 숙청하고 외조의 중심 인물인 상홍양을 제거한 곽광은 마침내 그가 바라던 한나라 국정의 정권을 손에 쥐게 되었다. 이것이 원봉(元鳳) 원년(기원전 80)의 일이고 그가 죽은 지절(地節) 2년(기원전 68)까지 곽광은 명실공히 독재자로서 그 권력을 휘둘렀다.

곽광이 정권을 장악하고 있는 동안 소제가 21세의 젊은 나이로 죽었다. 소제는 한 사람의 아들도 없었기 때문에 후계자를 누구로 세우느냐가 당시 조정의 중대 문제였다. 가장 가까운 형제로는 오직 무제의 아들 광릉왕 유서(劉胥) 한 사람이 있을 뿐이었다. 그런데 이 유서는 무제 생존시에 가장 미움을 받았던 황자였다. 맨손으로 맹수를 때려잡을 수 있는 힘을 가진 장사였으나 성질이 거칠어 폭군이 될 가능성이 많은 인물이었다. 그 위에 연왕 단과 개장 공주와는 동복의 자매였으므로 곽광은 이런 인물을 황제로 세울 수 없었다.

결국 이광리의 누이인 이부인이 낳은 유박(劉髆)의 아들 유

《공양전(公羊傳)》의 탁본 '춘추번로' 그림 원쪽의 탁본그림 금문경학의 중요한 경적인 공양전의 탁본.

하(劉賀)가 창읍왕(昌邑王)으로 있었는데 그가 황제로 옹립되어 제위에 오르게 되었다. 그런데 창읍왕은 곧바로 제위를 박탈당하고 말았다.

황제 위에 오른 창읍왕은 마치 폭군을 연상할 만큼 거친 행동을 일삼았다. 길을 가다가도 부녀자를 희롱하고 소제의 영구(靈柩)가 전전(前殿)에 모셔 있는데도 북을 치며 노래를 부르고 신하들과 술을 마셨다. 그리고 호랑이 싸움을 시킨다든지 소제의 궁인들과 음란한 행동을 하는 등 차마 볼 수 없는 행동을 일삼았다.

곽광은 승상 양창, 거기 장군 장안세(張安世) 등과 의논 끝에 대사농 전연년(田延年)의 계책에 따라 창읍왕을 폐하기로 하였다. 당시의 황제 즉위식 절차상 고조묘(高祖廟)에 배알하기 전까지는 즉위식의 절차가 완전히 끝나지 않은 것으로 되었는데 이때 창읍왕은 그 절차를 아직 마치지 않은 상태에 있었다. 따라서 완전한 즉위식 절차를 마치지 않았기 때문에 소제의 미망인인 상관씨(곽광의 외손녀)는 황태후로서 창읍왕을 폐위(廢位)할 수 있다는 것이 그들이 내세운 명분이었다.

악무백희도 잡기(雜技), 악대(樂隊), 반주(伴奏), 관상(觀賞)의 세 부분으로 되어 있으며, 대나무 곡예, 물구나무서기, 공돌리기, 검무, 윤예(輪藝), 무용 등이 행해지고 있다. 실크로드의 교역으로 서역의 음악과 각종 기술 및 곡예들이 전파되어 유행했다.

　　17세의 황태후는 창읍왕을 불러 "창읍왕이 너무 무도하여 황제의 위를 폐하노라."고 선언함으로써 창읍왕은 폐위되고 말았다. 이때 황태후가 있는 미앙궁에는 창읍왕 단 한 사람만 들어갔을 뿐, 창읍왕의 가신 2백여 명은 모두 문 밖에서 제지당하였다. 거기 장군은 군대를 이끌고 이들 2백여 명을 모두 체포하여 하옥시켰다. 이들은 창읍왕이 본국에 있을 때 창읍왕의 죄과를 조정에 보고하지 않았고 그때문에 조정에서는 창읍왕의 비행을 알 수가 없었으며 또 왕을 올바로 보필하지 못하여 대악에 빠뜨렸으니 그 죄가 모두 이들 가신에게 있다 하여 죽임을 당하였다.

　　다만 중위 왕길(王吉)과 낭중령 공수(龔共) 두 사람만은 자주 창읍왕에게 간언을 드렸다 하여 죽음을 면했고, 창읍왕의 부(傅)였던 왕식(王式)은 시 3백 5편을 조석으로 창읍왕에게 가르쳤으니 이것은 간언을 드린 것과 같다 하여 죽음을 면하였다.

　　2백여 명의 창읍왕 가신들이 처형될 때 "마땅히 죽여야 할 자를 죽이지 못하였기 때문에 도리어 우리들이 화를 입는구나!" 하고 울부짖는 자가 있었다고 한다.

　　이 같은 사실로 미루어 볼 때 이 사건은 아마도 창읍왕 쪽에서 곽광에 대한 쿠데타 음모가 있었기 때문에 곽광이 이를 미리 탐지하고 선수를 쳤을 가능성도 배제할 수는 없다.

　　제위에 올라도 곽광이 있는 한 창읍왕 유하는 실권을 잡을 수가 없었다. 황제의 실권을 장악하여 명실공히 한나라의 주인이 되려면 곽광을 죽여 없애야 한다는 것이 그들의 계략이었을 것이다.

　　그렇다면 창읍왕의 쿠데타는 왜 실패하였을까? 아마도 밀고자가 있어 사전에 누설된 것인지도 모른다. 2백여 명이 죽임을 당했는데도 세 사람만은 목숨을 구했다. 살아 남은 세 사람은 자주 간언을 드렸기 때문이라고 하는데, 이 사실은 과연 누가 증명할 것인가? 의심하면 의심할수록 이 사건은 더욱 미궁 속으로 빠져 들어간다.

외척의 시대

창읍왕의 뒤를 이어 황제의 후보 물망에 오른 사람은 비운의 황태자 유거의 손자 병이(病己)이다. 황태자가 호현에서 억울한 최후를 마치자 옥중에서 여죄수의 젖을 먹고 자란 아이였다.

　　이렇듯 민가에서 자란 무관(無官)의 인물을 그대로 황제로 옹립하는 데는 문제점이 있어 일단 양무후(陽武侯)로 봉하는 절차를 거쳐 황제 위에 오르게 되었다. 이 이가 바로 현명한 황제로 칭송되는 선제(宣帝)이다. 18세에 즉위하여 43세에 죽기까지 25

년간 재위하였는데, 이 25년은 한나라에 있어 태평을 구가하는 시대였다.

문제·경제의 시대가 무제의 비약을 위한 휴식과 축적의 시대였다면, 소제·선제 시대는 무제 55년의 '대약진' 후의 휴식과 정리의 시대였다고 할 수 있다. 대장군 곽광은 새로 즉위한 선제에게 머리를 조아려 모든 정사를 봉환(奉還)할 것을 청원하였다. 이렇게 한 것은 자신이 아무런 야심도 엉뚱한 생각도 없다는 것을 보이기 위해서였다.

선제는 겸양하여 이를 받지 않고 "모든 일은 먼저 곽광에게 말한 다음에 과인에게 아뢰라."라고 명하였다. 무슨 일이든 먼저 곽광에게 전한 다음에 황제에게 아뢰라는 것은 얼핏 생각하기에 황제가 정사를 포기하는 것처럼 느껴지지만 모든 책임을 곽광에게 떠맡기는 것으로도 생각할 수 있다. 아무리 선제가 친정을 하려 해도 민간에서 자란 그에게는 정치를 담당할 만한 능력 있는 심복이 없었으니 어차피 곽광의 손에 넘길 수밖에 없는 것이 현실이었다. 이런 면에서 선제의 탁월한 판단력을 엿볼 수 있으며 또 한 가지 이를 뒷받침할 수 있는 일은 민간으로 있을 때 아내로 삼았던 허씨(許氏) 부인을 황후로 세웠다는 점이다. 곽광에게 딸이 있어 그녀를 황후로 세우려는 기미를 미리 알아차리고 선수를 쳤던 것이다.

그러나 불행하게도 이 허황후는 본시 2년(기원전 71) 임신한 몸으로 여의사 순우연(淳于衍)이 바친 환약을 먹고 독살되었다. 곽광의 아내가 여의사를 시켜 황후를 독살했던 것이다.

얼마 후 곽광의 막내딸 성군(成君)이 황후로 세워졌다. 곽광의 외손녀는 황태후이고 딸은 황후이니 정략적 결혼의 복잡성을 여기에서 실감할 수 있다.

지절 2년(기원전 68) 곽광은 병사하였다. 그가 병석에 있을 때 선제는 병상에 친히 나아가 문병하였다. 곽광은 감격한 나머지 눈물을 흘리며 글을 올려 자신이 가지고 있는 고을 가운데서 3천 석지기의 땅을 그의 형 곽거병의 손자 곽산(霍山)에게 나누어주어 열후에 봉하고 곽거병을 제사지내게 해줄 것을 청원하였다. 얼마 후 곽산은 낙평후(樂平侯)에 봉해졌다.

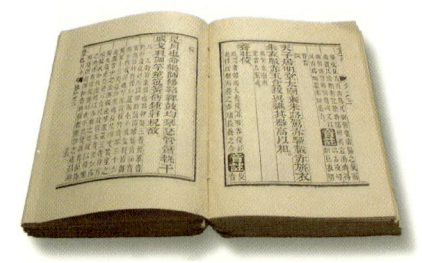

《주례(周禮)》 왕망은 주례의 유교적 이상국가 수립을 목표로 하는 복고적 정치를 시행했다.

곽광의 아들 곽우(霍禹)는 우장군이 되어 그의 아버지 곽광의 봉읍을 계승하고 곽거병의 손자 곽산은 열후가 되어 상서의 직에 임명되었다. 이것은 자못 공평한 조치인 듯 싶었으나 사실은 곽광 한 사람에게 집중되었던 실권을 분산시키기 위한 선제의 배려였다.

즉위한 지 6년이 지난 선제는 이미 친정의 준비를 완전히 갖추고 있었다. 곽씨 일족의 보좌 없이도 한제국을 충분히 경영할 수 있는 확신을 가지게 되었다.

곽광이 죽은 다음해인 지절 3년에 마침내 선제는 그 실력을 발휘하기 시작하였다. 독살당한 허황후 소생의 석(奭)을 황태자로 세운 것이다.

곽광의 미망인은 분통이 터진 나머지 피를 토하고 그의 딸인 황후에게 황태자 석을 독살하도록 권하였다. 그러나 황태자가 음식을 먹을 때는 반드시 독의 유무를 확인하기 위하여 시식하는 관원이 그림자처럼 황태자 곁에 붙어 있어 이를 실행하지 못하였다.

선제는 허황후의 죽음이 독살이었다는 사실을 알고 있었기 때문에 곽씨 일족에 대한 경계심을 게을리하지 않았고 특히 석을 황태자로 세운 것은 곽씨 일족에 대한 도전이기도 하였다.

이어서 제2차 도전이 실행되었다. 군신 가운데 황제에게 상주할 일이 있는 자는 상서를 거치지 않고 직접 상주할 수 있다는 조치를 내렸다. 이로 인하여 절대적인 권한을 갖고 있던 상서직은 사실상 무력화되고 말았다. 이것은 곽씨에게 불리한 상주문을 묵살할 수 없게 되었다는 것을 의미한다.

제3의 도전은 거기 장군과 우장군의 둔병(屯兵)*을 해산시킨 일이었다.

* 둔병(屯兵) : 군사를 어느 일정한 장소에 주둔시키는 일

"오랫동안 백성을 수고롭게 하는 것은 천하를 편안히 하는 도리가 아니다."라고 하여 백성을 휴식시켜야 한다는 것이 해산의 이유이었다. 당시 우장군은 곽우이고, 거기 장군은 장안세(張安世)였다. 장안세는 곧바로 위장군(衛將軍)에 임명되었으나 곽우는 대사마(大司馬)의 관직만 주어졌을 뿐 인수도 없고 지휘할 군대도 없었으니 곽우의 실권을 빼앗기 위한 조치에 지나지 않았다.

다음에는 군대의 지휘권을 가진 곽씨 친척들을 모두 전근시켜 촉군이나 무리군 등 변경 지방의 문관직에 임명하고 그들이 지휘하던 군대를 허황후의 일족과 사가(史家, 선제의 조모 친정)의 젊은 자를 골라 그들로 하여금 통솔토록 하였다. 막다른 궁지에 몰린 곽씨 일족은 쿠데타를 일으켜 정세를 만회하려 하였다. 그들은 먼저 황태후의 이름으로 승상과 허황후의 아버지를 연회장에 초대하여 그 자리에서 죽인 다음 선제를 폐하고 곽광의 아들 곽우를 황제로 세울 음모를 꾸몄다. 그러나 이 쿠데타 음모는 사전에 발각되어 곽씨 일족은 주살되고 곽광의 미망인까지 죽임을 당하였다. 이는 허황후를 독살한 데 대한 보복이었다.

외척에 강력한 인물이 나타나면 그 인물의 권력이 황제를 능가하는 것이 일반적인 경향이었다. 오래 전 일로는 여씨 일족이 그러했고 최근의 일로는 곽씨 일족이 그러했다. 그들은 모두 권력을 상실했을 때 비참한 최후를 마쳐야 했다. 전한은 마침내 외척의 세력에 의해 멸망하게 되었는데 한나라를 찬탈한 자는 외척 왕망(王莽)이었다.

번영하는 장안

한무제의 뒤를 이어 소제·선제가 36년간 한나라를 다스리는 동안 이 두 황제는 다 같이 백성들의 재산을 소중히 여기고 생산을 장려하였기 때문에 사회는 생기가 약동하여 차차 번영의 양상이 나타나기 시작하였다. 전한·후한 4백 년을 통하여 최고의 전성기를 이루었다고 해도 과언이 아니다.

당시의 장안은 전국의 정치적·경제적 중심지였을 뿐만 아니라 동시에 문화 도시이기도 하였다. 청사에 길이 이름을 남긴 유학자 동중서(董仲舒), 역사학자 사마천, 문학자 사마상여(司馬相如), 천문학자 당도(唐都)와 낙하굉(落下閎), 농학자 조과(趙過), 외교가이며 실크로드를 개척한 장건 등 유명한 인물이 이 시대를 전후하여 활약하였다.

조정에서 시험을 쳐 인재를 발탁하여 태학(太學, 국립 대학)을 개설하고 박사와 그 제자를 초빙하기 시작하면서부터 전국 각지의 학자들이 끊이지 않고 장안에 떼 지어 몰려들어 장안은 고대 중국 문화의 중심지가 되었다.

장안의 도시 규모는 둘레가 25킬로미터, 가구수 8만 호, 인구 4,50만으로 당시 로마 시의 4배 규모에 달했다. 장안과 로마는 각각 실크로드의 양 끝에 위치하고 있어 똑같이 2천 년 옛 역사의 유럽과 아시아의 국제도시로서의 면모를 과시하였다.

장안 시가는 종단로가 여덟 가닥, 횡단로가 아홉 가닥, 사원이 3개소, 궁전이 3개소, 성문이 12개소였는데 이 가운데 가장 장관을 이룬 곳은 장락궁과 미앙궁을 중심으로 한 거대한 궁전의 건축물들이었다.

궁중에는 누각과 누대가 임립(林立)하여 장관을 이루었다. 신명대(神明臺)는 높이가 40미터, 봉궐(鳳闕)의 높이는 58미터, 정간루(井幹樓)는 구름 사이에 높이 솟은 듯이 보였다. 좀 더 자세히 말한다면 150미터가 좀 넘었다. 12개 성문에는 각각 3개씩의 통용문이 있어 한꺼번에 12량의 수레가 통과할 수 있었으며 성문 위에 세운 누각은 폭이 52미터나 되어 수십 리 떨어진 먼 곳에서도 능히 바라보일 정도였다.

장안의 도시 거리에서 가장 눈길을 끄는 것은 국외로부터 파견되어 온 사신과 상인들의 모습이었다.

조정에서는 이들을 위하여 특별히 영빈관(迎賓館)을 지었는데 이 영빈관을 중심으로 각국의 독특한 도시가 형성되어 그들 특유의 민족의상과 분위기는 사람들의 호기심을 끌기에 충분하였다. 그들은 또한 지금까지 중국에서 보지 못했던 아라비아 말·타조의 알·유리·융단 등 진기한 동물과 상품을 가지고 와 그들의 문물을 소개하였으며 그들이 연주하는 독특한 음색의 민속 악기와 멜로디는 장안 각계각층의 흥미를 끌었다.

이집트의 알렉산드리아에서 온 마술사들은 머리를 풀어헤치고 수염을 쓰다듬으며 눈썹을 찡그리고 코를 씰룩거리면서 입 속에서 불을 토해내는가 하면 밧줄로 몸을 칭칭 감게 하고서는 자기 혼자의 힘으로 거뜬히 풀어버리거나 갓 심은 참외씨가 순식간에 큰 참외로 바뀌는 솜씨를 보여 장안 사람들의 눈을 휘둥그레지게 하였다.

서역으로부터는 오이·포도·당근 등의 작물이 일찍부터 전해져 재배되었다는 사실도 빼놓을 수 없다.

국내외의 상인들은 중국의 비단·철기·칠기(漆器) 및 기타 갖가지 특산품을 낙타에 가득 싣고 장안을 기점으로 하여 끊이지 않고 서쪽으로 향했다.

당시 장안 남쪽 네거리에는 높이 9척의 청동제 낙타 한 쌍이 머리를 쳐들고 서 있었다. 이것은 장안에서 볼 수 있는 수많은 청동기 조형 미술의 하나로서 한대의 장안이 국제 무역 도시였다는 사실을 상징하고 있는 것이다.

왕망의 찬탈

황룡(黃龍) 원년(기원전 49) 선제가 미앙궁에서 죽자 27세의 태자 석이 즉위하니 이 이가 원제(元帝)이다. 그는 선제의 황후 왕씨를 황태후로 높여 받들었다. 원제의 어머니 허황후는 앞에서 말했듯이 곽씨에게 독살되었다. 선제는 그 후 곽광의 딸을 황후로 맞이했으나 곽씨 일족이 주살될 때 곽황후도 폐출되었다. 그 후 선제는 후계자 문제를 에워싼 악순환을 방지하기 위하이 후궁들한테서 자식을 낳지 않고 후덕한 여자를 하나 골라 황후로 삼았는데 이 여자가 바로 왕씨이다.

원제는 유교를 좋아하고 병약하였다. 유교는 무제 때부터 국교로 지정되었으나 실제로 그 뿌리가 내리기 시작한 것은 원제 재위 26년 동안이라고 해도 과언이 아니다. 원제의 아버지 선제가 걱정한 대로 원제는 이상주의자였다. 그래서 유가 출신의 인물을 많이 등용하여 유교의 이념에 따라 정치를 행하였다.

그러나 원제의 이상주의는 아랑곳없이 현실 세계는 매년 흉년이 들어 기근에 허덕이는 백성들이 많았다.

원제는 경녕(竟寧) 원년(기원전 33) 5월에 죽었다. 이 해 정월에는 흉노의 호한야(呼韓邪) 선우가 두 번째 내조(來朝)하였다. 이 해에 연호를 경녕으로 고치고 호한야 선우에게 한나라 액정(掖庭, 후궁) 왕장(王嬙)을 시집 보내어 그의 아내로 삼게 하였다. 이 왕장의 별호가 소군(昭君)인데 본명보다는 별호인 왕소군으로 더 알려져 있다.

흉노로 떠나는 왕소군

선우의 아내가 되어 정든 고국을 떠나 흉노 땅으로 가야 했던 왕소군의 슬픈 사연은 후세 작가들에 의해 윤색되어 동정의 눈물을 자아내게 하였다. 그 많은 후궁 가운데 한 여인을 골라 선우에게 시집보내기로 결정한 조정에서는 누구를 골라야 할지 몰랐다. 오랑캐에게 미인을 보내고 싶지 않아서였다. 의논 끝에 화공에게 명하여 모든 후궁들의 화상을 그려 올리도록 하여 그 화상을 보고 결정하기로 하였다. 실물이야 어쨌든 화상만 예쁘게 그려 바치면 후보에서 제외되는 것이다.

용모에 자신이 없는 후궁들은 다투어 화공에게 뇌물을 주고 그의 용모를 아름답게 그려달라고 부탁하였다. 그러나 용모에서나 두뇌에서나 자신에 차 있던 왕소군은 한 푼의 뇌물도 주지 않았다. 심사 결과 선우의 아내로 발탁된 것은 왕소군이었다. 화공에게 뇌물을 바치지 않았기 때문에 화공이 대충 그렸다는 사실이 나중에 밝혀졌다.

원제도 왕소군의 뛰어난 자태에 놀랐으나, 일단 결정된 일을 돌이킬 수가 없었다. 왕소군은 눈물을 흘리며 정든 고국을 떠나야 했고 뜻밖에 절세의 미녀를 맞게 된 선우는 기뻐 어찌할 줄을 몰랐다. 결국 이 사실은 원제의 귀에까지 들어가 후궁의 화상을 그렸던 화공은 임금을 속인 죄로 처형되었다. 후세 시인들은 이 왕소군을 소재로 그의 애틋한 심정을 시에 담아 사람들의 심금을 울려주고 있다.

오랑캐 땅에는 화초가 없으니
봄이 와도 봄 같지 않더라
胡地無花草　春來不似春

이 시는 왕소군이 오랑캐 땅에 가서 장안의 봄을 그리워하는 애틋한 심정을 읊은 노래로 가장 잘 알려진 시의 한 구절이다.

원제의 황후 원후(元后)는 왕씨였다. 그의 친정인 왕씨가 외척으로서 막강한 권력을 장악하게 된 것은 원후의 힘이었다.

원후의 이름은 정군(政君)으로 원제가 죽고 원후가 낳은 아들 유오(劉驁)가 성제(成帝)로서 26년간 재위하였다. 성제는 처음에는 명군으로서의 소질이 있었으나 중간에 여자에 빠져 평판이 좋지 않았다.

원후의 조카인 왕망은 성제 말년에 대사마가 되었다. 왕망의 숙부 왕근(王根)이 사직한 뒤를 이어 그 요직에 오르게 되었다. 왕망은 아버지를 일찍 여의었기 때문에 열후의 자리에도 오르지 못하는 등 젊은 시절은 매우 불우하였다. 그의 고모인 원후는 이런 왕망을 가엾게 여겨 특별한 관심을 쏟았던 것이다.

성제 다음은 애제(哀帝)·평제(平帝)가 있었는데 모두 약질이고 단명하였다. 애제는 20세에 즉위하여 26세에 죽고, 평제는 9세에 즉위하여 24세에 죽었다. 이 같은 황제의 유약과 단명은 외척 세력의 강화를 부채질하였다. 외척 왕가의 권세를 한 손에 쥔 사람은 젊은 시절 불우했던 왕망이었다.

일찍이 애제 시대에는 애제의 생모인 정씨(丁氏)와 조모인 부태후(傅太后)가 건재하여 외척인 왕씨의 권세는 한때 약화되었다. 주색에 빠졌던 성제에게는 아들이 없어 원제의 측실(側室, 첩)인 부씨 소생의 정도왕(定陶王) 유강(劉康)의 아들 유흔(劉欣)이 즉위하여 애제가 되었다. 그러나 애제가 일찍 죽었기 때문에 왕씨의 불우했던 시대는 겨우 6년에 불과했다.

애제가 죽자 원후는 왕망을 불러 대책을 의논한 끝에 9세인 중산왕(中山王)을 맞아 황제로 세우니 이 이가 평제(平帝)이다. 원후는 이 어린 황제를 대신하여 조정에 나오고 왕망이 대사마로서 사실상 정사를 전담하였다.

중산왕에게는 그의 생모 위씨(衛氏)가 있었는데도 왕망은 그녀를 중산국에 억류시켜 장안에 오지 못하도록 하였다. 왕망의 장남 왕우(王宇)가 이 일을 간하다가 도리어 왕망의 노여움을 사 자살을 명령받았다.

이보다 앞서 왕망의 차남인 왕획(王獲)이 노예 한 사람을 죽인 사건이 있었다. 당시의 법령으로는 노예를 죽인 사람은 처벌하기로 되어 있었다. 그러나 나는 새도 능히 떨어뜨릴 수 있는 권력을 가진 왕망의 아들이었기 때문에 누구 한 사람 그 사건을 다루려 하지 않았다.

그러나 왕망은 그 아들을 호되게 꾸짖고 자해토록 하여 정당한 죄값을 받도록 하였다. 왕망이 자신의 장남을 자살시킨 그 해에 평제의 생모 위씨도 음모를 꾸몄다는 이유로 주살하였다. 이 해에 또 왕망의 딸이 황후로 책봉되는 납채의 의식이 있었고 그 다음해 그녀는 황후가 되어 입궐하였다.

왕망의 딸이 황후가 되자 그의 권력은 점점 비대해졌다. 그러나 생각이 깊은 왕망은 신임 관료들이 흔히 저지르는 불손하고 거만한 행동을 보이지 않고 도리어 부하에 대하여도 겸손한 태도를 보이는 정치적 행동을 취했다. 또 당시 가장 문제거리로 대두된 토지의 겸병(兼倂)과 노예의 축적 문제에 대해서도 깊이 민심을 수렴하는 조치를 자주 취하였다.

어느 때 태황 태후는 왕망의 공적을 높이 평가하여 그에게 2만 8천 호와 256만 헥타아르의 토지를 상으로 내리려 하자 왕망은 이를 굳이 사양하고 받지 않았다. 이 같은 왕망의 행동은 토지의 겸병에 혈안이 되어 있던 당시의 고관들에게 크나큰 영향을 주었다. 또 천재지변이 극심했던 어느 해에는 왕망이 자진하여 1백만 전(錢)의 돈과 토지 3천 헥타아르를 희사하여 재해민을 구제하겠다고 자원하였다. 이에 호응하여 조정과 민간의 230가구로부터 전답과 주택이 헌상되어 많은 재해민들을 구제할 수 있게 되었다. 이에 따라 왕망의 소문이 점점 퍼져 그의 미덕을 칭송하는 자들이 많았다.

평제 원시 2년에는 황지국(黃支國)에서 물소를 바쳐왔다. 황지국은 지금의 월남 남쪽에 있던 나라였다. 중국에서는 예로부터 성천자가 출현하는 징조로서 진기한 짐승이 나타났다는 전설이 전해오고 있다.

장안으로부터 3만여 리나 되는 먼 나라에서 이 같은 진기한 짐승이 헌상된 것은 상서로운 일임에 틀림없다. 같은 해에 황룡이 강에 나타나 노닐었다는 소문도 있었다.

모두 왕망이 조작한 것이었다. 왕망은 황지국의 왕에게 값비싼 선물을 보내고 그로 하여금 물소를 바치도록 한 것이며 황룡이 나타났다는 소문도 왕망이 퍼뜨리게 한 것이었다. 그렇게 하여 이들 상서로운 조짐들이 모두 자신의 출현을 예고하는 것처럼 꾸며 한나라를 찬탈할 작정이었다.

원시 5년 평제가 14세의 나이로 급서하였는데 사실은 왕망이 독살한 것이었다. 평제가 자신의 생모가 왕망에게 죽은 것을 원망하고 있다는 사실을 알았기 때문이었다.

왕망에게는 안한공(安漢公)의 칭호가 내려졌다. 한왕조를 편안하게 한 왕망의 공을 표창한다는 뜻이었다. 한나라 창업 이래 생전에 공의 칭호를 내린 것은 이번이 처음이었다. 그리고 마침내는 '재형(宰衡)'의 칭호까지 더해졌다. 주나라 성왕을 보좌한 주공을 태재(太宰), 은나라 탕왕을 보좌한 이윤을 아형(阿衡)이라 불렀다. 재형은 이들 두 칭호를 합친 것이니 두 사람의 공적을 겸했다는 뜻이다.

얼마 후 안한공은 가황제(假皇帝)라 칭하였고 사람들에게는 섭황제(攝皇帝)라 부르도록 하였다.

평제의 후계자로는 황족 가운데 가장 나이가 어린 두 살의 자영(子嬰)이 옹립되고 연호를 거섭이라 하였다. 이렇게 되면 왕망이 황제가 되는 것은 시간 문제였다.

거섭(居攝) 3년(기원전 8) 왕망은 마침내 안한공의 얼굴을 집어던지고 망한공(亡漢公)*의 본성을 드러내어 황제의 위에 올랐다. 이 해의 12월 1일을 시건국(始建國) 원년 1월 1일로 하고 국호를 '신(新)'이라 칭하였다.

황제가 된 왕망은 사람을 시켜 태황 태후로부터 황제의 옥새를 받아오도록 하였다. 이때 태황 태후는 80세의 고령이었다. 그는 자기 일족인 왕씨가 유씨의 천하를 찬탈하는 것을 끝까지 반대하였으나 사태가 여기에 이르자 분을 이기지 못해 옥새를 땅바닥에 내동댕이치는 바람에 옥새에 새겨진 용의 머리 부분이 망가져 버렸다. 옥새를 내던지던 이 할머니의 심정은 어떠하였을까? 그녀는 한나라의 여성으로서 일생을 바쳤으며 204년간 이어오던 전한은 종지부를 찍고 말았다.

* 망한공(亡漢公) : 한나라를 멸망시킨 사람

왕망의 제도 개혁 실패와 패망

시건국 원년으로부터 시작된 왕망의 새로운 나라 '신'은 왕망이 죽음으로써 멸망하기까지 겨우 15년간 계속되었다. 이 15년간은 끊임없는 혼란과 동란의 연속이었다.

왕망은 우선 전한 후기의 부패한 정국을 타개하기 위해서는 고식적인 수습 방법으로는 불가능하다고 판단하고 제도 자체의 개혁을 제창하였다. 그러나 이 제도의 개혁이 현실 생활을 바탕으로 한 개혁이 아니고 태고의 주나라 시대로 복귀하는 제도였다.

관직의 명칭만 보더라도 3공(三公)·9경(九卿)·27대부(大夫)·81원사(元士)의 주나라 제도를 그대로 따랐고, 지명까지도 바꾸는 일이 있어 혼란을 가져오는 실례가 많았다. 왕망은 개명광(改名狂)이라 불릴 정도로 형식을 좋아했다.

당시 가장 문제거리로 대두된 토지의 겸병 문제를 해결하기 위하여 왕망은 토지를 모두 왕조의 소유로 하고 개인간의 토지 매매를 일체 허용하지 않는 이른바 왕전제(王田制)를 실시하였다.

왕전제란 한 가구의 남성이 8인 이내일 때는 9백 헥타아르 이상의 전답을 소유해서는 안 되며 이 상한선 이외의 전답은 토지가 없는 자에게 나누어준다. 또 원래부터 토지가 없는 가구에게는 1백 헥타아르의 전답을 준다는 내용이었다.

이 같은 왕전제는 정전제(井田制)를 흉내낸 것으로 역사에 역행하는 제도였을 뿐만 아니라 현실적으로 실현 불가능한 것이어서 3년 후에는 폐지를 선언하지 않을 수 없었다.

노예 문제도 토지 문제 못지않게 심각하였다. 왕망은 노예의 매매를 금지시킬 것을 정식으로 공포하였으나 원래 노예 문제는 주로 지주가 무제한으로 토지를 소유함으로써 야기된 문제였기 때문에 토지 문제가 해결되지 않는 한 노예 매매를 완전 금지할 수는 없는 일이었다.

그 밖에 왕망은 제도를 개혁하는 가운데 가혹한 형법을 만들었기 때문에 범법자가 날로 늘어나 관노(官奴)와 관비(官婢)로 전락하는 자가 많았다. 원래의 노예 문제가 해결되지 않은데다 더더욱 많은 노비가 발생하여 그 수가 10만에 달하였다.

왕망은 상공업의 부정 거래와 물가의 조작 인상, 고리대금 문제 등에 대하여도 여러 가지 개혁 조치를 강구하였으나 그 결과는 빗나가 도리어 백성을 괴롭히는 결과를 가져올 뿐이었다.

한 가지 예로 화폐 제도는 15년 동안에 무려 5번이나 개혁되었는데 그때마다 화폐 가치가 떨어져 물가가 등귀하는 바람에 영세 상공업자들이 대량으로 파산하였으며 시장 거래는 물물 교환에 의해 이루어질 정도로 사회의 경제가 혼란에 빠졌다.

이처럼 사회적·경제적 위기가 수습 불가능의 상태에 이르렀는데도 조정에서는 새로 징병을 실시하여 흉노와 서역에 대하여 전쟁을 벌였다. 그 위에 매년 자연 재해가 일어나 굶주려 죽는 자가 10인 가운데 7, 8명에 이르는 참혹한 상태에 이르는 지역도 있었다.

결국 왕망의 개혁 정치는 전면적으로 실패하여 이미 통치를 계속할 수 있는 힘을 상실하고 말았다.

왕망의 한왕조 찬탈에 아무 저항이 없었던 것은 아니었다. 안중후(安衆侯) 유숭(劉崇), 엄향후(嚴鄕侯) 유신(劉信), 동군 태수 책의(翟義) 등이 군사를 일으켰으나 왕망이 파견한 군대에 의해 진압되고 말았다. 유신·책의 등의 군세는 한때 10만에 이른 적이 있었으나 정보에 빨랐던 왕망에 의해 진압되었다.

왕망의 한왕조 찬탈은 무력에 의한 것은 아니었다. 대사마에서 안한공, 재형, 가황제 등으로 한 걸음씩 계단을 밟듯이 행해졌기 때문에 찬탈을 눈치챈 때는 이미 왕망이 옥좌에 앉은 후였다.

각지에서 왕망 정권에 반대하는 봉기군이 일어난 것은 왕망의 실정이 표면화되면서였다. 일반 백성 가운데는 황제가 누가 되든 백성들의 생활만 편안하게 해준다면 그 자에게 복종한다는 심리가 다분히 작용하고 있었던 것이다.

전한 왕조 후기의 부패한 정치로 생활고에 시달리던 백성들은 왕망이 조작해낸 갖가지 상서로운 조짐과 그의 정치적 제스처에 넘어가 성천자가 나타난 것처럼 왕망의 정치를 기대하였으나 그 기대는 무너져 오히려 혼란만 더욱 심해졌고, 백성들은 왕망 정권에 반기를 들었다.

산동의 태산에서는 낭야 출신 번숭(樊崇)이 반란의 깃발을 들자 수만 명이 그 깃발 아래 모여들었다. 이들은 싸움을 할 때 아군과 적군을 식별하기 위하여 눈썹을 붉게 물들였다 하여 적미병(赤眉兵)이라 불렀다.

호북의 녹림산(綠林山)에도 신시(新市) 출신의 왕광(王匡)과 왕봉(王鳳)을 지도자로 한 5만의 봉기군이 집결하였다. 이들은 녹림병(綠林兵)이라 칭하였다.

황하 유역의 평야 지대에는 동마(銅馬)·청독(靑犢)·대동(大彤)·우래(尤來) 등이라 칭하는 크고 작은 봉기군이 난립하여 큰 부대는 수십만 명, 작은 부대는 1만 명 이상이 집결하여 도합 수십만 명에 이르렀다. 그러나 이들 부대들은 통일된 지휘 계통이

적미의 난 왕망의 복고적 정치에 혼란에 빠진 농민은 각지에서 반란을 일으켰다. 적미군은 눈썹을 빨갛게 칠했다 해서 붙여진 이름이다.

없이 뿔뿔이 흩어져 있는 상태였다.

　　전국에서 봉기군이 난립하자 각 지방의 호족과 지주 계급들도 다투어 무장을 하였다. 이들 대부분은 자체 방위를 위하여 성을 쌓거나 일부 지주들은 봉기군과 연합하기도 하였다. 이들 가운데 남양 출신 호족으로 한왕조의 핏줄을 이은 유연(劉縯)·유수(劉秀) 형제가 거느린 부대가 가장 강력하였다. 이들은 녹림병과 연합하여 한왕조 부흥을 슬로건으로 내걸고 왕망의 죄상을 고발하는 한편 황족인 유현(劉玄)을 황제로 세워 경시제(更始帝)라 일컫고 완성(宛城)에 도읍하여 왕망의 타도를 외쳤다.

　　그 밖에 지방 군벌의 세력으로는 농서(隴西)의 외호, 촉(蜀)의 공손술 등이 있었다.

　　이렇듯 잡다한 세력들이 왕망의 타도를 외치고 일어나 혹은 연합하고 혹은 공격하는 혼전을 벌였다. 왕망은 이들 봉기군에 의해 장안을 포위당해 마침내 죽임을 당했다. 성천자로서 천하에 군림하려던 그의 꿈은 불과 15년 만에 산산조각이 나고 말았다. 그 15년도 혼란과 전란밖에는 아무것도 없었다.

결과적으로 말하면 최후의 승리자는 호족 집단의 지도자로 한왕조의 일원인 유수였다. 이 이가 후한 왕조의 창시자인 광무제(光武帝)이다.

광무제 유수가 한왕조의 일원이라 하지만 황제의 계통과는 아주 소원한 사이였다. 그의 시조인 장사왕 유발은 경제의 아들이다. 경제의 아들이니까 무제와는 형제간이 된다. 무제를 제외한 13인의 황자가 제후왕이 되었는데 그 가운데 장사국은 가장 가난한 나라였다. 가장 총애를 받지 못했던 여성이 낳은 유발이 장사왕이 된 것이다.

장사왕의 어머니 당희(唐姬)는 원래 정희(程姬)의 시녀였다. 정희는 노왕 여(餘), 장도왕 비(非), 교서왕 단(端) 등을 낳고 경제로부터 총애를 많이 받는 여인이었다. 어느 날 밤 경제가 정희의 처소에 들렀는데 때마침 정희는 생리 기간이었기 때문에 시녀인 당희가 대역으로 경제를 모시고 장사왕 유발을 낳았다.

이 장사왕 계통에서 멸망한 한왕조를 부흥시킨 광무제 유수가 태어났다.

전한 왕조의 계보

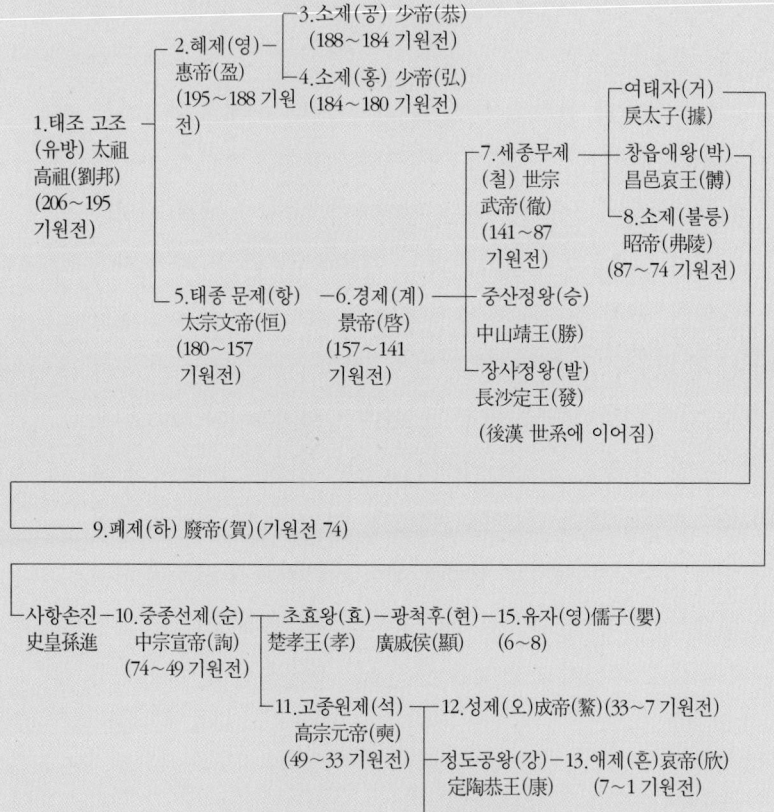

찾아보기

가

가왕 377, 469
가황제 628
간공 179, 404
간장 188, 193
간적 45
감덕 345
감룡 237
감보 583
감천 370
감천궁 404, 579
갑골문 59, 345
갑공 537
강거국 584
강공 86
강숙봉 81
강왕 82
강원 61
강융 90
강족 13
강충 597, 602
강희의 치 559
개여 164
개장 공주 611, 613
거교 53
거궐 194
거록 407, 412
거연 580, 591
건신후 504
건장궁 601
건평후 주창 533
걸왕 36, 40

검지 188
견융 64, 92, 100
경구 392, 396
경수 86, 96
경승지 601
경시제 632
경양군 282
경양왕 276, 280
경포 396, 448, 508
계력 62
계양 228
계찰 162
계포 539
고공단보 62, 136
고릉 473
고밀 467, 537
고수 22
고열왕 306
고점리 332, 366
고조본기 531
고죽군 77
곡성 481
곡역성 530
곤 20
공공 14, 145
공백화 90
공손가 240
공손술 632
공손앙 236, 240
공손연 273
공손오 578, 596
공손하 444, 578
공수 203, 615

635

공왕　86, 160, 543
공유　62
공자　194, 199
공자건　240, 243
공자앙　241
공자 해제　135
공전제　185
곽거병　579, 587
곽광　607, 617
곽외　286
곽우　618
곽자후　589
관감　592
관도 공주　596
관내후　504, 518
관부인　553
관영　438, 477, 547
관용봉　38
관중　110, 118
관포지교　110
광무제　633
광야군　411
괴철　467, 497
굉요　65
교동왕 유웅거　567
교서왕 유앙　565
구강왕　397, 461
구야자　193
구후　55, 63
굴개　265
굴원　274
귀곡 선생　248, 259
규구　121, 149

극벽　572
극예　149
근강　433
금활리　203
기련산　580
기리계　523
기산　22, 62, 96
기신　434, 459
기자　57, 75
김일제　607, 610

나

나진옥　59
낙랑　588
낙성　463
낙양　108
낙하굉　620
난경　212
난왕　108, 255
남소　39
남월왕 조타　505
남전　266, 420
남전 원인　13
내사승　324
노관　499, 512, 520
노반　202
노생　360
노애　318
노양자　200
노원 공주　504, 541
노자　199, 201

노후왕　580
노희공　154
녹대　53, 74
녹림병　631
녹보　75, 79
누란　585
누번　246, 501

다

단기지교　235
단오절　281
단하　598
달기　39, 52
담로　194
당매　275
대량　237
대완　584
대왕 유항　552
대택항　374, 381
대풍가　493
도가　199
도공　179
도덕경　200
도산　32
도산씨　33
도척　498
도청　568
독항 땅　334
동광무　465
동궁　48
동예　389, 437, 451

동원공　523
동월　568
동작빈　60
동제　502, 571
동주　108
동중서　575, 620
동한　487
동호　500
두만 선우　500
두백　91
두보　201
두영　569
두원관　138
등공　462, 507

마

마왕퇴　202
마읍　248, 500, 575
막야　188, 193
만구신　502
만리장성　367
망이궁　416
망한공　628
맹강녀　369
맹난고　242
맹모삼천　235
맹분　269
맹상군　282
맹자　121, 234
맹진　69
모수 자천　303

목왕 82
목천자전 85
목현 295
몽염 326, 368
묘족 13
무관 275, 616
무궤 127
무령왕 277, 286
무섭 469
무신 162
무신군 269, 400
무안군 256
무위자연 201
무후 223
묵특 500
문강 110
문경의 치 559
문신후 317
문제 21
문후 221, 250
미병 회담 161
미앙궁 493, 519
민산국 38
민지 244, 296
민왕 258, 287
민월 568
민월왕 무저 505
밀국 86

바

박랑사 365
박망후 장건 580
박부인 505, 553
반경 49
반고 278, 531
발제 139
방연 225
방제 20
백가쟁명 230
백등 503, 538
백마진 464
백복 97, 102
백양 199, 501
백이 77
번양 509
번오기 330, 335
번쾌 384, 421, 520
범려 175, 182
범제 513
범증 400, 430, 458
범항헌 60
벽양후 514
변수 453
복돈 206
복희씨 14
봉궐 621
부상 25
부주산 14
부줄 62
부차 63, 109
부태후 625
북리의 무 53
분서갱유 358
불릉 596, 604

비간 56, 71
비공 202
비무기 166
비장군 474
비혁 506
비호 464

사

사구 53, 286, 403
사구의 난 286
사균 553
사기 588
사기 색은 90
사마고 145
사마담 589
사마상여 620
사마천 588
사마흔 389, 444
사면 초가 475
사수 381, 450
사양후 481
사위 136
사자궁 603
새왕 장사흔 447
산융 247
산의생 65
삼가 분할 184
삼려대부 279
삼왕묘 193
삼진(三晉) 225, 246, 325
삼황 14, 353

삼황산 465
상계 운하 356
상관걸 607, 612
상관안 610
상군 30, 136, 243
상림원 599
상부인 30
상앙 236
상성 58
상수 29, 279, 356
상신 153
상홍양 613
서광무 465
서백 창 55
서복 359
서부인 335
서수 252, 273
서안시 64, 362
서왕모 27, 84
서제 153, 571
서초 패왕 437
서하 223
서한 180, 487
석신 345
선제 616
선평후 504
설공 309, 462, 507
섭일 573
섭황제 628
성강지치 80
성고 252, 464
성고성 462
성보 474

639

성복의 대전 152
성선설 232
성악설 232
성안군 진여 454
성양군 541
성왕 26, 80
소공 72, 82
소공석 341
소관 170
소규 조수 537
소대 273, 282
소둔촌 49, 57
소릉 121
소백 109, 114
소부 22, 599
소여 273
소월지 580
소전 16
소현 450
속용 164
손무 171, 221
손빈 225, 230
손자 231
송공 154
송류 392
송양의 인 150
송의 양공 129
수양 572
수읍 117
수인 15
수조 127
수하 452
숙도 76

숙량흘 194
숙선 76
숙손통 522, 528
숙제 77
숙첨 146, 155
순균 193
순우곤 232
순우월 358
순임금 20, 29, 62
순자 117, 232
숭산 34
숭후호 64
시향의 역 490
시황제 187, 315, 352
신권 국가 93
신농 15, 79
신도가 568
신릉군 282, 305
신명대 621
신불해 245
신생 135, 522
신안성 425
신자 205, 245
신포서 172
신후 97, 102
심이기 451
십배 502

아

아방궁 362
아형 628

아황 23, 30
악래 56
악양 285
악후 55, 63
안국군 311
안문군 575
안양현 49, 57
안읍 234, 253
안중후 유숭 630
안한공 627, 631
안희왕 304
애강 119
애제 625
야강족 585
야르칸트 585
약법삼장 422
양공 111, 126, 133
양무 480
양무후 616
양번 150
양사영 61
양왕 149, 154
양왕 유무 572
양왕 유회 543
양왕 팽월 505
양희 480
어양 374
엄향후 유신 630
여경시 549
여공 159, 382
여록 544
여마동 480, 518
여매 162

여불위 310, 319
여산 101, 362, 544
여성 149
여승 480
여신 380
여씨춘추 47, 83, 318
여영 23, 30
여와씨 15, 279
여융 134
여음후 507
여의 504
여제 162
여태후 540
여통 546
여후 531
역기 548, 573
역성하 467
역수 271, 334
역아 127
역이기 409, 419, 453
연씨 503
연왕 노관 505, 514
연왕 유건 546
연왕 장도 488, 512
연왕 희 340
연횡 247
연횡론 251, 271
연횡설 248, 255
염리 선생 523
염악 415
염제 신농씨 16, 25
영국 87
영륜 17

영빈관 621
영수 22
영양후 480
영항 532
영호무 602
예국 68
예양 215
예양부 87
오강 479
오고대부 242
오광 374, 386
오기 201, 224
오방후 480
오사 운동 199
오상 165
오손 584
오신 505
오예 487, 505
오왕 부차 129, 174, 188
오왕 유비 563, 572
오왕 합려 165, 171
오자서 164, 176
오작궁 606
오제 15, 61, 588
오창 453, 464
오초 칠국의 난 567, 570
오태백세가 179
오확 269
옹왕 414, 437
옹왕 장한 447
왕관 354
왕국유 90
왕근 625

왕길 615
왕리 408, 412
왕망 622, 629
왕분 325, 341
왕소군 623
왕손만 157
왕식 615
왕신 611
왕예 480
왕우 626
왕일 278
왕전 324, 386
왕전제 629
왕촉 293
왕황 502
왕획 626
왕흘 302, 315
왕희 502
외병 48
요가 324
요모문 605
요임금 18, 30
요지 85
요치 289
용골 59
용성 308, 378
용저 462
우국 57
우산 31
우순 30, 79
우전 585
우중 62
우현왕 502, 590

운몽　172, 493
원모 분지　13
원모 원인　13
원제　622
월왕 구천　129, 174, 187
월지　500, 583
위만 조선　588
위발　547
위수　65, 94
위왕　277, 232, 306
위왕 고　395
위왕 표　453
위율　606
위의 의공　119
위의 환자　213
위자부　578
위청　578
위헌자　162
위황후　596
유강　625
유거　596, 609
유건　514
유계　563
유굉　596
유구　573
유굴리　601
유궁국　29, 36
유리의 옥　67
유방　381, 389, 498
유소씨　39, 52
유수　181, 468, 632
유승　603
유시씨　37

유신씨　47
유연　632
유오　625
유왕　92
유웅국　16
유조　17, 546
유중　505, 563
유태씨　61
유택　547, 608
유팽조　597
유향　108
유현　567, 632
유회　504, 543
육가　419, 472, 545
육경　196, 212
윤길보　92
윤상　174
윤탁　213
은본기　74
은상점복문자고　60
은작산　231
은통　386
음릉　477
응후　306
의구　97, 102
의양　252
이공　87
이광　578, 591
이광리　590, 604
이궁　53
이극　140, 221
이량　390
이릉　280, 590

이부기 145, 151
이사 321, 353
이사 장군 590, 603
이소군 588
이수 35, 602
이신 326, 591
이오 135
이원 306
이유 404
이윤 38, 47
이족 13
이중년 110
이척 49
이혜 211
인상여 294, 300
인황씨 15
일자 천금 318
임둔 588
임상 487
임안 600
임진 453
임치 209, 231, 344

자

자공 177
자란 119, 275
자반 162
자옥 147
자직 153
자치통감 19, 541, 600
잔도(栈道) 438

장가 380
장건 580, 588
장락궁 493, 519, 529
장량 366, 392, 412
장부창 602
장사왕 487, 515
장사 흔 413
장상군 207
장성 271
장승 514
장안 620
장안세 614, 619
장양왕 317
장오 504
장위희 127
장의 252, 272
장자 48, 90
장초(張楚) 377
장평 294
장한 378
적미병 631
적송자 526
적족 13
적천후 480
전광 선생 330
전국 시대 212, 341
전국책 108, 245
전국 초묘 187
전국 칠웅 219, 232, 352
전기 226
전단 290
전문 223
전병 234

전분　574
전상　305
전성자　184
전연년　614
전인　601
전욱　16, 22
전장　380
전저　164
전천추　602
전한　231, 487, 559
전횡　448, 489
정간루　621
정관의 치　559
정도　407
정도왕 유강　625
정백　154
정수　267
정외인　611
정전법　118
정전제　59, 185, 629
정주　58
정창　499
제곡　16, 61
제남왕 유벽광　567
제번　162
제북왕 유지　567
제세가　82
제순　16
제아　109
제왕 유비　540
제왕 유양　546, 552
제왕 유장려　567
제요　16

제을　50
제자 백가　232, 560, 575
제준　25
조고　371, 401
조과　620
조괄　300
조리　502
조말　117
조무상　426
조문자　162
조사　300
조오　488, 504
조염파　294
조왕 유수　567
조왕 헐　454
조자아　553
조조　231, 560
조참　535
조첩여　596, 604
좌유　91
좌현왕　502
종공　462
종리매　493
주공 단　71, 80
주례　121, 196, 200
주문　376, 389
주발　438, 495, 520
주본기　74
주아부　572
주안세　596
주왕　39, 63, 71
주은　474
주자　154

주천 590, 603
주청신 358
주허후 유장 546
죽서기년 38
준불의 608
중산국 246, 344, 624
중이 124, 135
중정 58
중행씨 212
즉묵 270, 289
증병감조 229
지남차 17
지백 108, 212
진가 392
진류 땅 411
진무양 335
진문공 151
진번 588
진비 306
진성 280, 376
진승 374
진여 376, 392
진영 394
진왕 377
진의 시황제 188, 245
진의 여공 159
진의 평공 161
진의 혜공 142
진의 효공 237
진진 264
진착거 356
진평 433, 467, 493
진헌공 122, 522

진황한무 573
진황후 596
진희 495

차

찬현 517
창국군 289
창읍 409, 505
창읍왕 596, 604
채공 83
채후 154
책왕 동예 447
책의 630
척부인 504
천구리 601
천문(天問) 34, 279
천토의 회맹 154
천황씨 15
청하 270
초세가 265
초세묘 184
초왕 부추 329
초왕 유무 265
초왕 한신 493
초의 회왕 266
초한춘추 476
촉루지검 178
추기 247
추연 234
축융 15
춘신군 282, 305

춘추 108
춘추 시대 108, 161
춘추 오패 128, 157
치우 13
치천왕 유현 567

카

카슈가르 585

타

탁록 17
탕왕 39, 45
태강 28
태공망 여상 65, 76
태공병서 394
태무 49
태백 62, 136
태산 589
태왕 62
태자가령 568
태자 단 325
태정 48
통천대 600

파

패공 385, 392
패도정치 198

팽성 436
팽월 409, 446
편년체 196, 219
편작 207
평양후 517
평왕 76, 103
평원군 282, 303
평제 625
포사 92
포성현 93
포숙아 109, 110
포씨 93, 178
포장군 396
풍거질 405
풍겁 405
풍읍 64, 65
풍희 272, 273
필공 72

하

하대 39
하무저 338
하비 393, 462, 487
하양 155, 453
하허 40
하황공 523
하후영 433, 451
하후제 174
하희 311, 317
한구의 600
한단 220, 228

한비자　117, 245
한선자　162
한신　440
한안국　575
한왕　253, 269
한의 강자　213
한중　248, 266, 435
한착　36
함곡관　200, 243
함양　271, 298
합양후　505, 564
합종　224, 247
항량　386
항백　427, 431
항성　346, 462
항아　27
항연　328, 375
항우　329, 381
항장　431, 434, 438
해용산　187
해제　135
해중　32
허유　22
현도　588
형가　329
형산왕　487
형양　453
형왕 유가　508
형초　83
혜문왕　288
혜왕　225
혜제　531
호백구　283

호삼성　541
호한야 선우　623
호해　371
혼야왕　580
홍구　472
홍문의 만남　427
화씨벽　294
환두　21
환퇴　195
환후　209
황릉묘　30
황월　74
황제 헌원　17
황지　179
회계　32
회남왕 경포　488
회북　276
회양왕 유우　542
회음　441
회음후　495
회하　33
효문왕　316
효성왕　300
효혜　451
후생　307
후예　29
후한　278
흉노　246
희공　109
희화　25